Handelsgesetzbuch

vom 10. Mai 1897

nebst Abdruck des Gesetzes über die

Angelegenheiten der freiwilligen Gerichtsbarkeit

und

Gerichtsverfassungsgesetz

(Titel 7, Kammern für Handelssachen).

Verglichen mit dem
Allgemeinen Deutschen Handelsgesetzbuch, dem Bürgerlichen Gesetzbuch und der Rechtsprechung des Reichsgerichts und Reichsoberhandelsgerichts.

Zu praktischem Gebrauch dargestellt

von

Landgerichtsrath **H. Könige**,
Vorsitzendem der Kammer I für Handelssachen am Landgericht Mannheim.

Berlin.
J. Guttentag, Verlagsbuchhandlung,
G. m. b. H.
1899.

Vorwort.

Die vorliegende Arbeit soll dem praktischen Gebrauch in Anwendung des neuen Rechts dienen. Sie erstrebt deshalb in möglichst abgekürzter Form eine übersichtliche und rasche Vergleichung des neuen Handelsgesetzbuchs mit dem A.D.H.G.B., dem bürgerlichen Gesetzbuch, dem Gesetz über die Angelegenheiten der freiwilligen Gerichtsbarkeit sowie mit den sonstigen, in unmittelbaren Zusammenhang stehenden Reichsgesetzen, wie Civilprozeß- und Konkursordnung in deren neuer Fassung, Börsen-, Bankdepot- und Binnenschiffahrts-Gesetz. In gleicher Weise ist der 7. Titel der Gerichtsverfassung (Kammern für Handelssachen) behandelt.

Das neue Handelsgesetzbuch kommt einer Neukodifikation nahe. Wo nach der Denkschrift und den Beschlüssen des gesetzgebenden Körpers lediglich eine Aenderung in der Fassung stattgefunden hat, also der alte Artikel dem neuen Paragraphen inhaltlich gleichsteht, ist der Text selbst dann in gewöhnlichem Druck gegeben, wenn etwa eine Verdeutschung oder mit Rücksicht auf die Neuordnung eine Satzumstellung vorgenommen worden ist.

Sachliche Aenderungen sind durch gesperrten Druck hervorgehoben.

Diejenigen Paragraphen, welche völlig neues Recht bringen, tragen einen Stern. Weil die Vorarbeiten zum A.D.H.G.B., zum B.G.B. und zu vielen anderen Reichsgesetzen das alte Recht zum Ausgangspunkt hatten und in Zukunft eine Quelle der Auslegung bleiben werden, sind die entsprechenden Artikel des A.D.H.G.B. der besseren Uebersicht wegen jeweils auf den Rand herausgerückt.

Die Anmerkungen entwickeln kurz die Gründe der Abweichungen des neuen und alten Rechts unter Zuhülfenahme der auch nach 1. Januar 1900 noch gültigen Entscheidungen des Reichsgerichts und Reichsoberhandelsgerichts in der Weise, daß ohne Weiteres zu erkennen ist, welcher Satz belegt werden soll.

Sobald sich beide Gerichtshöfe wiederholt zu demselben Grundsatz bekannt haben, ist nur diejenige Entscheidung ausgewählt, welche entweder vom Plenum ausgegangen ist oder die Frage am Eingehendsten behandelt oder sich am Entschiedensten äußert.

Es ist darauf Bedacht genommen, daß die Entscheidungen möglichst der neuesten Zeit angehören.

Der Verfasser.

Inhaltsübersicht.

Handelsgesetzbuch.

Erstes Buch.
Handelsstand.

Seite

1. Abschnitt. Kaufleute. §§. 1 bis 7 11
2. Abschnitt. Handelsregister. §§. 8 bis 16 18
3. Abschnitt. Handelsfirma. §§. 17 bis 37 22
4. Abschnitt. Handelsbücher. §§. 38 bis 47 32
5. Abschnitt. Prokura und Handlungsvollmacht. §§. 48 bis 58 35
6. Abschnitt. Handlungsgehilfen und Handlungslehrlinge. §§. 59 bis 83 40
7. Abschnitt. Handlungsagenten. §§. 84 bis 92 52
8. Abschnitt. Handelsmäkler. §§. 93 bis 104 55

Zweites Buch.
Handelsgesellschaften und stille Gesellschaft.

1. Abschnitt. Offene Handelsgesellschaft.

Erster Titel. Errichtung der Gesellschaft. §§. 105 bis 108 . 59
Zweiter Titel. Rechtsverhältniß der Gesellschafter untereinander. §§. 109 bis 122 61
Dritter Titel. Rechtsverhältniß der Gesellschafter zu Dritten. §§. 123 bis 130 67
Vierter Titel. Auflösung der Gesellschaft und Ausscheiden von Gesellschaftern. §§. 131 bis 144 72
Fünfter Titel. Liquidation der Gesellschaft. §§. 145 bis 158 78
Sechster Titel. Verjährung. §§. 159, 160 83

Seite

2. Abschnitt. Kommanditgesellschaft. §§. 161 bis 177 . . . 84
3. Abschnitt. Aktiengesellschaft.
Erster Titel. Allgemeine Vorschriften. §§. 178 bis 209 . 91
Zweiter Titel. Rechtsverhältnisse der Gesellschaft und der Gesellschafter. §§. 210 bis 230 114
Dritter Titel. Verfassung und Geschäftsführung. §§. 231 bis 273 124
Vierter Titel. Abänderungen des Gesellschaftsvertrags. §§. 274 bis 291 153
Fünfter Titel. Auflösung und Nichtigkeit der Gesellschaft. §§. 292 bis 311 163
Sechster Titel. Strafvorschriften. §§. 312 bis 319 . 175
4. Abschnitt. Kommanditgesellschaft auf Aktien. §§. 320 bis 334 180
5. Abschnitt. Stille Gesellschaft. §§. 335 bis 342 189

Drittes Buch.

Handelsgeschäfte.

1 Abschnitt Allgemeine Vorschriften. §§. 343 bis 372 . . 194
2. Abschnitt. Handelskauf §§ 373 bis 382 215
3. Abschnitt. Kommissionsgeschäft §§. 383 bis 406 · · · 232
4. Abschnitt. Speditionsgeschäft. §§. 407 bis 415 245
5. Abschnitt. Lagergeschäft §§ 416 bis 424 250
6 Abschnitt. Frachtgeschäft §§. 425 bis 452 254
7 Abschnitt. Beförderung von Gütern und Personen auf den Eisenbahnen. §§. 453 bis 473 · · · · · · · · · 273

Einführungsgesetz zum Handelsgesetzbuch (Artikel 1 bis 28) 289

Gerichtsverfassungsgesetz. Siebenter Titel. Kammern für Handelssachen 328

Gesetz über die Angelegenheiten der freiwilligen Gerichtsbarkeit 345

Alphabetisches Sachregister . . . 392

Abkürzungen.

A.D.H.G.	=	Allgemeines Deutsches Handelsgesetzbuch.
Art.	=	Artikel.
BankDep.G.	=	Bank-Depotgesetz vom 5 Juli 1896.
B.Sch.G.	=	Reichsgesetz betr. die privatrechtlichen Verhältnisse der Binnenschiffahrt und Flößerei vom 15. Juni 1895 in der Fassung vom 20. Mai 1898.
Börs.G	=	Börsengesetz vom 22 Juni 1896
Bolze	=	Bolze, Die Praxis des Reichsgerichts in Civilsachen.
B.G.B	=	Bürgerliches Gesetzbuch für das Deutsche Reich vom 18. August 1896.
Denkschrift	=	Denkschrift zu dem Entwurf eines Gesetzes über die Angelegenheiten der freiw. Gerichtsbarkeit.
E.G.	=	Einführungsgesetz zum Handelsgesetzbuch.
E.G.z.B.G.B	=	Einführungsgesetz zum bürgerlichen Gesetzbuch.
F.G.G.	=	Gesetz über die Angelegenheiten der freiwilligen Gerichtsbarkeit vom 17. Mai 1898.
Gareis	=	Gareis, Das deutsche Handelsrecht. Ein kurzgefaßtes Lehrbuch des im deutschen Reiche geltenden Handels-, Wechsel- und Seerechts. 6. Auflage.
Ges.betr.G.m.b.H.	=	Gesetz, betreffend die Gesellschaften mit beschränkter Haftung in der Fassung vom 20. Mai 1898.
Gen.Ges.	=	Gesetz betr. die Erwerbs- und Wirthschaftsgenossenschaften in der Fassung vom 20. Mai 1898.
G.V.G.	=	Gerichtsverfassungsgesetz in der Fassung vom 20. Mai 1898.
Gew.O.	=	Gewerbeordnung.
jur.W.	=	Juristische Wochenschrift.
K.f.H.S.	=	Kammer für Handelssachen.
K.O	=	Konkursordnung in der Fassung vom 20. Mai 1898.
M.	=	Materialien zum Handelsgesetzbuche für das deutsche Reich und dem Einführungsgesetze
P.O	=	Civilprozeßordnung in der Fassung vom 20. Mai 1898.
R.G	=	Entscheidungen des Reichsgerichts in Civilsachen.

R.G.A.	=	Rechtsprechung des Reichsgerichts in Strafsachen, herausgegeben von den Mitgliedern der Reichsanwaltschaft.
R.G.Bl.	=	Reichsgesetzblatt.
R.G.Pl.	=	Plenarentscheidung des Reichsgerichts.
R.G.St.	=	Entscheidungen des Reichsgerichts in Strafsachen.
R.O.H.G.	=	Entscheidungen des Reichsoberhandelsgerichts.
W.O.	=	Wechselordnung.

Die mit Stern (★) bezeichneten Paragraphen sind neu; theilweise Aenderungen des Inhalts von Paragraphen sind durch gesperrten Druck kenntlich gemacht.

Berichtigung.

Es soll heißen·

Seite	28	Note	57	R.O.H.G XVI **207** statt XVI 201.
„	38	„	124	R.G. XVII **108** statt XVII 26.
„	39	„	126	R.O.H.G. **VI** 86 statt XI 86.
„	39	„	126	R.G IV **292** statt IV 38.
„	41	„	133	R.O.H.G. XVII **308** statt XVII 382.
„	46	„	150	R G. **XXXVI** 50 statt XXXIV 50.
„	49	„	161a	Bolze V Nr. **598** statt V Nr. 595.
„	52	„	174	desgleichen.
„	53	„	175	**R.O.H.G.** XXIII 149 statt R.G.
„	54	„	181	R.G. **XXXI** 59 statt XXXIII 59.
„	58	„	194	R.G VI, **187** statt VI, 52.
„	60	„	1	R.O.H G. V **388** statt V 385.

Einleitung.

1 Das Handelsgesetzbuch tritt zugleich mit dem B.G.B. am 1. Januar 1900, der Abschnitt über Handlungsgehülfen und Handlungslehrlinge §§. 59—83 mit Ausnahme des §. 65 am 1. Januar 1898 in Kraft, und kann der Abschnitt über Beförderung von Gütern und Personen auf den Eisenbahnen durch Kaiserliche V.O. mit Zustimmung des Bundesrathes vor 1. Januar 1900 in Kraft gesetzt werden. Art. 1 E.G.z.H.G.B.

Mangels anderer Bestimmungen, als der Art. 22—28 E.G.z. H.G.B., müssen die Uebergangsvorschriften des B.G.B. in dessen E.G. Art. 153 ff für die Zeit nach 1. Januar 1900 gelten.

Soweit ein Theil des H G.B. vor 1 Januar 1900 in Kraft tritt, gelten auch von da an die dort ausdrücklich angezogenen Bestimmungen des B G B. und die dazu gehörigen Uebergangsvorschriften des B.G.B. Letztere geben keine Regel über die Einwirkung des B G B im Allgemeinen sondern nur Einzelbestimmungen, welche bei den einzelnen Rechtsinstituten werden berührt werden. Die Motive zum Entwurf eines E.G.z.B G B. 1 Lesung S. 235 enthalten nur die eine allgemeine Regel, daß die vor Inkrafttreten des Gesetzes entstandenen Verhältnisse als wohlerworbene Rechte in ihren Wirkungen dauernd unter dem Schutz des alten Rechts stehen. Dieses Prinzip der Nichtrückwirkung wird nur durchbrochen von solchen Vorschriften des neuen Rechts, welche entweder ausdrücklich in den Uebergang der alten in die neue Rechtsordnung eingreifen, oder nach Inhalt und Zweck einem Interesse öffentlicher Ordnung entsprungen sind und daher öffentlich rechtlichen, zwingenden Charakter besitzen. Art. 1, 2. E.G. und jur.W. 18, 98, 665

2. An neuen Rechtsstoffen ist in das erste Buch ein 7. und 8. Abschnitt über die Handlungsagenten §§. 84—92 und Handels-

mäkler §§. 93–104, in das 3. Buch ein solcher (5.) über das Lagergeschäft §§. 416–424 eingefügt. Die Zuständigkeit und das Verfahren in den zur streitigen Gerichtsbarkeit nicht gehörigen Handelssachen bildet den Inhalt des Reichsgesetzes über die Angelegenheiten der freiwilligen Gerichtsbarkeit vom 20. Mai 1898 R.G.Bl. 1898 Nr. 21 S. 189 und Nr. 25 S. 771.

3. Die dem 1. Buch des A.D.H.G.B. vorausgeschickten „Allgemeinen Bestimmungen" sind nicht übernommen. Art. 1 ist ersetzt durch Art. 2 Abs 1 E.G.z.H.G.B., damit nicht die Grundsätze des bisherigen Landesrechts als vermeintlicher Ausdruck gewohnheitsrechtlicher Ueberzeugung festgehalten und so das neue Recht durchbrochen werde. Soweit die Handelsgewohnheit nicht als Recht sondern als thatsächliche Uebung zum Zweck der Willensauslegung Berücksichtigung verdient, hat sie solche im §. 346, welcher dem Art. 279 entspricht, gefunden.

Was die Bestimmung des bisherigen Art. 2 über das Verhältniß des H.G.B. zur W.O. angeht, so tritt an deren Stelle die allgemeine Vorschrift des Art. 2 Abs. 2 des E.G. über das Verhältniß des H.G.B. zu den Reichsgesetzen. Art. 3 ist weggefallen, weil das H.G.B. sich des Ausdrucks „Handelsgericht" nicht mehr bedient. Durch §. 125 F.G.G. sind die Amtsgerichte Registergerichte.

Handelsgesetzbuch.

Vom 10. Mai 1897 *)

Wir **Wilhelm**, von Gottes Gnaden Deutscher Kaiser, König von Preußen zc.

verordnen im Namen des Reichs, nach erfolgter Zustimmung des Bundesraths und des Reichstags, was folgt:

Erstes Buch.

Handelsstand.

Erster Abschnitt.

Kaufleute.[1]

1. Kaufmann im Sinne dieses Gesetzbuchs ist, wer ein Handelsgewerbe betreibt. Art 4; 271, 272.

Als Handelsgewerbe gilt jeder Gewerbebetrieb, der eine der nachstehend bezeichneten Arten von Geschäften zum Gegenstande hat:[2]

1.[3] die Anschaffung[6] und Weiterveräußerung von beweglichen Sachen (Waaren)[4] oder Werthpapieren,[5] ohne Unterschied, ob die Waaren unverändert oder nach einer Bearbeitung oder Verarbeitung weiter veräußert werden;

2.[7] die Uebernahme der Bearbeitung oder Verarbeitung von Waaren für Andere, sofern der Betrieb über den Umfang des Handwerks hinausgeht;

3. die Uebernahme von Versicherungen gegen Prämie;[8]

---

*) Die mit Stern (★) bezeichneten Paragraphen sind neu; theilweise Aenderungen des Inhalts von Paragraphen sind durch gesperrten Druck kenntlich gemacht.

4. die Bankier- und Geldwechslergeschäfte;[9]
5. die Uebernahme der Beförderung von Gütern oder Reisenden zur See, die Geschäfte der Frachtführer oder der zur Beförderung von Personen zu Lande oder auf Binnengewässern bestimmten Anstalten sowie die Geschäfte[2] der Schleppschiffahrtsunternehmer;[10]
6. die Geschäfte der Kommissionäre, der Spediteure[11] oder der Lagerhalter;[2]
7. die Geschäfte der Handlungsagenten[12] oder der Handelsmäkler;[12]
8. die Verlagsgeschäfte[13] sowie die sonstigen Geschäfte des Buch- oder Kunsthandels;
9. die Geschäfte der Druckereien,[13] sofern ihr Betrieb über den Umfang des Handwerks hinausgeht.[13]

[1] Das neue Recht kennt zwei Gruppen von Vollkaufleuten (Minderkaufleute §. 4).

a) Die eine (unter §. 1 fallende) Gruppe umfaßt Kaufleute, welche solche Gewerbe betreiben, die nur kaufmännisch betrieben werden können, wie Bankiergeschäfte, Großfabrikation, Kommissionsgeschäfte u. s w Diese Gruppe von Gewerbetreibenden hat die Kaufmannseigenschaft ohne Rücksicht auf Eintragung ins Handelsregister lediglich auf Grund der Thatsache des Betriebs der in §. 1 aufgezählten sog. Grundhandelsgeschäfte. „Mußkaufleute" Gewerbsmäßigkeit R.G XXXVIII 18.

b) Die zweite Gruppe von Kaufleuten umschreibt der §. 2; sie umfaßt solche Betriebe, deren Unternehmer nicht vermöge des sachlichen Inhalts des Geschäftsbetriebs, sondern nur deshalb Kaufleute sind, weil ihr Geschäft eine Form und einen Umfang angenommen hat, die unvermeidlich dem Geschäft den kaufmännischen Charakter aufdrücken. Weil dieser Charakter aber mehr oder weniger ein Internum des Geschäfts bleibt und nicht Jedermann erkenntlich ist, muß nach Außen noch die Eintragung zum Handelsregister hinzutreten, zu deren Vornahme ist der Unternehmer durch §. 2 verpflichtet. „Sollkaufleute."

c) Diese neuen Begriffsbestimmungen nöthigen einerseits zur ausdrücklichen Ausscheidung der reinen Land- und Forstwirthschaftsbetriebe in §. 3 Abs. 1, anderseits zur Regelung des Kaufmannsbegriffs bei Betrieben, die aus kaufmännischer und landwirthschaftlicher Unternehmung gemischt sind. Diese Regelung nimmt §. 3 Abs. 1 vor. „Kannkaufleute." Ein Betrieb, welcher Geschäfte über unbewegliche Sachen zum Gegenstand hatte, konnte zufolge Art. 275 niemals ein Handelsgewerbe begründen. Art. 275 ist gestrichen. Es gehören nunmehr Geschäfte über Immobilien bedingungsweise, nämlich dann zum Handelsrecht, wenn sie unter §. 2 oder 3[2] fallen. Begriff des Handelsgeschäfts §. 343. (Alle Ansprüche der Kaufleute unterliegen der Verjährung des §. 196[1] B.G.B.)

[2] In Abs 2 des § 1 sind die früheren absoluten (objektiven) Handelsgeschäfte des Art. 271 und die früheren relativen (subjektiven) Geschäfte des Art. 272 als sog. Grundhandelsgeschäfte zusammengefaßt. Weggefallen ist nur das als selbständiger Gewerbebetrieb nicht vorkommende Darlehn gegen Verbodmung. Neu hinzugekommen sind die Schleppschiffahrts- und Lagerhausunternehmer Nr 5 und 6.

[3] Nummer 1 des § 1 faßt den Spekulationskauf und das Lieferungsgeschäft des Art $271^{1\text{ u. }2}$ zusammen.

[4] Waaren sind alle Arten beweglicher Sachen, die Gegenstand des Handelsverkehrs sein können. M. Sachen sind nur körperliche Gegenstände, §. 90 B.G B. Schiffe und Schiffsmühlen sind bewegliche Sachen, ebenso noch nicht eingefügte Baumaterialien §. 94^2 B.G.B., vergl. R.G VI 4 Ausländische Geldsorten jedoch § 80 Börs.G.

[5] Werthpapiere sind solche Papiere, welche ihrer Natur nach oder wegen ihrer leichten Uebertragbarkeit zu Gegenständen des Handels bestimmt sind; für den Handel bestimmt sind nur die die unkörperlichen Gegenstände des Handels darstellenden Inhaber- und Ordrepapiere. R G St. XI 427 R G XXVI 43. Alle Aktien und Wechsel § 80 Börs.G

[6] Anschaffungsgeschäft ist der abgeleitete entgeldliche Erwerb beweglicher Sachen zu Eigenthum mittels Rechtsgeschäft unter Lebenden im Gegensatz zum Erwerb bloßer Gebrauchsrechte. R.G Pl. XXXI 17 Wer der unbeweglichen Bodensubstanz einen Stoff entnimmt und denselben zur beweglichen Sache macht, schafft nicht an R G VI 8, er ist Selbstproduzent wie der Bergwerks- und Steinbruchbesitzer und Viehzüchter. R.O.H G XI 263, XIV 265, kann aber unter §§ 2 und 3^2 fallen.

[7] Nummer 2 enthält die Lohnfabrikation des Art 272^1. Ueber Handwerkerrecht vergl. §. 4

[8] Nummer 3 schließt Versicherungsgesellschaften auf Gegenseitigkeit aus. Deren Angestellte sind also keine Handlungsgehülfen §§. 59ff. R.G XIV 238. Es verbleibt also bei Art. 271^3, welcher auch die Versicherung von Immobilien gegen Feuer in sich schließt. R.O.H G V 12.

[9] Nummer 4 = Art. 272^2, vergl. Börs.G v 22. Juni 96 und Bankdepotgesetz vom 5. Juli 96 und §. 36 Note 100 wegen Reichsbank.

[10] Nummer 5 = Art. 271^4 und 272^3. Frachtgeschäft §§. 425ff. Eisenbahnbeförderung §§ 453ff Beförderung zur See 4. Buch Seerecht Beförderung auf Binnengewässern B Sch.G. Reichspost §§. 452 und 36 hierher gehören. Privatbriefposten R.G XX 47 Eisenbahnfiskus R.O.H.G XII 311 Zeitungs- und Zeitschriftendebit R.O.H G XXIII 11. Der Lohnkutscher, der Rollfuhrmann, der Hafenverkehr mit kleinen Schleppbooten fällt als Kleinbetrieb unter §. 4

[11] Nummer 6 = Art. 272^3 Kommissionäre §§. 383ff. Spediteure §§. 407ff Lagerhalter §§. 417ff Annoncenbüreau R.O.H G I 207.

[12] Nummer 7 = Art. 272^4 mit der Aenderung, daß das Institut der amtlichen Handelsmäkler gefallen ist. Agenten §§. 84ff Mäkler §§. 93ff Die Thätigkeit anderer Vermittler z. B zum Abschluß von Miethverträgen über Wohnungen und Geschäftsräume und die Geschäfte der Auktionatoren

und Grundstücksmäkler zählen nicht zu den Grundhandelsgeschäften, trotzdem Art 275 H.G.B. gestrichen ist. Der Grund liegt darin, daß die Vorschriften der §§. 93ff. sich mit der Behandlung der Immobilien im B.G.B. nicht vereinigen lassen Solche Mäkler fallen unter §. 2 Ebenso gehören Agenten von Gegenseitigkeitsgesellschaften nicht hierher

[13] Nummer 8 und 9 = Art. 272⁵. Zeitungs- und Selbstverlag sind Handelsgewerbe R.O.H.G. XIV 23, R.G. V 67 Handwerkerrecht § 4

★2. Ein gewerbliches[14] Unternehmen, das nach Art und Umfang einen in kaufmännischer Weise eingerichteten Geschäftsbetrieb' erfordert, gilt, auch wenn die Voraussetzungen des §. 1 Abs 2 nicht vorliegen, als Handelsgewerbe im Sinne dieses Gesetzbuchs, sofern die Firma des Unternehmers in das Handelsregister eingetragen worden ist.[15] Der Unternehmer ist verpflichtet, die Eintragung nach den für die Eintragung kaufmännischer Firmen geltenden Vorschriften herbeizuführen.[16]

[14] Eine auf Erwerb gerichtete Absicht, R G. XXXVIII 18, ist wesentlich, daher Ausschluß der Sparkassen, landwirthschaftlichen Kreditinstitute und der Artes liberales.

[15] Nach §. 1¹ gilt in Uebereinstimmung mit dem seitherigen Recht, abgesehen von der Lohnfabrikation des Art. 272¹, der Unternehmer, der nur selbstgewonnene Rohstoffe verarbeitet, nicht als Kaufmann. Sobald in einem solchen Betrieb auch nur ein verhältnißmäßig geringer Theil der Rohstoffe regelmäßig zugekauft wurde, entstand bisher eine Handelsunternehmung. Jetzt entscheidet über die Kaufmannseigenschaft solcher Betriebe, z. B. von Ziegeleien, Steinbrüchen, Thonwaarenfabriken (Zuckerfabriken und Brennereien, die nur selbstgezogene Produkte verarbeiten), die Einrichtung des Betriebes. Durch Wegfall des Art 275 zählen ebenfalls zu §. 2 die Bauunternehmer, Bauspekulanten, Grundstücksmäkler, Handelsgärtner, Auskunftsbüreaus, Leihbibliotheken und manche andere; selbst gesellschaftliche Unternehmungen des Großbetriebs unterstehen dem §. 2. Für solche Gesellschaften mit Ausnahme der Bergwerksgesellschaften des Art 5 E.G gelten alle Vorschriften des Gesetzbuchs mit vollgezogenem Eintrag.

[16] Der Eintrag dieser „Sollkaufleute" ist nach §. 14 entgegen dem Eintrag der „Kannkaufleute" des § 3² erzwingbar durch das Amtsgericht nach Maßgabe der §§ 1—34 und 125ff. F.G.G Beschwerde an die K.f.H.S. §. 30. cit. Ausnahme von jedem Zwang bei Unternehmen des Reichs u. s w §. 36

★3.[17] Auf den Betrieb der Land- und Forstwirthschaft finden die Vorschriften der §§. 1, 2 keine Anwendung.[18]

Ist mit dem Betriebe der Land- oder Forstwirthschaft ein Unternehmen verbunden, das nur ein Nebengewerbe[19] des land- oder forstwirthschaftlichen Betriebs darstellt, so findet auf dieses der §. 2 mit der Maßgabe Anwendung, daß der Unternehmer berechtigt, aber nicht verpflichtet[20] ist, die Eintragung in das Handelsregister herbeizuführen; werden in dem Nebengewerbe Geschäfte der im §. 1 bezeichneten Art geschlossen, so gilt der Betrieb dessenungeachtet nur dann als Handelsgewerbe, wenn der Unternehmer von der Befugniß, seine Firma gemäß §. 2 in das Handelsregister eintragen zu lassen, Gebrauch gemacht hat. Ist die Eintragung erfolgt, so findet eine Löschung der Firma nur nach den allgemeinen Vorschriften statt, welche für die Löschung kaufmännischer Firmen gelten.[21]

[17] Ueber das Verhältniß der §§. 1 und 2 zur Land- und Forstwirthschaft vergl. Anm. 1 zu § 1

[18] Der reine Land- und Forstwirthschaftsbetrieb, selbst im größten Umfange der §§. 1 und 2 ist durch Absatz 1 vor jeder Berührung mit dem Handelsrecht grundsätzlich geschützt.

[19] Ist der Betrieb so gemischt, daß Land- oder Forstwirthschaft das Nebengewerbe, das kaufmännische Geschäft aber das Hauptgewerbe bildet, so besteht die Eintragspflicht nach §. 1 oder 2. Ist der Betrieb so gemischt, daß Land- oder Forstwirthschaft das Hauptgewerbe darstellt, so unterliegt der kaufmännische Nebenbetrieb, selbst wenn er sonst die sachlichen Voraussetzungen des §. 2 erfüllen würde, der Eintragspflicht nicht. Als derartiges Nebengewerbe denkt sich das Gesetz nur ein solches Unternehmen, welches ausschließlich oder der Hauptsache nach zur weiteren Verarbeitung der Erzeugnisse der mit dem Nebengewerbe verbundenen Land- oder Forstwirthschaft dient, z. B Kunstgärtnerei, Torf-, Sand-, Kalk-, Theergewinnung, Seifensiederei, Mühlenbetrieb, Butter- und Käsebereitung, Branntweinbrennerei, Viehmast und Aehnliches.

[20] Es steht ganz im Belieben des Unternehmers des § 2², ob er sich eintragen lassen will. Von dem Augenblick der Eintragung aber unterliegt er der Rechtssicherheit wegen allen Vorschriften für Kaufleute, also auch der über die Löschung der Firma. Wird die nach § 8² eingetragene Firma zu Unrecht gelöscht, so behält gleichwohl das Unternehmen die einmal begründete Eigenschaft eines Handelsgewerbes, so lange der kaufmännisch eingerichtete Betrieb des § 2 fortdauert.

[21] Dem einmal endgiltig Eingetragenen ist der Einwand, der Eintrag sei zu Unrecht erfolgt, Dritten gegenüber durch §. 5 abgeschnitten.

4.[10] Die Vorschriften über die Firmen, die Handelsbücher und die Prokura finden auf Handwerker sowie auf Personen, deren Gewerbebetrieb nicht über den Umfang des Kleingewerbes hinausgeht, keine Anwendung.[22 23 165 199] Art. 10.

Durch eine Vereinigung zum Betrieb eines Gewerbes, auf welches die bezeichneten Vorschriften keine Anwendung finden, kann eine offene Handelsgesellschaft oder eine Kommanditgesellschaft nicht begründet werden.[24]

Die Landesregierungen sind befugt, Bestimmungen zu erlassen, durch welche die Grenze des Kleingewerbes auf der Grundlage der nach dem Geschäftsumfange[25] bemessenen Steuerpflicht oder in Ermangelung einer solchen Besteuerung nach anderen Merkmalen näher festgesetzt wird.

[22] Vergl. §. 1 Ziff. 2, 5, 9. Als Minderkaufleute erklärt das Gesetz jetzt alle Kleingewerbetreibenden, z. B. Kleinmäkler §. 104, Kleinagenten Note 165, einschließlich der Handwerker. Die Aufzählung der Berufsklassen des Art. 10 ist deshalb unterlassen, zumal manche der Kategorien des Art. 10 sich zu Vollkaufleuten entwickeln können, z. B. §. 1[2, 5] u. [9], insbesondere das Wirthsgewerbe. Nur die Handwerker sind besonders aufgeführt, wiel ihre Geschäfte, selbst wenn die Voraussetzungen des §. 1[1] vorlägen, nicht mehr als Handelsgeschäfte anzusehen wären. §. 343.

[23] Der Handwerker muß dem Kaufmann vom Tag der Fälligkeit die handelsüblichen Zinsen zahlen, und kann sie seinerseits vom Kaufmann verlangen, seine Ansprüche verjähren in 2 Jahren wie die des Kaufmanns §. 196[1] B.G.B.; er unterliegt bei seinen Einkäufen bei einem Kaufmann den strengen Bestimmungen über sofortige Mängelrüge §§. 377ff. und hat das Recht des Selbsthülfeverkaufs beim Annahmeverzug des Käufers; er ist in allen Stücken Kaufmann mit der Ausnahme, daß er dem Bankdepotgesetz (§. 13) nicht untersteht und von den beschwerenden Bestimmungen über Firmen §§. 17ff., Handelsbücher §. 83, über Prokura §§. 48ff., über Vertragsstrafe, Bürgschaft, Schuldversprechen und Schuldanerkenntniß §. 351 befreit ist und den §§. 239, 240 K.O. nicht unterliegt, wie die ganze Klasse der Minderkaufleute, die ebenfalls des Wahlrechts zur Handelskammer entbehren, aber bei der K.f.H.S. zu verklagen sind. Für Wirthe und Ladengeschäfte ist Art. 9 E.G. bedeutsam. Vergl. Note 61. Strenge Haftung der Wirthe §. 701 B G.B.

[24] Ihre Vereinigungen beurtheilen sich nach §§. 705ff. B.G.B., soweit nicht das Gesetz ohne Rücksicht auf den Gegenstand des Unternehmens Personenvereinigungen die Kaufmannseigenschaft ohne Weiteres beilegt §. 6[2] z. B. Gesellschaft m. b. H.

[25] Bei der Abgrenzung der Kleingewerbe ist der Geschäftsumfang d. h. Anlagekapital, Umsatz, Ertrag zu beachten.

Art. 5. ★5. Ist eine Firma im Handelsregister eingetragen, so kann gegenüber demjenigen, welcher sich auf die Eintragung beruft, nicht geltend gemacht werden, daß das unter der Firma betriebene Gewerbe kein Handelsgewerbe sei oder daß es zu den im §. 4 Abs. 1 bezeichneten Betrieben gehöre.[26]

[26] Der Eintragung einer Firma in das Handelsregister wird hinsicht-

lich der privatrechtlichen Verhältnisse des Unternehmers zum Zweck der Beseitigung der seitherigen Unzuträglichkeiten eine den Prozeßrichter bindende Wirkung beigelegt. §. 5 erstreckt sich nicht auf das öffentliche und das Strafrecht. Hier ist Nachprüfung erforderlich. Wegen des Löschungsverfahrens §§ 125—144, §§ 1—34 F G.G. Beschwerde geht an die K.f.H.S. § 30. 143 cit.

6. Die in Betreff der Kaufleute gegebenen Vorschriften finden auch auf die Handelsgesellschaften Anwendung.[27] [28] Art. 5.

Die Rechte und Pflichten eines Vereins, dem das Gesetz ohne Rücksicht auf den Gegenstand des Unternehmens die Eigenschaft eines Kaufmanns beilegt, werden durch die Vorschrift des §. 4 Abs 1 nicht berührt.[24]

[27] Absatz 1 ist der kürzer gefaßte Abs. 1 Art. 5.

[28] Absatz 2 des Art. 5 ist gestrichen, weil alle Banken schon nach §. 1[4] Kaufmannseigenschaft besitzen, durch Landesgesetze das H.G.B. nicht außer Anwendung gebracht werden soll und zweifelhaft werden könnte, was seit Erlassung des Reichsbankgesetzes als öffentliche Bank im Sinne des H.G.B anzusehen ist

★7. Durch die Vorschriften des öffentlichen Rechtes, nach welchen die Befugniß zum Gewerbebetrieb ausgeschlossen oder von gewissen Voraussetzungen abhängig gemacht ist, wird die Anwendung der die Kaufleute betreffenden Vorschriften dieses Gesetzbuchs nicht berührt.[29] Art 11.

[29] Art. 11 Satz 1 ist verallgemeinert und trifft damit alle Vorschriften des öffentlichen Rechts, insbesondere die über die Rechtsverhältnisse der Beamten.

Satz 2 des Art. 11 ist gestrichen, weil nicht einzusehen ist, inwiefern das H G.B. auf das öffentliche Recht einwirken kann.

Art. 276 ist, weil er denselben Gedanken wie § 7 ausdrückt, weggefallen. Durch Landesgesetz pflegt z. B. Beamten die Annahme einer Aufsichtsrathsstelle untersagt zu sein. § 243.

Schlußbemerkung zum ersten Abschnitt.

Von den Frauen spricht das H.G.B. nicht. Die Frau ist dem Mann im Gewerbebetrieb durch die Gew.O. schon völlig gleichgestellt und nach §. 52 P.O. auch unbeschränkt prozeßfähig. Sie bedarf seiner Einwilligung zum selbständigen Betrieb eines Erwerbsgeschäfts nicht. §. 1399 B.G.B. Der Mann kann der Frau den Betrieb eines solchen aber untersagen; die Frau kann sich gegen Mißbrauch dieses Rechts wehren, §. 1354 B.G.B.; hat der Mann seine Einwilligung zum Geschäftsbetrieb ertheilt, so kann er jederzeit widerrufen. §. 1405 B.G.B Dritten gegenüber können Einwendungen auf Grund des Widerrufs nur erhoben werden, wenn zur Zeit der Vornahme des Rechtsgeschäfts der Widerruf in das Art. 6—9.

Güterregister des zuständigen Amtsgerichts eingetragen oder dem Dritten bekannt war. §. 1435 B.G.B.

Was die Stellung des Mannes angeht, so vertritt ihn die Frau in den Grenzen der Schlüsselgewalt, § 1357 B.G.B., und geschäftlich, §. 1356 B.G.B. Die Frau bedarf seiner Zustimmung zur Verfügung über das eingebrachte und gütergemeinschaftliche Vermögen, um dieses dem Zugriff der Gläubiger zu unterwerfen. Hat die Frau ohne diese Ermächtigung gehandelt, so haben die Gläubiger keine Rechte bezüglich dieses Vermögens, wohl aber haftet die Frau persönlich und sind die Gläubiger berechtigt, für den Fall der Gütertrennung oder des Vorbehaltsguts auf dasjenige Vermögen der Frau, welches der Verwaltung und Nutznießung des Mannes nicht untersteht, zu greifen. §§. 1395—1399, 1412, 1442, 1443, 1452, 1459—1462, 1530—1533, 1549 B.G.B Begriff des Vorbehaltsguts §§. 1366—1371 B.G.B. Die mangelnde ehemännliche Ermächtigung kann stillschweigend ertheilt, §. 1405[2], aber nicht erzwungen, wohl aber in den Fällen der §§. 1401, 1402 B.G.B. ersetzt werden. Liegt die ehemännliche Ermächtigung vor, so haftet der Ehemann nicht persönlich, wohl aber das „eingebrachte Gut". §. 1399[2] B.G.B. Begriff des eingebrachten Guts (Ehegut) §. 1363 B.G.B.

Treibt eine Frau außerhalb des Wohnsitzes des Mannes ein Handelsgeschäft, so trifft Art. 4 E.G.z.H.G.B. wegen der Wirkungen des Eintrags zum Güterregister besondere Vorschrift.

Ferner gilt den Frauen Art. 9 des E G z H G.B. und §. 18 H.G.B. insbesondere. Wegen des Namensrechts der Frau §§. 1355, 1577 B.G.B. Konkurs §§. 2 und 236 K.O.

Für den Börsenterminhandel bestehen noch Ausnahmevorschriften §§. 69, 58, 63 Börs.Ges., Art. 14 E.G.z.H.G.B.

Zweiter Abschnitt.

Handelsregister.

Art 12[1] ★8. Das Handelsregister wird von den Gerichten geführt.[30]

[30] Die Amtsgerichte führen die Register F.G.G. §. 125. Ueber das Verfahren §§. 126ff. cit. Beschwerde an die K.f.H.S. §§. 30 und 143 cit. Das R.G v. 30 März 88 R G.Bl. S. 129 betreffend die Löschung nicht bestehender Firmen u. s. w. ist aufgehoben, Art. 8[1] E.G.z.H.G.B. und ersetzt durch §. 31[2] H.G.B., § 132 F.G.G. Vergl. Einleitung vor Buch I.

Art 12[2]. **9. Die Einsicht des Handelsregisters sowie der zum Handelsregister eingereichten Schriftstücke ist Jedem gestattet.**

Von den Eintragungen kann eine Abschrift gefordert werden;[31] das Gleiche gilt in Ansehung der zum Handelsregister eingereichten Schriftstücke, sofern ein berechtigtes Interesse glaubhaft gemacht wird.[32] Die Abschrift ist auf Verlangen zu beglaubigen.

Das Gericht hat auf Verlangen eine Bescheinigung darüber zu ertheilen, daß bezüglich des Gegenstandes einer Eintragung weitere Eintragungen nicht vorhanden sind oder daß eine bestimmte Eintragung nicht erfolgt ist.

31 Ein Recht auf Bescheinigung über den Inhalt einer erfolgten Eintragung erkennt das Gesetz neben dem Recht auf Einsicht und Abschrift nicht an mit der Ausnahme, daß die Vertretungsbefugniß von Gesellschaften, also auch die Liquidatoreneigenschaft dem Grundbuchamt durch ein Zeugniß des Registergerichts und, falls Grundbuchamt und Registergericht identisch sind, durch Bezugnahme auf das Register nachgewiesen werden kann. §. 33 Grundb.Ordng. § 69 B.G.B

32 Abschrift des ganzen Handelsregisters kann nicht verlangt werden, weil dieses Begehren dem Zweck des Gesetzes widerstreiten würde.

★10. Das Gericht hat die Eintragungen in das Handelsregister durch den Deutschen Reichsanzeiger und durch mindestens ein anderes Blatt bekannt zu machen. Soweit nicht das Gesetz ein Anderes vorschreibt, werden die Eintragungen ihrem ganzen Inhalte nach veröffentlicht.[33] Art. 13

Mit dem Ablaufe des Tages, an welchem das letzte der die Bekanntmachung enthaltenden Blätter erschienen ist, gilt die Bekanntmachung als erfolgt.[34]

33 Eintrag und Veröffentlichung hat ohne Verzögerung und nur je einmal zu erfolgen. Periodische Sammelveröffentlichungen sind unzulässig.

34 Absatz 2 beseitigt einen durch Art 13[2] aufgeworfenen Zweifel. Vergl. §. 206 P O.

11. Das Gericht hat jährlich im Dezember die Blätter zu bezeichnen, in denen während des nächsten Jahres die im §. 10 vorgesehenen Veröffentlichungen erfolgen sollen.[35] Art. 14[1]

35 §. 11 giebt den Art. 14 Abs. 1 Satz 1. Der Rest ist gestrichen. Der §. 128 des Entwurfs des F G.G., wonach die Landesregierungen befugt sein sollten, den Registergerichten Anweisungen bezüglich der für die Bekanntmachungen zu bestimmenden Blätter zu ertheilen, ist vor der Justizkommission des Reichstags gefallen.

★12. Die Anmeldungen zur Eintragung in das Handelsregister sowie die zur Aufbewahrung bei dem Gerichte bestimmten Zeichnungen von Unterschriften sind persönlich bei dem Gerichte zu bewirken oder in öffentlich beglaubigter Form einzureichen.[36]

Die gleiche Form ist für eine Vollmacht zur Anmeldung er=

forderlich. Rechtsnachfolger eines Betheiligten haben die Rechtsnachfolge soweit thunlich[37] durch öffentliche Urkunden nachzuweisen

[36] Vergl. §. 129 B.G.B. und §§ 128—130, 167 ff, 191 F.G.G.

[37] Beglaubigung durch den Notar genügt. Der Registerrichter wird regelmäßig bei der Neuanmeldung oder der Anmeldung einer Verlegung der Firma dem Anmeldenden ohne Weiteres glauben dürfen. Was nicht Anmeldung ist, unterliegt dem §. 12 nicht §§ 128, 129 F.G.G

Art. 13 21. **★13. Soweit nicht in diesem Gesetzbuch ein Anderes vorgeschrieben ist, sind die Eintragungen in das Handelsregister und die hierzu erforderlichen Anmeldungen und Zeichnungen von Unterschriften sowie die sonst vorgeschriebenen Einreichungen zum Handelsregister bei jedem Registergericht, in dessen Bezirke der Inhaber der Firma eine Zweigniederlassung besitzt, in gleicher Weise wie bei dem Gerichte der Hauptniederlassung zu bewirken.[38]**

Eine Eintragung bei dem Gerichte der Zweigniederlassung findet nicht statt, bevor nachgewiesen ist, daß die Eintragung bei dem Gerichte der Hauptniederlassung geschehen ist.[39]

Diese Vorschriften kommen auch zur Anwendung, wenn sich die Hauptniederlassung im Auslande befindet. Soweit nicht das ausländische Recht eine Abweichung erforderlich macht, haben die Anmeldungen, Zeichnungen und Eintragungen bei dem Gerichte der Zweigniederlassung[40] in gleicher Weise zu geschehen, wie wenn sich die Hauptniederlassung im Inlande befände.

[38] Vergl. § 131 F.G.G. Die Anmeldung sowohl beim Registergericht der Hauptniederlassung als bei dem der Zweigniederlassung ist jetzt eine allgemein geltende Vorschrift. Vergl. die früheren Einzelvorschriften der Art. 21, 86, 152, 179 u. a. m. Begriff einer Zweigniederlassung R.O.H.G. XVII 320.

[39] Kennt das Ausland, wo die Hauptniederlassung sich befindet, keine Registerpflicht, so wird für das Inland die Registerpflicht der Zweigniederlassung zwar nicht beseitigt, aber der Absatz 2 des §. 13 ist nicht anwendbar.

[40] Hat eine ausländische Firma im Inland nur einen Bevollmächtigten, aber keine Zweigniederlassung, so findet kein Eintrag statt

Art. 26^1 **★14.[41] Wer verpflichtet[42] ist, eine Anmeldung, eine Zeichnung der Unterschrift oder eine Einreichung von Schriftstücken zum Handelsregister vorzunehmen, ist hierzu von dem Registergerichte durch Ordnungsstrafen anzuhalten.[43] Die einzelne Strafe darf den Betrag von dreihundert Mark nicht übersteigen**

[41] §. 14 verallgemeinert Art. 45^4, 89, 129^4, 135^3 u. a. m

[42] Fakultative Rechtsakte sollen nicht getroffen werden, daher die Ausnahmen in §§ 175 und 319[2]

[43] Wegen des Ordnungsstrafverfahrens §§. 132 ff. F G G. sofortige Beschwerde an die K f. H S §. 20, 22 F G G.

★15.[44] Solange eine in das Handelsregister einzutragende Thatsache nicht eingetragen und bekannt gemacht ist, kann sie von demjenigen, in dessen Angelegenheiten sie einzutragen war, einem Dritten nicht entgegengesetzt werden, es sei denn, daß sie diesem bekannt war.[45] Art 25 [23]

Ist die Thatsache eingetragen und bekannt gemacht worden, so muß ein Dritter sie gegen sich gelten lassen,[46] es sei denn, daß er sie weder kannte noch kennen mußte.[47]

Für den Geschäftsverkehr mit einer in das Handelsregister eingetragenen[48] Zweigniederlassung ist im Sinne dieser Vorschriften die Eintragung und Bekanntmachung durch das Gericht der Zweigniederlassung entscheidend.[49]

[44] Es sind hier die Einzelbestimmungen der Art. 25, 46, 87, 115, 129 u. a. m. zu einem allgemeingültigen Grundsatze zusammengefaßt, ähnlich wie im § 68 B.G.B.

[45] Ist die Kenntniß der einzutragenden Thatsache für das Verhalten des Dritten einflußlos, fehlt also der Zusammenhang von Ursache und Wirkung, so ist das Prinzip des §. nicht anwendbar Wenn z. B. Pferde einer offenen Handelsgesellschaft Schaden anrichten, so kann dafür der ausgeschiedene Gesellschafter, dessen Ausscheiden noch nicht eingetragen war, nicht in Anspruch genommen werden Dagegen haften die Theilhaber einer Gesellschaft, die kein Handelsgewerbe betreibt, aber als offene Handelsgesellschaft eingetragen ist, solidarisch R G XL 146

[46] Vornehmlich wird §. 15, abgesehen von §. 32, von Bedeutung bei Erlöschen einer Firma, Auflösung einer Handelsgesellschaft, Widerruf der Prokura, Ausschluß eines Gesellschafters u s w Daher haftet der registrirte Firmeninhaber für die von Andern unter seiner Firma abgeschlossenen Geschäfte dem gutgläubigen Dritten R.O.H G. XXI 306 Dasselbe gilt für denjenigen, der die Eintragung seiner Firma unterlassen hat R.G XV 35. Voraussetzung ist Ermächtigung des Andern zu solchen Abschlüssen.

[47] Kennenmüssen §. 122 B G B und R O.H G. XII 170 Nicht jede veröffentlichte Registerthatsache ist eine bekannte. R O.H.G. XI 374. Die allgemeinen Beweisregeln des B G B I Entwurf sind vor der Reichskommission II gefallen.

[48] Für eintragspflichtige aber noch nicht eingetragene Zweigniederlassungen gilt Absatz 3 nicht. M.

[49] Abs. 3 enthält den umgekehrten Grundsatz wie Art 200, §. 148[3] Genossensch Ges § 76 Ges. betr G. m. b. H Das E.G z H G.B.

Art. 10 Nr. XV und Art 11 Nr XXIII hat nun dem § 15^{3} allgemeine Geltung verschafft auch bei Genossenschaften und Gesellschaften m. b. H Für Rechtsakte, deren Wirkung unbedingt vom Eintrag abhängt, wie Errichtung der Aktiengesellschaft und Aenderung deren Statuten u. dergl mehr z. B §§. 286, 291 entscheidet allein der Eintrag in das Register der Hauptniederlassung Vergl. §§ 26^{2}, 200

★16. Ist durch eine rechtskräftige oder vollstreckbare[50] Entscheidung[51] des Prozeßgerichts die Verpflichtung zur Mitwirkung bei einer Anmeldung zum Handelsregister oder ein Rechtsverhältniß, bezüglich dessen eine Eintragung zu erfolgen[52] hat, gegen einen von mehreren bei der Vornahme der Anmeldung Betheiligten festgestellt, so genügt zur Eintragung die Anmeldung der übrigen Betheiligten.[53] Wird die Entscheidung, auf Grund deren die Eintragung erfolgt ist, aufgehoben, so ist dies auf Antrag eines der Betheiligten in das Handelsregister einzutragen.

Ist durch eine rechtskräftige oder vollstreckbare Entscheidung des Prozeßgerichts die Vornahme einer Eintragung für unzulässig erklärt, so darf die Eintragung nicht gegen den Widerspruch desjenigen erfolgen, welcher die Entscheidung erwirkt hat.[54]

[50] Auch einstweilige Verfügungen z. B über Entziehung der Vertretung

[51] Auch Urtheile nach §. 895 P O

[52] Es braucht nicht gerade eine Feststellung nach § 256 P O zu sein; es muß sich aus dem festgestellten Rechtsverhältniß die Eintragspflicht nur als nothwendige Folge ergeben

[53] Wer ohne zur Mitwirkung bei der Anmeldung berufen zu sein, an der Eintragung nur ein Interesse hat, wie der Pächter eines Handelsgeschäfts, dem sich der Firmeninhaber zur Prokuraertheilung verpflichtet hat, oder der Kaufmann, welcher mit einer ähnlich lautenden Firma eine Firmenänderung vereinbart hat, kann sich des §. 16 nicht bedienen.

[54] Wo aber eine unzulässige Eintragung verhindert werden soll, ist im Gegensatz zu Abs 1 der Widerspruch eines bei der Anmeldung nicht betheiligten Dritten ausreichend, z. B. §§ 87^{2}, 271, 272 Dagegen ist der Entscheidung des Prozeßgerichts hier nicht wie in Abs 1 bindende Wirkung verliehen, damit die Parteien nicht auf dem Umwege eines Scheinprozesses unzulässige Eintragungen durchsetzen. Vergl. § 127 F.G G wegen Aussetzens der Entscheidung. § 148 P O

Dritter Abschnitt.[55]

Handelsfirma.[56]

[55] Die am 1 Januar 1900 bestandenen Firmen sind auch fernerhin in ihrem Fortbestand nach Maßgabe des alten Rechts geschützt, und zwar

auch im Fall einer Verlegung des Sitzes R.G. XX 171 Art. 22[1] E.G.z.H.G.B. mit Ausnahme solcher Aktiengesellschaften und Kommanditgesellschaften auf Aktien, deren bisherige Firmenbezeichnung z. B durch Führung von Personennamen Anlaß zu Verwechslungen bieten kann, weil die Eigenschaft als Aktiengesellschaft oder Kommanditgesellschaft auf Aktien nicht erkennbar ist. In letzterem Fall sind sie dem §. 20 unterworfen. Art. 22[2] E.G.

Ueber Neuerrichtung von Aktiengesellschaften und Kommanditgesellschaften auf Aktien vergl. Art. 23 E.G.

[56] Minderkaufleute § 4.

17. Die Firma eines Kaufmanns[1] ist der Name, unter dem er im Handel seine Geschäfte betreibt und die Unterschrift abgiebt.[46 57–59] Art. 15.

Ein Kaufmann kann unter seiner Firma klagen und verklagt werden.[60]

[57] Das Recht der Firmenzeichnung fordert nicht vorangegangene Eintragung R.G. XIV 19. Die Zeichnung der Firma, weil Handelsname, muß alle wesentlichen Bestandtheile enthalten. R.O.H.G. XII 173, 243. Für den Wechselverkehr erheblich. R.O.H.G. XIV 202 R.G. XXXV 38, abgekürzte Zeichnung R.O.H.G. XVI 201. Der Beifügung des Namens des Zeichnenden bedarf es nicht. R.O.H.G. XIV 307. Deutsche Firma ist für Inländer nicht Vorschrift.

[58] Die im Namen der Firma geschlossenen Geschäfte sind für den thatsächlichen Inhaber verbindlich, wenn sein Name beim Abschluß auch nicht bekannt, R.O.H.G. XVII 239, oder seine Firma gesetzlich unzulässig war. R.O.H.G. XXII 71. Kollusion ändert die Lage. R.G. IX 148.

[59] Mehrere Handelsniederlassungen mit verschiedenen Firmen desselben Inhabers stellen nur ein Vermögen und eine Persönlichkeit dar R.O.H.G. XX 35.

[60] Kläger oder Beklagter ist immer der Inhaber zur Zeit der Klageerhebung. Die Firma ist nicht Partei. Daher sind die §§. 239, 246, 26? C.P.O. beim Personenwechsel zu beachten. Abs. 2 ist veranlaßt durch die schwankende Rechtsprechung. R.O.H.G. XXXIII 101. Grundstückserwerbung §. 9 Note 31. Strafantrag R.G.St. XV 293.

18. Ein Kaufmann, der sein Geschäft ohne Gesellschafter oder nur mit einem stillen Gesellschafter betreibt, hat seinen Familiennamen mit mindestens einem ausgeschriebenen Vornamen[61] als Firma zu führen.[62] Art. 16.

Der Firma darf kein Zusatz beigefügt werden, der ein Gesellschaftsverhältniß andeutet oder sonst geeignet ist, eine Täuschung über die Art oder den Umfang des Geschäfts oder die Verhältnisse des Geschäftsinhabers herbeizuführen.[61] Zusätze, die zur Unterscheidung der Person oder des Geschäfts dienen, sind gestattet.[63]

[61] Diese neuen Zusätze sind Ausfluß des Prinzips der Firmenwahrheit und sollen Irreführung Dritter verhüten. Ergänzt ist dieses Streben durch die Vorschrift des Art. 9 E.G., wonach Gewerbetreibende mit offenem Laden ihren persönlichen Namen mit mindestens einem ausgeschriebenen Vornamen am Eingange in deutlich lesbarer Schrift anzubringen haben. Bei Gesellschaften gilt Aehnliches für die persönlich haftenden Gesellschafter Art. 9[3] E.G.z.H G.B. Der Registerrichter darf Firmen, die gegen §. 18 verstoßen, nicht eintragen und hat von Amtswegen gegen solch unbefugte Firmirung vorzugehen. §. 37 B.G.B., §. 140 F.G.G. Beschwerde an die K.f.H.S. § 30 cit Vergl. auch Note 58 und 69

[62] Ausnahmen §§. 21, 22, 24.

[63] Beifügung des Namens der Ehefrau erlaubter Zusatz. R G. XVI 60, aber nicht Nachfolgerzusatz ohne Zustimmung des Vorgängers R.G. XIX 21.

Art. 71. **19.** Die Firma einer offenen Handelsgesellschaft hat den Namen wenigstens eines der Gesellschafter mit einem das Vorhandensein einer Gesellschaft andeutenden Zusatz oder die Namen aller Gesellschafter zu enthalten.

Die Firma einer Kommanditgesellschaft hat den Namen wenigstens eines persönlich haftenden Gesellschafters mit einem das Vorhandensein einer Gesellschaft andeutenden Zusatze zu enthalten.

Die Beifügung von Vornamen ist nicht erforderlich.[61]

Die Namen anderer Personen als der persönlich haftenden Gesellschafter dürfen in die Firma einer offenen Handelsgesellschaft oder einer Kommanditgesellschaft nicht aufgenommen werden.[63a]

[63a] Vergl jedoch §. 170 Note 24.

Art 18. **20.**[64] Die Firma einer Aktiengesellschaft sowie die Firma einer Kommanditgesellschaft auf Aktien[65] ist in der Regel[66] von dem Gegenstande des Unternehmens zu entlehnen; die erstere Firma hat außerdem die Bezeichnung „Aktiengesellschaft", die letztere Firma die Bezeichnung „Kommanditgesellschaft auf Aktien" zu enthalten.[67]

[64] Uebergangsvorschriften Note 55.

[65] Auch die Kommanditgesellschaften auf Aktien sollen als solche kenntlich sein und wird in ihrem Wesen jetzt abweichend von Art. 17[2] der Aktiengesellschaft gleichgestellt. Daher ist das Verbot des Art. 18[2] jetzt unnöthig.

[66] Personennamen können in der Firma aber doch vorkommen, wenn

bei einer Umwandlung in ein Aktienunternehmen ein berechtigtes Interesse an der Aufnahme oder Beibehaltung von Personennamen vorhanden ist.

67 Für den persönlich haftenden Gesellschafter einer Kommanditgesellschaft auf Aktien mit offenem Laden ist der Art. 9 E G z H G B. von Bedeutung. Anbringung der Namen am Eingang

★21. Wird ohne eine Aenderung der Person der Name des Geschäftsinhabers oder der in der Firma enthaltene Name eines Gesellschafters geändert, so kann die bisherige Firma fortgeführt werden.[68]

68 Bleibt der Inhaber derselbe, ändert jedoch seinen Namen, wie z. B. bei der Verheirathung weiblicher Personen, so ist keine Firmenänderung nöthig.

22. Wer ein bestehendes Handelsgeschäft unter Lebenden oder von Todeswegen erwirbt, darf für das Geschäft die bisherige Firma mit oder ohne Beifügung eines das Nachfolgeverhältniß andeutenden Zusatzes fortführen, wenn der bisherige Geschäftsinhaber oder dessen Erben in die Fortführung der Firma ausdrücklich willigen. Die Verpflichtung einer Aktiengesellschaft oder einer Kommanditgesellschaft auf Aktien, die im §. 20 vorgeschriebene Bezeichnung in ihre Firma aufzunehmen, wird hierdurch nicht berührt.[69] Art. 22.

Wird ein Handelsgeschäft auf Grund eines Nießbrauchs, eines Pachtvertrags oder eines ähnlichen Verhältnisses[70] übernommen, so finden diese Vorschriften entsprechende Anwendung[71]

69 Diese Bezeichnung muß also auch der erworbenen Firma beigefügt werden. Fortführung der Firma einer A.G. durch einen Einzelkaufmann ohne Zusatz nicht zulässig. R.G. XV 110. Ersitzung R G XXV 1.

70 Z. B. des ehelichen Güterrechts.

71 Führt ein Pächter nach Abs. 2 die alte Firma fort, so ist er als Inhaber einzutragen, haftet für die bisherigen Geschäftsschulden §. 25 und wird für die neuen Geschäfte allein haftbar. Vergl. Note 46.

23. Die Firma kann nicht ohne das Handelsgeschäft, für welches sie geführt wird, veräußert werden.[72] Art. 23.

72 Auch nicht im Konkurs R.G IX 104; eine erloschene Firma und eine Firma, der kein Geschäft zur Unterlage dient, kann nicht geführt werden. R.G. IX 1 und III 121.

24. Wird Jemand in ein bestehendes Handelsgeschäft als Gesellschafter aufgenommen oder tritt ein neuer Gesellschafter in eine Art. 24.

Handelsgesellschaft ein oder scheidet aus einer solchen ein Gesellschafter aus, so kann ungeachtet dieser Veränderung die bisherige Firma fortgeführt werden.

Bei dem Ausscheiden eines Gesellschafters, dessen Name in der Firma enthalten ist, bedarf es zur Fortführung der Firma der ausdrücklichen[73] Einwilligung des Gesellschafters **oder seiner Erben.**[74]

[73] „ausdrücklich“. Kann sich auch aus den Umständen ergeben R O H.G. X 291.

[74] Selbst für Andeutung des Nachfolgeverhältnisses R.G V 113

★25. Wer ein unter Lebenden[75] erworbenes Handelsgeschäft unter der bisherigen Firma[75] mit oder ohne Beifügung eines das Nachfolgeverhältniß andeutenden Zusatzes fortführt, haftet für alle[76] im Betriebe des Geschäfts begründeten Verbindlichkeiten des früheren Inhabers.[77] Die in dem Betriebe begründeten Forderungen[78] gelten den Schuldnern gegenüber als auf den Erwerber übergegangen, falls der bisherige Inhaber oder seine Erben in die Fortführung der Firma gewilligt haben.

Eine abweichende Vereinbarung ist einem Dritten gegenüber nur wirksam, wenn sie in das Handelsregister eingetragen und bekannt gemacht oder von dem Erwerber oder dem Veräußerer dem Dritten mitgetheilt worden ist.

Wird die Firma nicht fortgeführt,[79] so haftet der Erwerber eines Handelsgeschäfts für die früheren Geschäftsverbindlichkeiten nur, wenn ein besonderer Verpflichtungsgrund[79] vorliegt, insbesondere wenn die Uebernahme der Verbindlichkeiten in handelsüblicher Weise von dem Erwerber bekannt gemacht worden ist.

★26. Ist der Erwerber des Handelsgeschäfts auf Grund der Fortführung der Firma oder auf Grund der im §. 25 Abs. 3 bezeichneten Bekanntmachung für die früheren Geschäftsverbindlichkeiten haftbar, so verjähren die Ansprüche der Gläubiger gegen den früheren Inhaber mit dem Ablaufe von fünf Jahren, falls nicht nach den allgemeinen Vorschriften die Verjährung schon früher eintritt.[80]

Die Verjährung beginnt im Falle des §. 25 Abs. 1 mit dem Ende des Tages, an welchem der neue Inhaber der Firma in das Handelsregister des Gerichts der Hauptniederlassung eingetragen[81] worden ist, im Falle des §. 25 Abs. 3 mit dem Ende des Tages, an welchem die Kundmachung der Uebernahme stattgefunden hat. Konnte der Gläubiger die Leistung erst in einem späteren Zeitpunkte verlangen, so beginnt die Verjährung mit diesem Zeitpunkte.[82]

★27. Wird ein zu einem Nachlasse gehörendes Handelsgeschäft von dem Erben fortgeführt, so finden auf die Haftung des Erben für die früheren Geschäftsverbindlichkeiten die Vorschriften des §. 25 entsprechende Anwendung.[83]

Die unbeschränkte Haftung nach §. 25 Abs. 1 tritt nicht ein, wenn die Fortführung des Geschäfts vor dem Ablaufe von drei Monaten nach dem Zeitpunkt, in welchem der Erbe von dem Anfalle der Erbschaft Kenntniß erlangt hat, eingestellt wird. Auf den Lauf der Frist finden die für die Verjährung geltenden Vorschriften des §. 206 des Bürgerlichen Gesetzbuchs entsprechende Anwendung. Ist bei dem Ablaufe der drei Monate das Recht zur Ausschlagung der Erbschaft noch nicht verloren, so endigt die Frist nicht vor dem Ablaufe der Ausschlagungsfrist.[84]

★28. Tritt Jemand als persönlich haftender Gesellschafter[86] oder als Kommanditist[86] in das Geschäft eines Einzelkaufmanns ein, so haftet die Gesellschaft, auch wenn sie die frühere Firma nicht fortführt,[87] für alle im Betriebe des Geschäfts entstandenen Verbindlichkeiten des früheren Geschäftsinhabers. Die in dem Betriebe begründeten Forderungen gelten den Schuldnern gegenüber als auf die Gesellschaft übergegangen.[85]

Eine abweichende Vereinbarung ist einem Dritten gegenüber nur wirksam, wenn sie in das Handelsregister eingetragen und bekannt gemacht oder von einem Gesellschafter dem Dritten mitgetheilt worden ist.

Anmerkungen zu den §§. 25—28.

A. Uebergang der Forderungen und Schulden auf den Erwerber eines Handelsgeschäfts §§. 25—27.

[75] Die bloße Uebernahme eines Handelsgeschäfts unter Lebenden — und dazu zählt auch der Erwerb durch Erbtheilung — überträgt nicht Forderungen und Schulden auf den Erwerber; auch dazu kommende Bekanntmachung des Geschäftsübergangs hat diese Wirkung noch nicht. Wird aber die Firma des übergegangenen Geschäfts fortgeführt, dann ist die gesetzliche Folge der Uebergang aller Verbindlichkeiten.

76 Selbst der aus im Geschäftsbetrieb begangener unerlaubter Handlungen des Vorgängers.

77 Letzterer haftet neben dem neuen Erwerber

78 Dagegen ist aus praktischen Gründen der Veräußerer nicht neben dem Erwerber Gläubiger der Geschäftsforderungen, wenn der Veräußerer in Fortführung der seitherigen Firma gewilligt hat; kann daher auch nicht Geschäftsschulden, die er zahlen muß, gegen Geschäftsforderungen wettschlagen.

Befreiung von diesen gesetzlichen Folgen gewährt nur das Verfahren des Absatzes 2.

79 Fällt das Moment der Firmenfortführung weg, so bedarf es der Bekanntmachung der Haftung für die Geschäftsschulden oder eines anderen Verpflichtungsgrundes, z. B. einer Vermögensübernahme. §. 419 B.G B.

80 z. B § 414, 423 H G B und bei §§. 419, 196, 197 B.G.B.

81 Vor der Eintragung läuft die Verjährung nicht. Der Tag der Eintragung kann beliebig bewiesen werden. R.O H G XX 348 § 130 F G G

82 D i bei kündbaren Forderungen der Augenblick, in dem hätte gekündigt werden können Im Uebrigen wegen Beginn §§ 198—200, Ruhen §§ 202 ff, Unterbrechung §§. 208 ff, Wirkung §. 222, Berechnung der Verjährung §§ 187 und 188 B G.B Die 5 Jahre sind von Datum zu Datum so zu rechnen, daß der Tag, in den der mathematische Anfangspunkt fällt, nicht mitgerechnet wird

83 Der Erbe haftet alsdann unbeschränkt bei endgültiger Firmenfortführung oder Bekanntmachung nach § 25[3].

84 Damit der Erbe Zeit zur Ueberlegung habe, ob er die Firma endgültig fortführen und sich damit haftbar machen will, gewährt ihm Abs 2 eine gewisse Nachsicht. Vergl. wegen Ausschlagungsfrist §§ 1942 ff B.G B insbesondere § 1944. §. 25 Abs 1 Satz 2 kommt hier nicht in Frage, weil der Erbe die Forderungen kraft Erbrechts erwirbt Eine ähnliche Bestimmung wie § 27 in § 139.

B. Uebergang der Forderungen und Schulden durch Eintritt eines Gesellschafters in das Geschäft eines Einzelkaufmanns §. 28.

85 Der Fall, daß eine Gesellschaft durch Eintritt eines Gesellschafters erst zu Stande kommt, d h. wenn ein bestehendes Handelsgeschäft in die gleichzeitig errichtete Gesellschaft eingebracht wird, ist hier dem §. 130 gleichgestellt M.

86 Der Gesellschafter haftet also unbeschränkt, der Kommanditist bis zur Höhe seiner Einlage.

87 §. 28 geht weiter als § 25, indem die Haftung auch bei Firmenänderung eintritt; bleibt aber hinter §. 130 zurück durch die Möglichkeit der Befreiung wie im § 25[2]

Art. 19 **29.** Jeder Kaufmann ist verpflichtet, seine Firma und den Ort seiner Handelsniederlassung[88] bei dem Gericht,[89] in dessen Bezirke sich die Niederlassung befindet, zur Eintragung in das

Handelsregister anzumelden; **er hat seine Firma zur Aufbewahrung bei dem Gerichte zu zeichnen**.[90]

[88] Zum Zweck besserer Unterscheidung bei möglichen Verwechslungen kann auch die Angabe der Lage und des Geschäftszweiges verlangt und diese Angabe in die Bekanntmachung aufgenommen werden M Handelsniederlassung R G XXI 2

[89] Amtsgericht Verfahren §§ 125, 128 ff F G G und § 1 ff cit

[90] Weil die Firma des Einzelkaufmanns seine Namensunterschrift ersetzt, vergl § 17, ist neben Zeichnung der Firma nicht noch weiter die Zeichnung der persönlichen Unterschrift verlangt

30. Jede neue Firma muß sich von allen an demselben Orte oder in derselben Gemeinde[91] bereits bestehenden und in das Handelsregister eingetragenen Firmen[92] deutlich[93] unterscheiden. Art 20, 21[a]

Hat ein Kaufmann mit einem bereits eingetragenen Kaufmanne die gleichen Vornamen und den gleichen Familiennamen und will auch er sich dieser Namen als seiner Firma bedienen, so muß er der Firma einen Zusatz beifügen, durch den sie sich von der bereits eingetragenen Firma deutlich unterscheidet.

Besteht an dem Orte oder in der Gemeinde, wo eine Zweigniederlassung[94] errichtet wird, bereits eine gleiche eingetragene Firma, so muß die Firma für die Zweigniederlassung ein der Vorschrift des Abs 2 entsprechender Zusatz beigefügt werden

Durch die Landesregierungen kann bestimmt werden, daß benachbarte Orte oder Gemeinden als ein Ort oder als eine Gemeinde im Sinne dieser Vorschriften anzusehen sind

[91] Der Schutz ist auf Ort und Gemeinde der Niederlassung beschränkt, so daß dort nicht zwei gleichlautende Firmen bestehen dürfen R.G. XIX 96. R O H G VI 248 Niederlassung R O H G XVII 315 Ueber diese räumlichen, durch §. 30[4] erweiterten Grenzen hinaus hilft das Gesetz zur Bekämpfung unlautern Wettbewerbs

[92] Nur die Firma ist geschützt, die Bezeichnung eigener Waare mit fremder Firma ist kein Firmenmißbrauch. R G III 165 Waarenetiquetten R.O.H.G I 133. Hier hilft das Gesetz über Markenschutz. R.G I 74 Nur die legitime Firma genießt den Schutz R G IX 2

[93] R G. XX 72 und XXXVIII 84

[94] Zweigniederlassung R O H G. XVII 319, vergl §. 13 und §. 29 Note 88

31. Eine Aenderung der Firma oder ihrer Inhaber **sowie die Verlegung der Niederlassung an einen anderen Ort** Art. 25[1].

ist nach den Vorschriften des §. 29 zur Eintragung in das Handelsregister anzumelden.

Das Gleiche gilt, wenn die Firma erlischt. **Kann die Anmeldung des Erlöschens einer eingetragenen Firma**[95] **durch die hierzu Verpflichteten nicht auf dem im §. 14 bezeichneten Wege herbeigeführt werden, so hat das Gericht das Erlöschen von Amtswegen einzutragen.**[96]

[95] Gilt auch für Gesellschaften. §. 6 Wegen der Unterlassung §. 15.

[96] Uebernommen aus dem aufgehobenen Gesetz vom 30. März 1888. Art 8 E.G.z.H.G.B Zuständig Amtsgericht und die K.f.H.S §§ 141, 142 F.G.G. Dort auch Verfahrensordnung.

★32. Wird über das Vermögen eines Kaufmanns der Konkurs eröffnet, so ist dies von Amtswegen in das Handelsregister einzutragen. Das Gleiche gilt von der Aufhebung des Eröffnungsbeschlusses sowie von der Einstellung und Aufhebung des Konkurses. Eine öffentliche Bekanntmachung der Eintragungen findet nicht statt[97] Die Vorschriften des §. 15 bleiben außer Anwendung.

[97] Mit Rücksicht auf die Bekanntmachung durch das Konkursgericht. Die Eintragsvorschrift stimmt mit §. 75 B G.B. Gen Ges. §§. 102, 156 u s. w §§ 112, 116, 163, 198, 205 K.O

★33. Eine juristische Person, deren Eintragung in das Handelsregister mit Rücksicht auf den Gegenstand oder auf die Art und den Umfang ihres Gewerbebetriebs zu erfolgen hat,[98] ist von sämmtlichen Mitgliedern des Vorstandes zur Eintragung anzumelden.

Der Anmeldung sind die Satzung[99] der juristischen Person und die Urkunden über die Bestellung des Vorstandes in Urschrift oder in öffentlich beglaubigter Abschrift beizufügen. Bei der Anmeldung zum Handelsregister einer Zweigniederlassung bedarf es der Beifügung der Urkunden über die Bestellung des Vorstandes nicht.

Bei der Eintragung sind die Firma[99] und der Sitz der juristischen Person, der Gegenstand des Unternehmens und die Mitglieder des Vorstandes anzugeben. Besondere Bestimmungen der Satzung über die Befugniß des Vorstandes zur Vertretung der juristischen Person oder über die Zeitdauer des Unternehmens sind gleichfalls einzutragen.

[98] Außer den Personen des §. 35 gehören hierher die Kolonialgesellschaften, §§. 8—10 des Gesetzes betr. die Rechtsverhältnisse der deutschen Schutzgebiete; Vereine, denen die Rechtsfähigkeit verliehen ist, §§. 22, 23 B.G.B, die Gewerkschaften §. 2 H.G.B

[99] Ihren Namen sollen Gewerkschaften in den Grenzen des §. 30 frei, wie seither, wählen dürfen; auch sollen ältere Korporationen, die keine Satzungen bisher hatten, darin geschützt bleiben. M.

★34. Jede Aenderung der nach §. 33 Abs. 3 einzutragenden Thatsachen oder der Satzung, die Auflösung der juristischen Person, falls sie nicht die Folge der Eröffnung des Konkurses ist, sowie die Personen der Liquidatoren und die besonderen Bestimmungen über ihre Vertretungsbefugniß sind zur Eintragung in das Handelsregister anzumelden.

Bei der Eintragung einer Aenderung der Satzung genugt, soweit nicht die Aenderung die im §. 33 Abs. 3 bezeichneten Angaben betrifft, die Bezugnahme auf die bei dem Gericht eingereichten Urkunden über die Aenderung.

Die Anmeldung hat durch den Vorstand oder, sofern die Eintragung erst nach der Anmeldung der ersten Liquidatoren geschehen soll, durch die Liquidatoren zu erfolgen.

Die Eintragung gerichtlich bestellter Vorstandsmitglieder oder Liquidatoren geschieht von Amtswegen.

Im Falle des Konkurses finden die Vorschriften des §. 32 Anwendung.

★35. Die Mitglieder des Vorstandes und die Liquidatoren einer juristischen Person haben ihre Unterschrift zur Aufbewahrung bei dem Gerichte zu zeichnen.

★36. Ein Unternehmen des Reichs, eines Bundesstaats oder eines inländischen Kommunalverbandes braucht nicht in das Handelsregister eingetragen zu werden.[100] Erfolgt die Anmeldung, so ist die Eintragung auf die Angabe der Firma sowie des Sitzes und des Gegenstandes des Unternehmens zu beschränken.

[100] Eintragsfrei sind sonach die staatlichen Banken (wegen der Reichsbank §. 66 Bankgesetz), Eisenbahnen [der Postfiskus ist überhaupt nicht Kaufmann §. 452], Manufakturen u. s. w., städt. Pferdebahnen u. s. w. Sie können sich aber eintragen lassen, was bei §. 2 von Bedeutung wird. Sie müssen sich wegen der Anmeldepflicht des §. 53 aber eintragen lassen, sobald sie einen Prokuristen bestellen. M.

Art. 26[2]. 27[1]. ★37. Wer eine nach den Vorschriften dieses Abschnitts ihm nicht zustehende Firma gebraucht,[101] ist von dem Registergerichte zur Unterlassung des Gebrauchs der Firma durch Ordnungsstrafen anzuhalten. Die Höhe der Strafen bestimmt sich nach §. 14 Satz 2.

Wer in seinen Rechten[102] dadurch verletzt wird, daß ein Anderer eine Firma unbefugt gebraucht, kann von diesem die Unterlassung des Gebrauchs der Firma verlangen. Ein nach sonstigen Vorschriften begründeter Anspruch auf Schadensersatz bleibt unberührt.[103]

101 Geht weiter als das Gesetz zur Bekämpfung unlauteren Wettbewerbs, welches unredliche Absicht voraussetzt, und weiter als §. 12 B.G.B, welcher Schutz gegen unbefugten Gebrauch des Namens (zur Kennzeichnung der Person oder zu Reklamezwecken, zur Waarenzeichnung, auf Schildern u. s. w. Vergl. Note 92) verleiht. Von §. 37 wird z. B betroffen ein Verstoß gegen §. 18[2] und 30, guter Glaube schützt nicht R.G. XXV 5. Ausland. Art 12 E.G z. B.G.B. Unter Gebrauch ist ein solcher im Sinne des §. 17 verstanden. R.G. XIX 23, XXII 58 Namenrecht des B.G.B. §§. 1355, 1577, 1616, 1706, 1758. Verfahren § 140 F.G.G. Beschwerde an die K f.H.S § 30 cit.

102 Schaden ist nicht Voraussetzung der Unterlassungsklage. R.G. XIX 22. Jeder Konkurrent ist aktiv legitimirt.

103 Dagegen gehört als Regel zur Schadensklage ein Verschulden §. 823 ff. B.G.B. und ein vermögensrechtlicher Schaden §. 253 B.G.B §§. 847, 1298 B.G.B., wenn er auch nur irgend nach §. 287 P.O. schätzbar ist. §§. 249 ff. B.G.B. Veröffentlichung findet nur im Fall des §. 13[4] u [5] des Gesetzes zur Bekämpfung unlauteren Wettbewerbs statt.

Vierter Abschnitt.

Handelsbücher.[104]

Art. 28. 38. Jeder Kaufmann ist verpflichtet, Bücher zu führen und in diesen seine Handelsgeschäfte und die Lage seines Vermögens nach den Grundsätzen ordnungsmäßiger Buchführung[105] ersichtlich zu machen.

Er ist verpflichtet, eine Abschrift (Kopie oder Abdruck) der abgesendeten Handelsbriefe zurückzubehalten und diese Abschriften sowie die empfangenen Handelsbriefe geordnet aufzubewahren.[106]

104 Minderkaufleute §. 4. Strafbestimmungen §§. 239, 240 K.O

105 Beurtheilung nach Art und Umfang des Geschäfts und der Gepflogenheit eines sorgfältigen Kaufmanns R.G St XXV 36

106 Kopirbuch, weil nicht mehr zeitgemäß, nicht vorgeschrieben. Fliegende Blätter unzulässig. R.G.St. XVII 301.

39. Jeder Kaufmann hat bei dem Beginne seines Handelsgewerbes seine Grundstücke, seine Forderungen und Schulden, den Betrag seines baaren Geldes und seine sonstigen Vermögensgegenstände genau zu verzeichnen, dabei den Werth der einzelnen Vermögensgegenstände anzugeben und einen das Verhältniß des Vermögens und der Schulden darstellenden Abschluß zu machen. Art. 29.

Er hat demnächst für den Schluß eines jeden Geschäftsjahrs ein solches Inventar und eine solche Bilanz aufzustellen; die Dauer des Geschäftsjahrs[107] darf zwölf Monate nicht überschreiten. Die Aufstellung des Inventars und der Bilanz ist innerhalb der einem ordnungsmäßigen Geschäftsgang entsprechenden Zeit zu bewirken.[108]

Hat der Kaufmann ein Waarenlager, bei dem nach der Beschaffenheit des Geschäfts die Aufnahme des Inventars nicht füglich in jedem Jahre geschehen kann, so genügt es, wenn sie alle zwei Jahre erfolgt. Die Verpflichtung zur jährlichen Aufstellung der Bilanz wird hierdurch nicht berührt.[109]

107 Braucht nicht mit dem Kalenderjahr zusammenzufallen.

108 Die für Gesellschaften z. B. §. 260² gegebenen Fristen lassen sich auf den Einzelkaufmann nicht übertragen. Bewerthungsregeln R.G. XXII 164.

109 War auch nach Art 29 schon so aufzufassen.

40. Die Bilanz ist in Reichswährung aufzustellen. Art. 31.

Bei der Aufstellung des Inventars und der Bilanz sind sämmtliche Vermögensgegenstände und Schulden nach dem Werthe anzusetzen, der ihnen in dem Zeitpunkte beizulegen ist, für welchen[110] die Aufstellung stattfindet.

Zweifelhafte Forderungen sind nach ihrem wahrscheinlichen Werthe anzusetzen, uneinbringliche Forderungen abzuschreiben.[111]

110 Steht damit im Einklang, daß die Bilanz nicht mehr am Schluß des Geschäftsjahrs, sondern für diesen Zeitpunkt aufzustellen ist. §. 39 Note 108. Die Schulden sind jetzt besonders erwähnt, weil auch für diese eine Werthsberechnung nöthig fallen kann. §. 261¹⁻³ bleibt auf Aktiengesellschaften beschränkt. Ueber Abschreibungen entscheidet nur das vernünftige Ermessen.

111 Unbeibringliche Forderungen. R.O.H.G. XIV 217. Später zu

erfüllende Lieferungsverträge R.O.H.G. XXIV 73. Zweifelhafte Forderungen R.G. XXII 158.

Art. 30. **41.** Das Inventar und die Bilanz sind von dem Kaufmanne zu unterzeichnen. Sind mehrere persönlich haftende Gesellschafter vorhanden, so haben sie alle zu unterzeichnen.[112]

Das Inventar und die Bilanz können in ein dazu bestimmtes Buch eingeschrieben oder jedesmal besonders aufgestellt werden. Im letzteren Falle sind sie zu sammeln und in zusammenhängender Reihenfolge geordnet aufzubewahren.

[112] Ob trotz Fehlens der Unterschrift die Bilanz als gehörig gezogen und das Inventar als gehörig aufgestellt anzusehen ist, entscheiden die Umstände. R.G.St. VIII 425. Vertretung in der Unterzeichnung gibt es nicht.

★42. Unberührt bleibt bei einem Unternehmen des Reichs, eines Bundesstaats oder eines inländischen Kommunalverbandes die Befugniß der Verwaltung, die Rechnungsabschlüsse in einer von den Vorschriften der §§. 39 bis 41 abweichenden Weise vorzunehmen.

Art. 32. **43.** Bei der Führung der Handelsbücher und bei den sonst erforderlichen Aufzeichnungen hat sich der Kaufmann einer lebenden Sprache und der Schriftzeichen einer solchen zu bedienen.

Die Bücher sollen gebunden und Blatt für Blatt oder Seite für Seite mit fortlaufenden Zahlen versehen sein.

An Stellen, die der Regel nach zu beschreiben sind, dürfen keine leeren Zwischenräume gelassen werden. Der ursprüngliche Inhalt einer Eintragung darf nicht mittelst Durchstreichens oder auf andere Weise unleserlich gemacht, es darf nichts radirt, auch dürfen solche Veränderungen nicht vorgenommen werden, deren Beschaffenheit es ungewiß läßt, ob sie bei der ursprünglichen Eintragung oder erst später gemacht worden sind.[113]

[113] Fehler in der Buchführung R.G.St. XI 142 und einzelne Ordnungswidrigkeiten beeinträchtigen die Beweiskraft nicht, wenn doch ein unverdächtiges Bild gewonnen wird. R.O.H.G. XVIII 231.

Art. 33. **44.** Die Kaufleute sind verpflichtet, ihre Handelsbücher bis zum Ablaufe von zehn Jahren, von dem Tage der darin vorgenommenen letzten Eintragung an gerechnet, aufzubewahren.

Dasselbe gilt in Ansehung der empfangenen Handelsbriefe und

der Abschriften der abgesendeten Handelsbriefe sowie in Ansehung der Inventare und Bilanzen.[114]

[114] Vernichtung auch bei Vorlegung wortgetreuer Abschriften im Fall des Konkurses strafbar. R.G.St. XVI 426. Vernichtung nach beendigtem Konkurs strafbar, wenn die Gläubiger an der Aufbewahrung noch ein Interesse hatten. R.G.St. XXII 436. §§. 239, 240 K.O.

45. Im Laufe eines Rechtsstreits kann das Gericht auf Antrag oder von Amtswegen die Vorlegung der Handelsbücher einer Partei anordnen. Art. 37.

Die Vorschriften der Civilprozeßordnung über die Verpflichtung des Prozeßgegners zur Vorlegung von Urkunden bleiben unberührt.[115]

[115] Die Art. 34—36 sind schon durch §. 13[2] E.G.z.P.O. aufgehoben gewesen. An ihre Stelle trat §. 286 P.O. mit dem Prinzip freier Beweiswürdigung. §. 45 geht über die Editionspflicht bei den gemeinschaftlichen Urkunden der §§. 422, 423 P.O. § 810 B.G.B hinaus, indem unter §. 45 auch nichtgemeinschaftliche Handelsbücher, soweit deren Inhalt erheblich ist, fallen, und es keines Antrags bedarf Vergl. Art. 79 A.D.H.G.B.

46. Werden in einem Rechtsstreite Handelsbücher vorgelegt, so ist von ihrem Inhalte, soweit er den Streitpunkt betrifft, unter Zuziehung der Parteien Einsicht zu nehmen und geeigneten Falls ein Auszug zu fertigen Der übrige Inhalt der Bücher ist dem Gericht insoweit offen zu legen, als es zur Prüfung ihrer ordnungsmäßigen Führung nothwendig ist. Art. 38.

47. Bei Vermögensauseinandersetzungen, insbesondere in Erbschafts-, Gütergemeinschafts- und Gesellschaftstheilungssachen, kann das Gericht die Vorlegung der Handelsbücher zur Kenntnißnahme von ihrem ganzen Inhalt anordnen.[116] Art. 40.

[116] Selbstverständlich nur im Auseinandersetzungs- oder im Editionsprozeß; allein das richterliche Ermessen entscheidet alsdann. Die neue Fassung des Art. 40 ergreift nun alle Arten von Vermögensauseinandersetzungen. Art. 39 war bereits durch §. 13[2] E.G.z.P.O. beseitigt.

§. 47 unterscheidet sich von § 45 durch Kenntnißnahme vom ganzen Bücherinhalt.

Fünfter Abschnitt.[117]

Prokura und Handlungsvollmacht.

★48. Die Prokura kann nur von dem Inhaber des Handels- Art. 41.

geschäfts oder seinem gesetzlichen Vertreter und nur mittelst ausdrücklicher Erklärung ertheilt werden.[118]

Die Ertheilung kann an mehrere Personen gemeinschaftlich erfolgen (Gesammtprokura).

[117] Der 5. Abschnitt handelt lediglich vom Verhältniß des Prokuristen und Bevollmächtigten nach Außen, vermeidet daher überall den Ausdruck Prinzipal, weil derselbe nur für das (innere) Verhältniß des Prokuristen und Bevollmächtigten zum Dienstherrn paßt. In letzterem Verhältniß ist der Prokurist Handlungsgehülfe; und nur mit Bezug auf diese Stellung ist das Verbot eigenen Handelsbetriebs zu begründen. Deshalb ist Art. 56 ganz in den Abschnitt 6 verwiesen, der das Dienstverhältniß behandelt und sind Art. 56, 58² und 59 durch die §§. 60 und 61 ersetzt.

[118] Ein Prokurist oder sonstiger Bevollmächtigter kann keine Prokura ertheilen; auch nicht ein Liquidator R.O.H.G. XIII 225; stillschweigende Ertheilung ist ausgeschlossen wegen der großen Tragweite der Prokura; schriftliche Form jedoch ist nicht nöthig. R O H.G VII 57. §§. 130, 133 B.G.B

Art 42. **49.** Die Prokura ermächtigt zu allen Arten von gerichtlichen und außergerichtlichen Geschäften und Rechtshandlungen, die der Betrieb eines Handelsgewerbes mit sich bringt.[119]

Zur Veräußerung und Belastung von Grundstücken ist der Prokurist nur ermächtigt, wenn ihm diese Befugniß besonders ertheilt ist.

[119] Die Befugniß zur Anstellung und Entlassung von Bevollmächtigten, auch Prozeßbevollmächtigten, ist selbstverständlich. Spezialvollmacht jetzt überhaupt nicht mehr nöthig, weil das B.G.B. solche nicht kennt. Der Prokurist erwirbt für den Geschäftsherrn ohne Weiteres R.G. XIX 248, kann das Handelsgeschäft ohne besondere Vollmacht nicht verkaufen R.O H.G. XXIII 28; ihm können in Geschäftsprozessen Zustellungen gemacht werden §§. 173, 189 P.O. R.G. I 288. Strafantrag. R.G.St. XV 144.

Art. 43. **50.** Eine Beschränkung des Umfanges der Prokura ist Dritten gegenüber unwirksam.

Dies gilt insbesondere von der Beschränkung, daß die Prokura nur für gewisse Geschäfte oder gewisse Arten von Geschäften oder nur unter gewissen Umständen oder für eine gewisse Zeit oder an einzelnen Orten ausgeübt werden soll.[120]

Eine Beschränkung der Prokura auf den Betrieb einer von mehreren Niederlassungen des Geschäftsinhabers ist Dritten gegenüber nur wirksam, wenn die Niederlassungen unter verschiedenen Firmen betrieben werden. Eine Verschiedenheit der Firmen im Sinne dieser Vorschrift wird auch dadurch begründet, daß für eine Zweigniederlassung der Firma ein Zusatz beigefügt wird, der sie als Firma der Zweigniederlassung bezeichnet.

120 Kollektiv-(Gesammt)-Prokura mit der Beschränkung, daß der Prokurist mit einem Vorstandsmitglied einer Aktiengesellschaft handeln muß, ist zulässig R.O.H.G. VIII 339 und bei offenen Handelsgesellschaften §. 125³. Im Uebrigen ist der gesetzliche Inhalt der Prokura Dritten gegenüber so wenig beschränkbar, daß der Einwand, der Dritte habe die Beschränkung gekannt, nur bei kollusionsweisem Zusammenwirken erheblich wird. R.G. XV 207. [Ausnahme §. 52 Note 123 und Note 116 zu §. 151.] Dasselbe Prinzip bei der off. H.G §. 125 Note 60 und bei der A.G. §. 235 Note 171.

51. Der Prokurist hat in der Weise zu zeichnen, daß er der Firma seinen Namen mit einem die Prokura andeutenden Zusatze beifügt.[121] Art. 44.

121 Ist die Firma gezeichnet, so schaden Verstöße gegen diese Ordnungsvorschrift nicht. R.O.H.G. XVIII 99 und 342. Schriftliche Form ist nicht unerläßlich. R.O.H.G. XVII 402.

52. Die Prokura ist ohne Rücksicht auf das der Ertheilung zu Grunde liegende Rechtsverhältniß jederzeit[122] widerruflich, unbeschadet des Anspruchs auf die vertragsmäßige Vergütung. Art. 54. 53.

Die Prokura ist nicht übertragbar.

Die Prokura erlischt nicht durch den Tod[123] des Inhabers des Handelsgeschäfts.

122 Abweichung von §. 168 B.G.B Selbst Verzicht auf Widerruf ist unwirksam. Wirkung des Widerrufs Dritten gegenüber §§. 169—171 B.G.B. §§. 349, 130ff., 695 B.G.B

123 Wohl aber durch Konkurs auch Dritten gegenüber. R.O.H.G. XXIV 193. Absatz 3 des §. 52 stimmt mit dem B.G.B. §§. 168, 672, 675 überein.

53. Die Ertheilung der Prokura ist von dem Inhaber des Handelsgeschäfts zur Eintragung in das Handelsregister anzumelden. Ist die Prokura als Gesammtprokura ertheilt, so muß auch dies zur Eintragung angemeldet werden. Art 45

Der Prokurist hat die Firma nebst seiner Namensunterschrift zur Aufbewahrung bei dem Gerichte zu zeichnen.

Das Erlöschen der Prokura ist in gleicher Weise wie die Ertheilung zur Eintragung anzumelden.[124]

124 Der Rest vom Art. 45 und der Art. 46 sind ersetzt durch die §§. 12—15. Versehentliche Eintragung eines nicht vorhandenen Prokuraverhältnisses durch Schuld des Registerrichters hat keine Wirkung, R.O.H.G. XXIII 285, Haftung des Registerrichters §. 823, 839 B.G.B., vergl. R.G. XVII 26 und Gruchot XXVIII 968, des Staats §. 11 E.G.z.G B.G § 89 B.G.B., Art. 77 E.G.z.B.G.B Vergl. §. 309 H.G.B.

Art. 47. **54.** Ist Jemand ohne Ertheilung der Prokura zum Betrieb eines Handelsgewerbes oder zur Vornahme einer bestimmten, zu einem Handelsgewerbe gehörigen Art von Geschäften oder zur Vornahme einzelner zu einem Handelsgewerbe gehöriger Geschäfte ermächtigt, so erstreckt sich die Vollmacht (Handlungsvollmacht) auf alle Geschäfte und Rechtshandlungen, die der Betrieb eines derartigen Handelsgewerbes oder die Vornahme derartiger Geschäfte gewöhnlich mit sich bringt.

Zur Veräußerung oder Belastung von Grundstücken, zur Eingehung von Wechselverbindlichkeiten, zur Aufnahme von Darlehen und zur Prozeßführung ist der Handlungsbevollmächtigte nur ermächtigt, wenn ihm eine solche Befugniß besonders ertheilt ist

Sonstige Beschränkungen der Handlungsvollmacht braucht ein Dritter nur dann gegen sich gelten zu lassen, wenn er sie kannte oder kennen mußte.[125] [126]

125 Gleich, ob er zum Geschäftsherrn in einem Dienstverhältniß steht oder denselben vorübergehend vertritt. Der gutgläubige Dritte darf den Angaben des Vertreters über den Umfang seiner Vollmacht trauen. R.O.H.G. X 142, §§. 173, 177 B.G.B. Absatz 3 verdeutlicht diesen Grundsatz und wird praktisch z. B. bei vom Vertreter mißachteter oder mißverstandener Limitirung. R.G. I 9, §. 164 B.G.B. Fehlen oder Ueberschreiten der Vollmacht §§. 177—180 B.G B. Heilung § 185 B.G.B

Hat der Bevollmächtigte in (nicht bei oder bei Gelegenheit der) Ausführung seiner Verrichtungen eine unerlaubte Handlung begangen, so braucht der Beschädigte nur den dadurch zugegangenen Schaden zu beweisen. Der Geschäftsherr kann sich dann nur durch den Beweis nach §. 831 B.G.B. befreien. Gilt für Auftraggeber §§. 662ff., Dienstherr §§. 611ff. B.G.B., Gesellschafter §. 710 B G.B.

Dieser Entlastungsbeweis ist den Körperschaften zwar nicht für ihre Angestellten, wohl aber für Delikte ihrer Vorstände abgeschnitten §. 31 B.G.B., R.G. XVII 93; in noch höherem Maße den Gastwirthen für Delikte ihrer Leute §§. 701ff. B.G.B. und kann durch Landesgesetz abgeschnitten werden. Uebernehmern von Eisenbahnen u. s. w. Art. 105, 106 E.G.z.B.G.B Haftpflicht bei Betrieben von Eisenbahnen, Bergwerken u. s. w. § 1 und 2 Gesetz vom 7. Juni 71, R.G.Bl. S. 207, §. 96[2]

Unfallversicherungsgesetz, § 117² Gesetz vom 5 Mai 86, § 110² Gesetz vom 13. Juli 1887

126 Es bedarf keiner schriftlichen Form. §. 167 B.G.B. Aus dem Verhalten des Geschäftsherrn z. B. Ueberlassen quittirter Rechnung §. 370 B.G.B. kann auf die Vollmacht geschlossen werden R.O.H.G. XII 277 Der Monteur ist regelmäßig nicht Vertreter des Verkäufers. R.O.H.G. XI 62 Gesetzliche Vollmacht des Binnenschiffers §. 10—19 B.Sch.G.; er kann den Pfandverkauf des Frachtguts betreiben §§. 12, 33ff. B.G.B., aber nicht Namens des Schiffseigners klagen und außer dem Fall des § 97² B.Sch.G. nicht verklagt werden §§. 1—4 B.Sch.G. Zum Geschäftskreis eines Versicherungsinspektors gehört Schadensanerkennung regelmäßig nicht. R.O.H.G. XI 86. Wegen Alleinvertreter und Agenten § 89 Widerruf der Vollmacht §. 168 B.G.B. Wirkung gegen Dritte §§ 169ff B.G.B.

Anfechtung des durch Bevollmächtigte geschlossenen Geschäfts wegen Willensmängel §§. 164—166, 116ff. B.G.B., R.G. IV 38.

55. Die Vorschriften des §. 54 finden auch auf Handlungsbevollmächtigte Anwendung, die als Handlungsreisende[134][135] zur Vornahme von Geschäften an Orten verwendet werden, an denen sich eine Niederlassung des Geschäftsinhabers nicht befindet.[127] Art. 49.

Die Reisenden gelten insbesondere für ermächtigt, den Kaufpreis aus den vor ihnen abgeschlossenen Verkäufen einzuziehen und dafür Zahlungsfristen zu bewilligen.[128]

Die Anzeige von Mängeln einer Waare, die Erklärung, daß eine Waare zur Verfügung gestellt werde, sowie andere Erklärungen solcher Art können dem anwesenden Reisenden gegenüber abgegeben werden.

127 Eventuell auch Provisionsreisende R.O.H.G. XV 40, nicht aber Stadtreisende R.G. VI 83.

128 Außer durch Stundung können sie die Abschlußbedingungen nicht ändern. R.O.H.G. VII 115. Die Inkassovollmacht kann je nach den Umständen eine ausgedehntere sein, z. B. durch Besitz der Quittung §. 370 B.G.B., §. 172 B.G.B., R.O.H.G. XV 407 Unrichtige Meldungen des Reisenden über Abschlüsse berühren den Dritten nicht, sondern machen nur den Reisenden seinem Prinzipal haftbar. R.O.H.G. XI 93, §§. 666, 667 B.G.B. Der Geschäftsherr wird durch seine Bevollmächtigten verpflichtet, §. 164, falsus procurator §. 179 B.G.B., derselbe Grundsatz wie Art. 55.

56. Wer in einem Laden oder in einem offenen Waarenlager angestellt ist, gilt als ermächtigt zu Verkäufen und Empfangnahmen, die in einem derartigen Laden oder Waarenlager gewöhnlich geschehen. Art. 50.

Art. 48. **57.** Der Handlungsbevollmächtigte hat sich bei der Zeichnung jedes eine Prokura andeutenden Zusatzes zu enthalten; er hat mit einem das Vollmachtsverhältniß ausdrückenden Zusatze zu zeichnen.[129]

[129] Vergl. §. 51 Note 121.

Art. 53. **58.** Der Handlungsbevollmächtigte kann ohne Zustimmung des Inhabers des Handelsgeschäfts seine Handlungsvollmacht auf einen Anderen nicht übertragen.[130]

[130] Die Unübertragbarkeit von Prokura und Handlungsvollmacht ist damit auch Dritten gegenüber zur gesetzlichen Regel erhoben. Anders §. 613, 664 B.G.B.

Besondere Umstände vermögen die Regel zu durchbrechen. R.O.H.G. XXV 92, §. 182 ff. B.G.B. Erlöschungsgründe §§. 168, 672 B.G.B. Wirkung §. 675 B.G.B.

Sechster Abschnitt.[131]

Handlungsgehülfen und Handlungslehrlinge.

[131] Verhältnisse des 6. zum 5. Abschnitt Note 117. Der 6. Abschnitt ist durch die Regeln der §§. 611 ff. B.G.B. über den Dienstvertrag zu ergänzen. Für Verschulden des Gehülfen haftet der Prinzipal bei Erfüllung seiner Verbindlichkeiten wie für eigenes Verschulden. §. 278 B.G.B. Ergeht aber ein Gehülfe in Ausführung seiner Verrichtungen (nicht gleichbedeutend mit „bei den Verrichtungen" oder „bei Gelegenheit derselben") eine unerlaubte Handlung, so hat der Beschädigte nur den Schaden durch diese Handlung zu beweisen. Der Geschäftsherr kann sich von der Haftung nur durch den Beweis befreien, daß der Schaden trotz gehöriger Sorgfalt bei Auswahl seines Gehülfen, bei der Leitung und den Beschaffungen des §. 831 B.G.B. entstanden ist. Vergl. im Uebrigen Note 125. Abschnitt 6 tritt, abgesehen von §. 65, mit 1. Januar 98 in Kraft. E.G. Art. 1.

Uebergangsbestimmungen vergl. Noten zu Art. 1 und 2 E.G.; wegen Kündigung Art. 171 E.G.z.B.G.B.

Art. 57. **★59.** Wer in einem Handelsgewerbe[132] zur Leistung kaufmännischer Dienste[133] gegen Entgelt angestellt ist (Handlungsgehülfe), hat, soweit nicht besondere Vereinbarungen über die Art und den Umfang seiner Dienstleistungen oder über die ihm zukommende Vergütung getroffen sind, die dem Ortsgebrauch entsprechenden Dienste[134] zu leisten, sowie die dem Ortsgebrauch entsprechende Vergütung[134] [135] [136] zu beanspruchen. In Ermangelung eines Ortsgebrauchs gelten die den Umständen nach angemessenen Leistungen als vereinbart.

[132] Reine land- und forstwirthschaftliche Betriebe §. 3[1] und solche Nebenbetriebe §. 3[2] sowie nicht eingetragene Betriebe des §. 3[2] sind keine Handelsgewerbe. Das Personal solcher Unternehmungen, der Gesellschaften auf Gegenseitigkeit u. s. w. sind ausgeschlossen.

[133] Darüber entscheidet die Verkehrsauffassung. Die Verrichtung technischer Arbeiten neben kaufmännischen Dienstleistungen, z. B. behufs Erhaltung leicht verderblicher Waaren schließt den Begriff eines Handlungsgehülfen nicht aus; es kommt darauf an, ob die Geschäfte, mit denen der Gehülfe im Wesentlichen betraut ist, oder der Lehrling herangebildet wird, sich als den Umsatz bezweckende Verrichtungen des Handelsgewerbes darstellen. R.O.H.G. XVIII 232. Also sind Handlungsgehülfen: Fabrikdirektoren R.O.H.G. XVIII 24 (nicht Direktoren von A.G. R.G. VII 77, sind selbst Prinzipale), Reisende, Kommis, u. s. w. Handlungsgehülfen und Lehrlinge fallen in beschränkter Weise unter die Gewerbeordnung, vergl. §. 154 Gew.O. insbes. wegen der Apothekergehülfen. Gewerbegehülfen im Gegensatz zu Handlungsgehülfen sind die Personen, welche ausschließlich bei der Bearbeitung oder Verarbeitung der Waaren technische Dienste verrichten. R.O.H.G. XVII 382, z. B. Köche R.O.H.G. X 299, Kellner R.O.H.G. XXIV 271, Werkmeister R.O.H.G. XVII 311, Braumeister R.O.H.G. IX 306, Zuschneider R.O.H.G. XXI 18.

Weder Handlungs- noch Gewerbegehülfe ist der Zeitungsberichterstatter R.G. I 268.

[134] Also je nach der lokalen Entwicklung. Das gilt auch für die Frage, ob der Reisende, wenn er nicht reisen kann, Komptoirdienste und welcher Art leisten muß. Dabei spielt Vertragsauslegung eine Rolle. R.O.H.G. XIV 216. Es darf der Reisende nicht chikanös zurückgerufen und ihm die Reisezeit verkürzt werden; er hat dann Anspruch auf Schadensersatz für den Ausfall an Spesen und Provision. Bolze 11 Nr. 321. Ausweis über Vertrauensspesenverbrauch R.O.H.G. XIX 9 und IV 400. Wegen Provisionsberechnung §. 65.

[135] Zusage künftiger Gehaltserhöhung bei Wohlverhalten ist zu unbestimmt. R.O.H.G. XVIII 258. Der Handlungsreisende mit Provisionsberechtigung darf Bucheinsicht, soweit für seine Provision nöthig, fordern R.O.H.G. XIV 215, §. 65. Weil der Reisende nicht Besitzer der Muster, Koffer u. s. w. ist, hat er daran nur ein Retentionsrecht, soweit er durch dieselben Beschädigungen erlitten oder für dieselben Verwendungen gemacht hat. §. 273, 274, 855, 1000 B.G.B. §. 369 B.G.B.

[136] Der Commis intéressé d. h. der tantiemeberechtigte Handlungsgehülfe kann auch bei vertragswidrigem Benehmen R.O.H.G. XVII 275. Mittheilung von Bilanz und Inventar und, soweit nöthig, Bucheinsicht verlangen; er darf daraus nur unter besonderen Umständen Notizen machen. R.G. VI 79. Art der Tantiemeberechnung R.O.H.G. VI 28, bei vorzeitigem Austritt R.O.H.G. XIX 122. Verjährung aller dieser Ansprüche in 2 Jahren §. 196[8] B.G.B.

60. Der Handlungsgehülfe darf ohne Einwilligung des Prinzipals weder ein Handelsgewerbe betreiben noch in dem Art. 56. 58[2]. 59.

Handelszweige des Prinzipals[137] für eigene oder fremde Rechnung Geschäfte machen.

Die Einwilligung zum Betrieb eines Handelsgewerbes gilt als ertheilt, wenn dem Prinzipal bei der Anstellung des Gehülfen bekannt ist, daß er das Gewerbe betreibt, und der Prinzipal die Aufgabe des Betriebs nicht ausdrücklich[118] vereinbart.

137 Der gelegentliche, dem Handelszweige des Prinzipals fremde Eigenhandel ist nicht mehr verboten. Handelsgeschäfte §. 343. Errichtung gleichartigen Geschäfts R.O.H.G. I 37. Nicht Kontraktsbruch wohl aber gültige Lösung des Vertretungsverhältnisses beseitigt das Verbot. R O.H.G. XVI 169.

Art. 56 58² 59. **61.** Verletzt der Handlungsgehülfe die ihm nach §. 60 obliegende Verpflichtung, so kann der Prinzipal Schadensersatz fordern; er kann statt dessen verlangen, daß der Handlungsgehülfe die für eigene Rechnung gemachten Geschäfte als für Rechnung des Prinzipals eingegangen gelten lasse und die aus Geschäften für fremde Rechnung bezogene Vergütung herausgebe oder seinen Anspruch auf die Vergütung abtrete.

Die Ansprüche verjähren in drei Monaten von dem Zeitpunkt an, in welchem der Prinzipal Kenntniß von dem Abschlusse des Geschäfts erlangt; sie verjähren ohne Rücksicht auf diese Kenntniß in fünf Jahren von dem Abschlusse des Geschäfts an.[138]

138 Vorbild §. 113. Die 3 Monate sind keine Ausschlußfrist, sondern wirkliche Verjährung, die sich nach §. 198 ff. B.G.B. richtet. Berechnung §. 188 B.G.B. Entlassungsgrund §. 72¹. Der Ersatzpflichtige hat auch für die nicht voraussehbaren Folgen seines Verhaltens einzustehen und auch entgangenen Gewinn zu erstatten §§. 249—252 B.G.B. Nur Vermögensschaden §. 253 B.G.B. §. 287 P.O. Uebergangsvorschrift wegen der Verjährung Art. 2 E.G.z.H.G.B. und Art. 169 E.G.z.B.G.B.

★**62.** Der Prinzipal ist verpflichtet, die Geschäftsräume und die für den Geschäftsbetrieb bestimmten Vorrichtungen und Gerätschaften so einzurichten und zu unterhalten, auch den Geschäftsbetrieb und die Arbeitszeit so zu regeln, daß der Handlungsgehülfe gegen eine Gefährdung seiner Gesundheit, soweit die Natur des Betriebs es gestattet,[139] geschützt und die Aufrechterhaltung der guten Sitten und des Anstandes gesichert ist.

Ist der Handlungsgehülfe in die häusliche Gemeinschaft aufgenommen, so hat der Prinzipal in Ansehung des Wohn- und

Schlafraums, der Verpflegung sowie der Arbeits- und Erholungszeit diejenigen Einrichtungen und Anordnungen zu treffen, welche mit Rücksicht auf die Gesundheit, die Sittlichkeit und die Religion des Handlungsgehülfen erforderlich sind.

Erfüllt der Prinzipal die ihm in Ansehung des Lebens und der Gesundheit des Handlungsgehülfen obliegenden Verpflichtungen nicht, so finden auf seine Verpflichtung zum Schadensersatze die für unerlaubte Handlungen geltenden Vorschriften der §§. 842 bis 846 des Bürgerlichen Gesetzbuchs entsprechende Anwendung.

Die dem Prinzipal hiernach obliegenden Verpflichtungen können nicht im Voraus[140] durch Vertrag aufgehoben oder beschränkt werden.

[139] Dazu gehört unter Umständen auch Sitzgelegenheit, soweit es die geschäftliche Thätigkeit nicht verbietet.

[140] Heißt: jede Vereinbarung, ausgenommen eine nachträgliche, über den Schaden, ist ungültig. §. 618, 619 B.G.B.

63. Wird der Handlungsgehülfe durch unverschuldetes Unglück[141] an der Leistung der Dienste verhindert, so behält er seinen Anspruch auf Gehalt und Unterhalt,[142] jedoch nicht über die Dauer von sechs Wochen hinaus. Art. 60.

Der Handlungsgehülfe ist nicht verpflichtet, sich den Betrag anrechnen zu lassen, der ihm für die Zeit der Verhinderung aus einer Kranken- oder Unfallversicherung zukommt. Eine Vereinbarung, welche dieser Vorschrift zuwiderläuft, ist nichtig.[142]

[141] Ist nicht ein Unglück sondern ein unverschuldeter, in der Person des Gehülfen liegender, anderer Umstand der Hinderungsgrund, z. B. freiwillige militärische Dienstleistung von kurzer Dauer, so tritt der durch Absatz 2 dieses Paragraphen modifizirte §. 616 B.G.B. ein. Ist der Gehülfe bei dauerndem Dienstverhältniß in die häusliche Gemeinschaft des Prinzipals aufgenommen, so hat er auch noch freie Verpflegung und ärztliche Behandlung für 6 Wochen §. 617 B.G.B., überall vorausgesetzt, daß kein Verschulden vorliegt.

[142] Auch dann, wenn sich von vornherein erkennen läßt, daß die Verhinderung eine dauernde sein wird. Mit Aufhören des Dienstverhältnisses fällt der Anspruch weg. Der Prinzipal kann sich seiner Pflicht nicht durch Entlassung entziehen §. 72 letzter Absatz. Der Abs. 2 des §. 63 weicht von §. 616 B.G.B. ab.

★64. Die Zahlung des dem Handlungsgehülfen zukommenden Gehalts hat am Schlusse jedes Monats zu erfolgen. Eine Vereinbarung, nach der die Zahlung des Gehalts später erfolgen soll, ist nichtig.[143]

[143] Abweichung von §. 614 Satz 2 B.G.B.

★65. Ist bedungen, daß der Handlungsgehülfe für Geschäfte, die von ihm geschlossen oder vermittelt werden, Provision erhalten solle, so finden die für die Handlungsagenten geltenden Vorschriften des §. 88 und des §. 91 Satz 1 Anwendung.[144]

[144] Vergl. §. 55 und 59 Note 134, 135. Ist dem Provisions-Reisenden ein bestimmter Bezirk zugewiesen, so ist es Thatfrage, ob ihm damit Provision für alle Geschäfte (direkte Geschäfte und Nachbestellungen) bewilligt werden wollte, §. 89 ist absichtlich in §. 65 weggelassen. M. Bejahenden Falls gilt dann §. 91 letzter Satz. §. 65 tritt erst mit 1. Jan. 1900 in Kraft. Art. 1 E.G.z.H.G.B.

Art 61. Satz 1. 66. Das Dienstverhältniß zwischen dem Prinzipal und dem Handlungsgehülfen kann, wenn es für unbestimmte[145] Zeit eingegangen ist, von jedem Theile für den Schluß eines Kalendervierteljahrs unter Einhaltung einer Kündigungsfrist von sechs Wochen gekündigt[146] werden.

[145] D. i. der Fall bei stillschweigender Fortsetzung des Dienstvertrags über die bestimmte Zeit. §. 625 B.G.B. Alle Verträge, in welchen eine längere als 5jährige Dienstzeit bestimmt oder die Dauer des Dienstverhältnisses von der Lebenszeit einer Person abhängig gemacht ist, sind für den Handlungsgehülfen nach Ablauf von 5 Jahren mit 6monatlicher Frist kündbar gemacht. §. 624 B.G.B. Sofern ein Dienstvertrag durch seine zu lange Dauer gegen §. 138[1] B.G.B. verstößt, können beide Theile jeder Zeit die Nichtigkeit geltend machen.

[146] 42 volle Tage. §. 188[2] B.G.B. Die Kündigung, die nicht bestimmt und deutlich ist, hat keine Wirkung. R.O.H.G. IV 341. Wegen der Kündigung von Betriebsbeamten und höheren technischen Bediensteten gilt dasselbe wie in §. 66. Vergl. §. 622ff. B.G.B. Nach der Kündigung hat der Handlungsgehülfe Anspruch auf angemessene Zeit zum Aufsuchen eines anderen Dienstes. §. 629 B.G.B.

Art 61. Satz 2. ★67. Wird durch Vertrag eine kürzere oder längere Kündigungsfrist bedungen, so muß sie für beide Theile gleich sein; sie darf nicht weniger als einen Monat betragen.

Die Kündigung kann nur für den Schluß eines Kalendermonats zugelassen werden.

Die Vorschriften des Abs. 1 finden auch in dem Falle Anwendung, wenn das Dienstverhältniß für bestimmte Zeit mit der Vereinbarung eingegangen wird, daß es in Ermangelung einer vor dem Ablaufe der Vertragszeit erfolgten Kündigung als verlängert gelten soll.

Eine Vereinbarung, die diesen Vorschriften zuwiderläuft, ist nichtig.

★68. Die Vorschriften des §. 67 finden keine Anwendung, wenn der Handlungsgehülfe einen Gehalt von mindestens fünftausend Mark für das Jahr bezieht.

Sie bleiben ferner außer Anwendung, wenn der Handlungsgehülfe für eine außereuropäische Handelsniederlassung angenommen ist und nach dem Vertrage der Prinzipal für den Fall, daß er das Dienstverhältniß kündigt, die Kosten der Rückreise des Handlungsgehülfen zu tragen hat.

★69. Wird ein Handlungsgehülfe nur zu vorübergehender Aushülfe angenommen,[147] so finden die Vorschriften des §. 67 keine Anwendung, es sei denn, daß das Dienstverhältniß über die Zeit von drei Monaten hinaus fortgesetzt wird. Die Kündigungsfrist muß jedoch auch in einem solchen Fall für beide Theile gleich sein.

[147] Die Kündigung braucht also nicht nach Schluß eines Kalendermonats zu erfolgen und kann durch Vereinbarung auch unter einen Monat herabgesetzt werden. Probeengagement fällt nicht unter §. 69. M. Durch lange Fortsetzung kann das Probeengament in ein festes Verhältniß nach §. 66 übergehen Auslegungsfrage

70. Das Dienstverhältniß kann von jedem Theile ohne Ein- Art 62.
haltung einer Kündigungsfrist[148] gekündigt werden, wenn ein wichtiger Grund[149] vorliegt.

Wird die Kündigung durch vertragswidriges Verhalten des anderen Theiles veranlaßt, so ist dieser zum Ersatze des durch die Aufhebung des Dienstverhältnisses entstehenden Schadens verpflichtet.[150]

[148] Diese Fassung soll, wie in §§. 71 und 72, zum Ausdruck bringen, daß die Auflösung ohne Weiteres eintritt und nicht erst mit dem Augenblick, in welchem der Richterspruch erfolgt

[149] Z. B. Aufgeben zweifelhafter Bestellungen. R O H.G. XXI 394. Bei Verkauf des Geschäfts und Aenderung der Person des Geschäftsinhabers kommt es auf die Umstände an. R.O.H G I 32. XVIII 370. Bei neuer Pflichtwidrigkeit kann auf verziehene Vorfälle zurückgegriffen werden. R.O H.G. XVII 221. Auch nach der Entlassung eingetretene Umstände können einen wichtigen Grund abgeben. R.O.H.G. XXI 252. Für Direktoren von A.G gilt der ganze Titel nicht. R.O.H.G. XIII 179.

Den Fall des Konkurses regelt jetzt § 22 K.O. Tod und Geschäftsunfähigkeit des Prinzipals Note 185 zu §. 92.

[150] §. 628 B.G.B. findet Anwendung. Der Gehülfe muß sich anrechnen lassen, was er inzwischen anderweit verdient hat oder leichtsinnig ausschlug. Eid aufs Gerathewohl, daß der Gehülfe so und so viel hätte verdienen können, widerspricht dem §. 445 P.O. Bolze VIII Nr. 912 und IV Nr. 1320. Kein Retentionsrecht an Mustern u. s. w. Note 135 zu §. 59. Der Prinzipal wird dadurch, daß er sein Geschäft veräußert und der Gehülfe im Dienst des Erwerbers bleibt, noch nicht seiner Verbindlichkeit gegenüber dem Gehülfen entledigt R.G. XXXVI 50.

Art. 63. **71.** Als ein wichtiger Grund, der den Handlungsgehülfen zur Kündigung ohne Einhaltung einer Kündigungsfrist[148] berechtigt, ist es, sofern nicht besondere Umstände eine andere Beurtheilung rechtfertigen,[151] namentlich anzusehen:

1. wenn der Handlungsgehülfe zur Fortsetzung seiner Dienste unfähig wird;[152]
2. wenn der Prinzipal den Gehalt oder den gebührenden Unterhalt nicht gewährt;
3. wenn der Prinzipal den ihm nach §. 62 obliegenden Verpflichtungen nachzukommen verweigert;[153]
4. wenn sich der Prinzipal Thätlichkeiten, erhebliche[154] Ehrverletzungen oder unsittliche Zumuthungen gegen den Handlungsgehülfen zu schulden kommen läßt oder es verweigert, den Handlungsgehülfen gegen solche Handlungen eines anderen Angestellten oder eines Familienangehörigen des Prinzipals zu schützen.

[151] Z. B. wenn wegen Ausbleibens einer Geldsendung, Verlust des Kassenschlüssels der Prinzipal nicht alsbald den Gehalt zahlt.

[152] Vergl § 63.

[153] Weigerung liegt auch in passivem Verhalten nach ergangener Aufforderung.

[154] Namentlich sollen geringfügige symbolische Beleidigungen ausgeschlossen sein.

Art. 64. **72.**[155] Als ein wichtiger Grund, der den Prinzipal zur Kündigung ohne Einhaltung einer Kündigungsfrist berechtigt,[148] ist es, sofern nicht besondere Umstände eine andere Beurtheilung rechtfertigen, namentlich anzusehen:

1. wenn der Handlungsgehülfe im Dienste untreu ist oder das Vertrauen mißbraucht oder die ihm nach §. 60 obliegende Verpflichtung verletzt;

2. wenn er seinen Dienst während einer den Umständen nach erheblichen Zeit unbefugt verläßt oder sich beharrlich weigert, seinen Dienstverpflichtungen nachzukommen;
3. wenn er durch anhaltende Krankheit, durch eine längere Freiheitsstrafe oder Abwesenheit oder durch eine die Zeit von acht Wochen übersteigende militärische Dienstleistung an der Verrichtung seiner Dienste verhindert wird;
4. wenn er sich Thätlichkeiten oder erhebliche Ehrverletzungen gegen den Prinzipal oder dessen Vertreter zu schulden kommen läßt.

Erfolgt die Kündigung, weil der Handlungsgehülfe durch unverschuldetes Unglück längere Zeit an der Verrichtung seiner Dienste verhindert wird, so wird dadurch der im §. 63 bezeichnete Anspruch des Gehülfen nicht berührt.

[155] Ziffer 6 des Art. 64 „unsittlicher Lebenswandel" ist gestrichen und fällt jetzt unter §. 70 Abs. 1.

★73. Bei der Beendigung des Dienstverhältnisses kann der Handlungsgehülfe ein schriftliches Zeugniß über die Art und Dauer der Beschäftigung fordern. Das Zeugniß ist auf Verlangen des Handlungsgehülfen auch auf die Führung und die Leistungen auszudehnen.

Auf Antrag des Handlungsgehülfen hat die Ortspolizeibehörde das Zeugniß kosten- und stempelfrei zu beglaubigen.[156] [146]

[156] Der Paragraph enthält öffentliches Recht, kann daher durch Vertrag nicht geändert werden. M. Absatz 2 geht weiter als §. 630 B.G.B.

★74. Eine Vereinbarung zwischen dem Prinzipal und dem Handlungsgehülfen, durch welche dieser für die Zeit nach der Beendigung des Dienstverhältnisses in seiner gewerblichen Thätigkeit beschränkt wird, ist für den Handlungsgehülfen nur insoweit verbindlich, als die Beschränkung nach Zeit, Ort und Gegenstand nicht die Grenzen überschreitet, durch welche eine unbillige Erschwerung des Fortkommens des Handlungsgehülfen ausgeschlossen wird.[157]

Die Beschränkung kann nicht auf einen Zeitraum von mehr

als drei Jahren von der Beendigung des Dienstverhältnisses an erstreckt werden.

Die Vereinbarung ist nichtig, wenn der Handlungsgehülfe zur Zeit des Abschlusses minderjährig ist.[158]

[157] d h. die Konkurrenzklausel muß in einer der Billigkeit entsprechenden Weise nach Zeit, Ort und Gegenstand begrenzt sein. Dabei sind die Interessen des Prinzipals sowie diejenigen des Gehülfen, dessen Bezüge aus dem Dienstverhältniß u. s. w. abzuwägen. Es können solche Erwägungen auch zur Ungültigkeit der ganzen Klausel als einer überhaupt unbilligen führen.

[158] Und zwar, selbst wenn der Vormund zugestimmt hatte

★75. Giebt der Prinzipal durch vertragswidriges Verhalten dem Handlungsgehülfen Grund, das Dienstverhältniß gemäß den Vorschriften der §§. 70, 71 aufzulösen, so kann er aus einer Vereinbarung der im §. 74 bezeichneten Art Ansprüche nicht geltend machen. Das Gleiche gilt, wenn der Prinzipal das Dienstverhältniß kündigt, es sei denn, daß für die Kündigung ein erheblicher Anlaß vorliegt, den er nicht verschuldet hat, oder daß während der Dauer der Beschränkung dem Handlungsgehülfen das zuletzt von ihm bezogene Gehalt fortgezahlt wird.[159]

Hat der Handlungsgehülfe für den Fall, daß er die in der Vereinbarung übernommene Verpflichtung nicht erfüllt, eine Strafe versprochen, so kann der Prinzipal nur die verwirkte Strafe verlangen; der Anspruch auf Erfüllung oder auf Ersatz eines weiteren Schadens ist ausgeschlossen.[160] Die Vorschriften des Bürgerlichen Gesetzbuchs über die Herabsetzung einer unverhältnißmäßig hohen Vertragsstrafe bleiben unberührt.[161]

Vereinbarungen, welche diesen Vorschriften zuwiderlaufen, sind nichtig.

[159] Ein Abzug darf nicht stattfinden, wenn der Gehülfe eine andere Stelle mit Bezahlung findet. M

[160] Abweichung von §. 140 B G B.

[161] Die Vertragsstrafe ist verwirkt mit dem Zuwiderhandeln gegen die Klausel §. 339 B.G.B. Die Grundsätze für das Ermäßigungsrecht enthält §. 343 B.G B

§. 75[2] und B.G.B. §. 343 wirken auf ältere Verträge nicht zurück: vergl. Note zu Art. 1 und 2 E.G und jur.W. 98, 665.

Das Verbot direkter und indirekter Betheiligung an einem Konkurrenzgeschäft bedingt nicht blos das Unterlassen einer gesellschaftlichen, sondern jeder fortgesetzten persönlichen Thätigkeit für das Konkurrenzunternehmen. R.G. XL 97

Konkurrenzgeschäft ist jedes Geschäft gleicher Branche, in welchem die Kenntniß der Bezugs- oder Absatzgebiete z. B. des andern Unternehmens verwerthet werden kann. Bolze V Nr. 595.

76. Die Vorschriften der §§. 60 bis 63, 74, 75 finden auch auf Handlungslehrlinge[161a] Anwendung.

Der Lehrherr ist verpflichtet, dafür zu sorgen, daß der Lehrling in den bei dem Betriebe des Geschäfts vorkommenden kaufmännischen Arbeiten unterwiesen wird; er hat die Ausbildung des Lehrlinges entweder selbst oder durch einen geeigneten, ausdrücklich dazu bestimmten Vertreter zu leiten. Die Unterweisung hat in der durch den Zweck der Ausbildung gebotenen Reihenfolge und Ausdehnung zu geschehen.

Der Lehrherr darf dem Lehrlinge die zu seiner Ausbildung erforderliche Zeit und Gelegenheit durch Verwendung zu anderen Dienstleistungen nicht entziehen; auch hat er ihm die zum Besuche des Gottesdienstes an Sonntagen und Festtagen erforderliche Zeit und Gelegenheit zu gewähren. Er hat den Lehrling zur Arbeitsamkeit und zu guten Sitten anzuhalten.

In Betreff der Verpflichtung des Lehrherrn, dem Lehrlinge die zum Besuch einer Fortbildungsschule erforderliche Zeit zu gewähren, bewendet es bei den Vorschriften des §. 120 der Gewerbeordnung.

[161a] Lehrling ist, wer zum Lernen, Gehülfe, wer zur Leistung von Diensten gegen Bezahlung angestellt ist. Keine Altersgrenze. M. Die Verpflichtungen des Lehrlings ergeben sich aus seiner Stellung und dem nach Treu und Glauben auszulegenden Lehrvertrag. Die Gew.O. findet hierüber keine Anwendung. Der Lehrling wird wegen §. 74³ regelmäßig durch eine Konkurrenzklausel nicht gebunden werden.

77. Die Dauer der Lehrzeit bestimmt sich nach dem Lehrvertrag,[162] in Ermangelung vertragsmäßiger Festsetzung nach den örtlichen Verordnungen oder dem Ortsgebrauche. Art. 61³

Das Lehrverhältniß kann, sofern nicht eine längere Probezeit vereinbart ist, während des ersten Monats nach dem Beginne der Lehrzeit ohne Einhaltung einer Kündigungsfrist gekündigt werden. Eine Vereinbarung, nach der die Probezeit mehr als drei Monate betragen soll, ist nichtig.

Nach dem Ablaufe der Probezeit finden auf die

Kündigung des Lehrverhältnisses die Vorschriften der §§. 70 bis 72 Anwendung. Als ein wichtiger Grund zur Kündigung durch den Lehrling ist es insbesondere anzusehen, wenn der Lehrherr seine Verpflichtungen gegen den Lehrling in einer dessen Gesundheit, Sittlichkeit oder Ausbidung gefährdenden Weise vernachlässigt.

Im Falle des Todes des Lehrherrn kann das Lehrverhältniß innerhalb eines Monats ohne Einhaltung einer Kündigungsfrist gekündigt werden.

[162] Schließt der Vater für seinen unerwachsenen Sohn den Lehrvertrag in eigenem Namen ab, so ist er selbst Kontrahent. R.O.H.G. XIV 16. Vergl. §. 1830 B.G.B. Der Vormund hat die Genehmigung des Vormundschaftsgerichts nöthig zum Abschluß eines 1 Jahr überdauernden Lehrvertrags §. 1822[7], nicht aber der Vater, so lange ihm die Vertretung nicht entzogen ist. §. 1643, 1630 B.G.B. Verfahren des Vormundschaftsgerichts §. 1826, 1827 B.G.B. und §. 35 F.G.G. Heilung der Mängel §§. 108 ff., 1829 B.G.B.

★78. Wird von dem gesetzlichen Vertreter des Lehrlinges oder, sofern dieser volljährig ist, von ihm selbst dem Lehrherrn die schriftliche Erklärung abgegeben, daß der Lehrling zu einem anderen Gewerbe oder zu einem anderen Berufe übergehen werde, so endigt, wenn nicht der Lehrling früher entlassen wird, das Lehrverhältniß nach dem Ablauf eines Monats.

Tritt der Lehrling der abgegebenen Erklärung zuwider vor dem Ablaufe von neun Monaten nach der Beendigung des Lehrverhältnisses in ein anderes Geschäft als Handlungslehrling oder als Handlungsgehülfe ein, so ist er dem Lehrherrn zum Ersatze des diesem durch die Beendigung des Lehrverhältnisses entstandenen Schadens verpflichtet. Mit ihm haftet als Gesammtschuldner der neue Lehrherr oder Prinzipal, sofern er von dem Sachverhalte Kenntniß hatte.

★79. Ansprüche wegen unbefugten Austritts aus der Lehre kann der Lehrherr gegen den Lehrling nur geltend machen, wenn der Lehrvertrag schriftlich geschlossen ist.[163]

[163] Ansprüche aus dem Lehrvertrag verjähren in zwei Jahren. §. 196[9 und 10] B.G.B. Wirkung der Verjährung. §. 222, 223, 814, 781 B.G.B. Trotz der Verjährung des Anspruchs ist noch Aufrechnung im Einredeweg zugelassen. §§. 390 Satz 2, 387, 388 B.G.B. Unter Umständen hat die Verjährung des Rechts auch den Verlust der Ein-

rede zur Folge. R.G. II 158 Ausnahmen von letzterem Grundsatz §§. 478, 639, 853 B.G.B. Durch Vertrag kann die Verjährung nur erleichtert werden §. 225 B.G.B. Mit dem Hauptanspruch verjähren auch die davon abhängigen Nebenleistungen. § 224 B G.B.

★80. Bei der Beendigung des Lehrverhältnisses hat der Lehrherr dem Lehrling ein schriftliches Zeugniß über die Dauer der Lehrzeit und die während dieser erworbenen Kenntnisse und Fähigkeiten sowie über sein Betragen auszustellen.

Auf Antrag des Lehrlinges hat die Ortspolizeibehörde das Zeugniß kosten- und stempelfrei zu beglaubigen.[148 150]

★81. Personen, die nicht im Besitze der bürgerlichen Ehrenrechte sind, dürfen Handlungslehrlinge weder halten noch sich mit der Anleitung von Handlungslehrlingen befassen. Der Lehrherr darf solche Personen zur Anleitung von Handlungslehrlingen nicht verwenden.

Die Entlassung von Handlungslehrlingen, welche diesem Verbote zuwider beschäftigt werden, kann von der Polizeibehörde erzwungen werden.

★82. Wer die ihm nach §. 62 Abs. 1, 2 oder nach §. 76 Abs. 2, 3 dem Lehrlinge gegenüber obliegenden Pflichten in einer dessen Gesundheit, Sittlichkeit oder Ausbildung gefährdenden Weise verletzt, wird mit Geldstrafe bis zu einhundertfünfzig Mark bestraft.

Die gleiche Strafe trifft denjenigen, welcher entgegen der Vorschrift des § 81 Handlungslehrlinge hält, ausbildet oder ausbilden läßt.

83. Hinsichtlich der Personen, welche in dem Betrieb eines Handelsgewerbes **andere als kaufmännische** Dienste[164] leisten, bewendet es bei den für **das Arbeitsverhältniß dieser Personen** geltenden Vorschriften. Art. 65.

[164] Das sind Personen in Gesindestellung und gewerbliche Arbeiter im Sinne der Gewerbeordnung, z. B. das technische Hülfspersonal. R.O.H.G XI 387. Bei gemischten Dienstleistungen kommt es auf die hauptsächliche Beschäftigung, die überwiegende Thätigkeit, an, z. B. untersteht ein Ladenmädchen deshalb, weil es gelegentlich Gesindedienste verrichtet, noch nicht dem Gesinderecht. M.

★Siebenter Abschnitt.

★Handlungsagenten.[165]

★**84.** Wer, ohne als Handlungsgehülfe[166] angestellt zu sein, ständig[167] damit betraut[168] ist, für das Handelsgewerbe[165] eines Anderen[169] Geschäfte zu vermitteln oder im Namen des Anderen[170] abzuschließen (Handlungsagent), hat bei seinen Verrichtungen das Interesse des Geschäftsherrn[171] mit der Sorgfalt eines ordentlichen Kaufmanns[172] wahrzunehmen.

Er ist verpflichtet, dem Geschäftsherrn die erforderlichen Nachrichten zu geben, namentlich ihm von jedem Geschäftsabschluß unverzüglich[173] Anzeige zu machen.[174]

165 Zerfallen in Vollkaufleute § 17, und Minderkaufleute §. 4. Hierher gehören Waaren-, Auswanderungs- und Transportagenten, Versicherungsagenten ausg. Versicherungsgesellschaften auf Gegenseitigkeit; auf Letztere kann der 7. Abschnitt jedoch analog angewendet werden. M. Liegenschaftsagent vergl. §. 1 Note 12 und § 2 Note 15.

166 Der Handlungsgehülfe dient einer Firma, hat Gehalt und ist unselbständig Der Agent ist selbständig, kann mehrere Häuser vertreten, hat regelmäßig nur Provision und bestreitet seine Auslagen selbst.

167 Gelegentliche Agentengeschäfte eines Kaufmannes fallen unter §. 354.

168 Auch durch konkludente Handlungen. R.O.H.G. II 331.

169 Dauernd und im ausschließlichen Interesse des einen Kontrahenten Der Mäkler handelt von Fall zu Fall und im Interesse beider Kontrahenten

170 Der Kommissionär schließt in eigenem Namen und für fremde Rechnung ab.

171 Nicht Auftraggeber im Sinne des § 662 ff B G.B.

172 §. 347 Daraus folgt das Verbot schädigender Konkurrenz (Anders §. 60) und die Pflicht, sich über die Kreditwürdigkeit der Kunden zu verlässigen, Rechenschaft zu legen, Ordre zu parieren §§. 665—668 B G.B. R.G. XVIII 112.

173 Ohne schuldhafte Verzögerung § 121 B G B.

174 Geht weiter als § 666 B G.B.

Bedient sich der Versicherte zur Ausfüllung des Fragebogens der Hülfe des Agenten, so steht seine Gesellschaft für unrichtige Beantwortung nur in soweit ein, als den Versicherten kein Verschulden trifft, d. h. soweit jeder Dritte, der sich mit der Sache zu befassen gehabt hätte, die Fragen richtig beantwortet haben würde; nicht aber für Antworten auf Fragen, welche nur aus Mittheilungen des Versicherten richtig beantwortet werden konnten. R.G. XXVII 151.

★85. Hat ein Handlungsagent, der nur mit der Vermittelung von Geschäften betraut ist, ein Geschäft im Namen des Geschäftsherrn mit einem Dritten abgeschlossen,[175] so gilt es als von dem Geschäftsherrn genehmigt, wenn dieser nicht unverzüglich,[173] nachdem er von dem Abschlusse Kenntniß erlangt hat, dem Dritten gegenüber erklärt,[176] daß er das Geschäft ablehne.

175 Bei Abschlußvollmacht hat er die Stellung des §. 54. Der Titel (Subdirektor, Generalagent) bildet keine Vermuthung für Abschlußvollmacht. Wer die Police unterschreiben darf, hat jedoch Abschlußvollmacht. R.G. IX 239. R.O.H.G. V 40. Die stillschweigende Billigung des Auftretens des Agenten kann entscheiden. R.G. XII 15. §. 164 ff. B.G.B. Dem Agenten gegenüber gestellte Bedingung, daß unbenannter Verkäufer ein Prima-Ablader sein müsse, macht die Perfektion vom Ausfall der Erkundigung über diese Qualifikation abhängig R.G. XXXIII 131. Auf einen zwischen den Parteien selbst abgeschlossenen Vertrag hat ein damit in Widerspruch stehendes Uebereinkommen zwischen der einen Partei und dem Agenten des Anderen keinen Einfluß. R.G. XXXVI 41. Der Versicherungsagent ist hinsichtlich der Belehrung über den Sinn der Fragen des Antragbogens Vertreter seiner Gesellschaft R.O.H.G. VII 424. Haftung des Versicherungsagenten für seine Lässigkeit dem Versicherungsnehmer gegenüber R.G. XXI 90.

Für rechtzeitige Rücksendung der Dokumente ist der Agent seiner Gesellschaft als Selbstschuldner haftbar. R.G. XXIII 149.

176 Muß an den Dritten gelangt sein. §. 130 B.G.B. Anders als bei §. 377⁴. (Mängelanzeige).

★86. Zur Annahme von Zahlungen für den Geschäftsherrn sowie zur nachträglichen Bewilligung von Zahlungsfristen ist der Handlungsagent[177] nur befugt, wenn ihm die Ermächtigung dazu besonders ertheilt ist.

Die Anzeige von Mängeln einer Waare, die Erklärung, daß eine Waare zur Verfügung gestellt werde, sowie andere Erklärungen solcher Art können dem Handlungsagenten gegenüber abgegeben werden.[178]

177 Mit fester Niederlassung und selbst dann, wenn er Abschlußvollmacht hat. Anders beim Reisenden. §. 87.

178 Der zur Anerkennung aber nicht befugt ist.

★87. Ist der Handlungsagent als Handlungsreisender thätig, so finden die Vorschriften des §. 55 Anwendung.

★88. Soweit nicht über die dem Handlungsagenten zu gewährende Vergütung ein Anderes vereinbart ist, gebührt ihm eine

Provision für jedes zur Ausführung[179] gelangte Geschäft, welches durch seine Thätigkeit zu Stande gekommen ist. Besteht die Thätigkeit des Handlungsagenten in der Vermittelung oder Abschließung von Verkäufen, so ist im Zweifel der Anspruch auf die Provision erst nach dem Eingange der Zahlung und nur nach dem Verhältnisse des eingegangenen Betrags erworben.

Ist die Ausführung eines Geschäfts in Folge des Verhaltens des Geschäftsherrn[180] ganz oder theilweise unterblieben, ohne daß hierfür wichtige Gründe in der Person desjenigen vorlagen, mit welchem das Geschäft abgeschlossen ist, so hat der Handlungsagent die volle Provision zu beanspruchen.

Ist die Höhe der Provision nicht bestimmt, so ist die übliche Provision zu entrichten.

Die Abrechnung über die zu zahlenden Provisionen findet, soweit nicht ein Anderes vereinbart ist, am Schlusse eines jeden Kalenderhalbjahrs statt.

[179] Was zum Begriff der Ausführung gehört, ist hier absichtlich nicht gesagt; nur Satz 2 stellt für den Verkaufsagenten eine Vermuthung auf. R.O.H.G. XIV 429.

[180] Vorausgesetzt, daß der Agent Abschlußvollmacht besaß. Andernfalls ist Provision nur verdient, wenn der Geschäftsherr das Geschäft genehmigt hatte. M.

★89. Ist der Handlungsagent ausdrücklich[73] für einen bestimmten Bezirk bestellt, so gebührt ihm die Provision im Zweifel auch für solche Geschäfte, welche in dem Bezirk ohne seine Mitwirkung durch den Geschäftsherrn oder für diesen geschlossen sind.[181]

[181] Allgemeine Rechtsgrundsätze sollen entscheiden, a) ob der Geschäftsherr die Provision für Nachbestellungen und direkte Geschäfte verweigern kann, weil der Agent angeblich unthätig war, b) ob der Agent Entschädigung verlangen kann, wenn der Geschäftsherr in dem Bezirk des Alleinvertreters keine Geschäfte mehr machen will. R.G. XXXI 60. Er hat keinen Anspruch, wenn ein lohnender Fortbetrieb nicht mehr möglich ist. R.G. XXXIII 59.

★90. Für die im regelmäßigen[182] Geschäftsbetrieb entstandenen Kosten und Auslagen kann der Handlungsagent in Ermangelung einer entgegenstehenden Vereinbarung oder eines abweichenden Handelsgebrauchs Ersatz nicht verlangen.

[182] Wie §. 652² B.G.B. Außergewöhnliche Aufwendungen z. B. des Versicherungsagenten zur Rettung der Waaren sind daher ersatzmäßig;

ebenso unter Umständen Depeschenkosten und Befreiung von Verbindlichkeiten. §. 257 B.G.B.

★91. Der Handlungsagent kann bei der Abrechnung mit dem Geschäftsherrn die Mittheilung eines Buchauszugs[183] über die durch seine Thätigkeit zu Stande gekommenen Geschäfte fordern. Das gleiche Recht steht ihm in Ansehung solcher Geschäfte zu, für die ihm nach §. 89 die Provision gebührt.

183 Also nicht Rechnungslegung §. 259 B.G.B. Bucheinsicht nur im Prozeß zugelassen, wenn der Buchauszug beanstandet wird §. 45.

★92. Das Vertragsverhältniß zwischen dem Geschäftsherrn und dem Handlungsagenten kann, wenn es für unbestimmte Zeit eingegangen ist, von jedem Theile für den Schluß eines Kalendervierteljahrs unter Einhaltung einer Kündigungsfrist von sechs Wochen gekündigt werden.[184]

Das Vertragsverhältniß kann von jedem Theile ohne Einhaltung einer Kündigungsfrist gekündigt werden, wenn ein wichtiger Grund[185] vorliegt.

184 Geht also weiter als §. 623 B.G.B.

185 Mit Eröffnung des Konkurses über das Vermögen des Geschäftsherrn erlischt Recht und Pflicht des Agenten nach Maßgabe des §. 23 K.O.; d. h. bei Gefahr im Verzug nur bedingungsweise nach §§. 672—675 B.G.B. Soweit der Agent darnach noch weiter thätig sein muß, genießt er ein Vorrecht im Konkurs. §. 27 K.O. Tod oder Geschäftsunfähigkeit des Geschäftsherrn löst im Zweifel das Agenturverhältniß nicht; wohl aber im Zweifel der Tod des Agenten. §. 675 B.G.B.

Konkurs gegen den Agenten R.O.H.G. II 438. Unrentabilität R.G. XXXI F9, Ehrverletzung R.G. XXXII 252 und sonst erhebliche Vertragsverstöße sind wichtige Gründe.

Achter Abschnitt.

Handelsmäkler.[186]

★93. Wer gewerbsmäßig[1a] für andere Personen, ohne von ihnen auf Grund eines Vertragsverhältnisses ständig[167] damit betraut[168] zu sein, die Vermittelung[187] von Verträgen über Anschaffung oder Veräußerung von Waaren oder Werthpapieren,[188] über Versicherungen, Güterbeförderungen, Bodmerei, Schiffsmiethe oder sonstige Gegenstände des Handelsverkehrs[189] übernimmt, hat die Rechte und Pflichten eines Handelsmäklers. Art 671.

Auf die Vermittelung anderer als der bezeichneten Geschäfte, insbesondere auf die Vermittelung von Geschäften über unbewegliche Sachen, finden, auch wenn die Vermittelung durch einen Handelsmäkler erfolgt, die Vorschriften dieses Abschnitts keine Anwendung.[190]

[186] Zerfallen in Vollkaufleute § 1[7] und Minderkaufleute §. 4 und 104. Unterscheidung von Agent §. 84 Note 169; vom Kommissionär §. 84 Note 170, vom Handlungsgehülfen §. 84 Note 166.

Das Institut der amtlichen Handelsmäkler ist gefallen. Die Landesregierungen können für die Selbsthülfeverkäufe des §. 376 H.G.B. und §§. 385, 1221, 1235, 1295 B.G B. besonders ermächtigen. Für den Börsenhandel sind durch den §. 34 Börs.Ges. Art. 14 E.G.z.H.G.B. die Kursmäkler ermächtigt.

Soweit der Abschnitt 8 nicht ausreicht zur Bestimmung der Rechte und Pflichten, sind je nach der Verschiedenheit der Fälle die allgemeinen Grundsätze des Mäklervertrags, Dienstvertrags, Auftrags, Werkverdings heranzuziehen. Art. 2 E.G.z.H G.B.

[187] Abweichend von §. 652 B.G.B., wonach schon ein Gelegenheitsnachweis, der mit dem Abschluß in ursächlichem Zusammenhang steht, Gegenstand eines Mäklervertrags sein kann. R.G. VI 51. Der §. 93 verlangt die Herbeiführung des Abschlusses. M.

[188] Vergl. §. 1 Note 4 und 5.

[189] Das Geschäft braucht nicht zum Gewerbebetrieb eines Kaufmanns §. 343 zu gehören; jedoch sind Gesinde-, Ehe-, Grundstücksmäkler ausgeschlossen; sie unterstehen den §§. 652 ff. B.G.B.

[190] Obgleich ein solcher Mäkler Kaufmann nach §. 2 durch Eintrag wird, und obgleich unbewegliche Sachen Gegenstand eines Handelsgeschäfts sein können. §. 343.

Art. 73. 72[1]. **94.** Der Handelsmäkler hat, sofern nicht die Parteien ihm dies erlassen oder der Ortsgebrauch mit Rücksicht auf die Gattung der Waare davon entbindet, unverzüglich[173] nach dem Abschlusse des Geschäfts jeder Partei eine von ihm unterzeichnete Schlußnote zuzustellen, welche die Parteien, den Gegenstand und die Bedingungen des Geschäfts, insbesondere bei Verkäufen von Waaren oder Werthpapieren deren Gattung und Menge sowie den Preis und die Zeit der Lieferung, enthält.

Bei Geschäften, die nicht sofort erfüllt werden sollen, ist die Schlußnote den Parteien zu ihrer Unterschrift zuzustellen und jeder Partei die von der anderen unterschriebene Schlußnote zu übersenden.

Verweigert eine Partei die Annahme oder Unterschrift der

Schlußnote, so hat der Handelsmäkler davon der anderen Partei unverzüglich[173] Anzeige zu machen.

★95. Nimmt eine Partei eine Schlußnote an,[191] in der sich der Handelsmäkler die Bezeichnung der anderen Partei vorbehalten hat,[192] so ist sie an das Geschäft mit der Partei, welche ihr nachträglich bezeichnet wird, gebunden, es sei denn, daß gegen diese begründete Einwendungen zu erheben sind.

Die Bezeichnung der anderen Partei hat innerhalb der ortsüblichen Frist, in Ermangelung einer solchen innerhalb einer den Umständen nach angemessenen Frist zu erfolgen.

Unterbleibt die Bezeichnung oder sind gegen die bezeichnete Person oder Firma begründete Einwendungen zu erheben, so ist die Partei befugt, den Handelsmäkler auf die Erfüllung des Geschäfts in Anspruch zu nehmen. Der Anspruch ist ausgeschlossen, wenn sich die Partei auf die Aufforderung des Handelsmäklers nicht unverzüglich[173] darüber erklärt, ob sie Erfüllung verlange.

191 Durch sofortige Zurückweisung einer solchen Schlußnote wird das Präjudiz des §. 95 beseitigt. Vergl. §. 102 Note 143. Der Mäkler hat nicht wie der Kommissionär ein Selbsteintrittsrecht. M. Eigenhandel des Kursmäklers. §. 32 Börs.Ges.

192 R.Stempelges. §. 8 Abs. 2.

96. Der Handelsmäkler hat, sofern nicht die Parteien ihm Art. 80.
dies erlassen oder der Ortsgebrauch mit Rücksicht auf die Gattung der Waare davon entbindet, von jeder durch seine Vermittelung nach Probe verkauften Waare die Probe, falls sie ihm übergeben ist, so lange aufzubewahren, bis die Waare ohne Einwendung gegen ihre Beschaffenheit angenommen oder das Geschäft in anderer Weise erledigt wird. Er hat die Probe durch ein Zeichen kenntlich zu machen.

97. Der Handelsmäkler gilt nicht als ermächtigt, eine Zahlung Art. 67.
oder eine andere im Vertrage bedungene Leistung in Empfang zu nehmen.

98. Der Handelsmäkler haftet jeder der beiden Parteien[193] Art. 81.
für den durch sein Verschulden entstehenden Schaden.

193 Weil er in der Regel die Interessen beider Kontrahenten vertritt. Anders beim Nichthandelsmäkler. §. 654 B.G.B.

Art 83 **99.** Ist unter den Parteien nichts darüber vereinbart, wer den Mäklerlohn bezahlen soll, so ist er in Ermangelung eines abweichenden Ortsgebrauchs von jeder Partei zur Hälfte zu entrichten.[194—196]

[194] Der Mäkler kann die Gebühr selbst dann nicht fordern, wenn der Abschluß genügend vorbereitet war, der Auftraggeber den Abschluß aber willkürlich verweigert; hat aber der Auftraggeber mit Umgehung des Mäklers abgeschlossen, so kommt es auf den ursächlichen Zusammenhang der Thätigkeit des Mäklers und dem Abschluß an, und ob darnach die Zahlung der Gebühr im Sinne des Vertrags lag. §§. 157, 242, 823, 826 B.G.B. R.G. VI 52.

[195] Im Uebrigen vor Zustellung der Schlußnote kein Anspruch. §. 94. Bei aufschiebender Bedingung ist die Gebühr erst fällig mit Erfüllung der Bedingung. §. 158^1 B.G.B. Bei auflösender Bedingung tritt die rechtliche Wirkung des Vertrages sofort ein §. 158^2 B.G.B.; die Gebühr ist im Zweifel fällig. Wegen der Rückforderung kommt es darauf an, ob nach Eintritt der Resolutivbedingung eine ungerechtfertigte Bereicherung nach §. 812 ff. B.G.B. anzunehmen ist.

Solange eine Anfechtung wegen Betrugs, Irrthum noch nicht erfolgt ist §. 123 B.G.B., muß die Gebühr bezahlt werden. Ist die Anfechtung erfolgt, so muß ohne Weiteres die Gebühr sogar zurückerstattet werden. §§. 142^1, 812 B.G.B.

Freiwillige Aufhebung des Vertrages berührt die Mäklergebühr nicht.

[196] Die Höhe des Mäklerlohns richtet sich nach Taxe oder nach Ueblichkeit. §. 653^2 B.G.B Herabsetzung wegen Uebermaßes vereinbarten Lohns nur beim bürgerlichen Mäklervertrag und nur bei Nachweis der Gelegenheit. §. 655 B.G.B. Aufwendungen muß der Mäkler auf sich behalten, selbst wenn der Vertrag nicht zu Stande gekommen ist. §. 652^2 B.G.B.

Art 71^1 72^1. **100.** Der Handelsmäkler ist verpflichtet, ein Tagebuch zu führen und in dieses alle abgeschlossenen Geschäfte täglich einzutragen. Die Eintragungen sind nach der Zeitfolge zu bewirken; sie haben die im §. 94 Abs. 1 bezeichneten Angaben zu enthalten. Das Eingetragene ist von dem Handelsmäkler täglich zu unterzeichnen.

Die Vorschriften der §§. 43, 44 über die Einrichtung und Aufbewahrung der Handelsbücher finden auf das Tagebuch des Handelsmäklers Anwendung.[197]

[197] Die Aenderungen beziehen sich nur auf die Aufbewahrung der Bücher und gelten auch für Kursmäkler, denen übrigens nach §. 33 Börs.G. noch weitere Pflichten auferlegt sind. Art. 14 E.G.z.H.G.B.

101. Der Handelsmäkler ist verpflichtet, den Parteien jederzeit auf Verlangen Auszüge aus dem Tagebuche zu geben, die von ihm unterzeichnet sind und Alles enthalten, was von ihm in Ansehung des vermittelten Geschäfts eingetragen ist. Art 74.

102. Im Laufe eines Rechtsstreits kann das Gericht auch ohne Antrag einer Partei die Vorlegung des Tagebuchs anordnen, um es mit der Schlußnote, den Auszügen oder anderen Beweismitteln zu vergleichen.[198] Art 79.

[198] Durch die neue Fassung ist klargestellt, daß das Tagebuch kein neues Beweismittel sein sondern nur zur Vergleichung dienen soll. M. Art. 77, 78, 79[2] sind schon durch §. 13 E.G.z.P.O. gefallen. Selbstverständlich ist die Perfektion des Abschlusses von Aushändigung der Schlußnote und Eintragung in das Tagebuch nicht bedingt.

★103. Handelsmäkler, die den Vorschriften über die Führung und Aufbewahrung des Tagebuchs zuwiderhandeln, werden mit Geldstrafe bis zu eintausend Mark bestraft.

104. Auf Personen, welche die Vermittelung von Waarengeschäften im Kleinverkehre besorgen, finden die Vorschriften über Schlußnoten und Tagebücher keine Anwendung.[199]

[199] Vergl. Note 186 und § 4.

Zweites Buch.

Handelsgesellschaften[1] und stille Gesellschaft.

Erster Abschnitt.

Offene Handelsgesellschaft.[2]

Erster Titel.

Errichtung der Gesellschaft.[3]

★105. Eine Gesellschaft,[4] deren Zweck auf den Betrieb eines Handelsgewerbes[5] unter gemeinschaftlicher Firma[1] gerichtet ist, ist eine offene Handelsgesellschaft, wenn bei keinem der Gesellschafter die Haftung gegenüber den Gesellschaftsgläubigern beschränkt ist. Art. 85[1].

Auf die offene Handelsgesellschaft finden, soweit nicht in diesem Abschnitt ein anderes vorgeschrieben ist, die Vorschriften des Bürgerlichen Gesetzbuchs über die Gesellschaft Anwendung.[6]

[1] Dazu gehören nur die 5 Gesellschaftsarten (offene Handelsgesellschaft, Kommandit-Gesellschaft, Aktien-Gesellschaft, Kommandit-Ges. auf Aktien und Gesellschaft m. b. H.), welche unter selbständiger Firma handeln, Rechte erwerben, Verbindlichkeiten eingehen, klagen und verklagt werden R.O.H.G. V 385; nicht also die stille Gesellschaft und die Vereinigung zu einzelnen Handelsgeschäften. Die letztere (Gelegenheits-) Gesellschaft Art. 266—270 ist aus dem H.G.B. verschwunden. Ersetzt werden Art. 266 durch §§. 705, 154 ff., 311, 313 B.G.B.; Art. 267, 268 durch §§. 707, 722 und 427 B.G.B.; Art. 269 durch §§. 718, 719 B.G.B.; Art. 270 durch §§. 713, 666 B.G.B.; Art. 270[2] durch §§. 730 bis 735 B.G.B.

[2] Ist keine jurist. Person. Gesellschaftsvermögen lediglich getrennt von dem Vermögen der einzelnen Gesellschafter wie bei der bürgerl. Gesellschaft der §§. 705 ff. B.G.B. M. R.G. XVIII 139.

[3] Formloser Vertrag §§. 154 ff. B.G.B., selbst durch konkludente Handlungen. R.G. X 101. Gerichtliche oder notarielle Form (also nicht Abschluß vor Gericht oder Notar) §. 128 B.G.B. ist bei Vermeiden absoluter Nichtigkeit §. 125[1] B.G.B. für Einbringung eines Grundstücks §. 313 B.G.B. oder eines Vermögenstheils §. 311 B.G.B. oder eines Nießbrauchs an einem solchen erforderlich. Ob wegen Nichtigkeit dieses Vertragstheils der ganze Gesellschaftsvertrag fällt, hängt von §. 139 B.G.B. ab. §. 313[2] B.G.B. sieht Heilung vor. Zuständigkeit und Form für gerichtliche und notarielle Beurkundung Art. 141[1], 142, E.G.z.B.G.B. §§. 168 ff., 189 F.G.G. Entstehung der Gesellschaft nach Außen § 123.

[4] Muß mindestens aus 2 Vollkaufleuten bestehen. §. 4[2]. R.G. XXXVI 139. Vollkaufleute §. 1—3. Erben eines Einzelkaufmanns bilden nicht schon durch den Erbübergang allein eine offene Handelsgesellschaft. R.G. XXXV 17, vergl. §. 139. Dieselben Socien können mehrere Handelsgesellschaften bilden. R.G. XVI 16; dagegen kann eine offene Handelsgesellschaft nicht persönlich haftender Gesellschafter werden. R.G. XXXVI 139. Ausscheiden eines Gesellschafters, wenn die Gesellschaft nur aus 2 Gesellschaftern besteht. §. 142.

[5] Vergl. §. 1—3. Gesellschaften ohne vermögensrechtlichen Charakter fallen unter §. 705 B.G.B. Vergl §. 241 B.G.B.

[6] Daher ist ein Gesellschafts-Vertrag mit unmöglichem, verbotenem oder unsittlichem Zweck nichtig. §§. 705, 134, 138 B.G.B. Dahin gehört auch ein Vertrag mit der Verpflichtung, das ganze künftige Vermögen oder einen Bruchtheil einzubringen. §. 310 B.G.B. Der Einfluß auf den ganzen Gesellschaftsvertrag bestimmt sich nach §. 139 B.G.B.

Art. 86 **106.** Die Gesellschaft ist bei dem Gericht, in dessen Bezirke sie ihren Sitz hat, zur Eintragung in das Handelsregister anzumelden.[7]

Die Anmeldung hat zu enthalten:[8]

1. den Namen, Vornamen, Stand und Wohnort jedes Gesellschafters;
2. die Firma[9] der Gesellschaft und den Ort, wo sie ihren Sitz hat;
3. den Zeitpunkt, mit welchem die Gesellschaft begonnen hat.

[7] Ueber die Form der Anmeldung und Zeichnung sowie über die Eintragung in das Register der Zweigniederlassungen, die Ordnungsstrafen und die Wirkung der Eintragung geben nun an Stelle der Art. 87[2]—89 die §§. 12—15 Recht. Eine offene H.G., in der keine Angehörige des Reichs oder Schutzgenossen sind, kann im Ausland im Konsulatsbezirk nicht eingetragen werden. R.G. XXXIV 107.

[8] Eventuell die Thatsachen des § 125 hinsichtlich besonderer Vertretungsart Art. 86[4] und 87.

[9] Firmenrecht §§. 19 ff., 28 ff, Sachfirma R.G. XLI 21.

107.[10] Wird die Firma einer Gesellschaft geändert oder der Sitz der Gesellschaft an einen anderen Ort verlegt oder tritt ein neuer Gesellschafter in die Gesellschaft ein, so ist dies ebenfalls zur Eintragung in das Handelsregister anzumelden. Art 87[1].

[10] §. 21 Note 68 §§. 22, 24 Note 73 und 74. §. 28 §§ 30, 31.

108. Die Anmeldungen sind von sämmtlichen Gesellschaftern zu bewirken.[11] Art. 88.

Die Gesellschafter, welche die Gesellschaft vertreten sollen, haben die Firma nebst ihrer Namensunterschrift zur Aufbewahrung bei dem Gerichte zu zeichnen

[11] Die Formalien §§ 12 ff. Folgen der Unterlassung und des Vollzugs der Eintragung §§. 14 ff. und §. 123

Zweiter Titel.

Rechtsverhältniß der Gesellschafter unter einander.

109. Das Rechtsverhältniß der Gesellschafter unter einander richtet sich zunächst nach dem Gesellschaftsvertrage; die Vorschriften der §§. 110 bis 122 finden nur insoweit Anwendung, als nicht durch den Gesellschaftsvertrag ein Anderes bestimmt ist.[12—17] Art. 90.

[12] Der dispositive §. 109 wird durch das B.G.B. ergänzt. Im Zweifel ist zu vermuthen, daß bei Einbringung von Geld oder andern vertretbaren Sachen oder von unvertretbaren Sachen, die nicht blos zum Zweck der Gewinnvertheilung taxirt sind, diese Sachen dem Rechte nach in dem Sinn gemeinschaftlich werden sollen, daß der Gesellschafter noch den Uebertragungsakt vorzunehmen hat; also kein unmittelbarer Eigen-

thumsübergang durch den Gesellschaftsvertrag wie bei §. 1438 B.G.B., allg. Gütergemeinschaft, und Art. 91 A D H.G.B. Abweichend von Art. 91[1].

13 Daher muß bei beweglichen Sachen noch Uebergabe §. 929 ff. B.G.B., bei Grundstücken Auflassung §. 925 ff. B.G.B., bei einer Hypothek Uebergabe des Briefs §. 1117 B.G.B. dazukommen u. s. w. Schriftlichkeit des Vertrags vergl. Note 8 u. §. 350.

14 Es ist Auslegungsfrage, was die Gesellschafter mit Aufnahme eines einem Gesellschafter gehörigen Gegenstandes in das Inventar beabsichtigen §. 286 P.O. Art. 91[2] ist daher gestrichen. R G. XXXI 28

15 Die Gesellschafter leisten einander für die eingebrachten Sachen Gewähr nach allgemeinen Gundsätzen, d. h bei nur zum Gebrauch oder zu Nutzung eingebrachten Gegenständen nach §§. 157, 242, B.G B., im Uebrigen nach §. 493 B.G B

16 Beim Schweigen des Gesellschaftsvertrags ist kein Gesellschafter zu einem Nachschuß über sein vertragsmäßiges Einbringen hinaus verpflichtet §. 707 B.G.B. Art. 92 A.D.H.G B., ausg. zum Zweck der Schuldentilgung im Liquidationsverfahren §. 735 B.G B.

Es darf sogar kein Gesellschafter eigenmächtig sein Einbringen erhöhen.

17 Jeder Gesellschafter hat gegen seine Mitgesellschafter einen unübertragbaren §. 717 B.G.B. Anspruch auf Leistung des Einbringens und muß in Erfüllung gesellschaftlicher Verpflichtungen Sorgfalt wie in eigenen Angelegenheiten aufwenden §§ 708, 277 B.G.B. Art. 94 und Art. 98 A D.H.G.B. sind daher gestrichen.

Art. 93 [1] u [2]. **110.** Macht der Gesellschafter in den Gesellschaftsangelegenheiten Aufwendungen, die er den Umständen nach für erforderlich halten darf, oder erleidet er unmittelbar durch seine Geschäftsführung oder aus Gefahren, die mit ihr untrennbar verbunden sind, Verluste, so ist ihm die Gesellschaft[18] zum Ersatze verpflichtet.[19]

Aufgewendetes Geld hat die Gesellschaft von der Zeit der Aufwendung an zu verzinsen.[20]

18 D. h. durante societate, nicht die Gesellschafter R.O.H.G XIX 415, R G. XXXI 31.

19 Keinen Ersatzanspruch gibt das Gesetz für Thätigkeit, die zur Geschäftsführung §. 114[1] oder zur Einlage gehört. R O.H.G. IV 381. Bei anderen Diensten ist es Thatfrage. Vergl §. 662 B.G.B.

20 Wie §§. 713, 670, 683, 256 B.G.B. 5% §. 352[2]

Art. 95 **111.** Ein Gesellschafter, der seine Geldeinlage nicht zur rechten Zeit einzahlt oder eingenommenes Gesellschaftsgeld nicht zur rechten Zeit an die Gesellschaftskasse abliefert oder unbefugt Geld aus der Gesellschaftskasse für sich entnimmt, hat Zinsen von dem Tage an zu entrichten, an welchem die Zahlung oder die Ablieferung hätte geschehen sollen oder die Herausnahme des Geldes erfolgt ist.[21]

Die Geltendmachung eines weiteren Schadens ist nicht ausgeschlossen.[22]

[21] Also ohne Mahnung 5% §. 352[2]; gleich, in welcher Absicht der Gesellschafter handelte Vergl. §§. 668, 713 B.G.B.

[22] §. 288[2] B.G.B. Dazu kommen noch die sonstigen Folgen, wie Auflösung, Ausschließung, Entziehung der Geschäftsführung und Vertretung. §§. 133, 140, 117, 127

112.[23] Ein Gesellschafter darf ohne Einwilligung der anderen Gesellschafter weder in dem Handelszweige der Gesellschaft Geschäfte machen noch an einer anderen gleichartigen Handelsgesellschaft als persönlich haftender Gesellschafter theilnehmen. Art. 96.

Die Einwilligung der Theilnahme an einer anderen Gesellschaft gilt als ertheilt, wenn den übrigen Gesellschaftern bei Eingehung der Gesellschaft bekannt ist, daß der Gesellschafter an einer anderen Gesellschaft als persönlich haftender Gesellschafter Theil nimmt, und gleichwohl die Aufgabe dieser Betheiligung nicht ausdrücklich[24] bedungen wird.[25]

[23] Der Paragraph stimmt mit §. 60 überein. Das Versprechen, sich weder direkt noch indirekt an einem Konkurrenzgeschäft zu betheiligen, enthält das Verbot jeder fortgesetzten persönlichen Thätigkeit für ein Unternehmen der Konkurrenz, nicht blos der gesellschaftlichen Betheiligung. Konventionalstrafe. Wandelpön? R.G. XL 97 §. 348.

[24] Vergl. §. 48 Note 118, d. h. Schriftform für Verbot nicht nöthig. Note 73.

[25] Das Konkurrenzverbot wird mit Eintritt der Liquidation unwirksam. R.O.H.G. XXI 140. Ist das Verbot vertragsmäßig auf spätere Zeit ausgedehnt, so darf dasselbe nicht unbeschränkt sein. R.O.H.G. XV 163. §. 138 B.G.B. Vergl. R.G. XXXI 97.

113.[26] Verletzt ein Gesellschafter die ihm nach §. 112 obliegende Verpflichtung, so kann die Gesellschaft Schadensersatz[27] fordern; sie kann statt dessen von dem Gesellschafter verlangen, daß er die für eigene Rechnung gemachten Geschäfte als für Rechnung der Gesellschaft eingegangen gelten lasse und die aus Geschäften für fremde Rechnung bezogene Vergütung herausgebe oder seinen Anspruch auf die Vergütung abtrete.[28] Art. 97.

Ueber die Geltendmachung dieser Ansprüche beschließen die übrigen Gesellschafter.[29]

Die Ansprüche verjähren in drei Monaten von dem Zeitpunkt an, in welchem die übrigen Gesellschafter von dem Abschlusse des Geschäfts oder von der Theilnahme des Gesellschafters an der anderen Gesellschaft Kenntniß erlangen; sie verjähren ohne Rücksicht auf diese Kenntniß in fünf Jahren von ihrer Entstehung an.[30]

Das Recht der Gesellschafter, die Auflösung der Gesellschaft[31] zu verlangen, wird durch diese Vorschriften nicht berührt.

[26] Steht im Einklang mit §. 61.

[27] Der Schaden umfaßt unmittelbaren und mittelbaren Verlust und auch entgangenen Gewinn. Der Ersatzpflichtige hat auch für die nicht voraussehbaren Folgen seines Verhaltens zu haften. §§. 249—252 B.G.B

[28] Der dritte Kontrahent kann sich auf die Uebertretung des Verbots nicht berufen. R.O.H.G. XVIII 226.

[29] §. 119.

[30] Verjährung berechnet sich nach §. 188 B.G.B und läuft nach §. 198ff. B.G.B. Es ist keine Prätlusivfrist M. Uebergangsvorschrift wegen Berechnung der Verjährung Art. 169 E G.z.B.G.B. und Art. 2 E.G.z.H.G.B

[31] oder Ausschließung nach §. 140.

Art. 102[1] **114.** Zur Führung der Geschäfte der Gesellschaft sind alle Gesellschafter berechtigt und verpflichtet.

Art. 99[1] Ist im Gesellschaftsvertrage[32] die Geschäftsführung einem Gesellschafter oder mehreren Gesellschaftern übertragen, so sind die übrigen Gesellschafter von der Geschäftsführung ausgeschlossen.[33]

[32] Dem thatsächliche Ueberlassung gleichsteht. R.G. V 16.

[33] Abweichend von §§. 709ff. B.G.B.

Art 102[2]. 100[2]. **115.** Steht die Geschäftsführung allen oder mehreren Gesellschaftern zu,[32] so ist jeder von ihnen allein zu handeln berechtigt; widerspricht jedoch ein anderer geschäftsführender Gesellschafter der Vornahme einer Handlung, so muß diese unterbleiben.

Art. 100[1]. Ist im Gesellschaftsvertrage bestimmt, daß die Gesellschafter, denen die Geschäftsführung zusteht, nur zusammen handeln können, so bedarf es für jedes Geschäft der Zustimmung aller geschäftsführenden Gesellschafter, es sei denn,[34] daß Gefahr im Verzug[35] ist.

[34] Abweichend von §§. 709ff. B.G.B.

[35] Ist nicht gegeben, wenn ein Gesellschafter krank ist und gefragt werden kann oder Entgehen eines Gewinns zu befürchten ist; es muß Schaden drohen. Vergl. §. 680 B.G.B, dringende Gefahr.

Art. 99 Satz 2. **116.** Die Befugniß zur Geschäftsführung erstreckt sich auf alle Handlungen, die der gewöhnliche[36] Betrieb des Handelsgewerbes der Gesellschaft mit sich bringt.

Zur Vornahme von Handlungen, die darüber hinausgehen, ist Art. 103 1—3.
ein Beschluß sämmtlicher[37] Gesellschafter erforderlich.[38]

Zur Bestellung eines Prokuristen bedarf es der Zustimmung Art. 104.
aller geschäftsführenden Gesellschafter, es sei denn, daß Gefahr im Verzug ist. Der Widerruf der Prokura kann von jedem der zur Ertheilung **oder zur Mitwirkung bei der Ertheilung** befugten Gesellschafter erfolgen.[39]

[36] Bestimmt sich nach dem Gesellschaftsvertrag.

[37] Auch der von der Geschäftsführung ausgeschlossenen.

[38] Läßt der Gesellschaftsvertrag Majoritätsbeschluß zu, so ist absolute Majorität gemeint, d. h. 1 Stimme über die Hälfte. §. 709[2] B.G.B. Die Minderheit muß gehört werden.

[39] Vereinbarung über Unwiderruflichkeit der Prokura R.G. II 33; Wirksamkeit des Widerrufs nach Außen §. 126.

117. Die Befugniß zur Geschäftsführung[40] kann einem Gesell- Art. 101.
schafter auf Antrag der übrigen Gesellschafter durch gerichtliche Entscheidung[41] entzogen werden, **wenn ein wichtiger Grund vorliegt; ein solcher Grund ist insbesondere grobe Pflichtverletzung oder Unfähigkeit zur ordnungsmäßigen Geschäftsführung.**[42]

[40] Gleich, ob sie auf Gesetz oder Vertrag beruht; abweichend von §. 712[1] B.G.B.

[41] Ebenso wie die Vertretung nach Außen §. 127. Also nicht wie in §. 712[1] B.G.B. durch Gesellschaftsbeschluß R.G. XXII 170.

[42] Der Geschäftsführende kann bei Vorliegen eines wichtigen Grundes seinerseits kündigen, jedoch nicht zur Unzeit. §. 712[2] B.G.B. M.

118.[43] Ein Gesellschafter kann, auch wenn er von der Ge- Art. 105.
schäftsführung ausgeschlossen ist, sich von den Angelegenheiten der Gesellschaft persönlich unterrichten, die Handelsbücher und die Papiere der Gesellschaft einsehen und sich aus ihnen eine Bilanz anfertigen.

Eine dieses Recht ausschließende oder beschränkende Vereinbarung steht der Geltendmachung des Rechtes nicht entgegen, **wenn Grund zu der Annahme unredlicher Geschäftsführung besteht.**[44]

[43] Nur die Fassung ist neu.

[44] Verdacht genügt. Kommiss. Prot. S. 2428 zu §. 716 B.G.B.

119. Für die von den Gesellschaftern zu fassenden Beschlüsse Art. 103[3].

bedarf es der Zustimmung aller zur Mitwirkung bei der Beschlußfassung berufenen Gesellschafter.

Hat nach dem Gesellschaftsvertrage die Mehrheit der Stimmen zu entscheiden, so ist die Mehrheit im Zweifel nach der Zahl der Gesellschafter zu berechnen.[45]

[45] §. 709² B.G.B. R.O.H.G. XXII 292. Die Auflösung §. 131 kann nur dann so beschlossen werden, wenn der Vertrag auch soweit geht.

Art. 107. **120.** Am Schlusse jedes Geschäftsjahrs wird auf Grund der Bilanz der Gewinn oder der Verlust des Jahres ermittelt und für jeden Gesellschafter sein Antheil daran berechnet.

Der einem Gesellschafter zukommende Gewinn wird dem Kapitalantheile[46] des Gesellschafters zugeschrieben; der auf einen Gesellschafter entfallende Verlust sowie das während des Geschäftsjahrs auf den Kapitalantheil entnommene Geld[47] wird davon abgeschrieben.

[46] Verdeutlicht, daß an dem Gesellschaftsvermögen nicht ein Miteigenthum der Gesellschafter im Verhältniß ihrer Kapitalkonten besteht.

[47] Auch befugte Entnahmen müssen, jedoch nur zum Zweck ordnungsmäßiger Buchung, belastet werden R.G. III 59. Aufmachung der Bilanz. §. 40.

Art. 106. **121.** Von dem Jahresgewinne gebührt jedem Gesellschafter zunächst ein Antheil in Höhe von vier vom Hundert seines Kapitalantheils. Reicht der Jahresgewinn hierzu nicht aus, so bestimmen sich die Antheile nach einem entsprechend niedrigeren Satze.[48]

Bei der Berechnung des nach Abs. 1 einem Gesellschafter zukommenden Gewinnantheils werden Leistungen, die der Gesellschafter im Laufe des Geschäftsjahrs als Einlage gemacht hat, nach dem Verhältnisse der seit der Leistung abgelaufenen Zeit berücksichtigt. Hat der Gesellschafter im Laufe des Geschäftsjahrs Geld auf seinen Kapitalantheil entnommen, so werden die entnommenen Beträge nach dem Verhältnisse der bis zur Entnahme abgelaufenen Zeit berücksichtigt.

Art. 109. Derjenige Theil des Jahresgewinns, welcher die nach den Abs. 1, 2 zu berechnenden Gewinnantheile übersteigt, sowie der Verlust eines Geschäftsjahrs wird unter die Gesellschafter nach Köpfen vertheilt.[49]

48 Es gibt keine feste Verzinsung der Kapitalantheile mehr. Der Gesellschafter erhält nur, wenn Gewinn gemacht ist, 4% Zins von seinem Kapitalantheil und, wenn der Gewinn dazu nicht reicht, entsprechend weniger.

49 Ist im Vertrag nur der Antheil am Gewinn bestimmt, so gilt diese Bestimmung im Zweifel auch für den Verlustantheil und umgekehrt. §. 722[2] B.G.B.

Ein Vertrag, nach welchem ein Gesellschafter zwar am Verlust, nicht aber am Gewinn theilnehmen soll, ist kein Gesellschaftsvertrag und, wenn keine Einlage gemacht ist, nicht einmal eine stille Gesellschaft. R.G. XXXIII 127.

122. Jeder Gesellschafter ist berechtigt, aus der Gesellschaftskasse Geld bis zum Betrage von vier vom Hundert seines für das letzte Geschäftsjahr festgestellten Kapitalantheils zu seinen Lasten[50] zu erheben und, soweit es nicht zum offenbaren Schaden der Gesellschaft gereicht, auch die Auszahlung seines den bezeichneten Betrag übersteigenden Antheils am Gewinne des letzten Jahres zu verlangen. Art. 108.

Im Uebrigen ist ein Gesellschafter nicht befugt, ohne Einwilligung der anderen Gesellschafter seinen Kapitalantheil zu vermindern.[16]

50 Ist kein Gewinn in dieser Höhe auf seinen Antheil nach §. 121 entfallen, so vermindert die Entnahme den Kapitalantheil. §. 122[1] tritt bei der Liquidation außer Kraft. §. 155[1].

Dritter Titel.

Rechtsverhältniß der Gesellschafter zu Dritten.

123. Die Wirksamkeit der offenen Handelsgesellschaft tritt im Verhältnisse zu Dritten mit dem Zeitpunkt ein, in welchem die Gesellschaft in das Handelsregister eingetragen[51] wird. Art. 110.

Beginnt[52] die Gesellschaft ihre Geschäfte schon vor der Eintragung, so tritt die Wirksamkeit mit dem Zeitpunkte des Geschäftsbeginns ein, soweit nicht aus dem §. 2 sich ein Anderes ergiebt.

Eine Vereinbarung, daß die Gesellschaft erst mit einem späteren Zeitpunkt[53] ihren Anfang nehmen soll, ist Dritten gegenüber unwirksam.

51 Vergl. §§. 15 und 28. Der Eintrag ist so entscheidend, daß die Theilhaber einer Gesellschaft durch die Eintragung solidarisch haften, selbst,

wenn die Gesellschaft kein Handelsgewerbe betreibt, also zu Unrecht eingetragen war. R.G. XL 146.

[52] Jede dem Willen aller Gesellschafter entsprechende Gemeinschaftshandlung ist ein Beginn. R.G. XXXIV 53. R.O.H.G. XVII 353.

[53] Die neue Fassung bezieht sich jetzt auf Abs. 1 und 2.

Art. 111 Abs. 1 **124.** Die offene Handelsgesellschaft kann unter ihrer Firma[54] Rechte erwerben und Verbindlichkeiten[55] eingehen, Eigenthum und andere dingliche Rechte an Grundstücken[56] erwerben, vor Gericht klagen und verklagt werden.[57–58]

Art. 119. 120 121 Zur Zwangsvollstreckung in das Gesellschaftsvermögen ist ein gegen die Gesellschaft[59] gerichteter vollstreckbarer Schuldtitel erforderlich.

[54] Vergl. §§. 17 und 6.

[55] Sie ist für alle zum Schadensersatz verpflichtenden Handlungen ihres Vertreters unbedingt und ohne dessen Verschulden, daher auch im Fall der §§. 231, 904 B.G.B., verantwortlich, sofern nur dieselben in (im Gegensatze zu „bei" und „bei Gelegenheit") Ausübung der Vertretungsmacht begangen sind. R.G. XXXII 32. §. 31 B.G.B. Noch weiter kann die Haftung gehen, vergl. Art. 105, 106 E.G.z.B.G.B. §. 25 preuß. Eisenbahngesetz vom $\frac{3.\ \text{Nov. } 38}{3.\ \text{Mai } 69}$. Bezüglich der Angestellten ist Entlastungsbeweis nach §. 831 B.G.B. zugelassen. Kenntniß des Dritten von einer Beschränkung §. 125 Note 60.

[56] Nachweis der Legitimation §. 9 Note 31.

[57] §. 51 P.O. R.G. V 70. Personenwechsel innerhalb der Gesellschaft während des Prozesses regelmäßig ohne Belang. R.O.H.G. IX 17. Die zur Zeit der Eidesleistung vertretungsberechtigten Gesellschafter haben den Parteieid zu leisten. §§. 473, 474 P.O. R.G. XXI 181. R.G. XIV 20. Alle Gesellschafter können als Nebenintervenienten auftreten R.G. XXXIV 361, sind nicht Zeugen R.G. XVII 365, auch nicht im Liquidationsverfahren. R.G. XXXV 388. Die Gesellschaft kann nicht unter ihrer Firma beleidigt werden und keinen Strafantrag stellen R.G.St I 178; es wäre denn, daß das Delikt sich nicht gegen die Person der Theilhaber, sondern gegen die Vermögensrechte der Gesellschafter richtet R.G.A. VIII 755.

[58] Gerichtszuständigkeit am Ort der Verwaltung §. 17 P.O., auch für Klagen der Gesellschafter untereinander §. 22. R.G. XXXII 44.

[59] d. h das Gesellschaftsvermögen ist dem unmittelbaren Zugriff der Privatgläubiger der Gesellschafter (abweichend von der bürgerlichen Gesellschaft §. 736 P.O.) entzogen, weil nach dem System der gesammten Hand § 718 B.G.B. aus dem Gesellschaftsvermögen zunächst die Gesellschaftsgläubiger zu befriedigen sind. Die Privatgläubiger eines Gesellschafters können nur auf das greifen, was übrig bleibt. Der Gesellschafter kann darum nicht über seinen Antheil am Gesellschaftsvermögen

verfügen. Gesellschaftsforderungen können nicht gegen Privatschulden aufgerechnet werden und umgekehrt §. 719 B.G.B.; ausgenommen, soweit bei der Auseinandersetzung dem Gesellschafter Gesellschaftsforderungen überwiesen sind. Er ist eben dann nicht mehr Gesellschafter. Haftung der Gesellschafter für Gesellschaftsschulden §. 128. Konkurs §. 129 Note 66. Der Privatgläubiger kann nur auf den Gewinnantheil greifen §. 725² B.G.B. oder nach §. 135 kündigen nach vorangegangener Pfändung des Gesellschaftsantheils. §. 859¹ P.O.

125. Zur Vertretung der Gesellschaft ist jeder Gesellschafter ermächtigt, wenn er nicht durch den Gesellschaftsvertrag von der Vertretung ausgeschlossen ist.[60] Art. 114²

Im Gesellschaftsvertrage kann bestimmt werden, daß alle oder mehrere Gesellschafter nur in Gemeinschaft zur Vertretung der Gesellschaft ermächtigt sein sollen (Gesammtvertretung). Die zur Gesammtvertretung berechtigten Gesellschafter können einzelne von ihnen zur Vornahme bestimmter Geschäfte oder bestimmter Arten von Geschäften ermächtigen. Ist der Gesellschaft gegenüber eine Willenserklärung[61] abzugeben, so genügt die Abgabe gegenüber einem der zur Mitwirkung bei der Vertretung befugten Gesellschafter. Art. 117²

Im Gesellschaftsvertrage kann bestimmt werden, daß die Gesellschafter, wenn nicht mehrere zusammen handeln, nur in Gemeinschaft mit einem Prokuristen[62] zur Vertretung der Gesellschaft ermächtigt sein sollen. Die Vorschriften des Abs. 2 Satz 2, 3 finden in diesem Falle entsprechende Anwendung.

Der Ausschluß eines Gesellschafters von der Vertretung, die Anordnung einer Gesammtvertretung oder eine gemäß Abs. 3 Satz 1 getroffene Bestimmung sowie jede Aenderung in der Vertretungsmacht eines Gesellschafters ist von sämmtlichen Gesellschaftern zur Eintragung in das Handelsregister anzumelden. Art. 86⁴. 87.

60 Im Uebrigen ist die Vertretungsmacht unbeschränkbar. Die zugelassene Beschränkung (vergl. §§. 126 und 127) wirkt Dritten gegenüber nur durch Eintrag. Der gutgläubige Dritte darf sich auf die Erklärungen des Vertretungsberechtigten über den Umfang seiner Macht verlassen. R.G. XVII 93 und XXVIII 118, vergl. §§. 164, 177, 179 B.G.B. Wegen der Firmenzeichnung §. 17 Note 57 und 58.

Folgen der Vertretung im Uebrigen §. 124 Note 55—59. Nur Kollusion macht seine Abschlüsse anfechtbar. R.G. IX 148.

[61] Oder Zustellung §. 171 P.O. Vergl. §. 28² B.G.B.

[62] Aber nicht mit einem Handlungsbevollmächtigten M.; wohl aber können die Kollektivvertreter, Absatz 4 Satz 2, einen aus ihrer Mitte ermächtigen, seine Befugniß bei bestimmten Arten von Geschäften nur in Gemeinschaft mit einem Handlungsbevollmächtigten auszuüben. Der Vertretungsumfang richtet sich alsdann nach demjenigen der Prokura bezw. der bestimmt umgrenzten Vollmacht. R.G. XL 17.

Art. 114¹. 117¹. 118. **126.** Die Vertretungsmacht der Gesellschafter erstreckt sich auf alle gerichtlichen und außergerichtlichen Geschäfte und Rechtshandlungen einschließlich der Veräußerung und Belastung von Grundstücken sowie der Ertheilung und des Widerrufs einer Prokura.[55–58]

Art. 116 Eine Beschränkung des Umfanges der Vertretungsmacht ist Dritten gegenüber unwirksam; dies gilt insbesondere von der Beschränkung, daß sich die Vertretung nur auf gewisse Geschäfte oder Arten von Geschäften erstrecken oder daß sie nur unter gewissen Umständen oder für eine gewisse Zeit oder an einzelnen Orten stattfinden soll.

In Betreff der Beschränkung auf den Betrieb einer von mehreren Niederlassungen der Gesellschaft finden die Vorschriften des §. 50 Abs. 3 entsprechende Anwendung.

★**127.**[63] Die Vertretungsmacht kann einem Gesellschafter auf Antrag der übrigen Gesellschafter durch gerichtliche Entscheidung entzogen werden, wenn ein wichtiger Grund vorliegt; ein solcher Grund ist insbesondere grobe Pflichtverletzung oder Unfähigkeit zur ordnungsmäßigen Vertretung der Gesellschaft.

[63] Durchbricht nicht allein die Regel von der freien Widerruflichkeit der Vollmacht § 168 B.G.B., sondern gibt auch einem Gesellschaftsbeschluß keinen Raum und läßt, abweichend von §. 715 B.G.B., getrennte Behandlung der Geschäftsführung §. 117 zu. Eintragsnothwendigkeit §. 125⁴.

Art. 112. **128.** Die Gesellschafter haften für die Verbindlichkeiten der Gesellschaft[51 52 55 60] den Gläubigern als Gesammtschuldner[64] persönlich. Eine entgegenstehende Vereinbarung ist Dritten gegenüber unwirksam.

64 Und zwar auch, wenn ein Gesellschafter Gläubiger ist. R.G. XXXVI 60. Sammtschuldnerschaft §. 421 B.G.B. Ein Rückgriff §. 426 B.G.B. auf Mitgesellschafter kann erst nach Auflösung der Gesellschaft oder nach Ausscheiden eines Gesellschafters gegen diesen stattfinden. Ein Zwangsvergleich begrenzt die Haftung auch für den Gesellschafter. §. 211² K.O.

★129. Wird ein Gesellschafter wegen einer Verbindlichkeit der Gesellschaft in Anspruch genommen, so kann er Einwendungen, die nicht in seiner Person begründet sind, nur insoweit geltend machen, als sie von der Gesellschaft erhoben werden können.[65]

Der Gesellschafter kann die Befriedigung des Gläubigers verweigern, solange der Gesellschaft das Recht zusteht, das ihrer Verbindlichkeit zu Grunde liegende Rechtsgeschäft anzufechten.[66]

Die gleiche Befugniß hat der Gesellschafter, so lange sich der Gläubiger durch Aufrechnung gegen eine fällige Forderung der Gesellschaft befriedigen kann.[66]

Aus einem gegen die Gesellschaft gerichteten vollstreckbaren Schuldtitel findet die Zwangsvollstreckung gegen die Gesellschafter nicht statt.

65 Daher gilt auch für ihn ein Anerkenntniß oder eine Verurtheilung der Gesellschaft, letztere jedoch mit der formalen Beschränkung des letzten Absatzes dieses Paragraphen Der Gesellschaftsgläubiger kann nach Belieben die Gesellschaft oder den Gesellschafter angreifen mit der einzigen Ausnahme, daß die Haftung des Gesellschafters subsidiär wird, sobald sowohl er als auch die Gesellschaft, also Beide in Konkurs gerathen. §. 212 K.O.

66 Greift der Gesellschaftsgläubiger (abgesehen von dem Fall des §. 212 K.O.) den Gesellschafter an, so kann dieser durch diese dilatorischen Einreden wie ein Bürge §. 770 B.G.B den Gläubiger thatsächlich zur Vorausklage der Gesellschaft zwingen, wenn er nicht nach den Umständen auf diese Einreden verzichtet hat.

130. Wer in eine bestehende[67] Gesellschaft eintritt, haftet gleich Art. 113. den anderen Gesellschaftern nach Maßgabe der §§. 128, 129 für die vor seinem Eintritte begründeten Verbindlichkeiten der Gesellschaft, ohne Unterschied, ob die Firma eine Aenderung erleidet oder nicht.

Eine entgegenstehende Vereinbarung ist Dritten gegenüber unwirksam.

67 Vergl. den Fall des §. 28. Der eingetretene persönlich haftende Gesellschafter haftet auch ohne Bekanntmachung; seine Schulden gehen nicht auf die Gesellschaft über. R.O.H.G. II 143.

Vierter Titel.

Auflösung der Gesellschaft und Ausscheiden von Gesellschaftern.

Art. 123. **131.** Die offene Handelsgesellschaft wird aufgelöst: [68] [78] [79]

1. durch den Ablauf der Zeit, für welche sie eingegangen ist;
2. durch Beschluß[45] der Gesellschafter;
3. durch die Eröffnung des Konkurses über das Vermögen der Gesellschaft;
4. durch den Tod eines Gesellschafters, sofern nicht aus dem Gesellschaftsvertrage sich ein Anderes ergiebt;[83–90]
5. durch die Eröffnung des Konkurses über das Vermögen eines Gesellschafters;[83–86]
6. durch Kündigung[69] [77] und durch gerichtliche Entscheidung.[70]

[68] Unter den Gesellschaftern mit Feststehen der Auflösung Dritten gegenüber nach §. 143. Die Unfähigkeit zur selbständigen Vermögensverwaltung (Art. 123^{3}) kann ein wichtiger Grund des §. 133 sein. Dasselbe gilt, wenn der vereinbarte Zweck erreicht oder unmöglich geworden ist, also Abweichung von §. 726 B.G.B. Fortsetzung der Gesellschaft §. 144 Note 96

Art. 124. Art. 123 5 u. 6. **132.** Die Kündigung eines Gesellschafters kann, wenn die Gesellschaft für unbestimmte Zeit eingegangen ist, nur für den Schluß eines Geschäftsjahrs erfolgen; sie muß mindestens sechs Monate vor diesem Zeitpunkte stattfinden.[69]

[69] und zur Kenntniß sämmtlicher Gesellschafter gelangt sein R.G. XXI 95; ist an keine Form gebunden. R.O.H.G. X 434. Auslegung der Erklärung §§. 116ff. B.G.B. Widerruf §§. 130–132 B.G.B. Unzeitige Kündigung, z. B. um der Gesellschaft einen Gewinn zu entziehen, verpflichtet, wenn kein wichtiger Grund im Sinne des §. 133 vorliegt, zu Schadensersatz. §. 723^{2}, 671^{1}, 157, 242, 249—252 B.G.B.

Art. 125 **133.** Auf Antrag eines Gesellschafters kann die Auflösung der Gesellschaft vor dem Ablaufe der für ihre Dauer bestimmten Zeit oder bei einer für unbestimmte Zeit eingegangenen Gesellschaft ohne Kündigung durch gerichtliche Entscheidung[70] ausgesprochen werden, wenn ein wichtiger Grund[22] [68] [71] vorliegt.

Ein solcher Grund ist insbesondere vorhanden, wenn ein anderer Gesellschafter eine ihm nach dem Gesellschaftsvertrag obliegende wesentliche Verpflichtung vorsätzlich oder aus grober Fahrlässigkeit verletzt oder wenn die Erfüllung einer solchen Verpflichtung unmöglich wird.[72]

Eine Vereinbarung, durch welche das Recht des Gesellschafters, die Auflösung der Gesellschaft zu verlangen, ausgeschlossen oder diesen Vorschriften zuwider beschränkt wird, ist nichtig.[73]

[70] Bloße Erklärung des Gesellschafters genügt also so wenig, wie bei §§. 117, 127.

[71] Unter Umständen die Entziehung der Befugnisse der §§. 117, 127.

[72] Stimmt mit §. 723 B.G.B.

[73] Inwieweit dadurch der Gesellschaftsvertrag berührt wird, bestimmt §. 139 B.G.B.

134. Eine Gesellschaft, die für die Lebenszeit eines Gesell- Art. 123
schafters eingegangen ist oder nach dem Ablaufe der für ihre Dauer 5 u 6.
bestimmten Zeit stillschweigend[74] fortgesetzt[96] wird, steht im Sinne der Vorschriften der §§. 132, 133 einer für unbestimmte Zeit eingegangenen Gesellschaft gleich.[75]

[74] Sofern nicht die Absicht erkennbar eine andere war.

[75] Ebenso §. 724 B.G.B. im Gegensatz zu §§. 567, 581^{2}, 624, 750 B.G.B.

135.[59] Hat ein Privatgläubiger eines Gesellschafters, nachdem Art. 126.
innerhalb der letzten sechs Monate eine Zwangsvollstreckung in das bewegliche Vermögen des Gesellschafters ohne Erfolg versucht ist,[76] auf Grund eines nicht bloß vorläufig vollstreckbaren Schuldtitels die Pfändung und Ueberweisung des Anspruchs auf dasjenige erwirkt, was dem Gesellschafter bei der Auseinandersetzung zukommt, so kann er die Gesellschaft ohne Rücksicht darauf, ob sie für bestimmte oder unbestimmte Zeit eingegangen ist, sechs Monate vor dem Ende des Geschäftsjahrs für diesen Zeitpunkt kündigen.[77]

[76] Nicht nothwendig von dem kündigenden Gläubiger. M.

[77] Abweichend von §. 725^{1} B.G.B., aber in Uebereinstimmung mit §. 66 Genoss.Gesetz. Die Pfändung des Gesellschaftsantheils erfolgt nach §. 859 P.O. Vergl. §. 124^{2} Note 59; §. 1258 B.G.B. ist durch §. 135 ausgeschlossen.

★136. Wird die Gesellschaft in anderer[78] Weise als durch Kündigung[69] aufgelöst, so gilt die Befugniß eines Gesellschafters zur Geschäftsführung zu seinen Gunsten gleichwohl als fortbestehend, bis er von der Auflösung Kenntniß erlangt oder die Auflösung kennen muß.[79]

78 Also in den Fällen des §. 131 1—5 u. 6b und für allgemeine Erlöschungsgründe, z. B. resolutiv bedingter Gesellschaftsvertrag.

79 Der gutgläubige geschäftsführende Gesellschafter des §. 114 mit entschuldbarer Unkenntniß soll keinen Schaden leiden. Solange er die Geschäfte fortführt, hat er auch die Pflichten seiner Stellung. Vergl. §§. 713, 729, 674 B.G.B. §. 116. Dritten gegenüber gilt §. 125. Kenntniß des Dritten §. 125 Note 60. Im Konkursfall §. 28 K.O.

★137. Wird die Gesellschaft durch den Tod eines Gesellschafters aufgelöst,[80] so hat der Erbe des verstorbenen Gesellschafters den übrigen Gesellschaftern den Tod unverzüglich anzuzeigen und bei Gefahr im Verzuge die von seinem Erblasser zu besorgenden Geschäfte fortzuführen,[81] bis die übrigen Gesellschafter in Gemeinschaft mit ihm anderweit Fürsorge treffen können. Die übrigen Gesellschafter sind in gleicher Weise zur einstweiligen Fortführung der von ihnen zu besorgenden Geschäfte verpflichtet. Die Gesellschaft gilt insoweit als fortbestehend.

Die Vorschriften des Abs. 1 Satz 2, 3 finden auch im Falle der Auflösung[82] der Gesellschaft durch die Eröffnung des Konkurses über das Vermögen eines Gesellschafters Anwendung.

80 trifft also weder §. 138 noch §. 139 zu.

81 Er haftet wie sein Erblasser §. 708 B.G.B. für Sorgfalt wie in eigenen Angelegenheiten; hat Rechenschaftspflicht. Dieselben Grundsätze wie §. 727 B.G.B. Die Liquidationsvorschriften §. 145 ff. sind durch §. 137 nicht berührt.

82 Also wenn §. 138 nicht zutrifft. Dieselben Grundsätze in §. 728 B.G.B. Das Recht des Konkursverwalters wird nicht berührt. §. 6 K.O.

Art 127. **138.**[83] Ist im Gesellschaftsvertrage[84] bestimmt, daß, wenn ein Gesellschafter kündigt oder stirbt oder wenn der Konkurs über sein Vermögen eröffnet wird, die Gesellschaft unter den übrigen Gesellschaftern fortbestehen soll, so scheidet mit dem Zeitpunkt,[85] in welchem mangels einer solchen Bestimmung die Gesellschaft aufgelöst werden würde, der Gesellschafter, in dessen Person das Ereigniß eintritt, aus der Gesellschaft aus.[86]

83 Inhaltlich Art. 127 in der Fassung des §. 736 B.G.B.

84 d. h. haben sich alle Gesellschafter vor Eintritt des Ereignisses geeinigt. Spätere Vereinbarung ist Neugründung, wenn nicht die Vereinbarung dahin geht, daß die Gesellschaft fortgesetzt werden soll. Vergl. §. 144. R.G. XXXII 47.

85 §. 131 1—6.

86 Auseinandersetzung nach §§. 738—740 B.G.B. Für den Aus-

einandersetzungsanspruch haften die Zurückgebliebenen dem Ausgeschiedenen sammtverbindlich. M. Verhältniß zu Dritten §. 159.

139. Ist im Gesellschaftsvertrage[84] bestimmt, daß im Falle Art 123[2] Art. 113.
des Todes eines Gesellschafters die Gesellschaft mit dessen Erben fortgesetzt werden soll, so kann jeder Erbe sein Verbleiben in der Gesellschaft davon abhängig machen, daß ihm unter Belassung des bisherigen Gewinnantheils die Stellung eines Kommanditisten eingeräumt und der auf ihn fallende Theil der Einlage des Erb lassers als seine Kommanditeinlage anerkannt wird.

Nehmen die übrigen Gesellschafter einen dahin gehenden Antrag des Erben nicht an, so ist dieser befugt, ohne Einhaltung einer Kündigungsfrist sein Ausscheiden aus der Gesellschaft zu erklären.

Die bezeichneten Rechte können von dem Erben nur innerhalb einer Frist von drei Monaten nach dem Zeitpunkt, in welchem er von dem Anfalle der Erbschaft Kenntniß erlangt hat, geltend gemacht werden.[87] Auf den Lauf der Frist finden die für die Verjährung geltenden Vorschriften des §. 206 des Bürgerlichen Gesetzbuchs entsprechende Anwendung. Ist bei dem Ablaufe der drei Monate das Recht zur Ausschlagung der Erbschaft noch nicht verloren, so endigt die Frist nicht vor dem Ablaufe der Ausschlagungsfrist.[88]

Scheidet innerhalb der Frist[88] des Abs. 3 der Erbe aus der Gesellschaft aus oder wird innerhalb der Frist die Gesellschaft aufgelöst oder dem Erben die Stellung eines Kommanditisten eingeräumt, so haftet er für die bis dahin entstandenen[89] Gesellschaftsschulden nur nach Maßgabe der die Haftung des Erben für die Nachlaßverbindlichkeiten betreffenden Vorschriften des bürgerlichen Rechtes.

Der Gesellschaftsvertrag kann die Anwendung der Vorschriften der Abs. 1 bis 4 nicht ausschließen; es kann jedoch für den Fall, daß der Erbe sein Verbleiben in der Gesellschaft von der Einräumung der Stellung eines Kommanditisten abhängig macht, sein Gewinnantheil anders als der des Erblassers bestimmt werden.[90]

87 Bezüglich dieser Frist gilt dasselbe wie bei §. 27 Note 84.

88 Bei Verspätung trifft ihn die unbeschränkte Haftung für alle Ge-

sellschaftsschulden, mögen sie vor oder nach dem Erbanfall entstanden sein. M.

[89] Verbleibt er als Kommanditist, so haftet er für spätere Schulden nur als solcher. Auseinandersetzung mit dem Ausgeschiedenen Note 86.

[90] Weil der Kommanditist zur Geschäftsführung nicht verpflichtet ist und bei Gewinnvertheilung die persönliche Thätigkeit mit in Betracht kommt.

Art. 128. **140.** Tritt in der Person eines Gesellschafters ein Umstand ein, der nach §. 133 für die übrigen Gesellschafter das Recht begründet, die Auflösung der Gesellschaft zu verlangen, so kann vom Gericht anstatt der Auflösung die Ausschließung dieses Gesellschafters aus der Gesellschaft ausgesprochen werden, sofern die übrigen Gesellschafter dies beantragen.[91]

Art 130[1]. *Für die Auseinandersetzung zwischen der Gesellschaft und dem ausgeschlossenen Gesellschafter ist die Vermögenslage der Gesellschaft in dem Zeitpunkte maßgebend, in welchem die Klage auf Ausschließung erhoben ist.[86]

[91] und der Gesellschaftsvertrag nichts Gegentheiliges enthält. Vergl. dagegen §. 737 B.G.B.

Art. 132. **141.** Macht ein Privatgläubiger eines Gesellschafters von dem ihm nach §. 135 zustehenden Rechte Gebrauch, so können die übrigen Gesellschafter auf Grund eines von ihnen gefaßten Beschlusses dem Gläubiger erklären, daß die Gesellschaft unter ihnen fortbestehen solle. In diesem Falle scheidet der betreffende Gesellschafter mit dem Ende des Geschäftsjahrs aus der Gesellschaft aus.[86]

Diese Vorschriften finden im Falle der Eröffnung des Konkurses über das Vermögen eines Gesellschafters mit der Maßgabe Anwendung, daß die Erklärung gegenüber dem Konkursverwalter zu erfolgen hat und daß der Gemeinschuldner mit dem Zeitpunkte der Eröffnung des Konkurses als aus der Gesellschaft ausgeschieden gilt.[86]

★**142.** Sind nur zwei Gesellschafter vorhanden, so kann, wenn in der Person des einen von ihnen die Voraussetzungen vorliegen, unter welchen bei einer größeren Zahl von Gesellschaftern seine Ausschließung aus der Gesellschaft zulässig sein würde, der andere Gesellschafter auf seinen Antrag vom Gerichte für berechtigt erklärt werden, das Geschäft ohne Liquidation mit Aktiven und Passiven zu übernehmen.

Macht bei einer aus zwei Gesellschaftern bestehenden Gesellschaft ein Privatgläubiger des einen Gesellschafters von der ihm nach §. 135 zustehenden Befugniß Gebrauch oder wird über das Vermögen des einen Gesellschafters der Konkurs eröffnet, so ist der andere Gesellschafter berechtigt, das Geschäft in der bezeichneten Weise zu übernehmen.

Auf die Auseinandersetzung finden die für den Fall des Ausscheidens eines Gesellschafters aus der Gesellschaft geltenden Vorschriften entsprechende Anwendung.[92]

[92] d. h. bei Absatz 1 ist die Klageerhebung §. 141², bei Absatz 2 das Ende des Geschäftsjahrs §. 141¹ und bei Konkurs die Eröffnung §. 108 K.O. §. 141² der Zeitpunkt, auf welchen die Auseinandersetzung nach §§. 738—740 B.G.B. stattzufinden hat. Dritten gegenüber gilt §. 25 und 159. Wegen der Haftung des Ausgeschiedenen für Kaufgeschäfte der früheren Gesellschaft, die nach deren Auflösung erst erfüllt werden R.G. XXXI 45.

143. Die Auflösung der Gesellschaft ist, wenn sie nicht in Folge der Eröffnung des Konkurses[93] über das Vermögen der Gesellschaft eintritt, von sämmtlichen[94] Gesellschaftern zur Eintragung in das Handelsregister anzumelden.[95] Art 129. 1 u. 3.

Das Gleiche gilt von dem Ausscheiden eines Gesellschafters aus der Gesellschaft.

Ist anzunehmen, daß der Tod eines Gesellschafters die Auflösung oder das Ausscheiden zur Folge gehabt hat, so kann, auch ohne daß die Erben bei der Anmeldung mitwirken, die Eintragung erfolgen, soweit einer solchen Mitwirkung besondere Hindernisse entgegenstehen.

[93] Geschieht von Amtswegen. §. 112 K.O

[94] auch von dem Ausscheidenden; an Stelle des Verstorbenen von dessen Erben mit der Erleichterung in Absatz 3

[95] Für das Ordnungsstrafverfahren und die Wirkung der Eintragung und Veröffentlichung gelten die §§. 14, 15, 16.

★144. Ist die Gesellschaft durch die Eröffnung des Konkurses über ihr Vermögen aufgelöst, der Konkurs aber nach Abschluß eines Zwangsvergleichs aufgehoben oder auf Antrag des Gemeinschuldners eingestellt, so können die Gesellschafter die Fortsetzung der Gesellschaft beschließen.[96] Art. 123⁵.

Die Fortsetzung ist von sämmtlichen Gesellschaftern zur Eintragung in das Handelsregister anzumelden.

96 Ob die alte Gesellschaft fortgesetzt wird, oder ob Neugründung vorliegt, ist von Bedeutung für das Recht auf die Firma §. 19, für die Verjährung §§. 159, 160 und die Rechte der Gesellschaftsgläubiger am früheren Gesellschaftsvermögen. §. 144 bestätigt, wie in §. 307, hier nur an einem besonderen Fall, daß auch durch nachträgliche Vereinbarung eine Fortsetzung der alten Gesellschaft möglich ist. R.G. XXVIII 130.

Fünfter Titel.
Liquidation der Gesellschaft.

★**145.** Nach der Auflösung der Gesellschaft findet die Liquidation statt, sofern nicht eine andere Art der Auseinandersetzung von den Gesellschaftern vereinbart[97] oder über das Vermögen der Gesellschaft der Konkurs eröffnet ist.

Ist die Gesellschaft durch Kündigung des Gläubigers eines Gesellschafters oder durch die Eröffnung des Konkurses über das Vermögen eines Gesellschafters aufgelöst, so kann die Liquidation nur mit Zustimmung des Gläubigers oder des Konkursverwalters unterbleiben.[98]

97 Z. B. durch Verkauf und Erlösvertheilung, Uebertragung des Vermögens an einen Gesellschafter, Umwandlung in eine Gesellschaft m. b. H. oder Kommanditgesellschaft. §. 162 Note 10 R.G. XXXII 47. In solchen Fällen gilt für das Verhältniß zu Dritten §. 158.

98 Weil dieselben die Rechte des Schuldners bezw. Gemeinschuldners ausüben. §§. 141[1], 146[3].

Art. 133. **146.** Die Liquidation erfolgt, sofern sie nicht durch Beschluß[99] der Gesellschafter oder durch den Gesellschaftsvertrag einzelnen Gesellschaftern oder anderen Personen übertragen ist, durch sämmtliche Gesellschafter[100] als Liquidatoren. Mehrere Erben eines Gesellschafters haben einen gemeinsamen Vertreter zu bestellen.

Auf Antrag eines Betheiligten kann aus wichtigen Gründen die Ernennung von Liquidatoren durch das Gericht erfolgen, in dessen Bezirke die Gesellschaft ihren Sitz hat;[101] das Gericht kann in einem solchen Falle Personen zu Liquidatoren ernennen, die nicht zu den Gesellschaftern gehören. Als Betheiligter gilt außer den Gesellschaftern im Falle des §. 135 auch der Gläubiger, durch den die Kündigung erfolgt ist.

Ist über das Vermögen eines Gesellschafters der Konkurs eröffnet, so tritt der Konkursverwalter an die Stelle des Gesellschafters.[102] 82

[99] §§. 156, 119

[100] Haben in der Regel ohne besondere Vereinbarung keinen Vergütungsanspruch §. 110 Note 19. Das Konkurrenzverbot erlischt §. 111 Note 25; prozessuale Stellung §. 124 Note 57 und §. 149. Ihre Pflichten § 156.

[101] Amtsgericht. Verfahren §§. 145—146 F G G. Sofortige Beschwerde an die K.f.H S. §§. 22, 30 F.G.G.

Der Gläubiger, der die Auflösung der Gesellschaft herbeigeführt hat, ist weder an Stelle des Schuldners noch neben demselben zum Liquidator berufen. M.

[102] Der Gemeinschuldner ist darnach weder selbst Liquidator noch Betheiligter des §. 146² und 147. M.

147. Die Abberufung von Liquidatoren geschieht durch einstimmigen Beschluß der nach §. 146 Abs. 2, 3 **Betheiligten**;[103] sie kann auf Antrag eines **Betheiligten** aus wichtigen Gründen[104] auch durch das Gericht erfolgen.[101] Art 134.

[103] Auch der Gesellschafter, der Liquidator ist, muß zustimmen. Statt Abberufung ist auch Beschränkung der Vertretung möglich. R.O.H.G. XX 11. Verzicht auf Abberufung unzulässig. R.O.H.G. XXIII 330. §. 671 B.G.B.; §. 147¹ gilt auch für den gerichtlich bestellten Liquidator. §. 152. Art. 140 A D H.G.B.

[104] Wichtige Gründe. R.O.H.G. V 386. IX 30.

148. Die Liquidatoren sind von **sämmtlichen** Gesellschaftern[105] zur Eintragung in das Handelsregister anzumelden. Das Gleiche gilt von jeder Aenderung in den Personen der Liquidatoren oder in ihrer Vertretungsmacht.[106] **Im Falle des Todes eines Gesellschafters kann, wenn anzunehmen ist, daß die Anmeldung den Thatsachen entspricht, die Eintragung erfolgen, auch ohne daß die Erben bei der Anmeldung mitwirken, soweit einer solchen Mitwirkung besondere Hindernisse entgegenstehen.**[107] Art. 135.

Die Eintragung gerichtlich bestellter Liquidatoren sowie die Eintragung der gerichtlichen Abberufung von Liquidatoren geschieht von Amtswegen.[108]

Die Liquidatoren haben die **Firma**[109] nebst ihrer Namensunterschrift zur Aufbewahrung bei dem Gerichte zu zeichnen.

[105] Bezw. vom Konkursverwalter. §. 146³.

106 Abweichung von §§. 296, 320³ und B.G.B. § 67. Genoss.G. §. 84 u. a. m.

107 Erleichterung wie bei §. 143³

108 Wie in §. 76³ B.G.B.

109 Gemäß §. 153; vergl. §. 106, Art. 88., 139 A.D.H.G.B. Für die Form der Zeichnung und Anmeldung, die Wirkung des Eintrags und der Bekanntmachung und das Ordnungsstrafverfahren gelten die §§. 12—16.

Art. 137. **149.** Die Liquidatoren haben die laufenden Geschäfte zu beendigen, die Forderungen einzuziehen,[110] das übrige Vermögen in Geld umzusetzen,[111] und die Gläubiger zu befriedigen; zur Beendigung schwebender Geschäfte können sie auch neue Geschäfte eingehen.[112] Die Liquidatoren vertreten innerhalb ihres Geschäftskreises die Gesellschaft gerichtlich[113] und außergerichtlich.[114]

110 Auch gegen Gesellschafter R.O.H.G. XXI 140, XXV 161 mit der Einschränkung in Note 119 und gegen früheren Liquidator R.O.H.G. XXIII 130.

111 d. h. auch das nach Befriedigung der Gläubiger noch Uebrige; es wäre denn, daß die Gesellschafter anders bestimmt haben; also Abweichung von §§. 733³, 731² B.G.B. Für Veräußerung unbeweglicher Sachen ist öffentliche Versteigerung nicht mehr nöthig. Vergl. §. 49 B.G.B.

112 Wechsel zu diesem Zweck ausstellen und acceptiren R.O.H.G. XXI 308, R.G. VII 119, nicht aber verjährte Schuld anerkennen R.O.H.G. IX 85. Die Gesellschaft gilt als fortbestehend §. 730 B.G.B. §. 156.

113 Sind Prozeßpartei §. 51 P.O., leisten die Parteieide §§. 473ff. P.O., Zustellungen §. 171 P.O. Prozessuale Stellung der Liquidatoren, die Gesellschafter sind, und der Gesellschafter, die nicht Liquidatoren sind §. 124 Note 57; sie können nicht Zeugen sein R.G. XVII 365; nach vollzogener Liquidation aber bei noch anhängigem Prozeß jur.W. 84, 71. Die Liquidatoren können auch negatorisch für die Gesellschaft klagen R.G. XV 104; sie führen begonnene Prozesse fort. R.O.H.G. XXI 128. Können Konkursantrag stellen §. 210 K.O. und unterliegen den Strafvorschriften der §§. 239—241 K.O., §. 247 K.O. Wirksamkeit der Urtheile gegen die Gesellschafter §. 124 Note 59.

114 Können Vergleiche schließen; aber keinen Prokuristen bestellen R.O.H.G. XIII 223. Verbinden die Gesellschaft auch zum Schadensersatz wie die Gesellschafter des §. 124. Vergl. Note 55 und §. 129 Note 65. Sie haben für die im Verkehr erforderliche Sorgfalt hinsichtlich ihrer Person und ihrer Gehülfen zu haften. §§. 664, 276, 278 B.G.B.; ev. § 708 B.G.B.

Art. 136 **150.** Sind mehrere Liquidatoren vorhanden, so können sie die zur Liquidation gehörenden Handlungen nur in Gemeinschaft vor=

nehmen, sofern nicht bestimmt ist, daß sie einzeln handeln können; eine solche Bestimmung ist in das Handelsregister einzutragen.[106 108]

Durch die Vorschrift des Abs. 1 wird nicht ausgeschlossen, daß die Liquidatoren einzelne von ihnen zur Vornahme bestimmter Geschäfte oder bestimmter Arten von Geschäften ermächtigen. Ist der Gesellschaft gegenüber eine Willenserklärung abzugeben, so findet die Vorschrift des §. 125 Abs. 2 Satz 3 entsprechende Anwendung.[115] Art. 144[3]

115 Dieselbe Erleichterung wie in §. 125².

151. Eine Beschränkung des Umfanges der Befugnisse der Liquidatoren ist Dritten gegenüber unwirksam.[116] Art. 138

116 Wie §§. 50, 126². Besteht das Vertretungsrecht fort, weil der Liquidator keine Kenntniß vom Erlöschen hatte §§. 674, 729 B.G.B., so kann sich der Dritte, dem das Erlöschen z. Zt. der Vornahme des Geschäfts bekannt war, nicht darauf berufen, daß die Vollmacht fortdauerte. §§. 169, 173 B.G.B. Wenn aber die Vollmacht trotz Erlöschens bei Gefahr im Verzug verlängert ist §§. 672², 727² B.G.B., so kann sich der Dritte trotz seiner Kenntniß des Erlöschens auf die Fortdauer berufen. Vergl. §§. 136, 137.

152. Gegenüber den nach §. 146 Abs. 2, 3 Betheiligten haben die Liquidatoren, auch wenn sie vom Gerichte bestellt sind, den Anordnungen Folge zu leisten, welche die Betheiligten in Betreff der Geschäftsführung einstimmig beschließen.[117] Art. 140.

117 Wollen sie in Voraussetzung der Genehmigung abweichen, so müssen sie nach §. 665 B.G.B. verfahren. Ueberschreitung der Vollmacht Note 114 und 116.

153. Die Liquidatoren haben ihre Unterschrift in der Weise abzugeben, daß sie der bisherigen, als Liquidationsfirma zu bezeichnenden Firma ihren Namen beifügen.[118] Art. 139.

118 Sobald feststeht, daß im Umfang der gesetzlichen Vollmacht des §. 149 gehandelt werden wollte, so schaden Verstöße gegen die Formvorschrift nicht. R.O.H.G. IX 215. Vergl. §. 17.

★154. Die Liquidatoren haben bei dem Beginne sowie bei der Beendigung der Liquidation eine Bilanz aufzustellen.

★155. Das nach Berichtigung der Schulden verbleibende Vermögen der Gesellschaft ist von den Liquidatoren nach dem Ver- Art. 143.

Art 142[1]. hältnisse der Kapitalantheile, wie sie sich auf Grund der Schlußbilanz ergeben, unter die Gesellschafter zu vertheilen[119]

Art. 141. Das während der Liquidation entbehrliche Geld wird vorläufig vertheilt.[120] Zur Deckung noch nicht fälliger oder streitiger Verbindlichkeiten sowie zur Sicherung der den Gesellschaftern bei der Schlußvertheilung zukommenden Beträge ist das Erforderliche zurückzubehalten. Die Vorschriften des §. 122 Abs. 1 finden während der Liquidation keine Anwendung.

Art.142[2]. Entsteht über die Vertheilung des Gesellschaftsvermögens Streit unter den Gesellschaftern, so haben die Liquidatoren die Vertheilung bis zur Entscheidung des Streites auszusetzen.

119 Die Einlagen sind nach §. 732 B.G.B. zu behandeln. Die Liquidatoren haben nur Ansprüche der Gesellschaft als solcher auch gegen die Gesellschafter einzuziehen, nicht aber den Passivsaldo eines Gesellschafters zum Zwecke der Ausgleichung der wechselseitigen Ansprüche der Gesellschafter oder zur Tilgung von Gesellschaftsschulden. M. Der Fehlbetrag, der durch Zahlungsunfähigkeit eines Gesellschafters entsteht, ist von allen Gesellschaftern wie ein Gesellschaftsverlust zu tragen. §§. 735, 722 B.G.B.

120 Nach der Eröffnungsbilanz mit der Vorsorge des folgenden Satzes.

Art.144[1]. **156.** Bis zur Beendigung der Liquidation kommen in Bezug auf das Rechtsverhältniß der bisherigen Gesellschafter unter einander sowie der Gesellschaft zu Dritten die Vorschriften des zweiten und dritten Titels zur Anwendung, soweit sich nicht aus dem gegenwärtigen Titel oder aus dem Zwecke der Liquidation ein Anderes ergiebt.[121]

121 Der Gerichtsstand bleibt §§. 17 und 22 P.O., ebenso die Solidarhaft §. 124 Note 59, §. 129 Note 65, 66. Das Konkurrenzverbot endigt durch §. 111 Note 25. Die Vertretung ändert sich nach Form und Inhalt §§. 146 ff. Die Gesellschafter behalten die Kaufmannseigenschaft. R.O.H.G. XXIII 144.

157. Nach der Beendigung der Liquidation ist das Erlöschen der Firma von den Liquidatoren zur Eintragung in das Handelsregister anzumelden.[122]

Art 145. Die Bücher und Papiere der aufgelösten Gesellschaft werden einem der Gesellschafter oder einem Dritten in Verwahrung gegeben. Der Gesellschafter oder der Dritte wird in Ermangelung einer Verständigung durch das Gericht bestimmt, in dessen Bezirke die Gesellschaft ihren Sitz hat.[123]

Die Gesellschafter und deren Erben behalten das Recht auf Einsicht und Benutzung der Bücher und Papiere.

[122] Im Uebrigen gelten die §§. 31, 32 Bei Beendigung in anderer Weise § 145[1] sind die Gesellschafter anmeldepflichtig.

[123] Amtsgericht. §. 145 F G G. Verfahren § 146 u § 1 F G.G Sofortige Beschwerde an die K f.H S. §. 30 F.G G

★158. Vereinbaren die Gesellschafter statt der Liquidation eine andere Art der Auseinandersetzung, so finden, solange noch ungetheiltes Gesellschaftsvermögen vorhanden ist, im Verhältnisse zu Dritten die für die Liquidation geltenden Vorschriften entsprechende Anwendung.[124]

[124] Die Gesellschaft gilt also einstweilen als fortbestehend. § 156. Klagen und Vollstreckung richten sich noch gegen diese Die Gesellschafter haben die unbeschränkbare gesetzliche Vertretungsbefugniß von Liquidatoren, obwohl eine Eintragung nicht erfolgt. Der Konkurs kann noch gegen die Gesellschaft beantragt werden. §. 209 K.O.

Sechster Titel.

Verjährung.

159. Die Ansprüche gegen einen Gesellschafter aus Verbindlichkeiten der Gesellschaft verjähren in fünf Jahren nach der Auflösung der Gesellschaft oder nach dem Ausscheiden des Gesellschafters, sofern nicht der Anspruch gegen die Gesellschaft einer kürzeren Verjährung unterliegt. Art 146

Die Verjährung beginnt mit dem Ende des Tages, an welchem die Auflösung der Gesellschaft oder das Ausscheiden des Gesellschafters in das Handelsregister des für den Sitz der Gesellschaft zuständigen Gerichts eingetragen wird.[125]

Wird der Anspruch des Gläubigers gegen die Gesellschaft erst nach der Eintragung fällig, so beginnt die Verjährung mit dem Zeitpunkte der Fälligkeit.

[125] Gilt jetzt auch für den Konkursfall, weil derselbe nach §. 32 einzutragen ist; daher R.G. XXXV 24 antiquirt. Der Gesellschaftskonkurs hindert den Gesellschaftsgläubiger nur dann gegen den Gesellschafter vorzugehen, wenn derselbe gleichfalls sich im Konkurs befindet. §. 212 K.O. In diesem Fall ist die Verjährung gehemmt, bis der Ausfall im Gesellschaftskonkurs feststeht. §. 202 B.G B. Verjährungsvorschriften §§. 194ff. B G.B.

★160. Die Unterbrechung[126] der Verjährung gegenüber der aufgelösten Gesellschaft wirkt auch gegenüber den Gesellschaftern, welche der Gesellschaft zur Zeit der Auflösung angehört haben.[127]

126 Begriff §§. 208 ff. B.G.B. Streitverkündungunterbricht jetzt, nicht aber Ladung zum Sühneversuch §. 510 P.O , noch Mahnung, noch einfache gerichtliche Erklärung, Motive zu §. 209 B G.B.; alle Handlungen können selbstverständlich wirksam gegen die Liquidatoren gerichtet werden. Aber Handlungen gegen einen Gesellschafter wirken nicht gegen die anderen Gesellschafter §. 425 B.G.B.; Art. 148 A.D.H.G. daher gefallen.

127 Nicht aber hat die Unterbrechung gegen die fortbestehende Gesellschaft Wirkung gegen den ausgeschiedenen Gesellschafter. Die Verjährung gegen Minderjährige, Bevormundete und gleichgestellte juristische Personen richtet sich nach §§. 204, 206, 207 B.G.B.; Art. 149 A.D.H.G. daher gestrichen.

Zweiter Abschnitt.

Kommanditgesellschaft.[1]

Art. 150 161.[2] Eine Gesellschaft, deren Zweck auf den Betrieb eines Handelsgewerbes unter gemeinschaftlicher Firma gerichtet ist,[3] ist eine Kommanditgesellschaft, wenn bei einem oder bei einigen von den Gesellschaftern die Haftung gegenüber den Gesellschaftsgläubigern[4] auf den Betrag[5] einer bestimmten Vermögenseinlage[6] beschränkt ist (Kommanditisten), während bei dem anderen Theile der Gesellschafter eine Beschränkung der Haftung nicht stattfindet (persönlich haftende Gesellschafter).[7]

Art 150^{2}. 157^{2}. 161^{2} 170 ^{2}u^{3}. 171. Soweit nicht in diesem Abschnitt ein Anderes vorgeschrieben ist, finden auf die Kommanditgesellschaft die für die offene Handelsgesellschaft geltenden Vorschriften Anwendung.[8]

1 Neuerung: Der Kommanditist haftet den Gesellschaftsgläubigern bis zur Höhe seiner Einlage direkt. §§. 171, 172 Die Einlageverzinsung und die Entnahmen sind geändert. §§. 167 ff Der Beginn der Wirksamkeit der Gesellschaft nach Außen und die Rechtsfähigkeit bestimmt sich nach §§. 123, 124. Daher sind die Art. 163$^{1-2}$, 164 gestrichen. §. 161^{2}.

2 Abs. 1 enthält sachlich den Art. 150^{1}, nur die Fassung ist §. 105^{1} angepaßt.

3 Es gilt das zu §. 105 Note 1—5 Ausgeführte.

4 Im Verhältniß unter den Gesellschaftern kann der Betrag der Einlage verschieden sein.

6 Muß also in einer bestimmten Geldsumme ausgedrückt sein.

5 Die durch Einbringung anderer Vermögensgegenstände geleistet

werden kann. R.G. XVII 40. Den Gesellschaftsgläubigern gegenüber ist eine solche Leistung nur insoweit wirksam, als die eingebrachten Gegenstände den Werth der festgesetzten Einlage erreichen. M. Die Gläubiger können den Kommanditisten direkt nach §. 171 in Anspruch nehmen.

[7] Der persönlich haftende Gesellschafter kann an Gesellschaftsgeldern Unterschlagung verüben. R.G.St. XVIII 123.

[8] Macht die Kommanditgesellschaft als Abart der offenen Handelsgesellschaft kenntlich und ersetzt die nebenstehenden Artikel.

162.[9] Die Anmeldung der Gesellschaft hat außer den im §. 106 Abs. 2 vorgesehenen Angaben die Bezeichnung der Kommanditisten und den Betrag der Einlage eines jeden von ihnen zu enthalten. Art 151-156

Bei der Bekanntmachung der Eintragung ist nur die Zahl der Kommanditisten anzugeben; der Name, der Stand und der Wohnort der Kommanditisten sowie der Betrag ihrer Einlagen werden nicht bekannt gemacht.

Diese Vorschriften finden im Falle des Eintritts eines Kommanditisten in eine bestehende Handelsgesellschaft[10] und im Falle des Ausscheidens eines Kommanditisten aus einer Kommanditgesellschaft[11] entsprechende Anwendung.

[9] Die nebenstehenden Artikel sind ersetzt durch §§. 12—16, 161², 162¹⁻².

[10] Sei es, daß ein neuer Kommanditist an einer bestehenden Kommanditgesellschaft sich betheiligt, oder Jemand als Kommanditist in eine offene Handelsgesellschaft eintritt. §§. 139, 173. Hiermit ist anerkannt, daß eine offene Handelsgesellschaft sich in eine Kommanditgesellschaft umwandeln kann, ohne als neu errichtete Gesellschaft zu gelten. Die früheren Gesellschaftsgläubiger können sich also ohne Weiteres aus dem nunmehrigen Gesellschaftsvermögen befriedigen. M.

[11] d. h. nach Note 10, daß beim Ausscheiden aller Kommanditisten die Kommanditgesellschaft sich ohne Auflösung in eine offene Handelsgesellschaft verwandelt.

163. Für das Verhältniß der Gesellschafter unter einander gelten in Ermangelung abweichender Bestimmungen des Gesellschaftsvertrags die besonderen Vorschriften der §§. 164 bis 169.[12] Art. 157.

[12] Welche die Abweichungen von der offenen Handelsgesellschaft feststellen §. 161²; jedoch nur für das innere Verhältniß. Nach außen gelten die §§. 170 ff.

164. Die Kommanditisten sind von der Führung der Geschäfte der Gesellschaft ausgeschlossen;[13] sie können einer Handlung der Art. 158

persönlich haftenden Gesellschafter nicht widersprechen; es sei denn, daß die Handlung über den gewöhnlichen Betrieb des Handelsgewerbes der Gesellschaft hinausgeht. Die Vorschriften des §. 116 Abs. 3 bleiben unberührt.

13 Innerhalb des Bereichs des Gesellschaftszwecks verpflichtet der persönlich haftende Gesellschafter den Kommanditisten also schlechthin. R.O.H.G. XV 7. §§. 170 und 125 ff.

Art. 159. **165.** Die §§. 112, 113 finden auf die Kommanditisten keine Anwendung.

Art. 160. **166.** Der Kommanditist ist berechtigt, die abschriftliche Mittheilung der jährlichen Bilanz zu verlangen und ihre Richtigkeit unter Einsicht der Bücher und Papiere zu prüfen.

Die im §. 118 dem von der Geschäftsführung ausgeschlossenen Gesellschafter eingeräumten weiteren Rechte stehen dem Kommanditisten nicht zu.

Auf Antrag eines Kommanditisten kann das Gericht,[14] wenn wichtige Gründe vorliegen, die Mittheilung einer Bilanz oder sonstiger Aufklärungen sowie die Vorlegung der Bücher und Papiere jederzeit anordnen.

14 Amtsgericht. §. 145 F.G.G. Verfahren §. 146 F.G.G. und §§. 1 ff. cit., sofortige Beschwerde an die K.f.H.S. §. 30 F.G.G.

Art. 161 **167.** Die Vorschriften des §. 120[15] über die Berechnung des Gewinns oder Verlustes gelten auch für den Kommanditisten.

Jedoch wird der einem Kommanditisten zukommende Gewinn seinem Kapitalantheile nur so lange zugeschrieben, als dieser den Betrag der bedungenen Einlage nicht erreicht.[16]

An dem Verluste nimmt der Kommanditist nur bis zum Betrage seines Kapitalantheils[17] und seiner noch rückständigen Einlage Theil.

15 Die Verzinsung, Art. 106, ist in §. 168 geordnet.

16 Die Einlage übersteigender, nicht abgehobener Gewinn ist wie eine gewöhnliche Buchforderung zu behandeln und bleibt bei Gewinn- und Verlustberechnung des folgenden Geschäftsjahres außer Betracht. M.

17 §. 120 Note 46.

Art 162 **168.** Die Antheile der Gesellschafter am Gewinne bestimmen sich, soweit der Gewinn den Betrag von vier vom Hundert der Kapitalantheile nicht übersteigt, nach den Vorschriften des §. 121 Abs. 1, 2.[18]

In Ansehung des Gewinns, welcher diesen Betrag übersteigt, sowie in Ansehung des Verlustes gilt, soweit nicht ein Anderes vereinbart ist, ein den Umständen nach angemessenes Verhältniß der Antheile als bedungen.[19]

18 Der Kapitalantheil des Kommanditisten wird wie derjenige des persönlich haftenden Gesellschafters §. 121¹ (mit 4%) nur verzinst, soweit der Jahresgewinn reicht.

19 Abweichend von §. 121³ wegen des Unterschieds zwischen persönlicher und Kapital-Betheiligung. Gibt den Art. 162 mit genauerer Hinweisung darauf wieder.

169. Der §. 122 findet auf den Kommanditisten keine Anwendung.[20] Dieser hat nur Anspruch auf Auszahlung des ihm zukommenden Gewinns; er kann auch die Auszahlung des Gewinns nicht fordern, solange ein Kapitalantheil durch Verlust unter den auf die bedungene Einlage geleisteten Betrag herabgemindert ist oder durch die Auszahlung unter diesen Betrag herabgemindert werden würde.[21] Art. 161 ¹ u ³. Art. 165 ² u. ³.

Der Kommanditist ist nicht verpflichtet, den bezogenen Gewinn wegen späterer Verluste zurückzuzahlen.[22]

20 Dem Kommanditisten wird hier das Recht des persönlich haftenden Gesellschafters, aus der Kasse (unter Abschreibung von seinem Kapitalantheil) 4% von seinem Kapitalantheil auch dann zu entnehmen, wenn kein Gewinn erzielt oder seine Einlage durch Abschreibungen vermindert ist, versagt, weil die Einlage die einzige Leistung des Kommanditisten ist.

21 Wohl aber kann er die Auszahlung der Gewinnbeträge früherer Jahre aus dem zu §. 167 Note 16 angegebenen Grund fordern. M.

22 §. 172⁵, selbst wenn er zu Unrecht bezogen war (bei gutem Glauben).

★170. Der Kommanditist ist zur Vertretung der Gesellschaft nicht ermächtigt.[13 23 u. 24] Art. 167.

23 Ist daher nicht einmal dann Prozeßpartei, wenn ihm die Vertretung durch Vertrag überlassen worden. R.O.H.G. XV 6. Er ist dann Prokurist oder Handlungs-Bevollmächtigter. Die Bestimmung des Art. 167³, wonach der Kommanditist persönlich haftet, wenn er sich bei Abschlüssen für seine Gesellschaft nicht als Prokurist oder Handlungsbevollmächtigter zu erkennen gegeben, ist gestrichen. In der Zeit vor der Eintragung der Gesellschafter haftet er noch §. 176. Nach der Eintragung verpflichtet er dieselbe im Umfang seiner Vollmacht. Es gilt das zu Prokura §. 48 Note 117, 118, §. 51 Note 121, §. 53 Note 124 und

zu Handlungsvollmacht zu §. 54 Note 125, 126 a. E. Ausgeführte. Mangel einer Vollmacht und Ueberschreitung derselben §§. 179, 178 B.G.B. Er hat den Beweis für seine Bevollmächtigung zu liefern.

[24] Art. 168², wonach der Kommanditist, dessen Name in der Firma vorkommt, persönlich haftet, ist gefallen, weil bei abgeleiteten Firmen, z. B. wenn der persönlich haftende Gesellschafter sich in einen Kommanditisten verwandelt und seinen Namen in der Firma läßt §§. 22, 24, 139, eine Verdunkelung nicht möglich ist und bei Neubildung einer Kommanditgesellschaft, §. 19, die Prüfung des Registerrichters, der nach §. 839 B.G.B. haftet (Haftung des Staats §. 89 B.G.B. und Art. 77 E.G.z.B.G.B.), als genügend erachtet wurde. Vor der Zeit der Eintragung ist der Gläubiger durch §. 176 geschützt M.; ev Kreditauftrag §. 778 B G.B.

Art. 165¹. **171.** Der Kommanditist haftet den Gläubigern der Gesellschaft bis zur Höhe seiner Einlage unmittelbar; die Haftung ist ausgeschlossen, soweit die Einlage[25] geleistet ist.

Ist über das Vermögen der Gesellschaft der Konkurs[26] eröffnet, so wird während der Dauer des Verfahrens das den Gesellschaftsgläubigern nach Abs. 1 zustehende Recht durch den Konkursverwalter ausgeübt.

[25] An die Gesellschaft oder deren Gläubiger. Beweislast hat der Kommanditist, der sich auch des §. 129 bedienen kann.

[26] §§. 209, 210 K.O.

Art 165 2–5 **172.** Im Verhältnisse zu den Gläubigern der Gesellschaft wird nach der Eintragung[27] in das Handelsregister die Einlage eines Kommanditisten durch den in der Eintragung[28] angegebenen Betrag bestimmt.

Auf eine nicht eingetragene Erhöhung der aus dem Handelsregister ersichtlichen Einlage können sich die Gläubiger nur berufen, wenn die Erhöhung in handelsüblicher Weise kundgemacht oder ihnen in anderer Weise von der Gesellschaft mitgetheilt worden ist.

Eine Vereinbarung der Gesellschafter, durch die einem Kommanditisten die Einlage erlassen oder gestundet wird, ist den Gläubigern gegenüber unwirksam.

Soweit die Einlage eines Kommanditisten zurückbezahlt wird, gilt sie den Gläubigern gegenüber als nicht geleistet. Das Gleiche gilt, soweit ein Kommanditist Gewinnantheile entnimmt, während sein Kapitalantheil durch Verlust unter den Betrag der geleisteten Einlage herabgemindert ist, oder soweit durch die Entnahme der Kapitalantheil unter den bezeichneten Betrag herabgemindert wird.

Was ein Kommanditist auf Grund einer in gutem Glauben errichteten Bilanz in gutem Glauben als Gewinn bezieht, ist er in keinem Falle zurückzuzahlen verpflichtet.

27 Vor der Eintragung §. 176.

28 Was auch die Gesellschafter unter sich ausgemacht haben mögen und gleich, ob der Gläubiger die vertragsmäßige Herabsetzung kannte oder nicht. §. 174.

Anders bei Erhöhung der Einlage. Abs. 2.

Enthält der Eintrag keinen Betrag, so gilt §. 15.

Im Uebrigen sind die Aenderungen des §. 172 redaktioneller Art.

173. Wer in eine bestehende Handelsgesellschaft als Kommanditist eintritt, haftet nach Maßgabe der §§. 171, 172 für die vor seinem Eintritte begründeten Verbindlichkeiten der Gesellschaft, ohne Unterschied, ob die Firma eine Aenderung erleidet oder nicht.[29] Art. 166.

Eine entgegenstehende Vereinbarung ist Dritten gegenüber unwirksam.

29 Derselbe Grundsatz in §§. 28 und 130. Vergl. §. 176² für die Zeit vor der Eintragung.

★174. Eine Herabsetzung der Einlage eines Kommanditisten ist, solange sie nicht in das Handelsregister des Gerichts, in dessen Bezirke die Gesellschaft ihren Sitz hat, eingetragen ist, den Gläubigern gegenüber unwirksam; Gläubiger, deren Forderungen zur Zeit der Eintragung begründet waren, brauchen die Herabsetzung nicht gegen sich gelten zu lassen.[30]

30 Ist die Eintragung, aber nicht die Bekanntmachung erfolgt, so steht die Herabsetzung dem Gläubiger nur entgegen, wenn er die Herabsetzung zur Zeit des Abschlusses kannte. Forderungen, die aus dem Verkehr mit einer Zweigniederlassung entstanden sind, darf eine allein am Sitz der Gesellschaft eingetragene und bekannt gemachte Herabsetzung der Einlage wegen §. 15³ nur bei nachgewiesener Kenntniß des Gläubigers entgegengesetzt werden § 15¹.

175. Die Erhöhung sowie die Herabsetzung einer Einlage ist durch die sämmtlichen Gesellschafter zur Eintragung in das Handelsregister anzumelden. Die Bekanntmachung der Eintragung erfolgt gemäß § 162 Abs. 2.[31] Auf die Eintragung in das Handelsregister des Sitzes der Gesellschaft finden die Vorschriften des §. 14 keine Anwendung. Art. 171 ¹ u ².

31 Bei der Bekanntmachung ist also nur zu sagen, daß eine Erhöhung oder Herabsetzung der Einlage eines Kommanditisten stattgefunden.

Art. 163³ **176.** Hat die Gesellschaft ihre Geschäfte begonnen, bevor[32] sie in das Handelsregister des Gerichts, in dessen Bezirke sie ihren Sitz hat, eingetragen ist, so haftet jeder Kommanditist, der dem Geschäftsbeginne zugestimmt hat, für die bis zur Eintragung begründeten Verbindlichkeiten der Gesellschaft gleich einem persönlich haftenden Gesellschafter, es sei denn, daß seine Betheiligung als Kommanditist dem Gläubiger bekannt war.[33] Diese Vorschrift kommt nicht zur Anwendung, soweit sich aus dem §. 2 ein Anderes ergiebt.[34]

Tritt ein Kommanditist in eine bestehende Handelsgesellschaft ein, so findet die Vorschrift des Abs. 1 Satz 1 für die in der Zeit zwischen seinem Eintritt und dessen Eintragung in das Handelsregister begründeten Verbindlichkeiten der Gesellschaft entsprechende Anwendung.[35]

32 Nach der Eintragung §. 172.

33 Die Kenntniß braucht sich nicht auf die Höhe der Einlage zu erstrecken. R.G. XII 135.

34 Die Unternehmen des §. 2 werden erst durch Eintrag zu Handelsgesellschaften. Vorher sind sie bürgerliche Gesellschaften nach §. 705 ff. B.G.B.

35 Seitherige Praxis etwas abweichend R O H.G. XII 14. Vergl. §. 173.

Art. 170. **177.** Der Tod eines Kommanditisten hat die Auflösung der Gesellschaft nicht zur Folge.[36]

36 Die übrigen Auflösungsgründe sind dieselben wie bei der offenen Handelsgesellschaft und gilt auch dasselbe über Liquidation und Verjährung zu Folge des §. 161². Geschäftsunfähigkeit hat also die Auflösung nicht zur Folge. Bei Konkurs des Kommanditisten kann nicht nur der Gesellschaftsvertrag bestimmen, daß die Gesellschaft unter den übrigen Gesellschaftern fortbestehen solle §§. 131⁵, 138, 161², sondern die übrigen Gesellschafter sind zu Folge des §. 141² auch nachträglich in der Lage, die Fortsetzung der Gesellschaft zu beschließen. Ist nur ein persönlich haftender Gesellschafter und ein Kommanditist vorhanden, so kann beim Ausscheiden des Einen auch hier die Auflösung mit Hülfe des §. 142 umgangen werden.

Dritter Abschnitt.

Aktiengesellschaft.[1—2]

Erster Titel.

Allgemeine Vorschriften.

★178. Die sämmtlichen Gesellschafter der Aktiengesellschaft sind mit Einlagen[3] auf das in Aktien zerlegte Grundkapital der Gesellschaft betheiligt, ohne persönlich für deren Verbindlichkeiten zu haften.[4—5] Art. 207 1 u. 2

1 Die Kommanditgesellschaft auf Aktien ist in den 4. Abschnitt verwiesen. Die Neuerungen sind wesentlich in den Gründungsrevisionen §§. 192—194, in den Vorschriften über Aenderungen des Aktienkapitals und des Rechts der Aktionäre auf junge Aktien §. 278, über die Veräußerung des Vermögens §§. 300ff., die Nichtigkeitserklärung der Aktiengesellschaft §. 309 und in der Zulässigkeit, daß die Aktionäre zu anderen als Geldleistungen verpflichtet werden können §§. 212, 216, zu suchen.

2 Uebergangsvorschriften Art. 22—28 des E.G.; Note 55 vor §. 17. Ausländische Aktiengesellschaften sind nach den betr. Auslandsgesetzen zu beurtheilen. R.O.H.G. XXII 147. Befugniß französischer Aktiengesellschaften in Elsaß-Lothringen vor Gericht zu stehen R.G. VI 134, jedoch §. 201[5].

3 Die Einlagen können in anderen Gegenständen als baarem Geld erfolgen. R.G. II 306. §. 186[2].

4 Die Begriffsbestimmung des Art. 207 ist verlassen und von einer solchen überhaupt abgesehen.

Der Begriff ergibt sich aber daraus, daß die A.G. mit dem Eintrag §. 200 unter allen Umständen als Handelsgesellschaft gilt, Note 1 vor §. 105, unter ihrer Firma als selbständiges Rechtssubjekt auftritt §. 210, u. deren Mitglieder, frei von jeder persönlichen Haftung, nur mit Einlagen (Aktien) an dem in bestimmter Geldsumme auszudrückenden Grundkapital verhältnißmäßig betheiligt sind. Die Aktie ist ein Werthpapier §. 1 Note 5. Erwerb und Begebung derselben bedingt Ein- und Austritt als Mitglied. § 211. Zur Gründung gehören mindestens 5 Personen. §. 182. Später können die Aktien in einer Hand vereinigt sein. Vergl. überhaupt R.G. XXI 256.

5 Die Gläubiger der A.G. können nicht kraft eigenen Rechts an deren Stelle den Zeichner zur Einzahlung der von ihm gezeichneten Aktie zwingen. R.O.H.G. XXII 343 Den Gläubigern ist ein direkter Angriff gestattet gegen den Vorstand in §. 241 Abs. 4, gegen den Aufsichtsrath in §. 249 Abs. 3, gegen Aktionäre in §. 217. Vergl. Note 80 zu §. 202, §. 217 Note 124, §. 241 Note 186 und 189 und §. 249 Note 215.

179. Die Aktien sind untheilbar. Art. 207 3 u. 4

Sie können auf den Inhaber oder auf Namen lauten.

Art 215 c3. Aktien, die vor der vollen Leistung des Nennbetrages oder, falls der Ausgabepreis höher ist, vor der vollen Leistung dieses Betrags ausgegeben werden,
Art 207 5. dürfen nicht auf den Inhaber lauten.[6] Das Gleiche gilt von Antheilscheinen, die den Aktionären vor der Ausgabe der Aktien ausgestellt werden (Interimsscheine).[7]

Werden auf Namen lautende Aktien vor der vollen Leistung der Einzahlungen ausgegeben, so ist der Betrag der geleisteten Einzahlungen in den Urkunden anzugeben.[8]

[6] Art. 215c3 enthielt ein allgemeines Verbot der Aktienausgabe vor Vollzahlung; jetzt ist Ausgabe von Namenaktien im Interesse der Versicherungsgesellschaften, die regelmäßig nur 25% Einzahlung verlangen, gestattet, mit der Beschränkung des letzten Absatzes, weil man bei Namenaktien den Aktionär aus dem Aktienbuch §. 222 kennt und die §§. 219, 220 bei Nichteinzahlung leicht anzuwenden sind. §. 278[1].

[7] Urkunden, durch welche der Bezug von Aktien zugesichert wird, ohne daß der Inhaber als Gesellschaftsmitglied gelten soll, sind keine Interimsscheine im Sinne des Gesetzes; dem §. 179 nicht entsprechende Interimsscheine sind nichtig. §. 209[2]. Haftbarkeit §§. 209[1], 241[4], 249. Strafvorschriften §. 314[2].

[8] Der Vorstand haftet §. 241[1]; der Aufsichtsrath §. 249. Strafvorschrift §. 314[2].

Art. 207a. **180.** Die Aktien müssen auf einen Betrag von mindestens eintausend Mark gestellt werden.

Für ein gemeinnütziges Unternehmen kann im Falle eines besonderen örtlichen[9] Bedürfnisses der Bundesrath die Ausgabe von Aktien, die auf Namen lauten, zu einem geringeren, jedoch mindestens zweihundert Mark erreichenden Betrage zulassen. Die gleiche Genehmigung kann ertheilt werden, wenn für ein Unternehmen das Reich, ein Bundesstaat oder ein Kommunalverband oder eine sonstige öffentliche Körperschaft auf die Aktien[10] einen bestimmten Ertrag bedingungslos und ohne Zeitbeschränkung gewährleistet hat

Auf Namen lautende Aktien, deren Uebertragung an die Zustimmung der Gesellschaft gebunden ist, dürfen auf einen Betrag von weniger als eintausend, jedoch nicht von weniger als zweihundert Mark gestellt werden

Art 215c4. Im Falle des Abs. 2 soll die ertheilte Genehmigung, im Falle des Abs. 3 sollen die Beschränkungen, denen nach §. 222 Abs. 4 die Aktionäre in Ansehung der Uebertragung ihrer Rechte unterliegen, in den Aktien ersichtlich gemacht werden.

Diese Vorschriften gelten auch für Interimsscheine.[11]

[9] d. h. das Unternehmen muß sich nur in engeren räumlichen Grenzen bewegen und braucht nicht auf einen Ort beschränkt zu sein. M.

[10] d. h. der Gesellschaft, so daß nur diese berechtigt ist, nicht der einzelne Aktionär.

[11] Alles bei Vermeiden der Nichtigkeit §. 209; Haftbarkeit des Ausgebers bezw. Vorstands §§. 209[1], 241[1] und Strafe §. 314[4 u. 5], soweit nicht die Uebergangsvorschrift Art. 24 E.G. Abweichung von §. 180 gestattet. Vinkulirte Aktien sind Werthpapiere §. 222 Note 141.

★**181.** Zur Unterzeichnung von Aktien und Interimsscheinen genügt eine im Wege der mechanischen Vervielfältigung hergestellte Namensunterschrift. Die Gültigkeit der Unterzeichnung kann durch eine in die Urkunde aufgenommene Bestimmung von der Beobachtung einer besonderen Form abhängig gemacht werden.[12]

[12] Zur Verhütung der Gefahr, daß die mit den faksimilirten Unterschriften und dem Datum bereits hergestellten, aber noch nicht ausgefertigten Formulare den Aussteller verpflichten. R.G. XIV 96. Aus der Urkunde selbst muß es hervorgehen, daß die Urkunde ohne den Vermerk oder dieses Zeichen noch nicht vollzogen ist. Eine Veröffentlichung der betr. Bestimmung ist ungenügend. §. 793[2] B.G.B. Motive.

182. Der Inhalt des Gesellschaftsvertrags muß[13] von mindestens fünf Personen, welche Aktien übernehmen,[14] in gerichtlicher[15] oder notarieller[15] Verhandlung festgestellt werden. In der Verhandlung ist der Betrag und, wenn verschiedene Gattungen von Aktien ausgegeben werden, die Gattung[16] der von Jedem übernommenen Aktien anzugeben. Art. 209 ausg. Ziff. 4.

Der Gesellschaftsvertrag muß[17] bestimmen:

1. die Firma[18] und den Sitz[19] der Gesellschaft;
2. den Gegenstand[20] des Unternehmens;
3. die Höhe des Grundkapitals[21] und der einzelnen Aktien;[22]
4. die Art der Bestellung und Zusammensetzung des Vorstandes;[23]
5. die Form, in der die Berufung der Generalversammlung der Aktionäre geschieht;[24]
6. die Form, in der die von der Gesellschaft ausgehenden Bekanntmachungen erfolgen.[25]

Bekanntmachungen, die durch öffentliche Blätter erfolgen sollen, sind in den Deutschen Reichsanzeiger einzurücken. Andere Blätter außer diesem bestimmt der Gesellschaftsvertrag.

13 Formmängel der Feststellung ziehen noch nicht unbedingt die Nichtigkeit der Gesellschaft nach sich. R G. XXVI 69. §. 200 F.G.G. Aktienzeichnungen auf Grund nicht formgerechten Gesellschaftsstatuts können noch gültig werden. R.O.H.G. XXIII 291. §§. 182, 184, 141 B.G B. Die Heilung erfolgt durch spätere Zustimmung der Betheiligten. Die Formverstöße gegen §. 182 Abs. 1 sind von anderer Bedeutung, als diejenigen gegen §. 182 Abs. 2. Vergl. Note 17.

14 a) Also mindestens je eine Aktie. Uebernimmt dieses obligatorische Gründerkonsortium §. 182 Abs. 1 zugleich alle Aktien, so ist damit nicht allein der Inhalt des Gesellschaftsvertrags festgestellt, sondern auch der Gesellschaftsvertrag geschlossen und die Gesellschaft errichtet. §§. 187, 188[1]. R.G. XXI 249.

Uebernehmen die Gründer des §. 182 Abs. 1 erst nach dem Zeitpunkt des §. 182 den ganzen Aktienrest allein oder gemeinsam mit Aktionären, welche Sacheinlagen machen und dadurch ebenfalls zu Gründern werden §. 187, so kann die Uebernahme des ganzen Rests in einer zweiten und letzten (Nachtrags-)Verhandlung übernommen werden §. 188[2], und zwar unter Mitwirkung sämmtlicher Gründer und Genehmigung des G.-Vertrags. Alsdann ist der G.-Vertrag in diesem Augenblick geschlossen und die Gesellschaft errichtet.

In diesen beiden Fällen der einfachen und komplizirten Simultangründung müssen die Gründer zugleich den Aufsichtsrath §. 243[1], und, wenn der Gesellschaftsvertrag die Wahl des Vorstands nicht der Generalversammlung vorbehält, auch diesen ernennen §. 190[1 u 3] und den Eintrag §. 195 besorgen. Erst mit vollzogenem Eintrag steht die Gesellschaft unter Aktienrecht § 200. R.G. XLI 12.

b) Uebernehmen die Gründer der §§. 182 Abs. 1, 187 nicht sämmtliche Aktien wie oben (Successivgründung), so haben sie für Zeichnung des Rests §. 189 zu sorgen, eine Generalversammlung einzurufen, welche den Aufsichtsrath und, falls der G.-Vertrag nichts Anderes verfügt, auch den Vorstand wählt §. 190[2 u. 3], und die Anmeldung nach §. 195 mitzubesorgen; der G.-Vertrag wird dann in weiterer Generalversammlung des §. 196 abgeschlossen, in der auch die Gesellschaft errichtet wird. Hierauf erfolgt der Eintrag § 200

15 §§. 167[1], 168ff., 200 F.G.G. §. 128 B.G.B. Art. 141 E.G. dazu.

16 Prioritätsrechte bezüglich der Dividendenvertheilung, verschiedene Rechte bezüglich der Höhe der Dividenden, Vorrechte bei Vermögensvertheilung (nicht gemeint sind verschiedene Nominalbeträge oder verschiedene Serien gleichartiger Aktien. M.).

17 bei Vermeiden der Nichtigkeitsklage §. 309 und des Strichs der Gesellschaft von Amtswegen bei wesentlichen Mängeln §. 144 F.G.G.,

die jedoch mit Ausnahme der Ziffer 3 durch Generalversammlungsbeschluß heilbar sind §. 310. Vergl. dazu §. 200 Note 75.

18 §§. 20, 22, 200 und Art. 22 E.G., R.G. III 68 und Note 55 vor §. 17.

19 Ist von nun an für die Gesellschaft bindend und kann nur nach §. 274 geändert werden. R.O.H.G. XXI 36. Verlegung des Sitzes in's Ausland bedeutet Verzicht auf die Rechtspersönlichkeit deutschen Rechts §. 201⁵. R.G. VII 71. Nur ein Sitz im Sinne des §. 182 möglich. Dort ist der allgemeine Gerichtsstand der Gesellschaft; für Gesellschaftsprozesse der Gesellschafter §§. 17, 22 P.O. Unter den Umständen des §. 21 P.O. kann die Zweigniederlassung an deren Ort verklagt werden.

20 Zu unterscheiden vom Zweck, einem viel zu allgemeinen Begriff. Aenderung des Gegenstandes nur nach §§. 274 ff. zulässig.

21 d. i. die Summe der Baar- und gewertheten Sacheinlagen §§. 186—189, z. B. nicht blos das Baukapital. R.O.H.G. XI 379. Unzulässig ist, daß zunächst nur eine Serie als ein Theil des Grundkapitals zur Ausgabe gelangen soll. Erhöhung §. 278, Herabsetzung §. 288, Strafvorschriften §. 313¹.

22 Vergl §§. 180, 184. Strafvorschriften §. 313¹.

23 Eine oder mehrere Personen §. 231. — Ernennung desselben Note 14. Bei Simultangründung wegen des Aufsichtsraths Note 14 und §. 190¹.

24 Durch Bestimmung der Blätter, Zahl und Frist der Veröffentlichung, Anschlag an der Börse u. s. w. bei Inhaberaktien, Einschreibebrief oder einfacher Brief bei Namenaktien.

25 Nicht zu verwechseln mit den Willenserklärungen des Vorstands §§. 232, 233, dessen Verwaltungshandlungen oder Zeichnung der Bekanntmachungen der Ziffer 6. Gemeint ist die Art der Bekanntmachung, wie in Note 24. M.

183. Ist im Gesellschaftsvertrage nichts darüber bestimmt, ob die Aktien auf den Inhaber oder auf Namen lauten sollen, so sind sie auf Namen zu stellen. Art. 209⁴.

Im Gesellschaftsvertrage kann bestimmt werden, daß auf Verlangen des Aktionärs die Umwandlung[26] seiner auf Namen lautenden Aktie in eine Inhaberaktie oder umgekehrt stattzufinden hat. Art. 209a³.

26 Verwaltungsakt des Vorstands. Zwangsumwandlung nur möglich, wenn der Gesellschaftsvertrag §. 182 dieselbe zuläßt.

184. Für einen geringeren als den Nennbetrag dürfen Aktien nicht ausgegeben werden. Art. 209a letzt. Abs.

Die Ausgabe für einen höheren Betrag ist statthaft, wenn sie im Gesellschaftsvertrage zugelassen ist[27] Art. 209a².

27 Der Emissionskurs bei solchen Ueberpariemissionen läßt sich nicht voraussehen und braucht deshalb nicht im Gesellschaftsvertrag festgesetzt zu werden, wohl aber bei Anmeldung zum Eintrag. §. 195 Abs. 3.

Art. 209a[4]. **185.** Im Gesellschaftsvertrage können für einzelne Gattungen von Aktien verschiedene Rechte, insbesondere in Betreff der Vertheilung des Gewinns oder des Gesellschaftsvermögens, festgesetzt werden.[28]

28 Der Vorzug der Prioritätsaktien vor den alten (Stamm-)Aktien kann in Garantie einer Mindestdividende, in einem Nachbezugsrecht (R.G. XV 95) oder in besonderer Berücksichtigung bei der Liquidation (R.G. XIV 128) bestehen.

Solche Vorzugsaktien können ohne Erhöhung des Grundkapitals ausgegeben werden §. 262[3], wenn die Sonderversammlung der §§. 275[3], 278[2] zustimmt. Vergl §. 288[3]. Nach demselben Prinzip vollzieht sich die Umwandlung von Stammaktien in Prioritätsaktien mittels Aufzahlung.

Eigenthümer von Prioritäts**obligationen** dagegen sind Gesellschaftsgläubiger; mit ihnen befaßt sich nur die Landesgesetzgebung §. 17 E.G. z. K.O. und Art. III des E.G. zu deren Novelle. R.G. XXXI 96.

Art. 209b. **186.** Jeder zu Gunsten einzelner Aktionäre[29] bedungene besondere Vortheil[30] muß im Gesellschaftsvertrag unter Bezeichnung des Berechtigten festgesetzt werden.

Werden auf das Grundkapital von Aktionären Einlagen gemacht, die nicht durch Baarzahlung zu leisten sind,[31] oder werden vorhandene oder herzustellende Anlagen oder sonstige Vermögensgegenstände von der zu errichtenden Gesellschaft übernommen, so müssen der Gegenstand der Einlage oder der Uebernahme, die Person, von welcher die Gesellschaft den Gegenstand erwirbt, und der Betrag der für die Einlage zu gewährenden Aktien oder die für den übernommenen Gegenstand zu gewährende Vergütung im Gesellschaftsvertrage festgesetzt werden.[32]

Von diesen Festsetzungen gesondert ist der Gesammtaufwand, welcher zu Lasten der Gesellschaft an Aktionäre oder Andere als Entschädigung oder Belohnung für die Gründung oder deren Vorbereitung gewährt wird, im Gesellschaftsvertrage festzusetzen.[33]

Jedes Abkommen über die vorbezeichneten Gegenstände, welches nicht die vorgeschriebene Festsetzung im Gesellschaftsvertrage gefunden hat, ist der Gesellschaft gegenüber unwirksam.[34]

29 Aktionären, nicht Gattungen von Aktien. §. 185.

[30] Muß irgend in Geld schätzbar sein (also kein Vorzug im Stimmrecht), und darf nicht in Bezugsrecht auf junge Aktien bestehen §. 283.

[31] Baarzahlung §. 195 Abs. 3; rechtl. Charakter solcher Sacheinlagen R.G. II 303.

[32] §. 186 regelt die Verhältnisse bei der Ersterrichtung der Gesellschaft. Der Aktionär kann nachträglich nicht, von seiner Zeichnung §. 189 abweichend, statt Baarzahlung andere Gegenstände leisten §§. 218ff., 221. Die Uebernahme von Anlagen u. s. w. gegen Aktien nach Errichtung der Gesellschaft ist Kauf oder ähnlicher Erwerbsakt. R.G. XXI 244. §§. 207, 208. Sacheinlagen und Uebernahmen nach §. 186[2] können erst wieder bei Erhöhung des Grundkapitals vorkommen.

[33] Erst bei der Anmeldung zur Eintragung §. 195[2] muß der Gründergewinn genau entziffert werden.

[34] Zieht außerdem Schadensersatzpflicht §. 202 und Strafe §. 313 [1 u. 2] nach sich. Dem Kontrahenten gegenüber kommt es hinsichtlich der Ersatzpflicht der Gründer darauf an, welche Handlungen sie, im Interesse ihrer Kontrahenten vorzunehmen, sich verpflichtet hatten.

187. Die Aktionäre, welche den Gesellschaftsvertrag festgestellt haben oder andere als durch Baarzahlung zu leistende Einlagen[13—15] machen, gelten als die Gründer der Gesellschaft. Art. 209c.

188. Uebernehmen die Gründer alle Aktien, so gilt mit der Uebernahme der Aktien die Gesellschaft als errichtet. Art 209d

Soweit die Uebernahme nicht schon bei der Feststellung des Gesellschaftsvertrags erfolgt, kann sie in einer besonderen gerichtlichen oder notariellen Verhandlung unter Angabe der Beträge, welche die einzelnen Gründer noch übernehmen, bewirkt werden.[14 15 35]

[35] Waren die Sacheinleger bei der Feststellung des §. 182 zugegen, so müssen sie spätestens dort die Aktienübernahme aussprechen, andernfalls gilt §. 188[2]. Die Gründer haften nach §§. 202—204, 208 civilrechtlich und nach §. 313[1 u. 2] strafrechtlich. Die Gründer unter sich bilden je nachdem eine bürgerliche Gesellschaft §. 705 B.G.B. oder eine Handelsgesellschaft, mitunter in der Form der Konsortialbetheiligung. R.G. XXVI 52. R.O.H.G XVII 196. Der Erwerb ausländischer Aktien im Ausland durch Gründerbetheiligung ist ein Anschaffungsgeschäft im Sinne des R.Stempelgesetzes. R.G XLI 139.

189. Uebernehmen die Gründer nicht alle Aktien,[14b] so hat der Errichtung der Gesellschaft die Zeichnung[36] der übrigen Aktien vorherzugehen. Art. 209e.

Die Zeichnung erfolgt durch schriftliche[37] Erklärung, aus der die Betheiligung nach der Anzahl und, falls verschiedene Aktien ausgegeben werden, nach dem Betrag oder der Gattung der Aktien hervorgehen muß.

Die Erklärung (Zeichnungsschein) soll doppelt[38] ausgestellt werden; sie hat zu enthalten:

1. den Tag der Feststellung des Gesellschaftsvertrags, die im §. 182 Abs. 2 und im §. 186 vorgesehenen Festsetzungen und, wenn mehrere Gattungen von Aktien mit verschiedener Berechtigung[28] ausgegeben werden, den Gesammtbetrag einer jeden;
2. den Namen, Stand und Wohnort der Gründer;
3. den Betrag, für welchen die Ausgabe der Aktie stattfindet,[27] und den Betrag der festgesetzten Einzahlungen;[39]
4. den Zeitpunkt, in welchem die Zeichnung unverbindlich wird, sofern nicht bis dahin die Errichtung[40] der Gesellschaft beschlossen ist.

Zeichnungsscheine, welche diesen Inhalt nicht vollständig haben oder außer dem unter Nr. 4 bezeichneten Vorbehalte Beschränkungen in der Verpflichtung des Zeichners enthalten, sind nichtig. Erfolgt ungeachtet eines hiernach nichtigen oder wegen verspäteter Errichtung der Gesellschaft unverbindlichen Zeichnungsscheins die Eintragung der Gesellschaft in das Handelsregister, so ist der Zeichner, wenn er auf Grund einer dem Abs. 2 entsprechenden Erklärung in der Generalversammlung, die zur Beschlußfassung über die Errichtung der Gesellschaft berufen wird, stimmt oder später als Aktionär Rechte ausübt oder Verpflichtungen erfüllt, der Gesellschaft wie aus einem gültigen Zeichnungsscheine verpflichtet.[41]

Jede nicht in dem Zeichnungsschein enthaltene Beschränkung[42] ist der Gesellschaft gegenüber unwirksam.

[36] Bedeutet die an die Gründer gerichtete Offerte, sich nach Maßgabe des Zeichnungsscheines an der künftigen Gesellschaft zu betheiligen. §. 211. Wird der Aktienrest, vergl. §. 182, Note 14, nicht gezeichnet, oder ist das Offert nicht durch die Anmeldung, §. 195[3], angenommen, oder kommt die Gesellschaft aus anderen Gründen nicht zu Stande §. 196, so ist der Zeichner zu nichts verpflichtet §. 726 B.G.B.; auch nicht zur Betheiligung an Gründungskosten. Scheinzeichnung und Verhältniß zu den G.Gläubigern R.O.H.G. XX 270.

[37] Also eigenhändige Unterschrift oder beglaubigtes Handzeichen oder gerichtliche oder notarielle Beurkundung §§. 125, 126, 129 B.G.B. §§. 167, 183, 168, 198, 200 F.G.G.; Namensunterdruck, telegraphische oder telephonische Zeichnung ausgeschlossen.

[38] Wegen §. 195[3].

[39] Mindestens ein Viertel des Nominalbetrags §. 195 Abs. 3.

40 Gemäß §. 196, nicht Eintragung §. 200.

41 Heilung der Zeichnung bei Formmängeln der Feststellung des Gesellschaftsvertrags vergl. Note 18 zu §. 182.

Durch die Heilung nach Aktienrecht §. 189, Abs. 4 ist die Einrede des Zwangs, Betrugs u. s. w. noch nicht beseitigt, wenn nicht die Heilung auch darauf gerichtet war. Es gelten hierüber die Grundsätze der §§. 116 bis 124 B.G.B. R.G. IX 37 und XXX 51.

42 Bezieht sich auf mündliche Versprechungen der Gründer R.G. XVIII 3.

★**190.**[14a u. b] Uebernehmen die Gründer alle Aktien, so haben Art. 175e[1]. sie gleichzeitig mit der Errichtung der Gesellschaft oder in einer besonderen gerichtlichen oder notariellen Verhandlung[15] den ersten Art. 209f. Aufsichtsrath der Gesellschaft zu bestellen.

Uebernehmen die Gründer nicht alle Aktien, so haben sie nach der Zeichnung des Grundkapitals eine Generalversammlung zur Wahl des Aufsichtsraths zu berufen.[43]

Diese Vorschriften finden auch auf die Bestellung des ersten Vorstandes Anwendung, sofern nicht nach dem Gesellschaftsvertrage die Bestellung in anderer[43a] Weise als durch Wahl der Generalversammlung zu geschehen hat.

43 Auch für ältere Gesellschaften bildet der Aufsichtsrath eine nothwendige Einrichtung. Zusammensetzung desselben §§. 243, 248. Art der Berufung und Beschlußfassung der Generalversammlung §§. 197, 251, 255. Amtsdauer dieses ersten Aufsichtsraths §. 243[2].

43a Aber nicht so, daß ein beliebiger Dritter den Vorstand bestellen könnte R.G. III 129.

191. Die Gründer haben im Falle des §. 186 Abs. 2 in einer Art. 209g. schriftlichen[37] Erklärung die wesentlichen Umstände darzulegen, von welchen die Angemessenheit der für die eingelegten oder übernommenen Gegenstände gewährten Beträge abhängt.[44]

Sie haben hierbei die vorausgegangenen Rechtsgeschäfte, die auf den Erwerb durch die Gesellschaft hingezielt haben, ferner die Erwerbs- und Herstellungspreise aus den letzten beiden Jahren und im Falle des Ueberganges eines Unternehmens auf die Gesellschaft die Betriebserträgnisse aus den letzten beiden Geschäftsjahren anzugeben.

44 Diese dem Vorstand §§. 231, 190[3] einzureichende Gründererklärung hat die für die Werthsbemessung wesentlichen Verhältnisse in objektiver Auffassung darzulegen. Verantwortlichkeit §. 202.

7*

Art. 209h1. **192.**[45] Die Mitglieder des Vorstandes und des Aufsichtsraths haben den Hergang der Gründung zu prüfen.

Gehört ein Mitglied des Vorstandes oder des Aufsichtsraths zu den Gründern oder hat sich ein Mitglied einen besonderen Vortheil oder für die Gründung oder deren Vorbereitung eine Entschädigung oder Belohnung ausbedungen oder liegt ein Fall des §. 186 Abs. 2 vor, so hat außerdem eine Prüfung durch besondere Revisoren stattzufinden.

Die Revisoren werden durch das für die Vertretung des Handelsstandes berufene Organ, in Ermangelung eines solchen durch das Gericht[46] bestellt, in dessen Bezirke die Gesellschaft ihren Sitz hat.

[45] Neben der civil- und strafrechtlichen Verantwortlichkeit des Vorstandes und des Aufsichtsrathes für gewissenhafte Kritik §§. 241, 249, 313 ist die Garantie besonderer Revision durch unabhängige Personen jetzt in allen Fällen, in denen Sacheinlagen gemacht werden, gegeben.

[46] Die Ernennung ist durch die Gründer eventuell beim Amtsgericht im Verfahren der §§ 145, 146 F.G.G., sofortige Beschwerde an d K.f.H.S. §§. 30, 22 F.G.G., zu veranlassen. Zwang zur Annahme des Revisorenamts giebt es nicht; nur über die Anzeigepflicht einer Ablehnung äußern sich § 362 Abs. 1 u. B.G.B § 663.

Art. 209h2u.3 **193.**[47] Die Prüfung hat sich insbesondere auf die Richtigkeit und Vollständigkeit der Angaben zu erstrecken, die in Ansehung der Zeichnung und Einzahlung des Grundkapitals sowie in Ansehung der im §. 186 vorgesehenen Festsetzungen von den Gründern gemacht sind. Der Inhalt der im §. 191 bestimmten Erklärung ist auch in der Richtung zu prüfen, ob bezüglich der Angemessenheit der für die eingelegten oder übernommenen Gegenstände gewährten Beträge Bedenken obwalten.

Ueber die Prüfung ist unter Darlegung der im Abs. 1 bezeichneten Umstände schriftlich Bericht zu erstatten.

Sind die Revisoren durch das für die Vertretung des Handelsstandes berufene Organ bestellt, so haben sie diesem ein Exemplar des Berichts einzureichen.[48] Die Einsicht des eingereichten Berichts ist Jedem gestattet.

[47] Die ganze sachliche Seite der Gründung unterliegt dieser Revision.

[48] Der Bericht ist der Anmeldung des §. 195[5] beizufügen. Bei der Bekanntmachung des Eintrags ist die Befolgung des §. 193[3] zu erwähnen §. 199 letzter Absatz. — Handelskammer, Kommerzkolleg u. s. w. hat den

Bericht an geeigneter Stelle (Börse) aufzulegen und die Einreichung zu bescheinigen §. 195[5]. Die Bekanntmachung der Namen der Revisoren unterbleibt wegen der Reklame.

★**194.** Ergeben sich zwischen den im §. 192 Abs. 2, 3 bezeichneten Revisoren und den Gründern Meinungsverschiedenheiten über den Umfang der von den Gründern zu gewährenden Aufklärungen und Nachweise, so entscheidet endgültig diejenige Stelle, von welcher die Revisoren ernannt sind.[49] Solange sich die Gründer weigern, der Entscheidung nachzukommen, unterbleibt die Erstattung des Prüfungsberichts.

Die Revisoren haben Anspruch auf Ersatz angemessener baarer Auslagen und auf Vergütung für ihre Thätigkeit. Die Auslagen und die Vergütung werden durch die im Abs. 1 bezeichnete Stelle festgesetzt.

[49] Gegen diese Entscheidungen der Organe des Handelsstands findet wie bei §. 192[2], Beschwerde je nach der Organisation und Verfassung derselben statt (hinsichtlich der gerichtlichen Bescheide gilt das zu 46 Gesagte. Denkschrift zu §. 141 des Entwurfs z. F.G.G. am Eingang). Fügen sich die Gründer auch nach Erschöpfung der Rechtsmittel nicht, so kommt es wegen §. 195[5] nicht zur konstituirenden Versammlung. §. 196.

195. Die **Gesellschaft** ist bei dem **Gericht**, in dessen Bezirke sie ihren Sitz hat, von sämmtlichen Gründern und Mitgliedern des Vorstandes und des Aufsichtsraths zur Eintragung in das Handelsregister anzumelden.[50] Art. 210.

Der Anmeldung sind beizufügen:

1. der **Gesellschaftsvertrag** und die im §. 182 Abs. 1 und im §. 188 Abs. 2 **bezeichneten Verhandlungen**;
2. im Falle des §. 186 die Verträge, welche den dort bezeichneten Festsetzungen zu Grunde liegen oder zu ihrer Ausführung geschlossen sind, die im §. 191 vorgesehene Erklärung und eine Berechnung[51] des der **Gesellschaft zur Last fallenden** Gründungsaufwandes, in der die Vergütungen nach Art und Höhe und die Empfänger einzeln aufzuführen sind;
3. wenn nicht alle Aktien von den Gründern übernommen sind[14a u. b], zum Nachweise der Zeichnung des Grundkapitals die Duplikate der Zeichnungsscheine und ein von den Gründern unterschriebenes Verzeichniß[52 u. 88] aller Aktionäre, welches

die auf jeden entfallenen Aktien sowie die auf die letzteren geschehenen Einzahlungen angiebt;

4. die Urkunden über die Bestellung des Vorstandes und des Aufsichtsraths;[53]
5. die gemäß §. 193 Abs. 2 erstatteten Berichte nebst ihren urkundlichen Grundlagen sowie im Falle des §. 193 Abs. 3 die Bescheinigung, daß der Prüfungsbericht der Revisoren bei dem zur Vertretung des Handelsstandes berufenen Organ eingereicht ist;
6. wenn der Gegenstand des Unternehmens der staatlichen Genehmigung bedarf, sowie in den Fällen des §. 180 Abs. 2 die Genehmigungsurkunde.[54]

In der Anmeldung ist die Erklärung abzugeben, daß auf jede Aktie, soweit nicht andere als durch Baarzahlung zu leistende Einlagen bedungen sind, der eingeforderte Betrag baar eingezahlt und im Besitze des Vorstandes ist.[55] Der Betrag, zu welchem die Aktien ausgegeben werden, und der hierauf baar eingezahlte Betrag sind anzugeben;[56] dieser muß mindestens ein Viertheil des Nennbetrags und im Falle der Ausgabe von Aktien für einen höheren als den Nennbetrag auch den Mehrbetrag umfassen.[57] Als Baarzahlung gilt nur die Zahlung in deutschem Gelde, in Reichskassenscheinen sowie in gesetzlich zugelassenen Noten deutscher Banken.

Die Mitglieder des Vorstandes haben ihre Namensunterschrift zur Aufbewahrung bei dem Gerichte zu zeichnen.

Die der Anmeldung beigefügten Schriftstücke werden bei dem Gericht in Urschrift oder in beglaubigter Abschrift aufbewahrt.[58]

50 Den Gegenstand der Anmeldung und Eintragung bildet die Gesellschaft und nicht mehr der Gesellschaftsvertrag. Dieser ist der Anmeldung nur beizufügen und wird nur auszugsweise eingetragen. § 198. Form der Anmeldung § 12 u. F.G.G. §§. 128 ff Zuständig die Amtsgerichte §. 125 F.G.G. Kein Anmeldungszwang nach § 14 wegen § 319[3] Bei Simultan- und bei Successiv-Gründung, Note 14 [a u. b] zu §. 182, haben die Gründer gegen einander Anspruch auf Anmeldung; die Zeichner (Successivgründung) haben kein solches Recht §. 189 Note 36

51 Also hier sind die Verträge nicht zu verlangen. Im Uebrigen müssen die Verträge den Formvorschriften, die dafür gegeben sind § 350, entsprechen

[52] Unterschriftsbeglaubigung weggefallen. Bis zur Anmeldung können die Gründer bei der Successivgründung, Note 14b, das Offert des Zeichners wegen §. 202[3] noch ablehnen, selbst wenn sie demselben schon Aktien zugetheilt, das Offert also angenommen hatten

[53] §§. 190, 197.

[54] Die Beurkundung der zuständigen Staatsbehörde, daß das Unternehmen staatlich genehmigt sei oder der Genehmigung nicht bedürfe, muß dem Registerrichter genügen; er hat nur die Zuständigkeit der beurkundenden Behörde zu prüfen.

[55] (Ueberweisung eines Bankguthabens des Aktionärs, selbst durch Check- oder Reichsbankgiro, verstößt gegen die unbedingte Vorschrift der Baarzahlung) und daß der Vorstand im Besitz sein muß. Wichtig wegen der Strafvorschriften in §§. 312, 313[1], 314[1]. Anders bei Gesellschaften m. b. H. Bei Aufbewahrung und Anlegung der baar eingegangenen Einzahlungen hat der Vorstand lediglich nach pflichtmäßigem Ermessen zu verfahren und gegen den säumigen Aktionär nach §§. 218 ff. vorzugehen. M.

[56] Jetzt muß bei Vermeiden der Folgen des §. 313[1] der Emissionskurs angegeben werden §. 184 Note 27, und wegen der Einzahlung oben Note 55. Er ist auch später zu veröffentlichen §. 199[2], damit die Erstbetheiligten nicht den Kurs ohne Vorwissen des Publikums treiben, sowie die Aktien an die Börse kommen.

[57] Also 25 Proz. vom Nominalbetrag jeder Aktie plus volles Agio, welch' letzteres in den Reservefond einzustellen ist § 262[2], Strafvorschrift §. 313[1].

[58] d. h. Theile der bei der Anmeldung vorgelegten Schriftstücke dürfen nur zurückgegeben werden, wenn beglaubigte Abschrift zu den Akten gefertigt oder von den Betheiligten als Ersatz vorgelegt sind; öffentliche Beglaubigung §. 129 B.G.B., Art. 141 E.G.z.B.G.B. §§. 167 ff. 182, 183, 189, 191 F.G.G.

196. Haben die Gründer nicht alle Aktien übernommen,[14 a u b Art. 210 i.] so beruft das im §. 195 bezeichnete Gericht eine Generalversammlung der in dem Verzeichniß aufgeführten Aktionäre zur Beschlußfassung über die Errichtung der Gesellschaft.[59]

Die Versammlung findet unter der Leitung des Gerichts statt.[60]

Der Vorstand und der Aufsichtsrath haben sich über die Ergebnisse der ihnen in Ansehung der Gründung obliegenden Prüfung auf Grund der im §. 193 Abs. 2 bezeichneten Berichte und ihrer urkundlichen Grundlagen zu erklären. Jedes Mitglied des Vorstandes und des Aufsichtsraths kann bis zur Beschlußfassung die Unterzeichnung der Anmeldung zurückziehen.[61]

Die der Errichtung der Gesellschaft zustimmende Mehrheit[62] muß mindestens ein Viertheil aller in dem Verzeichniß aufgeführten Aktionäre umfassen; der Betrag ihrer Antheile muß mindestens ein

Viertheil des gesammten Grundkapitals darstellen. Auch wenn diese Mehrheit erreicht wird, gilt die Errichtung als abgelehnt, sofern hinsichtlich eines Theiles der Aktionäre die Voraussetzungen des §. 186 vorliegen[63] und sich die Mehrheit der von anderen Aktionären abgegebenen Stimmen gegen die Errichtung erklärt.

Die Zustimmung aller erschienenen Aktionäre ist erforderlich, wenn die im §. 182 Abs. 2 Nr. 1 bis 4, im §. 183, im §. 184 Abs. 2 sowie die im §. 185 bezeichneten Bestimmungen des Gesellschaftsvertrags abgeändert oder die im §. 186 vorgesehenen Festsetzungen zu Lasten der Gesellschaft erweitert[64] werden sollen. Dasselbe gilt, wenn die Dauer der Gesellschaft über die im Gesellschaftsvertrage bestimmte Zeit verlängert oder die im Gesellschaftsvertrage für Beschlüsse der Generalversammlung vorgesehenen erschwerenden Erfordernisse beseitigt werden sollen.[65]

Die Beschlußfassung ist zu vertagen, wenn es von den Aktionären mit einfacher Stimmenmehrheit verlangt wird.

59 Gründer und Zeichner [Successivgründung] sind schon durch die Anmeldung §. 195^{3}, vergl. Note 36 zu §. 189, gebunden; eine Befreiung ist nur noch durch Verhinderung der Gesellschaftserrichtung mittels Gebrauch des Stimmrechts nach §. 196 möglich. Bei der Simultangründung, Note 14a zu §. 182, ist die Bindung mit dem Zeitpunkt der Aktienübernahme eingetreten §. 188. Die Formen der Berufung sind in §§. 255—257, die der Generalversammlung in §. 159 enthalten. §. 197.

60 Formen §§. 8 und 9 F.G.G.; da es sich hier um Individualrechte handelt, darf der Amtsrichter nicht Aktionär sein. R.O.H.G. XVIII 170. R.G. VII 311, allein es giebt deshalb keine Ablehnung, er soll sich nur enthalten. §§. 6, 194 F.G.G. Abweichend von §§. 41, $551^{2 \text{ u. } 3}$, 579^{2} P.O. Deshalb keine Nichtigkeit, wohl aber ist der Umstand bei einer Beschwerde mit zu berücksichtigen; da ein Protokoll nach §. 259 über den Verlauf dieser Versammlung aufzunehmen ist, ist dasselbe ganz oder nach §. 171 F.G.G. theilweise nichtig, wenn der Amtsrichter oder Notar betheiligt war.

61 Thun sie es, so ist der Errichtungsversuch gescheitert. Wenn die Zeichner gebunden bleiben sollen, so muß innerhalb der Frist des §. 189^{4} eine neue erfolgreiche Generalversammlung nach neuer Anmeldung, §. 195, stattgefunden haben.

62 Die Erben von Zeichnern oder Uebernehmern üben die Rechte ihres Erblassers aus; Singularsuccessoren, z B. Käufer von Antheilsrechten, können in dieser konstituirenden Generalversammlung nicht auftreten wegen §. 200^{2}.

63 Weil die Interessen der verschiedenen Klassen von Aktionären hier

auseinandergehen. Den Sacheinlegern und Ueberlassern, §. 186, ist das Stimmrecht zwar nicht entzogen, aber die Errichtung der Gesellschaft ist abgelehnt, wenn die Mehrheit der Stimmen der übrigen bei der Beschlußfassung mitwirkenden Aktionäre sich dagegen ausgesprochen hat.

64 Für Aenderung zu Gunsten der Gesellschaft ist Einstimmigkeit nicht nöthig; der Benachtheiligte muß aber zustimmen.

65 Anmeldung solcher Abänderungen findet nicht statt, weil ein gerichtliches Protokoll errichtet wird. §. 259. Aenderungen des Gesellschaftsvertrags nach geschehenem Eintrag erfordern nur $^3/_4$ des bei der Beschlußfassung vertretenen Grundkapitals. §. 275.

197. Soweit nicht in den §§. 190, 196 ein Anderes bestimmt ist, finden auf die Berufung[66] und Beschlußfassung[67] der vor der Eintragung der Gesellschaft[30] stattfindenden Generalversammlungen[68] die Vorschriften entsprechende Anwendung, welche für die Gesellschaft nach der Eintragung maßgebend sind. Art 210b.

66 Formen derselben §§ 253—257.

67 Formen derselben §. 259. Stimmrecht §§. 250—252. Die Anfechtungsklage der §§. 271—273 findet auch hier statt, weil das Gesetz keinen Unterschied macht, und die Motive auch bei §. 197 zutreffen. Dagegen ist die Löschung von Amtswegen, §. 144², 143 F G.G., hier nicht zuzulassen, weil die Denkschrift nur Generalversammlungsbeschlüsse im Auge hat, welche von einer bereits eingetragenen A.G. gefaßt sind, und nur soweit sie des Eintrags bedürfen und auch eingetragen sind, z. B. bei §§. 277, 280. Das Nähere über solche Löschung bei §. 271.

68 Generalversammlung vor dem Eintrag ist gesetzlich nur bei der Successivgründung §. 182 Note 14b., zur Wahl des Aufsichtsraths §. 190² und zu der konstituirenden Versammlung §. 196 vorgeschrieben. Der Gesellschaftsvertrag kann noch weitere Generalversammlungen, z. B. bei der Simultangründung §. 182 Note 14a, zur Ernennung des Vorstands §. 190² vorsehen. Aktienhinterlegung §. 255² ist nicht möglich, weil sie nicht ausgegeben sind § 200².

★198. Bei der Eintragung der Gesellschaft in das Handelsregister sind die Firma[18] und der Sitz[19] der Gesellschaft, der Gegenstand[20] des Unternehmens, die Höhe des Grundkapitals,[21] der Tag der Feststellung des Gesellschaftsvertrags und die Mitglieder des Vorstandes anzugeben.[69]

Enthält der Gesellschaftsvertrag besondere Bestimmungen über die Zeitdauer der Gesellschaft oder über die Befugniß der Mitglieder des Vorstandes oder der Liquidatoren zur Vertretung der Gesellschaft,[70] so sind auch diese Bestimmungen einzutragen.

69 §§. 182⁴, 189¹ und 195¹. Vergl Note 50 zu §. 195 und §. 190³.

70 Gemeint sind nur Abweichungen vom Grundsatz der Gesammtvertretung; denn die Vertretungsbefugniß des Vorstands als solchen und die des Liquidators in deren Stellung als Gesellschaftsorgane unterliegen nicht der Abänderung durch Gesellschaftsvertrag. M §§. 231, 232, 298.

Art 210c. **199.** In die Veröffentlichung,[71] durch welche die Eintragung bekannt gemacht wird, sind außer dem Inhalte der Eintragung aufzunehmen:

1. die sonstigen im §. 182 Abs. 2, 3 und in den §§. 183, 185, 186 bezeichneten Festsetzungen;
2. der Betrag, zu welchem die Aktien ausgegeben werden;[56]
3. der Name, Stand und Wohnort der Gründer und die Angabe, ob sie die sämmtlichen[72] Aktien übernommen haben;
4. der Name, Stand und Wohnort der Mitglieder des ersten Aufsichtsraths.[73]

Zugleich ist bekannt zu machen, daß von den mit der Anmeldung der Gesellschaft eingereichten Schriftstücken, insbesondere von dem Prüfungsberichte des Vorstandes, des Aufsichtsraths und der Revisoren, bei dem Gericht Einsicht genommen werden kann. Im Falle des §. 193 Abs. 3 ist ferner bekannt zu machen, daß von dem Prüfungsberichte der Revisoren auch bei dem zur Vertretung des Handelsstandes berufenen Organ Einsicht genommen werden kann.

71 Nach den §§. 10 und 11. Weitere Veröffentlichungen, die der Gesellschaftsvertrag außerdem vorschreibt, hat der Vorstand zu bewirken.
72 Aber nicht wieviel ein Jeder. Vergl. §. 188.
73 §. 190.

Art. 211. **200.** Vor der Eintragung in das Handelsregister des Sitzes der Gesellschaft besteht die Aktiengesellschaft als solche nicht. Wird vorher im Namen der Gesellschaft gehandelt, so haftet der Handelnde persönlich; handeln Mehrere, so haften sie als Gesammtschuldner.[74] [75]

Art. 215c². Die Antheilsrechte können vor der Eintragung der Gesellschaft in das Handelsregister mit Wirksamkeit gegenüber der Gesellschaft nicht übertragen, Aktien oder Interimsscheine können vorher nicht ausgegeben werden.[76]

74 Mit dem Eintrag tritt die A.G. ohne Weiteres in die ihr von den Gründern ausgemachten Rechte ein. Sie wird auch verpflichtet für Rechtsgeschäfte vor dem Eintrag, welche durch den gesetzlichen Entstehungsvorgang bedingt sind. Rechtsgeschäfte, welche mit der Gründung nicht zusammenhängen, also das Bestehen der Gesellschaft voraussetzen, können erst nach der Eintragung für die A.G. wirksam abgeschlossen werden; es wäre denn, daß unter ausdrücklichem Vorbehalt der Genehmigung der Gesellschaft abgeschlossen worden. §§. 183, 184 ff. B.G.B. Insoweit tritt die persönliche Haftung des Handelnden nicht ein. Sie tritt auch nicht ein, wenn der Dritte den Mangel kannte. § 179 B.G.B. R.O.H.G. XX 211. R.G. XXXII 97. Sammtverbindlichkeit §. 421 B.G.B.

75 Mit dem Eintrag ist die A.G. als solche aktiv und passiv legitimirt. § 210, R.G. XXIV 23. Sie kann nur beseitigt werden entweder durch die Nichtigkeitsklage §§. 309, 310, oder durch ihre Löschung von Amtswegen. § 144[1], 143 F.G.G.

Diese Löschung findet nur statt, wenn der Gesellschaftsvertrag die zu seiner Gültigkeit unerläßlichen Bestimmungen des §. 182 Abs. 2 Ziff 1—6 nicht enthält, oder wenn eine dieser Bestimmungen nichtig ist. Andere Verstöße z. B bei der Anmeldung: gefälschte Unterschrift unter dem Gesellschaftsvertrag; Minderjährigkeit eines Gründers, Mangel notarieller oder gerichtlicher Beurkundung des Gesellschaftsvertrags, unvollständige Zeichnung des Grundkapitals genügen dazu nicht, wohl aber wenn nach dem Gesellschaftsvertrag Aktien entgegen §. 200[1] ausgegeben werden könnten; wenn der Reservefond entgegen §. 262 Ziff. 1 dotirt werden oder der Aufsichtsrath 20 Jahre funktioniren soll; Verstoß gegen §. 20 u a. m., jedoch Art 22 E.G.z.H.G.B.

An eine Frist ist dieses Einschreiten nicht geknüpft; wenn eine Nichtigkeitsklage auch nur in Aussicht steht, wird §. 127 F.G.G. zur Anwendung kommen. Heilung § 310.

Ist die Löschung erfolgt, so bestimmt § 311 das weitere Verfahren. Vergl. § 309 Note 367.

Auf ältere A.G finden §§. 144[1], 143 F.G G. keine Anwendung.

76 Die Gültigkeit eines Vertrags, durch welchen ein Theil lediglich die Verpflichtung übernimmt, die von ihm gezeichneten Aktien einem Andern zu übertragen, wird dadurch nicht berührt. Uebertretung des Verbots §. 314[1].

201. Die Anmeldung der Gesellschaft zur Eintragung in das Handelsregister eines Gerichts, in dessen Bezirke sie eine Zweigniederlassung[77] besitzt, ist durch sämmtliche Mitglieder des Vorstandes zu bewirken. Art 212

Der Anmeldung ist der Gesellschaftsvertrag in Urschrift oder in öffentlich beglaubigter Abschrift beizufügen; die Vorschriften des §. 195 Abs. 2, 3 finden keine Anwendung.

Art 179². Die Eintragung hat die im §. 198 bezeichneten Angaben zu enthalten.

In die Veröffentlichung, durch welche die Eintragung bekannt gemacht wird, sind außer dem Inhalte der Eintragung auch die sonstigen im §. 182 Abs. 2, 3 und in den §§. 183, 185 bezeichneten Festsetzungen aufzunehmen. Erfolgt die Eintragung innerhalb der ersten zwei Jahre, nachdem die Gesellschaft in das Handelsregister ihres Sitzes eingetragen worden ist, so sind alle im §. 199 bezeichneten Angaben zu veröffentlichen; in diesem Falle ist der Anmeldung ein Exemplar der für den Sitz der Gesellschaft ergangenen gerichtlichen Bekanntmachung beizufügen.[78]

Art. 179³. Befindet sich der Sitz der Gesellschaft im Auslande, so ist das Bestehen der Aktiengesellschaft als solcher und, sofern der Gegenstand des Unternehmens oder die Zulassung zum Gewerbebetrieb im Inlande der staatlichen Genehmigung bedarf, auch diese mit der Anmeldung nachzuweisen. Die Angaben, deren öffentliche Bekanntmachung nach Abs. 4 zu erfolgen hat, sind in die Anmeldung aufzunehmen.[79]

[77] Zum Wesen einer Zweigniederlassung gehört eine gewisse Unabhängigkeit ihres Vorstands. R.O.H.G. XVII 320. Filiale R.O.H.G. XIX 260. R.G. XXI 4. E.G. Art. 10 Note 23.

[78] Weil in dem Zeitraum von 2 Jahren die Gesellschaft unter dem Einfluß des Gründungshergangs zu stehen pflegt.

Absatz 1—4 gelten nach §. 13^{3} auch, wenn eine ausländische Aktiengesellschaft ihre inländische Zweigniederlassung eintragen lassen muß. Sie muß das aber nur, soweit nicht das an ihrem Sitz geltende ausländische Recht anders befindet. Braucht sie nach ihrem Recht keinen Aufsichtsrath, so muß sich der inländische Registerrichter dabei beruhigen. Vergl. R.G. VI 134. R.O.H.G. XXII 147.

Zweigniederlassung begründet kein zweites Domizil. R.O.H.G. XVII 319, §§. 17, 21, 22 P.O. Mittheilungen an das Registergericht der Hauptniederlassung von Amtswegen §. 131 F.G.G.

Firma der Zweigniederlassung §. 30^{3}, 20, 18 letzter Satz.

[79] Damit der Registerrichter die betr. Thatsachen nicht aus oft ausländischen Urkunden zusammenstellen muß.

Art 213a. **202.**[80] Der Gesellschaft sind die Gründer[13—15] für die Richtigkeit und Vollständigkeit der Angaben, welche sie in Ansehung der Zeichnung und Einzahlung des Grundkapitals sowie in Ansehung der im §. 186 vorgesehenen Festsetzungen zum Zwecke der Eintragung[81] der Gesellschaft[80] in das Handelsregister machen, als Gesammtschuldner verhaftet; sie haben, unbeschadet der Verpflichtung zum Ersatze des sonst etwa entstehenden Schadens,[82] insbesondere einen an der Zeichnung des Grundkapitals fehlenden Betrag zu übernehmen,[83] fehlende Einzahlungen zu leisten und eine Vergütung, die nicht unter den zu bezeichnenden Gründungsaufwand aufgenommen ist,[84] zu ersetzen. Wird die Gesellschaft von Gründern durch Einlagen oder Uebernahmen der im §. 186 bezeichneten Art böslicherweise[85] geschädigt, so sind ihr alle Gründer für den Ersatz des entstehenden Schadens[82] als Gesammtschuldner verpflichtet.[86]

Von dieser Verbindlichkeit ist ein Gründer befreit, wenn er die Unrichtigkeit oder Unvollständigkeit der Angabe oder die bösliche Schädigung weder kannte noch bei Anwendung der Sorgfalt eines ordentlichen Geschäftsmanns[87] kennen mußte.

Entsteht durch Zahlungsunfähigkeit eines Aktionärs der Gesellschaft ein Ausfall, so sind ihr die Gründer, welche die Betheiligung des Aktionärs in Kenntniß seiner Zahlungsunfähigkeit angenommen haben,[88] als Gesammtschuldner zum Ersatze verpflichtet.

Mit den Gründern sind der Gesellschaft zum Schadensersatz als Gesammtschuldner verpflichtet:

1. wenn eine Vergütung nicht unter den zu bezeichnenden Gründungsaufwand aufgenommen ist, der Empfänger, welcher zur Zeit des Empfanges wußte oder nach den Umständen annehmen mußte,[89] daß die Verheimlichung beabsichtigt oder erfolgt war, und jeder Dritte, welcher zur Verheimlichung wissentlich mitgewirkt hat;
2. im Falle einer böslichen Schädigung durch Einlagen oder Uebernahmen jeder Dritte, welcher zu dieser Schädigung wissentlich mitgewirkt hat.

80 §. 202 enthält die civilrechtliche Verantwortlichkeit der Gründer und Gründergenossen, §. 203 diejenige der Emittenten, §. 204 die des Vorstandes und Aufsichtsrathes der Gesellschaft gegenüber. Aktionär und G.Gläubiger haben keine selbständigen Rechte, vergl. Note 113 zu §. 213, mit Ausnahme zu Gunsten der Gläubiger in §§. 217, 241, 249, vergl. §. 178 Note 5. Strafvorschriften § 313[1 u 2] bezw. 312.

Sammtschuldnerschaft §. 431 ff. B G.B

81 §. 195[2 u. 3]; ein Entlastungsbeschluß der Generalversammlung nützt

nichts, wenn derselbe durch unrichtige Darstellung zu Stande kommt. R.G. XVIII 63.

[82] Mittelbaren und unmittelbaren, voraussehbaren und nicht voraussehbaren Verlust und entgangenen Gewinn §§. 249, 251, 288, 252, 823 B.G.B.; aber nur Vermögensschaden §. 253 B.G.B., wenn nur irgend schätzbar §. 287 P.O.; für comp. lucri et damni ist das Gesammtresultat entscheidend. R.G. XVII 47, X 51. Belastung mit einer Verbindlichkeit ist bereits eingetretener Schaden. R.G. XVIII 277. Sammtschuld Note 3 vor §. 343. Konkurrirendes Verschulden §. 254 B.G.B., R.G. X 80 und V 205.

[83] Das Mindeste ist also die Selbsteintrittpflicht, die sich nach §. 188² erfüllt.

[84] Was also bei §§. 195², 186³ fehlt.

[85] R.G. VII 128. Es genügt, wenn nur ein Gründer böslich handelt, die Andern müssen sich nach Abs. 2 entlasten.

[86] Uebertriebene Schätzung R.O.H.G. XXV 282.

[87] Also besteht Prüfungspflicht. Vergl. §. 122² B.G.B., §. 347¹.

[88] d. i bei Simultangründung der Zeitpunkt des §. 188¹ u. ², bei Successivgründung nicht schon der Augenblick der Anmeldung, §. 195³, sondern der Zutheilung der Aktien. M. Alle Versuche auf Wiederherstellung des alten Rechts scheiterten. Die Gründer haben nicht die Pflicht, die Zahlungsunfähigkeit eines Aktionärs bei der Anmeldung §. 195³ anzugeben. Der Errichtung der Gesellschaft schadet dies nichts, weil 25 Proz. eingezahlt sein müssen §. 195 Abs. 3, und bei Unterlassung weiterer Zahlungen der Aktionär seiner Rechte verlustig erklärt und eine neue Aktie ausgegeben wird. §§. 219 ff.

[89] Vergl. §. 259 R.St.G.B. R.G.St. XXV 221.

Art. 213b **203.**[80] **Wer vor der Eintragung der Gesellschaft in das Handelsregister oder in den ersten zwei Jahren nach der Eintragung eine öffentliche Ankündigung der Aktien erläßt, um sie in den Verkehr einzuführen,[90] ist der Gesellschaft im Falle der Unrichtigkeit oder Unvollständigkeit von Angaben, welche die Gründer in Ansehung der Zeichnung oder Einzahlung des Grundkapitals oder in Ansehung der im §. 186 vorgesehenen Festsetzungen zum Zwecke der Eintragung der Gesellschaft[50] in das Handelsregister machen, sowie im Falle einer böslichen[85] Schädigung der Gesellschaft durch Einlagen oder Uebernahmen für den Ersatz des ihr daraus entstehenden Schadens[82] mit den im §. 202 bezeichneten Personen als Gesammtschuldner verhaftet, wenn er die Unrichtigkeit oder Unvollständigkeit der Angaben oder die bösliche Schädigung kannte oder bei Anwendung der Sorgfalt eines ordentlichen Geschäftsmanns[87] kennen mußte.[91]**

90 Bedeutung der Emission und Zeichnungsstelle R.O.H.G XX 248. Auf schon eingeführte Aktien bezieht sich §. 203 nicht. Zulassung von Aktien zum Börsenhandel §. 36 ff. Börs.G.

91 Der Emittent ist in den Grenzen des §. 203 nur für richtige Darstellung des Gründungshergangs verantwortlich gemacht. Macht er in seinem veröffentlichten Prospekt unwahre oder unvollständige eigene Angaben, so kann er nicht bloß von der A.G. (vergl. Note 80), sondern von jedem Aktionär und dem späteren Erwerber, wenn derselbe den ursächlichen Zusammenhang nachweisen kann, für den Schaden ebenso wie seine Hintermänner verantwortlich gemacht werden, falls das Emissionshaus grob fahrlässig gehandelt hat. Nur braucht der Emittent nicht zweimal zu entschädigen, d. h. nicht die A.G. und den Aktionär bezw dessen Rechtsnachfolger. §§ 43 ff. Börs.G.

Daneben, §. 46[2] Börs G., behalten die Vorschriften über Gewährleistung wegen Mängel der Sache §§. 437 ff., 459 ff. B G.B. und über Haftung aus Rath und Empfehlung §. 676 B.G.B, §. 347 Note 26a ihre Geltung.

204.[80] Mitglieder des Vorstandes und des Aufsichtsraths, die Art 213c bei der ihnen durch die §§. 192, 193 auferlegten Prüfung die Sorgfalt eines ordentlichen Geschäftsmanns außer Acht lassen, haften der Gesellschaft als Gesammtschuldner für den ihr daraus entstehenden Schaden,[82] soweit der Ersatz des Schadens von den nach den §§. 202, 203 verpflichteten Personen nicht zu erlangen ist.[92]

92 Nach den Motiven zum A.D.H.G.B. sollte das richterliche Ermessen über den Eintritt der subsidiären Haftung entscheiden, d h. Ausklagung des Hauptverpflichteten nicht immer erforderlich sein. Da das preuß. Recht in derartigem Vorbringen eine Klagverneinung fand, mußte die A.G. die entsprechende Klagbehauptung in der Klagbegründung bringen.

Jetzt ist die Einrede der Vorausklage eine wirkliche Einrede. §. 771 B.G.B. Die nach §. 204 Haftenden sind gegenüber dem Hauptverpflichteten der §§. 202, 203 wohl sammtverbindliche Bürgen §. 769 B.G.B., und können sich der Einreden aus dem Recht des Hauptschuldners nach §§. 770, 768 B.G.B. bedienen mit Beachtung der §§. 205 und 206. Der Wegfall der Vorausklage ist jetzt ebenfalls in §. 773 B.G B. zeitgemäß geordnet.

Die Verjährung wird durch die Einrede der Vorausklage nicht gehemmt. §. 202[2] B.G.B.

205. Vergleiche oder Verzichtleistungen, welche die der Gesell- Art 213d schaft aus der Gründung zustehenden Ansprüche gegen die nach den §§. 202 bis 204 verpflichteten Personen betreffen, sind erst nach dem Ablaufe von fünf[93] Jahren seit der Eintragung der Gesellschaft[50] in das Handelsregister und nur mit Zustimmung der Generalversammlung zulässig; sie sind unzulässig, soweit in der Versammlung eine Minderheit, deren Antheile den fünften Theil des Grundkapitals darstellen, Widerspruch erhebt. Die zeitliche Beschränkung findet keine Anwendung, sofern sich der Verpflichtete im Falle der Zahlungsunfähigkeit zur Abwendung oder Beseitigung des Konkursverfahrens mit seinen Gläubigern vergleicht.

[93] Die Erhöhung von 3 auf 5 Jahre soll die Möglichkeit, daß mit Einführung der Aktien nach dem Eintrag der Gesellschaft zugewartet wird, erschweren. Stimmrecht §. 252. Zahlungsunfähigkeit § 102 K.O.

Art 213e. **206.** Die Ansprüche der Gesellschaft gegen die nach den §§. 202 bis 204 verpflichteten Personen verjähren in fünf Jahren von der Eintragung der Gesellschaft in das Handelsregister an.[94]

[94] Der Tag des Eintrags §. 130 F.G.G. wird nicht mitgerechnet §§. 187[1], 198 B.G.B.; Berechnung der 5 Jahre § 188 B.G.B. Hemmung der Verjährung u. s. w. § 202 B.G.B

Eine verjährte Forderung kann noch zur Aufrechnung nach §§ 222, 390[2], 388, 387 B.G.B. verwendet werden, wenn sie zu der Zeit, in welcher sie aufgerechnet werden konnte, noch nicht verjährt war.

Art. 213 f 1—4. **207.**[95] Verträge der Gesellschaft, nach denen sie vorhandene oder herzustellende Anlagen, die dauernd zu ihrem Geschäftsbetriebe[96] bestimmt sind, oder unbewegliche Gegenstände[97] für eine den zehnten Theil des Grundkapitals übersteigende Vergütung erwerben soll, bedürfen zu ihrer Wirksamkeit der Zustimmung der General-Versammlung, falls sie vor dem Ablaufe von zwei Jahren seit der Eintragung der Gesellschaft[50] in das Handelsregister geschlossen werden.

Vor der Beschlußfassung hat der Aufsichtsrath den Vertrag zu prüfen und über die Ergebnisse seiner Prüfung schriftlich Bericht zu erstatten.[98]

Der Beschluß, durch welchen dem Vertrage die Zustimmung ertheilt wird, bedarf einer Mehrheit, die mindestens drei Viertheile des bei der Beschlußfassung vertretenen[99] Grundkapitals umfaßt. Wird der Vertrag im ersten Jahre nach der Eintragung der Gesellschaft in das Handelsregister geschlossen, so müssen außerdem die Antheile der zustimmenden Mehrheit mindestens ein Viertheil des gesammten Grundkapitals darstellen.

Nach erfolgter Zustimmung der Generalversammlung hat der Vorstand den Vertrag in Urschrift oder in öffentlich beglaubigter Abschrift mit dem Berichte des Aufsichtsraths nebst dessen urkundlichen Grundlagen zum Handelsregister einzureichen.[100] Zum Handelsregister einer Zweigniederlassung findet die Einreichung nicht statt.

Bildet der Erwerb von Grundstücken den Gegenstand des Unternehmens, so finden auf einen solchen Erwerb die Vorschriften der Abs. 1 bis 4 keine Anwendung. Das Gleiche gilt für den Erwerb von Grundstücken im Wege der Zwangsversteigerung.

[95] Wendet sich gegen die Umgehung der §§. 186², 191 ff., 195² durch sog. Nachgründung (vergl. Note 78 zu §. 201), weil nachträgliche Sacheinlagen unzulässig sind. § 221.

[96] Gewerbliche Anlagen von Bedeutung.

[97] Unbewegliche Sachen und dingliche Rechte. Sprachgebrauch des B.G.B. §. 90. Bestandtheile §§. 93—96 B G.B. Zubehör §§. 97—99 B.G.B. Früchte §§ 100—103 B.G.B Ausnahme in Abs 5 des §. 207.

[98] Verantwortlichkeit § 249. Strafen §. 312. Bei Unterlassung der Berichterstattung Anfechtung nach §. 271.

[99] Nichtabstimmende Aktionäre zählen daher bei Feststellung des Abstimmungsresultats nicht mit.

[100] Ein Eintrag zum Handelsregister ist nicht vorgeschrieben. Daher gibt es keinen Angriff nach §. 144² F.G.G. und ist ein Nachweis über die Beschlußfassung nicht vom Registerrichter zu verlangen. Oeffentliche Beglaubigung §. 129 B.G.B., §§. 167, 200 F.G.G.

208. Erwirbt die Gesellschaft vor dem Ablaufe der im §. 207 Abs. 1 bezeichneten Frist Vermögensgegenstände[101] in Ausführung einer vor ihrer Eintragung in das Handelsregister von Gründern getroffenen Vereinbarung, so kommen in Betreff der Rechte der Gesellschaft auf Entschädigung und in Betreff der ersatzpflichtigen Personen die Vorschriften der §§. 202, 205, 206 zur Anwendung. Art. 213f⁵

[101] Also nicht mehr blos Anlagen und unbewegliche Gegenstände und ohne Rücksicht auf die hier nicht geltende Einschränkung des §. 207⁵, weil bei ordnungsmäßiger Gründung die Verträge in den Gesellschaftsvertrag §. 186 hätten aufgenommen werden müssen und daher keine Erleichterungen am Platze sind.

209. Aktien oder Interimsscheine, die auf einen geringeren als den nach §. 180 zulässigen Betrag gestellt werden, sind nichtig. Die Ausgeber[102] haften den Besitzern für den durch die Ausgabe verursachten Schaden als Gesammtschuldner. Art. 215c¹⁻²

Das Gleiche gilt im Falle der Ausgabe von Interimsscheinen, die auf den Inhaber lauten, sowie im Falle der Ausgabe von

Aktien oder Interimsscheinen vor der Eintragung der Gesellschaft[50] in das Handelsregister.[103]

102 Regelmäßig der Vorstand oder Aufsichtsrath. Vergl. §. 222 Note 141.

103 durch die verfrühte Ausgabe. Mit dem Eintrag der Gesellschaft wird der Fehler geheilt. R.G. X 71.

Zweiter Titel.

Rechtsverhältnisse der Gesellschaft und der Gesellschafter.

Art. 213[1]. **210. Die Aktiengesellschaft als solche hat selbständig ihre Rechte und Pflichten; sie kann Eigenthum und andere dingliche Rechte an Grundstücken erwerben, vor Gericht klagen und verklagt werden.[104]**

Art. 208. **Die Aktiengesellschaft gilt als Handelsgesellschaft, auch wenn der Gegenstand des Unternehmens nicht in dem Betrieb eines Handelsgewerbes besteht.[105]**

104 Vergl. Note 1 und 2 vor §. 178. Ist partei- aber nicht prozeßfähig §§. 50, 51 P.O.; kann kein Delikt begehen, ist aber für den Schaden aus Delikten ihrer Organe verantwortlich und zwar für den Vorstand wegen §. 231 nach §. 31 B.G.B., weil er gesetzlicher Vertreter ist, wenn die Deliktshandlung in (nicht etwa bei oder bei Gelegenheit) Ausführung der ihm zustehenden Verrichtungen begangen ist. R.G. XV 130. XVII 93. Dasselbe gilt bei illoyalen Handlungen §. 826 B.G.B. Hinsichtlich ihrer Angestellten und Arbeiter kann sich die A.G. nach §. 831 B.G.B. entlasten. Gerichtsstand §§. 17, 21, 22 P.O. Vergl. §. 124 und die dortigen Noten. Die A.G. kann im Fall des §. 187 St.G.B. wegen Beleidigung klagen. §. 414 St.P.O. R.G.St. Rechtsprechung I 302. Sie kann Strafantrag stellen. R.G.St. XV 144.

105 Ihre Geschäfte sind Handelsgeschäfte §. 343 H.G.B. Ihr Personal fällt unter die §§. 59—83, sie hat die Eigenschaft eines Vollkaufmanns. §. 6. Der Vorstand ist jedoch nicht Handlungsgehülfe. §. 59 Note 133.

Art. 219[1]. **211. Die Verpflichtung des Aktionärs zur Leistung von Kapitaleinlagen[106] wird durch den Nennbetrag der Aktie und, falls der Ausgabepreis höher ist, durch diesen begrenzt.[107]**

106 Hebt sich ab von den andern Leistungen des §. 212.

107 Das Statut kann nicht Kapitalverpflichtungen auferlegen, die nicht aus dem Nennbetrag der Aktie zu ersehen sind. R.G. XIX 108.

★212.[108] Neben den Kapitaleinlagen kann im Gesellschaftsvertrage[109] den Aktionären die Verpflichtung zu wiederkehrenden, nicht in Geld bestehenden Leistungen[110] auferlegt werden, sofern

die Uebertragung der Antheilsrechte an die Zustimmung[111] der Gesellschaft gebunden ist. Die Verpflichtung und der Umfang der Leistungen müssen aus den Aktien oder Interimsscheinen zu ersehen sein.

Im Gesellschaftsvertrage können für den Fall, daß die Verpflichtung nicht oder nicht gehörig erfüllt wird, Vertragsstrafen festgesetzt werden.[128]

Im Gesellschaftsvertrage kann bestimmt werden, daß die Gesellschaft die Zustimmung zur Uebertragung der Antheilsrechte nur aus wichtigen[112] Gründen verweigern darf.

108 Beseitigt in Verbindung mit §. 216 die durch die Rechtsprechung R.G. XXVI 85 für Rübenzuckerfabriken und Brennereien geschaffene schwierige Lage.

109 nachträglich nur bei Einstimmigkeit. §. 276.

110 brauchen nicht landwirthschaftliche Erzeugnisse zu sein.

111 der Gesellschaftsvertrag muß das Organ dafür bestimmen.

112 z. B. die Unfähigkeit des Erwerbers der Aktie, seiner Rübenbaupflicht zu genugen

213. Die Aktionäre können ihre Einlagen nicht zurückfordern; sie haben, so lange die Gesellschaft besteht, nur Anspruch auf den Reingewinn, soweit dieser nicht nach dem Gesetz oder dem Gesellschaftsvertrage von der Vertheilung ausgeschlossen ist.[113] [114] Art.216*.

113 Die Aenderung bedeutet nur genauere Fassung. Der Aktionär hat kein Miteigenthumsrecht am G.Vermögen §. 178, daher auch kein Klagerecht gegen den Aufsichtsrath auf Schadensersatz. R.O H.G. XIX 178, XXII 241 und §§. 202—204 insbesondere Note 80. Der Aktionär hat nur Individualrechte, die sich äußern: im Stimmrecht und Anfechtungsrecht. §§. 250ff., 271ff., 309ff., im Anspruch auf das Vermögen bei der Vertheilung §. 300, im Klaganspruch auf die Dividende R.O.H.G. XXIII 273. R.G. XXII 113, sowie auf Rückgabe seiner Einzahlung, wenn die Gesellschaft nicht errichtet wird R.O.H.G. VI 94; dasselbe gilt, wenn die Erhöhung des Aktienkapitals nicht zu Stande kommt. R.O.H.G. XXII 219. Vergl. R.G. XXVII 7.

114 Der Dividendenschein legitimirt zur Erhebung des Gewinns, sobald letzterer verfassungsmäßig zur Vertheilung angewiesen ist R.G. XV 95, und kann sich der tantiemeberechtigte Angestellte auf diesen Gewinn berufen. R.G. XI 160. Die Frist, welche Gesellschaftsverträge zur Einlösung der Dividenden zu setzen pflegen, ist ohne Bedeutung, wenn feststeht, daß die A G. auch bei rechtzeitiger Präsentation nicht gezahlt haben würde. R.G. IX 30 Zinskoupon au porteur R.G. V 254.

★214. Die Antheile am Gewinne bestimmen sich nach dem Verhältnisse der Aktienbeträge.[115]

Sind die Einzahlungen nicht auf alle Aktien in demselben Verhältnisse geleistet, so erhalten die Aktionäre aus dem vertheilbaren Gewinne vorweg einen Betrag von vier vom Hundert der geleisteten Einzahlungen; reicht der Jahresgewinn hierzu nicht aus, so bestimmt sich der Betrag nach einem entsprechend niedrigeren Satze.[116] Einzahlungen, die im Laufe des Geschäftsjahrs zu leisten waren, werden nach dem Verhältnisse der Zeit berücksichtigt, welche seit dem für die Leistung bestimmten Zeitpunkte verstrichen ist.[117]

Im Gesellschaftsvertrage kann eine andere Art der Gewinnvertheilung vorgesehen werden.

115 Die Generalversammlung kann aber auch beschließen, daß der Gewinn nicht zur Vertheilung komme, sondern einer Spezialreserve zufließe. R.G. IV 102, §. 260. Ist aber Dividendenaustheilung einmal beschlossen, so kann dieser Beschluß nicht durch einen folgenden Beschluß wieder aufgehoben werden. R.G. XXXVII 65.

116 Nicht voll einbezahlte Aktien unterscheiden sich in der Werthbemessung des Börsenverkehrs von voll einbezahlten Aktien nur durch die Differenz der rückständigen Einzahlung, weil das volle Agio auch bei nicht vollbezahlten Aktien zum Börsenpreis gehört. Zufolge dieses Grundsatzes haben die vollbezahlten Aktien nur die Verzinsung des eingezahlten Betrags voraus. Nach Abzug dieser Zinsen wird der Gewinn ohne weitere Rücksicht auf die Einzahlungen nach den Aktienbeträgen vertheilt. Gleichmäßig ist bei der Auflösung §. 300 zu verfahren· zunächst erfolgt die Rückzahlung der geleisteten Einzahlungen Der Ueberschuß wird dann nach den Aktienbeträgen vertheilt.

117 Dieselbe Rechnungsweise wie im §. 121².

Atr 217. **215.** Zinsen von bestimmter Höhe dürfen für die Aktionäre weder bedungen noch ausbezahlt werden;[118] es darf nur dasjenige unter sie vertheilt werden, was sich nach der jährlichen[119] Bilanz[120] als Reingewinn ergiebt.[115. 121]

Für den Zeitraum, welchen die Vorbereitung des Unternehmens bis zum Anfange des vollen Betriebs erfordert, können den Aktionären Zinsen von bestimmter Höhe bedungen werden; *der Gesellschaftsvertrag muß den Zeitpunkt bezeichnen, in welchem die Entrichtung von Zinsen spätestens aufhört.*[122]

118 Sind zurückzuzahlen. § 217.

119 Geschäftsjahr §. 39 nicht Kalenderjahr. Abschlagsdividende unter der Zeit also verboten.

120 Bilanzvorschriften. §§. 40, 261—262.

121 Ein Dritter (Staat u. s. w.) kann unbeschränkte Dividenden=

garantie leisten. R.O.H.G. X 307. Garantievertrag kann Bürgschaft sein, kann aber auch andern Inhalt haben. Windscheid, Pandekten §. 412[2]. Das B.G.B. behandelt deßhalb absichtlich den Garantievertrag nicht besonders.

[122] Rechtlicher Charakter der Bauzinsen R.O.H.G. XXII 13.

★216.[123] **Für wiederkehrende Leistungen, zu denen die Aktionäre nach dem Gesellschaftsvertrage neben den Kapitaleinlagen verpflichtet sind, darf eine den Werth der Leistungen nicht übersteigende Vergütung ohne Rücksicht darauf bezahlt werden, ob die jährliche Bilanz einen Reingewinn ergiebt.**

[123] Ist als nothwendige Folgerung des §. 212 eine Ausnahme von §. 215[1].

217. **Die Aktionäre haften für die Verbindlichkeiten der Gesellschaft, soweit sie den Vorschriften dieses Gesetzbuchs entgegen Zahlungen von der Gesellschaft empfangen haben.**[124] **Was ein Aktionär in gutem Glauben**[125] **als Gewinnantheil oder als Zinsen**[126] **bezogen hat, ist er in keinem Falle zurückzuzahlen verpflichtet.** Art 198. „ 218

Ist über das Vermögen der Gesellschaft der Konkurs eröffnet, so wird während der Dauer des Verfahrens das den Gesellschaftsgläubigern gegen die Aktionäre zustehende Recht durch den Konkursverwalter ausgeübt.

Die nach diesen Vorschriften begründeten Ansprüche verjähren in fünf Jahren vom Empfange der Zahlung an.

[124] z. B. durch Auszahlung eines Scheingewinns, Rückzahlung von Einlagen, wenn auch nur der Reservefond dadurch angegriffen wird oder die Gläubigerinteressen unmittelbar verletzt sind. Die Gläubiger können hier ausnahmsweise einzeln und direkt, vergl. Note 80 zu §. 202 und §. 178 Note 5, gegen den Aktionär diese Haftung geltend machen, weil die A.G. in solchen Fällen meist nicht im Irrthum ist, also nicht eingreifen wird. Nur im Fall des Konkurses wird der Angriff in eine Hand gelegt, wie bei §. 171[2]. Auf den Aktienerwerber geht diese Haftung nicht über.

[125] Also bei Abschlagsdividende wegen §. 215 Note 119 ausgeschlossen.

[126] Nicht Bauzinsen § 215 Note 122, sondern mit dem Namen „Zinsen" belegte Dividenden sind gemeint.

218. **Ein Aktionär, der den auf die Aktie eingeforderten Betrag nicht zur rechten Zeit einzahlt, hat Zinsen von dem Tage an zu** Art. 184. „ 219[2].

entrichten, an welchem die Zahlung hätte geschehen sollen. Die Geltendmachung eines weiteren Schadens ist nicht ausgeschlossen.[127]

Im Gesellschaftsvertrage können für den Fall, daß die Einzahlung nicht rechtzeitig erfolgt, Vertragsstrafen festgesetzt werden.[128]

Ist im Gesellschaftsvertrage nicht ein Anderes bestimmt, so hat die Aufforderung zur Einzahlung in der Weise zu geschehen, in welcher die Bekanntmachungen der Gesellschaft nach dem Gesellschaftsvertrag erfolgen.

[127] Kein Nachweis einer Verschuldung nöthig, Verzug allein genügt dazu. §. 288² B.G.B.

[128] Sagt der Vertrag Nichts, so kann Haupt- und Strafleistung §. 341¹ B.G.B. oder statt Letzterer Schadensersatz nach §§. 340², 341² B.G.B. verlangt werden. Ist die Strafe aber für den Fall der Nichterfüllung überhaupt bedungen, so gilt §. 340² B.G.B.

Bei theilweisem Zahlungsverzug ist im Zweifel die ganze Strafe verfallen. R.O.H.G. XXII 168.

Bei Nichtkaufleuten ist Herabsetzung übermäßiger Strafe zulässig §. 343 B.G.B., nicht aber wenn der Aktionär Kaufmann ist §. 348.

Art 184. a1—2. Art. 219². **219.**[129] Erfolgt die Einzahlung nicht rechtzeitig, so kann den säumigen Aktionären für die Zahlung eine Frist mit der Androhung bestimmt werden, daß sie nach dem Ablaufe der Frist ihres Antheilsrechts und der geleisteten Einzahlungen verlustig erklärt werden.

Die Aufforderung muß dreimal in den im §. 182 Abs. 3 bezeichneten Blättern (Gesellschaftsblättern)[130] bekannt gemacht werden; die erste Bekanntmachung muß mindestens drei Monate, die letzte Bekanntmachung mindestens einen Monat vor dem Ablaufe der für die Einzahlung gesetzten Nachfrist erfolgen. Sind die Antheilsrechte nicht ohne Zustimmung der Gesellschaft übertragbar, so genügt an Stelle der öffentlichen Bekanntmachungen der einmalige Erlaß besonderer Aufforderungen an die säumigen Aktionäre;[131] in diesen Aufforderungen muß eine Nachfrist gewährt werden, die mindestens einen Monat von dem Empfange der Aufforderung[132] an beträgt.

Zahlt ein Aktionär den auf die Aktie zu leistenden Betrag ungeachtet der Aufforderung nicht ein, so ist er seines Antheilsrechts und der geleisteten Einzahlungen zu Gunsten der Gesellschaft verlustig zu erklären. Die Erklärung erfolgt mittels Bekanntmachung in den Gesellschaftsblättern.

An Stelle der bisherigen Urkunde ist eine neue auszugeben,[133] die außer den früher geleisteten Theilzahlungen den eingeforderten Betrag zu umfassen hat. Wegen des Ausfalls, den die Gesellschaft an diesem Betrag oder an den später eingeforderten Beträgen erleidet, bleibt ihr der ausgeschlossene Aktionär verhaftet.

129 Der Vorstand führt dieses Kaduzirungsverfahren durch, §§. 231, 241. Mitverantwortlich ist der Aufsichtsrath §§. 246, 249, 312. Fehlen die Voraussetzungen der Ausschlußerklärung, so wird sie mit Schonung der Rechte des gutgläubigen Erwerbers anfechtbar. R.G. XXVII 50.

130 Das Ausgabedatum des letzten Blattes entscheidet.

131 Weil man bei solchen vinkulirten Aktien §§. 180³, 222⁴ den Aktionär aus dem Aktienbuch kennt. §. 223³.

132 Dieser Tag zählt nicht mit. M. Berechnung von Datum zu Datum §§. 187¹, 188 B.G.B.

133 Der Rechtsvorgänger, gegen den Regreß zu nehmen ist, erhält die neue Aktie. §. 220 Abs. 1 Satz 2. Ist der Aktionär in Konkurs, so trifft §. 17 K.O. Bestimmung. R.O.H.G. XXV 293.

220.[134] Soweit der ausgeschlossene Aktionär den eingeforderten Betrag nicht zahlt, ist dafür der Gesellschaft der letzte und jeder frühere in dem Aktienbuche verzeichnete Rechtsvorgänger verhaftet, ein früherer Rechtsvorgänger, soweit die Zahlung von dessen Rechtsnachfolger nicht zu erlangen ist. Dies wird vermuthet, wenn von dem letzteren die Zahlung nicht bis zum Ablaufe von einem Monate geleistet wird, nachdem an ihn die Zahlungsaufforderung und an den Rechtsvorgänger die Benachrichtigung von dieser erfolgt ist. Der Rechtsvorgänger erhält gegen Zahlung des rückständigen Betrags die neu auszugebende Urkunde. Art. 184b. " 219²

Die Haftpflicht des Rechtsvorgängers ist auf die innerhalb der Frist von zwei Jahren auf die Aktien eingeforderten Beträge beschränkt. Die Frist beginnt mit dem Tage, an welchem die Uebertragung des Antheilsrechts zum Aktienbuche der Gesellschaft angemeldet wird.

Ist die Zahlung des rückständigen Betrags von Rechtsvorgängern nicht zu erlangen, so kann die Gesellschaft das Antheilsrecht zum Börsenpreis[135] und in Ermangelung eines solchen durch öffentliche Versteigerung[136] verkaufen.

134 Der Ausgeschlossene haftet nun nur noch subsidiär. Die A.G. nimmt während zweier Jahre ununterbrochenen Regreß bis hinauf zum

Zeichner oder Uebernehmer §§. 188, 189, für die von dem Nachmann eingeforderten Beträge ohne Kosten. Springender Regreß nur möglich bei feststehender Zahlungsunfähigkeit der Zwischenmänner. Formlose Aufforderung und Benachrichtigung genügt.

Sind auch Zeichner oder Uebernehmer zahlungsunfähig, so erfolgt der Verkauf. Der Erwerber wird in das Aktienbuch §§. 222, 223³, eingetragen, er haftet für Kaufpreis und künftig einzurufende Raten; der Ausgeschlossene haftet für den Ausfall §. 219⁴, seine Vormänner werden frei. R.G. VII 87. Verhältniß der Zwischenaktionäre unter einander im Falle eines Angriffs R.O.H.G. XXII 214.

135 §§. 376² u ³, 385 B.G.B.

136 §. 373⁴ u ⁵ und B.G.B. §§. 383³, 456—458.

Art. 184a³. Art. 184l³. Art. 184c. „ 219²

221. Die Aktionäre und deren Rechtsvorgänger können von den in den §§. 211, 220 bezeichneten Leistungen nicht befreit werden. Sie können gegen diese Leistungen eine Forderung an die Gesellschaft nicht aufrechnen.[137]

137 Auch nicht durch Gesellschaftsvertrag. R.G. II 40.

Für Zinsen und Vertragsstrafen §§. 218¹⁻², 212² und Aufrechnung auf dieselben gilt die Beschränkung nicht. M. Das Zurückbehaltungsrecht findet nur bei Konnexität von Anspruch und Gegenanspruch R.G. XIV 233, dann aber auch an Rechten, Handlungen und eigenen Sachen statt §. 273 B.G.B.; §. 369 kommt hier nicht in Frage.

Art. 182. „ 220.

222. Auf Namen lautende Aktien sind mit genauer Bezeichnung des Inhabers nach Namen, Wohnort und Stand in das Aktienbuch[138] der Gesellschaft einzutragen.

Sie können, soweit nicht der Gesellschaftsvertrag ein Anderes bestimmt, ohne Zustimmung der Gesellschaft auf Andere übertragen werden.

Die Uebertragung kann durch Indossament[139] geschehen. In Betreff der Form des Indossaments, in Betreff der Legitimation des Inhabers und in Betreff seiner Verpflichtung zur Herausgabe finden die Vorschriften der Artikel 11 bis 13, des Artikels 36 Satz 1 bis 4 und des Artikels 74 der Wechselordnung[140] entsprechende Anwendung.

Zur Uebertragung von Aktien, die gemäß §. 180 Abs. 3 auf einen Betrag von weniger als eintausend Mark gestellt sind, ist die Zustimmung des Aufsichtsraths und der Generalversammlung erforderlich. Die Uebertragung dieser Aktien kann nur mittelst einer die Person des Erwerbers bezeichnenden, gerichtlich oder notariell beglaubigten Erklärung[141] erfolgen.

138 Fällt nicht unter § 38[1], sondern gehört zu den Aufzeichnungen des § 43[1]

139 Also auch auf den Inhaber. § 223[3] wird dadurch nicht berührt.

140 Im Interesse des gutgläubigen Erwerbers

141 § 128 B G B Art 141 E G dazu, §§ 167, 168 F G G Die Uebertragung von Aktien, die auf weniger als 1000 M lauten, ist nichtig, nicht bloß der A. G gegenüber unverbindlich, wenn die Zustimmung von Aufsichtsrath und Generalversammlung fehlt R G XLI 8. Hat der Erwerber aber sich in's Aktienbuch eintragen lassen, so liegt ein selbstständiger rechtsbegründender Willensakt vor R. G. XLI 17, § 223[1]

223. Geht eine auf Namen lautende Aktie auf einen Anderen über, so ist dies, unter Vorlegung der Aktie und des Nachweises des Ueberganges, bei der Gesellschaft anzumelden und im Aktienbuche zu vermerken. Art. 183; „ 220a

Die Echtheit der auf der Aktie befindlichen Indossamente oder der Abtretungserklärungen zu prüfen, ist die Gesellschaft nicht verpflichtet.[142]

Im Verhältnisse zu der Gesellschaft gilt nur derjenige als Aktionär, welcher als solcher im Aktienbuche verzeichnet ist.[143]

142 Wohl aber Form und Zusammenhang der Indossamente Art. 36 W. O R. O. H. G XVI 362. Ist diese Prüfung unterblieben, so nützt der Eintrag zum Aktienbuch nichts.

143 Er darf schlechthin vorher nicht als Aktionär anerkannt werden, hat kein Stimmrecht (selbst wenn die Aktie voll eingezahlt ist), haftet, so lange der Eigenthumsübergang noch nicht eingetragen ist, für Einzahlungen. §. 220[2] Simulirte Uebertragung einer Namensaktie R. G XL 80 Der Eintrag hat unter Umständen der Gesellschaft gegenüber rechtsbegründende Wirkung, so daß sie vom Eingetragenen Einzahlung trotz Nichtigkeit verlangen kann, Note 141.

224. Die Vorschriften der §§. 222, 223 finden auch auf die Eintragung der Interimsscheine und deren Uebergang auf Andere Anwendung [144] Art. 220a

144 Auf Inhaberaktien finden die prinzipiellen Bestimmungen über Inhaberschuldverschreibungen Anwendung, soweit nicht die Natur der Aktie entgegensteht §§ 793—808 B G B, vergl. mit §§ 366, 367 und §§ 808, 821—823 P O R G III Nr 88 Das Reichsgesetz vom 8. Juni 71 betr. die Inhaberpapiere mit Prämien und das Reichsbankgesetz besteht für sich. Vergl. Note 156 zu §. 229.

★225.[145] Steht eine Aktie mehreren Mitberechtigten zu, so können sie die Rechte aus der Aktie nur durch einen gemeinschaftlichen Vertreter ausüben.

Für die auf die Aktie zu bewirkenden Leistungen haften sie als Gesammtschuldner.

Hat die Gesellschaft eine Willenserklärung dem Aktionär gegenüber abzugeben, so genügt, falls ein gemeinschaftlicher Vertreter der Mitberechtigten nicht vorhanden ist, die Abgabe der Erklärung gegenüber einem Mitberechtigten. Auf mehrere Erben eines Aktionärs findet diese Vorschrift nur in Ansehung von Willenserklärungen Anwendung, die nach dem Ablauf eines Monats seit dem Anfalle[132] der Erbschaft abgegeben werden.

145 §. 18 Gesetz betr. Ges. m b. H. entnommen. Vergl. §. 179[1]. Mehrere Erben eines Aktionärs haften als Sammtschuldner §§. 421 ff. B.G.B., jedoch in den Schranken, welche das B.G.B. für Haftung der Erben gezogen hat. M.

Art 215d[1] **226.** Die Aktiengesellschaft soll[146] eigene Aktien im regelmäßigen[147] Geschäftsbetriebe, sofern nicht eine Kommission zum Einkauf ausgeführt wird, weder erwerben noch zum Pfande nehmen.[148]

Eigene Interimsscheine kann sie im regelmäßigen[147] Geschäftsbetrieb auch in Ausführung einer Einkaufskommission weder erwerben noch zum Pfande nehmen.[149] Das Gleiche gilt von eigenen Aktien, auf welche der Nennbetrag oder, falls der Ausgabepreis höher ist, dieser noch nicht voll geleistet ist.[150]

146 Uebertretung hat nur die Folgen des § 241[3] und Abs. 4 und 249[3].

147 Also nicht gemeint Erwerb durch Schenkung, bei der Zwangsvollstreckung u. A. m.

148 Nicht Ausübung des Zurückbehaltungsrechts, nicht Annahme von Kautionen Angestellter.

149 Uebertretung zieht außer den Folgen der Note 146 im öffentlichen Interesse, also auch bei älteren Aktiengesellschaften, Nichtigkeit für beide Theile nach sich. R.G. XXXVI 35 Das Reportgeschäft ist ausgenommen. R.O.H.G. XXII 191.

150 Weil grundsätzlich nicht voll einbezahlte Aktien Interimsscheinen gleichstehen. §. 179[3].

Art. 215d[2]. **227.**[151] Die Einziehung (Amortisation) von Aktien kann nur erfolgen, wenn sie im Gesellschaftsvertrag angeordnet oder gestattet ist. Die Bestimmung muß in dem ursprünglichen Gesellschaftsvertrag oder durch eine vor der Zeichnung der Aktien bewirkte Aenderung des Gesellschaftsvertrags getroffen sein, es sei denn, daß die Einziehung nicht mittelst Ausloosung, Kündigung oder in ähnlicher Weise, sondern mittelst Ankaufs der Aktien geschehen soll.

Jede Art der Einziehung darf, sofern sie nicht nach den für die Herabsetzung des Grundkapitals maßgebenden Vorschriften stattfindet, nur aus dem nach der jährlichen Bilanz verfügbaren Gewinn erfolgen.

[151] Ausnahme von §. 226 und gilt auch für ältere Gesellschaften. R.G. XXII 1. Es sind 2 Fälle zu unterscheiden:

1. Geschieht die Amortisation aus dem Reingewinn. §§. 260—262.
   a) mit dem Willen des Aktionärs (Ankauf), so genügt Statutenänderung jederzeit §§. 274, 275;
   b) ohne den Willen des Aktionärs (Ausloosung u. s. w.), so muß der Gesellschaftsvertrag, ehe der Zeichner sich bindet, also vor seiner Zeichnung spätestens die betr. Bestimmung enthalten. Damit stimmt er zu
2. Geschieht die Amortisation aus Mitteln des Grundstocks, so wird derselbe dadurch gemindert und müssen deshalb unter allen Umständen die Formen des §. 288 eingehalten werden. Es ist daneben nicht noch eine Aenderung des Gesellschaftsvertrags nöthig.
3. Die Amortisation kommt in der Bilanz zum Ausdruck dadurch, daß bei 1a und b entweder das Grundkapital unverändert oder neben dem verminderten Grundkapital ein den Nennbetrag der amortisirten Aktien entsprechender besonderer Posten unter die Passiven aufzunehmen ist.

★228.[152] Ist eine Aktie[153] oder ein Interimsschein abhanden gekommen oder vernichtet, so kann die Urkunde, wenn nicht das Gegentheil darin bestimmt ist, im Wege des Aufgebotsverfahrens für kraftlos erklärt werden.[154] Die Vorschriften des §. 799 Abs. 2 und des §. 800 des Bürgerlichen Gesetzbuchs finden entsprechende Anwendung

Sind Gewinnantheilscheine auf den Inhaber ausgegeben, so erlischt mit der Kraftloserklärung der Aktie oder des Interimsscheins auch der Anspruch aus den noch nicht fälligen Gewinnantheilscheinen.[155]

[152] Gilt auch für ältere Aktien. Art. 25 E.G.

[153] Gleich, ob Inhaber- oder Namen- oder vinkulirte Aktien; letztere sind ebenfalls Werthpapiere, deren Besitz zur Geltendmachung des Rechts aus der Aktie nöthig ist. §§. 180^3, 222^4. R.G. XXXVI 35.

[154] Aufgebotsverfahren und Zahlungssperre, Folgen des Ausschlußurtheils §§. 1003 ff., insbes. §§. 1018—1022 P.O. Rückwirkende Kraft hinsichtlich der Inhaberaktien Art. 174 E.G. z. B.G.B.

[155] Entgegengesetzte Regel in §. 803 B.G.B.

★229.[156] Ist eine Aktie oder ein Interimsschein in Folge einer Beschädigung oder einer Verunstaltung zum Umlaufe nicht mehr geeignet, so kann der Berechtigte, sofern der wesentliche Inhalt und die Unterscheidungsmerkmale der Urkunde noch mit Sicherheit erkennbar sind,[157] von der Gesellschaft die Ertheilung einer neuen Urkunde gegen Aushändigung der beschädigten oder verunstalteten verlangen. Die Kosten hat er zu tragen und vorzuschießen.

156 Zur Verdeutlichung, daß außer §§. 793¹, 794¹, 796, 797, 801, 802, 793², 795, 799, 800, 803, 806 B.G.B. auch §. 798 B.G.B. zur Anwendung kommt. §. 804 B.G.B. ist für Gewinnantheilscheine ebenfalls anwendbar, nicht aber §. 794² B.G.B. M.; §. 805 B.G.B. = §. 230.

157 Ist dies nicht mehr der Fall, so hat Aufgebotsverfahren, Note 154 zu §. 228, und bei Gewinnantheil(Dividenden)scheinen das Verfahren des §. 804 B.G.B. einzutreten.

★230.[156] Neue Gewinnantheilscheine dürfen an den Inhaber des Erneuerungsscheins[158] nicht ausgegeben werden, wenn der Besitzer der Aktie oder des Interimsscheins der Ausgabe widersprochen hat. Die Scheine sind in diesem Falle dem Besitzer der Aktie oder des Interimsscheins auszuhändigen, wenn er die Haupturkunde vorlegt.[159]

158 Der Erneuerungsschein (Talon) ist keine Schuldverschreibung auf Inhaber sondern unvollkommenes Legitimationspapier, so daß der Besitzer des Hauptpapiers immer den Vorzug hat. Der Talon wird mit der Haupturkunde von selbst bedeutungs- und kraftlos. R.G. XIV 162 und R.G. XXIII 270. Dividendenscheine dagegen sind unvollkommene Inhaberpapiere, insofern nämlich der Aussteller Zahlung nur soweit zu leisten hat, als wirklich eine Dividende herauskommt. Sie enden mit dem Erlöschen des Rechts aus der Haupturkunde.

159 Ist dem Talon durch besondere Bestimmung in der Urkunde die Eigenschaft eines Inhaberpapiers beigelegt, indem dem Inhaber der Haupturkunde das Recht auf neue Dividendencoupons entzogen wird, so verliert §. 230 seine Bedeutung.

Dritter Titel.

Verfassung und Geschäftsführung.

Art 227 **231.** Die Aktiengesellschaft wird durch den Vorstand gerichtlich[160] und außergerichtlich[161] vertreten.

Der Vorstand kann aus einer oder mehreren Personen bestehen.[162]

Die Bestellung zum Mitgliede des Vorstandes ist jederzeit widerruflich, unbeschadet des Anspruchs auf die vertragsmäßige Vergütung[163]

[160] §§. 50, 51 P.O. Leistet für die Gesellschaft die Parteieide. §§. 473, 474 P.O. R.G. XIV 20; ist daher nicht Zeuge. R.G. II 400. Seine Vertretung ist ausgeschlossen, wenn er selbst verklagt werden soll §. 268², oder wenn er gegen die A.G. klagt. §. 57 P.O.

[161] Sobald die Umstände ergeben, daß der Vorstand für seine Gesellschaft handeln wollte und der Gegenkontrahent einverstanden war, verpflichtet er seine Gesellschaft §. 165 B.G.B.; für sein Verschulden in Erfüllung von Verträgen haftet die A.G. §. 278 B.G.B. Wegen der Haftung für Deliktshandlungen des Vorstands §. 210 Note 104, R.G. XLI 96, wegen Schadensumfang Note 82 §. 202; die Vertretungsbefugniß nach Außen ist nicht beschränkbar. §. 198 Note 70. §. 235². Haftung vor dem Eintrag der A.G. §. 200 Note 74. Stellvertreter §. 242.

[162] Ernennung bei Simultangründung §. 182 Note 14a; bei Successivgründung §. 182 Note 14b, jeweils mit Beachtung des §. 248¹. Vergl. §§. 190 und 182⁴.

[163] Da der Vorstand nicht Handlungsgehülfe ist, also nicht den §§. 59—75 untersteht, R.O.H.G. XXI 375, R.G. VII 78, so finden die Regeln des Dienstvertrags, insbes. §. 622 B.G.B. hinsichtlich der Kündigung, §§. 626 und 628 B.G.B. hinsichtlich der Auflösung durch Widerruf, wegen Unmöglichkeit der Erfüllung oder Verschuldens eines Theils und hinsichtlich der Entschädigung Anwendung. Im Falle des Konkurses §. 22 K.O.; Abweichung von seinem Auftrag §. 665 B.G.B. Wegen des Widerrufs vergl. noch Note 195 zu §. 243; Suspension des Vorstands R.O.H.G. XVII 110. Seine Tantiemen §. 237. Mit sich selbst kann der Vorstand nicht kontrahiren §. 181 B.G.B.; es sei denn, daß das Rechtsgeschäft ausschließlich in Erfüllung einer Verbindlichkeit besteht. §. 247.

232. Zu Willenserklärungen, insbesondere zur Zeichnung des Vorstandes für die Gesellschaft, bedarf es der Mitwirkung sämmtlicher Mitglieder des Vorstandes, sofern nicht im Gesellschaftsvertrag ein Anderes bestimmt ist.[164] Der Vorstand[165] kann jedoch einzelne Mitglieder zur Vornahme bestimmter Geschäfte oder bestimmter Arten von Geschäften ermächtigen. Ist eine Willenserklärung der Gesellschaft gegenüber abzugeben, so genügt die Abgabe gegenüber einem Mitgliede des Vorstandes.[166] Art. 229¹.

Steht nicht jedem einzelnen Vorstandsmitgliede die selbständige Vertretung der Gesellschaft nach dem Gesellschaftsvertrage zu, so kann durch diesen bestimmt werden, daß die Vorstandsmitglieder, wenn nicht mehrere zusammen handeln, in Gemeinschaft mit einem Prokuristen zur Vertretung der Gesellschaft befugt sein sollen. Auch kann durch den Gesellschaftsvertrag der Aufsichtsrath ermächtigt werden, einzelnen Mitgliedern des Vorstandes die Befugniß zu ertheilen, die Gesellschaft allein oder in Gemeinschaft mit einem Prokuristen zu vertreten. Die Vorschriften des Abs. 1 Satz 2, 3 finden in diesen Fällen entsprechende Anwendung.

164 Gilt auch für das innere Verhältniß. M.

165 Im Zweifel nur der gesammte Vorstand. Keine Majorisirung, wie bei §. 28[1] B.G.B. Die Ermächtigung kann stillschweigend ertheilt werden.

166 §. 171 P.O. Vergl. zum Abs. 1 u. 2 den ähnlichen §. 125 [2 u. 3].

Art.229[3]. **233.** Der Vorstand hat in der Weise zu zeichnen, daß die Zeichnenden zu der Firma der Gesellschaft oder zu der Benennung des Vorstandes ihre Namensunterschrift hinzufügen.[167]

167 Es genügt im Allgemeinen der Verpflichtungswille. Vergl. Note 161 zu §. 231; ausgenommen bei den wechselmäßigen Formalakten, R.O.H.G. XIV 248, und bei gesetzlicher Schriftform §§. 125, 126 B.G.B. Gewillkürte Schriftform §. 127 B.G.B. Faksimilirte Unterschrift genügt bei den Massenemissionen des §. 181; statutenmäßige Form der Bekanntmachungen des Vorstands §. 182 [5 u 6].

Art.233[1] „ 228. **234.** Jede Aenderung des Vorstandes oder der Vertretungsbefugniß eines Vorstandsmitgliedes sowie eine auf Grund des §. 232 Abs. 2 Satz 2 von dem Aufsichtsrathe getroffene Anordnung ist durch den Vorstand zur Eintragung in das Handelsregister anzumelden.[168]

Der Anmeldung ist eine öffentlich beglaubigte Abschrift der Urkunden über die Aenderung oder Anordnung beizufügen. Diese Vorschrift findet auf die Anmeldung zum Handelsregister einer Zweigniederlassung keine Anwendung.[169]

Die Vorstandsmitglieder haben ihre Unterschrift[331] zur Aufbewahrung bei dem Gerichte zu zeichnen.

168 Erste Bestellung §. 182 Note 14a u. b. Aufsicht des Registerrichters §§. 13, 14. Die Wirkungen der unterlassenen oder erfolgten Eintragung in §. 15. Oeffentliche Beglaubigung §. 129 B.G.B. §§. 167 und 168 F.G.G. E.G. Art. 10 Note 25, Art. 11 Note 40.

169 Vergl. §§. 12, 13, 15, 201.

235. Der Vorstand ist der Gesellschaft gegenüber verpflichtet, die Beschränkungen einzuhalten, welche im Gesellschaftsvertrag oder durch Beschlüsse der Generalversammlung für den Umfang seiner Befugniß, die Gesellschaft zu vertreten, festgesetzt sind.[170] Art. 231.

Dritten gegenüber ist eine Beschränkung der Vertretungsbefugniß des Vorstandes unwirksam.[171] Dies gilt insbesondere für den Fall, daß die Vertretung sich nur auf gewisse Geschäfte oder Arten von Geschäften erstrecken oder nur unter gewissen Umständen oder für eine gewisse Zeit oder an einzelnen Orten stattfinden soll oder daß für einzelne Geschäfte die Zustimmung der Generalversammlung, des Aufsichtsraths oder eines anderen Organs[172] der Gesellschaft erfordert wird.

170 Bei Vermeiden der Civil- event. strafrechtlichen Folgen der §§. 241, 313.

171 Soweit nicht das Gesetz selbst in §§. 186⁴, 205, 207, 279² Ausnahmen macht. Im Uebrigen sind alle Abschlüsse, auch wenn sie nicht Handelsgeschäfte betreffen, verbindlich und den Dritten gegenüber nicht schon bei bloßer Kenntniß von der Beschränkung sondern erst bei kollusionsweisem Zusammenwirken anfechtbar. R.G. IX 148, XXII 75. Ein Zusatz, der A.G. den Einwand freizulassen, daß der Dritte gewußt, daß der Vorstand nicht ermächtigt gewesen, vergl. §. 238, wurde deshalb abgelehnt. M. Dasselbe Prinzip bei der Prokura §. 50 und der offenen H.G. §. 125. Vergl. §§. 177—179 B G.B. Aktionäre als solche sind keine Dritte R.G. XXIV 59, auch nicht Vorstandsmitglieder R.O.H.G. XIX 335, wohl aber die Angestellten R.G. XXII 72.

172 R.O.H.G. XIX 180.

236.[173] Die Mitglieder des Vorstandes dürfen ohne Einwilligung der Gesellschaft weder ein Handelsgewerbe betreiben noch in dem Handelszweige der Gesellschaft für eigene oder fremde Rechnung Geschäfte machen, auch nicht an einer anderen Handelsgesellschaft als persönlich haftende Gesellschafter theilnehmen. Die Einwilligung wird durch dasjenige Organ der Gesellschaft ertheilt, welchem die Bestellung des Vorstandes obliegt.[174] Art 232. „ 196a.

Verletzt ein Vorstandsmitglied die ihm nach Abs. 1 obliegende Verpflichtung, so kann die Gesellschaft Schadensersatz fordern; sie kann statt dessen von dem Mitgliede verlangen, daß es die für eigene Rechnung gemachten Geschäfte als für Rechnung der Gesellschaft eingegangen gelten lasse und die aus Geschäften für fremde Rechnung bezogene Vergütung herausgebe oder seinen Anspruch auf die Vergütung abtrete.

Die Ansprüche der Gesellschaft verjähren in drei Monaten von dem Zeitpunkt an, in welchem die übrigen Vorstandsmitglieder und der Aufsichtsrath von dem Abschlusse des Geschäfts oder von der Theilnahme des Vorstandsmitgliedes an der anderen Gesellschaft Kenntniß erlangen; sie verjähren ohne Rücksicht auf diese Kenntniß in fünf Jahren von ihrer Entstehung an.[175]

[173] Das Konkurrenzverbot ist nicht mehr der offenen Handelsgesellschaft §. 112, sondern dem Verhältniß des Handlungsgehülfen § 60 angepaßt, so daß die Beschränkung auf den gleichartigen Betrieb, soweit nicht ältere Vorstände in Frage kommen, Art. 27 E.G., gefallen ist. Vergl. Note 137, 138, 161[a] zu §§. 60, 61, 75, 76 und §. 348 wegen „Konventionalstrafe".

Spekulationsgeschäfte der Vorstände von A.G., welche Bankgeschäfte betreiben, fallen unter das Verbot. Inwieweit Vermögensanlagen im Rahmen der Vermögensverwaltung solchen Vorständen untersagt sind, soll von Fall zu Fall entschieden werden. M. Vorstandsstellvertreter sind ausgenommen. §§. 242, 248[2]. Bei Kommanditgesellschaft auf Aktien §. 326.

[174] Ueber die Organe Noten 14[a—b] zu §. 182.

[175] Wie §§. 61 und 113. Vergl. dortige Noten.

★237. Wird den Mitgliedern des Vorstandes ein Antheil am Jahresgewinne gewährt, so ist der Antheil von dem nach Vornahme sämmtlicher Abschreibungen und Rücklagen verbleibenden Reingewinne zu berechnen.[176]

[176] Soweit dadurch Vorstandsmitglieder in einem Jahr geschädigt werden, finden sie den Ausgleich durch spätere Einstellung solcher Rücklagefonds in die Aktiven nur, sofern sie in diesen späteren Jahren noch im Amt sind M.; §. 237 macht keinen Unterschied, ob der Vorstand nur auf Tantieme gestellt ist oder auch Gehalt hat; wohl aber kann ihm dann angemessene Remuneration für seine Mühewaltung bewilligt werden. R.O.H.G. XIX 334, XXII 281.

·Art. 234. 238. Sofern nicht durch den Gesellschaftsvertrag oder durch Beschluß der Generalversammlung ein Anderes bestimmt ist, darf der Vorstand einen Prokuristen nur mit Zustimmung des Aufsichtsraths bestellen. Diese Beschränkung hat Dritten gegenüber keine Wirkung.[177]

[177] Gleich, ob der Dritte (Aktionär kein Dritter, Note 171) das

Fehlen der Zustimmung kannte. Nur Kollusion ändert die Sache. §. 235 Note 170—171. §. 50 Note 120.

239. Der Vorstand hat Sorge dafür zu tragen, daß die erforderlichen Bücher[178] der Gesellschaft geführt werden. Art. 239[1].

[178] §§. 38, 222[1]. Strafdrohung für den Vorstand im Konkursfall §. 247 K.O.

240. Erreicht der Verlust, der sich bei der Aufstellung[179] der Jahresbilanz oder einer Zwischenbilanz ergibt, die Hälfte des Grundkapitals, so hat der Vorstand unverzüglich[180] die Generalversammlung zu berufen und dieser davon Anzeige zu machen.[181] Art. 240

Sobald Zahlungsunfähigkeit[182] der Gesellschaft eintritt, hat der Vorstand die Eröffnung des Konkurses zu beantragen; dasselbe gilt, wenn sich bei der Aufstellung[179] der Jahresbilanz oder einer Zwischenbilanz ergibt, daß das Vermögen nicht mehr die Schulden deckt.[183]

[179] Durch §. 261[1—2] kann sich aus der Bilanz scheinbare Ueberschuldung ergeben, obgleich in Wahrheit durch Werthssteigerung der zur Veräußerung bestimmten Gegenstände ein solches Ergebniß völlig ausgeschlossen ist. Hier soll der wahre, nicht der Buchwerth über die Frage der Ueberschuldung entscheiden. Bei den dauernd zum Betrieb bestimmten Gegenständen §. 261[3] kommt dagegen nicht etwa der Veräußerungs- sondern nur der ordnungsmäßige Buchwerth in Ansatz. §. 240 will die vorzeitige Vertheilung unsicherer Gewinne verhüten.

Der Vorstand wird nicht dadurch entlastet, daß der Verlust des (gezeichneten) halben Grundkapitals oder die Ueberschuldung aus der Bilanz nicht zu ersehen ist.

[180] Ohne schuldhaftes Zögern. §. 121 B.G.B. Haftung §. 241.

[181] Zwang durch das Registergericht. §. 319. Verfahren §§. 132 ff. F.G.G.; sofortige Beschwerde an die K.f.H.S. §§. 21, 22, 30, 139 F.G.G. Anzeige des Vorstands und weitere Behandlung §§. 182[5], 253, 255[1], 256[1].

[182] das in die äußere Erscheinung getretene Fehlen der Deckungsmittel für fällige Schulden insbesondere Zahlungseinstellung §. 102 K.O., welche schon im Nichteinlösen eines fälligen Wechsels liegen kann. R.G.St. III 191, 250, 294, §§. 207—210 K.O.

[183] Abweichend von Abs. 1, vergl. Note 181; kein Zwang des Registerrichters, sondern Kriminalstrafe §. 315[2] H.G.B. ev. §. 247 K.O. und Schadensersatz §. 241[6], 202 Note 83.

241.[184] Die Mitglieder des Vorstandes haben bei ihrer Geschäftsführung die Sorgfalt eines ordentlichen Geschäftsmanns[185] anzuwenden. Art. 241 [2—4].

Mitglieder, die ihre Obliegenheiten verletzen, haften der Gesellschaft[186] als Gesammtschuldner für den daraus entstehenden Schaden.

Insbesondere[187] sind sie zum Ersatze verpflichtet, wenn entgegen den Vorschriften dieses Gesetzbuchs:

1. Einlagen an die Aktionäre zurückgezahlt,
2. den Aktionären Zinsen oder Gewinnantheile gezahlt,
3. eigene Aktien oder Interimsscheine der Gesellschaft erworben, zum Pfande genommen oder eingezogen,
4. Aktien vor der vollen Leistung des Nennbetrags oder, falls der Ausgabepreis höher ist, vor der vollen Leistung dieses Betrags ausgegeben werden,[188]
5. die Vertheilung des Gesellschaftsvermögens oder eine theilweise Zurückzahlung des Grundkapitals erfolgt,
6. Zahlungen geleistet werden, nachdem die Zahlungsunfähigkeit der Gesellschaft eingetreten ist oder ihre Ueberschuldung sich ergeben hat.

In den Fällen des Abs. 3 kann der Ersatzanspruch auch von den Gläubigern der Gesellschaft, soweit sie von dieser ihre Befriedigung nicht erlangen können, geltend gemacht werden. Die Ersatzpflicht wird ihnen gegenüber weder durch einen Verzicht der Gesellschaft noch dadurch aufgehoben, daß die Handlung auf einem Beschlusse der Generalversammlung beruht.[189]

Die Ansprüche auf Grund dieser Vorschriften verjähren in fünf Jahren.[190]

[184] Der selbstverständliche (§. 164 B.G.B.) Absatz 1 des Art. 241 ist gestrichen; zwei weitere, nicht hierher gehörige Vorschriften sind in §§. 314[3] und 306[6] verwiesen.

[185] d. h. regelmäßig auch für leichtes Versehen, vergl. §. 347, das schon in dem Mangel erforderlicher Sachkunde liegt, wenn der Vorstand den Besitz solcher Kenntniß zugesichert hatte. Durch Vertrag kann die Haftung selbst für grobes Verschulden, abweichend vom preußischen und französischen Recht, erlassen werden. §. 276[2] B.G.B. Erfordert das Interesse der A.G. einen Generalversammlungs-Beschluß vor Vornahme eines Rechtsgeschäfts, so macht sich Vorstand und Aufsichtsrath haftbar beim Unterlassen. R.G. XXXV 83. Vergl. §. 665 B.G.B. Selbstverständlich haftet der in Anspruch Genommene nur, wenn er seine Obliegenheiten irgendwie verletzt hat.

[186] nicht dem einzelnen Aktionär oder dem Gesellschaftsgläubiger,

ausgenommen Ziffer 3. Vergl. über den ganzen Satz Note 80 zu §. 202. Haftung der Gründer §. 202, des Emmissionshauses §. 203, des Vorstands und Aufsichtsraths §. 204 aus Gründungsvorgängen. Verwirklichung derselben §. 268. Nach beendigter Liquidation der A.G. können jedoch die einzelnen Aktionäre wegen pflichtwidriger, von der Generalversammlung nicht genehmigter Verwaltungshandlungen als Kläger auftreten. R.G. X 72.

Etwas Anderes ist es, wenn der Vorstand Dritte dolos geschädigt hat. Dann steht diesen allerdings direkte Klage zu, die nicht auf Pflichtverletzung, sondern auf allgemeinen Rechtsgrundsätzen, z. B. §§. 123, 823 B.G.B., beruht. R.G. V 24.

187 Irgend eine aktive oder passive Lässigkeit ist auch hier erforderlich. §§. 249^{3}. Es beziehen sich: Ziffer 1 auf §. 213; Ziffer 2 auf §. 214; Ziffer 3 auf §§. 226, 227; Ziffer 4 auf §§. 179^{3-4}, 314^{2}; Ziffer 5 auf §§. 214, 221, ev. 217, 300, 212 und 214, sofern ohne bilanzmäßigen Gewinn eine den Werth der Leistungen übersteigende Vergütung bezahlt worden ist; Ziffer 6 auf §. 240^{2}.

188 Haftung späteren Aktienerwerbern gegenüber R.G. XIX 114.

189 Auch haftet ihnen der Aufsichtsrath. §. 249^{3-4}. Die Gesellschaft kann den Gläubigern dieses Sonderrecht selbstverständlich nicht verkürzen. Hinsichtlich der subsidiären Haftung gilt das zu §. 204 Ausgeführte. Für den Fall des Konkurses sind die G.Gläubiger nicht durch §. 217^{2} beengt. Auch trifft sie §. 273 nicht. Sie können Vorstand un, Aufsichtsrath auch noch aus andern Gründen als denjenigen der §§. 241 249 nach allgemeinen Rechtsgrundsätzen haftbar machen, z. B. wegen dolosem Fortbetrieb der A.G., trotzdem derselbe einzustellen war. R.G. XXXVI 27. Vergl. §§. 9—13 Dep.Ges. und §. 273 Note 292.

190 Die Verjährung beginnt sowohl der Gesellschaft als den Gläubigern gegenüber nicht mit der Kenntniß, sondern mit Entstehung des Anspruchs §§. 198, 200 B.G.B., R.G. XXXIX 48, §§. 187^{1}, 188 B.G.B. und richtet sich hinsichtlich des Ruhens, der Hemmung und Wirkung nach den §§. 202ff. B.G.B. Da die Verjährung eine einheitliche ist, so hat der Gläubiger kein Recht mehr, wenn der Anspruch der Gesellschaft verjährt ist. Uebergangsvorschrift für die Verjährung Art 169 E.G.z.B.G.B.

242. Die für die Mitglieder des Vorstandes geltenden Vorschriften finden auch auf die Stellvertreter von Mitgliedern Anwendung.[191] Art. 232a.

191 Also gelten die §§. 231—241, ausgenommen §. 236, welcher durch §. 248^{2} ausscheidet. Eine weitere Besonderheit in §. 248^{1}.

243. Der Aufsichtsrath besteht, sofern nicht der Gesellschaftsvertrag eine höhere Zahl festsetzt, aus drei von der Generalversammlung zu wählenden Mitgliedern.[192] Art. 191. " 224.

Die Wahl des ersten[193] Aufsichtsraths gilt für die Zeit bis zur Beendigung der ersten Generalversammlung, welche nach dem Ablauf eines Jahres seit der Eintragung der Gesellschaft in das Handelsregister zur Beschlußfassung über die Jahresbilanz abgehalten wird.[194]

Später kann der Aufsichtsrath nicht für eine längere Zeit als bis zur Beendigung derjenigen Generalversammlung gewählt werden, welche über die Bilanz für das vierte Geschäftsjahr nach der Ernennung beschließt; das Geschäftsjahr, in welchem die Ernennung erfolgt, wird hierbei nicht mitgerechnet.[194]

Die Bestellung zum Mitgliede des Aufsichtsraths kann auch vor dem Ablaufe des Zeitraums, für den das Mitglied gewählt ist, durch die Generalversammlung widerrufen[195] werden. Sofern nicht der Gesellschaftsvertrag ein Anderes bestimmt, bedarf der Beschluß einer Mehrheit, die mindestens drei Viertheile des bei der Beschlußfassung[196] vertretenen Grundkapitals umfaßt.

192 Vorstand und Beamten ist das Stimmrecht nicht entzogen; dagegen eine andere Beschränkung in §. 248[1 u. 3]. Aktionäreigenschaft nicht Gesetz. Aufsichtsrath kann nur eine physische Person sein. Staatsbeamten ist meist durch Landesgesetz verboten, eine Aufsichtsrathsstelle zu bekleiden; dazu §. 7. Der Gesellschaftsvertrag kann eine bewegliche Zahl festsetzen. R.G. XXIV 56. Mit Annahme der Wahl entsteht ein Auftragsverhältniß §. 612[1] und §. 662 B.G.B., R.G XXVIII 72 Kein Zwang zur Annahme §. 663 B.G.B.

193 Bei Simultangründung Note 14a, bei Successivgründung Note 14b zu §. 182.

194 Aus praktischen Gründen nicht mit Ende des Geschäftsjahres.

195 Und zwar jeder Zeit. Der Aufsichtsrath dagegen ist bei unzeitiger Amtsniederlegung ohne wichtigen Grund schadensersatzpflichtig. §. 671 B.G.B. Der Widerruf kann auch unter aufschiebender Bedingung erfolgen und wird erklärt nach §§ 349, 130 ff, 158[1] B.G.B. Wegen Fortdauer trotz Widerrufs §. 695 B.G.B Im Fall des Widerrufs keine Entschädigung für die Restdauer des Amts; §. 281[3] letzter Satz hier nicht wiederholt

196 Wie bei §. 207[3].

★244. Jede Aenderung[197] in den Personen der Mitglieder des Aufsichtsraths ist von dem Vorstand unverzüglich in den Gesellschaftsblättern bekannt zu machen. Der Vorstand hat die Bekanntmachung zum Handelsregister einzureichen.

197 Eintragung des ersten Aufsichtsraths findet nicht statt, wohl aber Anzeige §. 195[4], und Veröffentlichung der Namen §. 199[4]. Bei späterer Aenderung ist noch § 182[6] zu veröffentlichen, weil dessen Zusammensetzung für die Oeffentlichkeit, insbesondere bei §. 272[1] von Belang ist. Das Registergericht erlangt Kenntniß durch §§. 259[5], 190[2], 243[3].

245. Erhalten die Mitglieder des Aufsichtsraths für ihre Thätigkeit eine Vergütung, die in einem Antheil am Jahresgewinne besteht, so ist der Antheil von dem Reingewinne zu berechnen, welcher nach Vornahme sämmtlicher Abschreibungen und Rücklagen sowie nach Abzug eines für die Aktionäre bestimmten Betrags von mindestens vier vom Hundert des eingezahlten Grundkapitals verbleibt.[198] Art. 192. " 224.

Ist die den Mitgliedern des Aufsichtsraths zukommende Vergütung im Gesellschaftsvertrage festgesetzt, so kann eine Abänderung des Gesellschaftsvertrags, durch welche die Vergütung herabgesetzt wird, von der Generalversammlung mit einfacher Stimmenmehrheit[217] beschlossen werden.

Den Mitgliedern des ersten[199] Aufsichtsraths kann eine Vergütung für ihre Thätigkeit nur durch einen Beschluß der Generalversammlung bewilligt werden. Der Beschluß kann nicht früher als in derjenigen Generalversammlung gefaßt werden, mit deren Beendigung die Zeit, für welche der erste Aufsichtsrath gewählt ist, abläuft. Art. 192. " 224.

198 Absatz 1 schafft absolutes Recht, das der Abänderung durch Gesellschaftsvertrag oder im Wege der Beschlußfassung ebenso entzogen ist, wie §. 237. Eine zeitliche Grenze der Bewilligung ist nicht nöthig. Die Aktionäre haben aber das unentziehbare Recht, jeder Zeit bei der Generalversammlung die Herabsetzung der Tantieme mit einfacher Stimmenmehrheit zu bewirken, obgleich eine Aenderung des Gesellschaftsvertrags damit erfolgt, welche sonst drei Viertheile Majorität verlangt. §§. 274, 275[1]. Reingewinn §§. 261—262. Veranlassung zu solchem Antrag bietet z. B. ausnehmende Steigerung des Reingewinns oder Veränderung des Aktienkapitals.

Absatz 1 und 2 gelten nur für Tantiemen, nicht bei Bewilligung eines Fixums. Letzteres kann dem späteren Aufsichtsrath im Gesellschaftsvertrag bewilligt sein und unterliegt der Abänderung nur nach Maßgabe der §§. 274, 275[1]. Enthält der Gesellschaftsvertrag nichts über Vergütung, so ist es Auslegungssache, ob Unentgeltlichkeit gewollt war.

199 Dem ersten Aufsichtsrath kann im Gesellschaftsvertrag überhaupt keine Vergütung versprochen werden. Auslagen sind selbstredend ersatzmäßig. Erster Aufsichtsrath Note 14a und b zu §. 182, Beschlußform §. 251.[1]

Art. 225. **246.** Der Aufsichtsrath hat die Geschäftsführung der Gesellschaft[200] in allen Zweigen der Verwaltung zu überwachen und sich zu dem Zwecke[201] von dem Gange der Angelegenheiten der Gesellschaft zu unterrichten. Er kann jederzeit über diese Angelegenheiten Berichterstattung von dem Vorstande verlangen und selbst oder durch einzelne von ihm zu bestimmende Mitglieder die Bücher und Schriften der Gesellschaft einsehen, sowie den Bestand der Gesellschaftskasse und die Bestände an Werthpapieren und Waaren untersuchen. Er hat die Jahresrechnungen, die Bilanzen und die Vorschläge zur Gewinnvertheilung zu prüfen und darüber der Generalversammlung Bericht zu erstatten.

Er hat eine Generalversammlung zu berufen, wenn dies im Interesse der Gesellschaft erforderlich ist.[202]

Weitere Obliegenheiten des Aufsichtsraths werden durch den Gesellschaftsvertrag bestimmt.[203]

Die Mitglieder des Aufsichtsraths können die Ausübung ihrer Obliegenheiten nicht Anderen übertragen.[204]

200 Nicht blos des Vorstands. Zwang des Vorstandes zur Befolgung des Absatzes 1 durch den Registerrichter § 319[1], wie in Note 181, falls er dem Aufsichtsrath Schwierigkeiten macht.

Wegbleiben der Mitglieder von den Sitzungen §. 315[1]. Im Uebrigen Schadensersatzpflicht §. 249.

201 d. h. nicht chikanös und nicht kleinlich, sondern zum Zweck allgemeiner Kontrolle.

202 Ein Verstoß schadet nicht, wenn die Generalversammlung beim Angehen das Geschäft nachweislich genehmigt hätte. R.G. XXXV 83; vergl. §. 665 B.G.B.

203 Entsteht hier ein Konflikt mit dem Vorstand, so kann der Aufsichtsrath nur nach dem vorhergehenden Absatz sich an die Generalversammlung wenden oder das Amt niederlegen, Noten 200 und 195.

204 Wodurch nicht die Beiziehung Sachverständiger zur Rathsertheilung betroffen wird; es soll nur die Einsicht von Büchern u. s. w. zu Privatzwecken verboten sein.

247. Der Aufsichtsrath ist befugt, die Gesellschaft bei der Vornahme von Rechtsgeschäften mit den Vorstandsmitgliedern zu vertreten und[205] gegen die letzteren die von der Generalversammlung beschlossenen Rechtsstreitigkeiten zu führen.[206] Art. 194. „ 223[3].

Handelt es sich um die Verantwortlichkeit der Mitglieder des Aufsichtsraths, so kann dieser ohne und selbst gegen den Beschluß der Generalversammlung gegen die Mitglieder des Vorstandes klagen.[207]

[205] §. 281 Note 163 a. E.

[206] §. 247 ordnet nur die Legitimation. §. 268 enthält die zwingende Vorschrift für den Aufsichtsrath. Läßt Letzterer nach §. 269 Verjährung eintreten, so haftet er nach §. 249.

[207] im eigenen Interesse und auf eigene Kosten, nicht als Gesellschaftsorgan.

248. Die Mitglieder des Aufsichtsraths können[208] nicht zugleich Mitglieder des Vorstandes oder dauernd Stellvertreter von Vorstandsmitgliedern sein, auch nicht als Beamte[209] die Geschäfte der Gesellschaft führen. Art. 225a

Nur für einen im voraus begrenzten Zeitraum kann der Aufsichtsrath einzelne seiner Mitglieder zu Stellvertretern von behinderten[210] Mitgliedern des Vorstandes[211] bestellen; während dieses Zeitraums und bis zur Entlastung des Vertreters darf der letztere eine Thätigkeit als Mitglied des Aufsichtsraths nicht ausüben.[212] Auf die in solcher Weise bestellten Vertreter finden die Vorschriften des §. 236 keine Anwendung.[191]

Scheiden aus dem Vorstande Mitglieder aus, so können sie nicht vor der Entlastung in den Aufsichtsrath gewählt werden.

[208] Drückt die Unvereinbarkeit entschiedener aus als „dürfen“.

[209] Nicht gemeint ist vorübergehende Aushülfe sondern Beamtencharakter.

[210] Also nicht über dessen Wahlperiode hinaus. Vergl. §. 277 Note 298.

[211] Nicht zu Beamten. Eintragspflicht §. 234.

[212] Dieser Zustand darf, wenn durch solche Delegation die Beschlußfähigkeit alterirt wird, was bei 3 Mitgliedern des Aufsichtsraths §. 243 geschieht, nicht länger als 3 Monate dauern §. 315[1].

249. Die Mitglieder des Aufsichtsraths haben bei der Erfullung Art. 226.

ihrer Obliegenheiten[213] die Sorgfalt eines ordentlichen Geschäftsmanns[185] anzuwenden.

Mitglieder, die ihre Obliegenheiten verletzen, haften der Gesellschaft[186] mit den Vorstandsmitgliedern als Gesammtschuldner für den daraus entstehenden Schaden.

Insbesondere sind sie zum Ersatze verpflichtet, wenn mit ihrem Wissen und ohne ihr Einschreiten[214] die im §. 241 Abs 3 bezeichneten Handlungen vorgenommen werden.[215] [187 u. 188] Auf die Geltendmachung des Ersatzanspruchs finden die Vorschriften des §. 241 Abs. 4 Anwendung.[189]

Die Ansprüche auf Grund der Vorschriften der Abs. 1—3 verjähren in fünf Jahren.[190]

213 Durch Ausfallen der Bezugnahme auf Art. 225 allgemeinere Fassung.

214 Soll nur Exemplifikation für die Sorgfalt eines ordentlichen Geschäftsmannes sein. M. §. 347[1]

215 Dadurch tritt nun die verschärfte Ersatzpflicht, die von den Gläubigern im Fall des §. 241[6] gegen den Vorstand geltend gemacht werden kann, auch gegen den Aufsichtsrath ein. §. 273 berührt die Gläubiger nicht. Wohl aber sind sie durch den Vergleich des K.verwalters der A.G., welcher die Aufsichtsräthe verfolgt hatte, gebunden. R.G. XXXIX 62.

Art. 221[1] **250.** Die Rechte, welche den Aktionären in den Angelegenheiten der Gesellschaft,[216] insbesondere in Bezug auf die Führung der Geschäfte, zustehen, werden durch Beschlußfassung in der Generalversammlung ausgeübt.

216 d. h. in gemeinschaftlichen Angelegenheiten in weiterem Sinn, wozu Individualrechte z. B. Stimmrecht, Anfechtungsrecht §§. 271, 309 nicht gehören. Sonderstellungen, d h. Sonderrechte und Sonderverpflichtungen z. B. §§. 227, 186 u. s. w. können nur mit Zustimmung der Betroffenen, nicht aber durch Mehrheitsbeschluß beeinträchtigt werden. §. 35 B.G.B. vergl. §§. 275[3], 278[2], 276, R.G. XLI 99.

Art. 209a[5] **251.** Die Beschlüsse der Generalversammlung bedürfen der Mehrheit der abgegebenen Stimmen (einfache Stimmenmehrheit),[217] soweit nicht durch das Gesetz[218] oder den Gesellschaftsvertrag eine größere Mehrheit oder sonstige Erfordernisse vorgeschrieben sind.

Für Wahlen können im Gesellschaftsvertrag andere Bestimmungen getroffen werden.[219]

217 d. i. eine Stimme mehr als die Hälfte der gültigen Stimmen, absolute Mehrheit. M. Nicht gezählt werden die durch §. 252^{2} Ausgeschlossenen und die sich Enthaltenden. R.G. XX 144. Vergl. §. 32 B.G.B.

218 Zustimmung aller Aktionäre §. 196^{5}; $^{3}/_{4}$ aller im Aktienverzeichniß aufgeführten Aktionäre §. 196^{4}; $^{3}/_{4}$ des bei der Beschlußfassung vertretenen Grundkapitals §§. 207^{3}, 248^{4}, 275, 292^{2}, 303, 304^{2}, 306^{1}, 310. Widerspruch von $^{1}/_{5}$ des Grundkapitals ist hindernd bei §§. 205, 270. Die Mehrheit hindert §. 196^{4}. Die absolute Mehrheit ist erleichternd. §. 245^{2}. Abstimmung über Sonderrechte §§. 275^{3}, 276, 278^{2}, 288^{3}. Eine bestimmte Minderheit genügt zu einem Beschluß nach §§. 268^{1}, 264^{1}.

219 z. B. relative Mehrheit, Loos, Stichentscheid.

252.[220] Jede Aktie gewährt das Stimmrecht.[221] Das Stimmrecht wird nach den Aktienbeträgen ausgeübt.[222] Der Gesellschaftsvertrag kann für den Fall, daß ein Aktionär mehrere Aktien besitzt, die Ausübung des Stimmrechts durch Festsetzung eines Höchstbetrags oder von Abstufungen beschränken. Werden mehrere Gattungen von Aktien ausgegeben, so kann der Gesellschaftsvertrag den Aktien der einen Gattung ein höheres Stimmrecht beilegen als den Aktien einer anderen Gattung.[223] Art 190 1—3 u. 5. Art 221^{2}.

Das Stimmrecht kann durch einen Bevollmächtigten ausgeübt werden.[224] Für die Vollmacht ist die schriftliche Form[37] erforderlich und genügend;[225] die Vollmacht bleibt in der Verwahrung der Gesellschaft.

Wer durch die Beschlußfassung entlastet oder von einer Verpflichtung befreit werden soll, hat hierbei kein Stimmrecht und darf ein solches auch nicht für Andere ausüben. Dasselbe gilt von einer Beschlußfassung, welche die Vornahme eines Rechtsgeschäfts mit einem Aktionär oder die Einleitung oder Erledigung eines Rechtsstreits zwischen ihm und der Gesellschaft betrifft.[226]

Im Uebrigen richten sich die Bedingungen und die Form der Ausübung des Stimmrechts nach dem Gesellschaftsvertrage.[227]

220 Straffolgen bei Beeinträchtigung des Stimmrechts in 3 Formen. §§. 316—318.

221 Unentziehbar R.G. XXXVIII 99. Legitimation des Aktionärs, Uebertragung von Inhaber-, Namen- und von vinkulirten Aktien, Legitimationsprüfung §§. 179^{1-3}, 222, 223, 225^{1}, 229, 364, 365, 367. Wenn keine Aktien noch Interimsscheine ausgegeben sind R.G. XXXIV 116. Hinterlegungsbescheinigungen §. 255.

222 Nach dem Nominalbetrag ohne Rücksicht auf die Einzahlung und zwar auch bei Interimsscheinen. Jede Aktie hat mindestens eine Stimme. Erst bei Besitz mehrerer Aktien Beschränkung möglich, so daß auf eine beliebige Zahl von Aktien eine Stimme bewilligt werden kann.

223 Ohne daß es darauf ankommt, daß ein Aktionär mehrere Aktien besitzt. Vergl. §. 185.

224 Bei Inhaberaktien, die nicht auf den Namen umgeschrieben §. 806 B.G.B. oder kraftlos erklärt oder außer Kurs gesetzt sind §. 228 legitimirt der Besitz, vergl. Note 221 und §. 935^{2} B.G.B., so daß eine Vollmacht keinen Zweck hat. Außerkurssetzung vor 1. Januar 1900 verliert mit diesem Tag ihre Wirkung Art. 26 E.G.z.H.G.B.

225 d. h. mehr darf im G.vertrag nicht verlangt werden

226 vorbehaltlich einer abweichenden Verfassungsbestimmung. War die Zuwiderhandlung ohne Einfluß auf das Abstimmungsresultat oder diente sie nachweislich zum Besten der A.G., so findet keine Anfechtung, §. 271, statt. R.G. IV 302. Jede Zuwendung an den Aktionär steht der Vornahme eines Rechtsgeschäfts gleich. Vorbildlich waren §§. 34, 1874^{3} B.G.B.

227 Die persönliche Ausübung kann z. B. wegen Unselbständigkeit, Ehrenminderung, weibl. Geschlechts entzogen, oder es kann Hinterlegung der Aktien §. 255^{2} angeordnet sein.

Art. 236. **253.** Die Generalversammlung wird durch den Vorstand berufen, soweit nicht nach dem Gesetz[43, 59, 202] oder dem Gesellschaftsvertrag auch andere Personen dazu befugt sind.

Die Generalversammlung ist, außer den im Gesetz[228] oder im Gesellschaftsvertrag ausdrücklich bestimmten Fällen, zu berufen, wenn das Interesse der Gesellschaft es erfordert.[202]

228 §§. 205, 207^{1}, 222^{4}, 224, 227^{2}, 243$^{2-4}$, 254$^{1 u 3}$, 260, 274 ff., 292, 303^{1}, 304^{2}, 307, 310

Art. 237. **254.** Die Generalversammlung ist zu berufen, wenn Aktionäre, deren Antheile[229] zusammen den zwanzigsten Theil des Grundkapitals[256] erreichen, die Berufung schriftlich[37] unter Angabe des Zweckes und der Gründe verlangen. Ist in dem Gesellschaftsvertrage das Recht, die Berufung der Generalversammlung zu verlangen, an den Besitz eines geringeren Antheils am Grundkapitale geknüpft, so hat es hierbei sein Bewenden.

In gleicher Weise haben die Aktionäre das Recht, zu verlangen, daß Gegenstände zur Beschlußfassung einer Generalversammlung angekündigt werden.

Wird dem Verlangen weder durch den Vorstand noch

durch den Aufsichtsrath[230] entsprochen, so kann das Gericht des Sitzes der Gesellschaft die Aktionäre, welche das Verlangen gestellt haben, zur Berufung der Generalversammlung oder zur Ankündigung des Gegenstandes ermächtigen. Zugleich kann das Gericht über die Führung des Vorsitzes in der Versammlung Bestimmung treffen. Auf die Ermächtigung muß bei der Berufung oder Ankündigung Bezug genommen werden.

Die Generalversammlung beschließt darüber, ob die entstandenen[231] Kosten von der Gesellschaft getragen werden sollen.

[229] Berechnung nach dem Nominalbetrag. Note 222 zu §. 252. Legitimation Note 222 und 224.

[230] Dieser Nachweis ist dem Amtsgericht zu liefern, welches eine formell und sachlich erschöpfende Würdigung zur Verhütung offenbar mißbräuchlicher oder rechtlich unzulässiger Zwecke oder statutenwidriger Schritte nach §§. 145, 146, 11, 16, 18, 20 F.G.G eintreten läßt. M. Sofortige Beschwerde an die K.f.H.S. §. 30 F.G.G. Aktionäreigenschaft des Richters schließt ihn nicht aus §. 6 F.G.G., vergleiche Note 59 zu §. 196, wenn er nicht zu den Antragstellern oder Mitstimmenden gehört. R.G. VIII 412. Ablehnung gibt es nicht, wohl aber kann sich der Amtsrichter selbst für befangen erklären.

Abweichend gestattet §. 37 B.G.B. dem Richter nicht die Ablehnung des Antrags, sobald die formalen Voraussetzungen zur Berufung vorliegen; er darf nicht prüfen, ob die Einberufung nach den Statuten oder durch das Vereinsinteresse geboten ist. Kommiss. Prot. zu §. 37 B.G.B.

[231] einschließlich der durch das Verfahren nach Abs. 3 entstandenen der Antrag, das Gericht entscheiden zu lassen, wurde abgelehnt, vergl. §. 267[2].

255.[232] Die Berufung der Generalversammlung hat in der Art. 238[1]. durch den Gesellschaftsvertrag bestimmten Weise mindestens zwei Wochen vor dem Tage der Versammlung zu erfolgen. Der Tag der Berufung und der Tag der Generalversammlung sind hierbei nicht mitzurechnen.[233]

Ist im Gesellschaftsvertrage die Ausübung des Stimmrechts davon abhängig gemacht, daß die Aktien bis zu einem bestimmten Zeitpunkte vor der Generalversammlung hinterlegt werden,[227] so ist die Frist derart zu bemessen, daß für die Hinterlegung mindestens zwei Wochen frei bleiben. In diesem Falle genügt auch die Hinterlegung bei einem Notar.[234]

Ist im Gesellschaftsvertrag eine Bestimmung der im Abs. 2 bezeichneten Art nicht getroffen, so müssen die Anmeldungen zur Theilnahme an der Generalversammlung zugelassen werden, wenn sie nicht später als am dritten Tage vor der Versammlung erfolgen.[235]

[232] Die §§. 316 und 318 setzen Strafe auf Verschleierung der wirklichen Stimmberechtigung z. B. durch Reportgeschäft, Mißbrauch von Depositen durch den Bankier. Form der Berufung der Generalversammlung §. 182[5]. Anfechtung bei Formfehlern §. 271.

[233] Wie §. 187[1] B.G.B. Berechnung §. 188[2] B.G.B. von Datum zu Datum.

[234] Es ist weder eine öffentliche Hinterlegung nach §§. 372—386 B.G.B., die nur Befreiung von einer Verbindlichkeit bezweckt, noch eine Verwahrung nach §. 165 F.G.G. gemeint. Auch die Art. 144—146 E.G.z.B.G.B. beziehen sich nur auf Depositionsbefugniß eines Schuldners. Hier aber erfolgt Niederlegung zum Zweck der Legitimation; sie kann daher bei der A.G. selbst §. 257 und bei Dritten z. B. Reichsbank erfolgen §. 316, deren Bescheinigung dahin gehen muß, daß sie sich verpflichten, die Aktien bis Ende der Generalversammlung in Verwahrung zu halten. Soweit der Notar mit der Niederlegung befaßt sein soll, muß die Landesgesetzgebung nach §. 200 F.G.G. das Verfahren ordnen.

[235] damit nicht nach Ablauf der Hinterlegungsfrist die Aktionäre von Tagesordnungsänderung überrascht werden.

Art. 238[a]. **256.** Der Zweck[236] der Generalversammlung soll[237] bei der Berufung bekannt gemacht werden. Jedem Aktionär ist auf Verlangen eine Abschrift der Anträge zu ertheilen.

Ueber Gegenstände, deren Verhandlung nicht ordnungsmäßig mindestens eine Woche vor dem Tage der Generalversammlung angekündigt ist, können Beschlüsse nicht gefaßt werden; ist für die Beschlußfassung nach den Vorschriften dieses Gesetzbuchs oder des Gesellschaftsvertrags die einfache Stimmenmehrheit nicht ausreichend,[218] so muß die Ankündigung mindestens zwei Wochen[233] vor dem Tage der Generalversammlung erfolgen. An die Stelle des Tages der Generalversammlung tritt, falls die Ausübung des Stimmrechts von der Hinterlegung der Aktien abhängig ist, der Tag, bis zu dessen Ablaufe die Hinterlegung zu geschehen hat.[235]

Zur Beschlußfassung über den in der Generalversammlung gestellten Antrag auf Berufung einer außerordentlichen General=

versammlung sowie zur Stellung von Anträgen und zu Verhandlungen ohne Beschlußfassung bedarf es der Ankündigung nicht.

236 In erkenntlicher Weise R.G. XVII 172, namentlich bei beabsichtigter Statutenänderung §. 274[2] und Kürzung von Sonderrechten §. 275[3]. Der Ort ist dem Gesellschaftsvertrag überlassen.

237 Form der Ankündigung §§. 182[5], 253. Anfechtung bei Verstößen gegen §. 256 siehe §. 271.

★257. Jeder Aktionär, der eine Aktie bei der Gesellschaft hinterlegt, kann verlangen, daß ihm die Berufung der Generalversammlung und die Gegenstände der Verhandlung, sobald deren öffentliche Bekanntmachung erfolgt, durch eingeschriebenen Brief besonders mitgetheilt werden. Die gleiche Mittheilung kann er über die in der Generalversammlung gefaßten Beschlüsse verlangen.

★258.[238] In der Generalversammlung ist ein Verzeichniß der erschienenen Aktionäre oder Vertreter von Aktionären mit Angabe ihres Namens und Wohnorts sowie des Betrags der von jedem vertretenen Aktien aufzustellen. Das Verzeichniß ist vor der ersten Abstimmung zur Einsicht auszulegen; es ist von dem Vorsitzenden zu unterzeichnen.

238 Erleichtert namentlich die Stimmenzählung, wenn es sich um Quoten des Grundkapitals handelt, Note 218 zu §. 251 und Note 222 zu §. 252; Anfechtungsbegründung §. 271.

259. Jeder Beschluß der Generalversammlung bedarf zu seiner Art. 238a.
Gültigkeit der Beurkundung durch ein über die Verhandlung gerichtlich oder notariell aufgenommenes Protokoll.[239—240]

In dem Protokolle sind der Ort und der Tag der Verhandlung, der Name des Richters oder Notars sowie die Art und das Ergebniß der Beschlußfassungen anzugeben.

Das nach §. 258 aufgestellte Verzeichniß der Theilnehmer an der Generalversammlung sowie die Belege über die ordnungsmäßige Berufung sind dem Protokolle beizufügen. Die Beifügung der Belege über die Berufung der Generalversammlung kann unterbleiben, wenn die Belege unter Angabe ihres Inhalts in dem Protokoll aufgeführt werden.

Das Protokoll muß von dem Richter oder Notar[241] **vollzogen werden.** Die Zuziehung von Zeugen ist nicht erforderlich.

Eine öffentlich beglaubigte Abschrift des **Protokolls** ist unverzüglich nach der Generalversammlung von dem Vorstande zum Handelsregister einzureichen.[242]

[239] das sämmtliche Vorgänge und Einwendungen, wenn sie auch nicht Einsprüche nach §. 271³ sind, enthalten muß. Weil nur eine Beurkundung thatsächlicher Vorgänge und nicht von Rechtsgeschäften vorliegt, R.G. XXV 195, ist das F.G.G. hier nicht anwendbar, insbesondere nicht §. 167 F.G.G. Ebenso liegt der Fall bei §. 320³ (nicht aber bei §. 196²). Da das Reich nicht Notariatsakte überhaupt regelt, so hat die Landesgesetzgebung einzugreifen. §. 200 F.G.G. Verlesen des Protokolls hat man in der R.T.K. für selbstverständliche Vorschrift der Not.-Ordnungen angesehen; jedenfalls hat die Verlesung auf Antrag zu erfolgen.

[240] Vorstand und Aufsichtsrath haben auf alle Anfragen Auskunft zu ertheilen, es wäre denn, daß die Erklärung die A.G. schädige. Verhinderung eines Beschlusses §. 264. Anfechtung der Beschlüsse §. 271. Bestimmt das Statut den Vorsitzenden nicht, so wählt ihn die Generalversammlung. Vergl. Note 219.

[241] nicht vom Vorsitzenden oder dem Vorstand. Ueber die Unfähigkeit des Richters und Notars gelten allgemeine Grundsätze, vergl dazu Note 230 zu §. 264 und Note 239.

[242] bei dem Registergericht der Haupt- und Zweigniederlassung. §. 13. Oeffentliche Beglaubigung §. 129 B.G.B., Art. 141 E G. dazu, §§. 167, 191 F.G.G.; Einsicht und Abschrift §. 9.

Art. 239a. **260. Die Generalversammlung beschließt über die Genehmigung der Jahresbilanz und die Gewinnvertheilung, sowie über die Entlastung des Vorstandes und des Aufsichtsraths.**[243]

Der Vorstand hat in den ersten drei Monaten des Geschäftsjahrs für das verflossene Geschäftsjahr eine Bilanz, eine Gewinn- und Verlustrechnung sowie einen den Vermögensstand und die Verhältnisse der Gesellschaft entwickelnden Bericht[244] dem Aufsichtsrath und mit dessen Bemerkungen der Generalversammlung vorzulegen. Im Gesellschaftsvertrage kann eine andere Frist, jedoch nicht über die Dauer von sechs Monaten hinaus, bestimmt werden.

[243] Zwingendes Recht. Wichtig wegen §§. 246, 249, 268.

[244] Dieser Geschäftsbericht hat die einzelnen Bilanzposten so weit zu erläutern, als zur zutreffenden Würdigung der Bilanz nöthig ist. Es

ist aber nicht zu verlangen, daß aus dem Bericht die Grundsätze, nach denen die Werthe angesetzt und die Abschreibungen vorgenommen worden sind, zu ersehen sind; auch dann nicht, wenn sie von denen der vorangeganganen Jahre abweichen. Ueber die in der Generalversammlung zu gebenden Erläuterungen Note 240. Der Vorstand kann durch §. 319[1] und F.G.G. §§. 132—139 von Amtswegen gezwungen werden. Sofortige Beschwerde §. 22 F.G.G. an die K.f.H.S. §. 30 F.G.G. Unwahre Auskünfte stehen unter Strafe §. 314[1]. Dazu ist noch das Anfechtungsrecht gegeben §. 271. Recht auf Abschrift §. 263. Beeinträchtigung des Stimmrechts §§. 316—318.

261.[245] Für die Aufstellung der Bilanz kommen die Vorschriften des §. 40 mit folgenden Maßgaben zur Anwendung: Art. 185a. „ 239b.

1. Werthpapiere und Waaren,[246] die einen Börsen- oder Marktpreis[247] haben, dürfen höchstens zu dem Börsen- oder Marktpreise des Zeitpunktes, für[248] welchen die Bilanz aufgestellt wird, sofern dieser Preis jedoch den Anschaffungs- oder Herstellungspreis[249] übersteigt, höchstens zu dem letzteren angesetzt werden;
2. andere Vermögensgegenstände[250] sind höchstens zu dem Anschaffungs- oder Herstellungspreis anzusetzen;
3. Anlagen und sonstige Gegenstände, die nicht zur Weiterveräußerung, vielmehr dauernd zum Geschäftsbetriebe der Gesellschaft bestimmt sind, dürfen ohne Rücksicht auf einen geringeren Werth zu dem Anschaffungs- oder Herstellungspreis[251] angesetzt werden, sofern ein der Abnutzung gleichkommender Betrag in Abzug gebracht oder ein ihr entsprechender Erneuerungsfonds in Ansatz gebracht wird;
4. die Kosten der Errichtung[252] und Verwaltung dürfen nicht als Aktiva in die Bilanz eingesetzt werden;
5. der Betrag des Grundkapitals und der Betrag eines jeden Reserve- und Erneuerungsfonds[251] sind unter die Passiva aufzunehmen;
6. der aus der Vergleichung sämmtlicher Aktiva und sämmtlicher Passiva[253] sich ergebende Gewinn oder Verlust muß am Schlusse der Bilanz besonders[254] angegeben werden.

245 Für die Richtigkeit ist der Aufsichtsrath verantwortlich §§. 246, 249. Maßgebend für die Grundsätze der Aufmachung sind Gesetz, Generalversammlungsbeschlüsse, Gesellschaftsvertrag und Anweisungen des Aufsichtsraths.

[246] Begriff §. 1 Note 4 und 5.

[247] ist der Preis, der sich aus der Zusammenstellung einer angemessenen Zahl thatsächlich unter normalen Verhältnissen zur selben Zeit abgeschlossenen Geschäften herausstellt. Der notirte Kurs ist noch nicht der Kurswerth. R.G. XII 7, XXXIV 121; §. 453 B.G.B. Amtliche Kursfeststellung §§. 29, 35 Börs.G. und Bekanntmachung des Bundesraths vom 28. Juni 1898 R.G.Bl. S. 915.

[248] §. 40 Note 110—111.

[249] welch letzterer im Nothfall geschätzt werden darf. Zum Anschaffungs- und Herstellungspreis gehört auch ein Antheil Generalunkosten d. h. Verwaltnngsaufwand, Provision; nach verständigem Ermessen, jedoch darf dies nicht zur Umgehung der Ziffer 4 führen.

[250] z. B. Materialien und Halbfabrikate. Behandlung zweifelhafter Forderungen R.O.H.G. XXV 326. R.G XXII 162.

[251] dürfen also abweichend von Ziffer 1 und 2 zu einem höheren Werth eingesetzt werden, sofern die Abschreibung richtig ist Bei im Betrieb befindlichen Anlagen darf nach dem mehrjährigen Betrag unter Berücksichtigung des Einflusses dauernder oder vorübergehender Verhältnisse der Werth geschätzt werden. R.G. XIX 118 Erneuerungsfond R.G. XXVIII 45.

[252] einschließlich der Inbetriebsetzungskosten. R.O H.G. XX 216.

[253] Kursverlust bei Unterpari-Emission von Eisenbahnaktien R O.H.G. XXV 317.

[254] Aus diesem Resultat nach Abzug der Abführungen des §. 262 ergibt sich der Reingewinn und daraus der Dividendenanspruch des Aktionärs §. 214 und der Tantiemeanspruch des Vorstands § 237, sowie des Aufsichtsraths § 245, oder bei Verlust die Maßregel des §. 240, oder die der Note 255.

Art 185b. „ 239b **262.** Zur Deckung eines aus der Bilanz sich ergebenden Verlustes ist ein Reservefonds zu bilden. In diesen ist einzustellen:[255]

1. von dem jährlichen Reingewinne mindestens der zwanzigste Theil so lange, als der Reservefonds den zehnten oder den im Gesellschaftsvertrage bestimmten höheren Theil des **Grundkapitals**[256] nicht überschreitet;
2. der **Betrag**, welcher bei der Errichtung der Gesellschaft oder bei einer Erhöhung des Grundkapitals durch Ausgabe der Aktien für einen höheren als den Nennbetrag **über diesen und über den Betrag der durch die Ausgabe der Aktien entstehenden Kosten hinaus erzielt wird**;[257]
3. **der Betrag von Zuzahlungen, die ohne Erhöhung**

des Grundkapitals von Aktionären gegen Gewährung von Vorzugsrechten für ihre Aktien geleistet werden, soweit nicht eine Verwendung dieser Zahlungen zu außerordentlichen Abschreibungen oder zur Deckung außerordentlicher Verluste beschlossen wird.[258]

255 Soweit nicht die Generalversammlung mehr einstellt. R.G. IV 102. Mehreinstellung zur Deckung befürchteter künftiger Verluste ist nicht zulässig. R.G. XL 36.

256 d. i. des gezeichneten Gesammtkapitals.

257 Weil der Agiogewinn in Wahrheit kein Gewinn, sondern eine Kapitalserhöhung zur Ausnützung günstiger Konjunktur bedeutet.

258 Weil auf diesem Wege zur Ausgleichung ungünstiger Konjunktur (Verluste, zu hohe Bewerthung von Aktivposten) neue Mittel flüssig gemacht werden.

★263.[259] Die im §. 260 Abs. 2 bezeichneten Vorlagen sind mindestens während der letzten zwei Wochen[233] vor dem Tage der Generalversammlung in dem Geschäftsraume der Gesellschaft zur Einsicht der Aktionäre auszulegen.

Auf Verlangen ist jedem Aktionär spätestens zwei Wochen[233] vor dem Tage der Generalversammlung eine Abschrift der Bilanz der Gewinn- und Verlustrechnung, der Bemerkungen des Aufsichtsraths und des Geschäftsberichts zu ertheilen.

An die Stelle des Tages der Generalversammlung tritt, falls die Ausübung des Stimmrechts von der Hinterlegung der Aktien abhängig ist, der Tag, bis zu dessen Ablauf die Hinterlegung zu geschehen hat.[235]

259 Aufsicht des Registerrichters wie bei Note 244 §. 260, hinsichtlich Absatz 1.

264. Die Verhandlung über die Genehmigung der Bilanz ist Art. 239 a² — ³.
zu vertagen, wenn dies in der Generalversammlung mit einfacher Stimmenmehrheit[217] beschlossen oder von einer Minderheit, deren Antheile den zehnten Theil des Grundkapitals[222, 256] erreichen, verlangt wird, auf Verlangen der Minderheit jedoch nur, soweit von ihr bestimmte Ansätze der Bilanz bemängelt werden.[260]

Ist die Verhandlung auf Verlangen der Minderheit vertagt, so kann von dieser eine erneute Vertagung nur gefordert

werden, wenn über die in der früheren Verhandlung bemängelten Ansätze der Bilanz die erforderliche[240, 244] Aufklärung nicht ertheilt worden ist.[261, 262]

260 Die nicht bemängelten Ansätze sind damit noch nicht genehmigt; es kann in Folge der Aufklärung zu andern Posten ein Zurückgreifen nöthig sein.

261 Unter derselben Voraussetzung kann das Vertagungsrecht der Minderheit mehrmals ausgeübt werden. Weitere Hülfe in §. 266.

262 Die Generalversammlung kann trotz Genehmigung der Bilanz die Entlastung §. 260[1] verweigern R.O.H.G. XX 222

Bilanzgenehmigung und Dechargebeschluß deckt irreführende Vorlagen nicht. R.G. XVIII 63.

Art. 185c[1]. Art. 239b. **265.** Nach der Genehmigung durch die Generalversammlung ist die Bilanz sowie die Gewinn- und Verlustrechnung unverzüglich durch den Vorstand in den Gesellschaftsblättern bekannt zu machen.[263]

Die Bekanntmachung sowie der im §. 260 bezeichnete Geschäftsbericht nebst den Bemerkungen des Aufsichtsraths ist zum Handelsregister einzureichen. Zum Handelsregister einer Zweigniederlassung findet die Einreichung nicht statt.

263 Gekürzte Form zulässig. Dagegen muß das Registergericht wegen seiner Aufsichtspflicht §§. 13, 14 u. F.G.G. §§. 132—139 vollständigen Einblick haben. Geben die Bilanzveröffentlichungen keine Uebersicht, so ist der Vorstand durch Ordnungsstrafe zu gehöriger Veröffentlichung anzuhalten; sofortige Beschwerde an die K.f.H.S. §§. 22, 30 F.G.G.

Art. 222 a[1—2] Art. 239a[1]. **266. Die Generalversammlung kann mit einfacher Stimmenmehrheit[217] die Bestellung von Revisoren zur Prüfung der Bilanz oder zur Prüfung von Vorgängen bei der Gründung oder der Geschäftsführung beschließen.[264]**

Ist in der Generalversammlung ein Antrag auf Bestellung von Revisoren zur Prüfung eines Vorganges bei der Gründung[265] oder eines nicht länger als zwei Jahre zurückliegenden[266] Vorganges bei der Geschäftsführung abgelehnt worden, so können auf Antrag von Aktionären, deren Antheile zusammen den zehnten Theil des Grundkapitals[222, 256] erreichen, Revisoren durch das

Gericht,[267] in dessen Bezirke die Gesellschaft ihren Sitz hat, ernannt werden.

Dem Antrag ist nur stattzugeben, wenn glaubhaft[268] gemacht wird, daß bei dem Vorgang Unredlichkeiten oder grobe Verletzungen des Gesetzes oder des Gesellschaftsvertrags stattgefunden haben. Die Antragsteller haben die Aktien bis zur Entscheidung über den Antrag zu hinterlegen[269] und glaubhaft[268] zu machen, daß sie seit mindestens[266, 270] sechs Monaten, von der Generalversammlung zurückgerechnet, Besitzer der Aktien sind.

Vor der Ernennung sind der Vorstand und der Aufsichtsrath zu hören. Die Ernennung kann auf Verlangen von einer nach freiem Ermessen zu bestimmenden Sicherheitsleistung[271] abhängig gemacht werden.

264 Die Fassung unterstellt beide Fälle dem §. 267 und gibt zu erkennen, daß zwingendes Recht vorliegt.

Die Liquidatoren unterliegen denselben Vorschriften §. 299².

265 Mit Beachtung der §. 206.

266 Der Anfangstag bleibt außer Ansatz; alsdann Rechnung von Datum zu Datum. Der letzte Tag muß abgelaufen sein. §§. 187¹, 188² u. ³ B.G.B.

267 Amtsgericht § 145 F.G.G; Verfahren §§. 1 ff F.G.G. Sofortige Beschwerde § 22 cit. an die R.f.H.S. §. 30 F.G.G. Legitimationsprüfung Note 221 zu §. 252 Befangenheit Note 230 zu § 254, Kosten §. 267.³

268 Identisch mit Wahrscheinlichkeit, aber nicht mit Bescheinigung. Letztere gehört aber zu ersterer. R.G. X 322.

269 Vergl. Note 234 zu §. 255. Die landesgesetzlichen Hinterlegungsgesetze entscheiden. Hier handelt es sich um Legitimation und Verwahrung im Gesellschaftsinteresse.

270 Für Gründungsvorgänge, die nicht 6 Monate hinter der Generalversammlung liegen, gilt dieses Erforderniß nicht.

271 §§. 232—240 B.G.B. mit dem Unterschied §. 234 B.G.B., daß hier (Kommissionsabsicht) die Sicherheit in Aktien der A.G. geleistet werden kann, gleich ob Inhaber oder Namenaktien und zwar zum Nominalbetrag. Vergl. R.G. XXXVII 112

267.[272] Der Vorstand hat in den Fällen des §. 266 den Revisoren die Einsicht der Bücher und Schriften der Gesellschaft und die Untersuchung des Bestandes der Gesellschaftskasse sowie der Bestände an Werthpapieren und Waaren zu gestatten. Art. 222 ³—⁵.

Der Bericht über das Ergebniß der Prüfung ist von den

Revisoren unverzüglich[180] dem Handelsregister einzureichen und von dem Vorstande bei der Berufung der nächsten Generalversammlung als Gegenstand der Beschlußfassung anzukündigen. Zum Handelsregister einer Zweigniederlassung findet die Einreichung des Berichts nicht statt.

Im Falle des §. 266 Abs. 2 beschließt die Generalversammlung, ob die entstandenen Kosten von der Gesellschaft zu tragen sind.[273] Wird der Antrag auf Ernennung von Revisoren durch das Gericht zurückgewiesen oder erweist er sich nach dem Ergebnisse der Prüfung als unbegründet, so sind die Aktionäre, welchen eine bösliche[85] Handlungsweise zur Last fällt, für einen der Gesellschaft durch den Antrag entstehenden[82] Schaden als Gesammtschuldner haftbar.

[272] Bei Abs. 1 und 2 Ordnungsstrafverfahren § 319[1], F.G.G. §§. 132—139; sofortige Beschwerde §§. 22, 30 F.G.G. an die K.f.H.S.

[273] Wie bei § 254[4]. Ueber die Vergütung der Revisoren müssen sich die Antragsteller mit denselben verständigen. Diese Vergütung gehört ebenfalls zu den Kosten.

Art. 223. **268.** Die Ansprüche der Gesellschaft aus der Gründung gegen die nach den §§. 202 bis 204, 208 verpflichteten Personen oder aus der Geschäftsführung gegen die Mitglieder des Vorstandes und des Aufsichtsraths müssen[274] geltend gemacht werden, wenn es in der Generalversammlung mit einfacher Stimmenmehrheit[217] beschlossen oder von einer Minderheit, deren Antheile den zehnten Theil des Grundkapitals[222, 256] erreichen, verlangt wird.

Art. 223[3] Zur Führung des Rechtsstreits kann die Generalversammlung
" 194. " 195[1] besondere Vertreter wählen. Ist die Geltendmachung des Anspruchs von der Minderheit verlangt, so können die von dieser bezeichneten Personen durch das Gericht des Sitzes der Gesellschaft[275] als deren Vertreter zur Führung des Rechtsstreits bestellt werden. Im Uebrigen bewendet es bei den Vorschriften des §. 247; diese kommen auch dann zur Anwendung, wenn die Geltendmachung des Anspruchs von der Minderheit verlangt ist.[276]

[274] Spätestens. Unter Umständen sind schon vorher Sicherungsmaßregeln nothwendig; der Vorstand ist daher nicht unbedingt an vorhergehende Beschlußfassung gebunden. Dafür genügt §. 231[1]. Im Hauptprozeß kann der Beklagte auf Beschaffung eines Generalversammlungs-

beschlusses verzichten R.G. XVIII 63, Verzichte und Vergleiche der Gesellschaft §§. 205, 270. Betheiligte stimmen nicht §. 252[3].

[275] Amtsgericht §. 145 F.G.G.; Verfahren §. 146 F.G.G., sofortige Beschwerde §. 22 cit. an die K.f.H.S. §. 30 cit. Gerichtliche Vertreter schließen alle andern aus. Es kann keine Glaubhaftmachung für die Begründetheit des Regresses verlangt werden.

[276] d. h. der Aufsichtsrath kann sich der Führung des Rechtsstreits nicht entziehen, wenn die Minderheit keine Vertreter nach Note 275 bestellen will. Jeder Aktionär kann als Nebenintervenient eintreten §. 66 P.O.

269. Die Geltendmachung eines Anspruchs auf Verlangen der Minderheit muß binnen drei Monaten **von dem Tage**[266] der Generalversammlung an erfolgen. Der Klage ist das Protokoll der Generalversammlung, soweit es die Geltendmachung des Anspruchs betrifft, in **öffentlich** beglaubigter Abschrift[242] beizufügen. Art. 223

Die Minderheit hat eine den **zehnten** Theil des Grundkapitals der Gesellschaft erreichende Anzahl von Aktien für die Dauer des Rechtsstreits zu hinterlegen;[269] es ist glaubhaft[268] zu machen, daß sich die Aktien seit mindestens sechs Monaten,[266, 270] von der Generalversammlung zurückgerechnet, im Besitze der die Minderheit bildenden Aktionäre befinden.

Dem Beklagten ist auf Verlangen wegen der ihm drohenden Nachtheile von der Minderheit eine nach freiem Ermessen des Gerichts zu bestimmende Sicherheit zu leisten.[277] **Die Vorschriften der Civilprozeßordnung über die Festsetzung einer Frist zur Sicherheitsleistung und über die Folgen der Versäumung der Frist finden Anwendung.**[278]

Die Minderheit ist der Gesellschaft gegenüber verpflichtet, die Kosten des Rechtsstreits zu tragen.

Für den Schaden, der dem Beklagten durch eine unbegrundete Klage **entsteht,**[82] haften ihm die Aktionäre, welchen eine bösliche[85] Handlungsweise zur Last fällt, als Gesammtschuldner.

[277] §§. 108—109 P.O. Die Einschränkung der Note 271 greift hier nicht Platz weil die A.G. nicht Beklagte, sondern Klägerin ist.

[278] §. 113. Die Höhe der Sicherheit hat die Kosten aller Instanzen zu umfassen jur.W. 1885 S. 182 und 1887 S. 37. Die Frist ist eine richterliche §§ 221 - 225 P.O. Die Nachholung bis zum Schluß der mündlichen Verhandlung zulässig §. 231[2] P.O. Verwerfung der Einrede durch Urtheil § 274[5], 275[2] P.O. Festsetzung der Sicherheit im Zwischenurtheil; Zurücknahmeerklärung §. 271[2—3] P.O. R.G. XXIV 429.

★270. Bezüglich eines Anspruchs, dessen Geltendmachung die Minderheit auf Grund der Vorschrift des §. 268 Abs 1 verlangt hat, ist ein Verzicht oder ein Vergleich der Gesellschaft nur dann zulässig, wenn von den die Minderheit bildenden Aktionären so viele zustimmen, daß die Aktien der übrigen nicht mehr den zehnten Theil des Grundkapitals darstellen [279, 226]

[279] Hinsichtlich der Ansprüche aus der Gründung gewähren schon die §§ 205, 206 Schutz §. 205 verschärft diesen Schutz so, daß, sobald die Verfolgung beschlossen, schon der Widerspruch eines Zehntels ausreicht; zugleich gibt § 270 Schutz gegen Ansprüche aus der Geschäftsführung, welche von dem §. 205 nicht getroffen sind. Durch Versäumung der Klagfrist des §. 269 wird § 270 gegenstandslos.

Art. 190a[1]. Art. 222 271. Ein Beschluß[280] der Generalversammlung kann wegen Verletzung des Gesetzes[281] oder des Gesellschaftsvertrags[282] im Wege der Klage angefochten werden.

Die Klage muß binnen einem Monat[266] erhoben werden.[283]

Zur Anfechtung befugt ist jeder in der Generalversammlung erschienene Aktionär,[22] sofern er gegen den Beschluß Widerspruch[284] zum Protokoll erklärt hat, und jeder nicht erschienene Aktionär, sofern er zu der Generalversammlung unberechtigter Weise nicht zugelassen worden ist oder sofern er die Anfechtung darauf gründet, daß die Berufung der Versammlung oder die Ankündigung des Gegenstandes der Beschlußfassung nicht gehörig erfolgt sei.[285] Eine Anfechtung, die darauf gegründet wird, daß durch den Beschluß Abschreibungen oder Rücklagen über das nach dem Gesetz oder nach dem Gesellschaftsvertrage statthafte Maß hinaus angeordnet seien, ist nur zulässig, wenn die Antheile des Aktionärs oder der Aktionäre, welche die Anfechtungsklage erheben, den zwanzigsten Theil des Grundkapitals[256] erreichen.[286]

Außerdem ist der Vorstand und, sofern der Beschluß eine Maßregel zum Gegenstande hat, durch deren Ausführung sich die Mitglieder des Vorstandes und des Aufsichtsraths strafbar oder den Gläubigern der Gesellschaft haftbar machen würden, jedes Mitglied des Vorstandes und des Aufsichtsraths zur Anfechtung befugt.[287]

[280] Einerlei, ob eingetragen oder nicht. Die Eintragung kann durch

einstweilige Verfügung verhindert werden §§. 16, 273. Ist ein Eintrag erfolgt, so ist in Note 283 ein weiterer Weg der Anfechtung gegeben. Ein nicht angefochtener Generalversammlungsbeschluß wird nur insoweit gültig, als es sich um dispositive Gegenstände handelt, nicht aber, soweit die Beschlüsse gegen das öffentliche Recht verstoßen oder unentziehbare Sonderrechte der Aktionäre betreffen R.G. XXXVII 65, z. B. Verkürzung des Stimmrechts und Anspruchs auf Dividende R.G. XXXVIII 95, dazu jedoch jetzt Note 313 zu §. 288. Die einmal beschlossene Dividende kann nicht durch späteren Beschluß wieder beseitigt werden. R.G. XXXVII 62.

281 z. B. ungebührliche Einschränkung der Redezeit, ohne Rücksicht auf Kausalzusammenhang R G. XXXVI 25. Vergl. Noten 255 zu §. 262, 226 zu §. 252 und R.G. III 126.

282 §. 182. Keine Entlastung der Liquidatoren entgegen dem Gesellschaftsvertrag ohne Legung einer Schlußrechnung R G. XXXIV 57.

283 a) Steht sie auch nur in Aussicht, so wird der Registerrichter sein Verfahren aussetzen §. 127 F.G.G. Das Amtsgericht § 125^1 F.G.G. und das Landgericht K.f.H.S. § 143^1 F.G.G. kann nämlich von Amtswegen eingetragene Generalversammlungsbeschlüsse als nichtig löschen, wenn zwingende Gesetzesvorschriften durch deren Inhalt verletzt und deren Beseitigung im öffentlichen Interesse erforderlich erscheint. §§. 144^{2-3}, 142 F.G.G.; dieses Einschreiten ist zeitlich unbeschränkt und trifft auch ältere A.G. für Beschlüsse, die nach 1. Januar 1900 gefaßt werden und eingetragen sind, z B. §§. 277, 280, weil zwingendes Recht vorliegt, Note 1 Einleitung. Die Löschung ist nicht zulässig, wenn ein Beschluß unter Verletzung der Vorschriften über die Berufung der Versammlung §§. 182^5, 257 oder über die Abstimmung §§. 251, 252 zu Stande gekommen ist, oder weil der Inhalt des Beschlusses gegen Bestimmungen des Gesellschaftsvertrags oder gesetzliche Vorschriften nicht zwingender Natur verstößt. Unter den Gesichtspunkt zwingender Vorschriften, also des öffentlichen Interesses, fallen Bestimmungen des Gesellschaftsvertrags über den Mindestbetrag der Aktien oder Stammeinlagen §. 180 und Art. 24 E.G., Rückzahlung der Einlagen §§. 213 ff., die Amtsdauer des Aufsichtsraths § 243, Höhe und Ausstattung des Reservefonds §. 262 (Denkschrift).

Die Beschlüsse der vor Eintragung der A.G. nach §§. 190, 196 abgehaltenen Generalversammlung unterliegen dem Einschreiten von Amtswegen nicht.

b) Ist die Frist zur Klagerhebung versäumt, so kann der Aktionär, falls §. 309 zutrifft, die A.G. als nichtig behandeln. Vergl. §. 309 Note 366.

Ist die Anfechtungsklage abgewiesen, so ist der Registerrichter zwar nicht gebunden; allein es wird dann am öffentlichen Interesse fehlen. Aehnlich beim Ablauf der Klagfrist. Befangenheit des Richters §. 295 Note 328.

284 Noten 239, 241 zu §. 259. Keine Begründung nöthig, deshalb kann die Klage auf andere Gründe gestützt werden, als der Wider-

spruch. R.G. XX 140. Der Widerspruch ist nicht mehr haltbar, sobald der Widersprechende logischer Weise irgendwie dem Beschluß zugestimmt hat R.G. XXX 52; eine solche Zustimmung liegt nicht darin, daß der Aktionär die Bilanz genehmigt und nur der Gewinnvertheilung widersprochen hat. R.G. XXII 161. Mißbrauch von Aktien zur Anfechtung strafbar. §. 318 Note 386.

285 §§. 282^5, 256—258 R.G. XXXIV 110.

286 §§. 261, 262. Gründung eines Beamtenunterstützungsfonds. R.G. XL 33. Zuwendungen an den Vorstand §. 237, an den Aufsichtsrath §. 245. Zuwendungen an Beamte und Arbeiter, wenn sie auf Grund ihrer Dienstverträge implicite erfolgen, sind nicht anfechtbar.

287 Hierfür gilt Absatz 2 und 3 nicht. Beeinträchtigung der freien Abstimmung in der Generalversammlung §§. 316, 318. Stimmrecht §. 252.

Art. 190 a²—4. Art. 222. 272. Die Klage ist gegen die **Gesellschaft** zu richten. Die **Gesellschaft wird durch den Vorstand, sofern dieser nicht selbst klagt, und durch den Aufsichtsrath vertreten.**[288]

Zuständig für die Klage ist ausschließlich das Landgericht, in dessen Bezirke die Gesellschaft ihren Sitz hat. Die mündliche Verhandlung erfolgt nicht vor dem Ablaufe der im §. 271 Abs. 2 bezeichneten Frist. Mehrere Anfechtungsprozesse sind zur gleichzeitigen Verhandlung und Entscheidung zu verbinden.[289]

Das Gericht kann auf Verlangen anordnen, daß der Gesellschaft wegen der ihr drohenden Nachtheile von dem klagenden Aktionär Sicherheit zu leisten ist. Art und Höhe der Sicherheit bestimmt das Gericht nach freiem Ermessen. Die Vorschriften der Civilprozeßordnung[1] über die Festsetzung einer Frist zur Sicherheitsleistung und über die Folgen der Versäumung der Frist finden Anwendung.[290]

Die Erhebung der Klage und der Termin zur mündlichen Verhandlung sind unverzüglich[180] von dem Vorstand in den Gesellschaftsblättern bekannt zu machen.[291]

288 Klagt der Vorstand, so ist der Aufsichtsrath der alleinige Vertreter. Klagen Beide, so tritt §. 57 P.O. ein. Jeder Aktionär kann als Nebenintervenient eintreten. §. 66 P.O. Strohmänner §. 318.

289 Nothwendige Streitgenossenschaft, wie §. 976 P.O., bei demselben Anfechtungsgrund. Sachliche Zuständigkeit §. 101^{3a} G.V.G., örtliche §. 17 P.O. Streitwerth R.G. XXIV 427.

290 Die Hinterlegung der Aktien ist nicht mehr vorgeschrieben. Im Uebrigen über die Sicherheitsleistung Note 271 zu §. 266; Note 278 zu §. 279 und §§. 108, 109 P.O.

[291] Zwang nach §. 319^{1}. Verfahren §§. 132—139 F.G.G.; sofortige Beschwerde §. 22 F.G.G. an die K.f.H.S. §. 30 cit.

273. Soweit der Beschluß durch rechtskräftiges Urtheil für nichtig erklärt ist, wirkt das Urtheil auch für und gegen die Aktionäre, die nicht Partei sind.[292] Das Urtheil ist von dem Vorstand unverzüglich[180] zum Handelsregister einzureichen. War der Beschluß in das Handelsregister eingetragen, so ist auch das Urtheil einzutragen; die Eintragung des Urtheils ist in gleicher Weise wie die des Beschlusses zu veröffentlichen. Art. $190a^{5}$.. Art 222.

Für einen durch unbegründete Anfechtung des Beschlusses der Gesellschaft entstehenden[82] Schaden haften ihr die Kläger, welchen eine bösliche[85] Handlungsweise zur Last fällt, als Gesammtschuldner. Art. 190b " 222..

[292] Das Urtheil hat keine bindende Wirkung für den Registerrichter, Note 54 zu §. 16 und Note 283 a. E. zu §. 271. Wenn der Beschluß schon ausgeführt ist R.G. XXXVIII 95. Der gutgläubige Aktionär ist für bezogene Dividenden geschützt in §. 217^{1}. Dritte können sich durch §§. 231^{1}, 235^{2} mit Erfolg vertheidigen. Für die G.Gläubiger ist der Prozeß ein sie nicht berührendes Gesellschaftsinternum. Mitglieder des Vorstands und Aufsichtsraths, welche einen nichtigen Generalversammlungsbeschluß zur Ausführung bringen, können sich Dritten, insbesondere G.Gläubigern gegenüber nicht auf die unterbliebene Anfechtung noch auf vorgebliche Anfechtung, noch auf die etwa geschehene Eintragung berufen, vergl. §. 241 letzter Absatz, §. 249^{3}. Die Herabsetzung des Grundkapitals jedoch berührt die Gläubiger direkt. §. 289^{3-4}.

Vierter Titel.

Abänderungen des Gesellschaftsvertrags.

274. Eine Abänderung des Gesellschaftsvertrags kann nur durch die Generalversammlung beschlossen werden. Die Vornahme von Aenderungen, die nur die Fassung betreffen, kann durch Beschluß der Generalversammlung dem Aufsichtsrath übertragen werden.[293] Art 215^{1}.

In der nach §. 256 Abs. 1, 2 zu bewirkenden Ankündigung soll die beabsichtigte Aenderung des Gesellschaftsvertrags nach ihrem wesentlichen Inhalt erkennbar gemacht werden.[294]

[293] Lag schon in der Tendenz des Art. 215^{1}. Fortsetzung einer zeitlich begrenzten A.G. ist Statutenänderung. M.

294 Es kann nicht davon ausgegangen werden, daß alle Aktionäre das Statut besitzen. Die Tragweite der geplanten Aenderung muß völlig klar gelegt sein. Verstöße haben Anfechtung nach §. 271 zur Folge; kein Zwang des Registerrichters; er kann aber den Eintrag ablehnen. §. 277.

Art. 215 2_3 **275.** In Ermangelung einer anderen Bestimmung des Gesellschaftsvertrags bedürfen die im §. 274 Abs. 1 bezeichneten Beschlüsse der Generalversammlung einer Mehrheit,[220–227] die mindestens drei Viertheile des **bei der Beschlußfassung**[322] vertretenen Grundkapitals[256] umfaßt.

Für eine Abänderung des Gegenstandes[295] des Unternehmens muß diese Mehrheit erreicht sein; der Gesellschaftsvertrag kann noch andere Erfordernisse aufstellen.

Art. 215[6]. Soll das bisherige Verhältniß mehrerer Gattungen von Aktien mit verschiedener Berechtigung zum Nachtheil einer Gattung geändert werden, so bedarf es neben dem Beschlusse der Generalversammlung eines **in gesonderter Abstimmung gefaßten Beschlusses**[296] der benachtheiligten Aktionäre; auf diese Beschlußfassung findet die Vorschrift des Abs. 1 Anwendung. **Die Beschlußfassung der benachtheiligten Aktionäre kann nur stattfinden, wenn sie gemäß §. 256 Abs. 2 ausdrücklich unter den Zwecken der Generalversammlung angekündigt worden ist.**

295 Hierher gehört Umwandlung eines Eisenbahnunternehmens in eine Fabrik, eines gefahrlosen Unternehmens in einen sehr gefährlichen Betrieb, Erbauen einer Kleinbahn durch eine Fabrik, gewerbsmäßiger Kohlenverkauf durch eine auf ganz andere Dinge gerichtete Fabrik [Alles unter Auslegung des Gesellschaftsvertrags]; nicht aber nach R.G. III 128 Ueberlassung des Betriebs an einen Andern gegen an die Aktionäre zu zahlende Dividende von gleichem Betrag. Die geforderte Mehrheit kann durch Gesellschaftsvertrag nicht herabgesetzt werden. Uebertragung von Kleinaktien jetzt in §§. 180³, 209¹, 222⁴ behandelt. Fusion §. 305, Verkauf des Vermögens §. 303, Verstaatlichung §. 304.

296 Ermöglicht die Beschlußfassung der Vorzugsaktionäre der §§. 185, 262³ in derselben Generalversammlung, vergl. Note 216 zu §. 250, und verdeutlicht, daß jede Gattung gesondert abstimmt. Benachtheiligung einer Gattung liegt namentlich in dem Generalversammlungsbeschluß, daß Vorzugsaktien zusammengelegt werden und ein Darlehn geben, die Stammaktien aber unberührt bleiben sollen. R.G. XLI 99.

★276.[216] Eine Verpflichtung der Aktionäre zu Leistungen der im §. 212 bezeichneten Art kann, sofern sie nicht in dem ursprüng=

lichen Gesellschaftsvertrage vorgesehen ist, nur mit Zustimmung sämmtlicher von der Verpflichtung betroffenen Aktionäre begründet werden.

277. Die Abänderung des Gesellschaftsvertrags[293] ist zur Eintragung in das Handelsregister anzumelden. Soweit sich nicht aus den nachfolgenden Vorschriften ein Anderes ergiebt, ist die Anmeldung durch den Vorstand zu bewirken.[297] Art. 214

Bei der Eintragung genügt, soweit nicht die Abänderung die im § 198 bezeichneten Angaben betrifft, die Bezugnahme auf die bei dem Gericht eingereichten Urkunden[239—242] über die Abänderung. Die öffentliche Bekanntmachung findet in Betreff aller Bestimmungen statt, auf welche sich die in den §§. 199, 201 vorgeschriebenen Veröffentlichungen beziehen.

Die Abänderung hat keine Wirkung, bevor sie bei dem Gericht, in dessen Bezirke die Gesellschaft ihren Sitz hat, in das Handelsregister eingetragen worden ist.[298]

297 Formen §§ 12, 231. Kein Zwang zur Anmeldung §. 319². der Zwang liegt in Abs. 3. Besondere Vorschriften nur bei Erhöhung des Grundkapitals §§. 280¹, 284¹ und ebenso bei der Herabsetzung §§. 289¹, 291. E.G Art. 11 Noten 40, 50.

298 Hier wird der Tag der Eintragung §. 130 F.G.G. von Bedeutung. Der Eintrag deckt selbstverständlich trotz der Prüfung des Registerrichters Mängel beim Zustandekommen des Beschlusses nicht R.O.H.G. XX 210; aber die Thatsache des Eintrags bewirkt, daß jeder Dritte sich darauf, bis eine Aenderung eingetragen ist, stützen kann. §. 15. Zugewählte Aufsichtsrathsmitglieder können vor vollzogener Eintragung nicht funktioniren. R.G. XXIV 58. E G Art. 10 Noten 23 und 25.

278. Eine Erhöhung des Grundkapitals durch Ausgabe neuer Aktien soll[299] nicht vor der vollen Einzahlung des bisherigen Kapitals erfolgen. Für Versicherungsgesellschaften kann im Gesellschaftsvertrag ein Anderes bestimmt werden. Durch Rückstände, die auf einen verhältnißmäßig[300] unerheblichen Theil der eingeforderten Einzahlung verblieben sind, wird die Erhöhung des Grundkapitals nicht gehindert. Art. 215 a¹—².

Sind mehrere Gattungen von Aktien mit verschiedener Berechtigung vorhanden, so bedarf es neben dem Beschlusse der Generalversammlung eines in gesonderter Abstimmung gefaßten Beschlusses[296] der Aktionäre jeder[301] Gattung; auf

diese Beschlußfassung finden die Vorschriften des §. 275 Abs. 1, Abs. 3 Satz 2 Anwendung.

Sollen die auf die Kapitalserhöhung entfallenden neuen Aktien für einen höheren als den Nennbetrag ausgegeben werden, so ist der Mindestbetrag, unter dem die Ausgabe nicht erfolgen soll, in dem Beschluß über die Erhöhung des Grundkapitals festzusetzen.[302]

[299] Zuwiderhandlung zieht weder die Ungültigkeit des Beschlusses noch der Aktien nach sich §. 287. Dem Registerrichter ist durch §. 280² lediglich die gesteigerte Möglichkeit gegeben, den Eintrag zu verhindern und machen sich Vorstand und Aufsichtsrath nach §. 313³ strafrechtlich verantwortlich. Weitere Sicherung in §§. 179, 314²; der Erhöhungsbeschluß wird ausgeführt nach §§. 218 ff. Bei Uebernahmen und Sacheinlagen kommt §. 186 in Betracht §. 279. In diesem Beschluß sind zugleich die Bezugsrechte auf die jungen Aktien festzusetzen. §. 282¹. Vorherige Zusicherungen sind unwirksam. §§. 282, 283.

[300] Vernünftiges Abwägen im einzelnen Fall; Sicherung gegen Uebergriffe §§. 280², 313³.

[301] Durch Ausgabe neuer Prioritätsaktien, §§ 185, 262³, sind nicht allein die früheren Prioritätsaktien sondern auch die Stammaktien benachtheiligt.

[302] Das Agio fließt in den Reservefond. §. 262² bei Ueberpariemission. Unterpariemission ist durch §. 184 verboten. Im Uebrigen §. 189³.

★279.[303] **Wird auf das erhöhte Grundkapital eine Einlage gemacht, die nicht durch Baarzahlung zu leisten ist, oder wird auf eine Einlage eine Vergütung für Vermögensgegenstände angerechnet, welche die Gesellschaft übernimmt, so müssen der Gegenstand der Einlage oder der Uebernahme, die Person, von welcher die Gesellschaft den Gegenstand erwirbt, und der Betrag der für die Einlage zu gewährenden Aktien oder die für den übernommenen Gegenstand zu gewährende Vergütung in dem Beschluß über die Erhöhung des Grundkapitals festgesetzt werden.**

Jedes Abkommen dieser Art, welches nicht die vorgeschriebene Festsetzung in dem Beschlusse der Generalversammlung gefunden hat, ist der Gesellschaft gegenüber unwirksam. Die Vorschriften der §§. 207, 208 bleiben unberührt.

[303] Entspricht dem §. 186² u. ⁴. Die Vorschriften der §§. 207, 208 über die Nachgründung genügen nicht, weil sie zeitlich beschränkt sind Ebenso §. 57 des Gesetzes betr. die G. m. b. H.

Art. 215a³. **280. Der Beschluß über die Erhöhung des Grundkapitals ist** von sämmtlichen[297] Mitgliedern des Vorstandes und des Aufsichtsraths[297] zur Eintragung in das Handelsregister anzumelden. Art. 215b[2]. Art. 210[4].

In der Anmeldung ist die Versicherung abzugeben, daß das bisherige Grundkapital eingezahlt ist oder, soweit die Einzahlung nicht stattgefunden hat, daß darauf weitere als die in der Anmeldung bezeichneten Beträge nicht rückständig sind.[304] " 212[2]. " 210[3].

[304] Begriff der Einzahlung §. 195 Abs 3, ev. Erklärung nach § 279 und §. 195[2]. Ueber Rückstände §. 278 Note 300. Die Anmeldung des Abs. 1 steht nicht unter Zwang §. 319[2]. Die wissentliche falsche Versicherung des Abs. 2 steht aber unter Kriminalstrafe §. 313[3]. Außer der Eintragung des Erhöhungsbeschlusses ist noch die Eintragung des Vollzugs der Erhöhung nöthig. §. 284.

281. Die Zeichnung der neuen Aktien geschieht mittelst Zeichnungsscheins. Der Zeichnungsschein soll doppelt ausgestellt werden; er hat außer den im §. 189 Abs. 2 bezeichneten Angaben zu enthalten: Art. 215b[1].

1. den Tag, an welchem der Beschluß über die Erhöhung des Grundkapitals gefaßt ist;
2. den Betrag, für welchen die Ausgabe der Aktien stattfindet, und den Betrag der festgesetzten Einzahlungen;
3. die im §. 279 vorgesehenen Festsetzungen und, wenn mehrere Gattungen von Aktien mit verschiedener Berechtigung ausgegeben werden, den Gesammtbetrag einer jeden;[296, 301]
4. den Zeitpunkt, in welchem die Zeichnung unverbindlich wird, sofern nicht bis dahin die erfolgte Erhöhung des Grundkapitals in das Handelsregister eingetragen ist.

Die Vorschriften des §. 189 Abs. 4, 5 finden mit der Maßgabe entsprechende Anwendung, daß an die Stelle der Eintragung der Gesellschaft in das Handelsregister die Eintragung der erfolgten Erhöhung des Grundkapitals tritt.[305]

[305] Es sind die Bestimmungen der Zeichnungsgründung §. 189 (successiven Gründung) auf die Erhöhung des Grundkapitals sinngemäß bezüglich des Inhalts und der Bedeutung der Zeichnungsscheine, der Bestimmung des Zeitpunktes, mit welchem die Zeichnung unverbindlich wird,

sofern nicht bis dahin die Eintragung der Kapitalserhöhung erfolgt ist §§ 284, 285, übertragen.

Es gelten darum auch die in den Noten zu §. 189 besprochenen Grundsätze über die Heilung der Mängel durch Ausübung der Mitgliedsrechte und über die Unwirksamkeit von Beschränkungen der Verpflichtungen des Zeichners.

★282. Jedem Aktionär muß auf sein Verlangen ein seinem Antheil an dem bisherigen Grundkapital entsprechender Theil der neuen Aktien zugetheilt werden, soweit nicht in dem Beschluß über die Erhöhung des Grundkapitals ein Anderes bestimmt ist.

Der Betrag, zu welchem die neuen Aktien an die Aktionäre ausgegeben werden, ist von dem Vorstand in den Gesellschaftsblättern zu veröffentlichen. In der Veröffentlichung kann eine Frist für die Ausübung des Bezugsrechts bestimmt werden; die Frist muß mindestens zwei Wochen betragen.[306]

[306] Von der Ausgabe des letzten Blattes an; der Tag der Ausgabe zählt nicht mit; Berechnung von Datum zu Datum §§. 187[1], 188[2] B.G.B. Die Einräumung früherer Bezugsrechte ist unwirksam §. 283[2]. Den Aktionären muß das Bezugsrecht angeboten werden. Der § 282 enthält zwingendes Recht. Aeltere Bezugsrechte sind durch §. 282 jedoch nicht betroffen R.G. XXVIII 79. Kleinaktien Art 24 E.G.

283. Eine Zusicherung von Rechten auf den Bezug neu auszugebender Aktien kann nur unter Vorbehalt des im §. 282 bezeichneten Rechtes der Aktionäre erfolgen.[306a]

Art. 215a[4]. Eine Zusicherung, die vor dem Beschlusse über die Erhöhung des Grundkapitals geschieht, ist der Gesellschaft gegenüber unwirksam.

[306a] Aeltere Zusicherungen ausgenommen. Art. 28. E.G.

Art. 215b[2]. Art. 210. **284.** Die erfolgte[307] Erhöhung des Grundkapitals ist von sämmtlichen Mitgliedern des Vorstandes und des Aufsichtsraths zur Eintragung in das Handelsregister anzumelden.[297]

Der Anmeldung sind beizufügen:

1. die Duplikate der Zeichnungsscheine und ein von den Mitgliedern des Vorstandes unterschriebenes Verzeichniß der Zeichner, welches die auf jeden entfallenen Aktien sowie die auf die letzteren geschehenen Einzahlungen angiebt;

2. im Falle des §. 279 die Verträge, welche den dort bezeichneten Festsetzungen zu Grunde liegen oder zu ihrer Ausführung geschlossen sind;
3. eine Berechnung der für die Gesellschaft durch die Ausgabe der neuen Aktien entstehenden Kosten;
4. wenn die Erhöhung des Grundkapitals mit Rücksicht auf den Gegenstand des Unternehmens der staatlichen Genehmigung bedarf, sowie in den Fällen des §. 180 Abs. 2 die Genehmigungsurkunde.

Die Vorschriften des §. 195 Abs. 3 finden Anwendung.

Die der Anmeldung beigefügten Schriftstücke werden bei dem Gericht in Urschrift oder in beglaubigter Abschrift aufbewahrt.

In die Veröffentlichung, durch welche die Eintragung bekannt gemacht wird, ist auch der Betrag, zu welchem die Aktien ausgegeben werden, aufzunehmen.[308]

[307] Nach Deckung des nach §. 278—280 erhöhten Kapitals durch Zeichnung und Leistung der ersten Einzahlung. Die zwei Akte des §. 280 und des §. 284 können jedoch, wie bei §. 57¹ Ges.betr.G.m b.H., vereinigt werden. §. 285. Es besteht kein Widerspruch mit §. 277³, weil Zeichnungen und Einzahlung in Voraussetzung demnächstiger Rechtswirksamkeit des Erhöhungsbeschlusses angenommen werden. Kein Anmeldungszwang durch den Registerrichter §. 319². Der Zwang liegt in §. 277³.

Es entsprechen Ziffer 1 und 3 des §. 284 der Ziffer 3 des §. 195. Ziffer 2 der Ziffer 2, Ziffer 4 der Ziffer 6 des §. 195 in sinngemäßer Anwendung.

[308] §. 199². Veröffentlichung §§. 10—11, 182⁶.

★285.[307] Die Anmeldung und Eintragung der erfolgten Erhöhung des Grundkapitals kann mit der Anmeldung und Eintragung des Beschlusses über die Erhöhung verbunden werden.

286. Bei einem Gericht, in dessen Bezirke die Gesellschaft eine Zweigniederlassung hat, sind die in den §§. 280, 284 bezeichneten Anmeldungen zur Eintragung in das Handelsregister durch den Vorstand[297] zu bewirken. Die Vorschrift des §. 284 Abs. 5 findet Anwendung; die Vorschriften des §. 280 Abs. 2 und des §. 284 Abs. 2 bis 4 bleiben außer Anwendung.[309] Art. 215 a³ Satz 1. Art. 215 b² Satz 2. Art. 212.

[309] d. h. es genügt hier für die Zweigniederlassung, abweichend von §. 13, aber in Uebereinstimmung mit §. 201 vereinfachte Anmeldung, die aber, sobald die Eintragung zur Hauptniederlassung erfolgt ist

Note 307, durch §. 14 zu erzwingen ist. Der Eintrag in das Register der Hauptniederlassung ist der Entscheidende. §. 15 Note 49, §. 277³.

Art. 215c Abs. 3 Satz 2. **287.** Bevor die erfolgte Erhöhung des Grundkapitals in das Handelsregister eingetragen ist, können[310] Aktien und Interimsscheine auf das zu erhöhende Kapital nicht ausgegeben werden.

Die Antheilsrechte an dem zu erhöhenden Kapitale können vor diesem Zeitpunkte mit Wirksamkeit gegenüber der Gesellschaft nicht übertragen werden.

[310] Verstöße gegen Abs. 1 und 2 ziehen jetzt Nichtigkeit der ausgegebenen Urkunden und Uebertragungen nach sich; wie bei §. 200², 209² und mit denselben Straffolgen §. 314³ Inhaberaktien dürfen ebenfalls nicht vor Vollzahlung §. 179², Kleinaktien nicht ohne die Genehmigung der §§. 180², 209¹ ausgegeben werden. Unterpariemission ebenfalls verboten §. 184.

Art. 248¹. **288.** Eine Herabsetzung des Grundkapitals kann nur mit einer Mehrheit[220–227] beschlossen werden, die mindestens drei Viertheile des bei der Beschlußfassung[322] vertretenen Grundkapitals[256] umfaßt. Der Gesellschaftsvertrag kann noch andere Erfordernisse aufstellen.

Durch den Beschluß muß[311] zugleich festgesetzt werden, zu welchem Zwecke[312] die Herabsetzung stattfindet, insbesondere, ob sie zur theilweisen Rückzahlung des Grundkapitals an die Aktionäre erfolgt, und in welcher Weise die Maßregel auszuführen ist.[313]

Sind mehrere Gattungen von Aktien mit verschiedener Berechtigung vorhanden, so bedarf es neben dem Beschlusse der Generalversammlung eines in gesonderter Abstimmung gefaßten Beschlusses der Aktionäre jeder Gattung;[296] auf diese Beschlußfassung finden die Vorschriften des Abs. 1 und des §. 275 Abs. 3 Satz 2 Anwendung.

– [311] Darf nicht Direktion oder Aufsichtsrath anheimgegeben werden R.G. XXVI 132.

[312] z. B. Befreiung der Aktionäre von noch nicht geleisteten Einzahlungen §§. 221, 289⁴, Amortisation §. 227, Beseitigung einer Unterbilanz oder Umwandlung eines Theils des Grundkapitals in einen der freien Verfügung unterliegenden Reservefond. §. 262³.

[313] d. h. es muß der Beschluß auch bestimmen, ob eine Verminderung des Nominalbetrags oder der Zahl der Aktien eintreten, und ob dies im Weg einer Zusammenlegung, Umtauschung, Abstempelung u. s. w.

§. 290 bewerkstelligt werden soll. Das Sonderrecht des Aktionärs auf unveränderten Fortbestand seines Aktienrechts ist mit Hülfe des §. 288 durchbrochen; selbst diejenigen Aktionäre müssen sich dem Beschluß fügen, die nicht die zur Zusammenlegung nöthige Zahl von Aktien besitzen und daher ohne Zuschüsse von denselben keinen Gebrauch machen können. R.G. XXXVI 137. Kann oder will der Aktionär die fehlende Zahl nicht dazu erwerben, so muß er seine Aktien der A.G. zur Verfügung stellen, damit für sie zusammen mit den Antheilen anderer Aktionäre, die sich in der gleichen Lage befinden, eine entsprechende Zahl neuer Aktien durch die A.G. veräußert und der Erlös jedem der Betheiligten zu dessen Antheil ausgehändigt bezw. hinterlegt werde. Zu diesem Zweck ist der Zwang des §. 290 eingerichtet. R.G. XXXVIII 98.

289. Der Beschluß über die Herabsetzung des Grundkapitals Art. 248^{2}
ist von sämmtlichen Mitgliedern des Vorstandes zur Eintragung „ 214. „ 212^{3}
in das Handelsregister anzumelden.[297—298]

Der Vorstand hat unter Hinweis auf die beschlossene Art. 248^{1}.
Herabsetzung des Grundkapitals nach der Eintragung „ 243.
des Beschlusses die Gläubiger der Gesellschaft aufzufordern, ihre Ansprüche anzumelden. Die Aufforderung ist dreimal in den Gesellschaftsblättern[314] zu veröffentlichen. Bekannte Gläubiger sind durch besondere Mittheilung zur Anmeldung aufzufordern.

Den Gläubigern, deren Forderungen vor der letzten Art. 245^{3}.
öffentlichen Aufforderung begründet sind, ist Befriedigung „ 202
zu gewähren oder Sicherheit zu leisten, sofern sie sich zu diesem Zwecke melden.

Zahlungen an die Aktionäre dürfen auf Grund der Herab- Art. 245^{2}.
setzung des Grundkapitals erst erfolgen, nachdem seit dem Tage, an welchem die im Abs. 2 vorgeschriebene öffentliche Aufforderung zum dritten Male stattgefunden hat, ein Jahr verstrichen ist[315] und nachdem die Gläubiger, die sich gemeldet haben, befriedigt oder sichergestellt worden sind.[316] Eine durch die Herabsetzung bezweckte Befreiung der Aktionäre von der Verpflichtung zur Leistung von Einlagen auf die Aktien tritt nicht vor dem bezeichneten Zeitpunkt in Wirksamkeit.

314 §. 182^{6}.

315 Der Anfangstag bleibt außer Ansatz; alsdann Rechnung von Datum zu Datum. §§. 187^{1}, 188^{2} B.G.B.

316 Vor Ablauf dieses Sperrjahres kann also der Herabsetzungsbeschluß nicht durchgeführt werden. Zuwiderhandlung, falls Rückzahlung beschlossen ist, verhüten §§. 241^{5}, 249^{3}. Die Gläubiger sind geschützt außer durch

Abs. 3 noch durch §§ 241 Abs. 4, 249[3], 217 Ueber den Zweck der Schutzrechte der Abs. 2—4 R.O.H.G. XXIV 242 und R.G V 7. Sicherheitsleistung §§. 232 ff. B.G.B Kein Aufsichtsrecht des Registerrichters.

★290.[317] Ist zur Ausführung der Herabsetzung des Grundkapitals eine Verminderung der Zahl der Aktien durch Umtausch, Stempelung oder durch ein ähnliches Verfahren vorgesehen, so kann die Gesellschaft die Aktien, welche trotz erfolgter Aufforderung nicht bei ihr eingereicht sind, für kraftlos erklären. Das Gleiche gilt in Ansehung eingereichter Aktien, welche die zum Ersatze durch neue Aktien erforderliche Zahl nicht erreichen und der Gesellschaft nicht zur Verwerthung für Rechnung der Betheiligten zur Verfügung gestellt sind.

Die Aufforderung zur Einreichung der Aktien hat die Androhung der Kraftloserklärung zu enthalten. Die Kraftloserklärung kann nur erfolgen, wenn die Aufforderung nach Maßgabe des §. 219 Abs. 2 bekannt gemacht ist; sie geschieht mittelst Bekanntmachung in den Gesellschaftsblättern.[314]

Die an Stelle der für kraftlos erklärten Aktien auszugebenden neuen Aktien sind für Rechnung der Betheiligten durch die Gesellschaft zum Börsenpreis[247] und in Ermangelung eines solchen durch öffentliche Versteigerung[318] zu verkaufen. Der Erlös ist den Betheiligten auszuzahlen oder, sofern die Berechtigung zur Hinterlegung vorhanden ist,[319] zu hinterlegen.

[317] Ueber den Zweck vergl. Note 313 zu §. 288. Auf dem Weg der Zusammenlegung sowohl als auf dem der Kürzung durch Stempelung ist die Grenze durch den Minimalbetrag von 1000 M. gegeben. §. 180. Aeltere Gesellschaften Art. 24 E G Es steht nichts entgegen, die Aktien sämmtlich im Sanirungsweg in eine Hand zu geben, wie der Bestand der A.G überhaupt nicht von einer Mehrzahl von Aktionären abhängig ist, jur W. 97, 191 Nr. 21 R.G XXIII 204.

[318] Durch Kursmakler §. 34 Börs G Art. 14 E G. Die A.G ist Schuldnerin und muß versteigern nach §§ 383—386 B.G.B., §. 456 bis 458 B G B Vergl. §. 373 H.G B.

[319] d i. bei Annahmeverweigerung, und zwar in den Formen und mit den Wirkungen der §§. 372—386 B G B, Art. 144—145 E.G.z.B.G.B.; ferner, wenn der Erlös für mehrere Gläubiger gepfändet ist §§. 827[3], 853 P.O., und bei mehreren Forderungsprätendenten § 75 P.O.

★291. Die erfolgte[320] Herabsetzung des Grundkapitals ist von sämmtlichen Mitgliedern des Vorstandes zur Eintragung in das Handelsregister anzumelden.[297]

[320] Dieselbe Trennung in die 2 Akte der §§. 289 und 291 wie bei der Erhöhung des Grundkapitals, jedoch ohne die Erleichterung des §. 285. Vergl. hierüber Note 307 zu §. 284. Kein Zwang durch den Registerrichter. Der Zwang liegt auch hier in §. 277^3. Beim Eintrag zum Register der Zweigniederlassung ist die Erleichterung des §. 286 nicht gegeben. Es gilt §. 13. Erzwingbarkeit nach §. 14, sobald der Eintrag zum Hauptregister erfolgt ist. §§. 132 ff. F G.G.

Fünfter Titel.

Auflösung und Nichtigkeit der Gesellschaft.

292. Die Aktiengesellschaft wird aufgelöst: Art. 242.

1. durch den Ablauf der im Gesellschaftsvertrage bestimmten Zeit;[321]
2. durch Beschluß der Generalversammlung; der Beschluß bedarf einer Mehrheit,[220—227] die mindestens drei Viertheile des bei der Beschlußfassung[322] vertretenen Grundkapitals[256] umfaßt; der Gesellschaftsvertrag kann noch andere Erfordernisse aufstellen;
3. durch die Eröffnung des Konkurses über das Vermögen der Gesellschaft.[182—183]

Die Vorschriften dieses Titels kommen auch zur Anwendung, wenn die Auflösung einer Aktiengesellschaft aus anderen Gründen erfolgt.[322a]

[321] und zwar von selbst. R.O.H.G. XIV 366.

[322] Die nicht Abstimmenden zählen nicht R.G. XX 143.

[322a] z. B. bei Amortisation sämmtlicher Aktien §. 227.

293. Die Auflösung der Gesellschaft ist außer dem Falle des Konkurses durch den Vorstand zur Eintragung in das Handelsregister anzumelden.[323] Art. 243 Abs 1 Satz 1.

[323] Im Konkurs von Amtswegen §§. 32, 210^2, 6. Anmeldungsform §. 13; erzwingbar §. 14; Ordnungsstrafverfahren §§. 132—139 F G.G.; sofortige Beschwerde §. 22 cit. an die K.f.H.S. §. 30 F.G.G. Strafgerichtliche Verfolgung bei unterbliebener Anmeldung §. 315^2.

★294. Nach der Auflösung der Gesellschaft findet die Liquidation statt,[324] sofern nicht über das Vermögen der Gesellschaft der Konkurs eröffnet ist.

Bis zur Beendigung der Liquidation[325] kommen die Vorschriften der vorausgehenden Titel zur Anwendung, soweit sich nicht aus diesem Titel oder aus dem Zwecke der Liquidation ein Anderes ergiebt.[326]

[324] Im Gegensatz zur offenen H.G. §. 145[1] und der Kommanditgesellschaft §. 161[2] ist die Liquidation nothwendige Folge der Auflösung jeder Aktiengesellschaft, welche nicht einmal durch den Willen sämmtlicher Aktionäre zu beseitigen ist; ausgenommen der Fall des Konkurses und bei besonderer Vereinbarung auch die Fälle der Fusion. §§. 304[1] und 306[1].

[325] und wenn keine Liquidation erfolgt Note 324, solange überhaupt Gesellschaftsvermögen vorhanden und die Firma nicht erloschen ist. Die Gesellschaftsorgane können selbst im Falle des Konkurses noch Interesse haben, zu funktioniren. R.O.H.G. XVI 284. Dasselbe gilt, wenn die Gesellschaft zu Unrecht den Beschluß hat eintragen lassen, daß die Liquidation beendet sei. R.G. XLI 96.

[326] Aehnlich § 156.

Art. 244 1, 3, 4. **295.** Die Liquidation geschieht durch die Mitglieder des Vorstandes als Liquidatoren, sofern nicht durch den Gesellschaftsvertrag oder durch Beschluß der Generalversammlung andere Personen dazu bestimmt werden.[327]

Auf Antrag des Aufsichtsraths oder von Aktionären, deren Antheile zusammen den zwanzigsten Theil des Grundkapitals[256] erreichen, kann aus wichtigen Gründen die Ernennung von Liquidatoren durch das Gericht[328] erfolgen, in dessen Bezirke die Gesellschaft ihren Sitz hat. Die Aktionäre haben bei Stellung des Antrags glaubhaft zu machen, daß sie seit mindestens sechs Monaten Besitzer der Aktien sind

Die Abberufung von Liquidatoren kann durch das Gericht unter denselben Voraussetzungen wie die Bestellung stattfinden. Liquidatoren, die nicht vom Gericht ernannt sind, können durch die Generalversammlung auch vor dem Ablaufe des Zeitraums, für welchen sie bestellt sind, abberufen werden.[195]

[327] Die Liquidation ist für den zum Liquidator bestimmten Vorstand im Zweifel kein wichtiger Grund zur Lösung des Dienstvertrags vor der Zeit. §§. 622, 626 B.G.B., R.G XXIV 70. Mitglieder des Aufsichtsraths können nicht Liquidatoren sein. §§ 248, 294[2].

[328] Das Amtsgericht §. 145 F G G Verfahren §. 146 F.G.G., sofortige Beschwerde an die K.f.H S §§ 22, 30 F.G.G. Aktionäreigenschaft des Amtsrichters an sich noch kein Grund zur Befangenheit. §. 6 F.G.G., R.G. VII 311, VIII 412, R.O.H.G. XVIII 170, XV 340.

Es giebt zwar auch dann keine Ablehnung, wohl aber Beschwerde des Betroffenen §. 20[1] F.G.G., wegen Beeinträchtigung seines Rechts, daß der ausgeschlossene Richter nicht entscheide

296.[329] Die ersten Liquidatoren sind durch den Vorstand, jede Art. 244[5].
Aenderung in den Personen der Liquidatoren ist durch die " 212. " 179[2].
Liquidatoren zur Eintragung in das Handelsregister anzu- " 244a. " 135[2].
melden. Ist bei der Bestellung der Liquidatoren eine Bestimmung über ihre Vertretungsbefugniß getroffen, so ist auch diese Bestimmung zur Eintragung anzumelden.

Der Anmeldung ist eine öffentlich beglaubigte Abschrift der Urkunden über die Bestellung oder Aenderung beizufügen; diese Vorschrift findet auf die Anmeldung zum Handelsregister einer Zweigniederlassung keine Anwendung.[330]

Die Eintragung der gerichtlichen Ernennung oder Abberufung von Liquidatoren geschieht von Amtswegen.

Die Liquidatoren haben die Firma nebst[331] ihrer Namensunterschrift zur Aufbewahrung bei dem Gerichte zu zeichnen.

[329] Im Allgemeinen den §§. 148 und 234 nachgebildet. Der Anmeldungszwang in §. 132 F.G.G.; Verfahren in §§. 133—139 F.G.G.; sofortige Beschwerde an die K.f.H.S. §§. 22, 30 F.G.G., vergl. §. 14. Anmeldungsformen §§. 128—129 F.G.G. u. §. 11 cit.

[330] Da doch die Eintragung zum Register der Hauptniederlassung entscheidet; Erleichterung gegen §. 13; auch diese Anmeldung kann erzwungen werden, sobald die Eintragung zum Hauptregister erfolgt ist. Dazu §. 131 F.G.G. u. E.G. Art. 11 Noten 40 u. 50.

[331] Nachgebildet dem §. 148[3]. Anders der Vorstand §§. 195 Abs. 4, 234[3], der nur seine Unterschrift zeichnet.

297. Die Liquidatoren haben[332] unter Hinweis auf die Art 243 [1—2].
Auflösung der Gesellschaft die Gläubiger der Gesellschaft aufzufordern, ihre Ansprüche anzumelden. Die Aufforderung ist dreimal in den Gesellschaftsblättern[314] zu veröffentlichen.

[332] Nicht mehr der Vorstand. Die aus den Handelsbüchern ersichtlichen oder sonst bekannten Gläubiger erhalten keine besondere Aufforderung, wie in §. 289[2], weil sie auch ohne Meldung befriedigt werden müssen; ev. hat Hinterlegung §. 290 Note 319 oder Sicherheitsleistung §§. 232 ff. B.G.B. stattzufinden. Art. 245[3] ist deshalb gestrichen.

298. Der Geschäftskreis der Liquidatoren sowie die Form, in Art 244 [1—2].
welcher sie die Firma zu zeichnen haben, bestimmt sich nach den Vorschriften der §§. 149, 151, 153.

Im Uebrigen haben die Liquidatoren **innerhalb ihres Geschäftskreises** die Rechte und Pflichten des Vorstandes;[333] sie unterliegen gleich diesem der Ueberwachung durch den Aufsichtsrath.[334]

In Ansehung der Mitwirkung sämmtlicher Liquidatoren bei Willenserklärungen für die Gesellschaft findet die Vorschrift des §. 232 Abs. 1 Satz 1 nur insoweit Anwendung, als nicht für die Liquidatoren im Gesellschaftsvertrag oder bei ihrer Ernennung ein Anderes bestimmt ist.

Eine Bestellung von Prokuristen findet nicht statt.[335] Die Vorschriften des §. 236 **bleiben** außer Anwendung.

[333] d. h. die Stellung des Vorstands §. 231, 235, soweit die Liquidationszwecke nicht einschränkend wirken. Aehnliche Einschränkung bei den Liquidatoren einer offenen H.G. § 149 Die Bemerkungen zu §. 149 gelten auch hier §. 50 B.G.B. R.G. III 55. Der Liquidator kann von den Aktionären die fehlenden Einschüsse auf nicht vollbezahlte Aktien verlangen. R.O.H.G. XXII 135. §. 300³ Zustellungen erfolgen an die Liquidatoren, sie leisten die Eide, vertreten die A.G. in Liquidation gerichtlich und außergerichtlich. Die Vertretungsmacht ist nach Außen nicht beschränkbar, allein der Dritte, der sich mit den Liquidatoren einläßt, muß sich den Zweck der Liquidation vor Augen halten, der in Abwickelung von Geschäften und in Versilberung des vorhandenen Vermögens besteht R.O.H.G. XXI 308; darnach bemißt sich auch die vom Liquidator zu gewährende Sorgfalt § 241¹ u. ² Er hat von seinem Vorgänger sich Rechnung stellen zu lassen und gegen denselben ev. vorzugehen, er macht sich strafrechtlich verantwortlich, wenn er nicht rechtzeitig den Antrag auf Konkurseröffnung stellt, §§. 207—208 K.O. §. 315², kann wegen einfachen und betrügerischen Bankerotts gestraft werden § 247 K.O., und erleidet Strafverfolgung bei den in §§. 314, 315¹ aufgezählten groben Verstößen gegen die Geschäftsführung; auf ihn erstreckt sich das Aufsichtsrecht des Registerrichters. §. 319² E.G. Art. 10 Note 29

[334] §. 246. Die Generalversammlung kann dem Aufsichtsrath für seine Mühewaltung während der Liquidation eine zuvor nicht versprochene Vergütung bewilligen. R.O.H.G. XXIV 223.

[335] Zwingendes Recht, weil keine Erwerbsgeschäfte betrieben werden sollen. R.O.H.G. XIII 225, daher auch kein Konkurrenzverbot

Art. 244a³. **299.** Die Liquidatoren haben für **den**[336] Beginn der Liquidation und weiterhin für den Schluß jedes Jahres eine Bilanz aufzustellen; **das bisherige Geschäftsjahr der Gesellschaft kann beibehalten werden.**

Die Vorschriften der §§. 260, 263 bis 267 mit Ausnahme derjenigen über die Gewinnvertheilung finden Anwendung,[337] **die Vorschriften der §§. 261, 262 bleiben außer Anwendung.**[338]

[336] §. 40 Note 110.

[337] Also hat alljährlich eine ordentliche Generalversammlung stattzufinden, der außer der Bilanz ein Geschäftsbericht der Liquidatoren mit den Bemerkungen des Aufsichtsraths §. 314[1] zur Entlastung vorzulegen ist. Ohne Rechnungslegung kann die Generalversammlung keine Decharge beschließen. R.G. XXXIV 57.

Gewinnvertheilung während der Liquidation findet nicht statt.

[338] weil die Liquidation in Bezug auf ihre Ergebnisse als einheitliche Rechnungsperiode zu behandeln ist, die nicht der Gewinnvertheilung dient. Deshalb genügen die Bilanzvorschriften der §§. 39, 40. Etwaige Abweichungen von der Eröffnungsbilanz sind sodann in der am Schluß des Jahres oder bei früherer Beendigung der Liquidation in der dann aufzunehmenden Bilanz bezw. in deren Uebersicht hervorzuheben.

300. Das nach der Berichtigung der Schulden verbleibende Vermögen der Gesellschaft wird unter die Aktionäre vertheilt.[339] Art 245[1].

Die Vertheilung erfolgt nach dem Verhältnisse der Aktienbeträge,[340] sofern nicht mehrere Gattungen von Aktien mit verschiedener Berechtigung vorhanden sind.

Sind die Einzahlungen nicht auf alle Aktien in demselben Verhältnisse geleistet, so werden die auf das Grundkapital[256] geleisteten Einzahlungen erstattet und ein Ueberschuß nach dem Verhältnisse der Aktienbeträge[340] vertheilt. Reicht das vorhandene Vermögen zur Erstattung der Einzahlungen nicht aus, so haben die Aktionäre den Verlust nach dem Verhältnisse der Aktienbeträge zu tragen; die noch ausstehenden Einzahlungen sind, soweit es hierzu erforderlich ist, einzuziehen.

[339] Nur der Gesellschaftsvertrag, dem sich Alle unterworfen haben, nicht ein Mehrheitsbeschluß kann eine Verwendung zu anderm Zweck anordnen.

[340] also der Nominalbeträge und zwar auch dann, wenn volleingezahlte Aktien mit Interimsscheinen konkurriren R.G. XXXIII 16. Es sind dieselben Grundsätze angewendet, wie bei der jährlichen Gewinnvertheilung §§. 214; es wäre denn, daß der Gesellschaftsvertrag einen andern Maßstab angibt. R.G. VII 70. Vorzugsaktien §§. 185, 275[3] behalten ihren Vorzug, wie Abs. 2 ja auch sagt.

301. Die Vertheilung des Vermögens darf nur erfolgen, wenn Art. 245 seit dem Tage, an welchem die im §. 297 vorgeschriebene öffentliche [2] u. [3]. Aufforderung an die Gläubiger zum dritten Male stattgefunden Art 202. hat, ein Jahr verstrichen ist.[314, 315, 341]

Meldet sich ein bekannter Gläubiger nicht, so ist der geschuldete Betrag, wenn die Berechtigung zur Hinterlegung vorhanden ist,[319] für den Gläubiger zu hinterlegen.

Ist die Berichtigung einer Verbindlichkeit zur Zeit nicht ausführbar[342] oder ist eine Verbindlichkeit streitig, so darf die Vertheilung des Vermögens nur erfolgen, wenn dem Gläubiger Sicherheit[316] geleistet ist.

341 Meldet er sich nach dem Jahre, so muß er, soweit Vermögen vorhanden, berücksichtigt werden. §. 51 B.G.B.

342 Dies ist der Fall bei befristeten Forderungen; denn die Auflösung der A.G. macht sie nicht fällig. R.O.H.G. XXIV 254. Beschließt die Gesellschaft Aufschub der Vertheilung, so haben die Gläubiger nur ein bedingtes Recht auf Sicherheitsleistung §. 321 B.G.B., wenn nicht ein Arrestgrund gegeben ist. R.O.H.G. XXIII 150. Vorbild des §. 301 waren die §§. 51, 52 B.G.B.

Art. 245[4] **302.** Ist die Liquidation beendigt[337] [338] und die Schlußrechnung gelegt, so haben die Liquidatoren das Erlöschen der Gesellschaftsfirma zur Eintragung in das Handelsregister anzumelden.[343] [325]

Art. 246 Die Bücher und Papiere der Gesellschaft sind an einem von dem Gerichte des Sitzes der Gesellschaft[344] zu bestimmenden sicheren Orte zur Aufbewahrung auf die Dauer von zehn Jahren zu hinterlegen.

Die Aktionäre und die Gläubiger können zur Einsicht der Bücher und Papiere von dem Gericht ermächtigt werden.[344]

Stellt sich nachträglich noch weiteres der Vertheilung unterliegendes Vermögen heraus, so hat auf Antrag eines Betheiligten das Gericht des Sitzes der Gesellschaft die bisherigen Liquidatoren erneut zu bestellen oder andere Liquidatoren zu berufen.[345]

343 gemäß §§ 12—13. Erzwingbar nach §. 14. Die Veröffentlichung erfolgt nach §. 10 und, was §. 182 Ziff. 6 angeht, durch die Liquidatoren.

344 Das Amtsgericht §. 145 F.G.G. erzwingt die Einhaltung §. 319[1] im Verfahren der §§. 146, 132—139 F.G.G.; sofortige Beschwerde an die K.f.H.S. §§. 22, 30 F.G.G. Keine Auslieferung, nur Einsicht R.O.H.G. VII 75.

345 Aufsicht §§. 145, 146, 22, 30 F.G.G. Es ist überhaupt so zu verfahren, wie wenn eine Liquidation ganz von Neuem durchzuführen wäre, Eintragungspflicht u. s. w. M. Ein entgegengesetzter Beschluß der A.G. ändert nichts. R.G. XLI 95.

★303. Eine Verwerthung des Gesellschaftsvermögens durch Veräußerung des Vermögens im Ganzen ist nur auf Grund eines Beschlusses der Generalversammlung zulässig. Der Beschluß bedarf einer Mehrheit, die mindestens drei Viertheile des bei der Beschlußfassung vertretenen[322] Grundkapitals[256] umfaßt; der Gesellschaftsvertrag kann noch andere Erfordernisse aufstellen.[346]

Der Beschluß hat die Auflösung der Gesellschaft zur Folge, sofern diese nicht bereits aufgelöst war.[347] 220—227

Die Vorschriften der §§. 294 bis 302 kommen mit der Maßgabe zur Anwendung, daß die Liquidatoren zu denjenigen Geschäften und Rechtshandlungen befugt sind, welche die Ausführung der beschlossenen Maßregel mit sich bringt. Die Ausantwortung des Vermögens an den Uebernehmer darf nur unter Beobachtung der für die Vertheilung unter die Aktionäre nach den §§. 297, 301 geltenden Vorschriften stattfinden.

346 Aber keine Erleichterungen.

347 von selbst, so daß kein Auflösungsbeschluß zu fassen ist; vielmehr hat der Vorstand alsbald nach der Genehmigung der Uebertragung die Anmeldung der Auflösung zum Gesellschaftsregister vorzunehmen. §. 293. Eine Fortdauer der A. G. zur Ausnützung der Gegenleistung des Uebernehmers kann nicht in Frage kommen. Die A.G. tritt in Liquidation. Da das Unternehmen der A.G. an den Uebernehmer erst nach dem Sperrjahr § 301[1] definitiv ausgeliefert werden darf, so müssen die Liquidatoren eine ausgedehntere Vollmacht als diejenige des §. 298[2] haben, falls der Betrieb das Sperrjahr hindurch fortgesetzt wird. Soll die Uebertragung an den Uebernehmer vor Ablauf des Sperrjahrs stattfinden, so beschränkt sich die Pflicht der Liquidatoren auf die Uebertragungsakte und die Aufsicht, daß beide Vermögen auseinander gehalten bleiben und der Betrieb getrennt verbucht wird, sowie daß die Schutzmaßregeln der §§ 297, 301 eingehalten werden. Dafür haften Liquidatoren, Aufsichtsräthe §§ 241, 249 und die Aktionäre, soweit letztere die Gegenleistung des Uebernehmers erhalten haben §. 217[1 u. 3]. Die Gläubiger der A.G. hat der Uebernehmer als Rechtsnachfolger aus eigenen Mitteln zu befriedigen, soweit die paraten Gelder der A G. nicht ausreichen. M.

★304.[348] Wird das Vermögen einer Aktiengesellschaft als Ganzes von dem Reiche, einem Bundesstaat oder einem inländischen Kommunalverband übernommen, so kann zugleich vereinbart werden, daß die Liquidation unterbleiben soll.

Die im §. 303 Abs. 1 vorgesehene Zustimmung der Generalversammlung ist auch für eine solche Vereinbarung erforderlich.[349]

Der Vorstand hat den Beschluß der Generalversammlung zu=

gleich mit der Auflösung der Gesellschaft zur Eintragung in das Handelsregister anzumelden;[350] der Anmeldung ist der mit dem Uebernehmer abgeschlossene Vertrag[351] in Urschrift oder in öffentlich beglaubigter Abschrift[351] beizufügen.

Der Beschluß hat keine Wirkung, bevor die Eintragung bei dem Gericht, in dessen Bezirke sich der Sitz der Gesellschaft befindet, stattgefunden hat.

Mit der Eintragung des Beschlusses gilt der Uebergang des Vermögens der Gesellschaft einschließlich der Schulden als erfolgt;[352] die Firma der Gesellschaft erlischt.

348 Der Grundsatz der Liquidationsnothwendigkeit §. 294[1] wird hier (Verstaatlichung) durch den Fall der Fusion §. 305 und der Umwandlung §. 307 durchbrochen. Bei Ausschluß der Liquidation tritt eine unmittelbare Gesammtnachfolge des Uebernehmers in die Rechtsverhältnisse der aufgelösten A.G. einschließlich ihrer Schulden ein; so erklärt sich §. 308.

349 Dagegen fallen Sperrjahr und die übrigen Sicherungsmittel weg.

350 Formen §§. 12, 13; jedoch kein Zwang §. 319[2].

351 Dieser Vertrag bedarf der gerichtlichen oder notariellen Beurkundung §. 128 B.G.B. bei Vermeiden der Nichtigkeit §. 125 B.G.B., weil das ganze Vermögen übertragen wird §. 311 B.G.B. Es wird also nicht Abschluß vor Gericht oder Notar verlangt, vergl. §§. 1434, 1750[2], 2276[1] B.G.B., wo beide Theile gleichzeitig vor Gericht oder Notar erscheinen und ihre Erklärung abgeben müssen. Es genügt hier, wenn Antrag und Annahme getrennt von Notar oder Gericht beurkundet sind. Zuständigkeit Art. 141 E.G.z.B.G.B. Verfahren §. 168 F.G.G. Oeffentlich beglaubigte Abschrift §§. 167, 191 F.G.G., §. 129 B.G.B.

352 Vorher darf darum auch die Ausfolgung des Vermögens nicht geschehen.

Art. 215[4]
" 247
Abs. 1.

305.[348] Wird das Vermögen einer Aktiengesellschaft als Ganzes an eine andere Aktiengesellschaft oder an eine Kommanditgesellschaft auf Aktien[353] gegen Gewährung von Aktien der übernehmenden Gesellschaft übertragen,[354] so bleiben bei der Erhöhung des Grundkapitals der übernehmenden Gesellschaft die Vorschriften des §. 278 Abs. 1, des §. 280 Abs. 2, der §§. 281, 282, des §. 283 Abs. 1 sowie des §. 284 Abs. 2 Nr. 1 und Abs. 3 außer Anwendung[355]

Der Anmeldung der erfolgten Erhöhung des Grundkapitals zum Handelsregister ist der von der Generalversammlung der aufgelösten Gesellschaft genehmigte Vertrag über die Vermögensübertragung[351] in Urschrift oder in öffentlich beglaubigter[351] Abschrift beizufügen.[356]

Auf den Umtausch der Aktien der aufgelösten Gesellschaft finden die Vorschriften des §. 290 Anwendung.[357]

353 Gleichstellung beider Gesellschaften, weil sie von denselben Gesichtspunkten beherrscht werden. Anschaffungsstempel R.G. XLI 84.

354 Aus dem Zusammenhang der §§. 303—306 folgt, daß auch hier zunächst die Erfordernisse des §. 303[1] zu erfüllen sind und daß die Wirkung dieselbe ist wie in § 303[2]. (War schon früher Rechtens.)

355 Weil die Erhöhung zur Uebernahme der aufzulösenden Gesellschaft durch Aktienumtausch verwendet wird.

Der Beschluß, daß das ganze Vermögen an eine andere A.G. übergehe und jeder Aktionär nach seiner Wahl Aktien der anderen A.G. oder Baarzahlung erhalte, kann nicht mit einfacher Mehrheit gefaßt werden, weil Fusion vorliegt R O H.G XIV 361, R.G IX 19

356 Wegen §§. 306[1], 304[4] kein Aufsichtsrecht §. 319[2].

357 Um durch die Kraftloserklärungsgefahr die Einreichung der Aktien zum Umtausch zu erzwingen.

306.[348] **Ist im Falle des §. 305 vereinbart, daß eine Liquidation des Vermögens der aufgelösten Gesellschaft nicht stattfinden soll, so finden die Vorschriften des §. 304 entsprechende Anwendung;**[358] **außerdem gelten die folgenden besonderen Vorschriften.** Art. 247.

Das Vermögen der aufgelösten Gesellschaft ist durch die **übernehmende Gesellschaft** getrennt zu verwalten.

Der bisherige Gerichtsstand der aufgelösten Gesellschaft bleibt **bis zur Vereinigung der Vermögen der beiden Gesellschaften** bestehen.

Bis zu demselben Zeitpunkte gilt im Verhältnisse der Gläubiger der aufgelösten Gesellschaft zu der übernehmenden Gesellschaft und deren übrigen[359] **Gläubigern das übernommene Vermögen noch als Vermögen der aufgelösten Gesellschaft.**

Die Vereinigung der beiden Vermögen darf erst erfolgen, nachdem die Gläubiger der aufgelösten Gesellschaft von der anderen Gesellschaft nach Maßgabe des §. 297 zur Anmeldung ihrer Forderungen aufgefordert worden sind, und nur unter Beobachtung der nach §. 301 für die Vertheilung des Vermögens unter die Aktionäre geltenden Vorschriften

Die Mitglieder des Vorstandes und des Aufsichtsraths der übernehmenden Gesellschaft sind den Gläubigern der aufgelösten Gesellschaft für die Ausführung der getrennten Verwaltung als

Gesammtschuldner verantwortlich, die Mitglieder des Aufsichtsraths jedoch nur, soweit eine Vereinigung der Vermögen beider Gesellschaften mit ihrem Wissen und ohne ihr Einschreiten[360] erfolgt.

[358] d. h. dem Registerrichter sind die Verträge §. 304[1 u. 3] und die Beschlüsse beider Gesellschaften zur Prüfung im Weg des Anmeldungsverfahrens vorzulegen. Die Eintragung, mit welcher die Vereinigung als vollzogen gilt, die Firma der aufgelösten A.G. erlischt und die Rechtsnachfolge (Note 348 zu §. 304) eintritt, erfolgt alsdann gleichzeitig. M.

[359] auch wenn ihre Forderungen bereits vor der Vereinigung beider A.G. begründet waren. Die Gläubiger der aufgelösten A.G. haben ein Recht auf vorzugsweise Befriedigung aus dem getrennt zu verwaltenden Vermögen. Ein Konkurs über dasselbe geht seinen eigenen Weg §§. 207[2], 209 K.O.

[360] §. 249 Note 213, 214.

★307.[348] Ist eine Aktiengesellschaft zum Zwecke der Veräußerung ihres Vermögens im Ganzen oder zum Zwecke der Umwandlung in eine andere Gesellschaft aufgelöst worden, so kann, wenn der beabsichtigte Zweck nicht erreicht wird, die Generalversammlung die Fortsetzung der Gesellschaft beschließen.[361]

Das Gleiche gilt in dem Falle, daß die Gesellschaft durch die Eröffnung des Konkurses aufgelöst, der Konkurs aber nach Abschluß eines Zwangsvergleichs aufgehoben oder auf Antrag des Gemeinschuldners eingestellt worden ist.[362]

Die Fortsetzung der Gesellschaft ist von dem Vorstande zur Eintragung in das Handelsregister anzumelden.

[361] Durch einen Beschluß nach §. 292[2] kann also die eingetretene Auflösung §. 303[2], und zwar auch bei Umwandlung in eine Gesellschaft mit beschränkter Haftung, §§. 78, 79. Ges betr. G.m.b.H., entgegen dem seitherigen Recht aus Zweckmäßigkeitsgründen mit allen Wirkungen, wiederaufgehoben werden, soweit dies überhaupt möglich ist. Daher können Rechtshandlungen des Konkursverwalters nur in soweit rückgängig gemacht werden, als die davon Betroffenen zustimmen.

[362] Ist dem §. 144 nachgebildet mit der Aenderung, daß an Stelle der Zustimmung sämmtlicher Gesellschafter der Generalversammlungsbeschluß des §. 292[2] tritt Zwangsvergleich §§. 173—190 K.O. Einstellung §§. 202 bis 203, 205, 206 K.O. Anmeldungsverfahren §§. 12—14.

★308.[348] Ist die Firma einer Aktiengesellschaft durch den Uebergang ihres Vermögens auf eine andere Gesellschaft oder juristische Person ohne vorgängige Liquidation erloschen, so ist eine Anfechtung des den Uebergang betreffenden Beschlusses der General=

versammlung gegen die Rechtsnachfolgerin der aufgelösten Gesellschaft zu richten.[363]

[363] Die Vorschrift erstreckt sich auf §§. 304—306 und auf die Umwandlung einer A.G. in eine Gesellschaft m. b. H. §§. 78, 79 Ges.betr. G.m.b.H. Die Klage ist diejenige des §. 271, welche ohne §. 308 nicht erhoben werden könnte, weil durch Eintrag die A.G. erloschen ist. §§. 304[4], 306[1]. Aktiv legitimirt sind die bisherigen Mitglieder der erloschenen Gesellschaft R.G. XXXIII 91; ein Einschreiten von Amtswegen nach § 144[2] F.G.G. ist nicht ausgeschlossen. Vergl. §. 271 Note 283. Außerdem hat bei der Umwandlung in eine G. m. b. H. jedes Mitglied dieser Gesellschaft, das $^1/_{10}$ des Stammkapitals besitzt, nach §. 61 des Ges.betr.G.m.b.H. die Auflösungsklage aus wichtigen Gründen.

★309. Enthält der Gesellschaftsvertrag nicht die nach §. 182 Abs. 2 wesentlichen[364] Bestimmungen oder ist eine dieser Bestimmungen nichtig,[365] so kann jeder Gesellschafter[221] und jedes Mitglied des Vorstandes und des Aufsichtsraths im Wege der Klage beantragen, daß die Gesellschaft für nichtig erklärt werde.[366] Die Vorschriften der §§. 272, 273 finden entsprechende Anwendung.[367]

[364] Also nur Verstöße gegen Ziffer 1—6, nicht gegen Absatz 1 oder 3 oder gegen sonstige Vorschriften sind gemeint; zur Nichtigkeitsklage reichen nicht hin: bloße Ordnungswidrigkeiten des Gründungsherganges z. B. Mangel einer gerichtlichen oder notariellen Beurkundung des Statuts, unvollständige Zeichnung des Grundkapitals (Materialien z. F.G.G.). Mißbrauch von Aktien zur Anfechtung strafbar §. 318 Note 386.

[365] Das ist nur der Fall, wenn sich die Nichtigkeit aus diesen Bestimmungen von selbst ergibt, z. B. wenn der Inhalt gegen ein gesetzliches Verbot verstößt, §. 134 B.G.B., R.G. XVII 300 und deshalb im Wesentlichen hinfällig ist. §. 139 B.G.B. Ueber Unzulässigkeit einer Personenfirma §§. 20, 22, Art. 22—23 E.G.; und dazu R.G. XV 110.

[366] Das Urtheil hat nur deklaratorische Bedeutung, d. h. es wird die A.G. als bisher nicht zu Recht bestehend angesehen, so daß ein Aktionär ohne Rücksicht auf die §§. 271 ff. alle Generalversammlungsbeschlüsse als unverbindlich behandeln kann, wenn Nichtigkeit der A.G. vorliegt. Zuständig die K.f.H.S. §. 101[3a] G.V.G.

[367] Außer der Nichtigkeitsklage kann noch Seitens des Registerrichters und des Landgerichts, K.f.H.S., von Amtswegen, jedoch ausschließlich wegen der Gründe des §. 309 eingeschritten werden. §§. 142, 143, 144[1] F.G.G Ueber dieses Einschreiten § 271 Note 283 und über Ausschließung des Registerrichters kraft Gesetzes §. 295 Note 328 sowie §. 200 Note 75; Versehen des Registerrichters Note 371.

★310. Ein Mangel, der die Bestimmungen über die Firma oder den Sitz der Gesellschaft, den Gegenstand des Unternehmens, die

Bestellung oder Zusammensetzung des Vorstandes, die Form der Bekanntmachungen der Gesellschaft oder die Form der Berufung der Generalversammlung betrifft, kann durch einen den Vorschriften dieses Gesetzbuchs über eine Aenderung des Gesellschaftsvertrags entsprechenden Beschluß der Generalversammlung geheilt werden. Die Berufung der Generalversammlung erfolgt, wenn der Mangel die Bestimmungen über die Form der Berufung betrifft, durch Einrückung in diejenigen Blätter, welche für die Bekanntmachungen der Eintragungen in das Handelsregister des Sitzes der Gesellschaft bestimmt sind.[368]

[368] Von der Heilbarkeit durch §§. 274, 275 sind also und zwar im öffentlichen Interesse nur ausgenommen: das Fehlen oder die Nichtigkeit einer Bestimmung des Gesellschaftsvertrags über die Höhe des Grundkapitals und der Aktien. §. 182³ Note 21, 22. Die Blätter sind die der §§. 10, 11.

★**311.** Ist die Nichtigkeit einer Gesellschaft in das Handelsregister eingetragen, so finden zum Zwecke der Abwickelung ihrer Verhältnisse die für den Fall der Auflösung geltenden Vorschriften entsprechende Anwendung.[369]

Die Wirksamkeit der im Namen der Gesellschaft mit Dritten vorgenommenen Rechtsgeschäfte wird durch die Nichtigkeit nicht berührt.

Die Gesellschafter haben die versprochenen Einzahlungen zu leisten, soweit es zur Erfüllung der eingegangenen Verbindlichkeiten erforderlich ist.[370] [371]

[369] Die Gesellschaft wird also trotz Note 366 als Liquidationsgesellschaft anerkannt und hat deren Rechts- und Handlungsfähigkeit, so daß selbst eine Konkurseröffnung nicht ausgeschlossen ist.

[370] Nach Innen finden die für eine aufgelöste A.G. bestehenden Vorschriften Anwendung, soweit es die Mängel des Gesellschaftsvertrags gestatten, bezw. soweit die Verpflichtung zur Leistung der Einlagen in einer nach Aktienrecht gültigen Weise übernommen ist. §§ 188, 189.

[371] Der Registerrichter, welcher eine nichtige A.G. eingetragen hat, haftet nach §§. 823, 839¹ u. ³ B.G.B., wie der Vormundschaftsrichter §§. 1674, 1848 B.G.B., Dritten, welche sich auf die Gültigkeit des Eintrags verlassen durften, wegen Fahrlässigkeit. Das Verhältniß mehrerer Ersatzpflichtigen unter einander bestimmt sich nach §. 840¹ B.G.B. Ist neben dem Richter ein Dritter für den Schaden verantwortlich, so ist ihr Verhältniß zu einander in §. 426 B.G.B. geordnet.

Nicht berührt ist dadurch die Nothwendigkeit einer Vorentscheidung über solche Schadensklagen bei Erhebung eines Kompetenzkonflikts §. 11 E.G z.G V.G., R.G. XX 295. Die landesgesetzlichen Vorschriften über

Haftung des Staates in solchen Fällen Art. 77 E G.z.B.G B. Vergl. Note 124 zu §. 58.

Sechster Titel.

Strafvorschriften.[372]

312. Mitglieder des Vorstandes oder des Aufsichtsraths oder Liquidatoren werden, wenn sie absichtlich[373] zum Nachtheile[374] der Gesellschaft handeln, mit Gefängniß und zugleich mit Geldstrafe bis zu zwanzigtausend Mark bestraft. Art. 249a.

Zugleich kann auf Verlust der bürgerlichen Ehrenrechte erkannt werden.[372]

Sind mildernde Umstände vorhanden, so kann ausschließlich auf die Geldstrafe erkannt werden.[375]

[372] Die allgemeinen Vorschriften des St.G.B gelten; daher geringste Gefängnißstrafe 1 Tag, höchste 5 Jahre §. 16 St.G.B. Geringste Geldstrafe 3 M. §. 27 St.G.B. Umwandlung 3—15 M. = 1 Tag Gefängniß, Höchstbetrag ein Jahr. §. 29 St.G.B. Verlust der bürgerlichen Ehrenrechte nur bei Gefängniß von 3 Monaten an §. 32 St.G.B. und nur da, wo er neben Gefängniß ausdrücklich zugelassen ist. Wirkungen. §§. 33—34, 36 St.G.B. Statt derselben Unfähigkeit zur Bekleidung öffentlicher Aemter §. 35 St.G.B. Der Versuch nirgends strafbar §§. 43² und 1² St.G.B. Verjährung §§. 66 ff. St.G.B. Die Kommandit-Gesellschaften auf Aktien sind weggelassen, weil Titel 6 entsprechende Anwendung findet. §. 320³.

[373] Bewußt nachtheiliges Handeln genügt. R.G.St. XIV 406.

[374] Wie in §. 266¹ St.G.B. ist eine nachtheilige Veränderung des Vermögensstandes erforderlich. R G.St. XXVII 39. Die betr. Personen sind strafbar, auch wenn sie Gegenkontrahenten waren. R.G.St. XXVI 137.

[375] Höchste Strafe 20000 M.

313. Mit Gefängniß und zugleich mit Geldstrafe bis zu zwanzigtausend Mark werden bestraft: Art. 249a.

1. Gründer oder Mitglieder des Vorstandes oder des Aufsichtsraths, die zum Zwecke der Eintragung der Gesellschaft in das Handelsregister in Ansehung der Zeichnung oder Einzahlung des Grundkapitals, des Betrags, zu welchem die Aktien ausgegeben werden, oder der im §. 186 vorgesehenen Festsetzungen wissentlich falsche Angaben machen;[376]
2. diejenigen, welche in Ansehung der vorerwähnten Thatsachen

wissentlich falsche Angaben in einer im §. 203 bezeichneten Ankündigung von Aktien machen;[377]

3. Mitglieder des Vorstandes oder des Aufsichtsraths, die zum Zwecke der Eintragung einer Erhöhung des Grundkapitals in das Handelsregister in Ansehung der Einzahlung des bisherigen oder der Zeichnung oder Einzahlung des erhöhten Kapitals oder in Ansehung des Betrags, zu welchem die Aktien ausgegeben werden, oder in Ansehung der im §. 279 bezeichneten Festsetzungen wissenlich falsche Angaben machen.[378]

Zugleich kann auf Verlust der bürgerlichen Ehrenrechte erkannt werden.[372]

Sind mildernde Umstände vorhanden, so tritt ausschließlich die Geldstrafe ein.[375]

[376] Betrifft die Angaben zu §. 195 Ziffer 2 und 3 und Abs. 3 im Gründerbericht. Falsche Angabe über den Besitz des Grundkapitals R.G.St. XXIV 291 und täuschende Schilderung der Umstände, welche die Höhe von Sacheinlagen oder Uebernahmen rechtfertigen sollen, macht strafbar. R G.St. XVIII 105.

[377] Ausgabe von Prospekten in betrügerischer Absicht §. 75 Börs.G R.G.St. XI 246.

[378] §§. 280², 284¹⁻², 281. Vergl. §. 278 Note 300.

Art. 249b. **314.** Mitglieder des Vorstandes oder des Aufsichtsraths oder Liquidatoren werden mit Gefängniß bis zu einem Jahre und zugleich mit Geldstrafe bis zu zwanzigtausend Mark bestraft, wenn sie wissentlich

1. in ihren Darstellungen, in ihren Uebersichten über den Vermögensstand der Gesellschaft oder in den in der Generalversammlung gehaltenen Vorträgen den Stand der Verhältnisse der Gesellschaft unwahr darstellen oder verschleiern;[379]
2. auf Namen lautende Aktien, in denen die im §. 179 Abs. 4 vorgeschriebene Angabe nicht enthalten ist, oder auf den Inhaber lautende Aktien ausgeben, bevor darauf der Nennbetrag oder, falls der Ausgabepreis höher ist, dieser Betrag voll geleistet ist;[378]
3. Aktien oder Interimsscheine ausgeben, bevor die Gesellschaft[379] oder im Falle einer Erhöhung des Grundkapitals die erfolgte Erhöhung in das Handelsregister eingetragen ist;

4. außer den Fällen des §. 180 Abs. 2, 3 Aktien oder Interimsscheine ausgeben, die auf einen geringeren Betrag als eintausend Mark gestellt sind;[380]
5. in den Fällen des §. 180 Abs. 2, 3 Aktien oder Interimsscheine ausgeben, in denen die im §. 180 Abs. 4 vorgeschriebenen Angaben nicht enthalten sind.

Im Falle der Nr. 1 kann zugleich auf Verlust der bürgerlichen Ehrenrechte erkannt werden.[372]

Sind mildernde Umstände vorhanden, so tritt ausschließlich die Geldstrafe ein.[375]

[379] Also nicht blos die Berichte in der konstituirenden und den anderen Generalversammlungen, z. B. §§. 186³, 207², 260 R.G.St. XXI 172, sondern auch die Berichte des Vorstands an den Aufsichtsrath fallen unter diese Bestimmung. R.G.St. V 147. Der Aufsichtsrath macht sich durch sein geflissentliches Geschehenlassen mit strafbar. R.G.St. XIV 80.

[378] Die geänderte Fassung ist eine Folge des Umstands, daß jetzt nur Inhaberaktien nicht vor der Vollzahlung ausgegeben werden dürfen. §. 179.

[379] Es wird dadurch die Ausgabe vor der ersten Eintragung der A.G. getroffen. §§. 200², 209². Wegen der Erhöhung §. 287.

[380] Die unberechtigte Ausgabe von Klein- und von vinkulirten Aktien steht jetzt schlechthin unter Strafe; nicht blos wenn sie den Vermerk der Ziffer 5 nicht enthalten. §§. 180, 209¹.

315. Mit Gefängniß bis zu drei Monaten und zugleich mit Geldstrafe bis zu fünftausend Mark werden bestraft: Art. 249c.

1. die Mitglieder des Vorstandes oder die Liquidatoren sowie die Mitglieder des Aufsichtsraths, wenn länger als drei Monate die Gesellschaft ohne Aufsichtsrath geblieben ist[381] oder in dem letzteren die zur Beschlußfähigkeit erforderliche Zahl von Mitgliedern gefehlt hat;
2. die Mitglieder des Vorstandes oder die Liquidatoren, wenn entgegen den Vorschriften des §. 240 Abs. 2 und des §. 298 Abs. 2 der Antrag auf Eröffnung des Konkursverfahrens unterblieben ist.

Sind mildernde Umstände vorhanden, so tritt ausschließlich die Geldstrafe ein.

Straflos bleibt derjenige, bezüglich dessen festgestellt wird, daß die Bestellung oder Ergänzung des Aufsichtsraths oder der Eröffnungsantrag ohne sein Verschulden unterblieben ist.

381 selbst wenn der Gesellschaftsvertrag die Bestellung eines Aufsichtsraths übersehen hat; es sei denn, daß Rechtsunkenntniß im besonderen Fall zu entschuldigen wäre. R.G.St. V 161.

Art. 249d, Abs. 1 s. Abs. 2, 3. **316.**[382] Wer über die Hinterlegung von Aktien oder Interimsscheinen Bescheinigungen, die zum Nachweise des Stimmrechts in einer Generalversammlung dienen sollen, wissentlich falsch ausstellt oder verfälscht oder von einer solchen Bescheinigung, wissend, daß sie falsch oder verfälscht ist,[383] zur Ausübung des Stimmrechts Gebrauch macht, wird mit Gefängniß bis zu einem Jahre und zugleich mit Geldstrafe bis zu zehntausend Mark bestraft. Daneben kann auf Verlust der bürgerlichen Ehrenrechte erkannt werden. Sind mildernde Umstände vorhanden, so tritt ausschließlich die Geldstrafe ein.

382 Ueber das Stimmrecht und die Legitimation zur Ausübung desselben §§. 251, 252 Noten 217—227. Der Rest des Art. 249d ist durch §. 75 Börs.Ges. ersetzt. Vergl. auch § 76 Börs Ges.

383 Nur auf denjenigen anwendbar, der nicht selbst der Fälscher ist. R.G St. IV 342. Wird von einer ächten Bescheinigung mit unwahrem Inhalt wissentlich Gebrauch gemacht, so kann §. 273 St G.B. ideell konkurriren wie im Fall der Fälschung. § 270 St G B

Art. 249e. **317.**[384] Wer sich besondere[385] Vortheile dafür gewähren oder versprechen läßt, daß er bei einer Abstimmung in der Generalversammlung in einem gewissen Sinne stimme oder an der Abstimmung in der Generalversammlung nicht theilnehme, wird mit Geldstrafe bis zu dreitausend Mark oder mit Gefängniß bis zu einem Jahre bestraft.

Die gleiche Strafe trifft denjenigen, welcher besondere Vortheile dafür gewährt oder verspricht, daß Jemand bei einer Abstimmung in der Generalversammlung in einem gewissen Sinne stimme oder an der Abstimmung in der Generalversammlung nicht theilnehme.

384 Will nur in gewinnsüchtiger Absicht erfolgte Stimmenthaltung und widerrechtliche Abstimmungen treffen; läßt also einerseits alle kulposen objektiv widerrechtlichen Abstimmungen, z B wenn der zu entlastende Vorstand oder Aufsichtsrath bei der Dechargeertheilung mitstimmt §. 252[3], straflos, und läßt anderseits Bestrafung wegen Betrugs §. 263 St.G.B. zu, wenn die Theilnahme an der Abstimmung Betrugscharakter hat. M.

In Abs. 2 trifft den Anstifter dieselbe Strafe wie den Thäter Ueber Stimmenkauf §. 109 St.G B

385 Sind nicht die durch die Abstimmung selbst erwachsenden gesetzmäßigen Vortheile, daher ist eine Einwirkung auf die Stimmenabgabe z. B. durch Inaussichtstellen der Vortheile eines bestimmten Beschlusses für die A.G. oder die Vorzugsaktien nicht untersagt.

318.[386] Wer die Aktien eines Anderen, zu dessen Vertretung Art 249f
er nicht befugt ist, ohne dessen Einwilligung zur Ausübung des Stimmrechts in der Generalversammlung oder zur Ausübung eines der in den §§. 254, 264, 266, 268, 271, 295, 309 bezeichneten Rechte benutzt, wird mit einer Geldstrafe von zehn bis dreißig Mark für jede der Aktien, jedoch nicht unter eintausend Mark, bestraft. Die gleiche Strafe trifft denjenigen, welcher Aktien eines Anderen gegen Entgelt leiht und für diese eines der vorbezeichneten Rechte ausübt, sowie denjenigen, welcher hierzu durch Verleihung der Aktien wissentlich mitwirkt.

386 Wer einen Generalversammlungsbeschluß §. 271 oder die Existenz der Gesellschaft selbst § 309 anfechtet, muß sich, falls er nicht Vorstand oder Aufsichtsrath ist, als Aktionär nach §§. 272, 252 beim Gericht legitimiren Die mißbräuchliche Benutzung von Aktien zu diesem Zweck fällt jetzt unter Strafe. Außerdem sind die Entschließungen der Minderheiten der §§. 254, 264, 268, 295 nun vor Fälschungen besonders geschützt.

319. Die Mitglieder des Vorstandes oder die Liquidatoren sind Art. 249g
zur Befolgung der im §. 240 Abs. 1, im §. 246 Abs. 1, im §. 260 Abs. 2, im §. 263 Abs. 1, im §. 267 Abs. 1, 2, im §. 272 Abs. 4, im §. 299 und im §. 302 Abs. 2 enthaltenen Vorschriften von dem im §. 195 bezeichneten Gerichte durch Ordnungsstrafen anzuhalten. Die Höhe der Strafen bestimmt sich nach §. 14 Satz 2.[387]

In Betreff der im §. 195 Abs. 1, im §. 277 Abs. 1, im §. 280 Abs. 1, im §. 284 Abs. 1, im §. 304 Abs. 3 sowie im §. 305 Abs. 2 vorgesehenen Anmeldungen zum Handelsregister findet, soweit es sich um die Anmeldungen zum Handelsregister des Sitzes der Gesellschaft handelt, eine Verhängung von Ordnungsstrafen nach §. 14 nicht statt.[388]

387 Das Verfahren des Amtsgerichts §. 125 F.G.G. ist in §§. 132

bis 139 F.G.G. geordnet; sofortige Beschwerde §. 22 F.G.G an die K f.H.S. §. 30 F.G.G

388 weil der Rechtserfolg unbedingt von dem Eintrag abhängig ist.

Vierter Abschnitt

Kommanditgesellschaft auf Aktien.[1]

[1] Dieselbe ist jetzt als eine möglichst engangeschlossene Unterart der A.G. behandelt §. 320[3], und kann, nachdem die Art. 174a, 180h, 181 gefallen sind, als Aktiengesellschaft mit mindestens einem persönlich haftenden Gesellschafter angesehen werden. Die persönlich haftenden Gesellschafter haben im Allgemeinen dieselbe Stellung wie in einer Kommanditgesellschaft, die Aktionäre die Rechte wie in einer Aktiengesellschaft.

Art 173[1]. „ 150. **320.** Mindestens ein Gesellschafter der Kommanditgesellschaft auf Aktien haftet den Gesellschaftsgläubigern unbeschränkt (persönlich haftender Gesellschafter),[2] während die übrigen sich nur mit Einlagen auf das in Aktien zerlegte Grundkapital der Gesellschaft betheiligen (Kommanditisten).[3, 4]

Das Rechtsverhältniß der persönlich haftenden Gesellschafter unter einander und gegenüber der Gesammtheit der Kommanditisten sowie gegenüber Dritten, insbesondere die Befugniß der persönlich haftenden Gesellschafter zur Geschäftsführung und zur Vertretung der Gesellschaft bestimmt sich nach den für die Kommanditgesellschaft geltenden Vorschriften.[5]

Im Uebrigen gelten für die Kommanditgesellschaft auf Aktien, soweit sich nicht aus den nachfolgenden Vorschriften oder aus dem Fehlen eines Vorstandes ein Anderes ergiebt, die Vorschriften des dritten Abschnitts über die Aktiengesellschaft.[6]

[2] Wie bei der Kommanditgesellschaft §. 161. Der oder alle persönlich haftenden Gesellschafter (Komplementare) können am Grundkapital mit Altien betheiligt sein. §. 321[1]. Haftung §§. 128, 161[2].

[3] Wie bei der Aktiengesellschaft § 178. Es giebt aber auch Einlagen der Komplementare, die nicht auf das Grundkapital erfolgen. §. 322[2].

[4] Beide Arten von Gesellschafter können miteinander prozessiren. § 328[2]. Nach Außen bilden sie zusammen eine der 5 Handelsgesellschaften, vergl. Note 1 zu §. 105. Die Gesellschaft ist unter allen Umständen Handelsgesellschaft. §. 210.

[5] Die Vertretung steht den persönlich haftenden Gesellschaftern nach Maßgabe der §§ 125ff., 161[2] zu; die Kommanditisten haben nur beschränktes Widerspruchsrecht. § 164.

6 Die Kommanditisten besitzen eine eigene Interessenvertretung im Aufsichtsrath §. 328[1]. Der Gründungshergang ist derselbe, wie in §§. 188 ff. Der Aufsichtsrath haftet wie in §. 249. R.G. XXXVI 27, bezw. den Gläubigern ev. noch in weiterem Umfang.

321. Der Inhalt des Gesellschaftsvertrags muß von mindestens fünf Personen in gerichtlicher oder notarieller Verhandlung festgestellt werden. Die persönlich haftenden Gesellschafter müssen sich sämmtlich bei der Feststellung betheiligen; außer ihnen können nur Personen mitwirken, die als Kommanditisten Aktien übernehmen. In der Verhandlung ist der Betrag der von jedem Betheiligten übernommenen Aktien anzugeben[7] Art 175[1].

Die Gesellschafter, welche den Inhalt des Gesellschaftsvertrags festgestellt haben oder andere als durch Baarzahlung zu leistende Einlagen machen, gelten als die Gründer der Gesellschaft.

7 d. i. die Simultangründung der §§. 182[1], 187, 188 mit der Erweiterung des Gründerbegriffs dahin, daß die persönlich haftenden Gesellschafter geborene Gründer sind; Absatz 2.

Höhe und Art der Einlage der persönlich haftenden Gesellschafter gehört nicht mehr zu den wesentlichen Bestimmungen des Gesellschaftsvertrags, wenn nicht §. 322[2] zutrifft.

322. Der Gesellschaftsvertrag muß außer den im §. 182 Abs. 2 Nr. 1[8] bis 3, 5, 6 vorgesehenen Festsetzungen den Namen, Vornamen, Stand und Wohnort jedes persönlich haftenden Gesellschafters enthalten. Art 175 Abs. 2 ausg Z 5 u Abs. 3.

Vermögenseinlagen der persönlich haftenden Gesellschafter müssen, sofern sie nicht auf das Grundkapital erfolgen, nach Höhe und Art im Gesellschaftsvertrage festgesetzt werden.[9]

Die Vorschrift des §. 186 Abs. 1 findet auf alle zu Gunsten eines persönlich haftenden Gesellschafters bedungenen besonderen[10] Vortheile Anwendung. Abs. 175b[1].

8 Die Firma muß die Bezeichnung Kommanditgesellschaft auf Aktien enthalten und regelmäßig von dem Gegenstand des Unternehmens entlehnt sein §§ 20, 22 und die dortigen Noten.

Wegen älterer Gesellschaften Art. 22 E G. Führt die Gesellschaft einen offenen Laden, so müssen bei drei persönlich haftenden Gesellschaftern mindestens zwei ihren Familiennamen mit ausgeschriebenen Vornamen an der Außenseite in deutlich lesbarer Schrift anbringen. Art 9 E.G

[9] Entspricht dem §. 162[1].

[10] Nicht aber angemessene oder übliche Vergütungen für seine Mühewaltung, welche die Generalversammlung bewilligen kann.

Art. 175c. **323.** Zeichnungsscheine haben außer den im §. 189 vorgesehenen Angaben die Bezeichnung derjenigen Gründer zu enthalten, welche persönlich haftende Gesellschafter sind.[11]

Art. 176[3]. In der mit der Anmeldung der Gesellschaft zum Handelsregister nach §. 195 Abs 3 Satz 1 zu verbindenden Erklärung ist in Ansehung der durch Baarzahlung zu leistenden Einlagen anzugeben, daß der eingeforderte Betrag baar eingezahlt und im Besitze der persönlich haftenden Gesellschafter ist.

Art. 175f Abs. 3 Satz 1. Zur Theilnahme an der im §. 196 bezeichneten Verhandlung sind auch die persönlich haftenden Gesellschafter berechtigt.[12] Die der Errichtung der Gesellschaft zustimmende Mehrheit muß mindestens ein Viertheil der in dem Verzeichniß[13] aufgeführten Kommanditisten begreifen; der Betrag ihrer Antheile muß mindestens ein Viertheil des nicht von den persönlich haftenden Gesellschaftern übernommenen Grundkapitals[14] darstellen.

Bei der Eintragung[15] in das Handelsregister sind statt der Mitglieder des Vorstandes die persönlich haftenden Gesellschafter anzugeben. Enthält der Gesellschaftsvertrag besondere Bestimmungen über die Befugniß der persönlich haftenden Gesellschafter zur Vertretung der Gesellschaft, so sind auch diese Bestimmungen einzutragen.[16]

[11] Ist die Successivgründung des § 189, vergl. Note 14b zu § 182, erweitert durch die persönlich haftenden Gesellschafter als Mitgründer. Note 7. Die konstituirende Versammlung verläuft auch hier wie in §. 196.

[12] obgleich sie kein Stimmrecht haben § 327[1], und der Konstituirung der Gesellschaft, wenn nicht zugleich Aenderungen des Gesellschaftsvertrags beschlossen werden, nicht widersprechen können §. 327[2].

[13] der §§. 196[1], 195[3].

[14] Zur Erleichterung wie in §. 324, wegen §. 327[1]. Grundkapital = gezeichnetes Gesammtkapital abzüglich der Aktien der Komplementare.

[15] Nach §. 198.

[16] Wie §§. 232[2], 234[1], 125[2-3], 126[3], 235[2].

324. Für den im §. 207 bezeichneten Beschluß der General-versammlung bedarf es, wenn sich der Beschluß auf einen im ersten Jahre nach der Eintragung der Gesellschaft geschlossenen Vertrag bezieht, einer Mehrheit, deren Antheile mindestens ein Viertheil des nicht auf Aktien der persönlich haftenden Gesellschafter entfallenden Theiles des Grundkapitals[17] darstellen. Die Vorschrift des §. 207 Abs. 3 Satz 1 bleibt unberührt. Art. 180e[a].

[17] Die qualifizirte Nachgründung (des ersten Jahres) ist also einerseits besonders erschwert, anderseits besonders erleichtert (vergl. Note 14). Mehrheitsberechnung §§. 251, 252.

★325. Die den Vorstand der Aktiengesellschaft betreffenden Vorschriften:

1. über die Anmeldungen[18], Einreichungen und Erklärungen zum Handelsregister,
2. über die Berufung der Generalversammlung,
3. über die Aufstellung, Vorlegung und Veröffentlichung der Jahresbilanz und der Gewinn- und Verlustrechnung sowie über die Vorlegung des Geschäftsberichts,
4. über die Anfechtung von Beschlüssen der Generalversammlung,
5. über das Verfahren im Falle der Bestellung von Revisoren zur Prüfung der Bilanz oder zur Prüfung von Vorgängen bei der Gründung oder Geschäftsführung sowie über die Obliegenheiten gegenüber den Revisoren und dem Aufsichtsrathe,
6. über die im Falle einer Herabsetzung des Grundkapitals an die Gläubiger zu richtende Aufforderung,
7. über die Geltendmachung von Ersatzansprüchen der Gesellschaft wegen der Geschäftsführung,
8. über die Stellung des Antrags auf Eröffnung des Konkursverfahrens,[19]
9. über die strafrechtliche Verantwortlichkeit und über die Verhängung von Ordnungsstrafen[19a]

finden auf die persönlich haftenden Gesellschafter entsprechende Anwendung.

[18] von Aenderungen des Gesellschaftsvertrags, einschließlich des Eintritts eines persönlich haftenden Gesellschafters. Die erste Anmeldung §. 195[1] haben die Komplementare schon als geborene Gründer §. 321[2] zu besorgen. Die Austrittsanmeldung ist im §. 330[1] besonders behandelt.

[19] §. 209 K.O. läßt jetzt die Konkurseröffnung, wie bei der A.G., schon mit Ueberschuldung stattfinden §. 240[2].

[19a] §§. 132—139, 22, 30 F.G.G., §§. 319, 312 ff.

Art.1'6a. „ 96. „ 97. **326.**[20] Ein persönlich haftender Gesellschafter darf ohne Einwilligung der Gesellschaft weder in dem Handelszweige der Gesellschaft Geschäfte machen noch an einer anderen gleichartigen[21] Handelsgesellschaft als persönlich haftender Gesellschafter theilnehmen. Die Einwilligung wird durch die übrigen persönlich haftenden Gesellschafter und, sofern nicht die Befugniß zur Ertheilung durch den Gesellschaftsvertrag oder durch einen Beschluß der Generalversammlung dem Aufsichtsrath übertragen ist, durch die Generalversammlung ertheilt.

Verletzt ein persönlich haftender Gesellschafter die ihm nach Abs. 1 obliegende Verpflichtung, so findet die Vorschrift des §. 236 Abs. 2 Anwendung.

Die Ansprüche der Gesellschaft verjähren in drei Monaten von dem Zeitpunkt an, in welchem die übrigen persönlich haftenden Gesellschafter und der Aufsichtsrath von dem Abschlusse des Geschäfts oder von der Theilnahme des persönlich haftenden Gesellschafters an der anderen Gesellschaft Kenntniß erlangen; sie verjähren ohne Rücksicht auf diese Kenntniß in fünf Jahren von ihrer Entstehung an.

[20] Vergl. dazu über Einwilligung, Schaden, Verjährung §. 236 Note 173, §§. 112, 113 Note 23—31 und über Konventionalstrafe bei Uebertretung des Konkurrenzverbots nach dem Austritt §§. 348, 75, 76.

[21] Konkurrenzgeschäft ist jedes Geschäft gleicher Branche, in welchem die Kenntniß der Bezugs- oder Absatzgebiete zum Nachtheil des andern Unternehmens verwerthet werden kann. Bolze V Nr. 598.

Art.190[4]. **327.** In der Generalversammlung haben die persönlich haftenden Gesellschafter, auch wenn sie Aktien besitzen, kein Stimmrecht.[22]

Die Beschlüsse der Generalversammlung[23] bedürfen der Zustimmung der persönlich haftenden Gesellschafter, soweit sie Angelegenheiten betreffen, für die bei der Kommanditgesellschaft das Einverständniß der persönlich haftenden Gesellschafter und der Kommanditisten erforderlich ist.[24]

Zur Ausübung der Befugnisse, welche in Ansehung

der Bestellung von Revisoren und der Geltendmachung von Ansprüchen der Gesellschaft aus der Gründung oder der Geschäftsführung nach den §§. 266 bis 269 der Generalversammlung oder einer Minderheit von Aktionären zustehen, bedarf es der Zustimmung der persönlich haftenden Gesellschafter nicht.[25]

Beschlüsse der Generalversammlung, die der Zustimmung der persönlich haftenden Gesellschafter bedürfen, sind zum Handelsregister erst[26] einzureichen, wenn die Zustimmung erfolgt ist. Bei Beschlüssen, die in das Handelsregister einzutragen sind, ist die Zustimmung der persönlich haftenden Gesellschafter in dem über die Verhandlung aufzunehmenden Protokoll oder in einem Anhange zu dem Protokolle zu beurkunden.

22 nicht einmal als Bevollmächtigte von Kommanditisten. Dazu § 323 Note 14 und § 324

23 Beschlußform §. 251 Stimmrecht und Legitimation §. 252 Beurkundung §. 259, die ebenfalls nicht aus dem F.G G ergänzt werden darf Berufung §§. 253—257.

24 Folge des § 320² Die nur auf Angelegenheiten der Kommanditisten bezüglichen Beschlüsse z. B. Wahl und Abberufung von Mitgliedern des Aufsichtsraths §. 243, Bestellung von Prozeßbevollmächtigten §§. 268, 328, Kündigung der Gesellschaft, Verlangen des Ausscheidens eines Komplementars bedürfen der Zustimmung der persönlich haftenden Gesellschafter nicht.

25 obgleich es sich hier um gemeinschaftliche Angelegenheiten handelt und die persönlich haftenden Gesellschafter beim Vollzug Vorstandspflichten haben §. 325⁵

26 Einschränkung der §§ 325¹, 259⁵, 320³, weil die Beschlüsse der Kommanditisten erst durch Zustimmung der persönlich haftenden Gesellschafter zu Gesellschaftsbeschlüssen werden, vergl. §. 119; hinsichtlich der Bilanz u. s. w und deren Genehmigung §. 265.

328. Die Beschlüsse der Kommanditisten werden durch den Aufsichtsrath ausgeführt, soweit nicht im Gesellschaftsvertrag ein Anderes bestimmt ist. Art 186²

In Rechtsstreitigkeiten, welche die Gesammtheit der Kommanditisten gegen die persönlich haftenden Gesellschafter oder diese gegen die Gesammtheit der Kommanditisten zu führen haben, werden die Kommanditisten durch den Aufsichtsrath vertreten,[27] es sei denn, daß in der Generalversammlung besondere Art 195¹

Vertreter gewählt werden. Für die Kosten des Rechtsstreits, welche den Kommanditisten zur Last fallen, haftet die Gesellschaft, unbeschadet ihres Rückgriffs gegen die Kommanditisten.[28]

Art 194[2] „ 191[1] Satz 2. Die Vorschrift des §. 247 Abs. 2 findet entsprechende Anwendung.

Persönlich haftende Gesellschafter können nicht Mitglieder des Aufsichtsraths sein.[29]

[27] als Organ der Interessengruppe der Kommanditisten; für die Gesellschaft als solche (Art. 194[1]), aber nur bei Ansprüchen aus der Gründung §§. 321[2], 202—204 und aus der Geschäftsführung §§. 325[7], 241, deren Geltendmachung die Generalversammlung oder eine Minderheit beschlossen hat. §§. 268, 247[1], 269, 270. M.

[28] Vergl. §§. 254[4], 267[3].

[29] Wie §. 248[1].

★329. Ergiebt sich für die persönlich haftenden Gesellschafter nach dem Jahreserträgniß ein Gewinnantheil, der nicht auf ihre Aktien fällt, so hat die Auszahlung zu unterbleiben, falls eine Unterbilanz vorhanden ist, die ihre nicht in Aktien bestehenden Kapitalantheile übersteigt. Solange eine solche Unterbilanz besteht, ist auch eine sonstige Entnahme von Geld auf den Kapitalantheil ausgeschlossen.

Auf den Gewinn, der sich für die persönlich haftenden Gesellschafter ergiebt, findet die Vorschrift des §. 262 Nr. 1 über den Reservefonds Anwendung.[30]

[30] d. h. es gilt nichts Besonderes, wenn diese Kapitalantheile in Aktien bestehen. Bei der geringsten Unterbilanz ist kein Gewinn vorhanden und bekommt Niemand Dividende. §§. 261[5—6], 262. Machen die Komplementare jedoch Einlagen, wofür keine Aktien gegeben worden sind §. 322[3], so wird denselben ein Verlust von dieser Einlage abgeschrieben. §§. 167[3], 320[2]. Wird nun im folgenden Jahr ein Gewinn erzielt, so müßte derselbe nach Aktienrecht zunächst zur Deckung des Gesammtkapitals verwendet werden (Eingang dieser Note). Diesen Grundsatz ändert §. 329 dahin ab, daß die Komplementare in diesem Fall ihren Antheil am Jahresgewinn nach §§. 168[1], 121[1—2] ausbezahlt verlangen und Entnahmen nach § 122 machen können, obgleich ihre Einlagen nicht mehr in der ursprünglichen Höhe vorhanden sind §. 169; jedoch unter der Voraussetzung, daß die Unterbilanz das Aktienkapital nicht betrifft und vom Reingewinn zunächst der Theil des §. 262[1] in den Reservefond abgeführt ist.

330. In Betreff der Thatsachen, durch welche die Auflösung der Kommanditgesellschaft auf Aktien herbeigeführt wird, sowie in Betreff des Ausscheidens eines von mehreren persönlich haftenden Gesellschaftern aus der Gesellschaft finden die für die Kommanditgesellschaft geltenden Vorschriften[31] mit folgenden Maßgaben Anwendung. Art 200.

Die Eröffnung des Konkurses über das Vermögen eines Kommanditisten hat die Auflösung der Gesellschaft nicht zur Folge; die Gläubiger eines Kommanditisten sind nicht berechtigt, die Gesellschaft zu kündigen.[32]

Für die Kündigung durch die Kommanditisten sowie für ihre Zustimmung zur Auflösung der Gesellschaft ist ein Beschluß der Generalversammlung erforderlich; der Beschluß bedarf einer Mehrheit, die mindestens drei Viertheile des bei der Beschlußfassung vertretenen Grundkapitals umfaßt. Das Gleiche gilt in Betreff des Antrags auf Auflösung der Gesellschaft durch gerichtliche Entscheidung. Der Gesellschaftsvertrag kann noch andere Erfordernisse für die Beschlußfassung aufstellen.[33]

Das Ausscheiden von persönlich haftenden Gesellschaftern kann außer dem Falle der Ausschließung[34] nur stattfinden, soweit es im Gesellschaftsvertrage für zulässig erklärt ist.[35] Art. 199

Die Auflösung der Gesellschaft sowie das Ausscheiden eines persönlich haftenden Gesellschafters ist von sämmtlichen persönlich haftenden Gesellschaftern zur Eintragung in das Handelsregister anzumelden.[36] Die Vorschrift des § 143 Abs. 3 findet Anwendung.

31 §§. 131, 161^2, 177.

32 Abweichend von §§. 131^5, 135, 161^2.

33 Wie §. 292^2. Vergl. mit §§. 131^6, 132—134.

34 Nach §. 140 auch ohne daß der Gesellschaftsvertrag es vorsieht.

35 Uebereinkunft also jetzt wirkungslos. Beim Ausscheiden wie beim Ausschluß muß mindestens noch ein persönlich haftender Gesellschafter übrig bleiben. M. §§. 19^2, 161^1, 320^1.

36 Anmeldungsvorschriften §§. 13, 14.

331. Sofern nicht der Gesellschaftsvertrag ein Anderes bestimmt, erfolgt die Liquidation durch sämmtliche persönlich haftende Art. 205 1

Gesellschafter und durch eine oder mehrere von der Generalversammlung gewählte Personen als Liquidatoren.[37]

Art 206[1]. Zu dem Antrag auf Ernennung oder Abberufung von Liquidatoren durch das Gericht ist auch jeder persönlich haftende Gesellschafter befugt.[38]

[37] Die Liquidation im Uebrigen geht ganz wie bei der A.G. vor sich. §§. 295 ff.

[38] §§. 146², 161², 320².

Art. 206 a¹—². **332.**[39] Eine Kommanditgesellschaft auf Aktien kann durch Beschluß der Generalversammlung und aller persönlich haftenden Gesellschafter in eine Aktiengesellschaft umgewandelt werden.

Die Vorschriften[40] über eine Abänderung des Gesellschaftsvertrags finden Anwendung.

Die Antheile der der Umwandlung zustimmenden Mehrheit der Kommanditisten müssen mindestens ein Viertheil des nicht auf Aktien der persönlich haftenden Gesellschafter fallenden Theiles[41] des Grundkapitals darstellen. In dem Beschlusse sind die zur Durchführung der Umwandlung erforderlichen Maßregeln, insbesondere die Firma sowie die Art der Bestellung und Zusammensetzung des Vorstandes, festzusetzen.

[39] Zufolge des §. 320³ gelten auch die §§. 305, 306. Die Beschlüsse richten sich nach §. 327² u. ⁴. Anfechtung nach §§. 271 ff., 308.

[40] in §§. 274, 275.

[41] Wie §. 323 Note 14.

Art. 206 a³ u. ⁴ Satz 1. **333.** Bei der Anmeldung des Umwandlungsbeschlusses sind zugleich die Mitglieder des Vorstandes zur Eintragung in das Handelsregister anzumelden. Eine öffentlich beglaubigte Abschrift der Urkunden über ihre Bestellung ist beizufügen; bei der Anmeldung zur Eintragung in das Handelsregister einer Zweigniederlassung bedarf es der Beifügung dieser Abschrift nicht. Auf die Anmeldung zur Eintragung in das Handelsregister des Sitzes der Gesellschaft finden die Vorschriften des §. 14 keine Anwendung.[42]

Der Anmeldung ist eine von der Generalversammlung genehmigte, für einen höchstens zwei Monate vor der Anmeldung liegenden Zeitpunkt aufgestellte Bilanz beizufügen.[43] Auf diese Bilanz finden die Vorschriften des §. 261, des §. 263 Abs. 1 und des §. 264 Anwendung.

Mit der Eintragung scheiden die persönlich haftenden Gesellschafter aus der Gesellschaft aus; die Gesellschaft besteht von diesem Zeitpunkt an als Aktiengesellschaft fort.[44]

[42] Wie §. 296 Note 330; der Zwang liegt in Abs. 3 Sobald der Eintrag in das Register der Hauptniederlassung erfolgt ist, dessen Anmeldung nach §§ 13 bezw. 14, 327^{4} vor sich geht, tritt der Zwang bezüglich der Anmeldung zum Register der Zweigniederlassung nach §. $325^{1 \text{ u. } 9}$ ein.

[43] weil eine Aufstellung auf den Tag der Anmeldung nicht möglich ist. Hinsichtlich der Bilanzgenehmigung ist nach §§. 258, 259, 260 zu verfahren.

[44] Der Eintrag hat rechtserzeugende Wirkung wie bei der Verstaatlichung §. $304^{4 \text{ u. } 5}$ und §§. 305, 306. Die ausgeschiedenen Komplementare haften den Gesellschaftsgläubigern noch 5 Jahre. §§. 159, 160, 161^{2}, 320^{2}.

334. Unverzüglich[45] nach der Eintragung hat der Vorstand Art. 206a³ Satz 2
in den Gesellschaftsblättern die im §. 333 Abs. 2 vorgesehene Bilanz zu veröffentlichen.

Er hat unter Hinweis auf die Umwandlung die Art. 206a³.
Gläubiger der Gesellschaft aufzufordern, ihre Ansprüche anzumelden. Die Aufforderung ist dreimal in den Gesellschaftsblättern zu veröffentlichen. Bekannte Gläubiger sind durch besondere Mittheilung zur Anmeldung aufzufordern.

Den Gläubigern, deren Forderungen vor der letzten Art. 202.
öffentlichen Aufforderung begründet sind, ist Befriedigung zu gewähren oder Sicherheit zu leisten, sofern sie sich zu diesem Zwecke melden.

Die Mitglieder des Vorstandes und des Aufsichtsraths haften den Gläubigern für die Beobachtung dieser Vorschriften als Gesammtschuldner, die Mitglieder des Aufsichtsraths, soweit eine Zuwiderhandlung mit ihrem Wissen und ohne ihr Einschreiten erfolgt.[46]

[45] Ohne schuldhaftes Zögern §. 121 B.G.B

[46] Dasselbe Verfahren wie in §§. 289^{2} 3, 297, 306^{5}. Vergl. die dortigen Noten. Den Gläubigern gegenüber können dieselben ihrer Haftbarkeit für Einhaltung dieser Formen nicht durch Generalversammlungsbeschluß entbunden werden.

Fünfter Abschnitt.

Stille Gesellschaft.[1]

335. Wer sich als stiller Gesellschafter an dem Handelsgewerbe,[2] Art. 250¹
das ein Anderer[3] betreibt, mit einer Vermögenseinlage[4] betheiligt,

Art 252. hat die Einlage so zu leisten, daß sie in das Vermögen des Inhabers des Handelsgeschäfts übergeht.[5]

Art. 256. **Der Inhaber wird aus den in dem Betriebe geschlossenen Geschäften allein[3] berechtigt und verpflichtet.**

[1] Das Gesellschaftsrecht der §§. 705—758 B.G.B. dient zur Ergänzung, mit Ausnahme der Vorschriften über Vermögensgemeinschaft bezüglich der Einlagen, über den Grundsatz der gesammten Hand, Kündigungsrecht u. a. m. Der Begriff der stillen Gesellschaft ergibt sich aus §§. 335, 336.

[2] einer offenen Handelsgesellschaft R.G. XXX 33 oder Kommanditgesellschaft R.G. XXV 41, eines Voll- oder Minderkaufmanns §§. 1—5 und nicht nur an einzelnen Geschäften R.O.H.G. IX 160. Soviel stille Gesellschafter, soviel besondere stille Gesellschaften. Gareis S. 256.

[3] in dessen Firma, sofern sie neugebildet ist, der Name des stillen Gesellschafters nicht erscheinen darf §. 18; anders bei erworbener Firma §. 22. Wird der Name des stillen Gesellschafters aber entgegen § 18 in der Firma geführt, so kann darin ein Kreditauftrag §. 778 B.G.B., §. 349 gefunden werden (Art. 260 ist deshalb ebenso wie Art. 168 gefallen), falls nicht nach allgemeinen Grundsätzen schon eine direkte Haftung eintritt R.G. XXXI 39.

[4] zu deren Ergänzung, wenn sie durch Verlust vermindert worden, der stille Gesellschafter nicht verpflichtet ist. §. 707 B.G.B. Nachschußpflicht besteht selbst dann nicht, wenn ohne Nachschuß der Zweck der Vergesellschaftung in Folge veränderter Umstände nicht erreicht werden kann. Vergl. §. 337[2—3].

[5] auch die nur zum Gebrauche überlassenen Gegenstände. Der Komplementar hat die nöthigen Uebertragungsakte vorzunehmen und Gewähr zu leisten. Der Gesellschaftsvertrag ist mit Ausnahme der Einbringung eines Grundstücks §. 313 B.G.B. und Uebertragung eines Theils des Vermögens §. 311 B.G.B., formfrei §. 125 B.G.B.; vergl. §. 350 und dortige Noten.

Art. 254. **336.** Ist der Antheil des stillen Gesellschafters am Gewinn[6] und Verluste nicht bestimmt, so gilt ein den Umständen nach angemessener Antheil als bedungen.

Art. 250[1]. **Im Gesellschaftsvertrage kann bestimmt werden, daß der stille Gesellschafter nicht am Verluste betheiligt sein soll;[7] seine Betheiligung am Gewinne kann nicht ausgeschlossen werden.**

[6] Der in fixer Summe jährlich R.O.H.G. IX 36 ausgedrückt, aber nicht so bestimmt werden kann, daß in erster Linie dem Komplementar ein Anrecht auf feste lebenslängliche Bezüge und daneben accessorisch Gewinn zugesagt wird. Letzteres ist keine stille Gesellschaft mehr R.G. XX 165.

[7] Wie seither R.G. XXXI 35.

337. Am Schlusse jedes Geschäftsjahrs wird der Gewinn und Art. 255.
Verlust berechnet und der auf den stillen Gesellschafter fallende Gewinn ihm ausbezahlt.

Der stille Gesellschafter nimmt an dem Verluste nur bis zum Betrage seiner eingezahlten oder rückständigen Einlage Theil. Er ist nicht verpflichtet, den bezogenen Gewinn wegen späterer Verluste zurückzuzahlen; jedoch wird, solange seine Einlage durch Verlust vermindert ist, der jährliche Gewinn zur Deckung des Verlustes verwendet.

Der Gewinn, welcher von dem stillen Gesellschafter nicht erhoben wird, vermehrt dessen Einlage nicht, sofern nicht ein anderes vereinbart ist.[8]

[8] Begriff des Geschäftsjahres Bilanzvorschriften §§. 39 ff. Für nicht erhobenen Jahresgewinn wird der Komplementar Gläubiger R.O.H.G. XIII 65, er muß aber die Unversehrtheit seiner Einlage nachweisen R.O.H.G. XXIII 130; spätere Verluste berühren ihn also nicht.

338.[9] Der stille Gesellschafter ist berechtigt, die abschriftliche Art. 253.
Mittheilung der jährlichen Bilanz zu verlangen und ihre Richtigkeit unter Einsicht der Bücher und Papiere zu prüfen.

Die im §. 716 des Bürgerlichen Gesetzbuchs dem von der Geschäftsführung ausgeschlossenen Gesellschafter eingeräumten weiteren Rechte stehen dem stillen Gesellschafter nicht zu.

Auf Antrag des stillen Gesellschafters kann das Gericht,[10] wenn wichtige Gründe vorliegen, die Mittheilung einer Bilanz oder sonstiger Aufklärungen sowie die Vorlegung der Bücher und Papiere jederzeit anordnen.

[9] Aehnliche Behandlung wie die des Kommanditisten §. 166. Bücher und Bilanzen §§. 39 ff.

[10] Das Amtsgericht §. 145 F G.G. verschafft die Einsicht im Verfahren des §. 146 F.G.G.; sofortige Beschwerde §. 22 F.G.G. an die K.f.H.S.; ein wichtiger Grund wird auch hier, wie bei §. 716 B.G.B. schon vorhanden sein, wenn Verdacht einer Unredlichkeit oder Grund zu einem solchen Verdacht vorliegt. Kommissionsprotokoll zu §. 716[2] B.G.B

339. Auf die Kündigung der Gesellschaft durch einen der Ge- Art. 261 5—6.
sellschafter oder durch einen Gläubiger des stillen Gesellschafters Art. 262.
finden die Vorschriften der §§. 132, 134, 135 entsprechende An- „ 263.
wendung.[11—12] Die Vorschriften des §. 723 des Bürgerlichen Ge- „ 126.

setzbuchs über das Recht, die Gesellschaft aus wichtigen Gründen[13] ohne Einhaltung einer Frist zu kündigen, bleiben unberührt.

Art. 264. Durch den Tod des stillen Gesellschafters wird die Gesellschaft nicht aufgelöst.[14]

[11] Die Kündigung einer auf unbestimmte Zeit (auf Lebenszeit des Inhabers des Geschäfts oder des stillen Gesellschafters R.G. XX 166) geschlossenen Gesellschaft kann also, abweichend von §. 723 B.G.B., nicht ohne Einhaltung der Kündigungsfrist gekündigt werden. Die bloße Kündigung, nicht erst Richterspruch bewirkt die Auflösung; sie ist nach §. 130 ff. B.G.B. vorzunehmen und kann dieses Recht nicht durch Vertrag ausgeschlossen werden. Ob im Fall eines solchen Ausschlusses der ganze Vertrag hinfällig ist, bemißt sich nach §. 139 B.G.B. R.O.H.G. XIII 418. Schweigen auf Kündigung ist noch keine Zustimmung R.O.H.G. XII 102.

[12] Die Gesellschaft löst sich ferner auf, wenn der Zweck erreicht ist oder nicht mehr erreicht werden kann §. 726 B.G.B.

[13] Bevormundung, Geschäftsunfähigkeit, je nach den Umständen; Konkurs über einen der Gesellschafter §. 728 B.G.B., §. 341.

[14] Abweichend von §. 727 B.G.B., vergl. §. 177

Art. 265 **340.** Nach der Auflösung der Gesellschaft hat sich der Inhaber des Handelsgeschäfts mit dem stillen Gesellschafter auseinanderzusetzen und dessen Guthaben in Geld zu berichtigen.[15]

Die zur Zeit der Auflösung schwebenden Geschäfte werden von dem Inhaber[16] des Handelsgeschäfts abgewickelt. Der stille Gesellschafter nimmt Theil an dem Gewinn und Verluste, der sich aus diesen Geschäften ergiebt.

Er kann am Schlusse jedes Geschäftsjahrs Rechenschaft über die inzwischen beendigten Geschäfte, Auszahlung des ihm gebührenden Betrags und Auskunft über den Stand der noch schwebenden Geschäfte verlangen.[17]

[15] Der stille Gesellschafter muß als Kläger genaue Rechnung über Einnahmen und Ausgaben aufmachen, damit er sein Guthaben einklagen kann R.O.H.G. XIV 87. Vergl. §. 337 Note 8. Die §§ 338[3], 340[3] verschaffen die erforderlichen Grundlagen außerhalb Prozesses; §§. 46, 47 innerhalb desselben, ev. §§. 423 ff. P.O. u die Klage auf Rechnungslegung.

Diejenigen, welche dem stillen Gesellschafter die Einlage beschafft haben, können nur nach Abtretung der Rechte desselben gegen den Inhaber des Handelsgeschäfts auftreten. Bolze XXIII Nr. 568.

[16] Unentziehbares Recht desselben R G. XIX 167, 170.

[17] Entsprechend §. 740 B G B.

341.[18] Wird über das Vermögen des Inhabers des Handels- Art. 258.
geschäfts der Konkurs eröffnet, so kann der stille Gesellschafter wegen der Einlage, soweit sie den Betrag des auf ihn fallenden Antheils am Verlust übersteigt, seine Forderung als Konkursgläubiger geltend machen.

Ist die Einlage rückständig, so hat sie der stille Gesellschafter bis zu dem Betrage, welcher zur Deckung seines Antheils am Verlust erforderlich ist, zur Konkursmasse einzuzahlen.[19]

18 Vergl §§. 336, 337, dazu §§. 16, 51, 61 ff. K.O.

19 Der zur Deckung des Verlustantheils nicht erforderliche Theil der Einlage kann erlassen werden. Das betr. Abkommen ist dem Anfechtungsrecht des §. 342 entzogen.

342. Ist auf Grund einer in dem letzten Jahre[20] vor der Er- Art. 259.
öffnung des Konkurses zwischen dem Inhaber des Handelsgeschäfts und dem stillen Gesellschafter getroffenen Vereinbarung diesem die Einlage ganz oder theilweise zurückgewährt oder sein Antheil an dem entstandenen Verluste ganz oder theilweise erlassen worden,[21] so kann die Rückgewähr oder der Erlaß von dem Konkursverwalter angefochten werden. Es begründet keinen Unterschied, ob die Rückgewähr oder der Erlaß unter Auflösung der Gesellschaft stattgefunden hat oder nicht.[22]

Die Anfechtung ist ausgeschlossen, wenn der Konkurs in Umständen seinen Grund hat, die erst nach der Vereinbarung der Rückgewähr oder des Erlasses eingetreten sind[23]

Die Vorschriften der Konkursordnung über die Geltendmachung der Anfechtung und deren Wirkung finden Anwendung.[24]

20 §. 108 K.O., §§. 187^1, 188^2 B.G.B., der Anfangstag rechnet nicht mit; alsdann von Datum zu Datum.

21 oder sind ihm besondere Sicherheiten gewährt worden R.G. XXVII 13.

22 §. 342 bezieht sich nicht auf den Fall, wenn eine offene Handelsgesellschaft Geschäftsinhaberin ist und ein persönlich haftender Gesellschafter für seine Person dem stillen Gesellschafter Entschädigung für Verluste an seiner Einlage zusagt. R.G. XXX 38.

23 Eine Benachtheiligungsabsicht, wie bei §§. 29 ff. K.O., braucht nicht behauptet zu werden. Der stille Gesellschafter hat sich zu entlasten von der in diesem Absatz liegenden Präsumtion. Der Nachweis, daß in dem kritischen Zeitpunkt eine Insolvenz oder Ueberschuldung nicht vorhanden war, genügt nicht; die Konkursursache kann damals doch schon

dagewesen sein, z. B. kann gerade die Auszahlung des stillen Gesellschafters den Konkursgrund gebildet haben. R.O.H.G. XIV 93.

[24] §§. 35—41 K.O.

Schlußbemerkungen.

A. Die Gelegenheitsgesellschaft, vergl. §. 105 Note 1, ist ersetzt durch das Bürgerliche Gesellschaftsrecht. Der Gesellschaftsvertrag ist formlos, vergl. §. 350. Die Gesellschafter leisten gleiche Beiträge, theilen Gewinn und Verlust nach Köpfen §§. 707, 722 B.G.B. Eine Verzinsung der Einlage findet nicht statt. Die Gesellschafter haften sammtverbindlich, wenn von ihnen gemeinsam oder von einem Bevollmächtigten für Alle abgeschlossen wurde. §. 427 B.G.B. Ueber das Gesellschaftsvermögen bestimmen die §§. 718, 719 B.G.B., und zwar hinsichtlich der Zwangsvollstreckung §. 736 P.O. Auseinandersetzung im Konkursfall §§. 16, 51 K.O., außerhalb desselben §§. 730—735 B.G.B. Rechnungslegung durch den geschäftsführenden Gesellschafter §§. 713, 666 B.G.B., welcher auch die Liquidation besorgt, soweit hier davon gesprochen werden kann R.G. XIX 164. Einsicht von Urkunden §§. 46, 47 und ev. P.O. §. 423 ff.

B. Ueber andere Gesellschaftsformen wie Gegenseitigkeitsgesellschaften, Handelsinnungen, Kolonialgesellschaften, Erwerbs- und Wirthschaftsgenossenschaften, Gesellschaft m. b. H., vergl. Gareis S. 467 und 394—430.

Eine Vereinbarung, welche Gewinn- und Verlust aus einem Geschäftsbetrieb unter den Kontrahenten in gleicher Weise vertheilt, braucht nicht nothwendig eine Gesellschaft zu sein. R.G. XXXIII 125.

Drittes Buch.

Handelsgeschäfte.[1]

Erster Abschnitt.

Allgemeine Vorschriften.[2—12]

[1] a) Die Grundgeschäfte des Handels, deren gewerbsmäßiger Betrieb die Eigenschaft eines Kaufmannes begründet, d. h. die objektiven Handelsgeschäfte des Art. 271 und die subjektiven des Art. 272 Abs. 1 A.D.H.G. sind in §. 1 enthalten; der Rechtsbegriff der objektiven Handelsgeschäfte ist beseitigt.

b) Die subjektiven und accessorischen Handelsgeschäfte der Art. 272 Abs. 2 und 273 A.D.H.G. sind theils in §. 1, theils in §. 343 untergebracht.

2 Ueber die Formfreiheit der Verträge §. 350 Note 31—32.

3 Eine Gesammtschuld §. 431 B.G.B. entsteht schon, wenn Mehrere sich gemeinschaftlich durch Vertrag oder unrechte That §. 830 B.G.B. zu einer Leistung oder Entschädigung verpflichten §. 427 B.G.B. Die Einrede der Theilung ist dann, §. 421 B.G.B., ebenso wie dem Bürgen, §. 767 B.G.B., versagt. (Art. 280 A.D.H.G.)

4 Wegen Schadensersatz §. 202 Note 82.

5 Draufgabe §§. 336—338 B.G.B. (Art. 285).

6 Anfechtung wegen Verletzung über die Hälfte (Art. 286 A.D.H.G.) ist dem B.G.B. unbekannt.

7 Anerkennung einer Rechnung schließt den Beweis eines Irrthums nicht aus (Art. 294 A.D.H.G.; Art. 295 ist schon durch §. 17 E.G.z.P.O. aufgehoben).

Der Ueberbringer einer Quittung ist zur Annahme der Zahlung ermächtigt § 370 B.G.B. (Art. 296 A.D.H.G.)

8 Der Einfluß des Todes des Vollmachtgebers, die Wirkung des Auftretens mit und ohne Vollmacht (Art. 297, 298 A.D.H.G.) ist jetzt in §§. 130^{2}, 153, 672, 675 B.G.B. und §§. 54—58 geordnet.

9 Bei Abtretung einer Forderung kann immer die Bezahlung des vollen Betrages vom Schuldner verlangt werden (Art. 299 A.D.H.G.)

10 Vertragsschluß Note 1 vor §. 373.

11 Erfüllungsort Art. 324, 325, 342, jetzt §§. 269, 270, 242, 391, 697, 700, 272 ff. B.G.B. §§. 349, 361; Ort des Vertragsschlusses R.G. XXXIV 187. Das Recht des Erfüllungsortes ist überhaupt subsidiäres Recht. R.G. VI 130.

12 Erfüllungszeit, Art. 326—334, jetzt §§. 186—193, 271, 272 B.G.B., §. 22 P.O.; fällt der letzte Tag auf einen Sonntag, so ist jetzt am nächstfolgenden Werktag zu erfüllen; darf der Schuldner bei Zahlung vor der Zeit §§. 271, 272 B.G.B. aus besonderen Gründen die Zwischenzinsen abziehen §. 813^{2} B.G.B., so berechnen sie sich nach §. 1133 Satz 3 B.G.B.; Frühjahr—Herbst §. 359; Zinsen überhaupt §. 352.

343. Handelsgeschäfte sind alle Geschäfte eines Kaufmanns, die zum Betriebe seines Handelsgewerbes gehören.[13] Art. 273 1—3.

Die im §. 1 Abs. 2 bezeichneten Geschäfte sind auch dann Handelsgeschäfte, wenn sie von einem Kaufmann im Betriebe seines gewöhnlich auf andere Geschäfte gerichteten Handelsgewerbes geschlossen werden. Art. 272 Abs. 2.

13 d. h. sowohl die Geschäfte der §§. 1—3, gleich, ob sie bewegliche oder unbewegliche Gegenstände betreffen, als auch die Anschaffung der im Betriebe eines Handelsgewerbes zu verwendenden Geräthe, Materialien und sonstigen Gegenstände. Die Weiterveräußerungen der Handwerker §. 4, soweit sie in Ausubung des Handwerksbetriebes geschehen, sind nun auch Handelsgeschäfte; Art. 273^{3} ist insoweit gestrichen.

Art. 274. **344.** Die von einem Kaufmanne **vorgenommenen Rechtsgeschäfte**[14] gelten im Zweifel als zum Betriebe seines Handelsgewerbes gehörig.

Die von einem Kaufmanne gezeichneten Schuldscheine[15] gelten als im Betriebe seines Handelsgewerbes gezeichnet, sofern nicht aus der Urkunde sich das Gegentheil ergiebt.

[14] Nicht blos Verträge; Art. 275, welcher Immobilien ausschloß, ist gefallen. Engagementsverträge mit technischen Gehülfen R.O.H.G. XI 387, Hinterlegung von Aktien durch den Aufsichtsrath in letzterer Eigenschaft R G. XIX 123, Betheiligung an einem Lotterieloos R G. XXX 189, Bürgschaftsvertrag R.G I 25, Leihvertrag R.O H.G XIX 353, fallen unter diese Vermuthung; das Gegentheil der Vermuthung muß zweifellos erkennbar sein R.O.H G. XVII 168, wie z. B. bei Versicherung des Lebens der Ehefrau R.G XIV 237, bei Schenkung von Todeswegen überhaupt R.G. XVIII 49, und Schenkungen bei Lebzeiten R O.H.G. XVI 184, soweit die Natur eines Handelsgeschäftes solche an sich ausschließt.

[15] gewöhnliche Schuldscheine des § 371 B G.B., Schuldscheine auf den Inhaber der §§. 793, 808 B.G.B ; Karten, Marken u. s. w. §. 807 B G.B.; Wechsel R O H.G. IV 53; Bürgschaftsscheine für bestimmte Summen R.O.H.G. XX 400. Der Gebrauch des bürgerlichen Namens, vergl. §. 17, schadet nicht, wenn kein Zweifel besteht, daß die Zeichnung in der Eigenschaft als Kaufmann erfolgte. R.O.H G. XIV 12 und 285.

Art 277 **345.** Auf ein Rechtsgeschäft, das für einen der beiden Theile ein Handelsgeschäft[16] ist, kommen die Vorschriften über Handelsgeschäfte[17] für beide Theile gleichmäßig zur Anwendung, soweit nicht aus diesen Vorschriften sich ein Anderes[18] ergiebt.

[16] §§. 343, 344.

[17] insbesondere die §§. 373—451; gilt nicht für G B.G. §. 101 über die Zuständigkeit der K f.H.S. R O.H G. XV 390; vergl. §. 7 H.G.B.

[18] §§. 346, 350, 351, 353, 368—372.

Art. 279 **346.** Unter **Kaufleuten**[19] ist in Ansehung der Bedeutung und Wirkung von Handlungen und Unterlassungen auf die im Handelsverkehre geltenden Gewohnheiten und Gebräuche Rücksicht zu nehmen.[20—22]

[19] a) Willenserklärungen und Verträge sind nach dem wirklichen Willen §. 133 B.G.B , nach Treue und Glauben und der Verkehrssitte §. 157 B.G.B. auszulegen. Stehen auf beiden Seiten Kaufleute, so umfaßt die Verkehrssitte die Handelssitte als Erkenntnißquelle für stillschweigende Willenserklärungen; Handelsgewohnheit im Gegensatz zu Handelsgewohnheitsrecht R.O.H.G. III 2. Letzteres kann wegen Art. 2

E.G nicht mehr gegen das Gesetz aufkommen. Eine Willenserklärung kann auch stillschweigend abgegeben werden; es genügt dazu aber nicht, daß der andere Theil sie nur zufällig erfährt, sondern sie muß ihm in Folge des erkennbaren Willens des Erklärenden zugegangen sein. §. 130 B.G.B. Gebräuche E.G. Art 2 Note 9.

b) Das B.G.B. enthält keine allgemeine Auslegungsregeln außer §§. 133, 154—157; dagegen viele besondere, z. B. ist die telegraphische Willensübermittelung bei der gewillkürten Schriftform der schriftlichen und die telephonische der mündlichen gleichgestellt §§. 127, 147[1] B.G.B.; Letzteres ist von Bedeutung für den Vertragsschluß §§. 130 ff., 145 ff. B.G.B. Wer seinen Willen durch eine Mittelsperson (Telegraphen) abgibt, steht, auch wenn diese Person nicht Vertreter ist, §. 166[1] B.G.B., für unrichtige Wiedergabe ein §. 120 B.G.B., indem sich seine Haftung, wenn er unverzüglich (ohne schuldhaftes Zögern) anfechtet, auf das negative Vertragsinteresse beschränkt §§. 121, 122 B.G.B. Bei Börsengeschäften kommen die Börsenbekanntmachungen zur Willensauslegung in Betracht.

[20] Bei Versicherungsverträgen gehen im Zweifel den allgemeinen Bedingungen die besonderen, und den gedruckten die geschriebenen vor R.O.H.G. IX 228; Verwirkungsbestimmungen sind strikt und im Zweifel gegen den Versicherer auszulegen R.G. X 160; die Anzeigepflicht wegen erhöhter Gefahr besteht nur für Thatsachen, deren Tragweite zu erkennen war. R.O.H.G. V 121. Die Fälligkeit der Versicherungssumme darf von einer Feststellung durch rechtskräftiges Urtheil abhängig gemacht werden. R.G. VI 198. Wer versichert, ohne etwas Weiteres zu bestimmen, versichert zu den Normalbedingungen; Auslegungsregeln bei Verträgen zu Gunsten Dritter §§. 328—335 B.G B. Schadensansprüche gehen kraft Policenklausel ohne Abtretungserklärung, Note 2b §. 373, auf den Versicherer über. R.G. XXII 148. Versicherungsrecht §§. 330, 1045, 1046, 1127 ff., 1385, 1654 B.G.B. und Art. 75 E.G.z.B G.B., vergl. auch §. 472 Note 70.

[21] Stillschweigen ist regelmäßig keine Einwilligung R.O.H.G. XII 102, §. 146 B.G.B.; es wäre denn, daß eine Erklärung nach der Verkehrssitte nicht zu erwarten ist §. 362 (d. i. der Fall, wenn Transportunternehmer ihre Transportbedingungen in Prospektform bekannt gemacht und der Kontrahent mit Kenntniß derselben abschließt R.G. XIII 76; es sei denn, daß eine Ringbildung vorliegt, u. diese unsittlich wäre R.G. XX 117) oder der Antragende auf sie verzichtet hat §. 151 B.G.B., oder, wenn dem Schweigen offensichtlich die Absicht zu Grunde lag, den Gegentheil zur Unthätigkeit zu verleiten §§. 242, 133, 157 B.G.B., R.O.H.G. XIV 13; z. B. Genehmigung einer Abrechnung durch monatelanges Schweigen R.O.H.G. IV 350. Ein nachträglicher Zahlungsvermerk in der Faktura über den Erfüllungsort kann als einseitiger Vorschlag zur Vertragsänderung durch Schweigen abgelehnt werden R.O.H G. XXII 144; es sei denn, daß besondere Umstände vorliegen R.O.H.G. XXIII 205, §§. 269, 270 B.G.B.; bei Arbitrage R.O.H G. XVIII 205; Uebergangsvorschriften Note 7b Art. 1 E.G.

[22] Arbitratoren sind keine Schiedsrichter R.G VI 201; Arbitrageverfahren R.O.H.G. XVIII 195, § 318 B.G.B. und Gareis S 543; Akkreditirung R.G XXXIV 35, § 780 B G.B., § 350

„Bankrembours" R G XXXI 109.

„Betriebsstörungen vorbehalten" befreit regelmäßig von Nachlieferung R.O.H.G. XIII 434.

„Brieflich Näheres" R.O.H G. XII 290, §. 127 B G B.

„circa" R.O.H G. VIII 209

„cif" bedeutet nur Uebernahme der Kosten, Versicherung und Fracht R G XIV 114, ebenso wie die „franco"-Klausel regelmäßig nur über die Transportkosten, nicht aber über den Erfüllungsort bestimmt R.O.H.G. XVI 14, dieselbe schließt den §. 436 aus R O H G XIII 414, und entzieht dem Schiffer sein Pfandrecht nicht §. 67 B.Sch.G, §. 440.

„Freibleibend" = ohne Verbindlichkeit R.O.H G XIV 81.

„Kasse gegen Verladungsdokumente" = der Käufer hat nur vorzuleisten, wenn bei Angebot der Verladungsdokumente die Waare selbst am Ablieferungsort noch nicht eingetroffen ist. R.G. XXXI 108.

„telle quelle" R.G. XIX 30; die Waare muß Handelsgut bleiben

„Zahl, Maß, Gewicht unbekannt" §. 73 B.Sch.G.

„Zahlung nach Möglichkeit" = Stundung R.O.H.G. XIV 158.

Art. 282. **347.** Wer aus einem Geschäfte, das auf seiner Seite ein Handelsgeschäft ist, einem Anderen zur Sorgfalt verpflichtet ist, hat für die Sorgfalt eines ordentlichen Kaufmanns[23] einzustehen.

Unberührt bleiben die Vorschriften des Bürgerlichen Gesetzbuchs, nach welchen der Schuldner in bestimmten Fällen nur grobe Fahrlässigkeit[24] zu vertreten, oder nur für diejenige Sorgfalt einzustehen hat, welche er in eigenen Angelegenheiten[25] anzuwenden pflegt.[26]

[23] oder eines ordentlichen Geschäftsmannes §§. 202, 203, 241, 249, eines ordentlichen Frachtführers § 429 Nach §. 276[2] B G.B. kann die Haftung für grobe Fahrlässigkeit im Voraus erlassen werden Grob ist die Fahrlässigkeit, wenn die Sorgfalt eines ordentlichen Hausvaters in besonders schwerer Weise vernachlässigt wird (ausnehmende Sorglosigkeit); bei einem pactum ne dolus praestetur kommt §. 139 B G.B in Anwendung, vergl. §. 346 Note 21, Ringbildung R.G. XX 117

[24] Bei Verzug des Gläubigers § 300 B.G B, der Schenker §§. 521, 523 B G.B., Verleiher § 599 B G.B.; Geschäftsführer bei dringender Gefahr §. 680 B G B.

[25] Der Verwahrer ohne Entgelt §. 690, Gesellschafter §. 708, Ehegatten §. 1359 B.G.B.; d. h. sie haften für Fahrlässigkeit, die keine grobe ist, nicht, wenn sie in eigenen Angelegenheiten nicht sorgsamer verfahren. Ueber die Sorgfalt eines ordentlichen Hausvaters hinausgehende Sorgfalt wird nicht verlangt, sollte der Verpflichtete in eigenen Angelegen-

heiten auch außergewöhnliche Bedachtsamkeit an den Tag legen. §. 277 B.G.B.

[26] a) Rath, Auskunft, Empfehlung ohne Aufforderung oder auf Anfrage sind an sich unverbindlich (hierher gehören Erkundigungen über Solvenz und Kreditwürdigkeit). Nur arglistiges, nicht aber grob fahrlässiges Handeln verbindet hier §. 676 B.G.B., R.G. XXIII 131; der Vorbehalt „selbstverständlich" „ohne Obligo" beseitigt zu Folge des §. 276² B.G.B. die Haftbarkeit dann nicht, R G. XX 193. Der Kommissionär macht sich unter Umständen sogar strafbar. Börs.G. §. 79, vergl. §. 75 cit. Erfolgen Rath, Auskunft oder Empfehlung auf Grund eines ausdrücklichen oder stillschweigenden Vertrages, wozu die Auskunft u. s. w. gegen Entgelt, auf Grund einer Geschäftsverbindung oder kraft Berufs oder Gewerbes zählt, so treten die für diesen Vertrag geltenden Grundsätze ein, R.G. XXVII 120. Die offene Handelsgesellschaft haftet für die unter ihrer Firma von einem Komplementar ertheilte wissentlich unwahre Auskunft R G. XX 194. Aktiengesellschaft R.G. XXVII 119; §. 124 Note 55 und §. 231. Rath des Kommissionärs beim Selbsteintritt R.G. XIX 97, ohne Selbsteintritt §. 394. Ein solcher Garantievertrag kann auch bloße Bürgschaft sein § 765 B.G.B. oder ein Kreditauftrag §. 778 B.G.B. R.G.St. X 361.

b) Kreditschädigung desjenigen, über welchen die Auskunft ertheilt wurde, z. B. durch Auskunftsbüreaus §. 824 B.G.B., §. 193 R.St.G.B.; vergl. §§. 186—188 R.St.G.B R.G.St. X 361.

348. Eine Vertragsstrafe, die von einem Kaufmann im Betriebe seines Handelsgewerbes versprochen ist, kann nicht auf Grund der Vorschriften des §. 343 des Bürgerlichen Gesetzbuchs herabgesetzt werden.[27] Art.284¹.

[27] Verstößt dieselbe wegen ihrer Höhe oder Art gegen die guten Sitten, so schützen §§. 138, 139 B.G.B.; wegen Konkurrenzklausel vergl. die Noten zu §. 75 (§§. 60–61, 112—113, 236, 326). Soll die Strafe ein Konkurrenzverbot nach dem Austritt stützen, so muß sie zeitlich und örtlich begrenzt sein §. 135¹ B.G.B.; der Berechtigte kann im Zweifel nicht Strafe und Erfüllung begehren §. 340 B.G.B., wenn nicht §. 341² B.G.B. zutrifft. Ob bei theilweiser Nichterfüllung §. 340 B.G.B. oder bei theilweise nicht gehöriger Erfüllung die ganze Strafe fällig geworden, entscheidet zunächst der Vertrag; im Zweifel ist die ganze Strafe verfallen R.O.H.G. XXII 168; wegen Verzugs §§. 285, 339 B.G.B. Die Höhe der Strafe läßt schon die Auslegung zu, daß nicht die Haupt-, sondern nur die Strafleistung sollte gefordert werden dürfen R.G. XXXIII 141; selbstverständlich abgesehen von §. 75². Uebergangsbestimmungen Art. 1 und 2 E.G. Konkurrenzklausel für Handlungsgehülfen und Lehrlinge §§. 60, 75, 76, für Industriebeamte u. s. w. Art. 9 II E.G. und dortige Noten.

349. Dem Bürgen steht, wenn die Bürgschaft für ihn ein Handelsgeschäft ist,[28] die Einrede der Vorausklage nicht zu. Art.281².

Das Gleiche gilt unter der bezeichneten Voraussetzung für denjenigen, welcher aus einem Kreditauftrag als Bürge haftet.[29—30]

[28] Der Bürge, der nicht Vollkaufmann ist §§. 4, 351, hat also jetzt unbedingt, auch im Falle des §. 778 B.G.B., die Einrede des §. 771 B.G.B. §. 204 Note 92.

[29] §. 771 B.G.B. betrifft aber nur den Fall, daß aus dem Kreditauftrag wirklich Verbindlichkeiten entstanden sind. Weil es sich bei der Kreditbürgschaft meist um dauernde Verhältnisse handelt, kann der Kreditbürge bei Uebernahme zeitlich nicht begrenzter Bürgschaft nur nach Ablauf eines angemessenen Zeitraums die Bürgschaft kündigen. R.O.H.G. XIX 110, §. 777 B.G.B.

[30] Vor erfolgter Kreditgewährung finden die Bestimmungen über Auftrag in Bezug auf Kündigung und Widerruf Anwendung §. 671. B.G.B. Erfüllungsort des Bürgen ist nicht der Wohnort des Hauptschuldners, R.G. XXXIV 17, §. 765 B.G.B. und Note 11 vor §. 343. Akkreditirung R.G. XXXIV 35. Kreditbrief E.G. Art. 17 Note 81.

Art. 317. ★ 350.[31] Auf eine Bürgschaft, ein Schuldversprechen oder ein Schuldanerkenntniß finden, sofern die Bürgschaft auf der Seite des Bürgen, das Versprechen oder das Anerkenntniß auf der Seite des Schuldners ein Handelsgeschäft ist, die Formvorschriften des §. 766 Satz 1, des §. 780 und des §. 781 Satz 1 des Bürgerlichen Gesetzbuchs keine Anwendung.[32]

[31] Das B.G.B. verlangt, abgesehen von Schenkungsversprechen, Leibrentenverträgen und Erbschaftskäufen §§. 312, 518, 761, 2371 gerichtliche oder notarielle Beurkundung bei Uebertragung eines Theils des Vermögens §. 311 und bei Grundstückserwerb §. 313; schriftliche Form §. 126 bei Mieth- und Pachtverträgen über ein Jahr §§. 566, 581, Annahme einer Anweisung §. 784², Abtretung einer Hypothek §. 1154 und bei den im Paragraphen genannten 3 Rechtsformen; Kreditauftrag §. 778 B.G.B., Schuldübernahme §. 414 B.G.B. Abrechnung und Vergleich §. 782 B.G.B. bedürfen keinerlei Förmlichkeit; Statutenkollision Note 4 vor Art. 1 E.G.; Uebergangsbestimmungen Note 7b zu Art. 1 E.G.

[32] Ist der Verpflichtete Vollkaufmann §. 351, so fällt die Nothwendigkeit schriftlicher Form bei §§. 766, 780, 781 B.G.B. weg mit der Einschränkung, daß auch der Vollkaufmann eine besondere Form für den Anerkennungsvertrag einhalten muß, sobald für die Begründung des Schuldverhältnisses, dessen Bestehen anerkannt werden soll, eine solche nach Handelsrecht vorgeschrieben ist §. 781 Satz 2 B.G.B.; z. B. §§. 189², 363—365. Verstoß gegen eine Formvorschrift §§. 125—129, 139 B.G.B.

★ 351. Die Vorschriften der §§. 348 bis 350 finden auf die im §. 4 bezeichneten Gewerbetreibenden keine Anwendung.

352. Die Höhe der gesetzlichen Zinsen, mit Einschluß der Verzugszinsen,[33] ist bei beiderseitigen[34] Handelsgeschäften fünf vom Hundert für das Jahr. Das Gleiche gilt, wenn für eine Schuld aus einem solchen Handelsgeschäfte Zinsen ohne Bestimmung des Zinsfußes versprochen sind.[35] Art. 287.

Ist in diesem Gesetzbuche die Verpflichtung zur Zahlung von Zinsen ohne Bestimmung der Höhe ausgesprochen, so sind darunter Zinsen zu fünf vom Hundert für das Jahr zu verstehen.

33 Laufen durch formfreie (§§. 130, 132 B.G.B.) Mahnung nach Fälligkeit §. 284 B.G.B., falls nicht der Verzug mit dem Tag eintritt §. 284² B.G.B., vergl §. 353, oder der Gläubiger mitwirken muß §§. 320, 368 ff., 410, 797 B.G.B.; vergl. §. 285 B.G.B. Uebersendung der Rechnung ist für sich allein keine Mahnung. Von Verzugszinsen laufen nicht wieder Zinsen (auch nicht durch Einklagung); aber der Gläubiger kann seinen weiteren Schaden auch über den üblichen oder ausgemachten Zins hinaus geltend machen §§. 288², 289 B.G.B.; Prozeßzinsen §. 291 B.G.B. Einfluß der Zuvielforderung des Gläubigers auf den Verzug des Schuldners R.O.H.G. XVIII 276, R.G. IX 141.

34 Voll- und Minderkaufleute §§. 1—4.

35 Es besteht kein Verbot von Zinsen, die im Gesammtbetrag das Kapital übersteigen. Sind mehr als 6% Zins ausgemacht, so hat der Schuldner das unentziehbare Recht, nach 6 Monaten auf 6 Monate zu kündigen, ausgenommen bei Schuldverschreibungen auf Inhaber §. 247 B.G.B.; nur Sparkassen, Kreditanstalten, Bankiers können im Voraus vereinbaren, daß rückständige Zinsen von Einlagen als neue verzinsliche Einlagen gelten sollen. Kreditanstalten, welche Schuldverschreibungen auf Inhaber ausgeben, haben noch weitergehendes Recht §. 248 B.G.B. Das R.G. vom 14. Nov. 1867, betr. die vertragsmäßigen Zinsen, ist aufgehoben, Art. 39, 94 E.G.z.B.G.B.; Zinseszinsen bei Kontokorrent §. 355; Zwischenzinsen Note 12 vor §. 343; Zinsen verjähren in vier Jahren §. 197 B.G.B.

353. Kaufleute untereinander sind berechtigt, für ihre Forderungen aus beiderseitigen Handelsgeschäften vom Tage der Fälligkeit[36] an Zinsen zu fordern. Zinsen von Zinsen können auf Grund dieser Vorschrift nicht gefordert werden.[37] Art. 289.

36 unabhängig von einem Verzug.

37 d. h. auch auf solche Zinsen findet das zu §. 352 Bemerkte Anwendung mit der Ausnahme, daß zu dieser Zinspflicht weder Mahnung noch Verzug gehört.

354. Wer[38] in Ausübung seines[39] Handelsgewerbes einem Anderen Geschäfte besorgt[40] oder Dienste[41] leistet, kann dafür[42] Art. 290 1—3.

auch ohne Verabredung Provision und, wenn es sich um Aufbewahrung handelt, Lagergeld[43] nach den an dem Orte üblichen Sätzen fordern.

Für Darlehen, Vorschüsse, Auslagen und andere Verwendungen kann er vom Tage der Leistung an Zinsen berechnen.

[38] Also auch dann, wenn der Andere nicht Kaufmann ist §§. 1—6.

[39] Also nicht schon, wenn sie überhaupt in den Betrieb eines Handelsgewerbes fallen. R.O.H.G. VII 363.

[40] Agent §. 88; Mäkler §. 99; Kommissionär § 395.

[41] Für Bürgschaftsleistung R.O.H.G. XI 248.

[42] Sofern Vergütung überhaupt üblich ist R.O.H.G. XVI 34; z. B. für Emballage, Verpackung R.O.H.G. III 112.

[43] Selbst wenn der Käufer die Waare zur Disposition gestellt hat und sein Zurückbehaltungsrecht ausübt R.G. I 285; gleich, ob er selbst Lagermiethe zahlen muß oder nicht R.O.H.G. VII 363. Sackmiethe, welche der Verkäufer im Getreidehandel beanspruchen kann, endigt, sobald Verlust der Säcke feststeht oder eine Einigung über den Werthsersatz stattgefunden R.O.H.G. XIX 306.

Art. 291. **355.** Steht **Jemand**[38] mit einem Kaufmanne **derart**[44] in **Geschäftsverbindung, daß die aus der Verbindung entspringenden beiderseitigen Ansprüche und Leistungen nebst Zinsen**[45] **in Rechnung gestellt und in regelmäßigen Zeitabschnitten durch Verrechnung und Feststellung des für den einen oder anderen Theil sich ergebenden Ueberschusses ausgeglichen werden** (laufende Rechnung, Kontokurrent); so kann derjenige, welchem bei dem Rechnungsabschluß ein Ueberschuß gebührt, von dem Tage des Abschlusses an Zinsen von dem Ueberschusse verlangen, auch soweit in der Rechnung Zinsen enthalten sind.[46]

Der Rechnungsabschluß geschieht jährlich einmal, sofern nicht ein Anderes bestimmt ist.

Die laufende Rechnung kann im Zweifel auch während der Dauer einer Rechnungsperiode jederzeit mit der Wirkung gekündigt werden, daß derjenige, welchem nach der Rechnung ein Ueberschuß gebührt, dessen Zahlung beanspruchen kann.

[44] d. h. bedarf ausdrücklicher oder stillschweigender Vereinbarung R.G. I 18.

[45] Wesentlich ist, daß jeder Theil Gläubigereigenschaft hat, und nicht blos Ansprüche oder Leistungen des Einen vom Anderen successive getilgt

werden R.O.H.G. III 150. Die Einräumung eines Kredits ist nicht entscheidend (dieser Kreditvertrag bleibt unberührt), wohl aber, daß beiderseits Zinsen in Rechnung gebracht werden. R.G. XXII 151.

46 so daß das Saldo, obgleich äußerlich rechnungsmäßiges Ergebniß einen neuen verzinslichen Rechnungsposten R.O.H.G. XII 72 und selbstständigen Klagegrund bildet R.O.H.G. X 56, mit dessen Quittung alle Ansprüche aus dem Kontokorrent erloschen sind R.O.H.G. X 358, durch stillschweigende Fortsetzung des Kontokurrents kann das Saldo trotz Monitur genehmigt sein R.O.H.G. XI 276 und III 428. Wer den Saldo einer Rechnung (es braucht kein eigentliches Kontokurrentverhältniß zu sein) bestreitet, weil alle Geschäfte reine Differenzgeschäfte seien, anderseits aber eines dieser Geschäfte zu seinem Vortheil als effektives darstellt, verfährt arglistig und widerspruchsvoll, weil er allen Einzelposten die Rechtswirksamkeit bestreitet, soweit er als Schuldner in Anspruch genommen wird, bezüglich eines Postens, bei dem er gewonnen, aber die Gültigkeit behauptet, er kann den Kläger nicht an dessen Behauptung, die Geschäfte seien effektiv, hinsichtlich eines einzelnen Geschäfts festhalten. R.G. XXXIII 60.

★ 356. Wird eine Forderung,[47] die durch Pfand, Bürgschaft oder in anderer Weise[48] gesichert ist, in die laufende Rechnung aufgenommen, so wird der Gläubiger durch die Anerkennung[7] des Rechnungsabschlusses nicht gehindert, aus der Sicherheit insoweit Befriedigung zu suchen, als sein Guthaben aus der laufenden Rechnung und die Forderung sich decken.[49]

Haftet ein Dritter für eine in die laufende Rechnung aufgenommene Forderung als Gesammtschuldner, so findet auf die Geltendmachung der Forderung gegen ihn die Vorschrift des Abs. 1 entsprechende Anwendung.[50]

47 Auch das Saldo aus vorhergehendem Kontokurrentabschluß.

48 z. B. durch Wechsel.

49 Durch Saldoanerkenntniß gehen also diese Sicherheiten insoweit nicht unter, vergl. §. 223 B.G.B., sind mehrere Forderungen, die den Gesammtbetrag des Saldos übersteigen, durch verschiedene Pfänder gesichert, so haftet jedes Pfand für die Höhe des Saldos, soweit die einzelne Forderung nicht unter dem Betrag des Letzteren bleibt.

50 Der aus der offenen Handelsgesellschaft ausgeschiedene Gesellschafter wird also dadurch nicht frei, daß die Gesellschaft nachher ein Kontokurrentsaldo anerkennt. Weil die alte Forderung fortbesteht, soweit es sich um Geltendmachung der Sicherheit handelt, bleiben dem Bürgen und dritten Verpfänder auch alle Einreden gegen die Forderung.

★ 357. Hat der Gläubiger eines Betheiligten die Pfändung und Ueberweisung des Anspruchs auf dasjenige erwirkt, was seinem

Schuldner als Ueberschuß aus der laufenden Rechnung zukommt, so können dem Gläubiger gegenüber Schuldposten, die nach der Pfändung durch neue Geschäfte entstehen, nicht in Rechnung gestellt werden.[51] Geschäfte, die auf Grund eines schon vor der Pfändung bestehenden Rechtes oder einer schon vor diesem Zeitpunkte bestehenden Verpflichtung des Drittschuldners vorgenommen werden, gelten nicht als neue Geschäfte im Sinne dieser Vorschrift.[52]

[51] §§ 835 ff P.O; sonst hätte der Pfand-Gläubiger, weil regelmäßig einzelne Forderungen aus dem Kontokurrent weder abgetreten noch herausgenommen werden können, um den Schuldner zu deren Befriedigung zu nöthigen R.G XXVIII 34, nur Anspruch auf das Saldo am Rechnungsschluß. § 355[2] Anderseits kann der Pfändende nur so Zahlung verlangen, wie sie der Kontokurrentgegner von seinem Schuldner bei vorzeitiger Unterbrechung des Verkehrs selbst verlangen könnte

[52] Daher gewähren Gutschriften für noch nicht eingelöste Rimessen dem pfändenden Gläubiger keinen endgültigen Anspruch, weil die Gutschrift unter Vorbehalt des Eingangs erfolgt war, auch muß der pfändende Gläubiger von Neuem pfänden, wenn er sich das Saldo sichern will, welches sich für seinen Schuldner etwa aus Fortsetzung des Kontokurrent ergeben sollte

Art. 332. **358.** Bei Handelsgeschäften kann die Leistung nur während der gewöhnlichen[53] Geschäftszeit bewirkt und gefordert werden.

[53] Nach Verkehrssitte. § 242 B.G B

Art. 327[1]. **359.** Ist als Zeit der Leistung das Frühjahr oder der Herbst oder ein in ähnlicher Weise bestimmter Zeitpunkt vereinbart, so entscheidet im Zweifel der Handelsgebrauch des Ortes der Leistung.

Art. 328[1]. Ist eine Frist von acht Tagen vereinbart, so sind hierunter im Zweifel volle acht Tage zu verstehen.[54]

[54] Heute in (oder über) 8 (oder 14) Tagen bedeutet nach dem Sprachgebrauch ein (zwei) Wochen, Motive zu § 189 B G B; Zeitberechnung überhaupt Note 12 vor §. 343

Art. 335. **360.** Wird eine nur der Gattung nach bestimmte Waare geschuldet, so ist Handelsgut mittlerer Art und Güte zu leisten.[55]

[55] a) Die Genusschuld geht vor der Uebergabe in eine Speziesschuld über, wenn der auswahlberechtigte Schuldner alles zur Leistung einer solchen Sache Erforderliche gethan, d h spezialisirt hat §. 243[2] B G B; der Schuldner wird dann, wenn hinterher die Sache vor der Uebergabe

durch Zufall zu Grund geht, frei §. 279 B.G.B. Die Auswahl wirkt erst mit dem Augenblick der Auswahl (bei alternativen Obligationen dagegen hat die Wahl rückwirkende Kraft §. 263[2] B.G.B.). Die Gefahr geht auf den Gläubiger aber auch schon über bei seinem Annahmeverzug §. 300[2] und bei Uebergabe der verkauften Sache an den Spediteur im Fall des §. 447[1] B.G.B.

b) Ist der Gläubiger oder ein Dritter wahlberechtigt, so kommen die §§. 243, 262, 315—320 B.G.B. in Betracht. R.O.H.G. XXIV 30.

361. **Maß, Gewicht, Währung, Zeitrechnung und Entfernungen,** Art. 336[1].
die an dem Orte gelten, wo der Vertrag erfüllt werden soll, sind im Zweifel als die vertragsmäßigen zu betrachten.[56]

[56] In ausländischer Währung ausgedrückte, im Inland zu zahlende Geldschuld ist im Zweifel in Reichswährung zu zahlen R.G. VI 126. Die Umrechnung erfolgt nach dem Kurswerth der betr. ausländischen Währung am Ort und z. Zt. der Zahlung. §. 244 B.G.B. Dasselbe gilt, wenn nur Streit darüber besteht, wie der Gläubiger, der sich mit vertragswidrigem Geld (z. B. Banknoten) befriedigen lassen will, dasselbe zu berechnen hat. Zahlung in bestimmter Münzsorte, die z. Zt. der Zahlung nicht mehr im Umlauf ist §. 245 B.G.B.; zu unterscheiden von der generischen Obligation und der Pflicht, eine gewisse Quantität einer bestimmten Geldsorte individueller Geldstücke zu liefern. Dabei ist der Zusatz „effektiv" unerheblich. Der Zusatz „effektiv" Art. 37 W.O. hat eine ausländische Münzsorte im Auge, die nur am Zahlungsort nicht im Umlauf ist; Erfüllungsort Note 12 vor §. 343

362. **Geht einem Kaufmanne, dessen Gewerbebetrieb die** Art. 323 1—2.
Besorgung von Geschäften für Andere mit sich bringt, ein Antrag[57] **über die Besorgung solcher Geschäfte von Jemand zu, mit dem er in Geschäftsverbindung steht, so ist er verpflichtet, unverzüglich zu antworten; sein Schweigen gilt als Annahme des Antrags.**[21] **Das Gleiche gilt, wenn einem Kaufmann ein Antrag über die Besorgung von Geschäften von Jemand zugeht, dem gegenüber er sich zur Besorgung solcher Geschäfte erboten hat.**[58]

Auch wenn der Kaufmann den Antrag ablehnt, hat er die mitgesendeten Waaren auf Kosten des Antragstellers, soweit er für diese Kosten gedeckt ist und soweit es ohne Nachtheil für ihn geschehen kann, einstweilen vor Schaden zu bewahren.[59]

[57] Bei Verkaufsanerbieten, worin Waare, Menge und Preis nicht bestimmt bezeichnet sind, bei Mittheilungen von Preislisten, Ankündigung von Transportgelegenheiten u. Anpreisungen ist die Gebundenheit der Antragenden ausgeschlossen §. 145 B.G.B. Ist der Antrag bestimmt abge-

lehnt, so braucht auf wiederholten Antrag keine Antwort zu erfolgen. R.O.H.G. V 170, vergl. §. 346 Note 21 über Stillschweigen.

[58] Ist das Angebot nur öffentlich erfolgt, so gilt §. 663 B.G.B.

[59] Auch kann er hinterlegen. §§. 373[1], 379[1].

Art. 301[1]. **363.** Anweisungen,[60] die auf[38] einen Kaufmann über die Leistung von Geld, Werthpapieren oder anderen vertretbaren Sachen[61] ausgestellt sind, ohne daß darin die Leistung von einer Gegenleistung[62] abhängig gemacht ist, können durch Indossament[63] übertragen werden, wenn sie an Order[64] lauten. Dasselbe gilt von Verpflichtungsscheinen, die von[65] einem Kaufmann über Gegenstände der bezeichneten Art an Order ausgestellt sind, ohne daß darin die Leistung von einer Gegenleistung abhängig gemacht ist.

Art. 302. Ferner können Konnossemente der Seeschiffer, Ladescheine der Frachtführer, Lagerscheine der staatlich zur Ausstellung solcher Urkunden ermächtigten Anstalten sowie Bodmereibriefe und Transportversicherungspolicen durch Indossament übertragen werden, wenn sie an Order lauten.[66]

[60] und Checks, wenn der Bezogene Kaufmann ist. Für Checks, die auf eine bestimmte Person oder auf Inhaber lauten, gilt §. 808 B.G.B. Inhaberchecks können nicht acceptirt werden §. 795 B.G.B.; überall vorausgesetzt, daß kein Landesgesetz besteht. Art 17 E.G.

[61] Sind sie auf andere Gegenstände ausgestellt, so hilft das abstrakte Schuldversprechen §. 350, wenn die Annahme stattgefunden hat.

[62] Von einer Bedingung kann sie abhängig sein. R.O.H.G. XXIV 237.

[63] Die Indossirung bürgerlicher Anweisungen §§. 783—792 B.G.B., geschieht nicht in Indossamentsform §. 365 und hat nicht die Wirkungen des §. 364.

[64] Die Orderklausel bedingt nicht die Gültigkeit, sondern ermöglicht nur das Indossament. R.G. XI 178.

Aus der Urkunde selbst muß hervorgehen: die Person des Berechtigten durch Namensnennung, und ob im Begebungsfall der Inhaber oder wer sonst durch den Besitz des Papiers berechtigt sein soll R.G VIII 38. Lagerschein R.G. XIII 154. Cession R.O H.G. XXV 340. Ein verjährter eigener Wechsel ist kein Verpflichtungsschein R.G. VIII 41.

[65] und auf einen Kaufmann der §§. 1—5; das liegt in: „Dasselbe gilt."

[66] Ueber den §. 363[2] können Landesgesetze nicht hinausgehen Art. 16 und 21 E.G.; Konnossement §. 642; Ladeschein §. 444, B.Sch.G. §. 72; Lagerschein §. 424; Bodmereibrief §. 682. Seeversicherungspolice §. 784 hier gleich Binnentransportpolice.

Schuldverschreibungen, in welchen dem Inhaber die Zahlung einer bestimmten Geldsumme vom Aussteller versprochen wird, können ohne staatliche Genehmigung nicht ausgegeben werden. §. 795 B.G.B. Art. 100[1] E.G. dazu.

364. Durch das Indossament gehen alle Rechte aus dem indossirten Papier auf den Indossatar über.[67] Art. 303.

Dem legitimirten Besitzer der Urkunde kann der Schuldner nur solche Einwendungen entgegensetzen, welche die Gültigkeit seiner Erklärung in der Urkunde[68] betreffen oder sich aus dem Inhalte[69] der Urkunde ergeben oder ihm unmittelbar[70] gegen den Besitzer zustehen.

Der Schuldner ist nur gegen Aushändigung der quittirten Urkunde zur Leistung verpflichtet.

67 Art. 10 ff. W.O., R.G. V 255.

68 d. i. Richtigkeit oder Anfechtbarkeit der Ausstellung oder Annahme §§. 784[1], 796 B.G.B., wobei die §§. 116 ff. B.G.B. keine Anwendung finden, soweit sie einen Empfänger zur Voraussetzung haben.

69 z. B. die Angabe des Schuldgrunds in der erkennbaren Absicht des Vorbehalts gewisser Einreden, z. B. Zeitbestimmungen, Voraussetzungen R.G. V 255.

70 z. B. Aufrechnung, exc. doli, soweit sie nicht ihren Grund in Beziehungen zwischen Aussteller und früherem Inhaber haben Art. 82 W.O., R.G. XIV 159; wegen der Einrede eines Zurückbehaltungsrechts §. 369 Note 85 b.

365. In Betreff der Form des Indossaments, in Betreff der Legitimation des Besitzers und der Prüfung der Legitimation sowie in Betreff der Verpflichtung des Besitzers zur Herausgabe, finden die Vorschriften der Artikel 11 bis 13, 36, 74 der Wechselordnung entsprechende Anwendung. Art. 305.

Ist die Urkunde vernichtet oder abhanden gekommen, so unterliegt sie der Kraftloserklärung im Wege des Aufgebotsverfahrens. Ist das Aufgebotsverfahren eingeleitet, so kann der Berechtigte, wenn er bis zur Kraftloserklärung Sicherheit bestellt, Leistung nach Maßgabe der Urkunde von dem Schuldner verlangen.[71]

71 Bezieht sich auf alle Urkunden des §. 363; Verfahren § 1003 ff. P.O. Wird keine Sicherheit §. 232 ff. B.G.B. geleistet, so kann vom Acceptanten nicht Hinterlegung gefordert werden, wie bei Art. 73 W.O.; bei Inhaberpapieren kann der Gläubiger Zahlungssperre anlegen lassen, §. 1019 P.O.; Uebergangsvorschrift Art. 178 E.G.z.B.G.B.

Art. 306 1—3. **366.** Veräußert oder verpfändet ein Kaufmann im Betriebe seines Handelsgewerbes[13] eine ihm nicht gehörige bewegliche Sache,[72] so finden die Vorschriften des Bürgerlichen Gesetzbuchs zu Gunsten derjenigen, welche Rechte von einem Nichtberechtigten herleiten, auch dann Anwendung, wenn der gute Glaube des Erwerbers die Befugniß des Veräußerers oder Verpfänders, über die Sache für den Eigenthümer zu verfügen, betrifft.

Ist die Sache mit dem Rechte eines Dritten belastet, so finden die Vorschriften des Bürgerlichen Gesetzbuchs zu Gunsten derjenigen, welche Rechte von einem Nichtberechtigten herleiten, auch dann Anwendung, wenn der gute Glaube die Befugniß des Veräußerers oder Verpfänders, ohne Vorbehalt des Rechtes über die Sache zu verfügen, betrifft.[73a—c]

Das gesetzliche Pfandrecht des Kommissionärs, des Spediteurs, des Lagerhalters und des Frachtführers steht hinsichtlich des Schutzes des guten Glaubens einem gemäß Abs. 1 durch Vertrag erworbenen Pfandrechte gleich.[73d]

[72] Also weder Rechte noch Forderungen §. 90 B.G.B., noch ein auf Namen lautendes Sparkassenbuch. R.G. X 40. Das B.G.B. definirt den Begriff der beweglichen Sache nicht direkt und spricht nur einmal §. 1549 von beweglichem Vermögen. Beweglich ist alles, was nicht zum Grundstücksbegriff gehört §§. 94, 95 B.G.B., und Gegenstand des Handelsverkehrs zu sein pflegt, insbesondere vertretbare und verbrauchbare Sachen §§. 91, 92 B.G.B., auch Schiffe; Zubehör §§ 97, 318 B.G.B., Trümmer eines Gebäudes und noch nicht eingefügte Materialien § 94[2] B.G.B.; Eigenthumserwerb Note 12 vor §. 373. Pfandbestellung E.G. Art. 20 Note 85.

[73a] §§. 932—936, 1207, 1208 B.G.B., §. 898 P.O. schützen nur denjenigen, welcher des guten Glaubens war, daß die Sache dem Veräußerer oder Verpfänder gehöre; hier wird, wie im seitherigen Recht, auch der geschützt, welcher den Veräußerer oder Verpfänder zwar nicht für den Eigenthümer gehalten aber in entschuldbaren Irrthum, also ohne grobes Verschulden angenommen hat, der andere Theil sei, so wie geschehen, über die Waare zu verfügen berechtigt. R.G. VI 17. Der gute Glaube wird präsumirt §. 932 B.G.B., aber erschwert im Effektenhandel §§. 7, 8 Depot-Gesetz, §. 392 Note 30c und §. 397 Note 41. Der böse Glaube eines Komplementars hindert den Erwerb für die Gesellschaft R.G. IX 143.

b Der gutgläubige Rechtserwerb ist jedoch ausgeschlossen, wenn dem Eigenthümer der Besitz ohne seinen Willen entzogen worden ist (gestohlene, verlorene Sachen). § 935[1] B.G.B R.G. I 255, 418. [Besitzerwerb und Verlust § 369 Note 83.]

c Der gutgläubige Erwerb ist aber trotzdem in § 935[2] B.G.B. wieder zugelassen bei:

1. kursirendem Metallgeld, Papiergeld im Fall gesetzlicher Papierwährung,

2. nicht auf den Namen umgeschriebenen, § 806 B.G.B., Inhaberpapieren (d. i. auch Papiergeld, soweit es nicht unter a fällt), die auch nicht außer Kurs gesetzt sein dürfen. R.G. IV 138, Art 176 E.G.z B.G.B. Eine Erschwerung in § 367. Sparkassenbuch R.G. XXXII 235.

3. Erwerb in einer den §§. 383[1], 966[2], 1219[1], 1235[1], B.G.B entsprechenden öffentlichen Versteigerung §§ 814—818 P.O. Gewährleistung bei §. 806 P.O. und §. 461 B.G.B. ausgeschlossen.

d §§. 397, 410, 421, 440 Kollisionen §. 443

★ **367.** Wird ein Inhaberpapier, das dem Eigenthümer gestohlen worden, verloren gegangen oder sonst abhanden gekommen ist, an einen Kaufmann, der Bankier- oder Geldwechslergeschäfte betreibt, veräußert oder verpfändet, so gilt dessen guter Glaube als ausgeschlossen, wenn zur Zeit der Veräußerung oder Verpfändung der Verlust des Papiers von einer öffentlichen Behörde oder von dem aus der Urkunde Verpflichteten im Deutschen Reichsanzeiger bekannt gemacht und seit dem Ablaufe des Jahres, in welchem die Veröffentlichung erfolgt ist, nicht mehr als ein Jahr verstrichen war.[74] Art. 307.

Der gute Glaube des Erwerbers wird durch die Veröffentlichung im Deutschen Reichsanzeiger nicht ausgeschlossen, wenn der Erwerber die Veröffentlichung in Folge besonderer Umstände weder kannte noch kennen mußte.[75]

Auf Zins-, Renten- und Gewinnantheilscheine, die nicht später[76] als in den nächsten auf die Veräußerung oder Verpfändung folgenden Einlösungstermine fällig werden, sowie auf Banknoten und andere auf Sicht zahlbare unverzinsliche Inhaberpapiere finden diese Vorschriften keine Anwendung.

74 §§. 793, 794 B.G.B., Art 100, 174—178 E.G z.B.G.B.; §§. 363—366, insbesondere Note 73 Talons, § 230, sind nur Legitimationspapiere §. 805 B.G.B. Eine private oder polizeiliche Anzeige zerstört den nach §. 932 B.G.B. zu präsumirenden guten Glauben nur dann, wenn eine Veröffentlichung im Reichsanzeiger nachgefolgt bezw. nach einem Jahre erneuert worden ist. (Besonderheit im Effektenverkehr. §. 397 Note 41. §§. 7, 8 Depot-Ges. Vergl §. 381.)

[75] Ist diese Veröffentlichung aber erfolgt, so kann der Bankier, da er die Sache nun im Auge behalten muß §. 122[2] B G.B., nur durch besondere Umstände, die er darzuthun hat, noch im guten Glauben erhalten werden. Dem Rechtsnachfolger des gutgläubigen Erwerbers gegenüber kann nicht vindizirt werden, sollte dieser auch beim Erwerb gewußt haben oder haben wissen müssen, daß das Papier gestohlen war. R.G. XXXVII 78. Pfandbestellung E.G. Art. 20 Note 85.

[76] Jedenfalls erweckt es Verdacht, wenn später fällig werdende Papiere des Abs. 3 angeboten werden. Sind sie aber schon fällig, oder werden sie es demnächst, so ist eine Berücksichtigung der Bekanntmachungen bei den großen Mengen solcher Scheine mit meist kleinen Beträgen nicht zu verlangen M. Daraus erklären sich auch die §§. 799, 804 B.G.B. Der Bankier, welcher Werthpapiere ohne Coupons und Talons lombardirt, ist kein redlicher Pfandnehmer, wenn ihm das verdächtige Fehlen nicht aufgeklärt war. R.G. XXXVI 120. Vergl. auch §. 392 Note 30c.

★ 368. Bei dem Verkauf eines Pfandes tritt, wenn die Verpfändung auf der Seite des Pfandgläubigers und des Verpfänders ein Handelsgeschäft[13] ist, an die Stelle der im §. 1234 des Bürgerlichen Gesetzbuchs bestimmten Frist von einem Monat eine solche von einer Woche.[77]

Diese[78] Vorschrift findet auf das gesetzliche Pfandrecht des Kommissionärs, des Spediteurs, des Lagerhalters und des Frachtführers entsprechende Anwendung, auf das Pfandrecht des Spediteurs und des Frachtführers auch dann, wenn nur auf ihrer Seite der Speditions- oder Frachtvertrag ein Handelsgeschäft ist.

[77a] Die Form der Pfandbestellung ist dieselbe wie in Art. 309 A.D.H.G. §§. 1204 ff. B.G.B., insbesondere bei Wechseln und indossablen Papieren §§. 1292 ff. B.G.B., E G. Art 20 Note 85. Zu dem Verkauf, der bei körperlichen Sachen, Inhaber- und indossablen Papieren mit Markt- und Börsenpreis §§. 1235, 1221 B.G.B. mit Umgehung öffentlicher Versteigerung §§ 383[3] 1236 ff. B.G.B. aus freier Hand durch einen ermächtigten Handelsmäkler Art. 14 E.G. §. 34 Börs.G. oder durch eine zur öffentlichen Versteigerung befugten Person zum laufenden Preis erfolgen kann §. 1245[2] B.G.B., ist weder Exekutionstitel noch gerichtliche Ermächtigung nöthig §. 1228[2] B.G.B. [beneficium excussiones realis §. 777 P.O. §. 772[2] B.G.B.]. Alles ohne die früher von Art 311 geforderte schriftliche Vereinbarung, jedoch mit der Einschränkung, daß im Voraus von diesen Formen nicht dispensirt werden kann. Zwischen Androhung des Verkaufs und dem Vollzug muß ein Monat §§. 187[1], 188[2] B.G.B. liegen; diese Frist ist hier auf eine Woche gekürzt, innerhalb welcher der Schuldner durch einstweilige Verfügung im Fall der §§. 935, 940 P.O. ein Verbot der Pfandrealisirung erwirken kann.

[b] Bei anderen Werthpapieren, sofern sie ein Forderungsrecht begründen, findet die Einziehung bezw. Abtretung statt §. 1282 B.G.B.,

falls nicht gewöhnliche Vollstreckung §. 1277 B.G.B., §. 835ff. P.O. vorgezogen wird.

c Andere Werthpapiere, z. B. Namensaktien ohne Börsenpreis fallen ausschließlich unter §§. 1277, 1229, 1245[2], 1273[2], 1214 B.G.B, §. 857 P.O

78 Beiderseitiges Handelsgeschäft also vorausgesetzt, ausgenommen bei Spediteur und Frachtführer; Kommissionär §. 398, Spediteur § 410, Frachtführer §. 440.

369. Ein Kaufmann[79] hat wegen der fälligen[88] Forderungen, Art. 313.
welche ihm gegen einen anderen Kaufmann aus den zwischen ihnen geschlossenen beiderseitigen Handelsgeschäften[13] zustehen, ein Zurückbehaltungsrecht[80] an den beweglichen Sachen[72] und Werthpapieren[81] des Schuldners, welche mit dessen Willen auf Grund von Handelsgeschäften[82] in seinen Besitz[83] gelangt sind, sofern er sie noch im Besitze hat, insbesondere mittelst Konnossements, Ladescheins oder Lagerscheins darüber verfügen kann. Das Zurückbehaltungsrecht ist auch dann begründet, wenn das Eigenthum an dem Gegenstande von dem Schuldner auf den Gläubiger übergegangen[84] oder von einem Dritten für den Schuldner auf den Gläubiger übertragen, aber auf den Schuldner zurückzuübertragen ist.

Einem Dritten gegenüber besteht das Zurückbehaltungsrecht insoweit, als dem Dritten die Einwendungen gegen den Anspruch des Schuldners auf Herausgabe des Gegenstandes entgegengesetzt werden können.[85]

Das Zurückbehaltungsrecht ist ausgeschlossen, wenn die Zurückbehaltung des Gegenstandes der von dem Schuldner vor oder bei der Uebergabe ertheilten Anweisung[86] oder der von dem Gläubiger übernommenen Verpflichtung, in einer bestimmten Weise mit dem Gegenstande zu verfahren, widerstreitet.

Der Schuldner kann die Ausübung des Zurückbehaltungsrechts durch Sicherheitsleistung abwenden. Die Sicherheitsleistung durch Bürgen ist ausgeschlossen.[87]

79 Voll- und Minderkaufleute §. 1—5; nicht der Reisende an Mustern u. s. w., der auf §. 273[2] B.G.B. angewiesen ist; regelmäßig auch nicht der Zentralbankier §. 8[1] Dep.Ges.

80 Hemmt die Verjährung nicht §. 202[2] B.G B., genießt nicht den Schutz des §. 306, R.G. XIII 129, ergreift nur das Nöthige R O H.G. XVIII 276; benef. exc. realis §. 777 P.O., § 772[2] B.G B. Keine Konnexität nöthig; im Konkurs §. 49[4] K.O.

81 Vergl §§ 1, 261[1]; ausgeschlossen sind Beweisurkunden, z. B. Lebensversicherungspolicen R.G. XXIX 301 Retention an Leistungen, z. B. Geldsummen, §. 273 B.G B, nur bei Konnexität R.G. XIV 233. Ebenso in §. 8[2] Depot-Gesetz Zurückbehaltung bei gegenseitigem Vertrag §. 320 B G.B; insbesondere bei Kreditunsicherheit nach dem Vertragsschluß §. 321 B.G.B, R.O.H.G XXIII 237; deshalb auch Widerruf des Darlehnsversprechens §. 610 B G.B.

82 Einseitiges Handelsgeschäft genügt. R.O.H.G. VI 195.

83 Erlangung thatsächlicher Gewalt §§ 854, 855 B.G.B., R.O.H.G. XVI 81; Besitzwille nicht nöthig R.G.St. III 204. Besitzverlust § 856 B.G.B.; Besitzaufgabe erfolgt durch ernstliche Willenserklärung nur dann, wenn auch der Erwerb nur aus dem ernstlichen Willen, die Gewalt über die Sache auszuüben, hergeleitet werden kann. Gewahrsam = thatsächlicher Innehabung. R.G. VIII 86. Dienstboten und Leute in ähnlicher Abhängigkeit sind nur Werkzeuge § 855 B G.B Pfandgläubiger, Miether, Verwahrer sind unmittelbare Besitzer; der Pfandschuldner u. s w. ist mittelbarer Besitzer §. 868 B.G.B. Sobald der Wille des Besitzers darauf geht, die Sache, z B. eine herrenlose, als ihm gehörend zu besitzen §§. 872, 955, 958 B.G.B, wird der Besitz Eigenbesitz. Uebergangsvorschrift für Besitzverhältnisse Note 7c zu Art. 1 E.G.; Statutenkollision Note 5 vor Art. 1 E G. Lagerschein §. 421, Ladeschein §. 450 R.G. V 18.

84 Dispositionswaare, zurückgelangter Wechsel.

85a Veräußert oder belastet der Schuldner die im Besitz des Gläubigers befindliche Sache, so kann der Gläubiger dem Rechtsnachfolger des Schuldners daher das Ret.-Recht entgegen halten §§. 986[2], 1032, 1065, 870, 1227 B G.B. Der Pfandgläubiger, welcher an der Pfandsache zugleich für eine andere Forderung ein Zurückbehaltungsrecht hat, ist gegen den Verlust seines Retentionsrechts in Folge Einlösung des Pfands durch §§. 1249, 268[1] B G.B. geschützt

b Gegenüber später entstandenen gesetzlichen Pfand- und Retentionsrechten hat das nur obligatorische Zurückbehaltungsrecht keine Wirkung; übersendet also z B. der Verkäufer dem Käufer die bereits in dessen Eigenthum übergegangene Waare, Noten 11, 12 vor §. 373, durch einen Spediteur, so geht das gesetzliche Pfandrecht des Spediteurs und Frachtführers dem Zurückbehaltungsrecht vor, welches dem Verkäufer wegen anderweitiger Forderungen an den Käufer etwa zusteht; ebenso kann der Auslieferungspflichtige (Frachtführer, Lagerhalter, Spediteur) dem nach §. 365 legitimirten Indossatar nicht das Zurückbehaltungsrecht entgegensetzen, welches er etwa gegen einen Vorbesitzer des Papiers § 363 haben könnte, weil dem Zurückbehaltungsrecht der dingliche Charakter hier abgesprochen ist; andernfalls würde § 364[2] diese Einrede nicht abschneiden. Pfandrechtskollisionen § 443

c Das Rangverhältniß zwischen dem Verfolgungsrecht des Absenders, vergl. §. 411 Note 16, § 44 K O, und dem Zurückbehaltungsrecht des Spediteurs und Frachtführers wird hier zu Gunsten des ersteren Rechts entschieden.

86 z B. die Sache jeder Zeit zur Verfügung zu halten R.G. XII 91, was meist bei Spediteur und Frachtführer der Fall sein wird.

87 § 232 ff. B.G B.,

370. Das Zurückbehaltungsrecht kann auch wegen nicht fälliger[88] Forderungen geltend gemacht werden: Art. 314.

1. wenn über das Vermögen des Schuldners der Konkurs[85c] eröffnet[89] ist oder der Schuldner seine Zahlungen eingestellt hat;
2. wenn eine Zwangsvollstreckung in das Vermögen des Schuldners ohne Erfolg versucht ist.

Der Geltendmachung des Zurückbehaltungsrechts steht die Anweisung des Schuldners oder die Uebernahme der Verpflichtung, in einer bestimmten Weise mit dem Gegenstande zu verfahren, nicht entgegen, sofern die im Abs. 1 Nr. 1, 2 bezeichneten Thatsachen erst nach der Uebergabe des Gegenstandes oder nach der Uebernahme der Verpflichtung dem Gläubiger bekannt werden.[90]

88 Liquidität so wenig Voraussetzung wie in §. 369. Wann eine Bedingung als eingetreten gilt §. 162 B G.B.; Befristung §. 163 B G B

89 Nicht, wenn die Eröffnung nur zu erwarten ist. R.G. III 113.

90 R G XII 91.

371. Der Gläubiger ist Kraft des Zurückbehaltungsrechts befugt, sich aus dem zurückbehaltenen Gegenstande für seine Forderung zu befriedigen. Steht einem Dritten ein Recht an dem Gegenstande zu, gegen welches das Zurückbehaltungsrecht nach §. 369 Abs. 2 geltend gemacht werden kann, so hat der Gläubiger in Ansehung der Befriedigung aus dem Gegenstande den Vorrang. Art. 315.

Die Befriedigung erfolgt nach den für das Pfandrecht geltenden Vorschriften des Bürgerlichen Gesetzbuchs. An die Stelle der im §. 1234 des Bürgerlichen Gesetzbuchs bestimmten Frist von einem Monate tritt eine solche von einer Woche.[77a-c]

Sofern die Befriedigung nicht im Wege der Zwangsvollstreckung stattfindet,[91] ist sie erst zulässig, nachdem der Gläubiger einen vollstreckbaren Titel für sein Recht auf Befriedigung gegen den Eigenthümer oder, wenn der Gegenstand ihm selbst gehört,[34] gegen den Schuldner erlangt hat; in dem letzteren Falle finden die den Eigenthümer betreffenden Vorschriften des Bürgerlichen Gesetzbuchs[92] über die Befriedigung auf den Schuldner entsprechende Anwendung. In Ermangelung des vollstreckbaren Titels ist der Verkauf des Gegenstandes nicht rechtmäßig.

Die Klage auf Gestattung der Befriedigung[93] kann bei dem Gericht, in dessen Bezirke der Gläubiger seinen allgemeinen Gerichtsstand oder den Gerichtsstand der Niederlassung hat, erhoben werden.[94]

[91] d. h. wenn die Forderung nicht selbst vollstreckbar ist. § 794[1 2 5] P O.; also Abweichung vom Pfandverkauf, der keinen vollstreckbaren Titel voraussetzt.

[92] §§. 1242—1244 B G B mit der Besonderheit, daß die Unterausnahme der Note 73c[3] auf den Fall ausgedehnt ist, wenn nach §. 1240[2] B.G.B. gestohlene oder verlorene Gold- oder Silbersachen aus freier Hand verkauft sind.

[93] Geht also nicht auf Anordnung des Verkaufs, weil manche Gegenstände nicht durch Verkauf verwerthet werden. Note 77.

[94] §§. 13, 15[3], 29, 6 und P.O. §§ 12, 17, 21

★ **372.** In Ansehung der Befriedigung aus dem zurückbehaltenen Gegenstande gilt[95] zu Gunsten des Gläubigers der Schuldner, sofern er bei dem Besitzerwerbe[83] des Gläubigers der Eigenthümer des Gegenstandes war, auch weiter als Eigenthümer, sofern nicht der Gläubiger weiß, daß der Schuldner nicht mehr Eigenthümer ist.

Erwirbt ein Dritter nach dem Besitzerwerbe des Gläubigers von dem Schuldner das Eigenthum, so muß er ein rechtskräftiges Urtheil, das in einem zwischen dem Gläubiger und dem Schuldner wegen Gestattung der Befriedigung geführten Rechtsstreit ergangen ist, gegen sich gelten lassen, sofern nicht der Gläubiger bei dem Eintritte der Rechtshängigkeit gewußt hat, daß der Schuldner nicht mehr Eigenthümer war.

[95] Also zieht ein einem solchen vermeintlichen Eigenthümer ausgesprochener Verzicht oder an einen solchen erfolgte Rückgabe des Gegenstands den Verlust des Zurückbehaltungsrechts nach sich; grobe Fahrlässigkeit steht dem Wissen nicht gleich, vergl § 1248 B.G.B.

Zweiter Abschnitt.[1–12]

Handelskauf.[13–16]

Einleitende Bemerkungen.

[1] Direkter Vertragsschluß. Der unbefristete Antrag §. 362 Note 57, muß unter Anwesenden §. 346 Note 19b, sofort angenommen werden; er erlischt Mangels rechtzeitiger Annahme, so daß er nicht mehr wirksam angenommen werden kann. Unter Abwesenden läuft eine gesetzliche Annahmefrist bis zu dem Zeitpunkt, in welchem Antragender den Eingang der Antwort unter regelmäßigen Umständen erwarten durfte; eine Annahme, die dem Antragenden nach Ablauf dieser Annahmefrist zugeht, ist unwirksam. Ist sie aber rechtzeitig abgesandt und nur in Folge unregelmäßiger Beförderung verspätet eingegangen, so muß der Antragende, wenn ihm der Grund der Verspätung erkennbar ist, spätestens jetzt die Verspätung anzeigen; verzögert er die Absendung schuldhaft, so war die Annahme nicht verspätet. Im Uebrigen gilt eine verspätete Annahme als neuer Antrag; Annahme mit Aenderung ist eine mit neuem Antrag verbundene Ablehnung §§. 130—132, 145—150 B.G.B Telephon, Telegraph, Verstümmelung §. 346 Note 19b. Willenserklärungen §§. 116 ff. B.G.B. und § 346 Note 19a Rath und Empfehlung §. 347 Note 26a. Punktation, Traktate §§. 154, 155 B G.B Keine Bestimmung über Vorvertrag im B.G.B.

[2] Indirekter Abschluß durch Agenten §. 85, Mäkler §. 95, Prokuristen § 50, Bevollmächtigte und Reisende §§. 54—58.

[3] Vertragsform §. 350 Note 31—32.

[4] Auslegung, insbesondere Stillschweigen und Gebräuche §§ 346, 362, Art. 2 Note 9 E.G., §. 118 Note 41 G.B.G.

[5] Erfüllung §§ 241 ff. B G.B., §§ 358, 360; insbes. Zahlung §. 361; Zurückhaltung der Leistung insbesondere wegen Kreditunsicherheit §. 369 Note 81,

[6] Erfüllungsort §. 349 Note 30 und Note 11 vor §. 343; beim Verkauf schwimmender Waare §. 344 Note 77a.

[7] Erfüllungszeit §§. 359, 361; Fixgeschäft § 376.

[8] Unmöglichkeit der Erfüllung §§. 281, 282, 323 (446), 472, 473 B.G.B , R.G. XIII 46; vergl. Note 15[1 u 2] vor §. 373.

[9] Bedingung und Befristung §§. 158—163 B.G.B. Aufrechnung §. 387—396, 406 B.G.B. §§. 145, 302, 322, 529[3] P.O.; Spediteur §. 414[3], Lagerhalter §. 423, Frachtführer §. 439. Im Konkurs §§. 53 ff. K.O

[10] Besitzerwerb und Verlust §. 369 Note 83.

[11a] Der Uebergang der Gefahr auf den Käufer beweglicher Sachen (Begriff §. 366 Note 72) erfolgt nach §. 323 B G.B mit der Uebergabe § 446[1] B.G.B. Hat Verkäufer die Sache oder das Werk §. 381[2] — und das gilt auch für den Gattungskauf §. 243[2] B.G.B., §. 360 — auf Verlangen des Käufers nach einem andern Ort als dem Erfüllungsort versendet, so geht die Gefahr auf den Käufer schon mit dem Zeitpunkt

der Ausfolgung an den Spediteur, Frachtführer u. s. w über §§. 447, 644² B.G.B. § 381¹. Gefahrenübergang bei Annahmeverzug des Käufers §. 300 B G B. Bei Gattungssachen Uebergang der Gefahr mit der Aussonderung §§ 243², 279 B G B, also schon vor der Uebergabe; vergl. §. 360 Note 55.

b Beim Verkauf eines Grundstücks trägt Käufer die Gefahr mit dem Augenblick der Eintragung, selbst wenn die Uebergabe noch aussteht §. 446² B G.B. Wird dem Käufer das Grundstück vor der Eintragung übergeben, so trägt er damit die Gefahr § 446¹ B G B

12 Der Eigenthumsübergang bei Veräußerung vollzieht sich:

a) Bei beweglichen Sachen (§. 366 Note 72) durch zu der Willenseinigung hinzutretende Besitzübergabe (§ 369 Note 83) §§. 854, 929 B.G B. Ist der Käufer bereits Besitzer, so genügt schon die Vereinbarung allein. In den Fällen des § 930 B G B. [Constit. poss R G. XXXIII 27] und § 931 B G B wird die Uebergabe, welche bei Gattungssachen Aussonderung voraussetzt, durch eine andere Rechtshandlung ersetzt. Zahlung des Kaufpreises nirgends Voraussetzung des Eigenthumserwerbs; redlicher Erwerber §§ 366, 367 Eigenthumsvorbehalt beim Kreditkauf berechtigt den Verkäufer zum Rücktritt, wenn Käufer in Zahlungsverzug kommt § 455 B G B; sonst liegt nämlich in der Stundung des Preises der Verzicht auf das Rücktrittsrecht § 454 B G B; Abzahlungsgeschäfte, Reichs-Ges. v. 16. Mai 94; Kommissionär §. 392 Noten; Uebergabe bei Zwangsvollstreckung § 897 P O. Uebergangsvorschrift für Eigenthumsverhältnisse Note 7d Art 1 E.G.

b) Bei Forderungen durch formlosen Abtretungsvertrag ohne Cessionseröffnung § 398 B G B, welcher das Eigenthum am Schuldschein nach sich zieht § 952 B.G.B. Sicherung des Schuldners §§. 406—410 B.G B. Keine gesetzliche Haftung, § 437 B G B, für die Zahlungsfähigkeit des Schuldners, nur Auslegungsregel in §. 438 B.G B; redlicher Erwerber §. 405 B G B Kommissionär § 392. Uebergang von Schadensforderungen auf den Versicherer Kraft Policenklausel R G XXII 148

c) Bei Werthpapieren — Trägern der Forderung:

1. Bei Namen-(Rekta-)papieren durch Abtretungsvertrag und Uebergabe des Papiers §§. 413, 398 ff. B G.B., ausg. rother Check der Reichsbank. Garcis S. 745, 759. Namenpapiere sind auch die auf den Namen durch den Aussteller umgeschriebenen Inhaberpapiere §. 806 B.G.B. Indossament beweist die Cession.

2. Bei Orderpapieren §. 363 (alle Wechsel) durch Indossament (Giro) §§. 364, 365; ebenso bei Namensaktien §§. 222, 223; für vinkulirte Aktien eine Besonderheit in §. 222⁴.

3. Bei Inhaberpapieren R.O H.G XXII 55, R.G. III 329, §. 367, durch einfache Uebergabe der Urkunde §§. 793 —797 B G.B., §§. 808. 821 P.O, R.G. IV 177. Theaterbillets, Marken, Karten sind, obgleich sie den Inhalt der Leistung und den Aussteller häufig nicht angeben und der Unterschrift entbehren, doch Inhaberpapiere, wenn nach Verkehrssitte aus der Karte ꝛc. der Wille des Ausstellers, sich jedem Inhaber zu bestimmter Leistung zu verpflichten, zu entnehmen, also nicht bloße Legitimation

bezweckt ist §. 807 B G.B.; redlicher Erwerber §§. 366, 367 u. B.G.B. §§ 794, 796; Retour-, Rundreise- und Abonnementskarten pflegen in Folge Statuts §. 399 B.G.B unübertragbar zu sein. Jedenfalls mit Absendung des Stückverzeichnisses geht das Eigenthum auf den Kommittenten über, soweit der Kommissionär über die Stücke verfügungsberechtigt war §§. 5—7 Dep Ges., Straffolgen §. 10 cit.; Verzicht auf Stückverzeichniß §. 3 cit., vergl. §. 392 Note.

d) Bei Grundstücken nur durch Grundbucheintrag selbst im Fall des Aufgebots und der Aneignung §§. 925—928 B.G.B.; nur der Erbe und die Ehegatten beim Gesammtgutverhältnisse werden Eigenthümer ohne Eintrag §§. 1922, 1438[2], 1519[2] B.G.B.

Der Handelskauf insbesondere.

[13] Ein Handelskauf ist nur gegeben, wenn wenigstens ein Theil Kaufmann §§. 1—6, das Geschäft im Betrieb seines Handelsgewerbes geschlossen ist §§. 343, 344, und das Geschäft Waaren, einschließlich der Sachen des §. 381[2] oder Werthpapiere §. 381[1] (§. 1 Note 4, 5, §. 261 Note 246, bewegl. Sachen §. 366 Note 72) zum Gegenstand hat.

Kauf eines Grundstückes, einer Erbschaft, eines Rechts, einer Forderung R.G. XXVI 43, ist kein Handelskauf in diesem besondern Sinn; solche Käufe unterliegen nicht den §§. 373—382, sondern dem B.G.B. Ferner ist ausgenommen der Viehhandel §. 382 und, soweit Landesgesetze Besonderheiten aufweisen, der Bierabnahmevertrag Art. 18 E.G. Wegen des Selbsteintritts §. 400. Wucherische Kaufverträge §. 138[2] B.G.B. E.G. Art. 18 Note 82; Verträge zu Gunsten Dritter §§. 328—335 B.G.B. Ringbildung R.G. XX 116, R O H G. XXIII 268

[14] Annahmeverzug des Käufers (Gläubigerverzug §§. 293—304 B.G.B).

1. Der Verkäufer hat die Rechte des §. 374.

2. Er kann hinterlegen nach §. 373[1], wenn er die Waare nicht bei sich aufbewahren will.

3. Er kann sich jeder weiteren Fürsorge durch das Verfahren des §. 373[2] entheben.

4 Er kann auf Abnahme der Waare klagen. §. 433[2] B.G.B.

[15] Erfüllungsverzug des Käufers (Schuldnerverzug §§. 284 bis 292 B.G.B.). Der Verkäufer hat dreifache Wahl:

1. Klage auf Erfüllung und Schadensersatz wegen verspäteter Erfüllung.

In dem Urtheil kann Verkäufer dem Käufer eine Frist setzen lassen §. 255 P.O. mit der Androhung, daß er nach Ablauf der Frist die Leistung nicht mehr wolle. Das Gericht prüft die Angemessenheit der Frist erst im Streitfall. Der Verkäufer kann dieselbe Fristsetzung mit Androhung auch nach rechtskräftigem Urtheil gemäß §. 893 P.O, §§ 130 ff., 283, 325[2] B.G.B. vornehmen (Qualifizirter Verzug). Ebenso kann er jeder Zeit verfahren, sobald die Erfüllung sich als unmöglich erweist §§. 275, 279, 280 B.G.B. Nach Ablauf der Frist kann Verkäufer nur zwischen dem Anspruch auf Schadensersatz wegen Nichterfüllung und dem Rücktritt wählen. Seine Wahl zwischen diesen beiden Rechten kann er aber schon vor Ablauf der Frist aussprechen. Es bedarf dann keiner Wiederholung.

2. Sonst (abgesehen von Fixgeschäften §. 376) ist die Wahl zwischen Schadensersatz wegen Nichterfüllung und Rücktritt auch beim Handelskauf nur gegeben, wenn entweder die Erfüllung für den Verkäufer kein Interesse mehr hat, das ist auch dann der Fall, wenn nicht blos der Vertragsinhalt, sondern auch wenn die konkreten Umstände entgegenstehen R.G. XXII 85, oder wenn Käufer eine ihm vom Verkäufer gesetzte, der Natur des Geschäfts und den Interessen des Verkäufers angemessene, R.O.H.G. VIII 73, Nachfrist versäumt hat §§. 326, 286[2] B.G.B. Im ersten Fall gibt es kein Nachholen der Säumniß; das Wahlrecht des Verkäufers entsteht ohne Weiteres. Im letzteren Fall (Spezifikationskauf §. 375 hat eine Besonderheit) ist mit Ablauf der Nachfrist das Recht auf Erfüllung für beide Theile erloschen; der Säumige kann seinen Gegner nun zur Ausübung des Wahlrechtes zwingen §. 355 B.G.B.

Die Nachfrist setzt voraus, daß der Säumige seine Vorbereitungen zur Erfüllung schon getroffen hat; sie ist unnöthig, wenn der Käufer die Erfüllung bestimmt oder durch Stellung vertragswidriger Bedingungen verweigert hat. Alsdann kann Verkäufer seine Wahl sogar vor der Erfüllungszeit treffen R.O.H.G. VI 302, V 107.

Ist die Erfüllung innerhalb der Nachfrist theilweise unmöglich geworden, so findet ein Rücktritt nur statt, wenn die Unmöglichkeit auf einem vom Schuldner zu vertretenden Umstand beruht und die Erfüllung für den Gläubiger kein Interesse hat. Komm.Prot. zu §. 326 B.G.B.

Ist die Erfüllung innerhalb der Nachfrist theilweise nicht bewirkt, so darf der Gläubiger die theilweise Nichterfüllung als gänzliche Nichterfüllung behandeln, wenn sein Interesse dies nachweislich erfordert.

3. Sind die Voraussetzungen des Schadensersatzes wegen Nichterfüllung (Ziff. 2) gegeben, so kann Verkäufer, abweichend von §§. 372—386 B.G.B., die eine Versteigerung nur bei Verderb und unverhältnißmäßigen Kosten und nur zum Zweck der Hinterlegung des Erlöses zulassen, seine Befriedigung auf dem Weg des Selbsthülfeverkaufs §. 373[2] suchen und den Unterschied zwischen Preis und Erlös vom Käufer fordern.

Statt dessen darf Verkäufer — was früher nur dem Käufer zustand R.G. XLI 100 — seinen Schaden abstrakt durch bloße Berechnung des Unterschieds des Vertrags- und Marktpreises zur Zeit und am Ort der Leistung oder konkret durch Vornahme eines Realisationsverkaufs begründen. Dieser Realisationsverkauf — das Gegenstück zum Deckungskauf des Käufers — muß sich nur bei Fixgeschäften in den Formen des §. 373[2] abspielen. Der Uebererlös über den Vertragspreis verbleibt im Gegensatz zu §. 373[2] dem Verkäufer; denn Realisationsverkauf wie Deckungskauf geschehen nicht auf Rechnung der säumigen Partei.

Endlich kann Verkäufer seinen Schaden auch auf jede andere Weise begründen, ohne daß das B.G.B. Schranken auferlegt. Schadensersatz im Allgemeinen und konkurrirendes Verschulden Note 82 zu §. 202. Vertragsstrafe §. 340[2] B.G.B., §. 348.

Ist die Waare übergeben, oben Note 12a und c, so ist ein Selbsthülfeverkauf unmöglich. Der Schaden deckt sich dann regelmäßig mit dem Schadensersatz wegen verspäteter Erfüllung.

Ist ein Theil der Waare noch nicht übergeben, so greift das Zurückbehaltungsrecht ein §. 369 Note 81, ev. das Verfolgungsrecht §. 44 K.O.

4. Der Rücktritt ist unwiderruflich, schließt jeden Schadensanspruch aus und geschieht nach §§. 116 ff., 130, 132, 327, 349 B.G.B., ev. im Weg der Einrede §. 346—356 B.G.B.; daraus folgt, daß das Rücktrittsrecht, welches nicht wie der Anspruch auf Wandlung §§. 477, 194 B.G.B. verjährt, erlischt, wenn der Verkäufer dieses Recht nicht binnen einer vom Käufer zu bestimmenden angemessenen Frist ausübt. Das Rücktrittsrecht ist untheilbar §. 356 B.G.B., erlischt nach der Uebergabe mit Stundung des Kaufpreises oben Note 12a, bei wesentlicher Veränderung, Verschlechterung und Verkauf der Sache durch den Rücktrittsberechtigten §§. 351, 352, 278 B.G.B., und wird unwirksam im Fall des §. 354 B.G.B.

[16] Erfüllungsverzug des Verkäufers (Schuldnerverzug §§. 282 –292 B.G.B.).

1. Liefert Verkäufer nicht, so kann Käufer den Kaufpreis einhalten, Note 81 zu §. 369, und auf Erfüllung nebst Schadensersatz wegen verspäteter Erfüllung bestehen §. 440[1] B.G.B. Es gilt dann das oben zu Note 15[1] Ausgeführte.

2. Fällt seine Wahl, wenn die Voraussetzungen der Note 15[2] gegeben sind, auf Schadensersatz wegen Nichterfüllung, so kann er, wie der Verkäufer im umgekehrten Fall Note 15[3],

a) bei Gegenständen, die einen Markt- oder Börsenpreis haben, den Unterschied zwischen Vertrags- und Marktpreis zur Zeit und am Ort der geschuldeten Lieferung als Geringstes verlangen, abstrakte Rechnung R.G. VI 27; bei ordnungsmäßiger Setzung der Nachfrist R.G. V 104, darf auch der Marktpreis am Ende der Nachfrist genommen werden R.O.H.G. XI 184.

Gibt es am Ablieferungsort keinen Marktpreis, so ist derjenige Marktpreis (abzüglich der Mehrfracht) entscheidend, zu dessen Verkehrsbereich in Ansehung von Waaren der verkauften Art der Ablieferungsort gehört R.O.H.G. XXIV 332.

Ablieferungsort ist der Ort, wohin die Waare vom Verkäufer zum Zweck der Abnahme durch Käufer zu liefern war, R.G. VI 27. Wegen Erfüllungsort Noten 6 und §. 453 B.G.B.

b) Ferner kann er statt der abstrakten Rechnung ganz oder zum Theil die konkrete Berechnung durch formlosen Deckungskauf wählen, d. i das Gegenstück zum Realisationsverkauf des Verkäufers Note 15[3]; bei Auswahl von Ort, Zeit und Preis hat Käufer lediglich die Sorgfalt eines ordentlichen Kaufmanns zu beobachten R.G. XI 199, §. 347[1]; ist er Nichtkaufmann, so gilt §. 276 B.G.B. für ihn, den Uebererlös behält der Käufer. Der Deckungskauf kann im Fall der Note 15[2] Abs. 2 vor Ablauf der Nachfrist bewirkt werden; bei Fixgeschäften ist die Form des §. 373[2] nöthig §. 376[2].

c) Endlich kann der Käufer ebenso wie Verkäufer seinen Schaden auch beliebig in anderer Weise z. B. so begründen, daß er anderweitigen Lieferungspflichten in Folge des Verzugs nicht nachkommen konnte und dort Schaden, z. B. Vertragsstrafe, tragen mußte R G. XV 73. Schadensersatz im Allgemeinen Note 82 zu §. 202.

Zum Schadensersatz gehört auch jetzt noch überall Rückforderung des etwa gezahlten Kaufpreises R O.H.G. in Puchelt, Zeitschrift für franz. Civilrecht VII 355, weil das B.G.B. keine Vorschriften über Kausalzusammenhang zwischen Schaden und dessen Ursache gibt. §§ 325, 280, 249 B.G.B. Anderer Meinung Cosack, Lehrbuch des Deutsch. Bürg Rechts I 408.

3. Zieht Käufer den Rücktritt vor, Note 15[2], so gilt das zu Note 15[4] Ausgeführte.

4. Liefert Verkäufer, jedoch so daß die Sache Mängel hat, so handelt es sich entweder um Gewährleistung §. 433[1], 459 ff. B.G.B. (bei Mängeln an der Sache) oder um Entwehrung (bei Mängeln im Recht) §§ 434 bis 445 B.G.B.

Mängel an der Sache: Der Verkäufer haftet auch ohne Verschulden für jede erhebliche Minderwerthigkeit der Waare und für das Vorhandensein der dicta et promissa im Augenblick des Gefahrenübergangs, oben Note 11a, ausgenommen für solche Fehler, welche der Käufer beim Abschluß kannte oder ihm in Folge grober Fahrlässigkeit unbekannt geblieben sind; hat Verkäufer jedoch die Abwesenheit des Fehlers zugesichert oder den Fehler arglistig verschwiegen, so haftet er trotz der Offensichtlichkeit §§. 459—460 B.G.B. Ausnahme bei öffentlichem Pfandverkauf §. 461 B.G B., §. 806 P.O.; vergl. §. 1235 B.G.B. Der Käufer hat folgende 3 Klagen:

a) Der Käufer hat alsdann das Wandelungsrecht, das ganz wie das Rücktrittsrecht, oben Note 16[3], 15[4], gestaltet ist mit den Ausnahmen, 1. daß die Wandelung erst mit der Zustimmung des Verkäufers unabänderlich ist §. 465 B.G.B ; 2. daß der Verkäufer den Käufer nach §. 466 zur Erklärung zwingen kann, und 3. daß die Wandelung noch zugelassen wird, wenn der Mangel sich erst bei der Umgestaltung zeigt §§. 467, 352 B.G B., vergl §§. 350—354 B.G.B.

b) Wählt dagegen Käufer Preisminderung, so erfolgt die Berechnung nach §§ 472, 473 B.G.B. und ist die Wahl ebenfalls erst nach §. 465 B.G.B. endgültig.

c) Fehlte der Sache zur Zeit des Verkaufes eine zugesicherte Eigenschaft oder hat Verkäufer einen gesetzlich von ihm zu vertretenden Fehler der Sache arglistig verschwiegen, so kann Käufer statt Wandelung und Preisminderung Schadensersatz wegen Nichterfüllung verlangen §. 463 B.G.B. Hier tritt das Verschulden und die Garantieübernahme in den Vordergrund.

Alle 3 Rechte gehen verloren: 1. durch vorbehaltslose Annahme der Sache trotz Kenntniß des Mangels §. 464 B.G.B, R G. XII 79; 2. durch Verjährung nach Note 51 und 52 zu §. 377; 3. wenn der Verkäufer den Mangel beseitigt, solange die Annahme der Leistung als Erfüllung nicht entgegensteht §. 363 B.G.B.; R.G. XIII 283 ist antiquirt; eine andere Sache kann beim Spezieskauf weder aufgedrungen noch verlangt werden, Motive zu §. 462 B.G.B.

d) Alle diese Vorschriften gelten auch für den Gattungskauf mit der Besonderheit:

1. daß Käufer die Lieferung einer mangelfreien Sache nebst Verzugsinteresse verlangen kann, ohne daß Verkäufer Anspruch auf Lieferung einer mangelfreien Sache anstatt der vertragswidrigen hätte §. 480 B.G.B., R.G. XII 79.

2. daß bei Wahl des Schadensersatzanspruchs §. 463 B.G.B., an Stelle des Zeitpunkts des Vertragsschlusses der Zeitpunkt des Uebergangs der Gefahr auf den Käufer tritt §§. 480², 243 B.G.B.; Note 11a oben.

e) Ueber den Unterschied des Werkvertrags vom Kauf- und Arbeitsvertrag und das Recht auf Nachbesserung §. 381 Noten 64—65.

Mängel im Recht:

a) Der Verkäufer hat beim Verkauf einer Sache dem Käufer das Eigenthum, beim Verkauf eines Rechts dieses Recht frei von allen Rechten, selbst Miethsrechten, die ein Dritter geltend machen könnte, zu verschaffen §§. 433¹, 434, 571—579 B.G.B.; dies gilt auch bezüglich unrichtiger Einträge §. 435¹ B.G.B. und bei Veräußerung eines registrirten Schiffs, §§. 1259 ff. und 435² B.G.B.

Ebenso haftet Verkäufer bei Verkauf einer Forderung zwar nicht für die Güte, wohl aber für den Bestand derselben, und daß keine Rechte an ihr von Dritten geltend gemacht werden können §§. 433¹, 434, 437, 438, 440 B.G.B. Wie für einen Mangel im Recht steht der Verkäufer dafür ein, daß zur Zeit des Verkaufes kein gerichtliches Aufgebotsverfahren schwebt §. 437² B.G.B., oben Note 12c; ein Aufgebot liegt erst vor, wenn die erste gerichtliche Aufgebotshandlung gegen das Papier erfolgt ist §§. 947, 1010 ff. P.O.

War als einleitende Maßregel eine Zahlungssperre erfolgt §§. 1019 ff. P.O., Art. 178 E.G.z.B.G.B., so ergibt sich die Haftung des Verkäufers aus §§ 136, 434 B.G.B.

b) Hat der Käufer beim Abschluß den Rechtsmangel gekannt, so ist die Haftung ausgeschlossen § 439¹ B.G.B; verschuldete Unkenntniß steht wegen §. 444¹ B.G.B. der Kenntniß nicht gleich; dies gilt auch, wenn der Rechtsmangel aus dem Grundbuch zu ersehen war, dem Käufer aber unbekannt geblieben ist.

Eine Ausnahme von der befreienden Wirkung der Kenntniß des Käufers bezüglich Hypotheken ꝛc. in §§. 439², 883 B.G.B.

c) Der Käufer hat wie beim Erfüllungsverzug des Verkäufers, oben Note 16, alle Rechte aus gegenseitigen Verträgen; also außer dem Anspruch auf Erfüllung gemäß §§. 320—327 B.G.B. das Recht, die Zahlung des Kaufpreises zu verweigern, den Anspruch auf Schadensersatz wegen Nichterfüllung sowie das Rücktrittsrecht § 440¹ B.G.B., und zwar einerlei, ob die Eintragung zum Grundbuch schon erfolgt oder die verkaufte Forderung schon an den Käufer abgetreten ist.

Der Anspruch auf Schadensersatz wegen Nichterfüllung ist so wenig wie das Rücktrittsrecht dadurch bedingt, daß der Dritte bereits sein Recht mit Erfolg geltend gemacht, d. h. entwehrt hat.

Von diesem Grundsatz gibt es eine Ausnahme; wenn nämlich eine bewegliche Sache, §. 366 Note 72, oder ein zum Besitz berechtigendes Recht an einer solchen Sache verkauft und die Sache dem Käufer übergeben ist, oben Note 12a und c, so kann der Käufer wegen des Rechts eines Dritten, das zum Besitz der Sache berechtigt, den Anspruch auf Schadensersatz wegen Nichterfüllung nur geltend machen, wenn er die Sache dem Dritten mit Rücksicht auf dessen Recht herausgegeben oder dem Verkäufer die Sache zurückgewährt oder einen ihm gegen einem Andern zustehenden Anspruch auf Herausgabe der Sache abgetreten hat, oder wenn die Sache untergegangen ist §§. 440^{2-4}, 441 B.G.B. Zweck: der Käufer soll nicht Entschädigung wegen Nichterfüllung bekommen und doch im Genuß der Sache bleiben.

Diese Vorschriften finden auf andere entgeldliche Verträge entsprechende Anwendung §. 445 B.G.B ; unentgeldliche Verträge §§. 523, 1624^{2} B.G.B.

Art. 343 2–3. **373.** Ist der Käufer mit der Annahme der Waare[13] im Verzuge,[17] so kann der Verkäufer die Waare auf Gefahr und Kosten des Käufers in einem öffentlichen Lagerhaus oder sonst in sicherer Weise hinterlegen.[18]

Er ist ferner befugt,[19] nach vorgängiger Androhung die Waare[20] öffentlich versteigern zu lassen; er kann, wenn die Waare einen Börsen- oder Marktpreis hat, nach vorgängiger Androhung den Verkauf auch aus freier Hand durch einen zu solchen Verkäufen öffentlich ermächtigten Handelsmäkler[21] oder durch eine zur öffentlichen Versteigerung befugte Person[22] zum laufenden Preise bewirken. Ist die Waare dem Verderb ausgesetzt und Gefahr im Verzuge, so bedarf es der vorgängigen Androhung nicht; dasselbe gilt, wenn die Androhung aus anderen Gründen unthunlich ist.[23]

Der Selbsthülfeverkauf erfolgt für Rechnung des säumigen Käufers.[24]

Der Verkäufer und der Käufer können bei der öffentlichen Versteigerung mitbieten.[25]

Im Falle der öffentlichen Versteigerung hat der Verkäufer den Käufer von der Zeit und dem Orte der Versteigerung vorher zu benachrichtigen; von dem vollzogenen Verkaufe hat er bei jeder Art des Verkaufs dem Käufer unverzüglich Nachricht zu geben. Im Falle der Unterlassung ist er zum

Schadensersatze verpflichtet. Die Benachrichtigungen dürfen unterbleiben, wenn sie unthunlich sind.

[17] Der Verkäufer muß seine thatsächliche Leistungsbereitschaft beweisen §§. 294, 297 B.G.B., sei es auch nur so, daß er sich die Waare jeder Zeit von einem verpflichteten Dritten verschaffen konnte R.G. XXXIV 98. Davon muß der Käufer Kenntniß bekommen durch Anbieten, also Real- und Verbaloblation seitens des Verkäufers oder eines leistungsbereiten Dritten §. 267 B G.B., und zwar zu rechter Zeit am rechten Ort §§. 271 ff., 299 B.G.B. Wörtliches Angebot genügt nur bei §. 295 B.G.B., z. B. wenn der Käufer von vornherein die Annahme abgelehnt oder an vertragswidrige Bedingungen geknüpft hat, oder wenn der Käufer eine Auswahl oder noch Bestimmungen über die Beschaffenheit zu treffen hat R.G. V 58. Ueber Theillieferungen §. 325 B.G.B.

[18] §§. 372—382 B.G.B., §. 417 ff. Bewahrt er die Waare bei sich, so gewährt der Kaufmann Sorgfalt nach § 347, der Nichtkaufmann nach §. 276 B G.B.; ist die Waare aber schon an Käufer übergeben und noch beim Verkäufer verblieben, so liegt bei Entgeldlichkeit ein Verwahrungsvertrag §§. 688, 689 B.G.B , bei Unentgeldlichkeit der Fall des §. 690 B.G.B. vor.

[19] Darf nicht in illoyaler Weise verzögert werden R.G. XXXVI 83, 90.

[20] Die mindestens soweit vorhanden sein muß, daß es nur noch der Aussonderung derselben oder der Gestaltung eines bestimmten, bereitstehenden Grundstoffs bedarf R.G. XXXV 1. Es genügt, wenn Verkäufer die Waare jeder Zeit aus dem Gewahrsam eines dazu verpflichteten Dritten dem Käufer verschaffen kann R.G. XXXIV 98 und XXXIII 95. Beim Bierabnahmevertrag R.G. I 65, Spezifikationskauf §. 375.

[21] Nach §. 93 Note 186; Kursmakler §. 34 Börs.Ges., Art. 14 E.G.

[22] z. B. öffentlich angestellter Auktionator §. 36 Gew.O., Gerichtsvollzieher. Die Versteigerung erfolgt am Leistungsort ev. an geeignetem andern Ort nach §. 383—386 B.G.B, Zuschlag §. 156 B G.B., Eigenthumserwerb §. 366 und B.G.B. §. 935. Die Versteigerungsperson darf nicht mitbieten §. 457—458 B.G.B. Ihre Betheiligung §§. 170, 181 F.G.G.

[23a] Die Androhung geschieht nach §§. 130, 132[1] B.G.B. und darf nicht unterlassen werden, weil Käufer die Annahme der Waare verweigert hat R.G. I 310. Die Unterlassung wird z. B. im Fall des §. 132[2] B.G.B. regelmäßig gerechtfertigt sein, wenn bei stark fallenden Preisen von börsengängigen Waaren und Papieren während der für die Androhung erforderlichen Zeit ein weiterer, auch dem Säumigen schädlicher Preisdruck oder eine Verschleuderung zu befürchten ist; Uebermittelung durch Telegraph, Telephon, Verstümmelung §. 346 Note 19b.

[b] Fehlt es an der erforderlichen und thunlichen Androhung, hat der Verkäufer Kaufliebhaber abgehalten R.G. VIII 24, oder liegt ein erheblicher Verstoß gegen die Versteigerungsformen vor, so ist der Selbsthülfeverkauf unwirksam, und zwar selbst wenn der Säumige bei der Ver-

steigerung anwesend war und zu dem Formfehler geschwiegen hat R.G. V 62; aber in seinem Verhalten kann Genehmigung liegen R.O.H G. XX 24.

c Bei untheilbarer Lieferung darf nicht nur ein Theil dem Selbsthülfeverkauf ausgesetzt werden R.O H.G. XXIV 358.

d Die kontraktmäßige Waare muß versteigert werden, also ohne vertragswidrige Beschränkung z. B. namentlich nicht Ausschluß der Gewähr R.G. XIX 198. Ist der Selbsthülfeverkauf ungültig, so kann er wiederholt werden in den zeitlichen Grenzen der Note 17 R.O.H G. XX 336.

[24] Der höhere Erlös kommt also dem Käufer zu gut, im Gegensatz zum Realisationsverkauf, oben Note 15[3].

[25] wie §. 1239[1] B.G B.

★ **374.** Durch die Vorschriften des §. 373 werden die Befugnisse nicht berührt, welche dem Verkäufer nach dem Bürgerlichen Gesetzbuche[26] zustehen, wenn der Käufer im Verzuge der Annahme ist.

[26] Die Haftung mindert sich, vergl. jedoch Note 16; die Zinspflicht endet; nur wirklich gezogener Nutzen ist herauszugeben; es entsteht Ersatzanspruch für Aufbewahrungskosten §§ 300, 301, 302, 304 B.G.B., §. 354.

★ **375.** Ist bei dem Kaufe einer beweglichen Sache dem Käufer die nähere Bestimmung über Form, Maß oder ähnliche Verhältnisse[27] vorbehalten, so ist der Käufer verpflichtet, die vorbehaltene Bestimmung zu treffen.

Ist der Käufer mit der Erfüllung dieser Verpflichtung im Verzuge, so kann der Verkäufer die Bestimmung statt des Käufers vornehmen oder gemäß §. 326 des Bürgerlichen Gesetzbuchs Schadensersatz wegen Nichterfüllung fordern oder vom Vertrage zurücktreten.[28] Im ersteren Falle hat der Verkäufer die von ihm getroffene Bestimmung dem Käufer mitzutheilen und ihm zugleich eine angemessene Frist zur Vornahme einer anderweitigen Bestimmung zu setzen. Wird eine solche innerhalb der Frist von dem Käufer nicht vorgenommen, so ist die von dem Verkäufer getroffene Bestimmung maßgebend.

[27] z. B. Körnung des herzustellenden Grieses, Garnnummer u. s. w.; die Grundpreise müssen ebenso wie Menge und Beschaffenheit der Gegenstände hinlänglich bestimmt sein.

[28a] Die Geltendmachung der letzteren beiden Rechte hat schon nach §. 326 B.G.B., oben Note 15[2], zur Voraussetzung, daß eine dem Käufer zur Spezifikation gestellte Nachfrist fruchtlos verstrichen ist. Nun

geht nach dem Vorbild der Wahlverbindlichkeiten, § 264^{2} B.G.B., die Spezifikationsbefugniß auf den Verkäufer über. Schweigt der Käufer jetzt auf die ihm vom Käufer mitgetheilte Spezifikation, oder macht er nur Aussetzungen, ohne sich positiv zu erklären, so ist mit Ablauf der Frist die Spezifikation des Verkäufers für beide Theile bindend, wie wenn von vornherein über diese genau bestimmte Spezies abgeschlossen wäre. Die Säumniß kann vom Käufer nachgeholt werden, so lange **res integra** ist R.G. XXXVII 30.

Der Verkäufer hat mit Fristablauf seine zwei anderen Rechte (Rücktritt und Schadensersatz wegen Nichterfüllung) verloren; er kann sie aber von Neuem geltend machen, wenn der Käufer in Zahlungsverzug geräth.

Nicht berührt werden durch obige Rechtsfolgen die Befugnisse, welche dem Verkäufer aus dem gleichzeitig eingetretenen Annahmeverzug, oben Note 14, erwachsen sind; also insbesondere nicht das Recht des Selbsthülfeverkaufs §. 373^{2}.

b Macht Verkäufer von §. 373^{2} Gebrauch, so kann er so versteigern lassen, daß dem neuen Käufer die Spezifikation vorbehalten bleibt. Man wird jetzt aber auch in diesem Fall den Uebergang der Spezifikationsbefugniß auf den Verkäufer nach gehöriger Androhung nicht mehr beanstanden können. Er kann aber auch auf Zahlung des nach der billigsten Spezifikation bemessenen Kaufpreises klagen. R.G. XXX 99.

376.[29] Ist bedungen, daß die Leistung des einen Theiles Art. 357.
genau[30] zu einer festbestimmten Zeit oder innerhalb einer festbestimmten Frist bewirkt werden soll, so kann der andere Theil, wenn die Leistung nicht zu der bestimmten Zeit oder nicht innerhalb der bestimmten Frist erfolgt, von dem Vertrage zurücktreten[31] oder, falls der Schuldner im Verzug ist, statt der Erfüllung Schadensersatz wegen Nichterfüllung[32] verlangen. Erfüllung kann er nur beanspruchen, wenn er sofort[33] nach dem Ablaufe der Zeit oder der Frist dem Gegner anzeigt, daß er auf Erfüllung bestehe.

Wird Schadensersatz wegen Nichterfüllung verlangt und hat die Waare einen Börsen- oder Marktpreis,[34] so kann der Unterschied des Kaufpreises und des Börsen- oder Marktpreises zur Zeit und am Orte der geschuldeten Leistung gefordert werden.[35]

Das Ergebniß eines anderweit vorgenommenen Verkaufs oder Kaufes[36] kann, falls die Waare einen Börsen- oder Marktpreis hat, dem Ersatzanspruche nur zu Grunde gelegt werden, wenn der Verkauf oder Kauf sofort[37] nach dem Ablaufe der bedungenen Leistungszeit oder Leistungsfrist bewirkt ist. Der Verkauf oder Kauf muß, wenn er nicht in öffentlicher Versteigerung[22] geschieht, durch einen zu **solchen Verkäufen oder Käufen öffentlich ermächtigten** Handelsmäkler[21] oder eine zur öffentlichen Versteigerung befugte **Person**[22] zum laufenden Preise erfolgen.

Auf den **Verkauf mittelst öffentlicher Versteigerung findet die Vorschrift des** §. 373 **Abs.** 4 **Anwendung**. Von dem Verkauf **oder Kaufe** hat der Gläubiger den Schuldner unverzüglich zu benachrichtigen;[38] im **Falle der Unterlassung** ist **er zum Schadensersatze verpflichtet**.

[29] §. 261 B.G.B. beseitigt für das bürgerliche Fixgeschäft nur die Nachfrist der Note 15[2] und 16[2 und 3] für den Erfüllungsverzug mit der Auslegung, daß im Zweifel Rücktritt gewollt ist Diesen Zweifel löst der Schuldner durch §. 355 B G.B. Das kaufmännische Fixgeschäft hält dagegen daran fest, daß Erfüllung ausgeschlossen ist, wenn nicht sofort nach Ablauf des Stichtages das Gegentheil erklärt wird.

Beide Rechte stimmen darin überein, a) daß, wenn Rücktritt gewählt ist, es sich ganz gleich bleibt, ob die Erfüllung durch einen vom Schuldner zu vertretenden Umstand gehindert worden ist oder nicht, sowie b) daß, wenn vor dem Stichtag ein Theil in Konkurs geräth, Erfüllung ausgeschlossen ist und Schadensersatz wegen Nichterfüllung besonders berechnet wird, §. 18 K.O., §. 453 B.G.B.

Die Gleichstellung des Käufers und Verkäufers, Note 15, 16, bedingte die Aenderungen des Art. 357; es kann ja auch eine fixe Zeit zur Zahlung des Preises wie für die Lieferung bedungen sein.

[30] Nach der klaren, unzweifelhaften Absicht der Parteien muß die Zeit ganz fest bestimmt und eine so wesentliche Eigenschaft sein, daß spätere Leistung nicht mehr als Vertragserfüllung angesehen werden soll. Die Vermuthung spricht bei Nicht-Börsentermingeschäften R O.H.G. XVI 292, E.G. Art. 14 Note 77 für das Nicht-Fixgeschäft; daher bedeutet eine Vertragsbestimmung „Lieferung je 2000 Centner per Oktober, November, Dezember, bis 10ten jeden Monats abzuladen" ein Nicht-Fixgeschäft R.G. XXXVI 84; ebenso: „Lieferung bis ultimo September" R.O.H.G. VI 261, „Lieferfrist 5—6 Wochen" R.G. I 64, „die Sendung müsse binnen 5, höchstens 6 Wochen eintreffen, da später keine Verwendung dafür sei" R.O.H.G. V 437; ebenso bei Lieferung per „sofort".

Bierabnahmevertrag kann als Fixgeschäft gewollt sein R G. I 64.

Aehnlichen Charakter wie ein Fixgeschäft hat aber die Festsetzung bestimmter Abladezeit im Kaufvertrag über schwimmende oder zu verschiffende Waare R.G. XXX 59; jedoch R.G. XXXVI 85. Zusage eines bestimmten Abgangstages bei vom dritten Ort abzusendender Waare R.O.H.G. V 39.

Das Fixgeschäft verliert seinen Charakter durch vorbehaltlose Annahme R.O.H.G. VI 22. Wegen Börsen- und Differenzgeschäften §. 381.

[31] Also gleich, ob der Schuldner in Verzug ist, d. h. die Verhinderung

zu vertreten hat oder nicht Note 29. (Ueber Rücktritt oben Note 15[4] und 16[3]); Schadensersatz wegen Nichterfüllung fordert aber Verzug nach §§. 284 ff B.G.B.

[32] Oben Noten 29, 15[3], 16[2].

[33] Ohne eine Aufforderung des Gegners abzuwarten. Eine Anzeige am Stichtag selbst oder vorher genügt nicht R.O.H.G. V 172. Wenn beide Theile einig sind, daß der Schuldner nicht erfüllen werde, der Gläubiger aber auf Erfüllung bestehe, so kann die Anzeige als zwecklos unterbleiben R.O.H.G. XIII 136. Bei Erfüllungswahl gilt Note 15[1] und 16[1].

[34] §. 261 Note 247.

[35] Abstrakte Schadensbegründung Noten 15[3], 16[2a]; die Nachfrist ist beseitigt; Note 29.

[36] Die konkrete Schadensbegründung, also Deckungskauf und Realisationsverkauf, oben Noten 15[3], 16[2b], mit Wegfall der Nachfrist; Note 29.

[37] Ein späterer oder früherer Selbsthülfekauf oder Verkauf geht nicht auf Rechnung des Säumigen R.O.H.G. VIII 104; es wäre denn, daß der eine Theil vor dem Stichtag bereits bestimmt erklärt hat, nicht erfüllen zu können; in diesem Falle hat das Zuwarten bis zum Stichtag keinen Zweck. R.O.H.G. XIV 184.

[38] Verkaufs- oder Kaufsandrohung (anders als bei §. 373[2]) nicht nöthig R.O.H.G. XII 282. Unverzüglich = ohne schuldhaftes Zögern §. 121 B.G.B.; Schadensersatz §. 202 Note 82.

377. Ist der **Kauf**[39] für beide **Theile**[40] ein **Handelsgeschäft**,[41] so hat der Käufer die Waare[42] unverzüglich nach der Ablieferung[43] durch den Verkäufer, soweit dies nach ordnungsmäßigem Geschäftsgange[44] thunlich ist, zu untersuchen[45] und, wenn sich ein **Mangel zeigt**, dem Verkäufer unverzüglich Anzeige zu machen.[46] Art. 347 1—3.

Unterläßt der Käufer die Anzeige, so gilt die Waare als genehmigt, es sei denn, daß es sich um einen Mangel handelt, der bei der Untersuchung nicht erkennbar war.[47—48]

Zeigt sich später ein solcher Mangel, so muß die Anzeige unverzüglich nach der Entdeckung gemacht werden; andernfalls gilt die Waare auch in Ansehung dieses Mangels als genehmigt.[49]

Zur Erhaltung der Rechte des Käufers genügt die rechtzeitige Absendung der Anzeige.[50—51]

Hat der Verkäufer den Mangel arglistig verschwiegen, so kann er sich auf diese Vorschriften nicht berufen.[52] Art 350

[39] Einerlei, ob Distanz- oder Platzgeschäft; Kauf nach Probe, auf Probe, auf Besicht §§. 494—496 B.G.B.

[40] Beim Nichtkaufmann kann unter Umständen aus unterlassener,

aber möglicher Untersuchung und Rüge die Genehmigung gefolgert werden; sonst gilt für ihn § 464 B.G.B.

41 §§. 343, 344 mit der Einschränkung der Note 13 oben.

42 Ausfallprobe — Repräsentant der Waare R.O.H.G. VII 257.

43 d. h. dem Käufer muß durch Entäußerung Seitens des Verkäufers die thatsächliche Möglichkeit, den Gewahrsam zu erlangen, und die Sache zu untersuchen, gegeben sein R.G. V 81, also noch nicht mit Empfang des Frachtbriefes. R.O.H.G. XIII 364. Die Vereitelung der Ablieferung durch den Käufer bedeutet nur Annahmeverzug, aber noch nicht Ablieferung. R.O.H.G. XXIV 29. Maschine muß betriebsfertig montirt sein, vergl. §. 381 Note 64 u. jur.W 94. 22. Die Rüge kann vor der Ablieferung erfolgen. R.O.H.G XV 271.

44 Einseitig in der Faktura vorgeschriebene Reklamationsfrist ist unerheblich. R.O.H.G. I 88. Die Untersuchung, wenn sie naturgemäß, §. 346, nur so vorzunehmen ist, hat sich auch auf die innere Beschaffenheit zu richten. R.O.H.G. VIII 175. Backprobe R.O.H.G. IX 404, selbst Verarbeitung, soweit nöthig R.O.H.G. X 353, Färben eines Theiles R.O.H.G. IX 404, Sudprobe R.G XXXVIII 11.

Maschine erfordert Benützung während längerer Zeit R.O.H.G. XI 99; ev. Feststellung im Wege der Beweissicherung §. 488 P.O.

45 Am Ort der Ablieferung, es wäre denn, daß nach dem erkennbaren Willen der Parteien ein anderer Ort maßgebend sein soll. R.O.H.G. XVIII 205. Empfangnahme durch den Spediteur R.G. VI 61.

46 Qualitätsmängel und nach §. 378 auch Quantitäts- und Gattungsmängel in gewissen Grenzen; durch Weiterversendung der Waare darf die Anzeige nicht verspätet werden R.O.H.G. VIII 225 und zwar regelmäßig auch dann nicht, wenn die Waare in Originalpackung weiterreist R.O.H.G. XVII 217; es wäre denn, daß aus irgend einem Umstand, der auch in der Verpackung liegen kann, die Zustimmung des Verkäufers zu späterer Untersuchung und Anzeige zu entnehmen wäre. R.O.H.G. XV 126 Die Rüge muß so lauten, daß der Verkäufer erkennen kann, was beanstandet werden will R.G. XVIII 55 und hat bei einer Kollektivsendung, durch welche verschiedene Käufe erfüllt werden, erkennbar zu machen, bei welchen der Käufe die Waare beanstandet wird R.O.H.G. XIV 66 und 156. Bei mehreren Mängeln R.G. XXXVIII 10.

47 Sind so vertragswidrige Lieferungen genehmigt, so kann der Wirth nicht mehr von seinem Bierabnahmevertrag dem Brauer gegenüber zurücktreten. R.G. I 55, 63. Vergl. E.G. Art. 18 Note 82.

48 Dispositionsstellung nicht nöthig; ist sie aber geschehen und verkauft der Käufer weiter ohne Zustimmung des Gegners, so liegt darin Genehmigung; hat der Käufer an die Anzeige der Mängelrüge irgend erkennbar seine Absicht geknüpft, die Waare zu behalten und nur Preisminderung zu verlangen, so schadet beliebiger Weiterverkauf nicht R.G. XVII 65; dasselbe gilt bei Vornahme erheblicher Veränderungen an der Waare R.O.H.G. X 273.

49 Selbst wenn eine Garantiefrist bedungen war. R.O.H.G. IX 12.

50 Im Gegensatz zu § 130 B.G.B.; Anzeige an den Reisenden §. 55, an den Monteur §. 54 Note 126, an den Agenten §. 86.

51 Die Waare ist genehmigt, wenn der Mangel erst 6 Monate §§. 187[1], 188[2] B.G.B. nach der Ablieferung entdeckt worden §§. 477—479 B G.B. Anfangspunkt ist die Ablieferung, nicht die Uebergabe Note 43. Letztere geht der ersteren z. B. voran beim constit. poss. — oben Note 12a, und bei Uebersendung von Lagerschein und Konnossement. Die 6 Monate sind wahre Verjährung, so daß alle Hemmungsgründe der §§. 202 ff B.G.B. Platz greifen; verlängernde Garantiefristen sind abweichend von §. 125 B.G.B. zugelassen; allein es laufen die 6 Monate dann von der Entdeckung und Anzeige des Mangels an, so daß dem Käufer nicht die ganze Garantiefrist zur Rechtsverfolgung stets offen bleibt. R.G. XXXVII 81.

Wegen der Gewährleistung für Mängel oben Note 16[4]. Nach Ablauf der Verjährung kann der Käufer aber noch einredeweise die Zahlung des Kaufpreises verweigern, soweit er dazu auf Grund der Wandelung oder Minderung des Preises berechtigt gewesen wäre, wenn die Vorschrift des §. 478[1] B.G.B. eingehalten ist; den Schadensersatzanspruch, oben Note 16[4c], kann er unter der Voraussetzung des §. 479 B.G.B. nach der Verjährung aufrechnen.

52 Folgen oben Note 16[4 c und d]; es darf der Käufer unbeschränkt die Zahlung des Kaufpreises verweigern oder seinen Schaden aufrechnen, §§. 478[2], 479 B.G.B., bis zur Vollendung der 30jährigen Verjährung. §§. 477[1], 195 B.G.B.

★378. Die Vorschriften des §. 377 finden auch dann Anwendung, wenn eine andere als die bedungene Waare oder eine andere als die bedungene Menge von Waaren geliefert ist, sofern die gelieferte Waare nicht offensichtlich von der Bestellung so erheblich abweicht, daß der Verkäufer die Genehmigung des Käufers als ausgeschlossen betrachten mußte.[53]

53 Dann liegt der Fall wie bei unbestellter Waare, d. h. es kann nur aus ganz besonderen Umständen §§. 346, 362 und B.G.B. §. 364 aber noch nicht aus Schweigen, Zahlung der Fracht und Aufbewahrung Genehmigung abgeleitet werden. R.O.H.G. VII 356 und XVI 131. Der Adressat hat bei §. 378 die Stellung eines Geschäftsführers ohne Auftrag §§. 677 ff. B.G.B

379. Ist der Kauf für beide Theile ein Handelsgeschäft,[41] so ist der Käufer, wenn er die ihm von einem anderen Orte übersendete[54] Waare beanstandet,[55] verpflichtet, für ihre einstweilige Aufbewahrung zu sorgen.[56] =Art. 348[1].

Er kann die Waare, wenn sie dem Verderb ausgesetzt und Gefahr im Verzug ist, unter Beobachtung der Vorschriften des §. 373 verkaufen lassen.[57] Art. 348[5].

[54] Begriff des Distanzgeschäfts R.G XXXIII 23; hinsichtlich der Art der Uebersendung §. 447[2] B.G.B. Uebergang der Gefahr oben Note 11 (der Käufer hat die Kosten der Abnahme und der Versendung nach einem anderen Ort als dem Erfüllungsort zu tragen §. 448[1] B.G.B.). Im Platzverkehr gelten §§. 346, 347 und auch für den Nichtkaufmann die §§. 677 ff. B.G.B.

[55] Sei es wegen Verspätung, mangelhafter Verpackung oder wegen Mängel des §. 377; vertragsmäßige Waare ist sofort zu empfangen §§. 433[2], 271 B.G.B.

[56] Rücksendung würde unnöthige Kosten entstehen lassen; beide Theile können auch die Mängel nach §. 488 P.O. feststellen lassen.

[57] Dadurch wird der Anspruch des Käufers auf Wandelung oder Lieferung einer mangelfreien Sache, oben Note 16[4d], nicht ausgeschlossen.

Art. 352. **380.** Ist der Kaufpreis nach dem Gewichte der Waare zu berechnen, so kommt das Gewicht der Verpackung (Taragewicht) in Abzug, wenn nicht aus dem Vertrag oder dem Handelsgebrauche des Ortes, an welchem der Verkäufer zu erfüllen[58] hat, sich ein Anderes ergiebt.[59]

Ob und in welcher Höhe das Taragewicht nach einem bestimmten Ansatz oder Verhältnisse statt nach genauer Ausmittelung abzuziehen ist, sowie, ob und wieviel als Gutgewicht zu Gunsten des Käufers zu berechnen ist oder als Vergütung für schadhafte oder unbrauchbare Theile (Refaktie) gefordert werden kann, bestimmt sich nach dem Vertrag oder dem Handelsgebrauche des Ortes, an welchem der Verkäufer zu erfüllen hat.[60]

[58] Der Ort der Uebergabe ist regelmäßig der Erfüllungsort, oben Note 11, 12, ferner Note 11 vor §. 343, Note 21 zu §. 346 R.O.H.G. VII 9; Verkauf schwimmender Waare §. 444 Note 77 a.

[59] z. B. Einrechnen des Sackgewichtes, brutto für netto, wenn der Käufer sich dies längere Zeit gefallen ließ. R.O.H.G. I 125. Kosten der Uebergabe, des Messens und Wägens §. 448 B.G.B. Emballage, Verpackung, Sackmiethe Noten 42, 43 zu §. 354.

[60] Uebliche Beimischungen R.O.H.G. VII 8.

★381. Die in diesem Abschnitte für den Kauf von Waaren getroffenen Vorschriften[13] gelten auch für den Kauf von Werthpapieren.[61–63]

Sie finden auch Anwendung, wenn aus einem von dem Unternehmer zu beschaffenden Stoffe eine nicht vertretbare bewegliche Sache herzustellen ist.[64–65]

[61] Der Verkäufer eines Werthpapiers haftet dafür, daß z. Zt. des Erwerbs, oben Note 12, keine gerichtliche Aufgebotshandlung stattgefunden

hat; das ist Mangel im Recht, nicht Sachmangel, oben Note 16[4] und §. 437[2] B.G.B. Ist das Werthpapier aber ausgeloost oder gekündigt, so ist eine Ausnahme von §. 378 gegeben; der Käufer würde bei Kenntniß nicht gekauft haben, so daß jede Genehmigung von vornherein ausgeschlossen ist.

[62] Ueber Börsentermin-Prämien- und Promessengeschäft Gareis S. 539—571. Die Prolongation eines Fixgeschäfts kann ein selbstständiges neues Fixgeschäft sein R.O.H.G. V 184; es kann aber auch die Absicht sein, den Stichtag hinauszuschieben und so die Einheitlichkeit des Geschäfts zu wahren; es kann aber auch in der Prolongation die Vereinbarung liegen, daß ein Reportgeschäft mit abermaligem Verkauf auf den nächsten Ultimo abgeschlossen sein soll. R.G. XXXVI 69.

[63] Das Differenzgeschäft ist ein in der Absicht geschlossenes Fixgeschäft §. 376, daß dessen Abwicklung im Gegensatz zum effektiven Lieferungsgeschäft so geschehen soll, daß der gewinnende Theil von dem verlierenden nicht effektive Leistung, sondern nur die Differenz zwischen dem vereinbarten Preis und dem Börsen- oder Marktpreis der Lieferungszeit verlangen kann. R.G. XXX 214. Dieser Vertragswille ist schon dann festgestellt, wenn ein Theil ein Spiel um Kursdifferenz wollte und der andere Theil diese Absicht kannte. §. 764 B.G.B. Diese Absicht kann aus den Umständen, z. B. Berufsstellung, Mißverhältnisse zum Vermögen des Kunden oder einer Aeußerung, wie: Sie brauchen kein Geld, es handelt sich nur um die Differenz, ich werde sie herausreißen, jur.W. 97, 137 entnommen werden. R.G. XXXIV 83 und 264. Die Kenntniß des andern Theils ist vorhanden, wenn er bei einiger Nachforschung zu dieser Ueberzeugung kommen mußte jur.W. 92 S. 464; es genügt, wenn der direkt abschließende Verkaufsagent diese Absicht kannte R.G. XXX 29 und 214; es wäre denn, daß der Geschäftsherr selbst seinem Gegner die Eröffnung hat machen lassen, daß Spielgeschäfte nicht zugelassen würden. R.G. XXXIX 301.

Differenzgeschäfte sowie deren Anerkennung sind als Spielgeschäfte selbst dann klaglos, wenn die Geschäfte nach ausländischem Rechte zu beurtheilen sind und im Ausland die Spieleinrede versagt ist. R.G. XXXVII 269. Prolongationsgeschäft wird durch Zahlung der Differenz des ersten Geschäfts noch nicht zum Differenzgeschäft. R.G. XXVIII 25. Die Spieleinrede steht jedem Wechselbetheiligten zu XXXVIII 251, und gilt auch für das Kontokurrent §. 355 Note 46; sie versagt aber, wenn bei Börsentermingeschäften beide Theile im Börsenregister eingetragen sind §§. 66—68 Börs.Ges., Art. 14 E.G. und §. 69 Börs.Ges.; ferner wenn bereits erfüllt ist oder eine Aufrechnung stattgefunden hat §§. 817, 389, 812, 762 B.G.B. Einschüsse und Stellung von Sicherheit sind noch nicht Erfüllung. R.G. XXXVIII 237. Vergl. E.G. Art. 14 Note 77a.

[64] Beschafft der Unternehmer den Stoff, um eine vertretbare §. 91 B.G.B. bewegliche Sache §. 366 Note 72 herzustellen, so ist das Geschäft ein Handelskauf mit allen Folgen der Noten 13—16 oben, R.O.H.G. VI 25, §. 651[1] B.G.B.; es gibt kein Nachbesserungsrecht. Bairische Bierabnahmeverträge Art. 18 E.G.

Beschafft der Unternehmer den Stoff, um eine nicht vertretbare bewegliche Sache herzustellen, so ist die Geltendmachung der Ansprüche auf Wandelung, Minderung und Schadensersatz davon abhängig, daß der Mangel nicht rechtzeitig beseitigt wird §§. 651, 633 ff. B.G.B.; bei unerheblichem Mangel ist nur die Wandelung ausgeschlossen; wird die Sache nicht rechtzeitig geliefert, so kann der Käufer auch ohne Verzug des Gegners vom Vertrag zurücktreten; die §§. 638, 639 B.G.B. finden auf die Verjährung und im Uebrigen die §§. 641, 642, 643, 645, 649 Anwendung; §. 644 B.G.B. bestimmt dasselbe wie die §§. 446, 447 für den Kauf.

An diesen Vorschriften ändert §. 381[2] im Wesentlichen nur so viel, daß bei einem zweiseitigen Handelsgeschäft, obgleich beim Werkvertrag die Verjährung der Gewährleistung nicht mit der Ablieferung, vergl. §. 477 B.G.B. und §. 377 Noten 43 und 51, sondern mit der Abnahme des Werks beginnt §. 638 B.G.B., dennoch dasselbe unverzüglich nach der Ablieferung zu untersuchen ist §. 377.

[65a] Ist eine bewegliche Sache aus dem eigenen Stoff des Bestellers herzustellen, eine Sache des Bestellers zu verändern oder auszubessern, oder liefert der Unternehmer nur Zuthaten oder Nebensachen, so ist die Arbeit und keine Sache Gegenstand des Vertrags; es liegt ein eigentlicher Werkvertrag nach §§. 631 ff., 651 B.G.B. vor; die §§. 373 bis 381 sind ausgeschlossen, ebenso wie die §§. 433 ff. B.G.B.; es kann aber auch hier aus längerem Schweigen oder dem sonstigen Verhalten des Bestellers auf Genehmigung des Werkes geschlossen werden. §. 363 B.G.B., §. 346.

[b] Liefert der Besteller den Stoff mit der Vereinbarung, daß der Unternehmer denselben durch einen anderen ersetzen dürfe — Vertrag zwischen Fabrikant und Hausindustriearbeiter — so wird regelmäßig der dem Unternehmer gelieferte Stoff als veräußert und das Werk als verkauft anzusehen sein; es wäre denn, daß zum Schutz des Bestellers für Fälle des Konkurses oder Rücktritts die Vereinbarung dahin lautete §§. 157, 242 B.G.B., daß die Gefahr zwar mit Empfang des Stoffes, das Eigenthum aber erst auf den Unternehmer übergehe, wenn er zur Ausführung des Werkes den anderen Stoff verwende.

★382. Die Vorschriften der §§. 481 bis 492 des Bürgerlichen Gesetzbuchs über die Gewährleistung bei Viehmängeln werden durch die Vorschriften dieses Abschnitts nicht berührt.[66]

[66] Es gelten die §§. 481—492 B.G.B. u. kaiserl. V.O v. 27. März 1899 R.G.Bl. 219; ferner eventuelle Ausnahme Bierabnahmeverträge Art. 18 E.G.

Dritter Abschnitt.

Kommissionsgeschäft.

Art 360[1]. **383. Kommissionär ist, wer es gewerbsmäßig übernimmt, Waaren oder Werthpapiere[1] für Rechnung eines Anderen** (des Kommittenten) in eigenem Namen zu kaufen oder zu verkaufen.[2—3]

[1] §. 1 Note 1a und 4—5. Uebernahme §. 407 Note 2.

[2] Dieser Abschnitt regelt nur die Einkaufs- und Verkaufskommission, die durch Eigenhandel zum Bankiergeschäft werden R.O.H.G. XVIII 195 §. 1 Ziff. 4, §§. 1 Ziff. 6 und 406. Transportkommission ist Spedition. Kommissionsverlag ist Verlagsgeschäft §. 1 Ziff. 8; kommissionsweise Versicherung für fremde Rechnung untersteht besonderen Grundsätzen; in allen übrigen Fällen kann §. 2 in Anwendung kommen. Mit dem Eintrag ist alsdann der Eingetragene Kaufmann und seine Geschäfte unterliegen zu Folge des §. 406 dem §. 383 ff. Das Geschäft, das der Kommissionär abschließt, braucht kein Handelsgeschäft zu sein. R G. XL 88.

[3] Unterschied vom Agenten, Mäkler, Handlungsbevollmächtigten bezw. Gehülfen §. 84 Noten 166—170, §. 93, Note 117 zu §. 48 und Note 131 vor §. 59. Die allgemeinen Grundsätze des Auftrags sind mit denjenigen über das Dienstverhältniß zu verbinden §. 675 B.G.B. Der Kommissionär hat die Ausführung der Kommission im Zweifel selbst §. 278 B.G.B zu besorgen §§. 613, 399 B.G.B. Der Kommittent kann jederzeit widerrufen §. 627 B.G B. und hat Vergütung dann nur nach §. 396 zu leisten. Einfluß des Widerrufs auf den Selbsteintritt §. 405[3].

384. Der Kommissionär ist verpflichtet, das übernommene[4] Geschäft mit der Sorgfalt eines ordentlichen Kaufmanns[5] auszuführen; er hat hierbei das Interesse[6] des Kommittenten wahrzunehmen und dessen Weisungen zu befolgen.[7] Art 361.

Er hat dem Kommittenten die erforderlichen Nachrichten zu geben, insbesondere von der Ausführung der Kommission unverzüglich[8] Anzeige zu machen; er ist verpflichtet, dem Kommittenten über das Geschäft Rechenschaft abzulegen[9] und ihm dasjenige herauszugeben,[10] was er aus der Geschäftsbesorgung erlangt hat.

Der Kommissionär haftet dem Kommittenten für die Erfüllung des Geschäfts, wenn er ihm nicht zugleich mit der Anzeige von der Ausführung der Kommission den Dritten namhaft macht, mit dem er das Geschäft abgeschlossen hat.[11] Art. 376[8].

[4] §. 362.

[5] §. 347; insbesondere wegen Rath und Empfehlung dort Note 26; Auskunfts- und Nachrichtenpflicht §. 666 B.G.B Bewußte Schädigung des Auftraggebers liegt nicht darin, daß der Kommissionär in ordnungsmäßigem Geschäftsbetrieb als Eigenhändler oder in Folge anderer Aufträge die Kurse steigert oder drückt. §. 79 Börs Ges. Die §§. 70—74 Börs.Ges. sind durch Art. 14 E.G. aufgehoben. Pflichten bei Aufbewahrung

regulärer Depots §. 1 Dep.Ges., irregulärer Depots §. 2 Dep.Ges.; dazu §§. 5—6 und 8 cit., und zu §. 8 Dep Ges. R.G. XLI 32.

[6] Er muß darlegen, weshalb die Ausführung trotz der Baisse im Interesse des Kommittenten gelegen, wenn der Kommittent die Ausführung dem Ermessen des Kommissionärs anheimgestellt hat R G. VI 52. Er kann in eigenem Namen gegen seinen Kontrahenten das Interesse des Kommittenten ohne Cession verfolgen R.G. XL 190; Verfolgungsrecht §. 411 Note 16.

[7] Zuwiderhandlung §. 385.

[8] Ohne schuldhaftes Zögern §. 121 B.G.B. bei Vermeiden des Schadensersatzes R O.H G. XI 43; bei der Einkaufskommission von Werthpapieren muß innerhalb 3 Tagen das Stückeverzeichniß, mit dessen Absendung spätestens das Eigenthum auf den Kommittenten übergeht, nachgeschickt werden §§. 3 und 7 Dep.Ges ; Folge der Unterlassung ist außer Schadensersatz, Zurückweisung des Geschäfts § 4 Dep.Ges.; Umtauschkommission u. s. w. §§. 5—6 cit.; Strafvorschriften §§. 9—12 cit.; Selbsteintritt §. 400.

[9] §. 666 B G.B. Zeit der Rechenschaftsablage §. 271 B.G.B.; Art der Rechnungsstellung §. 259 B.G.B., R.G. XXI 80, R.O.H.G. XXII 8. Selbsteintritt §. 400.

[10] §. 667 B.G.B.; auch Extraprovisionen R.G. IX 296; Forderungen sind abzutreten §. 392; Zeit der Herausgabe §. 271 B.G B.; Einwand, daß der Gegenstand nicht mehr herausgegeben werden könne §§. 275, 279, 282 B.G.B. R.G. XIII 46.

[11] Gilt jetzt auch für nicht markt- und börsengängige Waaren und Werthpapiere; §. 74[3] Börs.Ges. ist aufgehoben Art. 14 E.G., und der durch §. 70 Börs.Ges. aufgehobene Art. 376[4] hier wieder aufgenommen.

Die Vermuthung spricht gegen Selbsteintritt §. 405[1]; trotzdem haftet hier der Kommissionär wie ein Selbstkontrahent, wenn Kommittent es will; Wahlrecht R.G. VI 53. Der Kommissionär braucht nicht zu beweisen, daß der Abschluß mit dem Dritten in Beziehung auf den ertheilten Auftrag erfolgt ist R.G. XVIII 20. Stellt sich heraus, daß der Kommissionär ein Geschäft mit einem Dritten gar nicht abgeschlossen hatte, so kann der Kommissionär den Auftrag als nicht ausgeführt behandeln oder den Kommissionär auf Erfüllung in Anspruch nehmen. R.G. VI 54.

Art. 362. **385.** Handelt der Kommissionär nicht gemäß den Weisungen des Kommittenten, so ist er diesem zum Ersatze des Schadens verpflichtet; der Kommittent braucht das Geschäft nicht für seine Rechnung gelten zu lassen.[12]

Die Vorschriften des §. 665 des Bürgerlichen Gesetzbuchs bleiben unberührt.[13]

[12] Oben Note 7. Schadensersatz §. 202 Note 82, compens. lucri et damni R.G. XL 172. Bei der Verkaufskommission kann eine erhebliche

Verzögerung der Ausführungsanzeige auch das ganze Geschäft hinfällig machen R.O.H.G. XX 393, insbesondere bei Spekulationspapieren R.G. XIV 123

[13] Ein Abschluß unter vortheilhafteren Bedingungen als den aufgetragenen wird regelmäßig keine Abweichung von dem vermuthlichen Willen des Kommittenten bedeuten; es kann auch eine Abweichungs**pflicht** denkbar sein. Widersprechende Weisungen des Kommittenten und seines Agenten R.O.H.G. I 270. Die Abweichung ist gerechtfertigt, wenn der Verkauf zum Limit nicht auszuführen war, die Ausführung aber Schaden abgewendet hat; beim Selbsteintritt §. 401[1].

386.[14] Hat der Kommissionär unter dem ihm gesetzten Preise verkauft oder hat er den ihm für den Einkauf gesetzten Preis überschritten, so muß der Kommittent, **falls er das Geschäft als nicht für seine Rechnung abgeschlossen zurückweisen will, dies unverzüglich**[7] **auf die Anzeige von der Ausführung des Geschäfts erklären; andernfalls gilt die Abweichung von der Preisbestimmung als genehmigt.** Art. 363. 364.

Erbietet sich der Kommissionär zugleich mit der Anzeige von der Ausführung des Geschäfts zur Deckung des Preisunterschieds, so ist der Kommittent zur Zurückweisung nicht berechtigt Der Anspruch des Kommittenten auf den Ersatz eines den Preisunterschied übersteigenden Schadens bleibt unberührt.[15]

[14] Die Aenderung besteht in der Gleichstellung der Einkaufs- und Verkaufskommission bei Nichteinhaltung des Limits. Einfache Mißbilligung wahrt das Recht des Kommittenten. R.O.H.G. XVI 248.

[15] z. B. in Folge Drückung des Kurses durch schuldhaften Verkauf unter Limit, wenn der Kommittent noch größere Bestände besitzt. Schadensersatz §. 202 Note 82; vergl. oben Note 8 u. 12.

387. Schließt der Kommissionär zu vortheilhafteren Bedingungen ab, als sie ihm von dem Kommittenten gesetzt worden sind, so kommt **dies** dem Kommittenten zu Statten Art. 372.

Dies gilt insbesondere, wenn der Preis, für welchen der Kommissionär verkauft, den von dem Kommittenten bestimmten niedrigsten Preis übersteigt oder wenn der Preis, für welchen er einkauft, den von dem Kommittenten bestimmten höchsten Preis nicht erreicht.[16]

[16] z. B., wenn der Kommissionär zum Limit selbst eintritt, um öffentlich gleich höher zu verkaufen. R.O.H.G. XII 88, oder wenn der

Verkauf an einen Dritten hinterher ungültig wird und der Kommissionär nun zu höherem Kurs nochmals verkauft. R.O.H.G. XVI 134.

Art. 365 1—2. **388.** Befindet sich das Gut, welches dem Kommissionär zugesendet ist, bei der Ablieferung in einem beschädigten oder mangelhaften Zustande, der äußerlich erkennbar ist, so hat der Kommissionär die Rechte gegen den Frachtführer[17] oder Schiffer[18] zu wahren, für den Beweis des Zustandes zu sorgen[19] und dem Kommittenten unverzüglich[7] Nachricht zu geben; im Falle der Unterlassung ist er zum Schadensersatze verpflichtet.[20]

Art 365³ „ 366¹ Ist das Gut dem Verderb ausgesetzt oder treten später Veränderungen an dem Gute ein, die dessen Entwerthung befürchten lassen, und ist keine Zeit vorhanden, die Verfügung des Kommittenten einzuholen, oder ist der Kommittent in der Ertheilung der Verfügung säumig, so kann der Kommissionär den Verkauf des Gutes nach Maßgabe der Vorschriften des §. 373 bewirken.[21]

17 Sich nichts nach §§. 436, 438, 439 zu vergeben und nach §. 434 vorzusorgen.

18 Namentlich das Frachtgut nicht ohne Feststellung nach §. 61 B Sch.G. anzunehmen. Art. 12 VII E.G.

19 am Sichersten nach §. 488 P.O.

20 Verliert aber nicht das Recht, sich auf die Mangelhaftigkeit des Guts zu berufen R.O.H.G. XXI 147; Schadensersatz. §. 202 Note 82.

21 Vor Allem sind die Weisungen der §§. 384¹, 385 einzuholen.

Art 366². **389.** Unterläßt der Kommittent über das Gut zu verfügen, obwohl er dazu nach Lage der Sache verpflichtet ist, so hat der Kommissionär die nach §. 373 dem Verkäufer zustehenden Rechte.[22]

22 Also im Verzugsfall auch das Hinterlegungsrecht. §. 373¹.

Art. 367. **390.** Der Kommissionär ist für den Verlust und die Beschädigung des in seiner Verwahrung befindlichen Gutes verantwortlich, es sei denn, daß der Verlust oder die Beschädigung auf Umständen beruht, die durch die Sorgfalt eines ordentlichen Kaufmanns nicht abgewendet werden konnten.[23]

Der Kommissionär ist wegen der Unterlassung der Versicherung des Gutes nur verantwortlich, wenn er von dem Kommittenten angewiesen war, die Versicherenng zu bewirken.[24]

23 §§. 384, 347; er hat Verwechslungen zu verhüten, verschlossene Depots nach §§. 689—697 B.G.B., offene reguläre Depots nach §§. 1,

3—9 ff. Dep.Ges, irreguläre Depots nach §§. 700, 607 ff. B.G.B., §. 2 Dep.Ges zu behandeln; er darf insbesondere im Fall des §. 8 Dep.Ges. nicht die angeschafften Papiere einem uneingeschränkten Pfandrecht des zweiten Kommissionärs (Centralbankier) unterwerfen. R.G. XLI 35. Gastwirthe bei Aufbewahrung von Geldern §. 702 B G.B.; Herausgabe des Depots an Mehrere §§. 431, 432 B.G.B.; dazu § 419[2]. Mit dem Selbsteintritt endet die Verwahrungspflicht §. 400.

[24] auch stillschweigend R.O.H.G. VII 361; Selbstversicherung ausgeschlossen Die Versicherung ist bei einer leistungsfähigen Gesellschaft in üblicher Weise zu nehmen. §. 346, R.G. VI 115. Hat der Spediteur eine offene Police für sein ganzes Lager genommen, so hat der Kommittent, auch wenn er keinen Auftrag, zu versichern, ertheilte, Anspruch auf die ausgezahlten Versicherungsgelder abzüglich Prämie. R.G. XI 221. Ist der Kommittent selbst bei einer andern Gesellschaft versichert, so kann ihm die Einrede der Doppelversicherung nur entgegengehalten werden, soweit er von seiner Gesellschaft schon Befriedigung erhalten hat R.G.Pl. VI 177 und R.G in Puchelts Zeitschrift XXIII 447.

Ueber Versicherungsverträge §. 346 Note 20

★391. Ist eine Einkaufskommission[25] ertheilt, die für beide Theile[26] ein Handelsgeschäft ist, so finden in Bezug auf die Verpflichtung des Kommittenten, das Gut zu untersuchen und dem Kommissionär von den entdeckten Mängeln Anzeige zu machen, sowie in Bezug auf die Sorge für die Aufbewahrung des beanstandeten Gutes und auf den Verkauf bei drohendem Verderbe die für den Käufer geltenden Vorschriften der §§. 377 bis 379 entsprechende Anwendung. Der Anspruch des Kommittenten auf Abtretung der Rechte, die dem Kommissionär gegen den Dritten zustehen, von welchem er das Gut für Rechnung des Kommittenten gekauft hat, wird durch eine verspätete Anzeige des Mangels nicht berührt.[27]

[25] Tritt der Verkaufskommissionär selbst ein, so wird er Käufer und gelten ihm die §§. 377—379 unmittelbar; wird er nicht Selbstkontrahent, so treffen ihn nur die §§ 384, 388, weil er die Waare nicht für eigene Rechnung empfängt.

[26] §§. 343, 344.

[27] Folge der Herausgabepflicht §. 384[2]; der Einkaufskommissionär kann also nicht Verspätung vorschützen; vergl. §. 388 insbesondere Note 19 wegen Feststellung der Mängel und oben Note 10 a. E. Verfolgungsrecht §. 411 Note 16.

392. Forderungen aus einem Geschäfte, das der Kommissionär abgeschlossen hat, kann der Kommittent dem Schuldner gegenüber erst nach der Abtretung geltend machen.[28] Art. 368.

Jedoch gelten solche Forderungen, auch wenn sie nicht abgetreten sind, im Verhältnisse zwischen den Kommittenten und dem Kommissionär oder dessen Gläubigern als Forderungen des Kommittenten.[29–30]

[28] Der Kommissionär erwirbt das Eigenthum an der Forderung, so daß er selbständig klagen kann §. 384 Note 6; er hat dasselbe seinem Kommittenten nach Note 12b vor § 373 abzutreten Vor dieser Abtretung kann der Kommissionär über die Forderung verfügen, so daß auch dessen Schuldner eine Kompensation vornehmen darf, wenn er das Kommissionsverhältniß nicht kannte, d. h. also nicht arglistig handelte. R.G. XXXII 39; Verfolgungsrecht § 411 Note 16.

[29] so daß also im Konkurs des Kommissionärs der Kommittent gesichert ist §. 43 K.O ; jedoch mit der Einschränkung des §. 399.

[30a] Auch an Sachen erwirbt der Kommissionär das Eigenthum, weil er in eigenem Namen handelt. Zum Uebergang des Eigenthums auf den Kommittenten bedarf es nicht unbedingt der Ausantwortung an denselben, sondern es genügt der in erkennbarer Weise bekundete Wille des Kommissionärs, nun den Besitz weiterhin für den Kommittenten auszuüben Note 12 vor §. 373; diese Eigenthumsübertragung kann daher zeitlich mit dem Erwerb des Kommissionärs zusammenfallen; zu ihrer Wirksamkeit genügt bei Sachen, die nur der Gattung nach bestimmt sind, daß sie für den Kommittenten ausgesondert sind § 360 und Note 12a vor §. 373.

[b] Solange das Eigenthum nicht auf den Kommittenten übertragen ist, sind die Sachen für den Kommissionär keine fremden; eigenmächtige Verfügungen sind also bis dahin nicht strafbar R.G St XX 358 und besteht im Konkurs des Kommissionärs kein Aussonderungsrecht.

[c] Für Werthpapiere ist ein Schutz dahin gegeben, daß der Einkaufskommissionär die Papiere nicht etwa blos auf „Stückekonto" gutschreiben darf, sondern innerhalb 3 Tagen die zum constit. poss. §. 930 B.G.B. erforderliche Erklärung durch Absendung des Stückeverzeichnisses mit Nummernangabe vorzunehmen hat. §§. 3, 4, 7 und 10 Dep.Ges. Mit der Absendung erlangt der Kommittent das Eigenthum, wenn nicht etwa der Kommissionär schon vorher die Papiere durch gesonderte Aufbewahrung, Buchung der Nummern auf das Konto des Kommittenten u. s. w. spezialisirt und die Uebergabe durch eine entsprechende Erklärung ersetzt, d. h. das Eigenthum übertragen hat. R.G. XXIV 307 Die Papiere sind dann offenes Depot § 1 Dep.Ges, §. 390 Note 23. Ein formell richtiger Verzicht auf Zusendung des Stückeverzeichnisses bedeutet, daß Kommittent vorläufig sich mit dem Anspruch auf eine erst noch auszusondernde Gattungssache begnugt und im Konkurs die Stellung eines Konkursgläubigers §. 61 Ziff. 5 K.O., einnehmen will; vergl. R.G. XXXV 46. Das Depotgesetz gilt übrigens nicht für die Kleingewerbtreibenden des §. 4; Art. 3 E.G., §. 13 Dep.Ges.

393. Wird von dem Kommissionär ohne Zustimmung des Kommittenten einem Dritten ein Vorschuß geleistet oder Kredit gewährt, so handelt der Kommissionär auf eigene Gefahr.[31] Art. 369.

Insoweit jedoch der Handelsgebrauch am Orte des Geschäfts die Stundung des Kaufpreises mit sich bringt, ist in Ermangelung einer anderen Bestimmung des Kommittenten auch der Kommissionär dazu berechtigt.

Verkauft der Kommissionär unbefugt auf Kredit, so ist er verpflichtet, dem Kommittenten sofort als Schuldner des Kaufpreises die Zahlung zu leisten. Wäre beim Verkaufe gegen baar der Preis geringer gewesen, so hat der Kommissionär nur den geringeren Preis und, wenn dieser niedriger ist als der ihm gesetzte Preis, auch den Unterschied nach §. 386 zu vergüten.

31 Kreditirung des Kaufpreises bedeutet regelmäßig Verzicht auf das Rücktrittsrecht §§ 454, 455 B.G.B., vergl. Note 12a vor § 373 und über das Rücktrittsrecht Note 15[4] und 16[3] vor §. 373.

394. Der Kommissionär hat für die Erfüllung der Verbindlichkeit des Dritten, mit dem er das Geschäft für Rechnung des Kommittenten abschließt, einzustehen, wenn dies von ihm übernommen oder am Orte seiner Niederlassung Handelsgebrauch ist. Art 370.

Der Kommissionär, der für den Dritten einzustehen hat, ist dem Kommittenten für die Erfüllung im Zeitpunkte des Verfalls unmittelbar insoweit verhaftet, als die Erfüllung aus dem Vertragsverhältnisse[32] gefordert werden kann. Er kann eine besondere Vergütung (Delkredereprovision) beanspruchen.[33]

32 Der Verkaufskommissionär kann daher dem Kommittenten alle Einreden entgegensetzen, welcher sich sein Kontrahent ihm gegenüber bedienen darf; vorausgesetzt, daß diese Einreden nicht auf einem Verschulden des Kommissionärs beruhen R.O.H.G. XXI 146.

33 Wegen Rath, Empfehlung, Auskunft §. 347 Note 26.

395. Ein Kommissionär, der den Ankauf eines Wechsels übernimmt,[34] ist verpflichtet, den Wechsel, wenn er ihn indossirt, in üblicher[35] Weise und ohne Vorbehalt zu indossiren. Art. 373.

34 Gleich, ob der Auftrag ausdrücklich auf Ankauf eines Wechsels ging oder nicht R.G. XX 113.

35 d. h. üblich am Ort der Handelsniederlassung des Kommissionärs R.G. XVII 31.

Art. 371². **396.** Der Kommissionär kann die Provision fordern, wenn das Geschäft zur Ausführung[36] gekommen ist. Ist das Geschäft nicht zur Ausführung gekommen, so hat er gleichwohl den Anspruch auf die Auslieferungsprovision, sofern eine solche ortsgebräuchlich ist; auch kann er die Provision verlangen, wenn die Ausführung des von ihm abgeschlossenen Geschäfts nur aus einem in der Person des Kommittenten liegenden Grunde unterblieben ist.[37]

Art. 371¹. Zu dem von dem Kommittenten für Aufwendungen des Kommissionärs nach den §§. 670, 675 des Bürgerlichen Gesetzbuchs zu leistenden Ersatze gehört auch die Vergütung für die Benutzung der Lagerräume und der Beförderungsmittel des Kommissionärs.[38]

36 Einerseits reicht der bloße Abschluß nicht aus, weil seine Aufgabe darauf nicht beschränkt ist, anderseits wird nicht vollständige Erfüllung verlangt, insbesondere nicht, wenn lange Zeit zur Abwicklung nöthig ist; der Kommissionär soll zum Abschluß auf solider Grundlage angespornt werden R.O.H.G. XX 325; vergl. §. 88 Note 179.

37 Durch Widerruf vor Abschluß §. 627 B.G.B., wird jeder Anspruch auf Provision unmöglich; es bleibt nur der Anspruch auf Ersatz der bereits gemachten, erforderlichen Aufwendungen §§. 670, 675 B.G.B.

38 §. 354; Beibringung von Belegen § 384 Note 9; ob daneben noch ein Anspruch auf Vergütung für Arbeit seiner Leute besteht, §. 388 Note 3, hängt von der Natur der Dienste und der Handelssitte ab §. 346. Der Kommittent muß seinen Kommissionär von allen in Ausführung der Kommission eingegangenen Verbindlichkeiten entlasten R.O.H.G. XXIII 108, §. 257 B.G.B.; die Auslagen sind verzinslich §. 256 B.G.B.

Art 374¹. **397.** Der Kommissionär hat an dem Kommissionsgute, sofern er es im Besitze[39] hat, insbesondere mittelst Konnossements, Ladescheins oder Lagerscheins[40] darüber verfügen kann, ein Pfandrecht[41] wegen der auf das Gut verwendeten Kosten, der Provision, der auf das Gut gegebenen Vorschüsse und Darlehen, der mit Rücksicht auf das Gut gezeichneten Wechsel oder in anderer Weise eingegangenen Verbindlichkeiten sowie wegen aller Forderungen aus laufender Rechnung in Kommissionsgeschäften.[42]

39 Besitzerwerb und Verlust §. 369 Note 83 und oben Note 12c vor §. 373. Mit Besitzverlust endigt das Pfandrecht R.O.H.G. XXV 86.

40 §§. 363, 642, 424, 448; repräsentiren die Waare R.G. XXXII 30.

41 §§. 366³, 367; außerdem ein Zurückbehaltungsrecht § 369; wegen Behandlung der Depots §. 390 Note 23. Der gutgläubige Kommissionär

erlangt das Pfandrecht auch, wenn das Kommissionsgut nicht dem Kommittenten gehört; damit nun nicht der Centralbankier für seine Ansprüche an den Lokalbankier in gutem Glauben an Papieren des Kunden (Vollkaufmann §. 13 Dep.Ges, Art. 3 E.G.), der Beiden nichts schuldig ist, ein Pfandrecht erlange und so das Kommissionsgut in der Hand des Centralbankiers verloren gehe, wenn der Lokalbankier (Zwischenkommissionär) in Konkurs geräth, muß der Lokalbankier (erster Kommissionär) dem Folgenden (Centralbankier) bei Weitergabe des Auftrags zur Aufbewahrung, Anschaffung, zum Verkauf, Umtausch 2c. mittheilen, daß der Auftrag auf fremde Rechnung geht § 8 Dep.Ges Die Wirkung ist, daß der Dritte (Centralbankier) ein Pfandrecht nur für speziell konnexe Forderungen erlangen kann; vergl. §. 366 Note 73.

Ist aber vertragsmäßiges Pfand ausgemacht, so gelten die allgemeinen Grundsätze über redlichen Pfanderwerb Bolze XXI Nr 417

[42] so daß aus der laufenden Rechnung Forderungen, die nicht aus Kommissionsgeschäften stammen, auszuscheiden sind R.G. IX 430.

Kollisionen mit andern Pfandrechten §. 443; Verfolgungsrecht §. 411 Note 16 und §. 369 Note 85.

398. Der Kommissionär kann[43] sich, auch wenn er Eigenthümer des Kommissionsguts ist,[44] für die im §. 397 bezeichneten Ansprüche nach Maßgabe der für das Pfandrecht geltenden Vorschriften[45] aus dem Gute befriedigen. Art. 375.

[43] Er kann aber nicht beim Erfüllungsverzug des Kommittenten nach §. 326 B.G.B vom Vertrag zurücktreten und das Kommissionsgut oder das dafür Erlangte, §. 384², behalten; er hat nur das Recht auf Erfüllung und Schadensersatz wegen verspäteter Erfüllung und das Recht des §. 398, sowie des §. 369, und zwar auch beim Selbsteintritt § 404.

[44] also kein Pfandrecht haben kann § 397.

[45] nach § 368

399. Aus den Forderungen, welche durch das für Rechnung des Kommittenten geschlossene Geschäft begründet sind, kann sich der Kommissionär für die im §. 397 bezeichneten Ansprüche vor dem Kommittenten und dessen Gläubigern befriedigen.[46] Art. 374².

[46] sei es durch Aufrechnung oder Verkauf nach §. 398, falls die Abtretung oder Uebergabe nach § 392 Note 28 und 30 noch nicht geschehen ist §§. 49² u ⁴, 53 ff K.O.

★400.[47] Die Kommission zum Einkauf oder zum Verkaufe von Waaren,[48] die einen Börsen- oder Marktpreis[49] haben, sowie von Werthpapieren, bei denen ein Börsen- oder Marktpreis amtlich festgestellt[50] wird, kann, wenn der Kommittent nicht ein Anderes bestimmt hat,[51] von dem Kommissionär dadurch ausgeführt werden, Art. 376 1—3 daß er das Gut, welches er einkaufen soll, selbst als Verkäufer liefert oder das Gut, welches er verkaufen soll, selbst als Käufer übernimmt.

Im Falle einer solchen Ausführung der Kommission beschränkt sich die Pflicht des Kommissionärs, Rechenschaft über die Abschließung des Kaufes oder Verkaufs abzulegen, auf den Nachweis, daß bei dem berechneten Preise der zur Zeit der Ausführung der Kommission bestehende Börsen- oder Marktpreis eingehalten ist. Als Zeit der Ausführung gilt der Zeitpunkt, in welchem der Kommissionär die Anzeige von der Ausführung zur Absendung an den Kommittenten abgegeben hat [52]

Ist bei einer Kommission, die während der Börsen- oder Marktzeit auszuführen war, die Ausführungsanzeige erst nach dem Schlusse der Börse oder des Marktes zur Absendung abgegeben, so darf der berechnete Preis für den Kommittenten nicht ungünstiger sein als der Preis, der am Schlusse der Börse oder des Marktes bestand.

Bei einer Kommission, die zu einem bestimmten Kurse (erster Kurs, Mittelkurs, letzter Kurs) ausgeführt werden soll, ist der Kommissionär ohne Rücksicht auf den Zeitpunkt der Absendung der Ausführungsanzeige berechtigt und verpflichtet, diesen Kurs dem Kommittenten in Rechnung zu stellen.

Bei Werthpapieren und Waaren, für welche der Börsen- oder Marktpreis amtlich festgestellt wird, kann der Kommissionär im Falle der Ausführung der Kommission durch Selbsteintritt dem Kommittenten keinen ungünstigeren Preis als den amtlich festgestellten in Rechnung stellen.[53–54]

[47] Art 376 ist durch §. 70 Börs.Ges aufgehoben; die §§. 70—74 Börs.Ges. sind durch §§. 400—403 und 405 ersetzt; Art. 14 VI E G.

[48] Waaren und Werthpapiere § 1 Noten 4 und 5, §. 366 Note 72, Note 12c vor §. 373.

[49] Durchschnittspreis §. 261 Note 247, jur W. 97, 188. Beim Mangel eines solchen Preises kann sich der Kommissionär nicht darauf berufen, daß er trotzdem durch seinen Selbsteintritt den Auftrag im Interesse des Kommittenten ausgeführt habe, auch ein Handelsgewohnheitsrecht hilft ihm nicht; bloße Geldnotiz beweist, daß an diesem Tag kein Börsenpreis bestund R.G. XXXIV 120, 123. Marktgängigkeit genügt nicht; anders §. 384 Note 11.

[50] Bei Werthpapieren ist das Selbsteintrittsrecht (Propregeschäft) unbedingt von amtlicher Feststellung des Preises §§. 29 ff., 41 Börs Ges. abhängig, Noten zu E G. Art. 14; bei Waaren nur, soweit der Bundes-

rath von §. 35 Börs.Ges. Gebrauch macht, um unlautern Kursbeeinflussungen entgegenzutreten. Die amtliche Notirung ist wegen Irrthums &c. anfechtbar R G. XII 9

51 Aus den Umständen schon kann sich ergeben, daß Kommittent den Kommissionär das Geschäft nicht „in sich“ machen lassen will, R G. VI 51, 53, §§. 384¹, 385 und R.O.H.G XI 43. Wegen der Ausführungsanzeige §. 405¹

52 d. h. es darf kein ungünstigerer Preis (Kursschnitt) als der Börsenpreis zur Zeit der Absendung und bei Absendung nach Schluß kein ungünstigerer als der Schlußkurs berechnet werden. Letzteres deshalb, damit der Kommissionär nicht auf den Schlußkurs spekulire. Widerruf §. 305³. Hat der Kommittent den ihm übersandten Schlußschein, aus welchem der Selbsteintritt zu ersehen war, genehmigt, so muß er seinerseits beweisen, daß der Kommissionär den Börsenpreis nicht eingehalten, und er sich bei der Genehmigung geirrt hat jur W. 97, 138

53 damit nicht Geschäfte, welche ein zutreffendes Urtheil über die Lage nicht gestatten, herangezogen und ein „angeblich der Geschäftslage“ entsprechender Preis berechnet werden kann.

Report-Deport-(Prolongations)Kosten fallen unter §. 403, jur.W. 97, 172

54 Durch Selbsteintritt wird Kommissionär Käufer oder Verkäufer und unterliegt dann den §§ 373—381 R G. XXV 72, so daß im Zweifel der Kommittent am Ort der Handelsniederlassung des Verkaufskommissionärs, der als Käufer eingetreten ist, zu erfüllen hat R.G. X 89, §§. 269, 270 B G B.; für die Verhältnisse vor dem Selbsteintritt, d i. Absendung der Anzeige, § 400², gelten die Grundsätze des Kommissionsgeschäfts §§. 384 ff., R.G. XIX 97.

★401.[55] Auch im Falle der Ausführung der Kommission durch Selbsteintritt hat der Kommissionär, wenn er bei Anwendung pflichtmäßiger Sorgfalt die Kommission zu einem günstigeren als dem nach §. 400 sich ergebenden Preise ausführen konnte, dem Kommittenten den günstigeren Preis zu berechnen.[56]

Hat der Kommissionär vor der Absendung der Ausführungsanzeige aus Anlaß der ertheilten Kommission an der Börse oder am Markte ein Geschäft mit einem Dritten abgeschlossen, so darf er dem Kommittenten keinen ungünstigeren als den hierbei vereinbarten Preis berechnen.[57]

55 Ist §. 72 Börs.Ges.

56 Limitirung ändert daran nichts; Sorgfalt §. 384¹, vergl. §. 385 Note 13.

57 Waren es mehrere gleichartige Aufträge, die nicht gleichzeitig ausgeführt werden konnten, so entscheidet das pflichtgemäße Ermessen des Kommissionärs §§. 384, 347

★**402.**[58] Die Vorschriften des §. 400 Abs. 2 bis 5 und des §. 401 können nicht durch Vertrag zum Nachtheile des Kommittenten abgeändert werden.[59]

[58] Ist §. 71[6] und 72[3] Börs Ges.

[59] § 402 ebenso wie § 134 B G B trifft auch alle Umgehungsgeschäfte. Willigt der Kommittent nachträglich in das Geschäft, so ist die Unwirksamkeit gehoben wie bei § 135 B G.B

Art. 376[2] Satz 2. **403.**[60] Der Kommissionär, der das Gut selbst als Verkäufer liefert oder als Käufer übernimmt, ist zu der gewöhnlichen Provision berechtigt und kann die bei Kommissionsgeschäften sonst regelmäßig vorkommenden Kosten berechnen.[61]

[60] Ist § 73 Börs.Ges.; vergl § 70 cit und Art 14 VI E.G.

[61] Als Unkosten, §. 396 und Note 53 oben, kann der Kommissionär auch die übliche Courtage, §. 99, fordern, obgleich sie durch den Selbsteintritt erspart wurde; Verjährung §§. 196[1], 224 B G.B.

★**404.** Die Vorschriften der §§. 397, 398 finden auch im Falle der Ausführung der Kommission durch Selbsteintritt Anwendung.

405.[62] Zeigt der Kommissionär die Ausführung der Kommission an, ohne ausdrücklich[63] zu bemerken, daß er selbst eintreten wolle, so gilt dies als Erklärung, daß die Ausführung durch Abschluß des Geschäfts mit einem Dritten für Rechnung des Kommittenten erfolgt sei.

Eine Vereinbarung zwischen dem Kommittenten und dem Kommissionär, daß die Erklärung darüber, ob die Kommission durch Selbsteintritt oder durch Abschluß mit einem Dritten ausgeführt sei, später als am Tage der Ausführungsanzeige abgegeben werden dürfe, ist nichtig.[64]

Art. 377. Widerruft[65] der Kommittent die Kommission und geht der Widerruf dem Kommissionär zu, bevor die Ausführungsanzeige[66] zur Absendung abgegeben ist, so steht dem Kommissionär das Recht des Selbsteintritts nicht mehr zu.

[62] Ist §. 74[1–2] Börs Ges ; vergl. § 70 cit. und Art 14 VI E.G.

[63] Deutliche Bezeichnung in der Schlußnote genügt; die Ausführungen in R.G. XXV 73 passen auch jetzt noch; vergl oben Note 52 und §. 384[3].

[64] Dazu oben Note 59. Einer Vereinbarung, daß der Kommissionär immer als Selbstkontrahent eintrete, wenn nicht das Gegentheil erklärt werde, steht nichts entgegen.

65 Recht auf Widerruf oben Note 3; Form §. 130 B G B., Telegraph, Telephon, Verstümmlung Note 19a §. 346.
66 des §. 400[2].

406. Die Vorschriften dieses Abschnitts kommen auch zur Anwendung, wenn ein Kommissionär im Betriebe seines Handelsgewerbes ein Geschäft anderer als der im §. 383 bezeichneten Art für Rechnung eines Anderen in eigenem Namen zu schließen übernimmt. Das Gleiche gilt, wenn ein Kaufmann, der nicht Kommissionär ist, im Betriebe seines Handelsgewerbes ein Geschäft in der bezeichneten Weise zu schließen übernimmt.[2] Art 378.

Als Einkaufs- und Verkaufskommission im Sinne dieses Abschnitts gilt auch eine Kommission, welche die Lieferung einer nicht vertretbaren beweglichen Sache, die aus einem von dem Unternehmer zu beschaffenden Stoffe herzustellen ist, zum Gegenstande hat.[67]

67 Entspricht dem, was für den Kauf bestimmt ist, § 381[2] Noten 64 bis 65; vergl. im Uebrigen §§ 343, 344

Vierter Abschnitt.

Speditionsgeschäft.

407. Spediteur ist, wer es gewerbsmäßig[1] übernimmt,[2] Güterversendungen[3] durch Frachtführer[4] oder durch Verfrachter von Seeschiffen für Rechnung eines Anderen (des Versenders)[5] in eigenem Namen zu besorgen.[6] Art 379.

Auf die Rechte und Pflichten des Spediteurs finden, soweit dieser Abschnitt keine Vorschriften enthält, die für den Kommissionär geltenden Vorschriften, insbesondere die Vorschriften der §§. 388 bis 390 über die Empfangnahme, die Aufbewahrung und die Versicherung des Gutes, Anwendung.[7] Art. 387.

1 Begriff R.G. XXXVIII 18; dazu §. 415; Spediteur ist Kaufmann §. 1 Ziff 6
2 Nach §. 362; auch stillschweigend § 346 Note 19 und 21; dort auch über Speditionsbedingungen und Prospekte.
3 Güter = transportable Sachen; der Annoncenspediteur ist daher wirklicher Spediteur R G. XX 51, ev § 413.
4 §. 1 Ziff. 5; Seeverfrachter §§. 556 ff.

[5] Der Spediteur ist der Absender (im Seerecht = Befrachter). Er hat gegen den Versender Anspruch auf Provision und Ersatz seiner Auslagen, aber keine selbständige Frachtforderung; er (nicht sein Auftraggeber) stellt den Frachtbrief aus und übernimmt die hierdurch entstehenden Verpflichtungen; er kann daher selbständig gegen den Frachtführer (Seeschiffer = Verfrachter) klagen, ähnlich wie der Kommissionär § 384 Note 5, R.O.H.G. XX 193.

[6] Vermittelt nicht wie der Mäkler, Schiffsagent, Güterbestätter §. 93, sondern besorgt die Versendung des Guts durch Auswahl der Frachtführer, Bestimmung des Transportwegs, Abschluß des Frachtvertrags und Uebergabe des Guts an den Frachtführer; ist daher nicht für Ausführung des Transports verantwortlich ausg. §. 413 und im Fall des Selbsteintritts § 412[1], und haftet nur in den letzten beiden Fällen für Verlust und Beschädigung während des Transports und für verspätete Ankunft; er muß aber den Empfänger rechtzeitig in Besitz der Dokumente setzen R.G. XIII 61.

[7] Die Spedition ist eine selbständige, ihrer rechtlichen Natur nach auf derselben Grundlage wie die Kommission beruhende Geschäftsart (keine Unterart); daher gilt im Allgemeinen Note 3 zu § 383; wegen Widerrufs R.G. XIV 152 vergl. mit §. 433 und B.Sch.G. §. 36—37, und falls ein Ladeschein ausgestellt worden, § 448.

Art. 380. **408.** **Der Spediteur hat die Versendung, insbesondere die Wahl der Frachtführer, Verfrachter[5] und Zwischenspediteure,[8] mit der Sorgfalt eines ordentlichen Kaufmanns auszuführen; er hat hierbei das Interesse des Versenders wahrzunehmen und dessen Weisungen zu befolgen.[9]**

Art. 381[2] **Der Spediteur ist nicht berechtigt, dem Versender[5] eine höhere als die mit dem Frachtführer oder dem Verfrachter[5] bedungene Fracht zu berechnen.[10]**

[8] D. i. derjenige Spediteur, welchen der mit der Spedition bis zum Bestimmungs- oder einem andern Ort beauftragte Spediteur seinem Frachtführer für einen Theil dieser Strecke im Frachtvertrag als Empfänger zum Zweck der Weiterversendung bezeichnet hat. Unterspediteur ist derjenige, welcher die vom Spediteur auszuführende Spedition an dessen Stelle übernommen hat; für diesen haftet er nach § 278 B.G.B. (nicht bloß für culpa in eligendo) als seine Hülfsperson R.G. X 166. War die Uebertragbarkeit ausgeschlossen §§. 613, 399 B.G.B., so lag schon im Zuzug des Unterspediteurs eine Pflichtverletzung. Ein Verbot der Zwischenspedition liegt nicht in der Anordnung direkter Versendung R.O.H.G. XII 388; vergl. §. 411 Note 14.

[9] Wie § 384[1], vergl. auch §. 385 Note 13. Der Spediteur hat die Beweislast für die Sorgfalt nach § 347[1]; wichtig bei §. 388. Schadensersatzbegriff §. 202 Note 82. Braucht der Käufer in Folge Verschuldens des Spediteurs bei der Versendung das Gut nicht abzunehmen, so kann

Verkäufer, der zugleich Versender ist, wenn der Käufer zurücktritt, vom Spediteur Zahlung des Fakturabetrags gegen Ueberlassung der Waare fordern R.G. XXXVIII 17

[10] Ausg Sammelladung § 413[2]. Versicherung vergl. § 390 Note 24

409. Der Spediteur hat die Provision zu fordern, **wenn**[11] **das Gut dem Frachtführer oder dem Verfrachter**[5] **zur Beförderung übergeben ist.** Art 381[1]. „ 383.

[11] d. h. sobald; deshalb geht die Provision nicht ohne Weiteres im Fall späteren Verlusts des Guts verloren. Mit dieser Uebergabe ist die Spedition regelmäßig ausgeführt, oben Note 6; vergl. § 396 Note 36 bis 38 Auslagenersatz §§. 670, 675 ev. 665 B.G.B.; Gefahrenübergang Note 11a vor §. 373 Wegen Widerrufs oben Note 7.

410.[12] Der Spediteur hat wegen der Fracht, der Provision, der Auslagen und Verwendungen sowie wegen der auf das Gut gegebenen Vorschüsse[13] ein Pfandrecht an dem Gute, sofern er es noch im Besitze hat, insbesondere mittelst Konnossements, Ladescheins oder Lagerscheins darüber verfügen kann. Art 382[1]

[12] Vergl. § 368. Pfand- und Zurückhaltungsrecht wie der Kommissionär §§ 397, 366, 369—372, das im Konkurs ein Absonderungsrecht verleiht § 492 und 4 K.O; jedoch deckt das Pfandrecht nur die Forderung aus dem einen Speditionsvertrag und nur gegenüber dem einzelnen Gut.

[13] Sind als Aufwendungen ersatzmäßig, soweit sie zur Ausführung des Auftrags der Spediteur nach den Umständen für erforderlich halten durfte §§. 670, 675 ev. 665 B G.B.; er hat das Pfandrecht nicht bloß für dem Versender gegebene Vorschüsse. Kollision zwischen Pfand- und Retentionsrechten Note 85b §. 369 und unten Note 16; wegen des Frachtführers § 443.

411. Bedient sich der Spediteur eines Zwischenspediteurs,[14] so hat dieser zugleich die seinem Vormanne zustehenden Rechte, insbesondere dessen Pfandrecht, auszuüben. Art 382 3—4

Soweit der Vormann wegen seiner Forderung von dem Nachmanne befriedigt wird, geht die Forderung und das Pfandrecht des Vormanns auf den Nachmann über. Dasselbe gilt von der Forderung und dem Pfandrechte des Frachtführers, soweit der Zwischenspediteur ihn befriedigt.[15—16]

[14] Derselbe wird seinem nachfolgenden Zwischenspediteur gegenüber Absender; der erste Spediteur aber hat dem zweiten Zwischenspediteur gegenüber die Stelle des Versenders, vergl oben Note 5 und 8; der

letzte Spediteur ist der gesetzliche Vertreter seiner Vormänner; ebenso ist es bei den Frachtführern. § 441.[1]

15 Der letzte Spediteur ist Rechtsnachfolger seiner Vorgänger im Transport und hat das Pfandrecht, wenn er seine Vormänner bezahlt hat: selbst dann, wenn seine Vormänner es etwa wegen nicht erforderlicher Aufwendungen nicht haben sollten; denn er kann sich über die Berichtigung der Nachnahme nicht ausreichend informiren R.O.H.G. XX 190; ebenso bei den Frachtführern §. 441.[2–3]

16 Das für Distanzgeschäfte, § 379 Note 54, gegebene Verfolgungsrecht des § 44 K.O. wird nicht durch den Eigenthumsübergang auf den Destinatär beseitigt R.O.H.G. XXIV 351, Note 12 vor § 373, sondern nur wenn das Gut in die thatsächliche Innehabung des Destinatärs Note 83 §. 369, gelangt ist. Die Uebergabe des Frachtbriefs hat diese Bedeutung nur, wenn außerdem feststeht, daß der Frachtführer u. s. w. von da an für den Destinatär besitzt, jur.W 91, 182. Kollision anderer Rechte mit dem Retentionsrecht des Spediteurs §. 369 Note 85c, mit dessen Pfandrecht R.O.H.G. X 70; Kollisionen der möglichen Pfandrechte unter einander § 443

Art. 385. **412.** Der Spediteur ist, wenn nicht ein Anderes bestimmt ist, befugt, die Beförderung des Gutes selbst auszuführen.[17]

Macht er von dieser Befugniß Gebrauch, so hat er zugleich die Rechte und Pflichten eines Frachtführers oder Verfrachters;[5] er kann die Provision, die bei Speditionsgeschäften sonst regelmäßig vorkommenden Kosten sowie die gewöhnliche Fracht verlangen.

17 Selbsteintritt wie beim Kommissionär §§ 400, 403.

Art. 384. **413.**[18] Hat sich der Spediteur mit dem Versender[5] über einen bestimmten Satz der Beförderungskosten geeinigt, so hat er ausschließlich die Rechte und Pflichten eines Frachtführers. Er kann in einem solchen Falle Provision nur verlangen, wenn es besonders vereinbart ist.

Bewirkt der Spediteur die Versendung des Gutes zusammen mit den Gütern anderer Versender auf Grund eines für seine Rechnung über eine Sammelladung geschlossenen Frachtvertrags, so finden die Vorschriften des Abs. 1 Anwendung, auch wenn eine Einigung über einen bestimmten Satz der Beförderungskosten nicht stattgefunden hat. Der Spediteur kann in diesem Falle eine den Umständen nach angemessene Fracht, höchstens aber die für die Beförderung des einzelnen Gutes gewöhnliche Fracht verlangen.[19]

[18] Bei vereinbarter Aversionalfracht und bei Sammelladung haftet der Spediteur nicht nur wie seither, für die von ihm angenommenen Frachtführer und Zwischenspediteure, sondern er wird selbst Frachtführer für den ganzen Transport nach §§ 425 ff. Diese Haftung kann durch Vertrag sogar soweit beschränkt werden, daß für grobe Fahrlässigkeit nicht einzustehen ist §. 276² B.G.B (Genehmigung von Prospekten Note 21 zu §. 346); vergl. §. 347 Note 23.

[19] d. h., es soll dem Spediteur regelmäßig nicht die ganze Frachtersparniß (d. i der Unterschied zwischen Stückgut und Wagenladungstarif) zukommen.

414. Die Ansprüche gegen den Spediteur[20] wegen Verlustes,[21] Art. 386. Minderung, Beschädigung oder verspäteter Ablieferung[22] des Gutes verjähren in einem Jahre. Die Verjährungsfrist kann durch Vertrag verlängert werden.[23]

Die Verjährung beginnt im Falle der Beschädigung oder Minderung mit dem Ablaufe des Tages, an welchem die Ablieferung stattgefunden hat, im Falle des Verlustes oder der verspäteten Ablieferung[22] mit dem Ablaufe des Tages, an welchem die Ablieferung hätte bewirkt sein müssen.[24]

Die im Abs 1. bezeichneten Ansprüche können nach der Vollendung der Verjährung nur aufgerechnet werden, wenn vorher der Verlust, die Minderung, die Beschädigung oder die verspätete Ablieferung dem Spediteur angezeigt oder die Anzeige an ihn abgesendet worden ist. Der Anzeige an den Spediteur steht es gleich, wenn gerichtliche Beweisaufnahme zur Sicherung des Beweises beantragt oder in einem zwischen dem Versender und dem Empfänger oder einem späteren Erwerber des Gutes wegen des Verlustes, der Minderung, der Beschädigung oder der verspäteten Ablieferung anhängigen Rechtsstreite dem Spediteur der Streit verkündet wird.[25]

Diese Vorschriften finden keine Anwendung, wenn der Spediteur den Verlust, die Minderung, die Beschädigung oder die verspätete Ablieferung des Gutes vorsätzlich herbeigeführt hat.[26]

[20] Aus Spedition; übernimmt er entgeldliche Verwahrung von Gütern nicht in Ausführung der Spedition, so gilt §. 688 ff. B.G.B. bezw. §. 416 ff. und die dafür gegebene Verjährung R.G. XI 136.

[21] Aushändigung an unrichtigen Adressaten R O H G IV 12, Verkauf durch den Frachtführer R.O.H G. XV 30 ist Verlust; vergl. §. 429 Note 21b.

[22] §. 377 Note 43 und §. 429 Note 21a.

[23] Abweichend von § 225 B.G.B; Berechnung § 190 B.G B

[24] Mit Berücksichtigung von Umständen, welche er nicht zu vertreten hatte, z. B. Eisgang. Berechnung von Datum zu Datum §§. 188[2], 187[1], 198 B.G B.; Abs. 2 stimmt jetzt mit §. 414 und Art 45, 46 des Berner intern. Vertrags vom 14. Oktober 1890, R G.Bl 92 S. 827.

[25] Wie §§. 390, 478 B.G B.; damit nicht Spediteur und Frachtführer, deren Ansprüche erst in 2 Jahren verjähren §. 196[1 u 3] B.G.B., mit ihren Ansprüchen gegen Versender und Absender deren Anspruchsverjährung von einem Jahr abwarten, ist die Einredeverjährung auf 2 Jahre festgesetzt

[26] Grobe Fahrlässigkeit §. 347 Note 23 steht dem Vorsatz nicht gleich.

Art. 388. **415.** Die Vorschriften dieses Abschnitts kommen auch zur Anwendung, wenn ein Kaufmann, der nicht Spediteur ist, im Betriebe seines Handelsgewerbes eine Güterversendung durch Frachtführer oder Verfrachter[5] für Rechnung eines Anderen in eigenem Namen zu besorgen übernimmt[27]

[27] Aehnlich wie §. 406; vergl §. 407 und dortige Noten sowie §§. 343, 344.

★Fünfter Abschnitt.

★Lagergeschäft.

★416. Lagerhalter ist, wer gewerbsmäßig[1] die Lagerung und Aufbewahrung von Gütern[2] übernimmt.[3]

[1] Begriff R G. XXXVIII 18; Lagerhalter ist Kaufmann §. 1 Ziff. 6, ev. nach §. 4. Die vereinzelte Uebernahme einer Lagerung fällt selbst dann nur unter den Verwahrungsvertrag des § 688 B.G.B., wenn ein Kaufmann, der nicht Lagerhalter ist, im Betrieb seines Handelsgewerbes gelegentlich einen Lagerungsvertrag schließt M.; die Grundsätze der §§. 406, 415 sind hier nicht anwendbar. Der Spediteur und Frachtführer jedoch, der gewerbsmäßig zugleich Verträge über Lagerung von Gütern in seinen Aufbewahrungsräumen (ob in Silo, Lagerhaus oder Waarenspeicher, bleibt sich gleich) abschließt, hat insoweit auch die Rechte und Pflichten eines Lagerhalters.

Bildet Lagerung und Aufbewahrung nicht den selbständigen Vertragsgegenstand, sondern findet sie nur in Ausführung eines anderen Geschäfts (z. B. Kommission, Spedition, Frachtgeschäft) statt, vergl. Note 20 zu §. 414, so kommen nicht die §§ 416- 424 sondern die Grundsätze über Kommission, Spedition u. s. w. in Anwendung.

Zollniederlagen: §§ 97 ff. des Vereinszollgesetzes vom 1. Juli 1869 Art. 2[2] E.G.

[2] Nicht Hinterlegung von Geld oder Werthpapieren (über Behandlung des Depots §. 390 Note 23 und §. 392 Note 30 c), auch nicht Einstellung lebender Thiere (im letzteren Falle folgt die Erhaltungspflicht aus §§. 688, 157, 242, 833, 834, 831, 840 B.G.B.); im Uebrigen sind Güter alle transportablen Sachen. R.G. XX 51.

[3] Nach §. 362; vergl. Note 21 zu §. 346 wegen stillschweigender Genehmigung von Lagerungsbedingungen.

★417. Auf die Rechte und Pflichten des Lagerhalters in Ansehung der Empfangnahme, Aufbewahrung und Versicherung des Gutes finden die für den Kommissionär geltenden Vorschriften der §§. 388 bis 390 Anwendung.

Treten Veränderungen an dem Gute ein, welche dessen Entwerthung befürchten lassen, so hat der Lagerhalter den Einlagerer hiervon unverzüglich zu benachrichtigen. Versäumt er dies, so hat er den daraus entstehenden Schaden zu ersetzen.[4]

[4] Es gilt das in den Noten zu §§. 388—390 Ausgeführte. Die zu verlangende Sorgfalt geht selbstverständlich nur soweit, als sie einem solchen Unternehmer angesonnen und selbständige Vorkehrung bei dringender Gefahr erwartet werden kann; wegen vertragsmäßiger Minderung der Haftung §. 347 Note 23 und §. 346 Note 21.

★418. Der Lagerhalter hat dem Einlagerer die Besichtigung des Gutes, die Entnahme von Proben und die zur Erhaltung des Gutes nothwendigen Handlungen während der Geschäftsstunden zu gestatten.[5]

[5] Und zwar in den Räumen des Lagerhalters; durch Vertrag, vergl. oben Note 3, kann dieses Recht auch eingeschränkt und dem Lagerhalter die Pflicht zur Behandlung des Guts übertragen werden.

★419. Im Falle der Lagerung vertretbarer[6] Sachen ist der Lagerhalter zu ihrer Vermischung mit anderen Sachen von gleicher Art und Güte nur befugt, wenn ihm dies ausdrücklich gestattet ist.[7]

Der Lagerhalter erwirbt auch in diesem Falle nicht das Eigenthum des Gutes;[8] aus dem durch die Vermischung entstandenen Gesammtvorrathe kann er jedem Einlagerer den ihm gebührenden Antheil ausliefern, ohne daß er hierzu der Genehmigung der übrigen Betheiligten bedarf.[9]

Ist das Gut in der Art hinterlegt, daß das Eigenthum auf den Lagerhalter übergehen und dieser verpflichtet sein soll, Sachen von gleicher Art, Güte und Menge zurückzugewähren, so finden die Vorschriften dieses Abschnitts keine Anwendung.[10]

[6] Bewegliche Sachen, §. 366 Note 72, die nach Maß, Zahl, Gewicht im Verkehr bestimmt zu werden pflegen. §. 91 B G B., §§. 808, 846, 847, 930 P.O.

[7] Er verletzt seine Sorgfalt, §§. 390, 417^2, wenn er nicht vor der Vermischung in Silos oder Tanks die Beschaffenheit der Waare auch nach Maß oder Gewicht festgestellt hat, obgleich ein dahingehender Auftrag aus der Ermächtigung des Abs. 1 zu entnehmen war.

[8] Entgegen dem §. 700 B G B.; die bisherigen Eigenthümer werden Miteigenthümer an der Gesammtmenge nach Verhältniß ihrer Antheile zur Zeit der Vermischung §§. 947, 948^1 B.G B. und behalten ihr Aussonderungs- und Absonderungsrecht §§. 43, 48, $49^{2 \text{ und } 4}$ K.O. Hat der Lagerhalter die Feststellung nach Note 7 versäumt, so daß es sich nicht um eine abgegrenzte Menge, d. h. einen bestimmbaren Antheil handelt, so kann der Eigenthümer nicht vindiziren, weil der zu vindizirende Gegenstand nicht individuell zu bezeichnen und zu ermitteln ist. Im Verhältniß der Antheile ist von den Einlegern auch der natürliche Schwund zu tragen, den zunächst der letzte Empfänger leidet.

[9] Weitere Befugniß als in §§ 749 ff. B.G B

[10] sondern es gelten die Vorschriften über das dep. irreg. §§. 700, 607 ff. B.G B.; vergl. über solche Depots §. 390 Note 23, §. 392 Note $30^{b \text{ und } c}$.

★**420.** Der Lagerhalter hat Anspruch auf das bedungene oder ortsübliche Lagergeld sowie auf Erstattung der Auslagen für Fracht und Zölle und der sonst für das Gut gemachten Aufwendungen, soweit er sie den Umständen nach für erforderlich halten durfte.[11]

Von den hiernach dem Lagerhalter zukommenden Beträgen (Lagerkosten) sind die baaren Auslagen sofort zu erstatten. Die sonstigen Lagerkosten sind nach dem Ablaufe von je drei Monaten[12] seit der Einlieferung oder, wenn das Gut in der Zwischenzeit zurückgenommen wird, bei der Rücknahme zu erstatten;[13] wird das Gut theilweise zurückgenommen, so ist nur ein entsprechender Theil zu berichtigen, es sei denn, daß das auf dem Lager verbleibende Gut zur Sicherung des Lagerhalters nicht ausreicht.

[11] z. B. Bearbeitungskosten; ferner für die nicht zu den Lagerkosten zählenden Ansprüche aus Vorschüssen oder Ersatz von Schäden, die durch die Beschaffenheit der Waare anderen Gütern zugefügt worden sind.

§§. 689, 693, 694 B.G.B.; ferner für Versicherung §§. 390², 417¹; letztere ist Auslage und gehört zu den Lagerkosten wie Zoll und Fracht.

12 auch dann, wenn die Vergütung nach Zeitabschnitten bemessen ist §. 699 B.G.B.; Berechnung der Zeit §§. 187¹, 188² und ³ B.G.B.

13 Darin liegt, daß in diesem Augenblick das Zurückbehaltungsrecht und das Pfandrecht entsteht, weil eine fällige Forderung vorhanden ist. §§. 369, 421.

★421. Der Lagerhalter hat wegen der Lagerkosten[14] ein Pfandrecht an dem Gute, so lange er es im Besitze hat, insbesondere mittelst Konnossements, Ladescheins oder Lagerscheins darüber verfügen kann.[15]

14 Auch dann, wenn das Gut nicht dem Einlagerer gehört, es sei denn, daß dieser dem Eigenthümer gegenüber zur Lagerung in einem Lagerhaus nicht befugt und der Lagerhalter nicht im guten Glauben war. §. 366³.

15 Wie der Kommissionär § 397, Spediteur §. 410, Frachtführer §. 440 mit der Beschränkung auf Lagerkosten im Sinne des § 420; für Vorschüsse und Forderungen aus laufender Rechnung muß der Lagerhalter sich daher ein vertragsmäßiges Pfand bestellen lassen, wenn ihm das Zurückhaltungsrecht des §. 369 nicht genügt. Verfolgungsrecht des Absenders §. 411 Note 16; Kollision desselben und der Belastungen durch den Absender mit dem Retentionsrecht und Pfandrecht des Lagerhalters §. 369 Note 85 und §. 366; Kollision verschiedener Pfandrechte untereinander §. 443.

★422. Der Lagerhalter kann nicht verlangen, daß der Einlagerer das Gut vor dem Ablaufe der bedungenen Lagerzeit und, falls eine solche nicht bedungen ist, daß er es vor dem Ablaufe von drei Monaten nach der Einlieferung zurücknehme. Ist eine Lagerzeit nicht bedungen oder behält der Lagerhalter nach dem Ablaufe der bedungenen Lagerzeit das Gut auf dem Lager, so kann er die Rücknahme nur nach vorgängiger Kündigung unter Einhaltung einer Kündigungsfrist von einem Monate verlangen.[16]

Der Lagerhalter ist berechtigt, die Rücknahme des Gutes vor dem Ablaufe der Lagerzeit und ohne Einhaltung einer Kündigungsfrist zu verlangen, wenn ein wichtiger Grund[17] vorliegt.

16 Zeitberechnung §§. 187¹, 188²⁻³ B.G.B.; Form der Kündigung §§. 130, 132 B.G.B. Der Einlagerer kann jeder Zeit das Gut gegen Zahlung derjenigen Forderungen, wofür das Zurückbehaltungsrecht bezw. Pfandrecht besteht, zurückverlangen. §. 695 B.G.B.

Aufrechnung ist nicht untersagt §§ 387 ff. B.G.B.; Ort der Rückgabe §. 697 B.G.B.

17 Drohender oder eingetretener Schaden.

★**423.** Auf die Verjährung der Ansprüche gegen den Lagerhalter wegen Verlustes, Minderung, Beschädigung oder verspäteter Ablieferung des Gutes finden die Vorschriften des §. **414** entsprechende Anwendung. Im Falle des gänzlichen Verlustes beginnt die Verjährung mit dem Ablaufe des Tages, an welchem der Lagerhalter dem Einlagerer Anzeige von dem Verluste macht.[18]

[18] Abweichung vom §. 414², weil es an einer bestimmten Auslieferungszeit fehlt §. 695 B.G.B. und der Lagerhalter die Pflicht zur Anzeige hat, §. 417 Note 4. Die Anzeige hat den Erfordernissen der Note 19a §. 346 zu entsprechen.

★**424.**[19] Ist von dem Lagerhalter ein Lagerschein ausgestellt, der durch Indossament übertragen werden kann, so hat, wenn das Gut von dem Lagerhalter übernommen ist,[20] die Uebergabe des Lagerscheins an denjenigen, welcher durch den Schein zur Empfangnahme des Gutes legitimirt wird, für den Erwerb von Rechten an dem Gute dieselben Wirkungen wie die Uebergabe des Gutes.[21]

[19] Ergänzt die in §§ 363, 364 gegebenen 2 Voraussetzungen (staatliche Ermächtigung und Orderklausel) der Ausstellung solch indossabler Papiere durch Bestimmung der Wirkung der Uebergabe eines solchen Lagerscheins (Warrant) in der Form des Einscheins Das Zweischeinsystem, bei welchem das Lagergut gleichzeitig mittelst des einen Scheins verpfändet und mittelst des zweiten veräußert werden kann, bleibt Bremen und Elsaß-Lothringen zu Folge Art 16 E G erhalten In den andern Bundesstaaten ist das Warrantwesen nicht von der Gesetzgebung geregelt; dort entsteht daher durch Uebergabe eines neben dem Lagerschein ausgestellten Lagerpfandscheins weder nach §. 424 noch nach dem B.G.B. ein Pfandrecht am Lagergut

[20] d. i. Besitzergreifung § 369 Note 83.

[21] Detention, Besitz, Pfandrecht, Eigenthum, je nachdem er auf Grund des unterliegenden Rechtsgeschäfts durch unmittelbare Uebergabe des Lagerguts das eine oder andere Recht erlangt haben würde, weil der Schein die Waare repräsentirt wie der Ladeschein § 450, R.O.H.G. XXV 356. Daher kann der Lagerhalter das Gut nur gegen Rückgabe des quittirten Lagerscheins herausgeben, vergl §. 448, Legitimation §§. 364, 365.

Sechster Abschnitt.

Frachtgeschäft.

Art 390. **425.** Frachtführer ist, wer es gewerbsmäßig[1] übernimmt,[2] die Beförderung von Gütern[3] zu Lande oder auf Flüssen oder sonstigen Binnengewässern[4] auszuführen.[5]

[1] Begriff R G. XXXVIII 18 und § 451; also nicht Zollschiffe, Vergnügungsyachten, Hafenpolizeidampfer u. dergl., soweit sie zur Seefahrt bestimmt sind, jedoch Art 6, 7 E G; dagegen ist der Eigenthümer eines solchen Fahrzeugs, selbst wenn es nur zum Schleppen, zur Personenbeförderung oder Fischerei auf Binnengewässern dient, ohne Rücksicht auf eine Erwerbsabsicht Schiffseigner mit der Haftpflicht der §§. 3, 4 B.Sch G, §§ 1, 2 cit, ausg. Fähranstalten in gewissem Umfang u. a m. §. 131 B.Sch G Der Frachtführer ist Kaufmann §. 1 Ziff. 5; daselbst Privatbriefpost Reichspost § 452.

[2] Nach §. 362 und Noten 19, 20 zu §. 346; daselbst auch Transportbedingungen. Auf der Uebernahme liegt begrifflich der Nachdruck.

[3] Transportable Sachen R.G. XX 51, vergl. §. 407 Note 3. Viehtransport R G. VI 99, Packetbeförderungsgesellschaft R.O.H.G. IX 90.

[4] Ob solche oder Seefahrt vorliegt, hängt von der Verwendungsart des Schiffes ab. R G. XIII 72.

[5] Frachtvertrag ist ein Werkvertrag § 631 B G.B Wesentlich ist die Uebernahme auf eigene Rechnung, wenn auch mit fremden Transportmitteln, so daß die Transportleistung mit gewerblicher Selbständigkeit Gegenstand des Vertrags ist; wird aber auf die selbständige Leitung verzichtet, so daß der Transport und die Aufsicht über Gut und Schiff nur als Folge eines ertheilten Auftrags erscheint, so liegt ein Dienstvertrag ev mit Schiffsmiethe vor R.G. XXV 110, Bolze XX Nr. 476; es ist nicht unerläßlich, daß eine Vergütung in Bausch und Bogen ausgemacht worden R.G XI 58; es kann sogar Vergütung nach Zeitabschnitten bedungen und das Wort „Miethe“ gebraucht sein, ohne daß deshalb Miethe vorläge.

Der Schleppvertrag ist Frachtvertrag, wenn das geschleppte Schiff im Gewahrsam des Schleppenden stand, so daß dieser den Transport allein ausführte und allein selbständig war, R G. VI 100; andernfalls liegt Werkverdingungsvertrag vor. R.G. X 167

426. Der Frachtführer kann die Ausstellung eines Frachtbriefes verlangen.[6] Art 391[2].

Der Frachtbrief soll[7] enthalten: Art. 392.

1. den Ort und den Tag der Ausstellung;
2. den Namen und den Wohnort des Frachtführers;
3. den Namen dessen, an welchen das Gut abgeliefert werden soll (des Empfängers);
4. den Ort der Ablieferung;
5. die Bezeichnung des Gutes nach Beschaffenheit,[8] Menge[9] und Merkzeichen;
6. die Bezeichnung der für eine zoll- oder steueramtliche Behandlung oder polizeiliche Prüfung nöthigen Begleitpapiere;

7. die Bestimmung über die Fracht sowie im Falle ihrer Vorausbezahlung einen Vermerk über die Vorausbezahlung;[10]
8. die besonderen Vereinbarungen,[11] welche die Betheiligten über andere Punkte, namentlich über die Zeit, innerhalb welcher die Beförderung bewirkt werden soll, über die Entschädigung wegen verspäteter Ablieferung und über die auf dem Gute haftenden Nachnahmen, getroffen haben;
9. die Unterschrift des Absenders;[12] eine im Wege der mechanischen Vervielfältigung hergestellte Unterschrift ist genügend.

Der Absender haftet dem Frachtführer für die Richtigkeit und die Vollständigkeit der in den Frachtbrief aufgenommenen Angaben.[13]

[6] Duplikat nur bei der Eisenbahn §. 455.

[7] Verstöße schaden nichts, da der Frachtbrief nur Beweisurkunde ist und der Frachtvertrag auch mündlich abgeschlossen werden kann. §. 446². Wenn der Frachtführer aber dem Empfänger das Gut mit einem Frachtbrief abliefert, so sind die beiderseitigen Rechte und Pflichten durch den Inhalt dieses Frachtbriefs begrenzt §. 435—438 R G. I 3; mag der Inhalt eines ursprünglichen verlorenen Frachtbriefs auch davon abweichen Durchgehender Frachtbrief §. 432.

[8] z. B. mangelhafte Verpackung oder Beschädigung. § 59 B Sch.G.

[9] Menge, Maß, Gewicht fur die Fracht bestimmend. §§ 63, 65 B.Sch G

[10] Frankaturvermerk steht der Geltendmachung des Pfandrechts nur beschränkt entgegen. §. 67 B.Sch.G, §. 440, § 436

[11] z. B. über Schlepplohn, Lichter- und Winterkosten, §. 66 B Sch.G, Liegegelder.

[12] Unterschied vom Versender, Verfrachter, Befrachter §. 407 Note 5; facksimilirte Unterschrift wie im §. 793 letzter Satz B G.B.

[13] Stimmt mit Art. 7¹ des Berner Vertrags und §. 53¹ der Eisenbahnverkehrsordnung überein

Art. 393. **427.** Der Absender ist verpflichtet, dem Frachtführer die Begleitpapiere zu übergeben, welche zur Erfüllung der Zoll-, Steuer- oder Polizeivorschriften vor der Ablieferung an den Empfänger erforderlich sind. Er haftet dem Frachtführer, sofern nicht diesem ein Verschulden[14] zur Last fällt, für alle Folgen, die aus dem Mangel, der Unzulänglichkeit oder der Unrichtigkeit der Papiere entstehen.[15]

[14] z. B. durch absichtliches Verschweigen von ihm erkannter Mängel der Begleitpapiere, Gareis S. 643. Schadensersatz §. 202 Note 82.

[15] Gleich, ob ihm ein Verschulden zur Last fällt oder nicht; er haftet aber nicht für Schaden, welchen das Frachtgut dem Frachtführer zufügt; es sei denn, daß ein Verschulden des Absenders vorangegangen ist, welches diesen nach den Grundsätzen der Schadensersatz aus unerlaubten Handlungen §. 823 B.G.B. verantwortlich macht Mot. und Komm. Prot. zu §. 836 B.G.B. Ein solches Verschulden kann z. B. in nicht offensichtlich Bolze XXII Nr 420 unrichtiger Deklaration oder mangelhafter Verpackung liegen R.G. XX 78 §. 45 B.Sch.G.; dagegen darf der Schiffer Güter, die Schiff oder Ladung gefährden, ausladen ev. in dringenden Fällen über Bord werfen §. 45[4] B.Sch.G. Schadensersatz bei nicht gehöriger Verwahrung von Thieren § 416 Note 2.

428. Ist über die Zeit, binnen welcher der Frachtführer die Beförderung bewirken soll, nichts bedungen, so bestimmt sich die Frist, innerhalb deren er die Reise anzutreten **und zu vollenden** hat, nach dem Ortsgebrauche. Besteht ein Ortsgebrauch nicht, so ist die Beförderung binnen einer den Umständen nach angemessenen Frist zu bewirken.[16] Art. 394.

Wird der Antritt oder die Fortsetzung der Reise **ohne Verschulden des Absenders**[17] zeitweilig[18] verhindert, so kann der Absender von dem Vertrage zurücktreten; er hat jedoch den Frachtführer, wenn diesem kein Verschulden zur Last fällt, für die Vorbereitung der Reise, die Wiederausladung und den zurückgelegten Theil der Reise zu entschädigen.[19] Ueber die Höhe der Entschädigung entscheidet der Ortsgebrauch; besteht ein Ortsgebrauch nicht, **so ist eine den Umständen nach angemessene Entschädigung zu gewähren.**

[16] Für den Schiffer ist Ortsgebrauch ausgeschlossen §. 42[2] B.Sch.G.; nicht er, wohl aber seine Mannschaft muß Sonntags und Nachts auf seine Anordnung Güter annehmen. §§. 23[1], 42[1], 66 B.Sch.G. Ist nach Anzeige des Schiffers von seiner Ladebereitschaft die Ladezeit, die sich nach der Ladung bemißt, abgelaufen, so beginnt die Ueberliegezeit, die sich nach der Tragfähigkeit des Schiffs bemißt, mit dem Anspruch auf Liegegeld und daneben auf Rücktritt und Fautfracht; liefert der Absender aber innerhalb der Wartezeit auch nur einen Theil der Ladung, so gibt es keinen Rücktritt; der Frachtführer hat Anspruch auf die volle Fracht, Liegegeld, Mehrkosten und Sicherheit. §§. 27—39 B.Sch.G. .

[17] Das Gegenstück ist Zufall oder Verschulden des Frachtführers

[18] bei dauernder Verhinderung des **Antritts** der Reise durch Zufall §§. 644, 323 B.G.B. und §. 68 B.Sch.G.; wird die **Fortsetzung** durch Zufall dauernd verhindert, so hat der Frachtführer, wenn er nicht

Schiffer ist § 69 B.Sch.G., Anspruch auf Distanzfracht nur, soweit man von theilweiser Erfüllung sprechen kann §§. 645, 323 B.G.B. oder die Beschaffenheit des Guts die Unmöglichkeit veranlaßt hat. Ist das Gut untergegangen, so muß der Schiffer Gleichartiges dafür annehmen §. 43 B.Sch.G. unter Beachtung des §. 68[2] B.Sch.G.

[19] Ebenso §. 71 B.Sch.G. Art. 12 IX E.G. mit der Ausnahme schuldloser Ueberwinterung.

Art. 395, „ 397. **429.** Der Frachtführer haftet[20] für den Schaden, der durch Verlust oder Beschädigung des Gutes in der Zeit von der Annahme bis zur Ablieferung[21] oder durch Versäumung der Lieferzeit[22] entsteht, es sei denn, daß der Verlust, die Beschädigung oder die Verspätung auf Umständen beruht, die durch die Sorgfalt eines ordentlichen Frachtführers nicht abgewendet werden konnten.[23–24]

Für den Verlust oder die Beschädigung von Kostbarkeiten, Kunstgegenständen, Geld und Werthpapieren haftet der Frachtführer nur, wenn ihm diese Beschaffenheit[25] oder der Werth des Gutes bei der Uebergabe[26] zur Beförderung angegeben worden ist.

[20] Entweder dem Absender §. 426 Ziff. 9 oder im Fall der §§. 435 und 446 dem Empfänger; diese haben nicht zu beweisen, daß sie ihrerseits bereits Schadensersatz geleistet haben, sondern der Frachtführer muß beweisen, weshalb sie keinen Schaden hatten. R.G. I 1.

[21a] §. 377 Note 43 R.G. XIII 169. An die Ablieferung kann sich ein Aufbewahrungsvertrag mit dem Frachtführer anschließen, der dann nach besonderen Regeln z. B. §§. 416 ff. zu beurtheilen ist R.O.H.G. XIV 294; beim Verlust des Guts in der Hand des Rollfuhrmanns der Eisenbahn kommt es darauf an, ob und wie, §. 468, die Bahn vertragsmäßig auch diesen Transport übernommen hatte R.O.H.G. XXII 222; dazu §§. 458, 431.

[b] Verloren ist das Gut, wenn der Frachtführer außer Stand ist, dasselbe auszuhändigen — ohne Unterschied, worin der Grund liegt; vergl. §. 414 Note 21.

[22] Die Annahme der Waare kann deshalb nicht zurückgewiesen werden; nur Schadensersatzansprüche sind gegeben, welche unter Umständen z. B. bei Saisonwaare, völliger Entwerthung durch Fäulniß zu vollständigem Werthsersatz führen können. Wegen des Schiffers §. 62 B.Sch.G.; Lieferungsinteresse beim Bahntransport §§. 463, 466a.

[23] Die Haftung für Zufall ist wie in §. 58 B.Sch.G. beseitigt; allein er muß die Ursachen der Verluste, der Beschädigung oder Verspätung darthun und den Nachweis führen, daß ihm ein Verschulden nicht zur Last fällt; der Schiffer ist noch besonders günstig §. 58[2] B.Sch.G., die Bahn besonders ungünstig §. 456 (wegen ihres Monopols bei Be-

triebsunfällen gestellt. Selbstentzündung R.G. XV 147. Die Haftbarkeit kann vertragsmäßig sogar für grobe Fahrlässigkeit beseitigt werden; vergl. §. 347 Note 23 und wegen der Hafteinschränkung in Prospekten R.G. XIII 76.

24 Haftet der Schiffer für bestimmte Gefahren nicht §. 59 B.Sch.G., so spricht eine Vermuthung zu seinen Gunsten §. 59 Abs. 2, welche der Gegner erst zerstören muß R.G. X 109 durch den Beweis, daß der gefährliche Umstand die Schadensursache nicht gewesen sein kann, vergl. R.G. XV 147.

25 Bezeichnung „Bijouterie" ist genugend.

26 Sonst haftet er nicht aus dem Frachtvertrag, selbst wenn Werthpapiere von den Leuten des Frachtführers aus dem Frachtgut (Koffer) entwendet worden sind R.O.H.G. VIII 271; wohl aber im Fall des §. 823 B.G.B. (unrechte That), vergl. mit §. 831 B.G.B. Reisegepäck §. 77 B.Sch.G.

430.[27] Muß auf Grund des Frachtvertrags von dem Frachtführer für gänzlichen oder theilweisen Verlust[21b] des Gutes Ersatz geleistet werden, so ist der gemeine Handelswerth[28] und in dessen Ermangelung der gemeine Werth zu ersetzen, welchen Gut derselben Art und Beschaffenheit am Orte der Ablieferung in dem Zeitpunkte hatte, in welchem die Ablieferung zu bewirken war; hiervon kommt in Abzug, was in Folge des Verlustes an Zöllen und sonstigen Kosten sowie an Fracht erspart ist. Art 396.

Im Falle der Beschädigung ist der Unterschied zwischen dem Verkaufswerthe des Gutes im beschädigten Zustand und dem gemeinen Handelswerth oder dem gemeinen Werthe zu ersetzen,[29] welchen das Gut ohne die Beschädigung am Orte und zur Zeit der Ablieferung gehabt haben würde; hiervon kommt in Abzug, was in Folge der Beschädigung an Zöllen und sonstigen Kosten erspart ist.

Ist der Schaden durch Vorsatz oder grobe Fahrlässigkeit des Frachtführers herbeigeführt, so kann Ersatz des vollen Schadens gefordert werden.[30]

27 Gilt auch für den Schiffer §. 26 B.Sch.G., nicht aber für die Bahn §. 457; bei Zusammenladung loser Güter von gleichartiger Beschaffenheit §. 60² B.Sch.G.

28 Ohne Rücksicht auf Kauf- und Verkaufspreis des Absenders bezw. Empfängers R.O.H.G. XIII 393; es wäre denn, daß das Gut hinter Durchschnittswaare zurückstand R.O.H.G. VIII 330.

29 Für den beschädigten Theil des Frachtgutes, es wäre denn, daß der beschädigte und der unbeschädigte Theil ein untrennbares Ganzes bildet. R.G. XV 133.

[30] In Uebereinstimmung mit §. 88 Eisenbahnverkehrsordnung und Art. 41 Berner Vertrag; grobe Fahrlässigkeit §. 347 Note 23; Schadensersatz §. 202 Note 82.

Art. 400. **431.** Der Frachtführer hat ein Verschulden seiner Leute und ein Verschulden anderer Personen, deren er sich bei der Ausführung der Beförderung bedient, in gleichem Umfange zu vertreten wie eigenes Verschulden.[31–32]

[31] Diese verminderte Haftung, die auch beim Schiffer §. 26 B.Sch G., nicht aber bei der Bahn §. 458, gilt, entspricht dem §. 429 Note 23. Der Frachtführer haftet unmittelbar für seine Angestellten, und zwar nicht blos im Umfang des § 278 B.G.B., sondern auch, wenn die schadenbringende Handlung von dem Angestellten nicht unmittelbar bei Ausführung der ihm obliegenden Verrichtungen vorgenommen worden ist; es genügt, wenn die dienstliche Stellung die Veranlassung gegeben hat R.G. VII 127; für Gastwirthe, die für ihre Omnibusfahrten Frachtführer sein können R.O.H.G. XI 343, kommen die §§. 701[2]—703 B.G.B. in Betracht. Diese Haftung erstreckt sich nicht auf mit Zustimmung des Gastwirths zurückgelassene Sachen R.O.H.G. XI 344, und geht bei Werthgegenständen nicht soweit, daß er jedem Mitglied einer bei ihm abgestiegenen Familie bis zu 1000 Mk. einstünde. §. 702[2] B.G.B

[32] Für seine dauernd angestellten Leute und die zu einzelnen Transporthandlungen verwendeten anderen Personen (Unterfrachtführer §. 432 Note 33) haftet er so, wie wenn er selbst die Handlungen vorgenommen hätte; nach §. 429 Note 23 jedoch nur für die zur Ausführung des Transports gehörigen Handlungen (Abladen, Wägen u. s. w.). Der Absender oder Empfänger hat nur eine Klage gegen ihn, nicht gegen seine Leute und die anderen Personen.

Bei anderen Handlungen seiner Leute richtet sich die Haftung nach allgemeinen Grundsätzen (z B. Rath und Auskunft §. 347 Note 26a, Vollmacht oder Delikt §. 54 Note 125) und kann der Beschädigte so eventuell eine direkte Klage gegen die Leute erlangen. R.O.H.G. XII 137.

Der Unterfrachtführer kann in ein direktes Vertragsverhältniß nach §. 432 Note 33—34 treten.

Gehören die Angestellten zur Schiffsbesatzung, so gilt §. 3 u. 4 Ziff. 3 B.Sch G. Schiffszusammenstoß §§. 92 ff. und 4 B.Sch.G.; vergl. ferner Note 2 vor §. 453. Beschränkung der Haftbarkeit durch Vertrag §. 347 Note 23, insbes. durch Prospekt §. 346 Note 21; Eisenbahn §. 458.

Art. 401 **432.** Uebergiebt der Frachtführer zur Ausführung der von ihm übernommenen Beförderung das Gut einem anderen Frachtführer, so haftet er für die Ausführung der Beförderung bis zur Ablieferung des Gutes an den Empfänger.[33]

Der nachfolgende Frachtführer tritt dadurch, daß er das Gut mit dem ursprünglichen Frachtbrief annimmt, diesem gemäß in den Frachtvertrag ein und übernimmt die selbständige Verpflichtung, die Beförderung nach dem Inhalte des Frachtbriefs auszuführen.[34—35]

Hat auf Grund dieser Vorschriften einer der betheiligten Frachtführer Schadensersatz geleistet, so steht ihm der Rückgriff gegen denjenigen zu, welcher den Schaden verschuldet hat. Kann dieser nicht ermittelt werden, so haben die betheiligten Frachtführer den Schaden nach dem Verhältniß ihrer Antheile an der Fracht gemeinsam zu tragen, soweit nicht festgestellt wird, daß der Schaden nicht auf ihrer Beförderungsstrecke entstanden ist.

[33] Es ruht der Nachdruck im Abs. 1 darauf, daß der Frachtführer für einen Theil der von ihm übernommenen Strecke bis zu seinem Bestimmungsort sich eines oder mehrerer Unterfrachtführer bedient; Letztere sind dann die anderen Personen der Note 32; der Hauptfrachtführer haftet für sie Alle allein; Empfänger oder Absender haben keine Klage gegen die Unterfrachtführer. Auf den Frachtbrief kommt es hier nicht an.

[34] Sämmtliche Frachtführer, also die Unterfrachtführer ebenso wie der Hauptfrachtführer und diejenigen Frachtführer, welche sich an die von dem Hauptfrachtführer übernommene Strecke anreihen (Zwischenfrachtführer), haften dem Absender oder Empfänger; ein jeder direkt und sammtverbindlich für die Ausführung des ganzen Transports, sobald sie das Gut mit dem ursprünglichen Frachtbrief (durchgehender Frachtbrief) angenommen haben und damit in den einheitlich gewordenen Frachtvertrag eingetreten sind R.G I 3, R.O.H.G. XXIV 207.

[35] Diese nothwendige Einheit wird durchbrochen, sobald einer der nachfolgenden Frachtführer sich weigert, den Transport auf Grund des durchgehenden Frachtbriefs auszuführen; alsdann haftet jeder nur auf Grund seines Frachtbriefs für seine Strecke R.O.H.G. VII 218, R.G. XVIII 170; bloße Vorbehalte oder Notizen auf dem durchgehenden Frachtbrief ändern noch nichts an der einheitlichen Wirkung, wenn kein neuer Frachtbrief ausgestellt wurde. R.O.H.G. XI 212. Durchgehender Frachtbrief bei der Eisenbahn §§. 468, 469. Durchgehendes Konnossement §. 449.

433.[36] Der Absender kann den Frachtführer anweisen, das Gut anzuhalten, zurückzugeben oder an einen anderen als den im Frachtbriefe bezeichneten Empfänger auszuliefern. Die Mehrkosten, die durch eine solche Verfügung entstehen, sind dem Frachtführer zu erstatten.[37] Art 402

Das Verfügungsrecht des Absenders erlischt, wenn nach der Ankunft des Gutes am Orte der Ablieferung der Frachtbrief dem

Empfänger übergeben, oder von dem Empfänger Klage gemäß §. 435 gegen den Frachtführer erhoben wird. Der Frachtführer hat in einem solchen Falle nur die Anweisungen des Empfängers zu beachten; verletzt er diese Verpflichtung, so ist er dem Empfänger für das Gut verhaftet.[38–39]

36 Die Fassung entspricht jetzt Art. 15 des Berner Vertrags und §. 64 Verkehrsordnung.

37 Rücktransport kann nicht verlangt werden R.O.H.G. XVI 199. Vor Antritt der Reise kann der Absender gegen Entschädigung jeder Zeit zurücktreten §. 36 B.Sch.G.; nach Antritt kann er Wiederausladung jedoch mit Beachtung der §§. 447^{3}—448 gegen Entschädigung und Sicherstellung verlangen §. 37 B.Sch.G.; Anweisung des Ladeplatzes §. 40, des Löschplatzes §. 46 B.Sch.G.; der Schiffer muß andere Güter sich gefallen lassen, wenn er sich nicht schlechter stellt §. 43 B.Sch.G. Im Uebrigen gilt §. 433 auch für Flußtransport §. 26 B.Sch.G.

38 Verfolgungsrecht §. 411 Note 16; Retentionsrecht des Spediteurs §. 369 Note 85c, Pfandrecht desselben §§. 410, 411; Gefahren- und Eigenthumsübergang bei Uebergabe des Gutes an den Frachtführer Noten 11a und 12 vor §. 373.

39 Durch Uebergabe des Frachtbriefs an den Destinatär wird das Obligationsverhältniß zwischen dem Frachtführer und Absender nicht aufgehoben. R.O.H.G. XI 329. Prüfung der Empfängereigenschaft durch den Frachtführer R.O.H.G. XXV 331; der Frachtführer braucht nur gegen Empfangsbescheinigung auszuliefern §. 368 B.G.B.; verweigert der Empfänger die Ausstellung, so geräth er in Annahmeverzug §§. 273, 298 B.G.B.; wenn ein Konnossement ausgestellt ist, gilt außerdem §. 448.

Art. 404. **434. Der Empfänger ist vor der Ankunft des Gutes am Orte der Ablieferung dem Frachtführer gegenüber berechtigt, alle zur Sicherstellung des Gutes erforderlichen Maßregeln zu ergreifen und dem Frachtführer die zu diesem Zwecke nothwendigen Anweisungen zu ertheilen. Die Auslieferung des Gutes kann er vor dessen Ankunft am Orte der Ablieferung nur fordern, wenn der Absender den Frachtführer dazu ermächtigt hat.**[40]

40 Feststellung von Mängeln des Guts §. 488 P.O.; hat der Absender, welcher jetzt noch dem Empfänger vorgeht §. 435, selbständig zur Sicherung der Ladung eingegriffen, so steht regelmäßig der Frachtführer für die Folgen nicht ein R.O.H.G. XII 308; §. 434 gilt auch für den Schiffer. §. 26 B.Sch.G.

Art. 405. **435. Nach der Ankunft des Gutes am Orte der Ablieferung ist der Empfänger[41] berechtigt, die durch den Frachtvertrag begründeten Rechte gegen Erfüllung der sich daraus[42] ergebenden**

Verpflichtungen in eigenem Namen gegen den Frachtführer[43] geltend zu machen, ohne Unterschied, ob er hierbei in eigenem oder in fremdem Interesse handelt.[44] Er ist insbesondere berechtigt, von dem Frachtführer die Uebergabe des Frachtbriefs und die Auslieferung des Gutes zu verlangen.[45] Dieses Recht erlischt, wenn der Absender dem Frachtführer eine nach §. 433 noch zulässige entgegenstehende Anweisung ertheilt.

[41] der auch vom Absender nachträglich bezeichnet werden kann §. 433[1]. Ist ein Konnossement ausgestellt, so gelten §§. 445[4], 447.

[42] d. h. die aus dem Frachtbrief oder Ladeschein ersichtlichen und sonst auf dem Gut haftenden Forderungen §§. 438[1], 440, 446.

[43] Nicht gegen den vom Absender beauftragten Spediteur. R.O.H.G. XIII 326.

[44] Auch den ihm entstandenen Verspätungsschaden. R.G. XIII 75.

[45] Empfängt er die ganze Ladung, so kann er den Löschplatz anweisen §. 46 B.Sch.G., anders bei Stückgütern §§. 53—55 B.Sch.G. Abnahme der Schiffsgüter §. 56 B.Sch.G.; Löschungsverzug §§. 46—57 B.Sch.G.; im Uebrigen §. 435 Note 39 . Die beiderseitigen Verpflichtungen sind gleichzeitig zu erfüllen und bedingen sich gegenseitig §§. 320, 322[1], 242 B.G.B.

436. Durch Annahme des Gutes und des Frachtbriefs wird der Empfänger verpflichtet, dem Frachtführer nach Maßgabe des Frachtbriefs Zahlung zu leisten.[46—47] Art 406.

[46] Erst hierdurch tritt der Empfänger in den Frachtvertrag ein R.O.H.G. XXI 183, so daß er gemäß der im Frachtbrief in Bezug genommenen Tarife zu zahlen hat. Diese Verpflichtung ist damit eine selbständige im Gegensatz zu §. 435, wo es sich um das Auslieferungsrecht und die Gegenleistungen handelt, welche sich nicht nach Inhalt des Frachtbriefs, sondern nach dem Frachtvertrag bemessen; daher muß der Empfänger auch Strafe nach Reglement zahlen, wenn er bei Eintritt in den Frachtvertrag die unrichtige Deklaration des Guts kannte. R.O.H.G. XXI 187. Daher hat Empfänger im Abladehafen entstandene Liegegelder nur zu zahlen, wenn sie im Frachtbrief oder Konnossement stehen; anders selbstverständlich bei Liegegeldern, die durch Löschungsverzug des Empfängers erwachsen sind. R.O.H.G. XX 409. Veränderung des Frachtbriefs §. 432. Note 34.

[47] §. 436 gilt auch für den Schiffer §. 26 B.Sch.G. und entspricht §. 67 Verkehrsordnung und Art. 17 Berner Vertrag E.G. Art. 12 VII.

★437.[48] Ist der Empfänger des Gutes nicht zu ermitteln oder verweigert er die Annahme oder ergiebt sich ein sonstiges Ablieferungshinderniß, so hat der Frachtführer den Absender unver- Art. 407.

züglich hiervon in Kenntniß zu setzen und dessen Anweisung einzuholen.[49]

Ist dies den Umständen nach nicht thunlich oder der Absender mit der Ertheilung der Anweisung säumig oder die Anweisung nicht ausführbar, so ist der Frachtführer befugt, das Gut in einem öffentlichen Lagerhaus oder sonst in sicherer Weise zu hinterlegen. Er kann, falls das Gut dem Verderben ausgesetzt und Gefahr im Verzug ist, das Gut auch gemäß §. 373 Abs. 2 bis 4 verkaufen lassen.[50]

Von der Hinterlegung und dem Verkaufe des Gutes hat der Frachtführer den Absender und den Empfänger unverzüglich zu benachrichtigen, es sei denn, daß dies unthunlich ist; im Falle der Unterlassung ist er zum Schadensersatze verpflichtet.[51]

[48] Lehnt sich an §. 70[1] Verkehrsordnung, Art 24[1] Berner Vertrag und §. 52 B.Sch.G. Art. 12 III E G. an. Meldeadresse §. 72[2] B.Sch.G.; unverzüglich = ohne schuldhaftes Zögern §. 121 B G.B.

[49] z. B. wenn der Absender das Gut anhält § 433[1], ohne weiter zu verfügen.

[50] Ohne Anrufen des Gerichts; es gehört in diesem Fall nicht zu seinen Pflichten, für Feststellung der Beschaffenheit des Guts zu sorgen §. 488 P.O., R.O.H G. VIII 329; aber eine Unterlassung kann ihm Beweise entziehen.

[51] Aehnlich wie §§. 373, 379, 388, 389; Schadensersatz §. 202 Note 82 und §. 430.

Art 408 1—2 **438.** Ist die Fracht nebst den sonst auf dem Gute haftenden Forderungen[52] bezahlt und das Gut angenommen,[53] so sind alle Ansprüche gegen den Frachtführer[54] aus dem Frachtvertrag[55] erloschen.[56]

Diese Vorschrift findet keine Anwendung, soweit die Beschädigung oder Minderung des Gutes vor dessen Annahme durch amtlich bestellte Sachverständige festgestellt ist.[57]

Wegen einer Beschädigung oder Minderung des Gutes, die bei der Annahme äußerlich nicht erkennbar ist, kann der Frachtführer auch nach der Annahme des Gutes und der Bezahlung der Fracht in Anspruch genommen werden, wenn der Mangel in der Zeit zwischen der Uebernahme des Gutes durch den Frachtführer und der Ablieferung[21] entstanden ist und die Feststellung des Mangels durch amtlich bestellte Sachverständige[57] unverzüglich[58] nach der Entdeckung und spätestens binnen einer Woche nach der Annahme[59] beantragt wird. Ist dem Frachtführer der Mangel unverzüglich nach der Entdeckung und binnen der bezeichneten Frist angezeigt, so genügt es, wenn die Feststellung unverzüglich[58] nach dem Zeitpunkte beantragt wird, bis zu welchem der Eingang einer Antwort des Frachtführers unter regelmäßigen Umständen erwartet[60] werden darf.

Die Kosten einer von dem Empfangsberechtigten beantragten Feststellung sind von dem Frachtführer zu tragen, wenn ein Verlust oder eine Beschädigung ermittelt wird, für welche der Frachtführer Ersatz leisten muß.

Der Frachtführer kann sich auf diese Vorschriften nicht berufen, wenn er den Schaden durch Vorsatz oder grobe Fahrlässigkeit herbeigeführt hat.[61]

52 Das sind die aus der Ausführung des Transports sich ergebenden Forderungen, z B. wegen Zollauslagen, Spesen §. 440, die nicht in der Fracht enthalten sind. Wegen des Frachtbriefinhalts §. 436 Note 46.

53 Nur Annahme und Zahlung zusammen bedeuten die hier gesetzlich unterstellte Erklärung des Empfängers, daß der Frachtführer seinen Verpflichtungen nachgekommen ist R.G. VI 105; daher gilt der Satz weder bei Frankosendung R.O.H.G. XIII 416, noch bei Theilzahlung R.G. XXV 31, noch dann, wenn eine Annahme des Guts nicht stattfinden konnte, weil der Absender das Gut zurückgenommen hat. R.G. XXII 146. Nur beim Schiffer zieht die Annahme schon ganz allein den Verlust aller Ansprüche nach sich §. 61 B.Sch.G., ausg. Verspätungsschaden §. 62 B.Sch.G.; vergl. Art. 12 VII u. VIII E G.

54 Nicht gegen den Spediteur R.O H.G. XXIV 288.

55 Nicht aber aus einem anderen selbständigen Verhältniß, z. B. der Anspruch auf Rückgängigmachung einer ohne Rechtsgrund erfolgten Zahlung R.G. VI 104

56 Ein einseitiger Vorbehalt des Empfängers bei der Annahme ist ohne Wirkung; ein mit Zustimmung des Frachtführers gemachter Vorbehalt oder ein Anerkenntniß gerügter Mängel seitens des Frachtführers erhält diese Ansprüche auch ohne Feststellung. M.

57 Es ist das Verfahren des §. 488 P.O. nicht unerläßlich; es können nichtgerichtliche, jedoch von der zuständigen Behörde oder Handelskorporation bestellte Sachverständige angegangen werden; der Frachtführer ist verpflichtet, eine Besichtigung des Guts in gehörigen Grenzen dem Empfänger vor der Abnahme zu gestatten §. 242 B.G.B.

58 Ohne schuldhaftes Zögern §. 121 B.G.B.

59 Der Annahmetag zählt nicht mit §. 187[1], 188[2] B.G.B.

60 d. h. in der auf dem gewählten Korrespondenzweg im gewöhnlichen Verlauf der Dinge erforderlichen Zeit, wobei der Empfänger von der rechtzeitigen Ankunft seiner Anzeige auszugehen hat und dem Frachtführer ein **tempus modicum** zur Vergewisserung zusteht, vergl. §§. 130, 147[2] B.G.B.

61 Abs. 3—5 stimmen mit §§. 430[3], 464 und B.Sch.G. §. 61 überein; grobe Fahrlässigkeit §. 347 Note 23.

Art. 408[3]. **439.**[62] Auf die Verjährung der Ansprüche gegen den Frachtführer wegen Verlustes, Minderung, Beschädigung oder verspäteter Ablieferung des Gutes finden die Vorschriften des §. 414 entsprechende Anwendung. Dies gilt nicht für die im §. 432 Abs. 3 bezeichneten Ansprüche.

62 Gilt auch für Binnenschiffer §. 26 B Sch.G.

Art. 409[1]. **440.** Der Frachtführer hat wegen aller durch den Frachtvertrag begründeten Forderungen,[63] insbesondere der Fracht- und Liegegelder,[64] der Zollgelder und anderer Auslagen,[65] sowie wegen der auf das Gut geleisteten Vorschüsse[66] ein Pfandrecht[67] an dem Gute.

Das Pfandrecht besteht, solange der Frachtführer das Gut noch im Besitze hat, insbesondere mittelst Konnossements, Ladescheins oder Lagerscheins darüber verfügen kann.[68]

Auch nach der Ablieferung[69] dauert das Pfandrecht fort, sofern der Frachtführer es binnen drei Tagen[70] nach der Ablieferung gerichtlich geltend macht und das Gut noch im Besitze des Empfängers ist.

Die im §. 1234 Abs. 1 des Bürgerlichen Gesetzbuchs bezeichnete Androhung des Pfandverkaufs sowie die in den §§. 1237, 1241 des Bürgerlichen Gesetzbuchs vorgesehenen Benachrichtigungen sind an den Empfänger[71] zu richten. Ist dieser nicht zu ermitteln oder verweigert er die Annahme des Gutes, so hat die Androhung und Benachrichtigung gegenüber dem Absender zu erfolgen.[72]

63 Vergl. §. 435 Note 42, §. 432 Note 34, §. 436 Note 46; gilt auch für den Schiffer §. 26 B.Sch.G.

64 §. 436 Note 46 a. E., §§. 30—35, 49—51, 53—54 B.Sch.G. Wegen Streits mit dem Absender nach Beendigung der Abladung wegen Liegegeldern kann der Schiffer nur dann noch weiter überliegen, wenn das Liegenbleiben das einzige Mittel war, um die Sicherung, welche das Frachtgut ihm für das Liegegeld gewährte, nicht aus den Händen zu geben R.G. XV 76; wegen der Löschung vergl. §§. 52, 26 B.Sch G. und §. 437.

65 Wegen Ausleisungs-, Lichterungs-, Havarie-Kosten §§. 66, 78 ff., 116 B.Sch.G.

66 Berner Vertrag Art. 20.

67 welches dem redlichen Erwerber nach §. 366 zusteht und nach §. 368 Note 77—78 zur Veräußerung und im Konkurs zu abgesonderter Befriedigung führt §. 49[2] K.O. Der Schiffer verliert durch die Frankoklausel sein Pfandrecht nicht hinsichtlich der Zollgelder, sonstiger Auslagen und der Liegegelder für die Zeit nach Antritt der Reise §. 67 B.Sch.G.; Zurückbehaltungsrecht §. 369, insbes. dort Note 86.

68 Diese Papiere repräsentiren die Waare §§. 363—364, 424, 450, 647; Spediteur § 410; Kollisionen §. 443; Besitzerwerb und Verlust §. 369 Note 83.

69 Begriff § 377 Note 43 und §. 429 Note 21a.

70 Der Ablieferungstag zählt nicht mit §§. 187[1], 188[1] B.G.B.

71 statt an den Absender als Verpfänder und vermuthlichen Eigenthümer. § 1207 B.G.B. § 366.

72 Ebenso wenn der Absender den Frachtführer zur Zurückgabe des Guts an ihn anweist, oder das Gut anhalten läßt, ohne einen andern Empfänger zu bezeichnen §. 433[1] und bei dem Order-Konnossement §. 445 Ziff. 4.

441. Der letzte Frachtführer hat, falls nicht im Frachtbrief ein Anderes bestimmt ist, bei der Ablieferung auch die Forderungen[73] der Vormänner sowie die auf dem Gute haftenden Nachnahmen einzuziehen und die Rechte der Vormänner, insbesondere auch das Pfandrecht, auszuüben. Das Pfandrecht der Vormänner besteht so lange als das Pfandrecht des letzten Frachtführers. Art. 410.

Wird der vorhergehende Frachtführer von dem nachfolgenden befriedigt, so gehen seine Forderung und sein Pfandrecht auf den letzteren über.

In gleicher Art gehen die Forderung und das Pfandrecht des Spediteurs auf den nachfolgenden Spediteur und den nachfolgenden Frachtführer über.[74]

73 Nicht mehr blos die aus dem Frachtbrief sich ergebenden Forderungen der vorhergehenden Frachtführer, sondern alle durch den Frachtvertrag begründeten Forderungen derselben und der vorhergehenden Spediteure §§. 440[1], 435, 410, 411, soweit sie ihm bekannt sind; § 441 gilt auch für den Schiffer §. 26 B.Sch.G., vergl. §. 57[1] cit.

74 Vergl. §. 411, insbes. Note 15.

442. Der Frachtführer, welcher das Gut ohne Bezahlung abliefert und das Pfandrecht nicht binnen drei Tagen nach der Art. 412.

Ablieferung gerichtlich geltend macht, ist den Vormännern verantwortlich.[75] Er wird, ebenso wie die vorhergehenden Frachtführer und Spediteure, des Rückgriffs gegen die Vormänner verlustig. Der Anspruch gegen den Empfänger bleibt in Kraft.

[75] Diese seitherige Auffassung ist hier besonders hervorgehoben, Art. 23² Berner Vertrag; zu den Vormännern gehört auch der Absender (nicht der Versender § 407⁵); gegen die Vormänner kann der Frachtführer jedoch vorgehen, soweit dieselben bereichert würden §§. 625, 812 ff., 323³ B.G.B.

Art 411 **443.** Bestehen an demselben Gute mehrere nach den §§. 397, 410, 421, 440 begründete Pfandrechte, so geht unter denjenigen Pfandrechten, welche durch die Versendung oder durch die Beförderung des Gutes entstanden sind, das später entstandene dem früher entstandenen vor.

Diese Pfandrechte haben sämmtlich den Vorrang vor dem nicht aus der Versendung entstandenen Pfandrechte des Kommissionärs und des Lagerhalters sowie vor dem Pfandrechte des Spediteurs und des Frachtführers für Vorschüsse.[76]

[76a] Die Pfandrechte wegen der Beiträge zur großen Havarei §. 89 B.Sch.G. und der Bergungs- und Hülfekosten §§. 97—99 B.Sch.G. kommen zuerst; unter ihnen geht das spätere dem früher Entstandenen vor. §. 116 B.Sch.G. Gesetzliche Pfandrechte an Schiff und Fracht §§. 102 ff. B.Sch.G.

[b] Sodann kommen die durch Versendung oder Beförderung des Guts entstandenen Pfandrechte des Kommissionärs, Spediteurs und Lagerhalters mit Ausnahme des Pfandrechts des Frachtführers und Spediteurs wegen Vorschüsse; die Rangordnung §. 443¹, B.Sch.G. §. 26 rechtfertigt sich vom Gesichtspunkt der Verwendung aus; das jüngste hat den Vorzug.

[c] In die dritte Klasse gehören die Pfandrechte des §. 443²; §. 26 B.Sch.G.; in dieser Klasse geht das ältere dem jüngeren vor §§. 1209, 1257 B.G.B.

[d] Sind noch andere Pfandrechte vorhanden, so geht unter diesen ebenfalls das ältere dem jüngeren vor; jedoch Vereins-Zollgesetz vom 1. Juli 69 §§. 14, 100. Rangabtretung durch Vertrag zwischen dem vorhergehenden und nachfolgenden Pfandgläubiger hat keine dingliche Wirkung wegen des Mangels der Kundbarmachung. §. 880 B.G.B.

[e] Kollision der Pfandrechte mit Verfügungen des Pfandschuldners §. 369 Note 85a, mit dem Zurückbehaltungsrecht §. 369 Note 85b, mit dem Verfolgungsrecht § 369 Note 85c und 411 Note 16.

Art. 413 **444.** Ueber die Verpflichtung zur Auslieferung des Gutes kann von dem Frachtführer ein Ladeschein ausgestellt werden.[77]

77a Die neue Fassung hebt das Entscheidende, daß sich nämlich aus dem Schein (Binnenkonnossement) die Verpflichtung zur Auslieferung des Guts an den legitimirten Inhaber des Papiers ergeben muß, hervor R.G. XIII 75; alsdann repräsentirt das Konnossement die Waare R.G. XXXII 30; seine Uebergabe §. 450 hat dieselbe Wirkung wie diejenige eines Lagerscheins §. 424 Note 21, R.G. V 80; daher ist beim Verkauf schwimmender Waare der Ort der Konnossementsübergabe der Erfüllungsort R.G. XVI 5. Der Binnenschiffer muß auf Verlangen ein Konnossement zeichnen §. 72[1] B.Sch.G.; er verpflichtet dadurch den Schiffseigner, §. 16[2] B.Sch.G., mit Schiff und Fracht §§. 1—4[1] B Sch.G. Ueber die Vollmacht des Schiffers den Schiffseigner zu vertreten und zulässige Beschränkung derselben §§. 15—19 B.Sch.G.; der Schiffer kann nicht verklagt werden §. 19[2] B.Sch.G.; er kann auch nicht für den Schiffseigner klagen, wohl aber Anträge sonstiger Art bei Gericht stellen, z. B. zum Zweck des Pfandverkaufs §. 15 B.Sch.G.; bei Zeichnung des Konnossements kann sich der Schiffer vertreten lassen, z. B. durch den Agenten des Rheders (Schiffseigners), den Letzterer bestellt. R.G. XX 54.

b Legitimationspunkt §. 447; Fahrkonnossement, Duplikate Note 81; Verhältniß zum Frachtbrief §. 446.

445. Der Ladeschein soll[78] enthalten: Art. 414

1. den Ort und den Tag der Ausstellung;[78a]
2. den Namen und den Wohnort des Frachtführers;
3. den Namen des Absenders;[12]
4. den Namen desjenigen, an welchen oder an dessen Order das Gut abgeliefert werden soll; als solcher gilt der Absender, wenn der Ladeschein nur an Order gestellt ist;[79]
5. den Ort der Ablieferung;
6. die Bezeichnung des Gutes nach Beschaffenheit,[8] Menge[9] und Merkzeichen;[80]
7. die Bestimmung über die Fracht[10] und über die auf dem Gute haftenden Nachnahmen sowie im Falle der Vorausbezahlung der Fracht einen Vermerk über die Vorausbezahlung.

Der Ladeschein muß[78] von dem Frachtführer unterzeichnet sein.[77a]

Der Absender hat dem Frachtführer auf Verlangen eine von ihm unterschriebene Abschrift des Ladescheins auszuhändigen.[81]

78 Die Ziffern 1—7 enthalten nur die üblichen Bestandtheile welche der Absender als Inhalt verlangen kann R O.H.G. XVII 97 wozu §. 72 B.Sch.G. noch die Angabe des Schiffs (Leichterung §. 57

cit.) und ev. einer Meldeadresse fügt Unerläßlicher Bestandtheil ist die Erklärung in Note 77a und die Unterschrift des Frachtführers („muß") so wie im Fall der Ziffer 4 Satz 2 der Name des Absenders.

[78a] Ersatzpflicht wegen unrichtiger Datirung R.G. XIII 101.

[79] Die Orderklausel gehört zur Indossabilität §. 363[2] mit den Wirkungen der §§. 364, 365; andernfalls ist der Ladeschein Rektapapier und wird nach Note 12c vor §. 373 übertragen; doch ändert dies nichts an den dinglichen Wirkungen der Note 77a; Meldeadresse §. 72[2] B.Sch.G.

[80] Vergl. §. 446 Note 82..

[81] d. i. das nicht begebungsfähige, zur Verfügung über die Waare nicht geeignete Fahrkonnossement; der Frachtführer bedarf eines solchen zur Verzollung und zu ähnlichen Zwecken vergl. §. 642[3]. Die Unterschrift ist wichtig, weil das Fahrkonnossement damit zu einem Beweismittel gegen den Befrachter und beim Widerspruch mehrerer Konnossemente von Bedeutung wird. Aehnlich verhält es sich mit der Abschrift im Fall der Leichterung §. 57[2] B.Sch.G. Das Originalkonnossement und dessen Duplikate vergl. §. 642[1–2], läßt der Absender durch seinen Bankier u. s. w. dem Empfänger zur Einlösung präsentieren (Kasse gegen Dokumente §. 346 Note 22); haben die Konnossemente abweichenden Inhalt, so gehen die Originalkonnossemente dem Fahrkonnossement und das Geschriebene dem Gedruckten vor; zur Willensauslegung kann aber auch Fahrkonnossement und Frachtbrief (im Seerecht Charteparti §. 557) herangezogen werden. Kollision mehrerer legitimirter Konnossementsinhaber §§. 645—650, 659—660.

Art. 415 **446.** Der Ladeschein entscheidet für das Rechtsverhältniß[82] zwischen dem Frachtführer und dem Empfänger des Gutes;[83] die nicht in den Ladeschein aufgenommenen Bestimmungen des Frachtvertrags sind dem Empfänger gegenüber unwirksam, sofern nicht der Ladeschein ausdrücklich auf sie Bezug nimmt.[84]

Für das Rechtsverhältniß zwischen dem Frachtführer und dem Absender bleiben die Bestimmungen des Frachtvertrags maßgebend.[85]

[82] Auch in der Richtung, wer als Frachtführer in eigenem Namen gegen den Empfänger aufzutreten hat R.O.H.G. XVII 98; über die Fracht nach Gewicht R.O.H.G. XII 370, §. 63 B.Sch.G. Der Frachtführer wird nicht mit dem Einwand gehört, daß er die Zahl, das Maß und Gewicht des Konnossements nicht erhalten habe, wenn er sich nicht freigezeichnet hat (Zahl, Maß, Gewicht unbekannt); im letzteren Falle hat alsdann der Empfänger die Beweislast für die Quantität §. 73 B.Sch.G.; denn der Frachtführer muß das Empfangene herausgeben R.G. V 82. Eine Erleichterung z. B. bei blos durch Matten getrenntem Getreide §. 60 B.Sch.G.

Sichtbare schlechte Beschaffenheit und mangelhafte Verpackung müssen im Konnossement Erwähnung finden §§. 74, 76 B.Sch.G., sonst macht der Schiffer bei Zeichnung reinen Konnossements den Schiffseigner nach §. 75 B.Sch.G. haftbar. Freizeichnung durch den Vermerk „Inhalt unbekannt" vertragsmäßige Einschränkung der Haftung §. 247 Note 23 Außer der Fracht, die das Konnossement nachweist, hat Empfänger noch die Unkosten §. 438 Note 52, §. 440 Note 65 und die Liegegelder §. 436 Note 46, §. 440 Note 64 zu berichtigen.

83 so daß dem Empfänger keine Einreden aus der Person des Befrachters (§. 407 Note 5) oder Abladers entgegengesetzt werden können R.O.H.G. II 330; denn der Empfänger ist selbständiger Gläubiger aus dem Konnossement.

84 Es reicht schon eine allgemeine Verweisung hin R.O.H.G. XVII 74. „Fracht laut Charteparție" ist keine Bezugnahme auf Liege- und Löschzeit des Frachtvertrags bezw. Frachtbriefs §. 651.

85 soweit nicht die gesetzlichen Bestimmungen über den Ladeschein Aenderungen bringen oder der Inhalt des Ladescheins vom Frachtvertrag abweicht; im letzteren Fall ist im Zweifel zu unterstellen, daß der Frachtvertrag dem Konnossement entsprechend geändert worden. Kollision von Konnossementen oben Note 81.

447. Zum Empfange des Gutes legitimirt ist derjenige, an welchen das Gut nach dem Ladeschein abgeliefert werden soll oder auf welchen der Ladeschein, wenn er an Order lautet, durch Indossament übertragen ist.[86] Art. 417.

Der zum Empfange Legitimirte hat schon vor der Ankunft des Gutes am Ablieferungsorte die Rechte, welche dem Absender in Ansehung der Verfügung über das Gut zustehen, wenn ein Ladeschein nicht ausgestellt ist.[87]

Der Frachtführer darf eine Anweisung des Absenders, das Gut anzuhalten, zurückzugeben oder an einen anderen als den durch den Ladeschein legitimirten Empfänger auszuliefern, nur Folge leisten, wenn ihm der Ladeschein zurückgegeben wird; verletzt er diese Verpflichtung, so ist er dem rechtmäßigen Besitzer des Ladescheins für das Gut verhaftet.[88] Art. 416.

86 Und zwar sowohl durch Blankoindossament (mit Offenlassung des Namens) nach §§. 363², 365¹, Art. 12, 13, 36 W.O. als auch durch Cession R.O.H.G. XXV 341. Der nach Art. 35 W.O. Legitimirte braucht nicht den Beweis zu führen, wie er den Besitz erlangte. R.G. XXXII 30. Legitimirt ist beim Orderkonnossement der letzte Indossatar, beim Blankoindossament der Inhaber, beim Namenskonnossement der Benannte oder dessen Cessionar, oben Note 79; Indossement letzteren Konnossements ist ausreichender Beweis für eine Cession, Note 12c¹ vor §. 373. Verlust des Konnossements §. 365².

87 Weil durch Aushändigung des gezeichneten Konnossements an den Absender der Frachtführer sich verpflichtet, daß er das abgeladene Gut von nun an nicht mehr für den Absender, sondern nur für den rechtmäßigen Inhaber des Konnossements detinire, oben Note 77a; also so lange der Absender das Konnossement dem Empfänger noch nicht ausgefolgt hat, oben Note 81, ist er der rechtmäßige Inhaber; daraus erklärt sich auch der Abs. 3.

88 Es kommt auf den Charakter des der Begebung zu Grunde liegenden Rechtsgeschäfts an, ob Besitz übertragen werden wollte §. 424 Note 21. Besitzerwerb und Verlust §. 369 Note 83; der Wille, Eigenthum zu übertragen, wird aber aus dem Indossament entnommen, oben Note 86, §. 450; der Gegner hat die Beweislast für seine entgegengesetzte Behauptungen R.G. IV 147.

Art. 418. **448.** Der Frachtführer ist zur Ablieferung des Gutes nur gegen Rückgabe des Ladescheins, auf dem die Ablieferung des Gutes bescheinigt ist, verpflichtet.[89]

89 Kollision verschiedener Konnossementsexemplare §§. 645—650, 659—660, 445 Note 81.

★449. Im Falle des §. 432 Abs. 1 wird der nachfolgende Frachtführer, der das Gut auf Grund des Ladescheins übernimmt, nach Maßgabe des Scheines verpflichtet.[90]

90 Dadurch, daß der Binnen-Unterfrachtführer auf Grund eines durchgehenden Binnen-Konnossements das Gut übernimmt, wird ein einheitliches Konnossementsverhältniß hergestellt, ähnlich dem einheitlichen Frachtvertrag des §. 432² (R.O.H.G. III 222). Der erste Frachtführer haftet nicht für Vereinbarungen, durch welche der nachfolgende Unterfrachtführer mit dem Empfänger den Inhalt des durchgehenden Konnossements abändert R.O.H.G. XXV 343.

Folgt auf den Seeverfrachter ein Binnenfrachtführer bei durchgehendem Seekonnossement, so hat der Letztere das Seekonnossement gemäß der zu vermuthenden Intention nur zu vertreten, wenn er auf Grund desselben (nicht etwa seines Frachtvertrags) den Transport ausführen wollte R.O.H.G. XVI 139.

★450. Die Uebergabe des Ladescheins an denjenigen, welcher durch den Schein zur Empfangnahme des Gutes legitimirt wird, hat, wenn das Gut von dem Frachtführer übernommen[91] ist, für den Erwerb von Rechten an dem Gute dieselben Wirkungen wie die Uebergabe des Gutes.[92]

91 Shipped (verladen) — received R.G. XX 52. Es kommt nicht auf die Abladung, sondern darauf an, daß der Schiffer oder ein anderer

Vertreter des Rheders die Güter zur Beförderung übernommen hat § 642[5], 647

[92] Ohne Unterschied, ob Order oder Rektakonnossement, vergl. im Uebrigen §. 224 Note 21, § 447 Note 86

451. Die Vorschriften der §§. 426 bis 450 kommen auch zur Anwendung, wenn ein Kaufmann, der nicht Frachtführer ist, im Betriebe seines Handelsgewerbes eine Beförderung von Gütern zu Lande oder auf Flüssen oder sonstigen Binnengewässern auszuführen übernimmt.[93] Art. 420.

[93] Aehnlich wie §§. 406, 415; vergl. die Noten zu §. 425

452. Auf die Beförderung von Gütern durch die Postverwaltungen des Reichs und der Bundesstaaten finden die Vorschriften dieses Abschnitts keine Anwendung. Die bezeichneten Postverwaltungen gelten nicht als Kaufleute im Sinne dieses Gesetzbuchs.[94, 95] Art 421[a].

[94] Wohl aber Privatbriefposten R G XX 47 und öffentliche Transportanstalten, welche die Güterbeförderung gewerbsmäßig betreiben. Güterbeförderung der Post zur See §. 663.

[95] Die Post haftet dem Absender, wenn sie es unterläßt, die Uebereinstimmung des Posteinlieferungsbuchs und der Postanweisung mit der Adresse des Geldempfängers zu prüfen und daher die Auszahlung an die unrichtige Person erfolgt R G XLI 102 Ein an beide Eheleute adressirter eingeschriebener Brief ist der Frau ausgehändigt, wenn der Mann quittirt; anders wenn die Sendung den Vermerk „eigenhändig“ trägt, Bolze XXIII Nr 484

Siebenter Abschnitt.

Beförderung von Gütern und Personen auf den Eisenbahnen.[1–2]

453. Eine dem öffentlichen[3] Güterverkehre dienende[4] Eisenbahn darf die Uebernahme von Gütern zur Beförderung nach einer für den Güterverkehr eingerichteten Station innerhalb des Deutschen Reichs[3] nicht verweigern,[5] sofern Art. 422.

1. der Absender sich den geltenden Beförderungsbedingungen und den sonstigen allgemeinen Anordnungen der Eisenbahn unterwirft.[6]

2. die Beförderung nicht nach gesetzlicher Vorschrift oder aus Gründen der öffentlichen Ordnung verboten ist;[7]
3. die Güter nach der Eisenbahnverkehrsordnung oder den gemäß der Verkehrsordnung erlassenen Vorschriften und, soweit diese keinen Anhalt gewähren, nach der Anlage und dem Betriebe der betheiligten Bahnen sich zur Beförderung eignen;[8]
4. die Beförderung mit den regelmäßigen Beförderungsmitteln möglich ist;[9]
5. die Beförderung nicht durch Umstände, die als höhere Gewalt zu betrachten sind, verhindert wird.[10]

Die Eisenbahn ist nur insoweit verpflichtet, Güter zur Beförderung anzunehmen, als die Beförderung sofort erfolgen kann. Inwieweit sie verpflichtet ist, Güter, deren Beförderung nicht sofort erfolgen kann, in einstweilige Verwahrung zu nehmen, bestimmt die Eisenbahnverkehrsordnung.

Die Beförderung der Güter findet in der Reihenfolge statt, in welcher sie zur Beförderung angenommen worden sind, sofern nicht zwingende Gründe des Eisenbahnbetriebs oder das öffentliche Interesse eine Ausnahme rechtfertigen.[11]

Eine Zuwiderhandlung gegen diese Vorschriften begründet den Anspruch auf Ersatz des daraus entstehenden Schadens.[12]

[1] Die Aenderungen bestehen darin, daß

a) die Personenbeförderung und die Kleinbahnen zum Gegenstand einer allgemeinen Vorschrift gemacht sind §§. 472, 473;

b) die Eisenbahnverkehrsordnung (vom 15. Nov. 1892 R.G.Bl. S. 923 mit Nachtrag I und II) zur Bedeutung eines Gesetzes mit der Einschränkung des §. 471 erhoben wurde, welche daher der Revision §. 549 P O., aber nicht der Abänderung durch Vertrag zugänglich ist §. 454.

c) die Haftpflicht und einige andere Bestimmungen mit der Verk O. und dem Berner Vertrag vom 14. Okt. 90 R.G.Bl. S. 793 in Einklang gebracht worden sind §§. 460, 461; Höhe des Schadensersatzes §§. 430, 471; Reklamationsfrist §. 464; Geschichte des Berner Vertrags Gareis S. 662.

[2] Soweit das Eisenbahnrecht §§. 453—473 nichts Anderes bestimmt, findet das Frachtrecht §§. 425—452 Anwendung.

Beschädigung von Personen behandelt das Reichshaftpflichtgesetz vom 7. Juni 1891, vergl. §. 472 Note 71; für Beschädigung von Sachen ist durch den Vorbehalt des Art 105 E G.z B.G B. der §. 25 des preuß. Eisenbahngesetzes vom 3. Nov. 1838 mit dem ergänzenden Gesetz vom 3. Mai 1869 aufrecht erhalten, wonach eine vom Verschulden unabhängige

Haftpflicht anerkannt ist. Durch Art. 105 E.G.z.B.G.B. ist der Landesgesetzgebung die Möglichkeit eröffnet, Kleinbahnen, elektrische Bahnen und ähnliche Unternehmungen, § 473, in weiterem Umfang für Betriebsschaden verantwortlich zu machen, als die §§. 823 ff., 249 ff. B.G.B., vergl. §. 202 Note 82, es thun; anderseits können die Eisenbahnen nach Art. 125 E.G.z.B.G.B. und §. 26 Gew.O. vor dem Nachbarrecht §§ 903, 906, 1004 B.G.B. (Funken- und Rauchzuführung) in gewissem Grade geschützt werden. Pfändung von Fahrbetriebsmitteln ausl. Bahnen ist unzulässig, Erklärung vom 17. März 1887 R.G.Bl. S. 153.

3 Nicht Privatzwecken R.G. VII 40

4 Die Uebergabe an den Verkehr muß stattgefunden haben; im Kriegsfalle z. B. dient die Bahn zeitweilig nicht dem öffentlichen Güterverkehr R.O.H.G. XXI 60.

5 Die gleiche nach dem letzten Absatz und §. 471 wirksame Transportpflicht wie im Inland besteht für Beförderung nach dem Ausland, soweit der Berner Vertrag auf solche Sendungen Anwendung findet. Inwieweit auch in andern Fällen eine direkte Güterbeförderung nach Auslandsplätzen angängig ist, hängt von den thatsächlichen Verkehrseinrichtungen ab; eine unbedingte Transportpflicht besteht dafür also nicht. Kleinbahnen haben Transportpflicht nur für ihre Strecke §. 473^2.

6 Artikel 5 Berner Vertrag, §. 6^1 Verk.O.

7 Art. 2^3 Berner Vertrag, §. 50 A^3 Verk O.

8 Art. 2^2 Berner Vertrag, Verk O. §§. 6^1, 44 (Thiere), 50 (Explosionsstoffe, Pretiosen ꝛc.).

9 Art. 5^2 Berner Vertrag, Verk.O §. 6^2, 50 B^{3-4} (Lokomotiven).

10 Art. 5^3 Berner Vertrag. Das B.G.B. hat den Begriff der höheren Gewalt §§. 203^2, 701, 1996, P O. §. 233, St.P.O. §. 44 absichtlich nicht bestimmt, weil er sich gesetzlicher Festlegung entzieht; dazu R.G. XIX 87 und XXI 15 (Feuer) und R.O.H.G. XII 282 (Diebstahl).

11 Art 5 Berner Vertrag, §. 55 Verk.O.

12 § 202 Note 82.

★**454.** Auf das Frachtgeschäft der dem öffentlichen Güterverkehre dienenden Eisenbahnen finden die Vorschriften des vorigen Abschnitts insoweit Anwendung, als nicht in diesem Abschnitt oder in der Eisenbahnverkehrsordnung ein Anderes bestimmt ist.[1–4]

★**455.** Die Eisenbahn ist verpflichtet, auf Verlangen des Absenders den Empfang des Gutes unter Angabe des Tages, an welchem es zur Beförderung angenommen ist, auf einem Duplikate[13] des Frachtbriefs zu bescheinigen;[14] das Duplikat ist von dem Absender mit dem Frachtbriefe vorzulegen.

Im Falle der Ausstellung eines Frachtbriefduplikats steht dem Absender das im §. 433 bezeichnete Verfügungsrecht nur zu, wenn er das Duplikat vorlegt. Befolgt die Eisenbahn die Anweisungen des Absenders, ohne die Vorlegung des Duplikats zu verlangen, so ist sie für den daraus entstehenden Schaden[12] dem Empfänger, welchem der Absender die Urkunde übergeben hat, haftbar.

13 Hat weder die Bedeutung eines Frachtbriefs noch eines Ladescheins §§. 54⁵⁻⁸, 64 Verk.O., §. 426 Note 6, §. 471, Art. 9, 15, 26 Berner Vertrag. Zwingendes Recht §. 471.

14 Diese Bescheinigung verhindert nicht, daß der Beweis der Annahme des Guts, von welchem Augenblick die Bahn die Gefahr des Transports übernommen, für einen früheren Zeitpunkt geführt werden kann R.G. II 57.

Art 423 „ 395 **456.**[15] Die Eisenbahn haftet für den Schaden, der durch Verlust oder Beschädigung des Gutes in der Zeit von der Annahme zur Beförderung bis zur Ablieferung entsteht, es sei denn, daß der Schaden durch ein Verschulden[16] oder eine nicht von der Eisenbahn verschuldete Anweisung des Verfügungsberechtigten,[17] durch höhere Gewalt,[10] durch äußerlich nicht erkennbare Mängel der Verpackung oder durch die natürliche Beschaffenheit des Gutes, namentlich durch inneren Verderb, Schwinden, gewöhnliche Leckage, verursacht ist.[18]

Die Vorschrift des §. 429 Abs. 2 findet Anwendung.

15 Art. 395 ist in der Fassung des Art. 30 Berner Vertrag im Gegensatz zu §. 429 beibehalten; zwingendes Recht §. 471; über Verlust und Ablieferung §. 429 Note 21; Verlustvermuthung §. 79 Verk.O.; Ablieferung an Zollschuppen, Lagerhaus, Spediteur §. 75 Verk.O.; Ablieferungshindernisse und -Verfahren §§. 68—70 Verk.O.; Feststellung der Hindernisse sowie von Verlust und Schaden §§. 71, 72 cit., §. 488 P.O.; Aktivlegitimation §. 78 Verk.O. §§ 434, 435, 446, 455.

16 Konkurrirendes Verschulden §§. 254, 846 B.G.B., R.G. X 80.

17 R.O.H.G. XII 107 und 196.

18 §. 58¹⁻⁵ Verk.O.; Pretiosen §. 462.

Art. 423 „ 396. **457.** Muß auf Grund des Frachtvertrags von der Eisenbahn für gänzlichen oder theilweisen Verlust des Gutes Ersatz geleistet werden, so ist der gemeine Handelswerth und in dessen Ermangelung der gemeine Werth zu ersetzen, welchen Gut derselben Art und Beschaffenheit am Orte der Absendung[19] in dem Zeitpunkte der Annahme zur Beförderung hatte, unter Hinzurechnung dessen, was an Zöllen und sonstigen Kosten sowie an Fracht bereits bezahlt ist.

Im Falle der Beschädigung ist für die Minderung des im Abs. 1 bezeichneten Werthes Ersatz zu leisten.

Ist der Schaden durch Vorsatz oder grobe Fahrlässigkeit der Eisenbahn herbeigeführt, so kann Ersatz des vollen Schadens gefordert werden.[20]

19 Zwingendes Recht §. 471; abweichend von §. 430, aber im Einklang mit Art. 34, 37 Berner Vertrag, §. 80 Verk.O.; versichertes Interesse §. 463.

20 Wie §. 430 Note 30.

458. Die Eisenbahn haftet für ihre Leute und für andere Personen, deren sie sich bei der Ausführung der Beförderung bedient.[21] Art. 423. " 400

21 Unterscheidet sich von §. 431 (vergl. dort Noten 31, 32) darin, daß der Bahn nur die Einreden des §. 456 zustehen und daß sie dieselben in keiner Weise verstärken darf §. 471; §. 9 Verk.O. Verantwortlichkeit für Bahnangestellte und Bahnarbeiter R.O.H.G. XII 119; der Begriff „Leute" ist im weitesten Sinne zu nehmen; deshalb sind Leute nicht nur Güterschaffner, Gepäckmeister, Lokomotivfuhrer sondern auch Wagenputzer, Lampenwärter, Portier, Bahnwärter, selbst wenn der den einzelnen Bediensteten zugewiesene Geschäftskreis wie z. B. beim Personenzugsschaffner eine Beziehung zu einem bestimmten einzelnen Gütertransport begrifflich ausschließt. R.G. VII 126. Es müssen aber immer die Anstellung im Gewerbebetrieb der Bahn und die in Folge davon eingetretenen Umstände dem Angestellten Veranlassung zur Vornahme der Handlung gegeben oder die Handlung erleichtert oder begünstigt haben R.G. XIII 38; fehlt diese gewisse Beziehung zur dienstlichen Stellung, so ist die Bahn nicht verantwortlich. Für Gepäckträger, welche von der Bahn auf einer Station zugelassen sind und mit Abzeichen versehen sein müssen, haftet die Bahn nicht, wenn sie den Transport nicht übernommen hatte §. 37 Verk.O.; die Rollfuhrunternehmer der Bahn sind in §§. 68³, 76² Verk.O. zu ihren Leuten erklärt; dazu R.O.H.G. XXIV 303.

459. Die Eisenbahn haftet nicht:[22] Art. 424.

1. in Ansehung der Güter, die nach der Bestimmung des Tarifs oder nach einer in den Frachtbrief aufgenommenen Vereinbarung mit dem Absender in offen gebauten Wagen befördert werden,[23]

   für den Schaden, welcher aus der mit dieser Beförderungsart verbundenen Gefahr entsteht;[24]

2. in Ansehung der Güter, die, obgleich ihre Natur eine Verpackung zum Schutze gegen Verlust oder Beschädigung während der Beförderung erfordert, nach Erklärung des Absenders auf dem Frachtbrief unverpackt oder mit mangelhafter Verpackung zur Beförderung aufgegeben worden sind,

für den Schaden, welcher aus der mit dem Mangel oder mit der mangelhaften Beschaffenheit der Verpackung verbundenen Gefahr entsteht;

3. in Ansehung der Güter, deren Aufladen und Abladen nach der Bestimmung des Tarifs oder nach einer in den Frachtbrief aufgenommenen Vereinbarung mit dem Absender von diesem oder von dem Empfänger besorgt wird,[25]

   für den Schaden, welcher aus der mit dem Aufladen und Abladen oder mit einer mangelhaften Verladung verbundenen Gefahr entsteht;[26]

4. in Ansehung der Güter, die vermöge ihrer eigenthümlichen natürlichen Beschaffenheit der besonderen Gefahr ausgesetzt sind, Verlust oder Beschädigung, namentlich Bruch, Rost, inneren Verderb, außergewöhnliche Leckage, Austrocknung und Verstreuung, zu erleiden,

   für den Schaden, welcher aus dieser Gefahr entsteht;[27]

5. in Ansehung lebender Thiere

   für den Schaden, welcher aus der für sie mit der Beförderung verbundenen besonderen Gefahr entsteht;

6. in Ansehung derjenigen Güter, einschließlich der Thiere, welchen nach der Eisenbahnverkehrsordnung, dem Tarif oder nach einer in den Frachtbrief aufgenommenen Vereinbarung mit dem Absender ein Begleiter beizugeben ist,

   für den Schaden, welcher aus der Gefahr entsteht, deren Abwendung durch die Begleitung bezweckt wird.

Konnte ein eingetretener Schaden den Umständen nach aus einer der im Abs. 1 bezeichneten Gefahren entstehen, so wird vermuthet, daß er aus dieser Gefahr entstanden sei.[28]

Eine Befreiung von der Haftpflicht kann auf Grund dieser Vorschriften nicht geltend gemacht werden, wenn der Schaden durch Verschulden der Eisenbahn entstanden ist.[29]

22 Die wesentliche Aenderung besteht darin, daß die Bahn sich auf eine mit dem Absender getroffene besondere Vereinbarung über die Art des Transports nur berufen kann, wenn, wie seither nur hinsichtlich der Verpackung in Art. 424 Nr. 2 bestimmt war, die Vereinbarung in den Frachtbrief aufgenommen ist, und daß §. 459 zwingendes Recht

gibt §. 471; Art. 31, 32 Berner Vertrag, §. 77 Verk.O.; aber auch der Absender kann sich nicht auf mündliche Abmachungen berufen wegen §. 54[1] Verk.O., R.G. I 16; vergl. §. 59 B.Sch.G.

[23] Durften; eine darüber gebreitete Deckplane macht den Wagen nicht zum bedeckten. R.G. X 106.

[24] d. i. Funkengefahr unter allen Umständen: Baumwolle R.O.H.G. XV 85, Möbelwagen R.G. XXXIV 42, ebenso Durchnässung R.O.H.G. XIII 399; bei Diebstahl muß jedoch ein erkennbarer Zusammenhang mit der Transportart bestehen R.O.H.G. XIX 134; vergl. Noten 28, 29 über Zerstörung der Vermuthung; Beförderung in offenen Wagen §. 57 Verk.O.

[25] Der Empfänger, welcher das Gut ohne Umladung mit neuem Frachtbrief weiter versendet, macht die frühere Aufladung zur seinigen. R.O.H.G. XIII 132.

[26] d. h. die Regeln des Frachtvertrags erleiden bei der Selbstverladung eine Modifikation dahin, daß der Frachtbrief keinen Beweis für die Quantität liefert, sondern der Beschädigte hat die Beweislast für die Auflieferung des Guts in dem angeblichen Umfang. R.O.H.G. XV 376.

[27] Handelt von außerordentlichen Gefahren und Leckage, welchen Güter vermöge ihrer Beschaffenheit ausgesetzt sind R.G. XV 146; regelmäßige Leckage siehe §. 460 und B.Sch.G. §. 59.

[28] Es wäre denn, daß der gefährliche Umstand, für welchen die Haftung ausgeschlossen ist, nach den konkreten Verhältnissen die Ursache des Unfalls nicht gewesen sein kann. R.G. X 109 (Baumwolle).

[29] z. B. Unterlassung technisch möglicher Vorkehrungen zur Beschränkung des Funkenflugs, Verwendung schlechten, den Funkenflug vermehrenden Heizmaterials R.G. XXXIV 46 R.O.H.G. XV 89, Einstellung des Wagens an einen besonders gefährdeten Platz R.G. XX 122; Unterlassung nothwendigen Schutzes von Waaren, die nicht anders als im offenen Wagen transportirt werden können, vor Nässe. R.O.H.G. XVII 300.

460.[30] Bei Gütern, die nach ihrer natürlichen Beschaffenheit Art. 426.
bei der Beförderung regelmäßig einen Gewichtsverlust erleiden, ist die Haftpflicht der Eisenbahn für Gewichtsverluste bis zu den aus der Eisenbahnverkehrsordnung sich ergebenden Normalsätzen ausgeschlossen.[31]

Der Normalsatz wird, falls mehrere Stücke auf denselben Frachtbrief befördert werden, für jedes Stück besonders berechnet, wenn das Gewicht der einzelnen Stücke im Frachtbriefe verzeichnet ist oder sonst festgestellt werden kann.

Die Beschränkung der Haftpflicht tritt nicht ein, soweit der Verlust den Umständen nach nicht in Folge der natürlichen Beschaffenheit des Gutes entstanden ist oder soweit der angenommene

Satz dieser Beschaffenheit oder den sonstigen Umständen des Falles nicht entspricht.[32]

Bei gänzlichem Verluste des Gutes findet ein Abzug für Gewichtsverlust nicht statt.

[30] Zwingendes Recht §. 471; Berner Vertrag Art. 32, Verk.O. §. 78, vergl. oben Note 1b.

[31] Es wird also vermuthet, daß ein Manko, welches sich in den durch die Erfahrung bestimmten Sätzen des §. 78 Verk.O. hält, ein bei den Gütern des §. 429 regelmäßig auf dem Transport eintretendes, also natürliches sei; Gegensatz zu §. 459 Ziff. 4.

[32] Durch den Beweis, daß ein anderer von der Bahn zu vertretender Umstand die Ursache sei, oder aus besonderen Gründen das natürliche Manko ausgeschlossen war, wird obige Vermuthung beseitigt und tritt §. 456 in Kraft.

Art. 427 Abs. 1 Ziffer 1. **★461.**[33] Die Eisenbahnen können in besonderen Bedingungen (Ausnahmetarifen) einen im Falle des Verlustes oder der Beschädigung zu erstattenden Höchstbetrag festsetzen, sofern diese Ausnahmetarife veröffentlicht werden, eine Preisermäßigung für die ganze Beförderung gegenüber den gewöhnlichen Tarifen der Eisenbahn enthalten und der gleiche Höchstbetrag auf die ganze Beförderungsstrecke Anwendung findet.

Ist der Schaden durch Vorsatz oder grobe Fahrlässigkeit der Eisenbahn herbeigeführt, so kann die Beschränkung auf den Höchstbetrag nicht geltend gemacht werden.[34]

[33] Art. 35 Berner Vertrag; §§. 81, 83 Verk.O. Unabänderliches Recht §. 471. Art. 427 Ziff. 1 ist, als im Widerspruch mit Art. 35 Berner Vertrag stehend, gefallen.

[34] Grobe Fahrlässigkeit §. 347 Note 2[3]; §. 88 Verk.O.; Art. 41 Berner Vertrag.

★462.[35] Inwieweit für den Fall des Verlustes oder der Beschädigung von Kostbarkeiten, Kunstgegenständen, Geld und Werthpapieren die zu leistende Entschädigung auf einen Höchstbetrag beschränkt werden kann, bestimmt die Eisenbahnverkehrsordnung. Die Vorschrift des §. 461 Abs. 2 findet entsprechende Anwendung.

[35] Zwingendes Recht §. 471, und entspricht dem österr.-ungar. Betriebsreglement; dazu §§. 30[5], 50 B[2] Verk.O.; Art. 3 Berner Vertrag, §. 453 Ziff. 3; vergl. §. 429[2]; durch die Ausführungsbestimmungen zum Berner Vertrag (R.G.Bl. 92 S. 874) sind diese Gegenstände vom internationalen Verkehr ausgeschlossen.

★463. Ist das Interesse an der Lieferung nach Maßgabe der Vorschriften der Eisenbahnverkehrsordnung[36] in dem Frachtbriefe, dem Gepäckschein oder dem Beförderungsschein angegeben, so kann im Falle des Verlustes oder der Beschädigung des Gutes außer der im §. 457 Abs. 1, 2 bezeichneten Entschädigung der Ersatz des weiter entstandenen Schadens bis zu dem angegebenen Betrage beansprucht werden.

Ist die Ersatzpflicht nach den Vorschriften des §. 461 oder des §. 462 auf einen Höchstbetrag beschränkt, so findet eine Angabe des Interesses an der Lieferung über diesen Betrag hinaus nicht statt.[37]

[36] Allgemeine Vorschriften §§. 84, 85 Verk.O., Art. 38 Berner Vertrag; Gepäckscheine für Reisegepäck §. 34 Verk.O.; Beförderungsschein für Expreßgut §§. 39, 40 Verk.O., für Hunde und sonstige Thiere §§. 27, 48 cit.; zwingendes Recht §. 471 Die Werthdeklaration enthebt nicht des Beweises des Werthes nach §. 457, der dann ersetzt wird bis zur Höhe des deklarirten Werthes (versichertes Interesse); ohne Werthsdeklaration erfolgt Ersatz bis zur Höhe des tarifirten Höchstbetrags des Abs. 2, dazu R.O.H.G. XI 229, 424. Interesse an rechtzeitiger Lieferung §. 466.

[37] es wäre denn, daß §. 461[2] zutrifft; vergl. §. 457[3].

464.[38] Wegen einer Beschädigung oder Minderung, die bei der Annahme des Gutes durch den Empfänger äußerlich nicht erkennbar ist, können Ansprüche gegen die Eisenbahn nach §. 438 Abs. 3 nur geltend gemacht werden, wenn binnen einer Woche[39] nach der Annahme zur Feststellung des Mangels entweder bei Gericht die Besichtigung des Gutes durch Sachverständige oder schriftlich[40] bei der Eisenbahn eine von dieser nach den Vorschriften der Eisenbahnverkehrsordnung vorzunehmende Untersuchung beantragt wird. Art. 428.

Ist der Schaden durch Vorsatz oder grobe Fahrlässigkeit[41] der Eisenbahn herbeigeführt, so kann sie sich auf diese Vorschrift nicht berufen.

[38] Zwingendes Recht §. 471; Art. 44 Berner Vertrag §. 90 Verk.O.; Feststellungsverfahren der Bahn §. 71 Verk.O.; Aktivlegitimation §. 72 Verk.O.; gerichtliche Feststellung §§. 486[1], 488 P.O §. 13 Abs. 4 E.G.z.P.O.; vergl. §. 438 Note 52—57 und §. 456 Note 15.

[39] Der Tag der Annahme zählt nicht mit; Berechnung §§. 187[1], 188[2] B G.B.

[40] Nach §§. 130, 132, 126 B.G.B., Telegramm genügt §. 127 B.G.B; Fernsprecher aber nicht, vergl. §. 147 B.G.B.

[41] §. 347 Note 23 und §. 471.

Art 425 Ziffer 2. **465.**[42] Für den Verlust von Reisegepäck, das zur Beförderung aufgegeben ist,[43] haftet die Eisenbahn nur, wenn das Gepäck binnen acht Tagen nach der Ankunft des Zuges, zu welchem es aufgegeben ist, auf der Bestimmungsstation abgefordert wird.[44]

Inwieweit für den Fall des Verlustes oder der Beschädigung von Reisegepäck, das zur Beförderung aufgegeben ist, die zu leistende Entschädigung auf einen Höchstbetrag beschränkt werden kann, bestimmt die Eisenbahnverkehrsordnung.[45] Ist der Schaden durch Vorsatz oder grobe Fahrlässigkeit[41] der Eisenbahn herbeigeführt so kann die Beschränkung auf den Höchstbetrag nicht geltend gemacht werden.

Art 425 Ziffer 1. Für den Verlust oder die Beschädigung von Reisegepäck, das nicht zur Beförderung aufgegeben ist,[46] sowie von Gegenständen, die in beförderten Fahrzeugen[47] belassen sind, haftet die Eisenbahn nur, wenn ihr ein Verschulden zur Last fällt.[48]

[42] Der Grund für die geänderte Fassung der Abs. 1 und 3 ergibt sich aus Note 1b oben.

[43] Passagiergut; Begriff §. 30 Verk.O; Verpackung §. 31 Verk.O, Auflieferung, Gepäckschein, versichertes Interesse §. 32, 34² Verk.O., §. 463.

[44] Auslieferung gegen Gepäckschein, Ankunft des Zugs, Verlust §§. 33—35 Verk.O. Der Schiffseigner §. 77 B.Sch.G.

[45] Solche Bestimmungen sind z. B. für den Berliner Vorortverkehr auf Grund der Ziffer 2 der Eingangsbestimmungen zur Verk.O. getroffen.

[46] Handgepäck; Begriff §§. 28, 29 Verk.O.

[47] z. B. in Fahrradtaschen §§. 30², 33³ Verk.O.

[48] Bei Abhandenkommen von Handgepäck durch Herausfallen aus geöffneter Coupéthüre, durch Entwendung seitens Mitreisender wird die Frage konkurrirenden Verschuldens praktisch §§. 254, 846 B.G.B. (Der Schiffseigner haftet nicht für Handgepäck, weil es ihm nicht übergeben ist §. 77 B.Sch.G.) Vergessenes Handgepäck wird nach 3 Monaten versteigert §. 38 Verk.O. Gepäckträger §. 458 Note 21.

Art 422. „ 397. **466.**[49] Die Eisenbahn haftet für den Schaden, welcher durch Versäumung der Lieferfrist[50] entsteht, es sei denn, daß die Verspätung von einem Ereignisse herrührt, welches sie weder herbeigeführt hat noch abzuwenden vermochte.[51]

Art. 427 Abs 1 Ziffer 2. Der Schaden wird nur insoweit ersetzt, als er den in dem Frachtbriefe,[52] dem Gepäckschein[53] oder dem Beförderungsschein[54] als Interesse an der Lieferung nach Maßgabe der Eisenbahnverkehrsordnung angegebenen Betrag und in Ermangelung einer solchen Angabe den Betrag der Fracht nicht übersteigt.[55] Für das Reisegepäck kann an Stelle der Fracht durch die Eisenbahnverkehrsordnung ein anderer Höchstbetrag bestimmt werden.[56]

Inwieweit ohne den Nachweis eines Schadens eine Vergütung zu gewähren ist, bestimmt die Eisenbahnverkehrsordnung.[57]

Der Ersatz des vollen Schadens kann gefordert werden, wenn die Versäumung der Lieferfrist durch Vorsatz oder grobe Fahrlässigkeit der Eisenbahn herbeigeführt ist.[58] Art. 427 Abs. 2.

49 Die positive Fassung ist eine Folge des Ausschlusses der Vertragsfreiheit, §. 471 und oben Note 1b.

50 welche nach Beginn, Lauf und Maximum und den veröffentlichten Tarifen und §. 63 Verk.O. dahin festgesetzt sind, daß, abgesehen von Zuschlagsfristen, bei Eilgut 1 Tag Expeditionsfrist und für je angefangene 300 Kilometer 1 Tag Transportfrist; bei Frachtgütern 2 Tage Expeditionsfrist und bei Entfernung bis zu 100 Kilometer 1 Tag, bei größeren Entfernungen für je weitere angefangene 200 Kilometer 1 Tag Transportfrist garantirt wird; Thiertransporte werden dem Eilgut ähnlich behandelt. §. 47 Verk O.

51 Entspricht dem Art. 39 Berner Vertrag, §. 86 Verk.O.; vergl. §. 429 Note 22.

52 Bei gewöhnlichen Gütern §§. 51 ff., 87 Verk.O.

53 Passagiergut §. 32 Verk.O., Expreßgut §. 40¹ cit.

54 Expreßgut §. 40² Verk.O., Thiere §. 45, insbesondere Hunde §. 27³ und 48².

55 Bei deklarirtem Interesse und nachgewiesenem Schaden volle Vergütung bis zur Höhe der Deklaration; bei nicht deklarirtem Interesse und nachgewiesenem Schaden Vergütung bis zur Höhe der Fracht. §. 87 Verk.O. Fracht ist hier nicht die ganze Fracht bis zum Bestimmungsort, sondern der Betrag der Fracht ist nur der Betrag derjenigen Fracht, welche auf die Strecke fällt, für welche die Bahn Frachtführerin ist. R.O.H.G. XIV 200.

56 Vergütung nur bei nachgewiesenem Schaden (abweichend von Note 57). Ist das Interesse deklarirt, so wird der Schaden versäumter Frist bis zur Höhe des deklarirten Betrags §. 34² Verk.O. ersetzt; hat keine Deklaration stattgehabt, so werden für je angefangene 24 Stunden der Versäumung höchstens 20 Pf. für jedes Kilo und bei Fahrzeugen je 30 Mk. für jedes Fahrzeug gewährt. §. 36 Verk.O.

57 Für Frachtgut: bei Interessedeklaration gewisse Prozentsätze der Fracht bis zu deren vollem Betrag; ohne solche Deklaration bis zu $^5/_{10}$ der Fracht. §. 87 Verk.O.

58 Allgemeiner Grundsatz im Frachtverkehr, z. B. §. 430[3], 438[6], 457[2], 461[2].

★467.[59] Werden Gegenstände, die von der Beförderung ausgeschlossen oder zur Beförderung nur bedingungsweise zugelassen sind, unter unrichtiger oder ungenauer Bezeichnung aufgegeben oder werden die für diese Gegenstände vorgesehenen Sicherheitsmaßregeln von dem Absender unterlassen, so ist die Haftpflicht der Eisenbahn auf Grund des Frachtvertrags ausgeschlossen.[60]

59 Enthält zwingendes Recht §. 471 und oben Note 1; entspricht auch Art. 43 Berner Vertrag sowie §. 89 Verk.O.

60 Der Empfänger, welcher die unrichtige Deklaration bei Eintritt in den Frachtvertrag kannte, muß ebenfalls für die reglementmäßige Strafe einstehen. §. 436 Note 46. Außer der Verwirkung seiner Schadensansprüche entsteht dem Absender selbst eine Haftpflicht für den durch ihn angerichteten Schaden R.G. XV 151 und 152; vergl. §. 427 Note 15. Die Haftung des Absenders tritt nicht ein, wenn die Nichtübereinstimmung seiner Erklärung (im Frachtbrief u. s. w.) mit der Wirklichkeit offensichtlich war R.G. XXXVII 12, vergl. §§. 59[1] und 89 Verk.O., und bei konkurrirendem Verschulden, sofern dasselbe den Kausalzusammenhang aufhebt; vergl. §. 254, 844 B.G.B. Verwahrung von Thieren §. 416 Note 2, §. 77 Abs. 1 Ziff. 6 Verk.O.

Art 430 **468.** Für den Fall, daß auf dem Frachtbrief als Ort der Ablieferung ein nicht an der Eisenbahn liegender Ort bezeichnet wird, kann bestimmt werden, daß die Eisenbahn als Frachtführer nur für die Beförderung bis zur letzten Eisenbahnstation haften, bezüglich der Weiterbeförderung dagegen die Verpflichtungen des Spediteurs übernehmen soll.[61]

61 Die geänderte Fassung ist eine nothwendige Folge des §. 471 und der Note 1 oben; sie steht im Einklang mit Art. 30[2] Berner Vertrag; wegen der Rollfuhrleute der Bahn, Selbstabholung und Zuführung des Gutes §§. 68[1-6], 76 Verk.O. sowie §. 458 Note 21 a. E.; Art. 431 ist gestrichen, weil es selbstverständlich ist, daß der Transport nur bis zu demjenigen an der Bahn gelegenen Ort als übernommen gilt, an welchem das Gut nach Anordnung des Absenders im Frachtbrief abgegeben werden oder liegen bleiben soll, mag auch im Frachtbrief ein anderer Ort als Bestimmungsort angegeben sein.

Art. 429 **469.**[62] Wird die Beförderung auf Grund desselben[63] Frachtbriefs nach §. 432 Abs. 2 durch mehrere aufeinanderfolgende Eisenbahnen bewirkt, so können die Ansprüche aus dem Frachtvertrag, unbeschadet des Rückgriffs der Bahnen untereinander,[64] im Wege der Klage nur gegen die erste Bahn oder gegen diejenige, welche das Gut zuletzt mit dem Frachtbrief übernommen hat, oder gegen diejenige, auf deren Betriebsstrecke sich der Schaden ereignet hat, gerichtet werden.

Unter den bezeichneten Bahnen steht dem Kläger die Wahl zu; das Wahlrecht erlischt mit der Erhebung der Klage.[65]

Im Wege der Widerklage oder mittelst Aufrechnung können Ansprüche aus dem Frachtvertrag auch gegen eine andere als die bezeichneten Bahnen geltend gemacht werden, wenn die Klage sich auf denselben Frachtvertrag gründet.[66]

[62] Die geänderte Fassung des Abs. 1 entspricht den Art. 27, 28, 47 Berner Vertrag, §. 74 Verk.O., §. 471 und oben Note 1.

[63] In Folge der Einheit des Frachtvertrags, welche mit durchgehendem Frachtbrief nach den in Note 33, 34 zu §. 432 dargelegten Grundsätzen hergestellt wird, würden sämmtliche Bahnen direkt haften; es ist aber hier die Haftung, ohne daß eine Abänderung möglich wäre, §. 471 und oben Note 1, auf die erste Aufgabebahn, die letzte und die Schadensbahn beschränkt R.O.H.G. XXIV 208; diese drei haften sammtverbindlich nach §. 421 ff. B.G.B. für Verlust und Schaden am Transitgut. Die Einheit des Frachtvertrags wird nicht verletzt dadurch, daß die Reglements der verschiedenen aufeinander folgenden Bahnen in ihrer Gesammtheit zum Inhalt des Frachtvertrags erklärt werden. R.O.H.G. XXI 59. Ist die Einheit durchbrochen in Folge Abänderung des ursprünglichen Frachtbriefs, so gilt nicht mehr §. 469, sondern es haftet jeder nach seinem Frachtbrief bezw. der erste Frachtführer für die von ihm übernommene Strecke. R.G. I 2.

[64] Nach Art. 29, 30, 47 Berner Vertrag und §. 432³.

[65] Das ius variandi des §. 421 B.G.B. wird dem Empfänger und Absender hier mit Klagzustellung, §. 253 P.O., abgeschnitten, das in diesem Prozeß ergehende Urtheil wirkt nicht gegen oder für die anderen nicht belangten Bahnen. §. 425 B.G.B.

[66] Vergl. §§. 429², 422² B.G.B.; die Aufrechnung vollzieht sich prozessual nach §§. 145², 147, 302, 322², 529³ P.O. und materiell nach §§. 388 ff. B.G.B.; Widerklage: Zulässigkeit §. 33 P.O., Verbindung §§. 145, 147 P.O., Erhebung §. 280 P.O., Urtheil §§. 301, 322.

★470. Ansprüche der Eisenbahn auf Nachzahlung zu wenig erhobener Fracht oder Gebühren sowie Ansprüche gegen die Eisenbahn auf Rückerstattung zu viel erhobener Fracht oder Gebühren verjähren in einem Jahre, sofern der Anspruch auf eine unrichtige Anwendung der Tarife oder auf Fehler bei der Berechnung gestützt wird. Die Verjährung beginnt mit dem Ablaufe des Tages, an welchem die Zahlung erfolgt ist.[67]

Die Verjährung des Anspruchs auf Rückerstattung zu viel erhobener Fracht oder Gebühren sowie die Verjährung der im §. 439 Satz 1 bezeichneten Ansprüche wird durch die schriftliche Anmeldung des Anspruchs bei der Eisenbahn gehemmt. Ergeht auf die Anmeldung ein abschlägiger Bescheid, so beginnt der Lauf der Verjährungsfrist wieder mit dem Tage, an welchem die Eisenbahn ihre Entscheidung dem Anmeldenden schriftlich bekannt macht und ihm die der Anmeldung etwa angeschlossenen Beweisstücke zurückstellt. Weitere Gesuche, die an die Eisenbahn oder an die vorgesetzten Behörden gerichtet werden, bewirken keine Hemmung der Verjährung.[68]

[67] Wie §. 61⁴ Verk.O., Art. 12⁴ Berner Vertrag; hinsichtlich der Verjährung der Ansprüche wegen Verlusts und Beschädigung des Guts und Versäumung der Lieferfrist gilt §. 439, Verk.O. §. 91 mit der Eigenthümlichkeit des Absatzes 2 dieses Paragraphen (470); §. 470 enthält zwingendes Recht. § 471.

[68] Solchen Reklamationen ist die Bescheinigung über den Werth des Guts (Faktura) und, wenn dem Empfänger ein Frachtbrief übergeben ist, der Frachtbrief beizulegen. §. 73³ Verk.O.

Art. 423 ★471. Die nach den Vorschriften des §. 432 Abs. 1, 2, der §§. 438, 439, 453, 455 bis 470 begründeten Verpflichtungen der Eisenbahnen können weder durch die Eisenbahnverkehrsordnung noch durch Verträge ausgeschlossen oder beschränkt werden.[69]

Bestimmungen, welche dieser Vorschrift zuwiderlaufen, sind nichtig. Das Gleiche gilt von Vereinbarungen, die mit den Vorschriften der Eisenbahnverkehrsordnung im Widerspruche stehen.

[69] Bisher war die Vertragsfreiheit nur hinsichtlich der Bestimmungen über die Haftpflicht der Eisenbahnen für Verlust, Beschädigung oder verspätete Ablieferung der Frachtgüter eingeschränkt; durch §. 471 sind nun alle Vereinbarungen, welche mit der Eisenbahnverkehrsordnung im Widerspruch stehen, für nichtig erklärt; andererseits darf die Verkehrsordnung sich nicht in Widerspruch setzen mit den in §. 471 genannten Bestimmungen des H.G.B.; vergl. oben Note 1b.

Thatsächlich liegt darin keine Aenderung des Rechtszustands, weil auch seither die Bahnen sich an ihre Tarife und die Verkehrsordnung allerdings in der Weise gehalten haben, daß sie dieselben durch besondere Vereinbarung zum Inhalt des Frachtvertrags machten. Dieser Umweg ist dadurch, daß die Verk.O. zum Gesetz oder, wie die Denkschrift zum

Entwurf eines H.G.B. sich ausdrückt, zur Rechtsverordnung mit zwingendem Inhalt erhoben wurde, beseitigt.

472. Die Vorschriften über die Beförderung von Personen auf den Eisenbahnen werden durch die Eisenbahnverkehrsordnung getroffen.[70—71]

[70] welche in ihren §§. 10—16 Vorschriften gibt, und der Revision §. 549 P.O. unterliegt, oben Note 1b, so daß die Revision auf Verletzung einer Vorschrift der Verk.O. gestützt werden kann. Rechtliche Bedeutung der Fahrkarten und ihrer Unübertragbarkeit Note 12[3] vor §. 373. Haftbarkeit für Beschädigungen Note 2 vor §. 453.

[71] Ist bei dem Betrieb einer Eisenbahn R.G. I 52 und 247, II 38 und 85, VII 40, XIV 27 ein Mensch getödtet oder verletzt, so haftet jeder Betriebsunternehmer R.G. I 379 für seine Strecke R.O H.G. XXII 8 nach §. 1 ff. Haftpflichtgesetz vom 7. Juni 1871 R.G.B. Nr. 25 für den Schaden, ohne daß derselbe auf den Urheber des Schadens verweisen könnte; dem Betriebsunternehmer steht nur der Rückgriff zu, soweit er zahlen muß.

(Der Verletzte und im Fall der Tödtung der Unterhaltsberechtigte kann sich aber auch gleich an den Urheber des Schadens nach §. 9 Haftpflichtgesetz, §§. 823 ff., 844 B.G.B., halten).

Die Lebensversicherungsgesellschaft kann dagegen sich für ihre Leistungen bei dem Schuldigen nur erholen, wenn die Uebertragung der Rechte des Versicherten durch Policeklausel gesichert ist R.G. XXII 148; selbständige Entschädigungsansprüche hat sie nicht R.G. X 50. Ueber Versicherungsverträge vergl. Note 20 zu §. 346; Passagiergut und Handgepäck §. 465.

★473. Bei einer dem öffentlichen Verkehre dienenden Bahnunternehmung, welche der Eisenbahnverkehrsordnung nicht unterliegt (Kleinbahn[72]), sind insoweit, als in den §§. 453, 459, 460, 462 bis 466 auf die Vorschriften der Eisenbahnverkehrsordnung verwiesen ist, an deren Stelle die Beförderungsbedingungen der Bahnunternehmung maßgebend.[73]

Den Vorschriften des §. 453 unterliegt eine solche Bahnunternehmung nur mit der Maßgabe, daß sie die Uebernahme von Gütern zur Beförderung auf ihrer Bahnstrecke nicht verweigern darf.

[72] Der Ausdruck ist dem preuß. Gesetz über Kleinbahnen vom 28. Juli 1892 entnommen. Die Eisenbahnverkehrsordnung erstreckt sich nicht auf kleine Bahnen von rein örtlicher Bedeutung, bei denen kein Interesse des allgemeinen Verkehrs in Frage steht. Hinsichtlich dieser Bahnunternehmungen konnte daher nicht, wie in §§. 471, 453 u. s. w., auf die ergänzenden Vorschriften der Verk.O. verwiesen werden. An Stelle der Verk.O. sind deshalb die für die Beförderung auf der betr.

Bahn im Allgemeinen oder, soweit die Landesgesetzgebung eingreifen darf, oben Note 2, die im einzelnen Fall festgesetzten Bedingungen maßgebend.

[73] Für Anwendung des Haftpflichtgesetzes, oben Note 71, kommt es dagegen auf die Betriebsart nicht an; ihm unterliegen Haupt-, Sekundär- und Kleinbahnen, Pferdebahnen und Privatbahnen R.G. II 8, Anschlußgleise R.G. VII 43, unterirdische Bahnen R.G. XIII 17. Zwangsvollstreckung in Kleinbahnen §. 871 P.O.

2c. 2c. 2c.

Urkundlich unter Unserer Höchsteigenhändigen Unterschrift und beigedrucktem Kaiserlichem Insiegel.

Gegeben Urville, den 10. Mai 1897.

Wilhelm.

(L. S.)

Fürst zu Hohenlohe.

(Das vierte Buch des Handelsgesetzbuches „Seehandel", enthält die §§. 474—905 und bleibt, da gegenwärtiges Buch für Binnenländer berechnet ist, hier weg.)

Einführungsgesetz zum Handelsgesetzbuch

vom 10. Mai 1897.

Wir Wilhelm, von Gottes Gnaden Deutscher Kaiser, König von Preußen zc.

verordnen im Namen des Reichs, nach erfolgter Zustimmung des Bundesraths und des Reichstags, was folgt:

Allgemeine Bemerkungen.

Räumliche Grenzen des Gesetzes.

1 Die Rechtsfähigkeit §. 1 ff. B.G.B. wird nach den Gesetzen des Staates beurtheilt, dessen Recht für das im einzelnen Fall zur Entscheidung stehende Rechtsverhältniß maßgebend ist; Kommissions-Protokoll zu Art. 7 E.G.z.B.G.B. u. Art. 25 cit.

2. Die Geschäftsfähigkeit §. 104 B.G.B. richtet sich nach der Staatsangehörigkeit Art. 7 E.G.z.B.G.B.; hierher gehören: Eingehung einer Ehe Art. 13, 170, 171; das eheliche Güterrecht Art. 15, 16; die Ehescheidung Art. 17; Vaterschaft, Eltern und Kindespflicht, Legitimation, Vormundschaft Art. 18—23; Beerbung Art. 25 E.G.z.B.G.B. (d. i. das Recht der Personalstatuten). Gehört der Betreffende keinem Staat an, so bestimmt das Nöthige Art. 29 cit. Ist ein Ausländer im Inland entmündigt worden, Art. 8, so richten sich die Wirkungen nach deutschem Recht Art. 23. Die im Ausland erfolgte Entmündigung eines Inländers wird im Inland nicht anerkannt, Kommissions-Protokoll zu Art. 8.

3 Die Deliktsfähigkeit, §§. 823 ff., 828 ff. und 31 B.G.B., richtet sich nach dem Gesetz des Thatorts, nicht wie die Geschäftsfähigkeit nach dem Personalstatut des Handelnden. Das Gesetz des ausländischen Thatorts findet jedoch keine Anwendung, soweit es an die unerlaubte Handlung Folgen knüpft, die das deutsche Recht verpönt; andererseits finden die deutschen Gesetze auch auf die außerhalb ihres Bereichs vorgenommenen unerlaubten Handlungen Anwendung, wenn sie dies wollen. Art. 12 E.G.z.B.G.B., §. 4 St.G.B.; vergl. R.G.St. XXVII 135.

4 Die Form eines Rechtsgeschäfts, H.G.B §. 350 Note 31, beurtheilt sich nach den Gesetzen, welche für das den Gegenstand des Rechtsgeschäfts bildende Rechtsverhältniß maßgebend sind. Es genügt jedoch die Beobachtung der Gesetze des Orts, an dem das Rechtsgeschäft vorgenommen wird. Es gilt also der Satz locus regit actum, soweit nicht nach Zweck und Sinn der Formvorschriften des B.G.B. die Zulassung fremder Formen ausgeschlossen ist; Art. 11[1] E.G.z.B.G.B. Zur Form gehören auch die den Frauen zum Schutz gegen Uebereilung gegebenen Vorschriften R.G. IX 177; hinsichtlich der Frauen vergl. Schlußbemerkungen nach §. 7 H.G.B., unten Art. 4 Note 12 und Art. 14 Note 77b.

5 Der Besitz, H.G.B. §. 369 Note 83 und unten Note 7c und das Recht an einer Sache richtet sich nach dem Gesetz des Orts, wo sich die Sache befindet Art. 11[2] und 28 E.G z.B.G.B. (d. i. das Recht der Realstatuten). Pfändung von Fahrbetriebsmitteln ausländischer Eisenbahnen ist unzulässig; Erklärung vom 17. März 1887 R.G.Bl. 153.

6 Soweit ein einheimischer Rechtssatz nach Geist und Zweck ausschließliche Geltung beansprucht, z. B. Unklagbarkeit der reinen Differenzgeschäfte, H.G.B. §. 381 Note 63 und unten Note 77 zu Art. 14 (Ehescheidungsgründe, Kommissions-Protokoll zu Art. 17 E.G z.B.G.B), ist die Anwendung ausländischen Rechts ausgeschlossen.

Art. 1. **Das Handelsgesetzbuch tritt gleichzeitig mit dem Bürgerlichen Gesetzbuch in Kraft.**[7]

Der sechste Abschnitt des ersten Buches des Handelsgesetzbuchs tritt mit Ausnahme des §. 65 am 1. Januar 1898 in Kraft.[8]

Der siebente Abschnitt des dritten Buches des Handelsgesetzbuchs kann durch Kaiserliche Verordnung mit Zustimmung des Bundesraths vor dem im Abs. 1 bezeichneten Zeitpunkt in Kraft gesetzt werden.

7 Zeitliche Grenzen.

a) Das H.G.B. tritt am 1. Januar 1900 gleichzeitig mit dem B.G.B., den Aenderungen des G.B.G., der P.O., der K O u. s. w. nicht bloß für das deutsche Reich, sondern auch für die Konsularbezirke in Kraft; §. 47 des Gesetzes über die Konsulatsgerichtsbarkeit vom 10. Juli 1879 R.G.Bl. S. 179, wonach neue Gesetze in den Konsulatsgerichtsbezirken 4 Monate nach Ausgabe des Gesetzblattes in Kraft treten, ist wegen der Fassung des Art. 1 E.G.z.B.G.B. hier nicht anwendbar, Mot. zu Art. 1 cit.

Wegen des 6. Abschnitts H.G B. vergl. die folgende Note 8.

b) Ein Rechtsgeschäft ist in Ansehung der Geschäftsfähigkeit der Handelnden und der Form nach dem z. Zt. der Vornahme des Rechtsgeschäfts bestehenden Rechte zu beurtheilen (oben Noten 2 und 4).

Das Schuldverhältniß aus einem Rechtsgeschäft unter Lebenden, sofern Letzteres vor 1. Januar 1900 vorgenommen ist, bestimmt sich nach Inhalt (dazu gehört die Ergänzung des Parteiwillens durch dispositive Normen) und Umfang (Gegenstand, Zeit und Ort der Erfüllung) nach altem Recht (Beispiel unten Note 96 zu Art. 28); was dagegen zur Herbeiführung der Bewirkung der Leistung erforderlich ist (Erfüllungsgeschäft), z. B. Auflassung eines vor 1. Januar 1900 veräußerten Grundstücks Art. 189[1] B.G.B., bestimmt sich nach dem B.G.B.

Gleich dem Erfüllungsgeschäft sind die das Erlöschen einer Forderung herbeiführenden selbständigen Rechtsgeschäfte — Hingabe an Zahlungsstatt, öffentliche Hinterlegung, Aufrechnung, Erlaß u. s. w. — nach dem z. Zt. ihrer Vornahme geltenden Rechte zu beurtheilen.

Thatsachen, welche für ein nach dem Vorausgeschickten unter das alte Recht fallendes Schuldverhältniß bedeutsam werden, aber erst nach 1. Januar 1900 eintreten, z. B. Verzug, verschuldete Unmöglichkeit der Erfüllung, sind dann nach altem Recht zu beurtheilen, wenn sie mit dem Schuldverhältniß in einem solchen Zusammenhang stehen, daß sie erst durch dasselbe ihre rechtliche Bedeutung erhalten und ihre Einwirkung gleichsam als innere Entwickelung des Schuldverhältnisses sich darstellt. Treten diese Thatsachen an das Schuldverhältniß erst von Außen heran, ohne mit der konkreten Beschaffenheit desselben in einem bedingenden Zusammenhang zu stehen, so gehören sie unter das B.G.B.; Art. 170 E.G.z.B.G B.

Wegen der Dienstverträge vergl. unten Note 8. Ein Schuldverhältniß aus einer unerlaubten Handlung, welche sich vor 1. Januar 1900 ereignete, bestimmt sich nach altem Recht. Der Wissenschaft und Praxis ist die Frage überlassen, wie sich die Lage gestaltet, wenn der Erfolg einer vor 1. Januar 1900 begangenen unerlaubten Handlung erst nach diesem Zeitpunkt eintritt. Ueber erbrechtliche Schuldverhältnisse Art. 213 E G.z.B.G B.; über Firmenrecht u. s. w. E.G. Art. 22. ff.

c) Die Folgen des Besitzes und der Innehabung, §. 369 Note 83 H.G.B. und oben Note 5, welche nach 1. Januar 1900 fallen, sind nach dem B.G.B. zu beurtheilen, mögen sie auch schon früher begonnen haben Art. 180 E.G.z.B.G.B.; vergl. Art. 191 cit.

d) Ob Eigenthum, Note 12 vor §. 373, am 1. Januar 1900 erworben ist, bestimmt sich nach altem Recht. Dagegen unterstehen die rechtlichen Wirkungen des Eigenthums d. h. der Schutz desselben, das Verfügungsrecht des Eigenthümers und gesetzliche Eigenthumsbeschränkungen dem B.G.B.; ausgenommen von diesen Regeln sind gewisse eigenthumsähnliche Rechte, Miteigenthum ohne Bruchtheile, Eigenthum an stehenden Bodenerzeugnissen (Bäumen) Art. 181 und 184 E.G z.B.G.B., welche sonst vor den §§. 93, 94 B.G.B. nicht Stand halten könnten, sowie Grundstücke, solange das Grundbuch nicht angelegt ist; Art. 189 vergl. mit Art. 186—188 E.G.z.B.G.B.;

e) Verjährung.

Sind am 1. Januar 1900 die Voraussetzungen einer Verjährung nach dem B.G.B gegeben, welche jedoch nach dem bisherigen Rechte zu einer Verjährung nicht ausreichten, z. B. wenn das B.G.B. für einen seither unverjährbaren Anspruch, §§. 194[4], 902 B.G.B., die Verjährung erst einführt oder Erleichterungen schafft, so beginnt die Verjährung erst mit 1. Januar 1900, weil das B.G.B. hier nicht rückwirkend sein will, Art. 169[1] E.G.z.B.G.B.

Ob eine am 1. Januar 1900 laufende Verjährung überhaupt zu berücksichtigen ist, entscheidet das B.G.B. Ist diese Vorfrage zu bejahen, hat also das B.G.B. die bisher zulässige Verjährung nicht aufgehoben, so beurtheilt sich die Verjährung vor 1. Januar 1900 hinsichtlich Beginn, Hemmung und Unterbrechung nach altem Recht; vom 1. Januar 1900 an läuft die Verjährung nach dem B.G.B. weiter; sie wird erst vollendet, wenn der vom B.G.B. geforderte Zeitraum abgelaufen ist.

Verkürzt das B.G.B. die Verjährungsfrist gegenüber dem alten Recht, so muß die neu eingeführte Frist voll unter der Herrschaft des B.G.B. abgelaufen sein, wenn nicht die längere Frist des alten Rechts vorher vollendet ist, Art. 169[2] E.G.z.B.G.B.

Die Wirkungen der vor 1. Januar 1900 vollendeten Verjährung beurtheilt sich nach altem Recht, die der nachher vollendeten nach dem B.G.B., sollten dieselben auch geringere sein, z. B. in §. 222[2] B G.B.

Diese Vorschriften gelten alle auch für die Ersitzung des Eigenthums oder Nießbrauchs an einer beweglichen Sache, Art 185 E G.z.B.G.B., nicht aber für Ausschlußfristen. Prozeßfristen Art. IX E G. zur Novelle der P.O.

Wegen Verjährung von Wechselforderungen unten Note 16.

[8] Rückwirkung. Die Regel, daß das neue Gesetz auf bestehende Verträge nicht anzuwenden ist, vergl. Einleitung z H.G.B. Ziffer 1, wird nur durchbrochen, soweit ausnahmsweise vom Gesetz eine größere oder geringere Rückwirkung gewollt ist. Dieser Wille muß jedenfalls aus Wortlaut, Grund oder Zweck deutlich erkennbar sein, R.G. XL 314 (Beispiel unten Note 96 zu Art. 28). Nach Art. 2 E.G. gelten die Uebergangsbestimmungen des E.G.z.B.G.B., soweit das E.G.z.H.G.B. schweigt. Daher gilt u. A. auch Art. 171 E.G.z.B.G.B., wonach ein Dienstvertrag, der nicht zum ersten zulässigen Termine nach dem 1. Januar 1900 gekündigt worden, nach dem neuen Recht zu beurtheilen ist (nach §. 625 B.G.B. ist eine stillschweigende Verlängerung eines Dienstvertrags eine solche auf unbestimmte Zeit). Ob diese Bestimmung oder überhaupt eine Bestimmung des E.G.z B.G.B. für die Zwischenzeit bis 1 Januar 1900 zur Anwendung kommen kann, ist vom R.G. in jur.W. 98 S. 665 als in hohem Grad zweifelhaft bezeichnet; jedenfalls haben §. 343 B.G.B. (Vertragsstrafe) sowenig wie §. 75[2] H.G.B. rückwirkende Kraft auf vor 1. Januar 1898 fallende Rechtsgeschäfte, Art 170 E.G z.B.G.B., weil die Konkurrenzklausel an sich dem Rechtsgefühl entspricht und nur verschieden im alten und neuen Recht eingeschränkt ist.

Rückwirkend dagegen ist z. B. §. 62 H.G.B. wie alle Vorschriften polizeilicher Natur oder solche Vorschriften, welche die gute Sitte und den Anstand aufrecht erhalten oder Leben und Gesundheit schützen, jur.W. 98 S. 665.

Art. 2. In Handelssachen kommen die Vorschriften des Bür=

gerlichen Gesetzbuchs nur insoweit zur Anwendung, als nicht im Handelsgesetzbuch oder in diesem Gesetz ein Anderes bestimmt ist.[9]

Im Uebrigen werden die Vorschriften der Reichsgesetze durch das Handelsgesetzbuch nicht berührt.

[9] Ueber die Behandlung des Gewohnheitsrechts vergl. die Einleitung z.H.G.B. Ziffer 3. Usancen und Handelsgebräuche im Sinne thatsächlicher Uebung haben ihren Platz in § 346 H.G.B. gefunden. Letztere sind ein Auslegungsmittel für Willenserklärungen und erheblich als naturalia negotiorum R.O.H.G. XVII 125; im einzelnen Fall gilt das Gewöhnliche und Uebliche dieser Art als gewollt R.O.H.G. XII 338; z. B. bedeutet Beförderung „per Eilgut" unter Umständen schleunige Beförderung per Achse R.O.H.G. VII 305. Haben die Parteien auf eine im Handelsverkehr gebräuchliche Geschäftsklausel kontrahirt, so haben sie sich damit deren anerkannten und wirklichen Bedeutnng unterworfen, sollte auch ein Kontrahent sich über deren wirkliche Bedeutung getäuscht, jur.W. 98 S. 667 und R.O.H.G. IX 327, oder sollten sogar beide Theile den Brauch nicht einmal gekannt haben, wenn nur feststeht, daß nach Brauch kontrahirt werden wollte R.O.H.G. XII 339.

Bei singulären Auslandsusancen ist dagegen die Kenntniß des Bestehens erforderlich R.O.H.G. XII 287.

Alte Börsenusancen nach Inkrafttreten des Börs.Ges. jur.W. 98 S. 669 (Börsengeschäfte unten Note 77 und H.G.B. §. 381). Das B.G.B. spricht nicht von Gewohnheitsrecht; partikuläres Gewohnheitsrecht kann mit dem Reichsrecht nicht in Widerspruch treten, Art. 2 der Reichs-Verfassung, Mot. zu Art. 2 E.G.z.B.G.B. Ein Reichsgewohnheitsrecht wird gebildet durch einheitliche Rechtsprechung. Unterscheidung der Handelsgewohnheit vom Handelsgewohnheitsrecht H.G.B. §. 346, von bloßer Handelsübung R.O.H.G. XXII 131; Feststellung von Handelsgewohnheiten §. 118 G.V.G.

Art. 3. Soweit in Reichsgesetzen oder in Landesgesetzen auf Vorschriften des Allgemeinen Deutschen Handelsgesetzbuchs verwiesen ist, treten die entsprechenden Vorschriften des Handelsgesetzbuchs an deren Stelle.[10]

[10] Aehnlich wie in Art. 4 E.G.z.B.G.B. und §. 3 E.G.z.St.G.B. Soweit den Landesgesetzen die Regelung einer Materie überlassen ist, findet die Vorschrift keine Anwendung, wenn die in dem einschlagenden Landesgesetz enthaltene Verweisung auf einen allgemeinen Satz des A.D.H.G.B. die Bedeutung hat, daß der Satz einen Bestandtheil des betr. Spezialrechts bilden soll; ebenso verhält es sich mit dem B.G.B.

Das öffentliche Recht des Reichs wird entsprechend aus dem Reichsprivatrecht ergänzt; inwieweit das öffentliche Recht der einzelnen Bundesstaaten aus der bürgerlichen Gesetzgebung des Reichs zu ergänzen ist, entscheidet sich nach dem partikulären öffentlichen Recht; vergl. dazu Art. 104 E.G.z.B.G.B. und die Schlußbemerkung unten nach Art. 28.

Art. 4. Die nach dem bürgerlichen Rechte mit einer Eintragung in das Güterrechtsregister verbundenen Wirkungen treten, sofern ein Ehegatte Kaufmann[11] ist und seine Handelsniederlassung sich nicht in dem Bezirke des für den Wohnsitz des Ehemanns zuständigen Registergerichts befindet, in Ansehung der auf den Betrieb des Handelsgewerbes sich beziehenden Rechtsverhältnisse nur ein, wenn die Eintragung auch in das Güterrechtsregister des für den Ort der Handelsniederlassung zuständigen Gerichts erfolgt ist. Bei mehreren Niederlassungen genügt die Eintragung in das Register des Ortes der Hauptniederlassung[12]

Wird die Niederlassung verlegt, so finden die Vorschriften des §. 1559 des Bürgerlichen Gesetzbuchs entsprechende Anwendung.

[11] Kaufmann ist auch der Minderkaufmann §. 4 H G B.

[12] Ueber Frauen vergl. die Schlußbemerkung zu Buch I Abschnitt 2 nach §. 7. Die rechtliche Wirksamkeit gewisser Thatsachen (wie der Entziehung oder Beschränkung der Schlüsselgewalt §. 1357 B.G.B., des Widerrufs der Einwilligung des Ehemannes zum Betrieb eines Erwerbsgeschäfts durch seine Frau §. 1405 B.G B., der Aenderung des gesetzlichen Güterstands mittels Ehevertrags z. B. Gütertrennung §. 1436 B.G.B., Beschränkung der ehelichen Nutznießung und Verwaltung §. 1368 B.G.B. und die Fälle der §§. 1437 ff., 1519 ff., 1549 ff B G.B.) gegenüber einem Dritten ist davon abhängig gemacht, daß diese Thatsachen vorschriftsgemäß veröffentlicht oder dem Dritten bekannt waren §. 1435 B G.B. Der Durchführung dieses Grundsatzes dient das Institut des Güterrechtsregisters. Die §§ 161, 162 F G G regeln das Verfahren vor dem Amtsgericht als Registerbehörde. Die §§. 1558—1563 B.G.B. enthalten die für die Veröffentlichung wesentlichen Formvorschriften.

Die Eintragung der betr. Thatsache in das eherechtliche Register, nicht die öffentliche Bekanntmachung der Eintragung, stellt die gegenüber Dritten wirksame Veröffentlichung dar. Ist die Eintragung nicht erfolgt, so kann man dem Dritten keine Erkundigungspflicht auferlegen. Insoweit stimmt §. 1435 B.G.B. mit §§. 892, 68 B G.B (Grundbuch Vereinsregister) und §. 15 H.G.B.; weicht aber von §. 15 H.G.B (Handelsregister) darin ab, daß die öffentliche Bekanntmachung, § 1562 B.G.B., nicht wesentlich ist. Schon das gemeine Recht verneinte die Nothwendigkeit öffentlicher Bekanntmachung R G VI 225 und IX 92.

Ferner schützt §. 1435 B.G.B den gutglaubigen Dritten nur unter der Voraussetzung, daß der eingetragene vertragsmäßige Güterstand in Wirklichkeit durch einen gültigen Ehevertrag § 1432 B G.B. vereinbart ist. Insoweit weicht das eherechtliche Register von dem öffentlichen Glauben des Grundbuchs §. 892 B.G B. ab und steht dem Handelsregister gleich.

Art. 5. Auf Bergwerksgesellschaften, die nach den Vorschriften der Landesgesetze nicht die Rechte einer juristischen Person besitzen, findet der §. 2 des Handelsgesetzbuchs keine Anwendung [13]

[13] Die deutschen Berggesetze lassen zum Theil verschiedene Formen der Vereinigung zum Betrieb des Bergbaus zu In Betreff derjenigen Vereinigungen, welche, wie die Gewerkschaften deß neueren Rechts, als juristische Personen anzusehen sind, bestand kein Bedenken, die Eintragung gemäß §. 2 H.G B. nach Voraussetzung und Wirkung vorzuschreiben, weil hier nur die jur. Person als solche, §. 33 ff H.G.B., durch die Eintragung die Kaufmannseigenschaft erlangt, während die Rechtsstellung der Mitglieder und ihre Haftung durch die Eintragung nicht geändert wird

Bei denjenigen Vereinigungen aber, denen (wie den „Gesellschaften" der Berggesetze des Königreichs und des Großherzogthums Sachsen und im Allgemeinen auch den Gewerkschaften älteren Rechts) die Eigenschaft jur. Personen nicht zukommt, würden Zweifel darüber möglich sein, ob nicht durch die Eintragung die Unterstellung derselben unter das H.G.B. als offene Handelsgesellschaft oder Kommanditgesellschaft bewirkt werde. Diesen Zweifeln beugt Art. 5 vor

Art. 6. Die Vorschriften der §§. 474, 475 des Handelsgesetzbuchs finden auch im Falle der Veräußerung eines Seeschiffs, das nicht zum Erwerbe durch die Seefahrt bestimmt ist, sowie im Falle der Veräußerung eines Antheils an einem solchen Schiffe Anwendung.

Art. 7. Die Vorschriften des §. 485 und des §. 486 Abs. 1 Nr. 3 des Handelsgesetzbuchs über die Haftung des Rheders für das Verschulden einer Person der Schiffsbesatzung sowie die Vorschriften der §§. 734 bis 739 des Handelsgesetzbuchs über die Haftung im Falle des Zusammenstoßes von Schiffen finden auch Anwendung, wenn die Verwendung eines Schiffes zur Seefahrt nicht des Erwerbes wegen erfolgt.[14]

[14] Schon §. 1 B Sch G. hat die Unterscheidung zwischen Schiffen, die einem Erwerbszweck dienen und sonstigen Schiffen (Zoll= und Vergnügungsschiffe vergl. Note zu §. 425 H.G.B.) beseitigt. Das Seerecht folgt diesem Vorgang hinsichtlich der Form der Veräußerung, der Haftung des Rheders für Verschulden der Schiffsbesatzung und im Fall des Schiffszusammenstoßes (R G. XXXII 146 ist antiquirt). Vergl. Note 85c zu Art. 20.

Art. 8. Aufgehoben werden:

1. das Gesetz, betreffend die Löschung nicht mehr bestehender Firmen und Prokuren im Handelsregister, vom 30. März 1888 (Reichs=Gesetzbl. S. 129);[15]

2. der Artikel 80 der Wechselordnung;[16]
3. der §. 68 der Seemannsordnung vom 27. Dezember 1872 (Reichs-Gesetzbl. S. 409);[17]
4. der §. 86 Abs. 2 des Gesetzes, betreffend die Unfallversicherung der Seeleute und anderer bei der Seeschiffahrt betheiligter Personen, vom 13. Juli 1887 (Reichs-Gesetzbl. S. 329).[18]

[15] Ist ersetzt durch die Vorschriften über Firmenrecht, insbes. § 31² H.G.B. und die entsprechenden Bestimmungen des F.G.G. §§. 125 ff.

[16] Die Verjährung von Wechselforderungen und die Unterbrechung der Verjährung ist nun diejenige der §§. 194 ff. B.G.B.; dazu gehört §. 13 Abs. 2 E.G.z.P.O., wonach die Unterbrechung auch nach §§. 207, 254, 461², 471² P.O., und §. 3 letzter Abs. E.G.z.K.O., zu Folge dessen Unterbrechung auch nach §. 13 K.O. stattfindet.

[17] welcher den Art. 453 H.G.B. ersetzte und nun seinerseits wieder ersetzt wird durch §. 487 H.G.B., wonach der Rheder für Forderungen des Schiffers und der zur Schiffsmannschaft gehörigen Personen, wie seither, vergl. §. 3² Seemannsordnung, nicht blos mit Schiff und Fracht, sondern persönlich haftet

[18] Ist ersetzt und erweitert durch § 754 Nr. 10 H.G.B.

Art. 9. Die Gewerbeordnung wird dahin geändert:

I. Als §. 15a werden folgende Vorschriften eingestellt:[19]

Gewerbetreibende, die einen offenen Laden haben oder Gast- oder Schankwirthschaft betreiben, sind verpflichtet, ihren Familiennamen mit mindestens einem ausgeschriebenen Vornamen an der Außenseite oder am Eingange des Ladens oder der Wirthschaft in deutlich lesbarer Schrift anzubringen.

Kaufleute, die eine Handelsfirma führen, haben zugleich die Firma in der bezeichneten Weise an dem Laden oder der Wirthschaft anzubringen; ist aus der Firma der Familienname des Geschäftsinhabers mit dem ausgeschriebenen Vornamen zu ersehen, so genügt die Anbringung der Firma.[20]

Auf offene Handelsgesellschaften, Kommanditgesellschaften und Kommanditgesellschaften auf Aktien finden diese Vorschriften mit der Maßgabe Anwendung, daß für die Namen der persönlich haftenden Gesellschafter gilt, was in Betreff der Namen der Gewerbetreibenden bestimmt ist.

Sind mehr als zwei Betheiligte vorhanden, deren Namen hiernach in der Aufschrift anzugeben wären, so genügt es, wenn die Namen von zweien mit einem das Vorhandensein weiterer Betheiligter andeutenden Zusatz aufgenommen werden. Die Polizeibehörde kann im einzelnen Falle die Angabe der Namen aller Betheiligter anordnen.[21]

II. Als §. 133f wird folgende Vorschrift eingestellt:

Eine Vereinbarung zwischen dem Gewerbeunternehmer und einem der im §. 133a bezeichneten Angestellten, durch die der Angestellte für die Zeit nach der Beendigung des Dienstverhältnisses in seiner gewerblichen Thätigkeit beschränkt wird, ist für den Angestellten nur insoweit verbindlich, als die Beschränkung nach Zeit, Ort und Gegenstand nicht die Grenzen überschreitet, durch welche eine unbillige Erschwerung seines Fortkommens ausgeschlossen wird.[22]

Die Vereinbarung ist nichtig, wenn der Angestellte zur Zeit des Abschlusses minderjährig ist.

III. Der §. 148 erhält folgenden Zusatz:

14. wer den Vorschriften des §. 15a zuwiderhandelt.

19 Dieselben dienen der Durchführung des Grundsatzes der Firmenwahrheit namentlich in der Richtung, daß nicht der in zerrütteten Vermögensverhältnissen befindliche Ehemann das Geschäft der Form nach auf seine Frau oder Tochter überträgt, aber als Bevollmächtigter der neuen Inhaberin das Geschäft thatsächlich in der alten Weise fortführt, ohne daß eine solche den Kreditgeber schädigende Schiebung nach Außen erkennbar wird; vergl. dazu §. 4 H.G.B., die Schlußbemerkung zu Abschnitt 1 H.G.B. nach §. 7 und oben Note 12 über Güterrechtsregister.

20 Kaufleute §§. 1—6 H.G.B., Firmenrecht §§. 17 ff. H.G.B. Gastwirthe können nach §. 2 H.G.B. Vollkaufleute sein und unterliegen dann für eingebrachte Sachen nicht nur den §§. 701, 702 B.G.B., sondern dem Depot.Ges.

21 Die Zuständigkeit bestimmen die Einzelstaaten §. 155 Gew.=O. Strafe bis zu 150 Mk., im Unvermögensfall Haft bis zu 4 Wochen; §. 148[14] Gew.O.

22 Das sind die gegen feste Bezüge angestellten Industriebeamten, welche über den unter §. 134 Gew.O. fallenden Fabrikarbeiter entweder dadurch hervorragen, daß sie, wie Betriebsbeamte, Werkmeister und ähnliche Angestellte mit der Leitung oder Beaufsichtigung des Betriebs oder einer Abtheilung beauftragt sind, oder sich durch höhere technische Dienstleistungen von den gewöhnlichen gewerblichen Arbeitern unterscheiden; zu

der letzteren Klasse der Industriebeamten gehören Maschinentechniker, Bautechniker, Chemiker, Zeichner u. s. w.

Ueberall ist Voraussetzung, daß diese Dienstleistungen nicht im Wesentlichen kaufmännische Verrichtungen sind, vergl §. 59 Note 133 und §. 83 H.G.B, und daß diese Dienste nicht blos aushülfsweise geleistet werden; bezüglich der höheren technischen Dienste kommt es nicht auf die Vorbildung sondern auf die Stellung und Verwendung im Sinne des § 133 a Gew.O. an.

Von dem Begriff der Industriebeamten, die ja ohnehin gewerbliche Arbeiter im Sinne des §. 133a Gew O. sind, scheiden aus: nach unten Fabrik- und Vorarbeiter sowie das Gesinde (häusliche Arbeiter) und nach oben die in der Industrie angestellten Personen mit höherer wissenschaftlicher Ausbildung wie Ingenieure, Chemiker, künstlerisch gebildete Zeichner u. s. w.; letztere Klasse gehört unter die §§. 611 ff. insbesondere §. 622 B.G.B. Auf ein Konkurrenzverbot ist bei dieser Klasse (das sind die wissenschaftlichen Arbeiter) der § 138[1] B.G.B. in dem Sinn anzuwenden, daß die Erwerbsfreiheit nicht allzu sehr eingeschränkt, also nach Zeit, Ort und Gegenstand entsprechend begrenzt sein muß; dabei ist aber wie bei den Industriebeamten des §. 133a Gew.O. zu beachten, daß die Konkurrenzklausel den Handlungsgehülfen §§. 74—75 H.G.B. meist nur an der Gründung oder Betheiligung an einem Konkurrenzgeschäft verhindern, dem Industrieangestellten in erster Linie dagegen den Verrath von Industrie und Fabrikgeheimnissen unmöglich machen soll (vergl. §§. 9 und 10 des Gesetzes zur Bekämpfung des unlautern Wettbewerbs). Aus dieser Erwägung wurde ein Antrag, das Konkurrenzverbot des §. 133f Gew.O auf 3 Jahre zu beschränken, abgelehnt.

Wenn nun auch regelmäßig eine zeitliche und örtliche Beschränkung zu fordern ist, R.G. XXXI 97, so wird bei zeitlicher Unbeschränktheit der §. 133f Gew.O. doch nicht verletzt sein, wenn die durch das Verbot betroffene Thätigkeit nicht die eigentliche Berufsthätigkeit des Verpflichteten bildet und nur einen so kleinen Kreis wirthschaftlicher Thätigkeit umfaßt, daß die zeitliche Unbeschränktheit nicht unbillig erscheint; R.G. in (Puchelt) Zeitschrift für fr. Zivilrecht XXIX 274. Aehnliche Grundsätze sind angewendet auf die Bedingung, daß von einem bestimmten Grundstück aus ein bestimmter Gewerbebetrieb nicht stattfinde, in jur.W. 99 S. 183.

Ueber Vertragsstrafe vergl. §. 348 H.G.B. und §§. 343 ff. B.G.B.; aus der Höhe einer solchen kann geschlossen werden, daß sie volle Entschädigung darstellen und kein Erfüllungszwang zulässig sein soll. R.G. XL 100.

Art. 10. Das Gesetz, betreffend die Erwerbs- und Wirthschaftsgenossenschaften, vom 1. Mai 1889 (Reichs-Gesetzbl. S. 55) wird dahin geändert:

I. An die Stelle des §. 13 tritt folgende Vorschrift:

Vor der Eintragung in das Genossenschaftsregister ihres Sitzes hat die Genossenschaft die Rechte einer eingetragenen Genossenschaft nicht.[23]

II. Der §. 16 Abs. 4 wird durch folgende Vorschrift ersetzt:

Der Beschluß hat keine rechtliche Wirkung, bevor er in das Genossenschaftsregister des Sitzes der Genossenschaft eingetragen ist.[23]

III. Der §. 23 Abs. 4 fällt weg.[24]

IV. An die Stelle der §§. 28, 29 treten folgende Vorschriften:

§. 28. Jede Aenderung des Vorstandes sowie die Beendigung der Vertretungsbefugniß eines Vorstandsmitgliedes ist durch den Vorstand zur Eintragung in das Genossenschaftsregister anzumelden. Eine Abschrift der Urkunden über die Bestellung oder über die Beendigung der Vertretungsbefugniß eines Vorstandsmitgliedes ist der Anmeldung beizufügen und wird bei dem Gericht aufbewahrt.

Die Vorstandsmitglieder haben ihre Unterschrift vor dem Gerichte zu zeichnen oder die Zeichnung in beglaubigter Form einzureichen.[25]

§. 29. Eine Aenderung des Vorstandes, eine Beendigung der Vertretungsbefugniß eines Vorstandsmitgliedes sowie eine Aenderung des Statuts rücksichtlich der Form für Willenserklärungen des Vorstandes kann, solange sie nicht in das Genossenschaftsregister eingetragen und öffentlich bekannt gemacht ist, von der Genossenschaft einem Dritten nicht entgegengesetzt werden, es sei denn, daß dieser von der Aenderung oder Beendigung Kenntniß hatte.

Nach der Eintragung und Bekanntmachung muß der Dritte die Aenderung oder Beendigung gegen sich gelten lassen, es sei denn, daß er sie weder kannte noch kennen mußte.

Für den Geschäftsverkehr mit einer in das Genossenschaftsregister eingetragenen Zweigniederlassung ist im Sinne dieser Vorschriften die Eintragung und Bekanntmachung durch das Gericht der Zweigniederlassung entscheidend.[23 25]

V. Der §. 49 Abs. 1 wird durch folgende Vorschriften ersetzt:

Ein Beschluß der Generalversammlung kann wegen

Verletzung des Gesetzes oder des Statuts im Wege der Klage angefochten werden. Die Klage muß binnen einem Monat erhoben werden.

Zur Anfechtung befugt ist jeder in der Generalversammlung erschienene Genosse, sofern er gegen den Beschluß Widerspruch zum Protokoll erklärt hat, und jeder nicht erschienene Genosse, sofern er zu der Generalversammlung unberechtigter Weise nicht zugelassen worden ist oder sofern er die Anfechtung darauf gründet, daß die Berufung der Versammlung oder die Ankündigung des Gegenstandes der Beschlußfassung nicht gehörig erfolgt sei. Außerdem ist der Vorstand und, wenn der Beschluß eine Maßregel zum Gegenstande hat, durch deren Ausführung sich die Mitglieder des Vorstandes und des Aufsichtsraths strafbar oder den Gläubigern der Genossenschaft haftbar machen würden, jedes Mitglied des Vorstandes und des Aufsichtsraths zur Anfechtung befugt.[26]

VI. Im §. 49 Abs. 4 wird das Wort „ungültig" ersetzt durch das Wort „nichtig".

VII. Im §. 80 Abs. 2 Satz 1 werden die Worte „vom Vorstande" ersetzt durch die Worte:

„von den Liquidatoren".[27]

VIII. Der § 82 wird durch folgende Vorschriften ersetzt:

Die ersten Liquidatoren sind durch den Vorstand, jede Aenderung in den Personen der Liquidatoren, sowie eine Beendigung ihrer Vertretungsbefugniß ist durch die Liquidatoren zur Eintragung in das Genossenschaftsregister anzumelden. Eine Abschrift der Urkunden über die Bestellung der Liquidatoren oder über die Aenderung in den Personen derselben ist der Anmeldung beizufügen und wird bei dem Gericht aufbewahrt

Die Eintragung der gerichtlichen Ernennung oder Abberufung von Liquidatoren geschieht von Amtswegen.

Die Liquidatoren haben ihre Unterschrift persönlich vor dem Gerichte zu zeichnen oder die Zeichnung in beglaubigter Form einzureichen.[28]

IX. Der §. 87 wird durch folgende Vorschriften ersetzt:

Die Liquidatoren haben die aus den §§. 26, 27, § 31 Abs. 1, §. 32, §§. 42 bis 45, §. 46 Abs. 2, §. 49 sich ergebenden Rechte und Pflichten des Vorstandes und unterliegen gleich diesem der Ueberwachung des Aufsichtsraths. Sie haben sofort bei Beginn der Liquidation und demnächst in jedem Jahre eine Bilanz aufzustellen. Die erste Bilanz ist zu veröffentlichen; die Bekanntmachung ist zu dem Genossenschaftsregister einzureichen.[29]

X. Der §. 88 Abs. 2 wird durch folgende Vorschriften ersetzt:

Meldet sich ein bekannter Gläubiger nicht, so ist der geschuldete Betrag, wenn die Berechtigung zur Hinterlegung vorhanden ist, für den Gläubiger zu hinterlegen. Ist die Berichtigung einer Verbindlichkeit zur Zeit nicht ausführbar oder ist eine Verbindlichkeit streitig, so darf die Vertheilung des Vermögens nur erfolgen, wenn dem Gläubiger Sicherheit geleistet ist.[30]

XI. Der sechste Abschnitt erhält folgende Ueberschrift:

„Auflösung und Nichtigkeit der Genossenschaft."

Am Schlusse dieses Abschnitts werden folgende Vorschriften eingestellt:[31]

§. 90 a. Enthält das Statut nicht die für dasselbe wesentlichen Bestimmungen oder ist eine dieser Bestimmungen nichtig, so kann jeder Genosse und jedes Mitglied des Vorstandes und des Aufsichtsraths im Wege der Klage beantragen, daß die Genossenschaft für nichtig erklärt werde.

§. 90 b. Als wesentlich im Sinne des §. 90 a gelten die in den §§. 6, 7 und 125 bezeichneten Bestimmungen des Statuts mit Ausnahme derjenigen über die Beurkundung der Beschlüsse der Generalversammlung und den Vorsitz in dieser sowie über die Grundsätze für die Aufstellung und Prüfung der Bilanz.[32]

Ein Mangel, der eine hiernach wesentliche Bestimmung des Statuts betrifft,[33] kann durch einen den Vorschriften dieses Gesetzes über Aenderungen des Statuts entsprechenden Beschluß der Generalversammlung geheilt werden.

Die Berufung der Generalversammlung erfolgt, wenn

sich der Mangel auf die Bestimmungen über die Form der Berufung bezieht, durch Einrückung in diejenigen öffentlichen Blätter, welche für die Bekanntmachung der Eintragungen in das Genossenschaftsregister des Sitzes der Genossenschaft bestimmt sind.

Betrifft bei einer Genossenschaft mit beschränkter Haftpflicht der Mangel die Bestimmungen über die Haftsumme, so darf durch die zur Heilung des Mangels beschlossenen Bestimmungen der Gesammtbetrag der von den einzelnen Genossen übernommenen Haftung nicht vermindert werden.

§. 90c. Das Verfahren über die Klage auf Nichtigkeitserklärung und die Wirkungen des Urtheils bestimmen sich nach den Vorschriften des §. 49 Abs. 3 bis 5 und des §. 50.

§. 90d. Ist die Nichtigkeit einer Genossenschaft in das Genossenschaftsregister eingetragen, so finden zum Zwecke der Abwickelung ihrer Verhältnisse die für den Fall der Auflösung geltenden Vorschriften entsprechende Anwendung.

Die Wirksamkeit der im Namen der Genossenschaft mit Dritten vorgenommenen Rechtsgeschäfte wird durch die Nichtigkeit nicht berührt.

Soweit die Genossen eine Haftung für die Verbindlichkeiten der Genossenschaft übernommen haben, sind sie verpflichtet, die zur Befriedigung der Gläubiger erforderlichen Beträge nach Maßgabe der Vorschriften des folgenden Abschnitts zu leisten.[31]

XII. Im §. 116 Abs. 2 werden die Schlußworte „ohne daß den letzteren die Einrede der Theilung zusteht" gestrichen.[34]

XIII. Der §. 117 Abs. 3 wird gestrichen.[35]

XIV. Der §. 127 Abs. 1 erhält folgenden Zusatz:

Bekannte Gläubiger sind durch besondere Mittheilung zur Anmeldung aufzufordern.[36]

XV. Der §. 148 Abs. 3 fällt weg.[23]

XVI. Der §. 152 Abs. 1 erhält folgende Fassung:[37]

Die Mitglieder des Vorstandes sind von dem Gerichte (§. 10) zur Befolgung der im §. 8 Abs. 2, §. 14, §§. 28,

30, §. 59 Abs. 2, §. 61, §. 76 Abs. 2, §. 77 Abs. 2 enthaltenen Vorschriften durch Ordnungsstrafen anzuhalten; die einzelne Strafe darf den Betrag von dreihundert Mark nicht übersteigen. In gleicher Weise sind die Mitglieder des Vorstandes und die Liquidatoren zur Befolgung der im §. 31 Abs. 2, §. 45, §. 46 Abs. 2, §. 49 Abs. 4 und 5, §. 82, §. 83 Abs. 2, §. 87 Abs. 1, §. 148 Abs. 2 enthaltenen Vorschriften anzuhalten.

[23] Soweit rechtliche Vorgänge in Betracht kommen, deren Wirksamkeit schlechthin von der Eintragung in das Handelsregister abhängt, wie die Errichtung einer A.G. §. 200 H.G.B. oder die Aenderung des Gesellschaftsvertrags §. 277[3] cit., ist ausschließlich der Inhalt des Registers der Hauptniederlassung maßgebend; im Uebrigen gilt §. 15 H.G.B.

Mit diesem Grundsatz sind die §§. 13, 16[4], 29 Gen.Ges. in Uebereinstimmung gebracht und daher ist §. 148[3] Gen.Ges. gefallen; vergl. Art. 11 Note 40 und 50 und unten Note 25 wegen Vertretung und Zweigniederlassung.

[24] weil die Frauen keiner Beschränkung mehr unterliegen; vergl. Schlußbemerkung nach §. 7 H.G.B.

[25] Da die Vertretungsbefugniß des betr. Vorstandsmitglieds fortdauert, bis die Thatsache seines Ausscheidens eingetragen und bekannt gemacht ist, so hat eine zeitliche Begrenzung Dritten gegenüber keine Wirkung und ist auch nicht in das Register einzutragen; daher braucht die erneute Bestellung eines Vorstands der A.G. nicht zum Handelsregister angemeldet zu werden, §§. 234, 235 H.G.B. Dasselbe Prinzip ist nun hier bezüglich der Wiederwahl eines Vorstandsmitglieds zur Geltung gebracht; vergl. Art. 11 Note 40 und 50 und oben Note 23.

[26] Es ist so die Uebereinstimmung mit §. 271 H.G.B. hergestellt; dazu §. 147[3] F.G.G. wegen Löschung von Amtswegen.

[27] wie § 297 H.G.B.

[28] wie §§. 148, 296 H.G.B. und §. 76 B.G.B.

[29] Anpassung an §§. 149, 298 H.G.B., wonach die Liquidatoren unbewegliche Sachen nicht nur im Weg öffentlicher Versteigerung veräußern dürfen; die frühere Beschränkung der Art. 137[2], 244a[4] A.D.H.G.B. ist gefallen.

[30] Uebereinstimmung mit §. 301 H.G.B., §. 52 B.G.B.

[31] Uebertragung der §§. 309—311 H.G.B.; dazu §. 147[2] F.G.G. wegen Löschung von Amtswegen.

[32] Leidet das Statut an Mängeln, die sich nur auf die ausgenommenen Bestimmungen der letzteren Art beziehen, so darf zwar der Registerrichter die Genossenschaft nicht eintragen; ist aber die Eintragung erfolgt, so haben die Mängel auf die Rechtsbeständigkeit keinen Einfluß mehr, weil sie nicht als wesentlich erklärt sind.

[33] d. h. enthält das Statut eine für dasselbe wesentliche Bestimmung nicht oder ist dieselbe nichtig, so kann dieser wesentliche Mangel durch die

Generalversammlung geheilt werden mit der Einschränkung des letzten Absatzes.

[34] weil diese Einrede schon nach §. 421 B G B. fällt.

[35] aus den zu §. 160 H.G.B. Note 127 angeführten Gründen.

[36] wie §. 289[2] H.G.B.

[37] Uebereinstimmung mit §§ 14, 319 H.G.B., §. 78 B.G.B.

Art. 11. Das Gesetz, betreffend die Gesellschaften mit beschränkter Haftung, vom 20. April 1892 (Reichs-Gesetzbl. S. 477) wird dahin geändert:

I. Der §. 7 Abs. 1 wird durch folgende Vorschrift ersetzt:

Die Gesellschaft ist bei dem Gerichte, in dessen Bezirke sie ihren Sitz hat, zur Eintragung in das Handelsregister anzumelden.[38]

II. Der §. 8 Abs. 3 wird durch folgende Vorschrift ersetzt:

Die Geschäftsführer haben ihre Unterschrift zur Aufbewahrung bei dem Gerichte zu zeichnen.[39a]

III. Der §. 9 Abs. 3 erhält folgende Fassung:

Die Ansprüche auf Grund der vorstehenden Bestimmungen verjähren in fünf Jahren seit der Eintragung der Gesellschaft in das Handelsregister.[38]

IV. Der §. 10 wird durch folgende Vorschriften ersetzt:[39b]

Bei der Eintragung in das Handelsregister sind die Firma und der Sitz der Gesellschaft, der Gegenstand des Unternehmens, die Höhe des Stammkapitals, der Tag des Abschlusses des Gesellschaftsvertrages und die Personen der Geschäftsführer anzugeben.

Enthält der Gesellschaftsvertrag besondere Bestimmungen über die Zeitdauer der Gesellschaft oder über die Befugniß der Geschäftsführer oder der Liquidatoren zur Vertretung der Gesellschaft, so sind auch diese Bestimmungen einzutragen.

In die Veröffentlichung, durch welche die Eintragung bekannt gemacht wird, sind außer dem Inhalte der Eintragung die nach §. 5 Abs. 4 getroffenen Festsetzungen und sofern der Gesellschaftsvertrag besondere Bestimmungen über die Form enthält, in welcher öffentliche Bekanntmachungen der Gesellschaft erlassen werden, auch diese Bestimmungen aufzunehmen.

V. An die Stelle des §. 11 Abs. 1 tritt folgende Vorschrift:

Vor der Eintragung in das Handelsregister des Sitzes der Gesellschaft besteht die Gesellschaft mit beschränkter Haftung als solche nicht.[23]

VI. Der §. 12 wird durch folgende Vorschriften ersetzt:[40]

Auf die Anmeldung der Gesellschaft zur Eintragung in das Handelsregister eines Gerichts, in dessen Bezirke sie eine Zweigniederlassung besitzt, finden die Bestimmungen im §. 8 Abs. 1 und 2 keine Anwendung. Der Anmeldung ist eine von dem Gerichte der Hauptniederlassung beglaubigte Abschrift des Gesellschaftsvertrages und der Liste der Gesellschafter beizufügen.

Die Eintragung hat die im §. 10 Abs. 1 und 2 bezeichneten Angaben zu enthalten. In die Veröffentlichung, durch welche die Eintragung bekannt gemacht wird, sind auch die im §. 10 Abs. 3 bezeichneten Bestimmungen aufzunehmen, die nach §. 5 Abs. 4 getroffenen Festsetzungen jedoch nur dann, wenn die Eintragung innerhalb der ersten zwei Jahre nach der Eintragung in das Handelsregister des Sitzes der Gesellschaft erfolgt.

VII. Der §. 15 Abs. 3 Satz 2 fällt weg.[41]

VIII. Der §. 20 Abs. 2 fällt weg.[42]

IX. Im §. 23 und im §. 27 Abs. 2 werden die Worte: „durch einen Makler oder zur Vornahme von Versteigerungen befugten Beamten öffentlich verkaufen" ersetzt durch die Worte: „im Wege öffentlicher Versteigerung verkaufen".[43]

X. An die Stelle des §. 39 treten folgende Vorschriften:

Jede Aenderung in den Personen der Geschäftsführer sowie die Beendigung der Vertretungsbefugniß eines Geschäftsführers ist zur Eintragung in das Handelsregister anzumelden.[25]

Der Anmeldung ist eine Abschrift der Urkunden über die Bestellung der Geschäftsführer oder über die Beendigung der Vertretungsbefugniß beizufügen. Diese Bestimmung findet auf die Anmeldung zum Handelsregister einer Zweigniederlassung keine Anwendung.[44]

Die Geschäftsführer haben ihre Unterschrift zur Aufbewahrung bei dem Gerichte zu zeichnen.[39a]

XI. Der §. 40 fällt weg.[40]

XII. Im §. 53 werden die Worte: „nach den Artikeln 224 bis 226 Abs. 1 des Handelsgesetzbuchs" ersetzt durch die Worte:

„nach §. 243 Abs. 1, 2, 4, §§. 244 bis 248 und §. 249 Abs. 1, 2 des Handelsgesetzbuchs."

XIII. An die Stelle des §. 55 treten folgende Vorschriften:

Die Abänderung des Gesellschaftsvertrages ist zur Eintragung in das Handelsregister anzumelden.

Bei der Eintragung genügt, sofern nicht die Abänderung die im §. 10. Abs. 1 und 2 bezeichneten Angaben betrifft, die Bezugnahme auf die bei dem Gerichte eingereichten Urkunden über die Abänderung. Die öffentliche Bekanntmachung findet in Betreff aller Bestimmungen statt, auf welche sich die im §. 10 Abs. 3 und im §. 12 vorgeschriebenen Veröffentlichungen beziehen.

Die Abänderung hat keine rechtliche Wirkung, bevor sie in das Handelsregister des Sitzes der Gesellschaft eingetragen ist.[23]

XIV. Als §. 59a wird folgende Vorschrift eingestellt:[40]

Auf die Anmeldungen zu dem Handelsregister eines Gerichts, in dessen Bezirke die Gesellschaft eine Zweigniederlassung besitzt, finden die Bestimmungen im §. 58 Abs. 2, Abs. 3 Nr. 1 und im § 59 Abs. 1 Nr. 4 keine Anwendung.[23 25 28 40]

XV. Der fünfte Abschnitt erhält die Ueberschrift:

„Auflösung und Nichtigkeit der Gesellschaft."

XVI. An die Stelle des § 60 Abs. 1 Nr. 4 tritt folgende Vorschrift:

4. durch die Eröffnung des Konkursverfahrens; wird das Verfahren nach Abschluß eines Zwangsvergleichs aufgehoben oder auf Antrag des Gemeinschuldners eingestellt, so können die Gesellschafter die Fortsetzung der Gesellschaft beschließen.[45]

XVII. Der §. 64 Abs. 3 fällt weg.[46]

XVIII. An die Stelle des §. 65 treten folgende Vorschriften:

Die Auflösung der Gesellschaft ist außer dem Falle des Konkursverfahrens zur Eintragung in das Handelsregister anzumelden. Das Gleiche gilt von einer Fortsetzung der Gesellschaft in den im §. 60 Abs. 1 Nr. 4 bezeichneten Fällen.[45]

Die Auflösung ist von den Liquidatoren zu drei verschiedenen Malen durch die im §. 30 Abs. 2 bezeichneten öffentlichen Blätter bekannt zu machen. Durch die Bekanntmachung sind zugleich die Gläubiger der Gesellschaft aufzufordern, sich bei derselben zu melden[47]

XIX. Der §. 67 wird durch folgende Vorschriften ersetzt:

Die ersten Liquidatoren sind durch die Geschäftsführer, jede Aenderung in den Personen der Liquidatoren sowie eine Beendigung ihrer Vertretungsbefugniß ist durch die Liquidatoren zur Eintragung in das Handelsregister anzumelden.

Der Anmeldung ist eine Abschrift der Urkunden über die Bestellung der Liquidatoren oder über die Aenderung in den Personen derselben beizufügen. Diese Vorschrift findet auf die Anmeldung zum Handelsregister einer Zweigniederlassung keine Anwendung.[44]

Die Eintragung der gerichtlichen Ernennung oder Abberufung von Liquidatoren geschieht von Amtswegen.[28]

Die Liquidatoren haben ihre Unterschrift zur Aufbewahrung bei dem Gerichte zu zeichnen.[39a]

XX. Der §. 69 fällt weg.[40]

XXI. An die Stelle des §. 74 Abs. 2 treten folgende Vorschriften:

Meldet sich ein bekannter Gläubiger nicht, so ist der geschuldete Betrag, wenn die Berechtigung zur Hinterlegung vorhanden ist, für den Gläubiger zu hinterlegen. Ist die Berichtigung einer Verbindlichkeit zur Zeit nicht ausführbar oder ist eine Verbindlichkeit streitig, so darf die Vertheilung des Vermögens nur erfolgen, wenn dem Gläubiger Sicherheit geleistet ist.[48]

XXII. Hinter den §. 75 werden im fünften Abschnitte folgende Vorschriften eingestellt:[49]

§. 75a. Enthält der Gesellschaftsvertrag nicht die nach

§. 3 Abs. 1 wesentlichen Bestimmungen oder ist eine dieser Bestimmungen nichtig, so kann jeder Gesellschafter, jeder Geschäftsführer und, wenn ein Aufsichtsrath bestellt ist, jedes Mitglied des Aufsichtsraths im Wege der Klage beantragen, daß die Gesellschaft für nichtig erklärt werde.

Die Vorschriften der §§ 272, 273 des Handelsgesetzbuchs finden entsprechende Anwendung

§. 75b. Ein Mangel, der die Bestimmungen über die Firma oder den Sitz der Gesellschaft oder den Gegenstand des Unternehmens betrifft, kann durch einstimmigen Beschluß der Gesellschafter geheilt werden

§. 75c. Ist die Nichtigkeit einer Gesellschaft in das Handelsregister eingetragen, so finden zum Zwecke der Abwickelung ihrer Verhältnisse die für den Fall der Auflösung geltenden Vorschriften entsprechende Anwendung.

Die Wirksamkeit der im Namen der Gesellschaft mit Dritten vorgenommenen Rechtsgeschäfte wird durch die Nichtigkeit nicht berührt.

Die Gesellschafter haben die versprochenen Einzahlungen zu leisten, soweit es zur Erfüllung der eingegangenen Verbindlichkeiten erforderlich ist.

XXIII. An die Stelle der §§ 76, 77 treten folgende Vorschriften:[50]

§. 76. Die in diesem Gesetze vorgesehenen Anmeldungen zum Handelsregister sind durch die Geschäftsführer oder die Liquidatoren, die im §. 7 Abs 1, §. 12 Abs. 1, §. 58 Abs 1, §. 59 Abs. 1 Nr. 3, §. 78 Abs. 5 vorgesehenen Anmeldungen sind durch sämmtliche Geschäftsführer zu bewirken [39a–40]

§. 77. In Ansehung der in §§. 7, 55, §. 58 Abs. 1, §. 59 Abs. 1 Nr. 3, §. 78 Abs 5 bezeichneten Anmeldungen zum Handelsregister findet, soweit es sich um die Anmeldung zum Handelsregister des Sitzes der Gesellschaft handelt, eine Verhängung von Ordnungsstrafen nach §. 14 des Handelsgesetzbuchs nicht statt.[51]

XXIV. Im §. 80 Abs. 1 Nr 1 werden die Worte „Eintragung des Gesellschaftsvertrags“ durch die Worte „Eintragung der Gesellschaft“ ersetzt.[38]

[38] Gegenstand der Anmeldung und Eintragung ist nicht mehr der Gesellschaftsvertrag, sondern die Gesellschaft; der Gesellschaftsvertrag selbst wird nur im Auszug eingetragen; siehe §§. 10, 12 in IV und VI, sowie §. 195 Note 50 H.G.B. Daraus erklären sich die Aenderungen der §§. 9³, 55¹, 80 Abs. 1 Nr 1.

[39a] wie §§. 195 Abs. 4, 12 H.G.B.

[39b] Vorbild waren die §§. 198, 199 H.G.B.

[40] Nach §. 13 H.G.B. sind alle Eintragungen in das Handelsregister; die dazu erforderlichen Anmeldungen und Zeichnungen von Unterschriften u. s. w. bei dem Gericht der Zweigniederlassung, ebenso wie bei dem Gericht der Hauptniederlassung zu bewirken; wenn es sich aber um die erste Eintragung der Gesellschaft oder um die Eintragung einer Erhöhung oder Herabsetzung des Stammkapitals handelt, sind in den §§. 12¹ und 59a für die Anmeldung zum Register der Zweigniederlassung erleichternde Vorschriften gegeben, vergl. §§. 201, 286, 291 H.G.B. Für die Frage, ob eine Aendetung in den Personen oder in der Vertretungsbefugniß der Geschäftsführer oder Liquidatoren Dritten gegenüber wirksam ist, entscheidet im Geschäftsverkehr mit einer Zweigniederlassung künftig in Anlehnung an §. 15³ H.G.B. nicht die Eintragung in das Register des Sitzes der Gesellschaft, sondern die Eintragung in das Register der Zweigniederlassung; hieraus erklärt sich die geänderte Fassung der §§. 12 und 55, letzter Absatz, sowie der Strich der §§ 40, 69, 76³; vergl. oben Art. 10 Noten 23 und 25 und unten Note 50.

§. 12 Abs. 2 stimmt überein mit §. 201 Abs. 4 Satz 2 H.G.B.

[41] weil gegenüber §§. 398 ff. B.G.B. gegenstandslos.

[42] Wegen §§. 339 ff. B.G.B.

[43] Nach §. 383 B.G.B., vergl §. 93 Note 186 und §. 373 H.G.B.

[44] Vorbildlich waren §§. 234², 296 H.G.B.

[45] Wie §§. 144, 307²⁻³ H.G.B.

[46] Ist ersetzt durch § 32 H.G.B.

[47] Wie §. 297 H.G.B.

[48] Dem §. 301²⁻³ H.G.B entnommen.

[49] welche sich den §§. 308—311 H.G.B. anschließen; wie dort die nachträgliche Heilung von Mängeln des Gesellschaftsvertrags, welche die Höhe des Grundkapitals und den Betrag der einzelnen Aktien betreffen, nicht gestattet ist, so ist hier die Beseitigung von Mängeln, welche sich auf den Betrag des Stammkapitals oder der Stammeinlagen beziehen, nur im Weg der Neugründung der Gesellschaft zugelassen.

§. 75b verlangt die Einstimmigkeit, weil die meist verhältnißmäßig geringe Zahl der Gesellschafter bei dieser Gesellschaftsform mit ihren Interessen, Rechten und Pflichten mehr in den Vordergrund tritt

Die Löschung der Eintragung einer Gesellschaft m. b. H. und ihrer Beschlüsse von Amtswegen regelt sich nach §. 144 F.G.G.; wegen nicht eingetragener Beschlüsse H.G.B. §. 271 Note 283a. Wegen Behandlung der Genossenschaften oben Noten 32—33.

[50] Das H.G.B. verlangt nur bei der Anmeldung der A.G. und der Kommanditgesellschaft auf Aktien zur Eintragung sowie bei Anmeldung einer

Erhöhung und Herabsetzung des Grundkapitals das Zusammenwirken der sämmtlichen Mitglieder des Vorstands oder der persönlich haftenden Gesellschafter (§§. 195[1], 201[1], 280[1], 284[1], 291, 325 Nr. 1), die übrigen Anmeldungen erfolgen durch den Vorstand, die persönlich haftenden Gesellschafter oder die Liquidatoren; es genügt also die Mitwirkung der zu Rechtshandlungen erforderlichen Anzahl von Verpflichteten (§§. 273[1], 277[1], 286, 293, 296[1], 302[1], 304[3], 325 Nr 1). Derselbe Unterschied ist bei den jur. Personen, §. 33, 34 H G B. und den Vereinen, §. 77 B.G.B., gemacht. Hiermit ist §. 76 in Einklang gebracht.

Im Genossenschaftsgesetz ist dieser Punkt anders geregelt, weil die Anmeldungen zum Genossenschaftsregister nicht wie zum Handelsregister auf Grundlage öffentlich beglaubigter Urkunden erfolgen und daher die Mitwirkung sämmtlicher Vorstandsmitglieder u. s w. die einzige Garantie für die Richtigkeit des Inhalts der Anmeldung gewährt; vergl auch oben Note 40 und Art. 10 Noten 23 und 25

51 Wie §. 319[2] H G.B

Art. 12. Das Gesetz, betreffend die privatrechtlichen Verhältnisse der Binnenschiffahrt, vom 15. Juni 1895 (Reichs-Gesetzbl. S. 301) wird dahin geändert:

I. An die Stelle des §. 26 tritt folgende Vorschrift:

Auf das Frachtgeschäft zur Beförderung von Gütern auf Flüssen und sonstigen Binnengewässern finden die Vorschriften der §§. 425 bis 427, 430 bis 436, 439 bis 443, 445 bis 451 des Handelsgesetzbuchs Anwendung.

II. Im §. 36 Abs. 4 werden die Worte „gerichtlich oder in anderer sicherer Weise niederzulegen" ersetzt durch die Worte „in einem öffentlichen Lagerhaus oder in anderer sicherer Weise zu hinterlegen." Im §. 52 Abs. 1, 3, im §. 54 Abs 2, 3, im §. 77 Abs. 2 und im §. 91 Abs. 3 werden die Worte „niederzulegen, Niederlegung, Niederlegungsverfahren, niedergelegt" ersetzt durch die Worte „zu hinterlegen, Hinterlegung, Hinterlegungsverfahren, hinterlegt."[52]

III. Im §. 52 werden die Abs. 2, 3 durch folgende Vorschriften ersetzt:

Ist der Empfänger des Gutes nicht zu ermitteln oder verweigert er die Annahme oder ergiebt sich ein sonstiges Ablieferungshinderniß, so hat der Frachtführer den Absender unverzüglich hiervon in Kenntniß zu setzen und dessen Anweisung einzuholen. Ist dies den Umständen nach nicht thunlich oder ist der Absender mit der Ertheilung der Anweisung säumig oder die Anweisung nicht ausführbar, so kann der Frachtführer nach der Bestimmung im Abs. 1 verfahren, auch wenn die Wartezeit noch nicht abgelaufen ist. Er kann, falls das Gut dem Verderben ausgesetzt und Gefahr im Verzug ist, das Gut auch gemäß §. 373 Abs. 2 bis 4 des Handelsgesetzbuchs verkaufen lassen.

Von der Hinterlegung und dem Verkaufe des Gutes hat der Frachtführer den Absender und den Empfänger unverzüglich zu benachrichtigen; im Falle der Unterlassung ist er zum Schadensersatze verpflichtet. Ist der Empfänger nicht zu ermitteln, so hat die Benachrichtigung von der Hinterlegung durch öffentliche Bekanntmachung in ortsüblicher Weise zu erfolgen; im Uebrigen dürfen die Benachrichtigungen unterbleiben, soweit sie unthunlich sind.[53]

IV. Der §. 55 erhält folgende Fassung:

In den Fällen der §§. 53 und 54 hat der Frachtführer an einem der ortsüblichen Löschplätze anzulegen.[54] Ist durch Vereinbarung dem Empfänger das Recht zur Anweisung des Löschplatzes eingeräumt, so finden die Bestimmungen im §. 46 Abs. 2 und 3 Anwendung.

V. Der §. 56 Abs. 2 fällt weg.[55] Der Abs. 3 erhält folgende Fassung:

Die Bestimmungen des §. 42 Abs. 1 finden entsprechende Anwendung.[56]

VI. Im §. 58 fällt der Abs. 3 weg;[57] der Abs. 4 wird durch folgende Vorschrift ersetzt:

Für den Verlust oder die Beschädigung von Kostbarkeiten, Kunstgegenständen, Geld und Werthpapieren haftet der Frachtführer nur, wenn ihm die Beschaffenheit oder der Werth des Gutes bei der Uebergabe zur Beförderung angegeben worden ist.[58]

VII. Der §. 61 wird durch folgende Vorschriften ersetzt:

Nach der Annahme des Gutes durch den Empfangsberechtigten können wegen einer Beschädigung oder Minderung des Gutes, die bei der Annahme äußerlich erkennbar ist, Ansprüche nur geltend gemacht werden, wenn vor der Annahme der Zustand des Gutes durch amtlich bestellte Sachverständige festgestellt ist.

Wegen einer Beschädigung oder Minderung des Gutes, die bei der Annahme äußerlich nicht erkennbar ist, kann der Frachtführer auch nach der Annahme des Gutes in Anspruch genommen werden, wenn der Mangel in der Zeit zwischen der Uebernahme des Gutes durch den Frachtführer und der Ablieferung entstanden ist und die Feststellung des Mangels durch amtlich bestellte Sachverständige unverzüglich nach der Entdeckung und spätestens binnen einer Woche nach der Annahme beantragt wird. Ist dem Frachtführer der Mangel unverzüglich nach der Entdeckung und binnen der bezeichneten Frist angezeigt, so genügt es, wenn die Feststellung unverzüglich nach dem Zeitpunkte beantragt wird, bis zu welchem der Eingang einer Antwort des Frachtführers unter regelmäßigen Umständen erwartet werden darf.

Die Kosten einer von dem Empfangsberechtigten beantragten Feststellung sind von dem Frachtführer zu tragen, wenn ein Verlust oder eine Beschädigung ermittelt wird, für welche derselbe Ersatz leisten muß.

Der Frachtführer kann sich auf die Vorschriften der Abs. 1, 2 nicht berufen, wenn er den Schaden durch Vorsatz oder grobe Fahrlässigkeit herbeigeführt hat.[59]

VIII. Als §. 61a werden folgende Vorschriften eingestellt:

Der Frachtführer haftet für den durch verspätete Ablieferung des Gutes entstandenen Schaden, es sei denn, daß die Verspätung auf Umständen beruht, die durch die Sorgfalt eines ordentlichen Frachtführers nicht abgewendet werden konnten.

Ist die Fracht nebst den sonst auf dem Gute haftenden Forderungen bezahlt und das Gut angenommen, so kann der Anspruch nicht geltend gemacht werden, es sei denn, daß der Frachtführer die Verspätung durch Vorsatz oder grobe Fahrlässigkeit herbeigeführt hat.

Die Vorschrift im Abs. 2 findet auch auf andere Ansprüche gegen den Frachtführer aus dem Frachtvertrag Anwendung, soweit die Ansprüche nicht den Vorschriften des §. 61 unterliegen.[60]

IX. Der § 70 Abs. 1 wird durch folgende Vorschrift ersetzt:[61]

Wird der Antritt oder die Fortsetzung der Reise ohne Verschulden des Absenders zeitweilig verhindert, so braucht der Absender die Aufhebung des Hindernisses nicht abzuwarten, er kann vielmehr vom Vertrage zurücktreten.

X. Der §. 72 fällt weg.[62]

XI. Der §. 87 Abs. 4 wird gestrichen.[63]

XII. Im § 89 Abs. 2 Satz 1, im §. 97 Abs. 1 Satz 1 und im §. 103 Abs. 1 werden die Worte: „mit den im §. 41 der Konkursordnung bezeichneten Wirkungen" gestrichen.[64]

XIII. Im §. 89 Abs. 3 wird der letzte Satz durch folgende Vorschrift ersetzt:

Die Geltendmachung des Pfandrechts durch den Frachtführer erfolgt nach Maßgabe der Vorschriften, die für das Pfandrecht des Frachtführers wegen der Fracht und der Auslagen gelten.[65]

XIV. Der §. 91 Abs. 2 wird durch folgende Vorschrift ersetzt:

Gegen Hinterlegung des beanspruchten Beitrags bei einer öffentlichen Hinterlegungsstelle hat die Auslieferung der Güter zu erfolgen.[66]

XV. Im §. 102 wird die Nr. 6 durch folgende Vorschrift ersetzt:

6. die Forderungen, welche der Berufsgenossenschaft nach den Vorschriften über die Unfallversicherung, der Versicherungsanstalt nach den Vorschriften über die Invalidenversicherung und den Gemeinden und Krankenkassen nach den Vorschriften über die Krankenversicherung gegen den Schiffseigner zustehen[67]

XVI. Der §. 110 fällt weg.[68]

XVII. An die Stelle des §. 111 tritt folgende Vorschrift:

Wird außer dem Falle der Zwangsversteigerung das Schiff veräußert, so ist der Erwerber berechtigt, die Ausschließung der unbekannten Schiffsgläubiger mit ihren Pfandrechten im Wege des Aufgebotsverfahrens zu beantragen[69]

XVIII. Der §. 112 wird durch folgende Vorschrift ersetzt:

Die Vorschrift des §. 111 findet keine Anwendung, wenn nur der Antheil eines Miteigenthümers des Schiffes den Gegenstand der Veräußerung bildet.[70]

XIX. An die Stelle des §. 114 tritt folgende Vorschrift:

Insoweit bei der Zwangsversteigerung oder bei einer sonstigen Veräußerung des Schiffes der Schiffseigner das Kaufgeld eingezogen hat, haftet er den Schiffsgläubigern, deren Pfandrechte in Folge der Zwangsversteigerung oder in Folge eines nach §. 111 eingeleiteten Aufgebotsverfahrens erloschen sind, persönlich in gleicher Weise, wie im Falle der Einziehung der Fracht.[70]

XX. Im §. 118 wird die Nr. 8 gestrichen.[71]

XXI. Der zehnte Abschnitt (§§. 131 bis 137) fällt weg.[72]

XXII. Der §. 138 wird durch folgende Vorschrift ersetzt:

In bürgerlichen Rechtsstreitigkeiten, in welchen durch Klage oder Widerklage ein Anspruch auf Grund dieses Gesetzes geltend gemacht ist, wird die Verhandlung und Entscheidung letzter Instanz im Sinne des §. 8 des Einführungsgesetzes zum Gerichtsverfassungsgesetze dem Reichsgerichte zugewiesen.[73]

52 Vergl den Sprachgebrauch in § 373^{1} H.G.B. Die Verantwortlichkeit für die Sicherheit trifft den Frachtführer nur dann nicht, wenn er in einem öffentlichen Lagerhaus hinterlegt; vergl. §. 372 B.G.B.

53 Das B.Sch.G. ist hier mit § 437 H G.B. in Uebereinstimmung gebracht unter Hinzufügung des letzten Satzes. Zur Verweigerung der Annahme ist eine ausdrückliche oder stillschweigende, die Ablehnung enthaltende Erklärung nicht Voraussetzung; es genügt die nackte Thatsache der Nichtannahme ohne Rücksicht auf die Gründe §§. 293 ff. B G.B.

Der Frachtführer ist nicht wie der Verfrachter in solchen Fällen zur Hinterlegung verpflichtet, § 601^{2} H.G B., und dazu R.G. XIV 5 (Streit über die Ablieferung). Hinterlegungsverfahren §§. 372 ff B.G B. Ueber die Zuständigkeit des Gerichts im Fall des §. 437 H.G.B. siehe §. 13 letzter Absatz E.G.z P O. Feststellung des Zustands des Guts: §. 488 P.O. und unten §. 61 B.Sch.G.

54 Ist durch diesen Satz jetzt mit §. 40 B.Sch G. in Uebereinstimmung gebracht.

55 als mit §. 46^{3} B.Sch G. unverträglich

56 weil nur dieser Absatz des §. 42 zu §. 56 paßt.

57 als überflüssig im Hinblick auf §. 26 und H.G.B. §. 430.

[58] und bleiben bei der Berechnung des Havarieschadens außer Betracht, wenn sie dem Frachtführer nicht bezeichnet wurden §. 85 Abs. 2 Ziff. 2; sind jedoch, soweit sie gerettet worden, beitragspflichtig §§. 708 Ziff. 3, 723 Abs. 3 H.G.B., § 58 Abs. 1 B.Sch.G. Im Uebrigen vergl. §. 429² H.G.B.

[59] Wie §. 438 H.G.B. mit der Abweichung, daß die Ansprüche gegen den Frachtführer unabhängig von Zahlung der Fracht schon mit der Annahme des Guts erlöschen. Die Annahme (welches Wort als sprachlich zutreffender für „Abnahme" gewählt worden ist) bezeichnet nicht die Löschung im Sinne des §. 56 B.Sch.G., sondern den juristischen Empfang als eine Erklärung, das Gut anzunehmen und nicht beanstanden zu wollen. Leichterschiffer, Ewerführer u. s. w. haben regelmäßig, zumal ihnen ein Urtheil über den Zustand des Guts und die Interessen des Empfängers nicht zuzutrauen ist, nicht den Charakter von Mandataren sondern von Boten, Protok. zu Art. 609, 610 H.G.B. S. 2307 ff. Ist die Feststellung (Abs. 1) versäumt, so schadet dem Frachtführer seine im Prozeß erfolgte Einräumung der Beschädigung nicht, R.O.H.G. XXI 198, während ein solches Anerkenntniß vor der Abnahme eine Feststellung unnöthig macht.

Die Schadensfeststellung erfolgt bei Anrufen des Gerichts nach §. 488¹ P.O., §. 13 E.G.z.P.O. Sind nur amtliche Sachverständige angegangen, so präjudizirt mangelhafte Sorgfalt derselben den Empfänger nicht R.O.H.G. XI 244; es wäre denn, daß dieselben sich unzulässiger Weise auf Wahrnehmungen Anderer verlassen haben, statt selbst zu besichtigen R.O.H.G. XII 250.

§. 608² H.G.B., wonach die Gegenpartei, sofern es die Umstände gestatten, zur Feststellung zuzuziehen ist, wurde hier nicht aufgenommen; dazu R.O.H.G. XI 245.

Ist im Fall des §. 491 P.O. der Gegner nicht benachrichtigt, so schließt dieses Versäumniß nicht jede Benützung der Beweisaufnahme aus R.G. XXVIII 413.

Neben obigen Feststellungen gibt es im Fall einer Havarie die Verklarung, ein Akt der freiwilligen Gerichtsbarkeit, §§. 11 ff. B.Sch.G., §. 148² F.G.G., mit sofortiger Beschwerde an die K.f.H.S. §§ 22, 30 F.G.G. Vorbild waren die §§. 522 ff. H.G.B.; Würdigung der eidlichen Aussagen in einer Verklarung R.G.St. XIX 220.

Für seine Leute haftet der Frachtführer nach §. 431 H.G.B. Gehören sie zur Schiffsbesatzung, so haftet für sie der Schiffseigner §§. 1—2 B.Sch.G. nach §. 3¹ und §. 4 Ziff. 3 cit. nur mit Schiff und Fracht. Begriff von Schiff und Fracht §§. 103, 104 und §. 4 letzter Satz B.Sch.G.

Im Fall eigenen Verschuldens haftet der Schiffseigner jedoch mit seinem ganzen Vermögen § 4 Abs. 2 B.Sch.G.; Schiffszusammenstoß § 42, beim Schleppzug insbesondere §. 4 Abs. 3.

[60] Die Ansprüche aus dem Frachtvertrag, die nicht unter §. 61 fallen oder wegen Verspätung erwachsen sind, erlöschen nicht schon mit Annahme des Gutes, sondern es muß noch Zahlung der Fracht dazu-

kommen, vergl §§ 429[1], 438[1] H G B und oben Note 59. Begriff des Empfängers und Prokuraindossament des Konnossements R G. XLI 118.

[61] Jetzt § 71[1]; vergl. § 428 Abs 2 Satz 1 H G B.

[62] Ersetzt durch §. 450 H G B

[63] Das Dispacheverfahren ist jetzt in §§ 148—158 F G G, §§ 86 ff. B Sch G geordnet, Beschwerdeinstanz ist die K f H S §§ 22, 30 F G G.

[64] weil durch den neu gefaßten §. 49 (41) K O unter Ziffer 2 jedem Gläubiger, dem ein gesetzliches Pfandrecht zusteht, das Recht auf abgesonderte Befriedigung beigelegt ist

[65] §§ 366[3], 368, 440 H G B

[66] Hinterlegung nach § 372 B G B, die Hinterlegungsstellen und deren Verfahren bestimmt die Landesgesetzgebung Art 144—145 E G. z. B G B Auf Sicherheitsleistung nach §§ 232 ff B G B braucht sich der Frachtführer nicht einzulassen

[67] Wie in § 754 Ziff 10 H G B ist die Invalidenversicherung dazu gekommen

[68] Ersetzt durch §§ 117 ff, 169 des Gesetzes über die Zwangsversteigerung und Zwangsverwaltung vom 24 März 1897

[69] Nach § 1002 P O

[70] Die neue Fassung ist durch den Strich des § 110 und die Aenderung des § 111 nöthig geworden

[71] Ersetzt durch §. 196 Nr 3 B G B, wonach die Forderungen des Frachtführers in 2 Jahren verjähren

[72] An seine Stelle treten die §§ 1259—1271 B G B und das in Note 68 erwähnte Reichsgesetz

[73] d. h Abs 1 des §. 138 (jetzt 130) ist durch §. 101[3f] G B G. ersetzt

Art. 13. Der Reichskanzler wird ermächtigt, die Texte des Gesetzes, betreffend die Erwerbs- und Wirthschaftsgenossenschaften, des Gesetzes, betreffend die Gesellschaften mit beschränkter Haftung, und des Gesetzes, betreffend die privatrechtlichen Verhältnisse der Binnenschifffahrt, wie sie sich aus den in den Artikeln 10 bis 12 vorgesehenen Aenderungen ergeben, unter fortlaufender Nummernfolge der Paragraphen und Abschnitte durch das Reichsgesetzblatt bekannt zu machen.

Hierbei sind die in den bezeichneten Gesetzen enthaltenen Verweisungen auf Vorschriften des Allgemeinen Deutschen Handelsgesetzbuchs durch Verweisungen auf die nach Art 3 des gegenwärtigen Gesetzes an die Stelle jener Vorschriften tretenden Vorschriften zu ersetzen Den Verweisungen auf Vorschriften der Civilprozeßordnung und der Konkursordnung sind diese Gesetze in der Fassung zu Grunde zu legen, welche sie durch das im Art. 1

des Einführungsgesetzes zum Bürgerlichen Gesetzbuche vorgesehene Gesetz erhalten.

Soweit in Reichsgesetzen oder in Landesgesetzen auf Vorschriften der im Abs. 1 bezeichneten Gesetze verwiesen ist, treten die entsprechenden Vorschriften der durch den Reichskanzler bekannt gemachten Texte an ihre Stelle.[74]

[74] Ist durch Bekanntmachung vom 20. Mai 1898 in R G.Bl. Nr. 25 S. 369 ff. geschehen. Auf das Börs.Ges. bezieht sich Art 13 nicht, weil dessen Aenderung (Art 14) ohne Weiteres sich in das Börs.Ges. einfügt

Art. 14. Das Börsengesetz vom 22. Juni 1896 (Reichs-Gesetzbl. S. 157) wird dahin geändert:

I. Die §§. 33, 34 werden durch folgende Vorschriften ersetzt:

§. 33. Das von dem Kursmakler zu führende Tagebuch ist vor dem Gebrauche dem Börsenvorstande zur Beglaubigung der Zahl der Blätter oder Seiten vorzulegen.

Wenn ein Kursmakler stirbt oder aus dem Amte scheidet, ist sein Tagebuch bei dem Börsenvorstande niederzulegen.

§. 34. Die Kursmakler sind zur Vornahme von Verkäufen und Käufen befugt, die durch einen dazu öffentlich ermächtigten Handelsmakler zu bewirken sind.[75]

II. Der §. 45 Satz 2 fällt weg.[76]

III. Der §. 58 Abs. 2 wird durch folgende Vorschrift ersetzt:

Ehefrauen, die nicht Handelsfrauen sind, bedürfen der Genehmigung des Ehemannes.[77b]

IV. Der §. 63 Abs. 1 Satz 2 wird durch folgende Vorschrift ersetzt:

Für Ehefrauen, die nicht Handelsfrauen sind, genügt der Antrag des Ehemannes.[77b]

V. Der §. 69 erhält folgenden Abs. 2:

„Diese Vorschrift wird durch die Vorschrift des §. 764 des Bürgerlichen Gesetzbuchs nicht berührt."[77a]

VI. Die §§ 70—74 fallen weg.[78]

[75] Die §§. 33[1], 34[1] sind weggefallen, weil das Institut der amtlich als Vermittler bestellten Handelsmäkler beseitigt ist §. 93 Note 186 H.G.B., und den Vorschriften des § 34[1] künftig alle Arten von Handelsmäkler unterliegen. Die geänderte Fassung des §. 34[2] hat ihren Grund in den

Verkäufen der Note 186 zu §. 93 H.G.B., welche durch einen dazu öffentlich ermächtigten Handelsmäkler auszuführen sind; vergl auch § 373² H.G.B.

76 Aus den zu §. 160 Note 127 H.G.B. erörterten Gründen, welche zum Strich des Art. 149 A.D.H.G.B. geführt haben.

77a Aus einem Börsen-Termingeschäft in einem Geschäftszweig, für welchen entweder beide Parteien z Zt des Abschlusses in das Börsenregister eingetragen waren §. 66 Börs.Ges. oder eine Eintragung überflüssig war, soweit die eine oder die andere Partei im Inland weder einen Wohnsitz noch eine gewerbliche Niederlassung hatte, §. 68 Börs.Ges., kann die Einrede des Differenzgeschäfts nicht erhoben werden §. 69 Börs.Ges.

Dasselbe gilt, wenn die Eintragung zum Börsen-Register zu Unrecht, §. 58 Börs.Ges., erfolgt oder die Löschung zwar bewirkt, aber der Eintrag noch in der Gesammtliste, §. 65 Börs.Ges, aufgeführt war; Alles jedoch unter der Voraussetzung, daß der andere Theil z. Zt. des Abschlusses von der Ordnungswidrigkeit der Eintragung oder von der bewirkten Löschung keine Kenntniß hatte, §. 67 Börs.-Ges.

Kauf- oder sonstige Anschaffungsgeschäfte in Waaren oder Werthpapieren (H.G.B. §. 1 Noten 4—6, §. 261 Note 247, Note 12c vor §. 373 und §. 381 Abs. 1) sind Börsen-Termingeschäfte nach §. 48 Börs.Ges, wenn für die an der betr. Börse geschlossenen Geschäfte solcher Art amtliche Feststellung von Terminpreisen erfolgt, §§. 29, 35 Börs.Ges., und zugleich bedungen ist:

1. daß die Leistung des einen Theils zu einer festbestimmten Zeit oder innerhalb einer festbestimmten Frist im Sinn des § 376 H.G.B. bewirkt werde (Fixgeschäft),

2. daß die für den Terminhandel vom Börsenvorstand festgesetzten Geschäftsbedingungen (Börsenusancen, Börsenordnungen, H.G.B. § 346 Note 19b und oben Art. 2 Note 9) gelten sollen.

Fehlt es auch nur an einer einzigen dieser drei Voraussetzungen, oder ist der Börsen-Terminhandel in den betr Waaren oder Werthpapieren nach §§ 50—52 Börs.Ges unzulässig, so ist das Geschäft kein Börsen-Termingeschäft Hat ein solches Nicht-Börsentermin-Geschäft den Charakter eines Differenzgeschäfts (Noten zu §. 381 H.G.B.), so ist §. 69 Börs.Ges ausgeschlossen und greift die Spieleinrede der §§. 762¹, 764 B.G.B. durch und zwar selbst dann, wenn die Differenzschuld in eine formal juristisch davon verschiedene Schuld z. B. in eine Darlehnsschuld, in ein Schuldversprechen §§. 780, 781 B.G.B. oder in eine Wechselschuld umgewandelt worden sein sollte; eine solche Forderung kann nicht zur Aufrechnung benützt werden §§. 387, 390 B.G.B., R.G. I 130. Das Geleistete kann nicht zurückgefordert werden und zwar selbst dann nicht, wenn die leistenden Erben den Spielcharakter nicht kannten, oder wenn die Leistung nach Abschluß des obligatorischen Vertrags aber noch vor der Entscheidung z. B. durch bedingte Tradition, Cession oder Erlaß erfolgte, Mot. und Kommiss.Prot. zu §. 762 B.G.B. Vergl überhaupt die Note 63 zu §. 381 H.G.B., Note 30 zu § 376 H.G.B. und oben Art. 2 Note 9.

b Die §§. 58 und 63 Börs.Ges. sind bezüglich der Eintragung der

Frauen in das Börsenregister und der Löschung aufrecht erhalten (Schlußbemerkung nach §. 7 H.G.B. und oben Note 4 und Note 12 zu Art. 4 über Frauen); dagegen sind die Vorschriften in den genannten §§ über Kinder weggefallen, weil das B.G.B. volljährige Kinder unter väterlicher Gewalt nicht kennt und für Minderjährige die §§. 58[1 u. 3], 63[1] cit. ausreichen.

[78] Sind übernommen in §§. 384[3], 400—405 H.G.B.

Art. 15. Die privatrechtlichen Vorschriften der Landesgesetze bleiben insoweit unberührt, als es in diesem Gesetze bestimmt oder als im Handelsgesetzbuch auf die Landesgesetze verwiesen ist.

Soweit die Landesgesetze unberührt bleiben, können auch neue landesgesetzliche Vorschriften erlassen werden.[79]

[79] Eine Folge des auch in dem E.G.z.C.P.O. §. 14, zur K.O. §. 4, zur St.P.O. § 6, zum B.G.B. Art 3 und 55 festgehaltenen, in R.G. VII 348 und 399 erläuterten Grundsatzes, daß Reichsrecht dem Landesrecht vorgeht. Das Versicherungsrecht, soweit nicht die §§. 328 ff. B.G.B. (Verträge zu Gunsten Dritter) und die §§. 1045, 1046, 1127 ff., 1385, 1654 B.G.B. entgegenstehen, sowie das Verlagsrecht ist einstweilen noch der Landesgesetzgebung vorbehalten Art. 75, 76 E.G.z.B.G.B. Außerdem Art. 16 ff.

Art. 16. Unberührt bleiben die landesgesetzlichen Vorschriften über Lagerscheine und Lagerpfandscheine, die Vorschriften über Lagerscheine jedoch nur insoweit, als sie den §. 363 Abs. 2 und die §§. 364, 365, 424 des Handelsgesetzbuchs ergänzen.[80]

[80] Für die Lagerpfandscheine gilt diese Beschränkung nicht, weil die Vorschriften des H.G.B. über das Indossament auf die Uebertragung dieser Scheine nicht ohne Weiteres passen Ueber das Ein- und Zweischeinsystem vergl. die Noten zu §. 424 H.G.B.

Art. 17. Unberührt bleiben die landesgesetzlichen Vorschriften über Checks.[81]

[81] Sichert für Elsaß-Lothringen das französische Checkgesetz vom 14. Juni 1865, nach dessen Art. 2 das Ausstellen von Checks nur statthaft ist, wenn die Anweisung auf ein bei der Ausstellung schon bestehendes Guthaben gegeben wird.

Bezeichnet sich die Anweisung selbst als Check, so besagt diese Bezeichnung schon, daß die Anweisung in Aufrechnung auf ein Guthaben des Ausstellers gegeben werden sollte R.O.H.G. XIX 76.

Der Check gehört zu den kaufmännischen Anweisungen des §. 363 H.G.B., durch den Check verfügt der Bankkunde über sein Baar- oder Kreditguthaben (Anweisung auf Schuld, Anweisung auf Kredit); ist er an Order gestellt, so kann die Uebertragung durch Indossament erfolgen §. 364 H.G.B.

Die schriftliche Anweisung, §. 783 B G B, (darunter gehören der Kreditbrief, die kaufmännische Anweisung und der Check) unterscheidet sich vom Kreditauftrag (mandatum qualificatum) § 778 B G B, § 349 H G B dadurch, daß die Anweisung den Angewiesenen beauftragt, unter prinzipaler und alleiniger Haftung des Anweisenden an den dritten Anweisungsempfänger zu zahlen, während der Kreditauftrag den Auftrag enthält, es solle der Beauftragte in eigenem Namen und auf eigene Rechnung aber auf Gefahr des Auftraggebers mit einem Dritten einen Vertrag schließen oder dem Dritten eine Forderung stunden, R O H G III 15 Förmlichkeiten H G B § 350 Note 31 Mündliche Anweisungen beurtheilen sich nach §§ 783—792 B G B, ausg die §§ 784, 785 B G.B und die sich daraus ergebende Modifikation des §. 790 B G.B

Art. 18. Unberührt bleiben die landesgesetzlichen Vorschriften über den Vertrag zwischen dem Brauer und dem Wirthe über die Lieferung von Bier, soweit sie das aus dem Vertrage sich ergebende Schuldverhältniß für den Fall regeln, daß nicht besondere Vereinbarungen getroffen werden.[82]

[82] Von praktischer Bedeutung für Bayern V O. vom 25 April 1811 Tit II Art. 23—27, Gesetz vom 23 Mai 1846 §§. 11, 12, Landtagsabschied vom 10 November 1861 § 26 Nr 2 Abs 5 Ueber Bierabnahmeverträge H G B § 377 Note 47, §. 376 Note 30 Der Versuch der Anwendung der Grundsätze über wucherliche Verträge §§ 138^2, 812, 817 ff, 823 B G.B., Art. 47 E G z B G B auf allzulange Bierbezugspflicht als einer übermäßigen Belastung ist vom R G zurückgewiesen (Puchelt) Zeitschrift für fr Zivilrecht XXIX 451

Art. 19. Unberührt bleiben:

1. für das Großherzogthum Mecklenburg-Schwerin die §§. 51 bis 53, 55 der Verordnung vom 28. Dezember 1863, betreffend die Publikation des Handelsgesetzbuchs, sowie die zur Abänderung dieser Verordnung ergangene Verordnung vom 22 Oktober 1869;[83]
2. für die freie Hansestadt Bremen die Verordnung vom 12. Februar 1866, betreffend die Löschung der Seeschiffe nebst den dazu später ergangenen Gesetzen;[84]
3. für die freie und Hansestadt Hamburg der §. 50 des Einführungsgesetzes zum Allgemeinen Deutschen Handelsgesetzbuche vom 22. Dezember 1865.

[83] Durch § 51 der zuerst angeführten V O ist abweichend vom H G B. (R.G I 295) die Bestellung eines Korrespondenzrheders in bestimmtem Fall vorgeschrieben und demselben die Stellung eines Bevollmächtigten zugetheilt, die übrigen Bestimmungen enthalten Besonderheiten über die Rhederabstimmungen

[84] Gesetze vom 23. April 1876, 6. Mai 1877, 2. November 1879, 12. Mai 1883.

Art. 20. Unberührt bleiben die landesgesetzlichen Vorschriften, nach welchen ein Pfandrecht an einem im Bau begriffenen Schiffe ohne Uebergabe des Schiffes durch Eintragung in ein besonderes Register bestellt werden kann, sowie die landesgesetzlichen Vorschriften über die Zwangsversteigerung eines solchen Schiffes.[85]

[85a] Ein Pfandrecht an beweglichen Sachen R.G. XVII 58 (H.G.B. §. 366 Note 72) wird für bedingte und selbst künftige Forderungen R.G. XIV 251, ja sogar für verjährte Forderungen (weil die Pfandbestellung, abgesehen von Unkenntniß der Einrede, Verzicht auf die Verjährung bedeutet) durch Willenseinigung und dazu tretende Besitzübergabe, z. B. Uebergabe des Dispositionspapiers H.G.B. §. 369 Note 83 und §. 397 H.G.B., erworben §§. 1204 ff. B.G.B., wenn die Forderung in eine Geldforderung übergehen kann, §. 916 P.O., und die bewegliche Sache eine selbständige ist. Wegen ungetrennter Früchte §. 956 B.G.B.; die §§. 808, 810 P O. gelten nur für das Vollstreckungspfandrecht. Guter Glaube §. 366 H.G.B.; Pfandverkauf §. 868 H.G.B. Die lex commissoria bleibt verboten, §. 1229 B.G.B.; R.G. IV 51 in Verbindung mit §. 352 Note 35 bezüglich des R.Ges. vom 14. November 1867.

[b] Zur Pfandbestellung an Werthpapieren (Wechseln und indossablen Papieren R.O.H.G. XXI 80, §. 363 H.G.B. und Note 12c vor §. 373) gehört die Einigung des Gläubigers und des Pfandgläubigers sowie die Uebergabe des nach §§. 364, 365 H.G.B. indossirten Papiers, §. 1292 B.G.B., ebenso wie nach altem Recht Art. 309 Abs. 2 Nr. 2 A.D H.G.B. Die Besitzübertragung darf dem Bestellungsvertrag, der alsdann einen Anspruch auf die Ausfolgung verleiht, nachfolgen; das Pfandrecht entsteht dann erst mit der Besitzeinräumung R.G. I 203. Schon der Mitbesitz oder Mitverschluß durch den Pfandgläubiger reicht zum Besitz hin, wenn der Zugang zur Pfandsache lediglich durch Zusammenwirken des Pfandgläubigers und Eigenthümers möglich ist §. 1206 B.G.B., R.O.H.G. XIV 106.

Weil die Uebertragung im Verhältniß zu Dritten unbeschränkt wirksam ist, kann der Pfandgläubiger die Forderung vor Fälligkeit einziehen und der Schuldner nur an diesen leisten §. 1294 B.G.B.; alsdann ist das eingegangene Geld nach §. 1288 B.G.B. anzulegen.

Erfolgt die Einziehung nach Fälligkeit, so gilt der Gläubiger insoweit als befriedigt §. 1288 B.G B. Dem Schuldner muß jeweils die erforderliche Nachricht zugehen §. 1285 B.G.B. Haben die Papiere einen Börsen- oder Marktpreis (H.G.B. §. 261 Note 247, oben Art. 14 Note 77a), so darf der Pfandgläubiger sich nach §§. 1221, 1295 B.G.B. in gleicher Weise nach eingetretener Fälligkeit aus dem Pfand befriedigen, wie er durch Art. 311 A.D.H.G.B. in bestimmten Fällen berechtigt war, sich ohne gerichtliches Verfahren zu befriedigen; dazu §. 368 H.G.B.

Inhaberpapiere (Schuldverschreibungen und Aktien auf Inhaber

(Note 12c vor §. 373 H.G.B., §§. 179, 222 Note 139, 224 Note 144 H.G.B.) folgen als bewegliche Sachen den zu Note 85a gegebenen Grundsätzen, §§. 1205, 1206 B.G.B. Wie in Art. 311 A.D.H.G.B. und wie bei indossablen Papieren darf der Pfandgläubiger aus freier Hand verkaufen lassen, §. 1221 B.G.B.; auch gestalten sich die Einzugsverhältnisse wie bei indossablen Papieren §§. 1294, 1288 B G.B. Guter Glaube §§. 366, 367 H G.B., vergl. auch § 365 Note 77a H.G.B. Nießbrauch an Inhaberpapieren und mit Blankoindossement versehenen Orderpapieren §. 1081 B.G.B.

c Ein Schiffspfandrecht kann reichsgesetzlich nur an einem in das Schiffsregister eingetragenen Schiff bestellt werden, und zwar ist es einerlei, ob es sich um ein See- oder um ein Binnenschiff handelt, §§. 1259—1272 B.G.B.; vergl. oben Note 14 zu Art. 7.

Seeschiffe sind einzutragen, wenn sie zum Erwerb durch Seefahrt bestimmt sind, §. 484 H.G.B., und im ausschließlichen Eigenthum eines Deutschen stehen; Ges. über die Nationalität der Kauffahrteischiffe u. s. w. vom 25. Oktober 1867 B G.Bl. S. 35, R.Ges betr die Registrirung u. s. w. der Kauffahrteischiffe vom 28. Juni 1873 R G Bl. S. 184, R.Ges. betr. die Befugniß von Seefahrzeugenzur Führung der Reichsflagge vom 15. April 1885 R.G.Bl. S. 89. Registerbehörde §. 3 des erstgenannten Gesetzes.

Binnenschiffe werden reichsgesetzlich nur eingetragen, wenn sie vom Schiffseigner (Eigenthümer oder demselben gleichgestellter Unternehmer §§. 1, 2 B.Sch.G.) zur Schiffahrt auf Flüssen oder sonstigen Binnengewässern, Note 4 zu §. 465 H.G.B., verwendet werden und eine gewisse Tragfähigkeit haben §§. 119 ff. B.Sch.G. Erwerbsabsicht ist so wenig erforderlich als deutsche Nationalität. Die Bestellung eines Schiffspfandrechts erfordert außer der Einigung des Eigenthümers und des Gläubigers über die Pfandbestellung die Eintragung in das Schiffsregister nach §§. 100 bis 124 F.G.G., §. 1259 ff. B.G.B., als Ersatz für die Besitzübertragung, oben Note 85a. Vorbild war die Grundbucheintragung der §§. 878[1], 1115[1] B.G.B., weshalb die §§. 162 ff. des Gesetzes über Zwangsversteigerung und Zwangsverwaltung vom 24. März 1897 ebenfalls die Eintragung des Schiffs voraussetzen, §. 870[2] P O., §. 1268 B.G.B., und das Schiffspfandrecht keine Handelssache im Sinn der §§. 125 ff. F.G.G. noch des §. 101 G.B.G. ist, obgleich §. 343 H.G.B für dasselbe gilt.

Diese Verwandtschaft mit dem Hypothekenrecht führte zur gleichmäßigen Ordnung der Rangverhältnisse, §§. 879—881, 1151, 1261 B.G.B.; des Umfangs des Pfandrechts §§. 1264, 1265, 1267 B G.B.; des Aufgebotsverfahrens §. 1269; der Kautionshypothek §. 1271 B.G.B. und des Pfandrechts für eine Forderung aus Schuldverschreibung auf Inhaber oder aus einem indossabeln Papier §. 1270 B.G.B.

Das Schiffsregister steht dem Grundbuch aber insofern nicht gleich, als die Wirksamkeit der Pfandbestellung schlechthin davon abhängt, daß dem Verpfänder das Eigenthum am Schiff zusteht. Ist der Verpfänder mit Unrecht als Eigenthümer im Schiffsregister eingetragen, so wird dieser Mangel nicht durch den guten Glauben des Erwerbers gedeckt Die Eintragung hat aber die Wirkungen, daß sie den guten Glauben eines Schiffserwerbers oder späteren Pfandgläubigers unmöglich macht, §. 1262[1] B G B, und daß die Registerbehörde den Eingetragenen als den wirklich Berechtigten ansehen darf, so lange sich nicht besondere Anstände ergeben, §§. 101, 105 F.G.G. Anderseits darf der gutgläubige Erwerber im Fall des §. 474 H.G.B., weil dort keine Tradition gefordert wird, mit Erfolg annehmen, daß zwar bestehende, aber zu Unrecht gelöschte Schiffspfandrechte nicht vorhanden sind. Derselbe Grund schützt den Zessionar einer durch Schiffspfandrecht gesicherten nachstehenden Forderung, insofern er das Vorgehen eines zu Unrecht gelöschten Pfandrechts nicht annehmen konnte, §§. 1262[2] und 1208[1] B.G.B. In diesen Sätzen liegt wiederum eine Abweichung von den Grundbuchregeln des §. 936 B.G.B.; das Schiffspfandrecht knüpft jedoch gerade hier wieder mit der Rechtsähnlichkeit des Grundbuchprinzips an, indem der Pfandgläubiger zur Abwendung obiger Gefahren die Berichtigung des Schiffsregisters gemäß §§. 894—898 B.G.B. nach Grundbuchregeln verlangen § 1263[1] B.G B. und sich vorläufig durch Eintrag eines Widerspruchs schützen kann §§. 1263[2], 899[2] B G.B, §§. 100[2], 103 ff. F.G.G.

Da Schiffe bewegliche Sachen sind, §. 366 Note 19 H.G.B., finden auch die §§. 1205—1257 B.G.B. Anwendung, soweit sich nicht Abweichungen daraus ergeben, daß der Pfandgläubiger den Besitz des Schiffs nicht erlangt §. 1266 B G.B. Eine solche Abweichung enthält z. B §. 1268 B G B. gegenüber §§. 1233 ff. B.G.B. Arrestpfändung §. 931 P.O.

Nach den obigen Ausführungen kann ein Pfandrecht an im Bau begriffenen Schiffen, weil sie nicht eingetragen sind, nur so erworben werden, wie an anderen beweglichen Sachen, oben Note 85a; die Zwangsvollstreckung geschieht daher nach §. 803 ff. P.O., falls das Schiff kein ausländisches ist, §. 171 Ges. über die Zwangsversteigerung u. s. w. vom 24. März 1897.

Nach bremischem Recht (Gesetz vom 15 Dezember 1887) dagegen, welches durch Art. 20 erhalten wird, können im Bau begriffene Schiffe durch Eintragung in ein besonderes Register, also ohne Uebergabe verpfändet werden und hinsichtlich der Zwangsvollstreckung dieselbe Behandlung wie unbewegliche Gegenstände erlangen.

d Pfandrecht an Forderungen §§. 1279—1290 B.G.B.

Art. 21. Unberührt bleiben die landesgesetzlichen Vorschriften zur Ausführung der Allgemeinen Deutschen Wechselordnung, soweit sie durch das Bundesgesetz vom 5. Juni 1869 (Bundes-Gesetzbl. S. 379) aufrecht erhalten sind.[86] Dies gilt jedoch nicht für die Vorschriften über kaufmännische Anweisungen.[87]

[86] Bezieht sich namentlich auf die Fälligkeit der Meßwechsel, auf die Tageszeit der Protesterhebung und den Wechselverkehr zwischen Hamburg und Altona.

[87] welche, soweit sie an Order lautende Geldanweisungen sind, von Bayern, Sachsen, Weimar, Sachsen-Altenburg, Reuß ä. L. und Reuß j. L.

in ihren E.G.z.A.D.H.G.B. Art. 47, §§. 17, 23, Art. 23, § 23 und von Frankfurt in seinem E.G.z.W.O. §. 12 dem Wechsel wesentlich gleichgestellt worden waren; dazu jetzt §. 101 Nr. 2 G.B.G.

Art. 22. Die zur Zeit des Inkrafttretens des Handelsgesetzbuchs im Handelsregister eingetragenen Firmen können weitergeführt werden, soweit sie nach den bisherigen Vorschriften geführt werden durften.[88]

Die Vorschriften des §. 20 des Handelsgesetzbuchs über die in die Firma der Aktiengesellschaften und der Kommanditgesellschaften auf Aktien aufzunehmenden Bezeichnungen finden jedoch auf die bei dem Inkrafttreten des Handelsgesetzbuchs für eine solche Gesellschaft in das Handelsregister eingetragene Firma Anwendung, wenn die Firma aus Personennamen zusammengesetzt ist und nicht erkennen läßt, daß eine Aktiengesellschaft oder eine Kommanditgesellschaft auf Aktien die Inhaberin ist.[89]

[88] und am 1. Januar 1900 im Handelsregister eingetragen sind M. Die Eintragung heilt zwar einen etwaigen Mangel nicht, aber sie erzeugt bis zur Zerstörung durch Gegenbeweis die Vermuthung der Legalität. So kann es z. B. auf Grund des Art. 65 des preuß. E.G z.A D. H.G.B. vorkommen, daß die Firma einer offenen Handelsgesellschaft überhaupt keinen Namen eines persönlich haftenden Gesellschafters enthält R.G. XLI 21, dazu R G. XXXVII 60.

Die am 1. Januar 1900 eingetragene Firma eines Einzelkaufmanns darf so weitergeführt werden, auch wenn sie den ausgeschriebenen Vornamen des Inhabers, §. 18[1] H.G.B., nicht enthält; dagegen schützt Art. 22[1] nicht eine durch die Firma veranlaßte Täuschung über die Verhältnisse des Inhabers §. 18[2] H.G.B. (Blüthner-Flügel, Bolze XVIII Nr. 114.) Abgrenzung der nothwendigen Unterscheidungsmerkmale einer Firma R.G. XX 72 und XXXV 39.

[89] Enthält eine Ausnahme von dem Grundsatz des Abs. 1; vergl. Note 55 vor §. 17 H.G.B. und §§. 20, 22 cit., sowie über die allgemeine Regel der Nichtrückwirkung oben Note 8.

Art. 23. Auf die Errichtung einer Aktiengesellschaft oder Kommanditgesellschaft auf Aktien, die vor dem Inkrafttreten des Handelsgesetzbuchs zur Eintragung in das Handelsregister angemeldet ist, finden die bisherigen Vorschriften Anwendung, sofern vor diesem Zeitpunkte die Voraussetzungen erfüllt sind, an deren Nachweis die bisherigen Vorschriften die Eintragung knüpfen.[90]

[90] Im Allgemeinen findet das neue Aktienrecht auch auf die bestehenden Gesellschaften Anwendung, soweit nicht die Wirkung von Rechtsakten

in Frage steht, die bereits unter der Herrschaft des alten Rechts vollendet sind, oben Noten 7 b—e und 8. Art. 23 entspricht dem §. 21–2 der Aktiennovelle vom 18. Juli 1884. R.G.Bl. S. 123—170.

Vermöge des Art. 23 unterliegt eine vor 1. Januar 1900 zur Eintragung angemeldete Kommanditgesellschaft auf Aktien nicht dem §. 321 H.G.B. über die Mindestzahl der Gründer und nicht den Vorschriften über die Bestellung von Revisoren; anderseits kann die Eintragung aber nur erreicht werden, wenn die persönlich haftenden Gesellschafter sich, gemäß Art. 174a A.D.H.G.B. mit Einlagen betheiligt haben.

Art. 24. Sind die Aktien einer bestehenden Aktiengesellschaft oder Kommanditgesellschaft auf Aktien gemäß den vor dem Inkrafttreten des Gesetzes vom 18. Juli 1884 (Reichs-Gesetzbl. S. 123) in Geltung gewesenen Vorschriften auf einen geringeren Betrag als eintausend Mark gestellt, so bleiben im Falle einer Zusammenlegung oder sonstigen Umwandlung dieser Aktien die Vorschriften des §. 180 Abs. 1 des Handelsgesetzbuchs außer Anwendung. Der Nennbetrag der Aktien darf jedoch nicht herabgesetzt werden.[91]

Wird das Grundkapital einer bestehenden Aktiengesellschaft oder Kommanditgesellschaft auf Aktien durch Ausgabe neuer Aktien erhöht, so finden die Vorschriften des §. 180 Abs. 1 des Handelsgesetzbuchs auf die neuen Aktien Anwendung, auch wenn die Ausgabe mittelst Umwandlung von Aktien der im Abs. 1 bezeichneten Art geschieht.[92]

Diese Vorschriften gelten auch für Interimsscheine.

91 Die Herabsetzung des Grundkapitals kann auf dem Weg der Aktienamortisation, §. 227 H.G.B., oder auf dem Weg des §. 288 H.G.B (Zusammenlegung, Umtausch u. s. w.) erfolgen; §. 227 H.G.B. enthält zwingendes Recht, gilt also auch für ältere Gesellschaften R.G. XXII 2. Art. 24¹ gestattet aber älteren Gesellschaften, deren Aktien auf weniger als 1000 Mark lauten, wenn sie den Weg des §. 288 H.G.B.. betreten, mit dem Nennwerth der zusammengelegten oder umgewandelten Aktie herunterzugehen. Dieselbe Rücksicht nimmt Art. 24¹ bei einer sonstigen Umwandlung älterer Attien, z. B. wenn statt Inhaberaktien Namensaktien, §. 183 H.G.B., oder an Stelle der bisherigen Aktien durch Aufzahlung Prioritätsaktien, §§. 185, 275¹ H.G.B , ausgegeben werden sollen.

92 Wird das Grundkapital erhöht, §§ 278 ff. H.G.B., so muß der Nennwerth der neu auszugebenden Aktien mindestens 1000 Mk. betragen und zwar gleich, ob ohne Umwandlung nur die Zahl der Aktien vermehrt wird, oder ob an Stelle der bisherigen Aktien andere ausgegeben werden.

Art. 25. Die Vorschriften des §. 228 des Handelsgesetzbuchs über die Kraftloserklärung abhanden gekommener oder vernichteter

Aktien finden auch in dem Falle Anwendung, daß eine Aktie vor dem Inkrafttreten des Handelsgesetzbuchs abhanden gekommen oder vernichtet worden ist.[93]

[93] und zwar auch, wenn die Gesellschaft zu jenem Zeitpunkt bereits aufgelöst ist.

Art. 26. Die vor dem Inkrafttreten des Handelsgesetzbuchs erfolgte Außerkurssetzung einer auf den Inhaber lautenden Aktie verliert mit dem Inkrafttreten des Handelsgesetzbuchs ihre Wirkung.[94]

[94] Uebereinstimmend mit Art. 176 E.G.z.B G.B. und rückwirkend; dazu R.G. IV 139. Inhaberpapiere können dem freien Verkehr nur noch durch Umschreibung auf Namen durch den Aussteller nach §. 806 B.G.B. entzogen werden; der Aussteller ist gesetzlich dazu nicht verpflichtet §. 183 H.G.B. Die Verpflichtung zur Umschreibung und die Förmlichkeitsvorschriften dafür und für die Rückverwandlung pflegt autonomisch geordnet und in der Urkunde beschrieben zu sein.

Art. 27. Auf Personen, die bei dem Inkrafttreten des Handelsgesetzbuchs Mitglieder des Vorstandes einer Aktiengesellschaft sind, finden für die Dauer der Bestellung die Vorschriften des §. 236 des Handelsgesetzbuchs über den Betrieb eines Handelsgewerbes und über die Betheiligung an einer anderen Gesellschaft nur in der Beschränkung auf den Handelszweig der Aktiengesellschaft Anwendung.[95]

[95] Vergl. Note 173 zu §. 236 und oben Note 22 zu Art. 9.

Für Vorstände, deren Bestellung vor Inkrafttreten der Aktiennovelle vom 18. Juli 1884 erfolgte, ist der §. 6 dieser Novelle maßgebend.

Eine Neubestellung liegt nicht darin, daß die Gesellschaft von ihrem Kündigungsrecht keinen Gebrauch gemacht hat, wohl aber in einer Wiederwahl.

Art. 28. Die Vorschrift des §. 283 Abs. 1 des Handelsgesetzbuchs über die Zusicherung von Rechten auf den Bezug neu auszugebender Aktien findet auf eine vor dem Inkrafttreten des Handelsgesetzbuchs ertheilte Zusicherung keine Anwendung.[96]

[96] Durch Art. 215a[4] der Aktiennovelle vom 18. Juli 1884 ist das bis dahin zulässige Gründerprivileg, sich vertragsmäßig den Bezug neu auszugebender Aktien zusichern zu lassen, der Gesellschaft gegenüber für unwirksam erklärt. Das Reichsgericht hat im R.G. XXVII 1, jur W. 91, 894 und 512 das vor Inkrafttreten der Novelle zugesicherte Bezugsrecht auf junge Aktien, welche ihre Existenz aus einem unter der Herrschaft des neuen Gesetzes erfolgten Kapitalerhöhungsbeschlusse herleiteten, selbst für den Fall geschützt, daß der Höchstbetrag des Bezugsrechts nicht limitirt

war; wohlerworbene Rechte sollten nicht beeinträchtigt werden, vergl. oben Note 7b und 8 sowie Einleitung z. H.G.B. Ziffer 1.

Dieselbe Erwägung hat den Art. 28 veranlaßt.

Dagegen ist das Verbot des Erwerbs eigener Aktien, §. 226 H.G.B., ein absolutes und trifft auch unter dem neuen Recht geschlossene Geschäfte älterer Gesellschaften. R.G. XXXVI 37.

Schlußbemerkung.

Die §§. 2—7 der Aktiennovelle vom 18. Juli 1884 enthalten die Uebergangsbestimmungen zu jenem Gesetz. Die Art. 23—28 ändern daran nichts, vergl. oben Note 96; nur treten an die Stelle der von den §§. 2—7 angezogenen Vorschriften des A.D.H.G.B. gemäß Art. 3 E.G. die entsprechenden Vorschriften des neuen H.G.B. Praktische Bedeutung besitzen aber nur noch die §§. 4—6 über das Stimmrecht in der Generalversammlung, über die Unzulässigkeit der Befreiung der Aktienzeichner von der Haftung für weitere Einzahlungen, über den Handelsbetrieb der Vorstandsmitglieder und über die Bestellung der Letzteren zu Mitgliedern des Aufsichtsraths.

Urkundlich 2c.

Gegeben Urville, den 10. Mai 1897.

Wilhelm.

(L. S.) Fürst zu Hohenlohe.

Gerichtsverfassungsgesetz.

Siebenter Titel.*)

Kammern für Handelssachen.

*) Der siebente Titel des Gerichtsverfassungsgesetzes vom 27. Jan. 1877 ist durch Art. I des Gesetzes betr. Aenderungen des G.V.G. und der St.P.O. vom 17. Mai 1898, R.G.Bl. S. 252, nach der Fassung vom 20. Mai 1898 R.G.Bl. S. 369, nur in §. 101 geändert worden. Diese Aenderungen sind durch gesperrten Druck kenntlich gemacht. In Abs. 1 des §. 102 ist Satz 2 weggefallen. Dieser Strich ist ohne Bedeutung. Das so geänderte G.V.G. tritt am 1. Januar 1900 in Kraft.

100. Soweit die Landesjustizverwaltung ein Bedürfniß als vorhanden annimmt, können bei den Landgerichten für deren Bezirke oder für örtlich abgegrenzte Theile derselben Kammern für Handelssachen gebildet[1] werden.

Solche Kammern können ihren Sitz innerhalb des Landgerichtsbezirks auch an Orten haben, an welchen das Landgericht seinen Sitz nicht hat.[2]

[1] Dieselben sind Abtheilungen des Landgerichts wie die Civilkammern. Die Geschäftsvertheilung, welche zwar nicht wie bei den Civilkammern nach §§. 61—66 erfolgt, §. 67, bleibt doch ebenso ein innerer Vorgang. Aus der Geschäftsabtheilung kann daher ein Einwand gegen die Zuständigkeit nicht entnommen werden, jur.W. 1889 S 83, und zwar selbst dann nicht, wenn eine Geschäftsabtheilung nach örtlichen Abgrenzungen stattgefunden hat R.G. XXIII 380 und 383. Eine Verbindung von Prozessen der verschiedenen, am Sitz des Landgerichts befindlichen K.f.H.S., §. 147 P.O., ist unbedenklich, wenn Parteien, Civilkammer und K.f.H.S. sich verständigt haben. In den Fällen der Anfechtungs- und Nichtigkeitsklagen der §§. 272, 308, 309, 320[3] H.G.B., Art. 11 XXII §. 75a E.G. ist die Verbindung sogar geboten. Nach §. 101[3a] ist die K.f.H.S. zuständig für Prozesse letzterer Art, wenn das Verfahren der §§. 102 oder 104[1] eingeschlagen worden. Schwebt aber ein Prozeß bei der Civilkammer und ein anderer bei der K.f.H.S., ohne daß §. 104[1] zur Anwendung gelangt wäre, so darf die Civilkammer nicht von Amtswegen verweisen

§. 104[3]; es verwandelt sich daher die Verweisungsbefugniß der K.f.H.S. in §. 103[2] in eine Verweisungspflicht, weil die Vorschrift der einheitlichen Entscheidung das höhere Prinzip enthält. Hat die K.f.H.S. durch Verkündung eines Beschlusses in der Hauptsache nach §. 103[2] die Verweisungsmöglichkeit sich abgeschnitten, so muß bei einer der Kammern die Aussetzung nach §. 148 P.O. erfolgen.

Handelt es sich um eine Hauptintervention, welche in Form einer selbständigen Klage vor die Civilkammer gebracht ist und nicht vor die K.f.H.S. gehört, so ist die Verbindung mit dem bei der K.f.H.S. schwebenden Vorprozeß nach §. 108 unstatthaft. Es bleibt nichts übrig, als ev. den Hauptprozeß von Amtswegen auszusetzen nach §. 148 P.O., vergl. §. 65 P.O.

Ueber das Verhältniß der K.f.H.S. zu den Civilkammern §§. 102 bis 108.

Der Prozeß ist der Anwaltsprozeß, §. 78 P.O., mit der Besonderheit des §. 118. Die Einlassungsfrist ist jetzt dieselbe wie beim landgerichtlichen Prozeß (§. 102), d. h. regelmäßig 2 Wochen, in Meß- und Marktsachen 24 Stunden §. 262 P.O., im Wechselprozeß §. 604 P.O.

Die Abstimmung ist in §. 199 geordnet.

2 Dieselben sind nicht allein nach §§. 8, 9, 18 Rechtsanwaltsordnung sondern in gleicher Weise wie auswärtige Strafkammern, R.G.St. XVII 231, besondere Gerichte in Ansehung des Gerichtsstands, so daß die Einrede der Unzuständigkeit mit Erfolg entgegengehalten werden kann, wenn zu Unrecht eine K.f.H.S. am Sitz des Landgerichts mit einer Sache befaßt ist, welche vor eine auswärtige K.f.H.S. desselben Landgerichtsbezirks gehört; §§. 12, 274 Ziff. 1, 275, 547 Ziff. 1 P.O., R.G. XXIII 384.

Die §§ 528, 566 P.O lassen (Anregung gab R.G. XXXIII 356) die Einrede der Unzuständigkeit verloren gehen, wenn sie schuldhafter Weise in erster Instanz vor der mündlichen Verhandlung zur Hauptsache (darüber unten Noten 18 und 22 zu §§. 103 und 106) nicht vorgetragen ist. Diese neue Vorschrift gilt nicht gegen den nicht erschienenen Beklagten und nur für den verzichtbaren ausschließlichen örtlichen Gerichtsstand (z. B. §§. 24 und 802 P.O., der nur die örtliche Zuständigkeit treffen will R.G. XIII 367), nicht aber für Fälle ausschließlicher sachlicher Zuständigkeit, Kommiss.-Prot. zu §§. 40 und 528 C.P.O. vom 17. Mai 1898; dazu unten Note 18 a. E. zu §. 103.

Eine Verbindung von Prozessen, welche bei einer auswärtigen K.f.H.S. und einer Civilkammer desselben Landgerichts schweben, kann nur auf dem Weg der §§. 102—107 ermöglicht werden. Eine Verbindung von Prozessen, die bei einer auswärtigen K.f.H.S. und einer K.f.H.S. am Sitz des Landgerichts anhängig gemacht werden können, läßt sich nur nach §. 36 P.O. bewerkstelligen, weil diese Kammern sich zu einander wie zwei verschiedene Landgerichte verhalten und die §§. 102—107 sich darauf nicht beziehen; vergl. dazu R.G. XXIII 383 und XXXIII 356.

Ein Amtsrichter kann, abweichend von §. 109[1], Vorsitzender sein, §. 110.

101. Vor die Kammern für Handelssachen gehören[3] nach Maßgabe der folgenden Vorschriften diejenigen den Landgerichten in erster Instanz zugewiesenen bürgerlichen Rechtsstreitigkeiten, in welchen durch die Klage[4] ein Anspruch geltend gemacht wird:[5]

1. gegen einen Kaufmann im Sinne des Handelsgesetzbuchs aus Geschäften, welche für beide Theile Handelsgeschäfte sind;[6—7]
2. aus einem Wechsel im Sinne der Wechselordnung oder aus einer der im §. 363 des Handelsgesetzbuchs bezeichneten Urkunden;[8]
3. aus einem der nachstehend bezeichneten Rechtsverhältnisse:
   a) aus dem Rechtsverhältnisse zwischen den Mitgliedern einer Handelsgesellschaft oder zwischen dieser und ihren Mitgliedern oder zwischen dem stillen Gesellschafter und dem Inhaber des Handelsgeschäfts, sowohl während des Bestehens als auch nach Auflösung des Gesellschaftsverhältnisses, ingleichen aus dem Rechtsverhältnisse zwischen den Vorstehern oder den Liquidatoren einer Handelsgesellschaft und der Gesellschaft oder deren Mitgliedern;[9]
   b) aus dem Rechtsverhältnisse, welches das Recht zum Gebrauche der Handelsfirma betrifft;[10]
   c) aus den Rechtsverhältnissen, welche sich auf den Schutz der Waarenbezeichnungen, Muster und Modelle beziehen;[11]
   d) aus dem Rechtsverhältnisse, welches durch den Erwerb eines bestehenden Handelsgeschäfts unter Lebenden zwischen dem bisherigen Inhaber und dem Erwerber entsteht;[12]
   e) aus dem Rechtsverhältnisse zwischen dem Prokuristen, Handlungsbevollmächtigten, Handlungsgehülfen oder Handlungslehrling und dem Inhaber des Handelsgeschäfts, sowie aus dem Rechtsverhältnisse zwischen einem Dritten und demjenigen, welcher wegen mangelnden Nachweises der Prokura oder Handlungsvollmacht haftet;[13]
   f) aus den Rechtsverhältnissen des Seerechts oder des Rechts der Binnenschiffahrt, insbesondere aus denjenigen, welche sich auf die Rhederei, auf die Rechte und Pflichten des Rheders oder Schiffseigners, des

Korrespondentrheders und der Schiffsbesatzung, auf die Bodmerei und die Haverei, auf den Schadensersatz im Falle des Zusammenstoßes von Schiffen, auf die Bergung und Hülfeleistung und auf die Ansprüche der Schiffsgläubiger beziehen.[14]

[3] Ohne Rücksicht auf den Streitwerth (ausschließliche Zuständigkeit): die Klagen gegen die Emissionshäuser und deren Hintermänner, §§. 43 bis 47 Börs.Ges.; die gegen den Landesfiskus, R.G. XI 65 und 96, zu erhebende Klage aus §. 33 des Reichsstempelgesetzes vom 27. April 1894; die Einwendungen aus §. 767 P.O., die Klage auf Ertheilung der Vollstreckungsklausel, §. 731[1] P.O., und das Wiederaufnahmeverfahren §. 584 P.O., weil wegen des Zusammenhangs das Prozeßgericht ausschließlich berufen ist R.G. XXXIII 356.

Dasselbe gilt in den Fällen der §§. 540, 541, 599, 600, 302 P.O., R.G.Pl. XXXI 8 und des §. 893[2] P.O., jur.W. 1886 S. 165.

Eines Antrags nach §. 102 bedarf es in diesen Fällen nicht; Parteianträgen oder einem von Amtswegen zu fassenden Beschluß, §§. 102, 103, 107, steht keine Einwirkung zu, sobald vom Gesetz als Gerichtsstand derjenige des Hauptprozesses bezeichnet ist, R.G. XXXIII 358.

Bei einem Streitwerth von mehr als 300 Mk., §§. 23, 70: Alle bürgerlichen Ansprüche aus §. 101, aus dem Gesetz zur Bekämpfung des unlauteren Wettbewerbs vom 27. Mai 1896 §. 15 cit., Entscheidungen aus dem Schiedsverfahren §§. 1045, 1046 P.O., wenn die K.f.H.S. für den Anspruch selbst zuständig wäre. Voraussetzung ist ein Antrag nach §§. 102, 104 und ferner, daß die Zuständigkeit des Amtsgerichts nicht etwa eine ausschließliche ist, §. 23 Ziff. 2; dazu §. 103 Note 18 a. E. Klagen auf Erlassung eines Vollstreckungsurtheils, § 722 P.O., und Feststellungsklagen nach §. 879 P.O., §. 146[2] K.O. sind der K.f.H.S. entzogen; handelt es sich aber um Verfolgung des Widerspruchs nach §. 146[3 oder 6] K.O., so entscheiden die allgemeinen Grundsätze. Daher kann nach Note 3 oben die ausschließliche Zuständigkeit der K.f.H.S. im Fall des §. 146[3 oder 6] K.O. begründet sein. Anfechtungsklagen nach §§. 29 ff. K.O. und nach dem Anfechtungsgesetz vom 21. Juli 1879, Fassung vom 20. Mai 1898 R.G.Bl. 709, sind keine Handelssachen.

Prorogation vor die Civilkammer unten Note 14 zu §. 103.

[4] Ist nicht wörtlich zu nehmen, sondern gleichbedeutend mit anhängig gemachten bürgerlichen Rechtsstreitigkeiten, vergl. die Begründung zum §. 15 des Entwurfs eines Gesetzes zur Bekämpfung des unlauteren Wettbewerbs. Eine andere Auffassung läßt sich auch nicht aus den Materialien z. G.V.G. u. z. C.P.O. entnehmen. Daher sind die K.f.H.S. auch für alle sich nach Note 3 nöthig erweisenden Arreste und einstweiligen Verfügungen in demselben Umfang zuständig wie die Civilkammern in ihrem Gebiet.

[5] Nach §. 4 E.G.z.G.V.G. kann den K.f.H.S. durch Landesgesetz jede andere Art der Gerichtsbarkeit und von Geschäften der Justizverwaltung übertragen werden.

Durch §§. 19, 30 F.G.G. sind die K.f.H.S. Beschwerdeinstanz für die Handelssachen der §§. 125—158 F.G.G. (Registersachen, Revisorenaufstellung u. s. w. und Dispache); das Schiffspfandrecht §§. 100—124 F.G.G. Art. 20 E.G.z.H.G.B. steht hier außerhalb der Handelssachen, weil man wegen seiner Verwandtschaft mit der Hypothek das Verfahren möglichst nach der Grundbuchordnung eingerichtet hat, obgleich §. 343 H.G.B. im Uebrigen gilt. Die K.f.H.S. haben ferner von Amtswegen eine Firma, die Eintragung einer Aktiengesellschaft, einer Kommanditgesellschaft auf Aktien, einer Erwerbs- und Wirthschaftsgenossenschaft und einer Gesellschaft m. b. H. sowie deren eingetragene Generalversammlungsbeschlüsse zu löschen, falls die Eintragung zu Unrecht erfolgt ist §§. 141—147 F.G.G.; vergl. hierüber §§. 271—273, 308—311 H.G.B., Art. 10 V und XI und Art. 11 XXII E.G. dazu.

[6] Hierher gehören die Vollkaufleute der §§. 1—3 H.G.B., einschließlich der eingetragenen Liegenschaftsagenten, nicht aber Agenten der Gegenseitigkeitsgesellschaften §. 2 Note 15, §. 1 Note 12, §. 84 Note 165 H.G.B.; eingetragene Grundstücksmäkler, jedoch nicht Ehe- oder Gesindemäkler §. 1 Note 12, §. 2 Note 15, §. 93 Note 189, 190 H.G.B. Obgleich Liegenschafts-Agenten und -Mäkler nicht den §§. 84—92, 93—104 H.G.B. unterstehen, so werden sie durch die Eintragung nach §. 2 H.G.B. doch Kaufleute und sind alsdann ihre Geschäfte nach §§. 343, 344 H.G.B. Handelsgeschäfte. Kaufleute sind ferner die Handwerker und Kleingewerbetreibenden des §. 4 H.G.B. (Kleinmäkler §. 104 H.G.B.), nicht aber deren gesellschaftliche Vereinigungen (R.G. XI 80 und Motive zu §. 101) z. B. a conto Metà — Geschäfte (Gelegenheitsgesellschaft) zwischen Wirth und Koch, Restauratur und Kellner Handelsfrauen — Schlußbemerkung nach §. 7 H.G.B. Ein beiderseitiges Handelsgeschäft ist, weil der Begriff des Handelsgeschäfts an den Kaufmannsbegriff geknüpft worden, nur gegeben, wenn auf beiden Seiten Kaufleute stehen §§ 343, 344 H.G.B. Also muß künftig auch der Kläger Kaufmann sein; jedoch ist der Kaufmannsbegriff durch die §§. 1—4 H.G.B. sehr erweitert.

Ferner sind zufolge § 6[1] H.G.B. die 5 Handelsgesellschaften, §. 105 Note 1 H.G.B., Kaufleute; die Genossenschaft gilt als Kaufmann §. 17 Gen.Ges.; die Aktiengesellschaft §. 210[2] H.G.B., die Kommanditgesellschaft auf Aktien §. 320[3] H.G.B., die Gesellschaft m. b. H. (§. 13) und die Genossenschaft (§. 17) sind Kaufleute ohne Rücksicht auf den Gegenstand des Unternehmens; vor der Eintragung haben sie nicht die Rechte der betr. Gesellschaftsart §§. 200, 320[3] H.G.B., §. 11 Ges betr.G.m.b.H., § 13 Gen.Ges. Die Liquidation benimmt die Kaufmannseigenschaft nicht, R.O.H.G. XXIII 144.

Bei der stillen Gesellschaft, §. 335 H.G.B., kommt hier nur der Inhaber in Betracht. Die Gelegenheitsgesellschaft ist als besondere Gesellschaftsform nicht übernommen, H.G.B. §. 105 Note 1 und Schlußbemerkung nach §. 342 H.G.B.; jur. Personen §. 33 H.G.B.; staatliche Unternehmungen §. 36 H.G.B.; der Postfiskus ist nicht Kaufmann §. 452 H.G.B.; Bergwerksgesellschaften Art. 5 E.G z.H.G.B.

[7] Sämmtliche Beklagte müssen zur Zeit der Klagezustellung die Kaufmannseigenschaft besitzen; selbst der Bürge kann nicht gleichzeitig mit dem Hauptschuldner bei der K.f.H.S. belangt werden, wenn er Nichtkaufmann und die Bürgschaft kein Handelsgeschäft ist, vergl. §. 349 H.G.B. Der von einem Kaufmann geschlossene Bürgschaftsvertrag ist Handelsgeschäft auf Seiten des Bürgen, wenn dieser, und auf Seiten des Bürgschaftsnehmers, wenn dieser Kaufmann ist R.G. I 25, §. 344 H.G.B. Der §. 345 H.G.B unterwirft die Parteien nicht in prozessualer Hinsicht gleichmäßiger Behandlung, läßt sich also für Zuständigkeit der K.f.H.S. nicht verwerthen, R.O.H G. XV 390. Die Universalsuccession auf Seiten des Beklagten schließt in allen Fällen die Zuständigkeit der K.f.H.S. aus, falls die Erben Nichtkaufleute sind; bei der Singularsuccession ist die Zuständigkeit begründet, wenn die Rechtsnachfolge auf einem Handelsgeschäft beruht und der Beklagte Kaufmann ist; vor 1877 anders R.O.H.G. XIII 351. Als Ausfluß dieses Grundsatzes (Mot. zu §. 83 des Entwurfs und S. 494 Komm.Prot. zum G.V G. vom 27. Januar 1877) ist Ziff. 3d §. 101 zu betrachten.

Wer als Kaufmann zu Unrecht eingetragen ist, muß sich den §. 5 H.G.B. entgegenhalten lassen; vergl. H.G.B. §. 123 Note 51. Wer ein Handelsgewerbe thatsächlich als sein eigenes betreibt, muß sich als Kaufmann behandeln lassen, wenn die Firma zum Schein auf einen andern Namen eingetragen und betrieben worden ist R.G.St. XXV 121. Mit der Konkurseröffnung hört die Kaufmannseigenschaft auf, wenn nicht etwa der Gemeinschuldner fortfährt, ein Handelsgewerbe zu betreiben R.G. XIII 152. Für diese Fortdauer genügt eine faktische, durch die Umstände zu rechtfertigende Vermuthung R.O.H G. XIX 88; vergl. §. 32 H.G.B. Stellung des Konkursverwalters als ein im öffentlichen Interesse geschaffenen Organs R G. XXIX 36.

[8] Kaufmännische Anweisungen und Verpflichtungsscheine, Konnossemente, Ladescheine, Lagerscheine, Bodmereibriefe, Transportpolicen, vergl. Note 87 zu Art. 21 und Note 81 zu Art. 17 E G.z.H.G.B. (Check). Ob gerade der Wechselprozeß gewählt wird oder das Verfahren der §§. 596, 602 P.O. ist einerlei; wegen des Nachverfahrens oben Note 3.

[9] Ueber Handelsgesellschaften und Vereinigungen Kleingewerbetreibender oben Note 6; hierher gehören insbesondere die Anfechtungs- und Nichtigkeitsklagen der §§. 271—273, 308—309, 320[3] H.G B., Art. 10 V und XI, Art. 11 XXII E.G.z.H.G.B. Eine Vereinigung zu einzelnen Handelsgeschäften für gemeinsame Rechnung (Gelegenheitsgesellschaft) kann in Folge der Beseitigung der sogenannten absoluten Handelsgeschäfte, vergl. §§. 1—3, §. 105 Note 1, Schlußbemerkung nach §. 342 und §§. 343—344 H.G.B. nur unter Kaufleuten vorkommen, so daß die Zuständigkeit nach Note 7 begründet ist. Ueber Verbindung von Nichtigkeits- und Anfechtungsprozessen oben §. 100 Note 1—2.

[10] §§. 16, 24, 30, 37[2] H.G.B.

[11] also Gesetz betr. den Schutz von Gebrauchsmustern vom 1. Juni 1891 R.G.Bl. S. 290, Gesetz zum Schutz der Waarenbezeichnungen vom 12. Mai 1894 R.G.Bl. S. 441, welches an Stelle des Gesetzes über

Markenschutz vom 30. Nov. 1874 R.G.Bl. S. 143 getreten ist, das Gesetz betr. das Urheberrecht an Mustern und Modellen vom 11. Jan. 1876 R.G.Bl. S. 11 (§. 15); nicht hierher gehören Patentsachen, Streitigkeiten aus dem Haftpflichtgesetz oder aus dem Gesetz vom 11. Juni 1870 betr. das Urheberrecht an Schriftwerken, Abbildungen rc. R G.Bl. S. 338 (§. 32).

12 Die Fassung ist den §§. 25, 26 H.G.B. angepaßt; vergl. oben Note 7. Kaufmannseigenschaft ist nicht erforderlich R.O.H.G. XI 150.

13 Die Aenderungen haben ihren Grund in der besonderen Behandlung des Lehrlings, §§. 76—82 H.G.B., (wegen der Prokuristen rc. §§. 59 ff. H.G.B.) und in dem Ersatz des Art. 55 H.G.B. durch §. 179 B.G.B., welcher die Haftung des falsus procurator und desjenigen, der seine Vertretungsmacht überschritten hat, gemeinsam mit §. 178 B.G.B. regelt. Wegen der Mäkler war keine Bestimmung mehr nöthig, weil der amtliche Handelsmäkler nicht mehr vorkommt §. 93 Note 186 H.G.B. und die Privatmäkler entweder unter §. 1 Ziff. 7 oder §. 4 H.G.B. oder unter §. 2 H.G.B. fallen, oben Note 6, wenn sie überhaupt Kaufleute sind.

14 An Stelle der früheren Ziffer 3f (Mäkler) ist Ziffer 3g getreten und zwar ergänzt durch den hierher übernommenen Abs. 1 des §. 138 B.Sch.G.; vergl. Art. 12 XXII E.G.z.H.G.B.

Soweit nicht Ziffer 1 und 3f für Versicherungssachen die Zuständigkeit der K f.H.S. begründen, ist dieselbe ausgeschlossen; deshalb wurde absichtlich die Uebernahme von Versicherungen gegen Prämie §. 1 Ziff. 3 H.G B. hier nicht aufgezählt; Mot. zum G.V.G. vom 27. Jan. 1877. Es ist außerdem zulässig durch Policeklausel auf die Civilkammer zu prorogiren R.O.H G. XXIII 266. Würden die Versicherungs-Gesellschaften sich aber dahin vereinigen, daß sie ohne solche Prorogation eine Versicherung nicht eingehen, so würde die Klausel nach §§. 138, 139 B.G.B. ungültig sein R.G. XX 116, R.O.H.G. XXIII 268. Durch §. 101 3f ist die Zuständigkeit des Seeamts, §. 106 Seemannsordnung, und des Gewerbegerichts, §§. 20, 25 B.Sch.G., nicht berührt. Die Flößerei ist nicht aufgeführt, weil diese Streitigkeiten meist unter §. 101 1 fallen und im Uebrigen die Civilkammern zuständig sein sollen.

102. Die Verhandlung des Rechtsstreits erfolgt vor der Kammer für Handelssachen, wenn der Kläger dies in der Klageschrift beantragt hat.[15]

In den Fällen der §§. 505, 506 der Civilprozeßordnung hat der Kläger den Antrag auf Verhandlung vor der Kammer für Handelssachen in der mündlichen Verhandlung vor dem Amtsgerichte zu stellen.[16]

15 §. 102 findet keine Anwendung, wenn der ausschließliche Gerichtsstand bei der K.f.H.S. gegeben ist §. 101 Note 3. Der Satz 2 des Abs. 1 ist gestrichen, weil §. 262 P.O. die Einlassungsfrist für den landgerichtlichen Prozeß überhaupt auf 2 Wochen als Regel festsetzt; vergl. oben Note 1.

16 Kläger ist auch der Widerkläger und der Antragsteller im Fall des §. 280 P.O., dazu oben Note 4. Die Entscheidung des Amtsgerichts verhindert nicht die durch §§. 103—106 bedingte Verweisung der Sache von der K.f.H.S. an die Civilkammer oder umgekehrt; sie stellt lediglich die Unzuständigkeit des Amtsgerichts §. 11 P.O. und die Anhängigkeit bei der K.f H.S. bezw. beim Landgericht fest. Das Amtsgericht hat sich nicht mit der Prüfung zu befassen, vor welche Kammer die Sache gehört.

103. Wird vor der Kammer für Handelssachen eine vor dieselbe nicht gehörige Klage zur Verhandlung gebracht, so ist der Rechtsstreit auf Antrag des Beklagten an die Civilkammer zu verweisen.

Gehört die Klage oder die im Falle des §. 506 der Civilprozeßordnung erhobene Widerklage als Klage nicht vor die Kammer für Handelssachen, so ist diese auch von Amtswegen befugt, den Rechtsstreit an die Civilkammer zu verweisen, solange nicht eine Verhandlung zur Hauptsache erfolgt und auf dieselbe ein Beschluß verkündet ist. Die Verweisung von Amtswegen kann nicht aus dem Grunde erfolgen, daß der Beklagte nicht Kaufmann ist.[17–19]

17 Die auf Abtheilungen eines Gerichts nicht anwendbaren Prorogationsgrundsätze der §§. 38—40 P.O., haben nicht einmal sinngemäße Bedeutung. Der Grundsatz, daß bei Klagenhäufung und Erhebung einer Widerklage der höhere Werth der einen Sache die Zuständigkeit für die unbedeutendere Sache nach sich zieht, wie derselbe in dem Vorbild des §. 101 G.V.G., nämlich in § 14 des Gesetzes vom 12. Juni 1869 betr. Errichtung eines obersten Gerichtshofs für Handelssachen B.G.Bl. S. 204 angenommen wurde, ist in den Kommissionsberathungen (Prot. zur P.O. S. 501 ff. und zum G.V.G. S. 296 ff.) namentlich von dem Gesichtspunkt aus abgelehnt, daß die Civilkammer die Regel, die K.f.H.S. die nicht zu begünstigende Ausnahme darstelle. Die vom R O.H.G. XIII 351 bekämpfte Auffassung der K.f.H S. als Standesgerichte hat sowohl damals als bei Berathung des neuen H.G.B. im Reichstag entschiedene Vertretung gefunden.

Daraus erklärte sich Inhalt und Tragweite des §. 101 sowohl wie der §§. 103—108.

18 Daß der Ausdruck Klage nicht buchstäblich zu nehmen ist, ist schon in Noten 4 und 16 erwähnt. Bei einer Klagenhäufung müssen sämmtliche Klagen bezw. sämmtliche Klagegründe, bei geänderter Klage, bei Erhebung einer Widerklage nach §. 33 P.O., einer Präjudizialincident-Feststellungsklage oder — Widerklage nach §. 280 P.O. muß die geänderte Klage, Widerklage und Feststellungsklage vor die K.f.H.S. gehören. Andernfalls setzt der Beklagte die Verweisung des ganzen Rechtsstreits (eine Trennung ist nicht zulässig) an die Civilkammer unbedingt durch, wenn er darauf vor Verhandlung zur Sache, §. 106, anträgt und nicht

schon der Civilkammer diese mehrere Klagegründe 2c. zu dem Zeitpunkt vorlagen, als sie etwa eine Verweisung an die K.f.H.S. nach §. 107 aussprach.

Von Amtswegen kann die K.f.H.S. sogar noch so lange an die Civilkammer verweisen oder an diese zurückverweisen (falls die Sache nicht vor die K.f.H.S. gehörte oder sich dieser Umstand erst nach Verweisung an die K.f.H.S. als neu herausstellte), als noch nicht zur Hauptsache verhandelt und noch kein Beschluß in der Hauptsache verkündet ist; nur darf die K.f.H.S. diese Verweisung von Amtswegen nicht damit begründen, daß Beklagter nicht Kaufmann sei; denn die Parteien erkennen ja Beide die Kaufmannseigenschaft an. Insoweit wirkt der Parteiwille also einschränkend. Dadurch ist die K.f.H.S. aber nicht an der Prüfung verhindert, ob ein beiderseitiges Handelsgeschäft vorliegt §. 101 Ziff 1.

Zur Sache, §. 106, ist zwar verhandelt, wenn auch nur prozeßhindernde Einreden vorgebracht worden sind; aber selbst wenn über diese entschieden ist, hat immer noch keine Verhandlung zur Hauptsache stattgefunden §. 274[1] P.O., wenn nicht etwa der Beklagte sich in der Hauptsache hat vernehmen lassen. Ein Vertagungsbeschluß ist ein Beschluß in der Sache, aber noch nicht in der Hauptsache; wohl aber entscheidet ein Versäumnißurtheil §. 331 P.O. in der Hauptsache; vergl. dazu §. 106 Note 21[1].

Verweisung an das Amtsgericht §. 276 P.O. Hat die K.f.H.S. ihre sachliche Zuständigkeit angenommen, obwohl das Amtsgericht sachlich ausschließlich zuständig war, so gibt es keine Anfechtung, §. 10 P.O., R.G. XIII 369. Anders, wenn das Amtsgericht zugleich örtlich die ausschließliche Zuständigkeit, welche etwa durch Prorogation nicht beseitigt werden durfte, besessen hat, R.G. XVIII 377, §. 40[2] P.O. Hieran ändert die neue Fassung der §§. 528, 566 P.O. nichts; vergl. oben §. 100 Note 2.

Ueber Verbindung von Prozessen und einen Fall, in welchem die Verweisungsbefugniß zur Pflicht wird Note 1 und 2 zu §. 100. Ueber Haupt- und Nebenintervention §. 108 Noten 27 und 28.

[19] Im Prozeß wird ein Kompetenzkonflikt durch §. 107 unmöglich gemacht. Im Gebiet der freiwilligen Gerichtsbarkeit, oben §. 101 Note 5, kann der dem §. 36 P.O. nachgebildete §. 5 F.G.G. im Verhältniß der mehreren K.f.H.S. unter einander keine Anwendung finden, weil es sich hier, abgesehen von §. 100[2], wo allerdings §. 5 F.G.G. Recht gibt, nur um Abtheilungen desselben Gerichtshofs handelt. Wo die Landesgesetzgebung nicht wie in Preußen, §. 20[2] Ausf.Ges. zum G.V.G. vom 24. April 1878 S. 230 ff., Bestimmung getroffen hat, wird eine Meinungsverschiedenheit über die örtliche Zuständigkeit zwischen K.f.H.S. untereinander oder den Civilkammern desselben Gerichtshofs untereinander in solchen Angelegenheiten durch diejenige Behörde zu erfolgen haben, welcher die Geschäftsabtheilung und deren Auslegung zusteht §§. 61—67 G.V.G. Dabei wird §. 4 F.G.G analoge Anwendung zu finden haben.

Ebenfalls die die Geschäftsabtheilung ordnende Instanz wird mangels anderer Bestimmung die Entscheidung im Fall der Meinungsverschiedenheit einer K.f.H.S. und einer Civilkammer, ob eine Handelssache vorliegt, zu geben haben.

104. Wird vor der Civilkammer eine vor die Kammer für Handelssachen gehörige Klage zur Verhandlung gebracht, so ist der Rechtsstreit auf Antrag des Beklagten an die Kammer für Handelssachen zu verweisen. Ein Beklagter, welcher nicht in das Handelsregister eingetragen ist, kann den Antrag nicht darauf stützen, daß er Kaufmann ist.

Der Antrag ist zurückzuweisen, wenn die im Falle des §. 506 der Civilprozeßordnung erhobene Widerklage als Klage vor die Kammer für Handelssachen nicht gehören würde.

Zu einer Verweisung von Amtswegen ist die Civilkammer nicht befugt.

Die Civilkammer ist zur Verwerfung des Antrags auch dann befugt, wenn der Kläger demselben zugestimmt hat.[20]

[20] Dieselben Grundsätze wie in Noten 17 und 18 mit der Folge, daß, wenn nicht alle Klagegründe, die erweiterte oder geänderte Klage vor die K.f.H.S. gehören, die Civilkammer als ordentliches Gericht dem Verweisungsantrag nicht nachgeben darf. Dagegen entzieht §. 104 1—2 dem Widerbeklagten sowohl im Fall des §. 33 P.O. als in demjenigen des § 280 P.O. die Befugniß auf Stellung eines Antrags, die Sache an die K.f.H.S. zu verweisen, weil er die Klage vor der Civilkammer anhängig gemacht und sich damit präjudizirt hat. Nur im Fall des §. 506 P.O. hat er das Antragsrecht, weil er sich durch Anrufen des Amtsgerichts Nichts vergeben konnte.

Aus demselben Grund kann der Widerkläger nur bei Erhebung der Widerklage vor dem Amtsgericht mit einem Verweisungsantrag kommen §§. 102², 104²; hatte er sich, wenn die Klage vor der Civilkammer erhoben worden, darauf eingelassen nach § 106¹, so ist ein erst bei Erhebung der Widerklage gestellter Verweisungsantrag verspätet.

Im System liegt es auch, daß die Civilkammer nur auf Antrag verweisen darf, daß dieser Antrag von einem nichteingetragenen Kaufmann (Zweck ist der Schutz der Kleingewerbetreibenden und Handwerker §. 4 H.G.B.) nicht mit seiner Kaufmannseigenschaft begründet werden kann, und daß die Civilkammer in der Prüfung der eigenen Zuständigkeit durch den Parteiwillen nicht beengt werden darf.

105. Wird in einem bei der Kammer für Handelssachen anhängigen Rechtsstreite die Klage in Gemäßheit des §. 280 der Civilprozeßordnung durch den Antrag auf Feststellung eines Rechtsverhältnisses erweitert oder eine Widerklage erhoben und gehört die erweiterte Klage oder die Widerklage als Klage nicht vor die Kammer für Handelssachen, so ist der Rechtsstreit auf Antrag des Gegners an die Civilkammer zu verweisen.

Unter der Beschränkung des §. 103 Abs. 2 ist die Kammer zu der Verweisung auch von Amtswegen befugt. Diese Befugniß tritt auch dann ein, wenn durch eine Klagänderung ein Anspruch geltend gemacht wird, welcher nicht vor die Kammer für Handelssachen gehört.[17-18]

106. Der Antrag auf Verweisung des Rechtsstreits an eine andere Kammer[21] ist nur vor der Verhandlung des Antragstellers zur Sache zulässig.[22]

Ueber den Antrag ist vorab zu verhandeln und zu entscheiden.[23]

21 Nach § 103—105, R G XXIII 381

22 Ueber den Unterschied zwischen Verhandeln zur Sache, § 136 P.O, und zur Hauptsache, § 274 Abs. 1 P.O, oben Note 18 Ein Vertagungsantrag ist nicht einmal ein Verhandeln zur Sache, wohl aber ist ein Beweisantrag ein Verhandeln zur Sache oder zur Hauptsache R.G. XXXI 424; durch Verlesen der Anträge, §§. 137, 297, 334 P O, ist dann verhandelt, wenn denselben irgend eine Begründung mündlich oder mittelst Verlesens gegeben wird Die betr Partei kann dieses, wenn auch nur theilweise Eingehen auf die Sache nicht zurücknehmen, um als nicht verhandelnd angesehen zu werden R G X 392. Der Antrag des §. 106 bedarf nicht der Schriftlichkeit.

23 Besteht keine Meinungsverschiedenheit über die Verweisung, so erfolgt die Entscheidung durch Beschluß § 329 P.O, andernfalls ev nach Beweiserhebung durch Zwischenurtheil, welches Entscheidung gibt über eine prozessuale Zwischenfrage § 303 P.O, über die Kosten kann darin so wenig entschieden werden als im Fall des § 304 P O R G XVI 316. Dem Anwalt stehen 3/10 der in §§ 13—18 bestimmten Gebühren zu, §. 23 Nr. 1 Geb.O f R.A in der Fassung des Art. VII[4] des E.G.z.Ges betr Aenderung der C P O vom 17 Mai 1898, jedoch §§ 23 und 29 Geb.O.f R.A Im Uebrigen ist Verfahren und Entscheidung gebührenfrei, § 47[3] G.K G in der Fassung des Art IV[15] des E.G.z.Ges betr Aenderung der C P.O. vom 17 Mai 1898

Zustellung der Entscheidung ist nicht geboten, weil es kein Rechtsmittel und keine Zwangsvollstreckung gibt

107. Gegen die Entscheidung über Verweisung[24] eines Rechtsstreits an die Civilkammer oder an die Kammer für Handelssachen findet kein Rechtsmittel statt.[25] Erfolgt die Verweisung an eine andere Kammer, so ist diese Entscheidung für die Kammer, an welche der Rechtsstreit verwiesen wird, bindend.[26] Der Termin zur weiteren mündlichen Verhandlung wird von Amtswegen bestimmt und den Parteien bekannt gemacht.

24 oder über Ablehnung einer solchen Verweisung, jur.W 1886, 225.

25 Auch nicht auf dem Weg eines Angriffs gegen eine in der Sache selbst getroffenen Entscheidung, abgesehen von §. 108, jur.W 1891, 465, noch aus dem Grund, daß eine andere K f.H.S an demselben Sitz die Entscheidung hätte geben müssen, jur.W. 1890, 25, vergl § 100 Note 1—2.

26 Bei Hervortreten einer Neuheit, vergl. Noten 18 und 20, kann eine Zurückverweisung vorkommen

108. Bei der Kammer für Handelssachen kann ein Anspruch in Gemäßheit des §. 64 der Civilprozeßordnung nur dann geltend gemacht werden, wenn der Rechtsstreit nach den Bestimmungen des §. 101 vor die Kammer für Handelssachen gehört.[27—28]

27 Weil die Hauptintervention den Charakter einer gegen die beiden bisherigen Parteien (Streitgenossen R G. XVII 340) in einem anhängigen Prozeß gerichteten Klage hat, folglich auch die Zuständigkeit nach den Noten zu §. 101 vorhanden sein muß

Ist der Rechtsstreit, in welchem eine Hauptintervention stattfindet, vor der Civilkammer anhängig, so findet eine Verweisung vor die K f.H.S selbst dann nicht statt, wenn die Beklagten darauf antragen und die Hauptintervention als Klage vor die K f H S gehören würde. In Folge der Stellung des § 108 außerhalb der §§. 103—107 ist die Behandlung der Hauptintervention vor der K f.H S und der Civilkammer nicht gleichmäßig geordnet, vergl. jur.W. 1891, 465 und oben Note 17 Ders Ansicht Gaupp C.P O. § 61 (64) III[2]; dagegen v. Wilmowsky und Levy C P.O §. 61 Note 5, Struckmann und Koch zu §. 108 G.V G Ist der Prozeß, der vor der K f.H S. anhängig war, in letzter Instanz erledigt, §§. 705, 271 P.O, so fällt die „Coincidenz" (Mot zu §. 61 P O vom 30. Jan. 1877) weg und ist anstatt der Hauptintervention die Widerspruchsklage des §. 771 P.O und im Vertheilungsverfahren diejenige des § 879 P.O. gegeben.

Ist die Hauptintervention in Form einer selbständigen Klage vor der Civilkammer erhoben, so gilt §. 104. Ueber Verbindung §. 100 Note 1 und 2.

28 Hinsichtlich der Nebenintervention gilt wegen ihrer Unselbständigkeit, §. 67 P.O., nichts Besonderes. Daher ändert sich an der Zuständigkeit der K.f.H.S. nichts, wenn Aktionäre als Nichtkaufleute in einen Anfechtungsprozeß nach §. 272 Note 288 H.G.B. als Nebenintervenienten eintreten.

109. Die Kammern für Handelssachen entscheiden in der Besetzung mit einem Mitgliede des Landgerichts als Vorsitzenden und zwei Handelsrichtern.

Sämmtliche Mitglieder der Kammer für Handelssachen haben gleiches Stimmrecht.[29]

In Streitigkeiten, welche sich auf das Rechtsverhältniß zwischen Rheder oder Schiffer und Schiffsmannschaft beziehen, kann die Entscheidung durch den Vorsitzenden allein erfolgen.[30]

29 Und stimmen nach §. 199.

30 Die größere Zahl solcher Prozesse (aus Dienst- und Lohnverhältnissen) gehört vor das Seeamt und bei der Binnenschiffahrt vor das Gewerbegericht, oben Note 14. Es gehören aber hierher z. B. die Fälle der §§. 511, 749 H.G.B., §§. 7, 91, 94^3 B.Sch.G. Das Verfahren ist das landgerichtliche. Lediglich das Ermessen des Vorsitzenden entscheidet, ob die Sache so dringlich ist, daß der Zuzug der Beisitzer nicht abgewartet werden kann.

110. Im Falle des §. 100 Abs. 2 kann ein Amtsrichter Vorsitzender der Kammer für Handelssachen sein.

111. Das Amt der Handelsrichter ist ein Ehrenamt.[31]

31 Nach den Motiven S. 129 ist das Amt als ein unentgeltliches gedacht, so daß Reisekosten nicht ersetzt werden; die bad. V.O. vom $\frac{\text{14. September 1879}}{\text{1. Mai 1889}}$ Ges. und V.O.Bl. 89 S. 468 gewährt in §. 8 Fahrpreise für I. Klasse und, soweit solche Fahrgelegenheit nicht benutzt werden kann, je 20 Pfennig für jedes angefangene Kilometer des Hinwegs und Rückwegs.

112. Die Handelsrichter werden auf gutachtlichen Vorschlag des zur Vertretung des Handelstandes berufenen Organs für die Dauer von drei Jahren ernannt; eine wiederholte Ernennung ist nicht ausgeschlossen.[32]

32 Dieselbe setzt erneuten Vorschlag durch das berufene Organ des §. 112 voraus. Eine Verpflichtung zur Annahme des Amts besteht reichsgesetzlich nicht; es steht aber nichts entgegen, daß durch Landesgesetz die Annahme obligatorisch gemacht werden kann, Mot. S. 134. Eine solche Vorschrift gehört zum öffentlichen Recht des betreffenden Bundesstaates und zu den öffentlichen Funktionen, welche die Staatsbürger zu übernehmen haben.

Die Eintheilung in die Sitzungen gehört zur Geschäftsvertheilung §. 67, deren Regelung der Justizverwaltung überlassen ist. Innerhalb der Kammern vertheilt der Vorsitzende die Geschäfte, §. 68.

113. Zum Handelsrichter kann jeder Deutsche[33] ernannt werden, welcher als Kaufmann oder als Vorstand einer Aktiengesellschaft in das Handelsregister eingetragen oder eingetragen gewesen ist, das dreißigste Lebensjahr vollendet hat und in dem Bezirke der Kammer für Handelssachen wohnt.[34]

Personen, welche in Folge gerichtlicher Anordnung in der Verfügung über ihr Vermögen beschränkt sind, können nicht zu Handelsrichtern ernannt werden.[35]

[33] Bundesgesetz vom 1. Juni 1870 B.G.Bl. S. 355; er braucht nicht die Angehörigkeit des betr. Bundesstaats zu besitzen, Art. 3 Reichsverfassung. Prokuristen, Handlungsbevollmächtigte und kaufmännisch gebildete Beamte von Handelsgesellschaften sind absichtlich ausgeschlossen, Mot. 135.

[34] Nicht blos des Landgerichtsbezirkes §. 100². Damit ist die Garantie gegeben, daß auch Kaufleute, die sich von den Geschäften zurückgezogen haben, der lokalen Entwickelung des Handels, die vielfach in Betracht kommt, §. 118, nicht entfremdet werden. Verlegung des Wohnsitzes außerhalb des Bezirks oder Abtrennung seines Wohnorts vom Bezirk des Landgerichts bedeutet den Verlust einer der zur Ernennung erforderlichen Eigenschaften, §. 117.

[35] Wie §. 32³ G.V.G.; es kommen hierzu auch die Nummern 1 und 2 des §. 32 G.V.G., §§. 31, 33—35 R.St.G.B. in Betracht; ferner §. 6 K.O., §. 114 B.G.B. (Konkurseröffnung und Entmündigung).

114. An Seeplätzen können Handelsrichter auch aus dem Kreise der Schiffahrtskundigen[36] ernannt werden.

[36] Nicht blos aktive und gewesene Rheder und Kapitäne, sondern auch Schiffsoffiziere und der Seefahrt kundige Techniker; Komm.Prot. z.G.V.G. S. 533 und §§. 2, 3 Seemannsordnung.

115. Die Handelsrichter sind vor ihrem Amtsantritte auf die Erfüllung der Obliegenheiten des ihnen übertragenen Amts eidlich zu verpflichten.[37]

[37] Vorbild war §. 3 Reichsbeamtengesetz. Die Art der Beeidigung ist der Landesgesetzgebung überlassen.

116. Die Handelsrichter haben während der Dauer ihres Amts in Beziehung auf dasselbe alle Rechte und Pflichten richterlicher Beamten.[38]

[38] Die Handelsrichter sind nicht blos zu bestimmten Funktionen an einzelnen Sitzungstagen heranzuziehen. Ihre Thätigkeit wird nach Maßgabe der Geschäfte der Kammer in Anspruch genommen, oben Note 32; aber nicht ihre ganze Zeit gehört dem Staat. In erster Linie soll der Handelsrichter Kaufmann bleiben Mot. 129. Deshalb können die Verbote über Bekleidung von Aufsichtsrathsstellen auf ihn keine Anwendung finden. Da der Handelsrichter vollständigen Amtscharakter besitzt, unterliegt er auch den Disziplinarvorschriften hinsichtlich seines amtlichen und außeramtlichen Verhaltens, Mot. 137.

Es gelten die Ablehnungsvorschriften der §§. 42 ff. P.O.; der Handelsrichter ist wie jeder andere Richter von richterlicher Thätigkeit im Fall des §. 41 P.O., §. 6 ff. F.G.G. ausgeschlossen; er hat das Fragerecht nach §. 139³ P.O., kann beauftragter Richter §. 361 sein u. s. w.; §. 8 G.V.G. gilt dagegen nicht, §. 11.

117. Ein Handelsrichter ist seines Amts zu entheben, wenn er eine der für die Ernennung erforderlichen Eigenschaften nachträglich verliert.[39]

Die Enthebung erfolgt durch den ersten Civilsenat des Oberlandesgerichts nach Anhörung des Betheiligten.[40]

[39] Macht sich ein Handelsrichter durch sein Verhalten des ihm übertragenen Amts unwürdig oder tritt ein Fall ein, in welchem gegen einen Richter das Verfahren auf Amtsenthebung oder auf disziplinäre Ahndung einzuleiten wäre, so sind diejenigen Grundsätze (sammt entsprechendem Verfahren) anzuwenden, welche bei der Entlassung und disziplinären Bestrafung anderer richterlicher Beamten Platz zu greifen haben; §. 11 ändert hieran nichts, vergl. oben Note 38 und Kommiss.Prot.z.C.P.O. vom 30. Januar 1877 S. 495.

Verliert dagegen ein Handelsrichter das Indigenat, hat er seinen Wohnsitz nicht mehr im Bezirk der Kammer f. H.S., erleidet er eine Vermögensbeschränkung nach §. 113² oder wird er körperlich oder geistig unfähig (Hauck G.V.G. zu §. 117), d. h. fällt eine der Voraussetzungen des §. 113 nachträglich hinweg, so ist ein vereinfachtes Verfahren zur Enthebung in §. 117 gegeben. Selbst dieses Verfahren wird unnöthig, wenn der Handelsrichter um seine Enthebung einkommt.

[40] Die Verfahrensordnung ist der Landesgesetzgebung überlassen. Ein Rechtsmittel gegen die Entscheidung des Oberlandesgerichts ist nicht gegeben.

118. Ueber Gegenstände, zu deren Beurtheilung eine kaufmännische Begutachtung genügt, sowie über das Bestehen von Handelsgebräuchen kann die Kammer für Handelssachen auf Grund eigener Sachkunde und Wissenschaft entscheiden.[41]

[41] Eine solche Feststellung hat dieselbe Bedeutung wie ein in geordnetem Weg, §§. 404 ff P.O., erhobenes Gutachten als ein Beweismittel für thatsächliche Verhältnisse und Auffassungen der Handelskreise ähnlich dem §. 291 P.O (Zu §. 291 P O vergl. jur.W. 1895, 200.)

Damit eine solche Entscheidung — sei es, daß sie den Gebrauch feststellt oder verneint — den Charakter des §. 118 gewinne, sind 2 Stimmen nöthig §. 198¹.

Ist diese Form gewahrt, so muß die höhere Instanz an die Prüfung dieses Beweismittels gerade so wie sonst an ein Gutachten herantreten, §§. 525, 537 P.O. Ueberzeugt sie sich von der Richtigkeit, so ist eine der Revision unzugängliche Auslegung von Willenserklärungen in thatsächlicher Beziehung geschaffen, §. 286 P.O., R G. II 385. So ist z. B. des R.G. XXX 413, 414 für den Fall, daß nicht Vorleistung bedungen, R.O.H.G. XXIII 77, sondern Zug um Zug zu leisten ist §. 320 B.G.B., bei Distanzkäufen zur Feststellung eines notorischen Handelsbrauchs dahin gelangt, daß der Käufer erst nach Eintreffen der Waare am Bestimmungsort (verschieden von der Ausfolgung R.O H.G. XVIII 322), und nachdem ihm die Möglichkeit der Prüfung gegeben worden, zu zahlen hat. Dieser Brauch sichert dem Käufer die Verwirklichung seines Rechts, seinerseits die Leistung (exc. non impleti contractus) wegen quantitativ unvollständiger oder qualitativ vertragswidriger Gegenleistung zu verweigern; soweit nicht § 320² B.G.B. entgegensteht oder Käufer etwa ohne Zurückgewährung der empfangenen Theilleistung nach den Grundsätzen von Treu und Glauben §. 242 B.G.B. nicht völlige Abweisung der Klage auf den Kaufpreis begehren kann.

Geht das Berufungsgericht über eine Feststellung nach §. 118 hinweg, weil der angenommene Gebrauch einem dispositiven Gesetz, z. B. §. 369 H.G.B. widerspreche, jur.W. 1894, 20, oder läßt das Berufungsgericht in den Gründen die Meinung aufkommen, als sei eine Feststellung nach §. 118 unanfechtbar R.G. X 93, so unterliegt das Berufungsurtheil beide Male der Vernichtung.

Anderseits darf kein Gericht einem Handelsgebrauch nachgeben, dem eine thatsächliche oder rechtliche Unmöglichkeit entgegengehalten werden kann R.G. XXX 80.

Ueber die Begriffe: Handelsübung, Handelsgewohnheit und Handelsgewohnheitsrecht § 346 H.G.B. und Art. 2 Note 9 E.G.; dazu §. 362 H.G.B.

Ueber Feststellung von Handelsgewohnheitsrecht gilt bei den K.f.H.S. nichts Besonderes. Der Beweis ist zu liefern wie für jeden andern Rechtssatz, welchen das Gericht nicht kennt und nicht zu kennen braucht. Ein Gutachten von Kaufleuten über Anwendung von Rechtsgrundsätzen auf den zu entscheidenden Fall ist ausgeschlossen R.G. IX 51 und 56.

Gesetz
über die
Angelegenheiten der freiwilligen Gerichtsbarkeit.

Vom 17. Mai 1898 (R.G.Bl. S. 189).

Fassung vom 20. Mai 1898 (R.G.Bl. S. 771).

Inhaltsübersicht.

Seite

Erster Abschnitt. Allgemeine Vorschriften. §§. 1 bis 34 . . 346

Zweiter Abschnitt. Vormundschaftssachen. §§. 35 bis 64 . . 352

Dritter Abschnitt. Annahme an Kindesstatt. §§. 65 bis 68 . 361

Vierter Abschnitt. Personenstand. §§. 69 bis 71 362

Fünfter Abschnitt. Nachlaß- und Theilungssachen. §§. 72 bis 99 362

Sechster Abschnitt. Schiffspfandrecht. §§. 100 bis 124 . . 369

Siebenter Abschnitt. Handelssachen. §§. 125—158 . . . 373

Achter Abschnitt. Vereinssachen. Güterrechtsregister. §§. 159 bis 162 381

Neunter Abschnitt. Offenbarungseid. Untersuchung und Verwahrung von Sachen. Pfandverkauf. §§. 163—166 . . . 382

Zehnter Abschnitt. Gerichtliche und notarielle Urkunden. §§. 167 bis 184 383

Elfter Abschnitt. Schlußbestimmungen. §§. 185 bis 200 . . 387

Wir **Wilhelm**, von Gottes Gnaden Deutscher Kaiser, König von Preußen ꝛc.

verordnen im Namen des Reichs, nach erfolgter Zustimmung des Bundesraths und des Reichstags, was folgt:

Erster Abschnitt.

Allgemeine Vorschriften.

1. Für diejenigen Angelegenheiten der freiwilligen Gerichtsbarkeit, welche durch Reichsgesetz den Gerichten übertragen sind, gelten, soweit nicht ein Anderes bestimmt ist, die nachstehenden allgemeinen Vorschriften.

2. Die Gerichte haben sich Rechtshülfe zu leisten. Die §§. 158 bis 169 des Gerichtsverfassungsgesetzes finden Anwendung.

3. Soweit für die örtliche Zuständigkeit der Gerichte der Wohnsitz eines Betheiligten maßgebend ist, bestimmt sich für Deutsche, die das Recht der Exterritorialität genießen, sowie für Beamte des Reichs oder eines Bundesstaats, die im Ausland angestellt sind, der Wohnsitz nach den Vorschriften des §. 15 der Civilprozeßordnung.

4. Unter mehreren zuständigen Gerichten gebührt demjenigen der Vorzug, welches zuerst in der Sache thätig geworden ist.

5. Besteht Streit oder Ungewißheit darüber, welches von mehreren Gerichten örtlich zuständig ist, so wird das zuständige Gericht durch das gemeinschaftliche obere Gericht bestimmt. Ist das zuständige Gericht in einem einzelnen Falle an der Ausübung

des Richteramts rechtlich oder thatsächlich verhindert, so erfolgt die Bestimmung durch das ihm im Instanzenzuge vorgeordnete Gericht.

Eine Anfechtung der Entscheidung findet nicht statt.

6. Ein Richter ist von der Ausübung des Richteramts kraft Gesetzes ausgeschlossen:

1. in Sachen, in denen er selbst betheiligt ist oder in denen er zu einem Betheiligten in dem Verhältniß eines Mitberechtigten oder Mitverpflichteten steht;
2. in Sachen seiner Ehefrau, auch wenn die Ehe nicht mehr besteht;
3. in Sachen einer Person, mit der er in gerader Linie oder im zweiten Grade der Seitenlinie verwandt oder verschwägert ist;
4. in Sachen, in denen er als Vertreter eines Betheiligten bestellt oder als gesetzlicher Vertreter eines solchen aufzutreten berechtigt ist.

Ein Richter kann sich der Ausübung seines Amtes wegen Befangenheit enthalten. Die Ablehnung eines Richters ist ausgeschlossen.

7. Gerichtliche Handlungen sind nicht aus dem Grunde unwirksam, weil sie von einem örtlich unzuständigen Gericht oder von einem Richter vorgenommen sind, der von der Ausübung des Richteramts kraft Gesetzes ausgeschlossen ist.

8. Auf das gerichtliche Verfahren finden die Vorschriften des Gerichtsverfassungsgesetzes über die Gerichtssprache, über die Sitzungspolizei und über die Berathung und Abstimmung entsprechende Anwendung, die Vorschriften über die Gerichtssprache mit den sich aus dem §. 9 ergebenden Abweichungen.

9. Der Zuziehung eines Dolmetschers bedarf es nicht, wenn der Richter der Sprache, in der sich die betheiligten Personen erklären, mächtig ist; die Beeidigung des Dolmetschers ist nicht erforderlich, wenn die betheiligten Personen darauf verzichten. Auf den Dolmetscher finden die Vorschriften des §. 6 entsprechende Anwendung.

10. Auf das gerichtliche Verfahren sind die Gerichtsferien ohne Einfluß. Die Bearbeitung der Vormundschaftssachen und der Nachlaßsachen kann während der Ferien unterbleiben, soweit das Bedürfniß einer Beschleunigung nicht vorhanden ist.

11. Anträge und Erklärungen können zum Protokolle des Gerichtsschreibers des zuständigen Gerichts oder des Gerichtsschreibers eines Amtsgerichts erfolgen.

12. Das Gericht hat von Amtswegen die zur Feststellung der Thatsachen erforderlichen Ermittelungen zu veranstalten und die geeignet erscheinenden Beweise aufzunehmen.

13. Die Betheiligten können mit Beiständen erscheinen. Sie können sich, soweit nicht das Gericht das persönliche Erscheinen anordnet, auch durch Bevollmächtigte vertreten lassen. Die Bevollmächtigten haben auf Anordnung des Gerichts oder auf Verlangen eines Betheiligten die Bevollmächtigung durch eine öffentlich beglaubigte Vollmacht nachzuweisen.

14. Die Vorschriften der Civilprozeßordnung über das Armenrecht sowie die Vorschriften der §§. 34 bis 36 der Rechtsanwaltsordnung finden entsprechende Anwendung.

15. Die Vorschriften der Civilprozeßordnung über den Zeugenbeweis, über den Beweis durch Sachverständige und über das Verfahren bei der Abnahme von Eiden finden entsprechende Anwendung. Ueber die Beeidigung eines Zeugen oder Sachverständigen entscheidet jedoch, unbeschadet der §§. 393, 402 der Civilprozeßorduung, das Ermessen des Gerichts.

Behufs der Glaubhaftmachung einer thatsächlichen Behauptung kann ein Betheiligter zur Versicherung an Eidesstatt zugelassen werden.

16. Gerichtliche Verfügungen werden mit der Bekanntmachung an denjenigen, für welchen sie ihrem Inhalte nach bestimmt sind, wirksam.

Die Bekanntmachung erfolgt, wenn mit ihr der Lauf einer Frist beginnt, durch Zustellung nach den für die Zustellung von Amtswegen geltenden Vorschriften der Civilprozeßordnung; durch die Landesjustizverwaltung kann jedoch für Zustellungen im Ausland eine einfachere Art der Zustellung angeordnet werden. In denjenigen Fällen, in welchen mit der Bekanntmachung nicht der Lauf einer Frist beginnt, soll in den Akten vermerkt werden, in welcher Weise, an welchem Orte und an welchem Tage die Bekanntmachung zur Ausführung gebracht ist; durch die Landesjustizverwaltung kann näher bestimmt werden, in welcher Weise in diesen Fällen die Bekanntmachung zur Ausführung gebracht werden soll.

Einem Anwesenden kann die Verfügung zu Protokoll bekannt gemacht werden. Auf Verlangen ist ihm eine Abschrift der Verfügung zu ertheilen.

17. Für die Berechnung der Fristen gelten die Vorschriften des Bürgerlichen Gesetzbuchs.

Fällt das Ende der Frist auf einen Sonntag oder allgemeinen Feiertag, so endigt die Frist mit dem Ablaufe des nächstfolgenden Werktags.

18. Erachtet das Gericht eine von ihm erlassene Verfügung nachträglich für ungerechtfertigt, so ist es berechtigt, sie zu ändern; soweit eine Verfügung nur auf Antrag erlassen werden kann und der Antrag zurückgewiesen worden ist, darf die Aenderung nur auf Antrag erfolgen.

Zu der Aenderung einer Verfügung, die der sofortigen Beschwerde unterliegt, ist das Gericht nicht befugt

19. Gegen die Verfügungen des Gerichts erster Instanz findet das Rechtsmittel der Beschwerde statt.

Ueber die Beschwerde entscheidet das Landgericht.

20. Die Beschwerde steht Jedem zu, dessen Recht durch die Verfügung beeinträchtigt ist.

Soweit eine Verfügung nur auf Antrag erlassen werden kann und der Antrag zurückgewiesen worden ist, steht die Beschwerde nur dem Antragsteller zu.

21. Die Beschwerde kann bei dem Gerichte, dessen Ver-

fügung angefochten wird, oder bei dem Beschwerdegericht eingelegt werden

Die Einlegung erfolgt durch Einreichung einer Beschwerdeschrift oder durch Erklärung zum Protokolle des Gerichtsschreibers desjenigen Gerichts, dessen Verfügung angefochten wird, oder des Gerichtsschreibers des Beschwerdegerichts.

22. Die sofortige Beschwerde ist binnen einer Frist von zwei Wochen einzulegen. Die Frist beginnt mit dem Zeitpunkt, in welchem die Verfügung dem Beschwerdeführer bekannt gemacht worden ist.

Einem Beschwerdeführer, der ohne sein Verschulden verhindert war, die Frist einzuhalten, ist auf Antrag von dem Beschwerdegerichte die Wiedereinsetzung in den vorigen Stand zu ertheilen, wenn er die Beschwerde binnen zwei Wochen nach der Beseitigung des Hindernisses einlegt und die Thatsachen, welche die Wiedereinsetzung begründen, glaubhaft macht. Eine Versäumung der Frist, die in dem Verschulden eines Vertreters ihren Grund hat, wird als eine unverschuldete nicht angesehen. Gegen die Entscheidung über den Antrag findet die sofortige weitere Beschwerde statt. Nach dem Ablauf eines Jahres, von dem Ende der versäumten Feist an gerechnet, kann die Wiedereinsetzung nicht mehr beantragt werden.

23. Die Beschwerde kann auf neue Thatsachen und Beweise gestützt werden.

24. Die Beschwerde hat nur dann aufschiebende Wirkung, wenn sie gegen eine Verfügung gerichtet ist, durch die eine Strafe festgesetzt wird.

Das Gericht, dessen Verfügung angefochten wird, kann anordnen, daß die Vollziehung auszusetzen ist.

Das Beschwerdegericht kann vor der Entscheidung eine einstweilige Anordnung erlassen; es kann insbesondere anordnen, daß die Vollziehung der angefochtenen Verfügung auszusetzen ist.

25. Die Entscheidung des Beschwerdegerichts ist mit Gründen zu versehen.

26. Die Entscheidung des Beschwerdegerichts wird in den Fällen, in welchen die sofortige weitere Beschwerde stattfindet, erst mit der Rechtskraft wirksam. Das Beschwerdegericht kann jedoch die sofortige Wirksamkeit der Entscheidung anordnen.

27. Gegen die Entscheidung des Beschwerdegerichts ist das Rechtsmittel der weiteren Beschwerde zulässig, wenn die Entscheidung auf einer Verletzung des Gesetzes beruht. Die Vorschriften der §§. 550, 551, 561, 563 der Civilprozeßordnung finden entsprechende Anwendung.

28. Ueber die weitere Beschwerde entscheidet das Oberlandesgericht.

Will das Oberlandesgericht bei der Auslegung einer reichsgesetzlichen Vorschrift, welche eine der im §. 1 bezeichneten Angelegenheiten betrifft, von der auf weitere Beschwerde ergangenen Entscheidung eines anderen Oberlandesgerichts, falls aber über die Rechtsfrage bereits eine Entscheidung des Reichsgerichts ergangen ist, von dieser abweichen, so hat es die weitere Beschwerde unter Begründung seiner Rechtsauffassung dem Reichsgerichte vorzulegen. Der Beschluß über die Vorlegung ist dem Beschwerdeführer bekannt zu machen.

In den Fällen des Abs. 2 entscheidet über die weitere Beschwerde das Reichsgericht.

29. Die weitere Beschwerde kann bei dem Gericht erster Instanz, bei dem Landgericht oder bei dem Oberlandesgericht eingelegt werden. Erfolgt die Einlegung durch Einreichung einer Beschwerdeschrift, so muß diese von einem Rechtsanwalt unterzeichnet sein. Der Zuziehung eines Rechtsanwalts bedarf es nicht, wenn die Beschwerde von einer Behörde oder von einem Notar eingelegt wird, der in der Angelegenheit für den Beschwerdeführer einen Antrag bei dem Gericht erster Instanz gestellt hat.

Soweit eine Verfügung der sofortigen Beschwerde unterliegt, findet auch gegen die Entscheidung des Beschwerdegerichts die sofortige weitere Beschwerde statt.

Das Gericht erster Instanz und das Landgericht sind nicht befugt, der weiteren Beschwerde abzuhelfen.

Im Uebrigen finden die Vorschriften über die Beschwerde entsprechende Anwendung.

30. Die Entscheidungen über Beschwerden erfolgen bei den Landgerichten durch eine Civilkammer, bei den Oberlandesgerichten und bei dem Reichsgerichte durch einen Civilsenat. Ist bei einem Landgericht eine Kammer für Handelssachen gebildet, so tritt für Handelssachen diese Kammer an die Stelle der Civilkammer.

Die Vorschriften des §. 137 des Gerichtsverfassungsgesetzes finden entsprechende Anwendung.

31. Zeugnisse über die Rechtskraft einer Verfügung sind von dem Gerichtsschreiber erster Instanz zu ertheilen.

32. Ist eine Verfügung, durch die Jemand die Fähigkeit oder die Befugniß zur Vornahme eines Rechtsgeschäfts oder zur Entgegennahme einer Willenserklärung erlangt, ungerechtfertigt, so hat, sofern nicht die Verfügung wegen Mangels der sachlichen Zuständigkeit des Gerichts unwirksam ist, die Aufhebung der Verfügung auf die Wirksamkeit der inzwischen von ihm oder ihm gegenüber vorgenommenen Rechtsgeschäfte keinen Einfluß.

33. Soll in den gesetzlich zugelassenen Fällen Jemand durch Ordnungsstrafen zur Befolgung einer gerichtlichen Anordnung angehalten werden, so muß der Festsetzung der Strafe eine Androhung vorausgehen. Die einzelne Strafe darf den Betrag von dreihundert Mark nicht übersteigen

34. Die Einsicht der Gerichtsakten kann Jedem insoweit gestattet werden, als er ein berechtigtes Interesse glaubhaft macht. Das Gleiche gilt von der Ertheilung einer Abschrift; die Abschrift ist auf Verlangen zu beglaubigen.

Zweiter Abschnitt.

Vormundschaftssachen.

35. Für die dem Vormundschaftsgericht obliegenden Verrichtungen sind die Amtsgerichte zuständig.

36. Für die Vormundschaft ist das Gericht zuständig, in dessen Bezirke der Mündel zu der Zeit, zu welcher die Anordnung der Vormundschaft erforderlich wird, seinen Wohnsitz oder in Ermangelung eines inländischen Wohnsitzes seinen Aufenthalt hat. Wird die Anordnung einer Vormundschaft über Geschwister erfor-

derlich, die in den Bezirken verschiedener Vormundschaftsgerichte ihren Wohnsitz oder ihren Aufenthalt haben, so ist, wenn für einen der Mündel schon eine Vormundschaft anhängig ist, das für diese zuständige Gericht, anderenfalls dasjenige Gericht, in dessen Bezirke der jüngste Mündel seinen Wohnsitz oder seinen Aufenthalt hat, für alle Geschwister maßgebend.

Ist der Mündel ein Deutscher und hat er im Inlande weder Wohnsitz noch Aufenthalt, so ist das Gericht zuständig, in dessen Bezirke der Mündel seinen letzten inländischen Wohnsitz hatte. In Ermangelung eines solchen Wohnsitzes wird das zuständige Gericht, falls der Mündel einem Bundesstaat angehört, von der Landesjustizverwaltung, anderenfalls von dem Reichskanzler bestimmt.

Für die Vormundschaft über einen Minderjährigen, dessen Familienstand nicht zu ermitteln ist, ist das Gericht zuständig, in dessen Bezirke der Minderjährige aufgefunden wurde.

37. Soll Jemand nach §. 1909 des Bürgerlichen Gesetzbuchs einen Pfleger erhalten, so ist, wenn bei einem inländischen Gericht eine Vormundschaft über ihn anhängig ist, für die Pflegschaft dieses Gericht zuständig. Im Uebrigen finden auf die Pflegschaft die Vorschriften des §. 36 Anwendung.

Für die Pflegschaft über einen Ausländer, für den bei einem inländischen Gericht eine Vormundschaft nicht anhängig ist und der im Inlande weder Wohnsitz noch Aufenthalt hat, ist das Gericht zuständig, in dessen Bezirke das Bedürfniß der Fürsorge hervortritt.

38. Auf die Zuständigkeit für die Pflegschaft über einen Gebrechlichen finden die Vorschriften des §. 36 Abs. 1, 2 und des §. 37 Abs. 2 entsprechende Anwendung.

39. Für die Pflegschaft über einen Abwesenden ist das Gericht zuständig, in dessen Bezirke der Abwesende seinen Wohnsitz hat.

Hat der Abwesende im Inlande keinen Wohnsitz, so finden die Vorschriften des §. 36 Abs. 2 und des §. 37 Abs. 2 entsprechende Anwendung.

40. Für die Pflegschaft über eine Leibesfrucht ist das Gericht zuständig, welches für die Vormundschaft zuständig sein würde, falls das Kind zu der Zeit, zu welcher das Bedürfniß der Fürsorge hervortritt, geboren wäre.

41. Wird im Falle des §. 1913 des Bürgerlichen Gesetzbuchs die Anordnung einer Pflegschaft für den bei einer Angelegenheit Betheiligten erforderlich, so ist das Gericht zuständig, in dessen Bezirke das Bedürfniß der Fürsorge hervortritt

42. Für die Pflegschaft zum Zwecke der Verwaltung und Verwendung eines durch öffentliche Sammlung zusammengebrachten Vermögens ist das Gericht des Ortes zuständig, an welchem bisher die Verwaltung geführt wurde.

43. Die Zuständigkeit für eine Verrichtung des Vormundschaftsgerichts, die nicht eine Vormundschaft oder eine Pflegschaft betrifft, bestimmt sich, soweit sich nicht aus dem Gesetz ein Anderes ergiebt, nach den Vorschriften des §. 36 Abs. 1, 2; maßgebend ist für jede einzelne Angelegenheit der Zeitpunkt, in welchem das Gericht mit ihr befaßt wird.

Ist für die Person, in Ansehung deren die Verrichtung des Vormundschaftsgerichts erforderlich wird, eine Vormundschaft oder eine Pflegschaft anhängig oder ist der Mutter, unter deren elterlicher Gewalt sie steht, ein Beistand bestellt, so ist das Gericht zuständig, bei welchem die Vormundschaft, Pflegschaft oder Beistandschaft anhängig ist

44. Für die in den §§. 1665, 1846 des Bürgerlichen Gesetzbuchs und im Artikel 23 Abs. 2 des Einführungsgesetzes zum Bürgerlichen Gesetzbuche bezeichneten Maßregeln ist auch das Gericht zuständig, in dessen Bezirke das Bedürfniß der Fürsorge hervortritt. Das Gericht soll, wenn eine Vormundschaft, Pflegschaft oder Beistandschaft anhängig ist, von den angeordneten Maßregeln dem nach §. 43 Abs. 2 zuständigen Gerichte Mittheilung machen.

45. Wird in einer Angelegenheit, welche die persönlichen Rechtsbeziehungen der Ehegatten zu einander oder das eheliche Güterrecht betrifft, eine Verrichtung des Vormundschaftsgerichts erforderlich, so ist das Gericht zuständig, in dessen Bezirke der Mann seinen Wohnsitz oder in Ermangelung eines inländischen Wohnsitzes seinen Aufenthalt hat.

Ist der Mann ein Deutscher und hat er im Inlande weder Wohnsitz noch Aufenthalt, so finden die Vorschriften des §. 36 Abs. 2 entsprechende Anwendung.

Hat der Mann die Reichsangehörigkeit verloren, die Frau sie aber behalten, so ist, wenn der Mann im Inlande weder Wohnsitz noch Aufenthalt hat, das Gericht zuständig, in dessen Bezirke die Frau ihren Wohnsitz oder in Ermangelung eines inländischen Wohnsitzes ihren Aufenthalt hat; hat sie im Inlande weder Wohnsitz noch Aufenthalt, so finden die Vorschriften des §. 36 Abs. 2 entsprechende Anwendung.

Für die Zuständigkeit ist in Ansehung jeder einzelnen Angelegenheit der Zeitpunkt maßgebend, in welchem das Gericht mit ihr befaßt wird.

46. Das Vormundschaftsgericht kann die Vormundschaft aus wichtigen Gründen an ein anderes Vormundschaftsgericht abgeben, wenn sich dieses zur Uebernahme der Vormundschaft bereit erklärt; nach der Bestellung des Vormundes ist jedoch dessen Zustimmung erforderlich.

Einigen sich die Gerichte nicht oder verweigert der Vormund oder, wenn mehrere Vormünder die Vormundschaft gemeinschaftlich führen, einer von ihnen seine Zustimmung, so entscheidet das gemeinschaftliche obere Gericht. Eine Anfechtung der Entscheidung findet nicht statt.

Diese Vorschriften finden auf die Pflegschaft und die im §. 43 bezeichneten Angelegenheiten entsprechende Anwendung.

47. Ist über einen Deutschen, der im Auslande seinen Wohnsitz oder Aufenthalt hat, die nach den Vorschriften des Bürgerlichen Gesetzbuchs erforderliche Vormundschaft im Ausland angeordnet, so kann die Anordnung der Vormundschaft im Inland unterbleiben, wenn dies im Interesse des Mündels liegt.

Hat ein Deutscher, über den im Inland eine Vormundschaft angeordnet ist, im Auslande seinen Wohnsitz oder Aufenthalt, so kann das Gericht, bei welchem die Vormundschaft anhängig ist, sie an den ausländischen Staat abgeben, wenn dies im Interesse des Mündels liegt, der Vormund seine Zustimmung ertheilt und der ausländische Staat sich zur Uebernahme bereit erklärt. Verweigert der Vormund oder, wenn mehrere Vormünder die Vormundschaft gemeinschaftlich führen, einer von ihnen seine Zustimmung, so entscheidet an Stelle des Gerichts, bei welchem die Vormundschaft anhängig ist, das im Instanzenzuge vorgeordnete Gericht Eine Anfechtung der Entscheidung findet nicht statt.

Diese Vorschriften gelten auch für die Pflegschaft.

48. Wird bei einem Standesbeamten der Tod einer Person, die ein minderjähriges Kind hinterlassen hat, oder die Geburt eines ehelichen Kindes nach dem Tode des Vaters oder die Geburt eines unehelichen Kindes oder die Auffindung eines Minderjährigen, dessen Familienstand nicht zu ermitteln ist, angezeigt oder wird vor einem Standesbeamten von einer Frau, die ein minderjähriges eheliches Kind hat, eine Ehe geschlossen, so hat der Standesbeamte hiervon dem Vormundschaftsgericht Anzeige zu machen.

49. Erlangt der Gemeindewaisenrath von einem Falle Kenntniß, in welchem ein Vormund, ein Gegenvormund oder ein Pfleger zu bestellen ist, so hat er dem Vormundschaftsgericht Anzeige zu machen. Zugleich soll er die Person vorschlagen, die sich zum Vormunde, Gegenvormund oder Pfleger eignet.

50. Wird die Anordnung einer Vormundschaft oder einer Pflegschaft in Folge eines gerichtlichen Verfahrens erforderlich, so hat das Gericht das zuständige Vormundschaftsgericht hiervon zu benachrichtigen.

51. Eine Verfügung, durch die von dem Vormundschaftsgerichte festgestellt wird, daß der Vater oder die Mutter auf längere Zeit an der Ausübung der elterlichen Gewalt thatsächlich verhindert ist, tritt mit der Bestellung des Vormundes in Wirksamkeit; hat jedoch während der Verhinderung des Vaters die Mutter die elterliche Gewalt auszuüben, so wird die Verfügung mit der Bekanntmachung an die Mutter wirksam.

Eine Verfügung, durch die von dem Vormundschaftsgerichte festgestellt wird, daß der Grund für das Ruhen der elterlichen Gewalt des Vaters oder der Mutter nicht mehr besteht, wird mit der Bekanntmachung an den Vater oder an die Mutter wirksam.

52. Eine Verfügung, durch die ein Volljähriger unter vorläufige Vormundschaft gestellt wird, tritt, wenn die Entmündigung wegen Geisteskrankheit beantragt ist, mit der Bestellung des Vormundes, wenn die Entmündigung wegen Geistesschwäche, wegen Verschwendung oder wegen Trunksucht beantragt ist, mit der Be-

kanntmachung an den zu Entmündigenden, eine Verfügung, durch die eine vorläufige Vormundschaft aufgehoben wird, tritt mit der Bekanntmachung an den Mündel in Wirksamkeit.

53. Eine Verfügung, durch die auf Antrag die Ermächtigung oder die Zustimmung eines Anderen zu einem Rechtsgeschäft ersetzt oder dem Manne die im §. 1358 Abs. 1 des Bürgerlichen Gesetzbuchs vorgesehene Ermächtigung zur Kündigung ertheilt oder durch welche die Beschränkung oder die Ausschließung der nach §. 1357 des Bürgerlichen Gesetzbuchs der Frau zustehenden Rechte aufgehoben wird, tritt erst mit der Rechtskraft in Wirksamkeit. Das Gleiche gilt von einer Verfügung, durch die auf Antrag des Kindes die Zustimmung der Mutter zur Ehelichkeitserklärung ihres Kindes ersetzt wird

Bei Gefahr im Verzuge kann das Gericht die sofortige Wirksamkeit der Verfügung anordnen. Die Verfügung tritt mit der Bekanntmachung an den Antragsteller in Wirksamkeit.

54. Liegen nach dem Ermessen des Vormundschaftsgerichts die Voraussetzungen vor, unter denen der Vormund, der Pfleger oder der Beistand zur Sicherheitsleistung angehalten werden kann, so ist das Gericht befugt, das Grundbuchamt um die Eintragung einer Sicherungshypothek an Grundstücken des Vormundes, des Pflegers oder des Beistandes zu ersuchen. Der Vormund, der Pfleger oder der Beistand soll soweit thunlich vorher gehört werden. Die Hypothek entsteht mit der Eintragung.

Diese Vorschriften finden auf die Eintragung eines Pfandrechts an einem im Schiffsregister eingetragenen Schiffe entsprechende Anwendung.

55. Eine Verfügung, durch welche die Genehmigung zu einem Rechtsgeschäft ertheilt oder verweigert wird, kann von dem Vormundschaftsgericht insoweit nicht mehr geändert werden, als die Genehmigung oder deren Verweigerung einem Dritten gegenüber wirksam geworden ist.

Eine Verfügung, durch welche die Zustimmung zu einer Ehelichkeitserklärung ersetzt wird, kann nicht mehr geändert werden, wenn die Ehelichkeitserklärung erfolgt ist.

56. Die Volljährigkeitserklärung soll nur auf Antrag des Minderjährigen oder desjenigen gesetzlichen Vertreters des Minderjährigen erfolgen, welchem die Sorge für die Person zusteht.

Die Verfügung, durch welche der Minderjährige für volljährig erklärt wird, tritt erst mit der Rechtskraft in Wirksamkeit.

57. Die Beschwerde steht, unbeschadet der Vorschriften des §. 20, zu:

1. gegen eine Verfügung, durch welche die Anordnung einer Vormundschaft abgelehnt oder eine Vormundschaft aufgehoben wird, Jedem, der ein rechtliches Interesse an der Aenderung der Verfügung hat, sowie dem Ehegatten, den Verwandten und Verschwägerten des Mündels, es sei denn, daß die Verfügung eine vorläufige Vormundschaft betrifft;
2. gegen eine Verfügung, durch welche die Anordnung einer vorläufigen Vormundschaft abgelehnt oder eine solche Vormundschaft aufgehoben wird, denjenigen, welche den Antrag auf Entmündigung zu stellen berechtigt sind;
3. gegen eine Verfügung, durch welche die Anordnung einer Pflegschaft abgelehnt oder eine Pflegschaft aufgehoben wird, Jedem, der ein rechtliches Interesse an der Aenderung der Verfügung hat, in den Fällen der §§. 1909, 1910 des Bürgerlichen Gesetzbuchs auch dem Ehegatten sowie den Verwandten und Verschwägerten des Pflegebefohlenen; diese Vorschrift gilt jedoch im Falle des §. 1910 nur dann, wenn eine Verständigung mit dem Pflegebefohlenen nicht möglich ist;
4. gegen eine Verfügung, durch welche die Einsetzung eines Familienraths abgelehnt oder der Familienrath aufgehoben wird, dem Ehegatten sowie den Verwandten und Verschwägerten des Mündels;
5. gegen eine Verfügung, durch die in den Fällen des §. 1687 Nr. 1, 3 des Bürgerlichen Gesetzbuchs die Bestellung eines Beistandes der Mutter abgelehnt oder die Bestellung aufgehoben wird, dem Ehegatten sowie den Verwandten und Verschwägerten des Kindes;
6. gegen eine Verfügung, durch die ein Antrag des Gegenvormundes oder des Beistandes zurückgewiesen wird, gegen

den gesetzlichen Vertreter wegen pflichtwidrigen Verhaltens einzuschreiten oder den Vormund oder den Pfleger aus einem der im §. 1886 des Bürgerlichen Gesetzbuchs bezeichneten Gründe zu entlassen, dem Antragsteller;

7. gegen eine Verfügung, durch die dem Vormund oder dem Pfleger eine Vergütung bewilligt wird, dem Gegenvormunde;
8. gegen eine Verfügung, durch welche die Anordnung einer der in den §§. 1665 bis 1667 des Bürgerlichen Gesetzbuchs vorgesehenen Maßregeln abgelehnt oder eine solche Maßregel aufgehoben wird, den Verwandten und Verschwägerten des Kindes;
9. gegen eine Verfügung, die eine Entscheidung über eine die Sorge für die Person des Kindes oder des Mündels betreffende Angelegenheit enthält, Jedem, der ein berechtigtes Interesse hat, diese Angelegenheit wahrzunehmen.

Die Vorschrift des Abs. 1 Nr. 9 findet auf die sofortige Beschwerde keine Anwendung.

58. Führen mehrere Vormünder oder Pfleger die Vormundschaft oder die Pflegschaft gemeinschaftlich, so kann jeder von ihnen für den Mündel das Beschwerderecht selbständig ausüben.

Diese Vorschrift findet in den Fällen der §§. 1629, 1798 des Bürgerlichen Gesetzbuchs entsprechende Anwendung.

59. Ein unter elterlicher Gewalt stehendes Kind oder ein unter Vormundschaft stehender Mündel kann in allen seine Person betreffenden Angelegenheiten ohne Mitwirkung seines gesetzlichen Vertreters das Beschwerderecht ausüben. Das Gleiche gilt in Angelegenheiten, in denen der Mündel vor einer Entscheidung des Vormundschaftsgerichts gehört werden soll.

Diese Vorschriften finden auf Personen, die geschäftsunfähig sind oder nicht das vierzehnte Lebensjahr vollendet haben, keine Anwendung.

60. Die sofortige Beschwerde findet statt:

1. gegen eine Verfügung, durch die ein als Vormund, Pfleger, Gegenvormund, Beistand oder Mitglied des Familienraths Berufener übergangen wird;
2. gegen eine Verfügung, durch welche die Weigerung, eine Vor-

mundschaft, Pflegschaft, Gegenvormundschaft oder Beistandschaft zu übernehmen, zurückgewiesen wird;

3. gegen eine Verfügung, durch die ein Vormund, Pfleger, Gegenvormund oder Beistand gegen seinen Willen entlassen wird;
4. gegen eine Verfügung, durch die der Familienrath aufgehoben oder ein Mitglied des Familienraths gegen seinen Willen entlassen wird;
5. gegen eine Verfügung, durch die ein Volljähriger unter vorläufige Vormundschaft gestellt wird;
6. gegen Verfügungen, die erst mit der Rechtskraft wirksam werden.

Die Frist beginnt in den Fällen des Abs. 1 Nr. 1 mit dem Zeitpunkt, in welchem der Beschwerdeführer von seiner Uebergehung Kenntniß erlangt, im Falle der Aufhebung des Familienraths mit dem Zeitpunkt, in welchem das Vormundschaftsgericht die bisherigen Mitglieder von der Aufhebung in Kenntniß setzt.

61. Wird eine Verfügung, durch die ein Volljähriger unter vorläufige Vormundschaft gestellt ist, von dem Beschwerdegericht aufgehoben, so kann die Wirksamkeit der von oder gegenüber dem Volljährigen vorgenommenen Rechtsgeschäfte nicht auf Grund der aufgehobenen Verfügung in Frage gestellt werden.

62. Soweit eine Verfügung nach §. 55 von dem Vormundschaftsgerichte nicht mehr geändert werden kann, ist auch das Beschwerdegericht nicht berechtigt, sie zu ändern.

63. Auf die weitere Beschwerde finden die Vorschriften der §§. 57 bis 62 entsprechende Anwendung.

64. Gegen eine Verfügung, durch die über die Entlassung eines Mitglieds des Familienraths von dem Gerichte, welches dem Vormundschaftsgericht im Instanzenzuge vorgeordnet ist, entschieden wird, findet die Beschwerde an das Oberlandesgericht statt. Die weitere Beschwerde ist ausgeschlossen.

Dritter Abschnitt.

Annahme an Kindesstatt.

65. Die Bestätigung des Vertrags, durch welchen Jemand an Kindesstatt angenommen oder das durch die Annahme an Kindesstatt begründete Rechtsverhältniß wieder aufgehoben wird, gehört zur Zuständigkeit der Amtsgerichte.

66. Für die Bestätigung ist das Gericht zuständig, in dessen Bezirke der Annehmende zu der Zeit, zu welcher der Antrag auf Bestätigung eingereicht oder nach Maßgabe des §. 1753 Abs. 2 des Bürgerlichen Gesetzbuchs das Gericht oder der Notar mit der Einreichung betraut wird, seinen Wohnsitz oder in Ermangelung eines inländischen Wohnsitzes seinen Aufenthalt hat.

Ist der Annehmende ein Deutscher und hat er im Inlande weder Wohnsitz noch Aufenthalt, so ist das Gericht zuständig, in dessen Bezirke der Annehmende seinen letzten inländischen Wohnsitz hatte. In Ermangelung eines solchen Wohnsitzes wird das zuständige Gericht, falls der Annehmende einem Bundesstaat angehört, von der Landesjustizverwaltung, anderenfalls von dem Reichskanzler bestimmt.

67. Der Beschluß, durch den die Bestätigung ertheilt wird, tritt mit der Bekanntmachung an den Annehmenden in Wirksamkeit.

Ist die Bestätigung noch nach dem Tode des Annehmenden zulässig, so tritt der Beschluß, unbeschadet der Vorschriften des §. 1753 Abs. 3 und des §. 1770 des Bürgerlichen Gesetzbuchs, mit der Bekanntmachung an das Kind in Wirksamkeit; wird nach dem Tode des Kindes das zwischen den übrigen Betheiligten bestehende Rechtsverhältniß durch Vertrag aufgehoben, so tritt der Beschluß, durch welchen die Aufhebung nach dem Tode des Annehmenden bestätigt wird, mit der Bekanntmachung an die übrigen Betheiligten in Wirksamkeit.

Das Gericht ist zu einer Aenderung des Beschlusses nicht befugt.

68. Gegen den Beschluß, durch welchen die Bestätigung ertheilt wird, findet kein Rechtsmittel statt.

Gegen den Beschluß, durch welchen die Bestätigung versagt wird, findet die sofortige Beschwerde statt. Die Beschwerde steht jedem der Vertragschließenden zu, auch wenn der Antrag auf Bestätigung von ihm nicht gestellt war. Die Vorschriften des §. 22 Abs. 2, des §. 24 Abs. 3 und des §. 26 Satz 2 finden keine Anwendung.

Vierter Abschnitt.

Personenstand.

69. Für die nach dem Gesetz über die Beurkundung des Personenstandes und die Eheschließung vom 6. Februar 1875 (Reichs-Gesetzbl. S. 23) dem Gericht erster Instanz obliegenden Verrichtungen sind die Amtsgerichte zuständig.

70. Gegen eine Verfügung, durch die angeordnet wird, daß eine Eintragung in dem Standesregister zu berichtigen ist, findet die sofortige Beschwerde statt. Die Verfügung tritt erst mit der Rechtskraft in Wirksamkeit.

71. Sind Vorgänge, die auf Antrag eines Betheiligten in dem Standesregister am Rande einer Eintragung zu vermerken sind, von einem Notar beurkundet, so gilt dieser als ermächtigt, im Namen des Betheiligten, dessen Erklärung beurkundet ist, die Eintragung des Vermerkes in das Standesregister zu beantragen.

Fünfter Abschnitt.

Nachlaß- und Theilungssachen.

72. Für die dem Nachlaßgericht obliegenden Verrichtungen sind die Amtsgerichte zuständig.

73. Die örtliche Zuständigkeit bestimmt sich nach dem Wohnsitze, den der Erblasser zur Zeit des Erbfalls hatte; in Ermangelung eines inländischen Wohnsitzes ist das Gericht zuständig, in dessen Bezirke der Erblasser zur Zeit des Erbfalls seinen Aufenthalt hatte.

Ist der Erblasser ein Deutscher und hatte er zur Zeit des Erbfalls im Inlande weder Wohnsitz noch Aufenthalt, so ist das Gericht zuständig, in dessen Bezirke der Erblasser seinen letzten inländischen Wohnsitz hatte. In Ermangelung eines solchen Wohnsitzes wird das zuständige Amtsgericht, falls der Erblasser zur Zeit des Erbfalls einem Bundesstaat angehörte, von der Landesjustizverwaltung, anderenfalls von dem Reichskanzler bestimmt.

Ist der Erblasser ein Ausländer und hatte er zur Zeit des Erbfalls im Inlande weder Wohnsitz noch Aufenthalt, so ist jedes Gericht, in dessen Bezirke sich Nachlaßgegenstände befinden, in Ansehung aller im Inlande befindlichen Nachlaßgegenstände zuständig. Die Vorschriften des §. 2369 Abs. 2 des Bürgerlichen Gesetzbuchs finden Anwendung.

74. Für die Sicherung des Nachlasses ist jedes Amtsgericht zuständig, in dessen Bezirke das Bedürfniß der Fürsorge hervortritt. Das Gericht soll von den angeordneten Maßregeln dem nach §. 73 zuständigen Nachlaßgerichte Mittheilung machen.

75. Auf die Nachlaßpflegschaft finden die für Vormundschaftssachen geltenden Vorschriften dieses Gesetzes Anwendung. Unberührt bleiben die Vorschriften über die Zuständigkeit des Nachlaßgerichts; das Nachlaßgericht kann jedoch die Pflegschaft nach Maßgabe des §. 46 an ein anderes Nachlaßgericht abgeben.

76. Gegen eine Verfügung, durch die dem Antrage des Erben, die Nachlaßverwaltung anzuordnen, stattgegeben wird, ist die Beschwerde unzulässig.

Gegen eine Verfügung, durch die dem Antrag eines Nachlaßgläubigers, die Nachlaßverwaltung anzuordnen, stattgegeben wird, findet die sofortige Beschwerde statt. Die Beschwerde steht nur dem Erben, bei Miterben jedem Erben, sowie dem Testamentsvollstrecker zu, welcher zur Verwaltung des Nachlasses berechtigt ist.

77. Gegen eine Verfügung, durch die dem Erben eine Inventarfrist bestimmt wird, findet die sofortige Beschwerde statt.

Das Gleiche gilt von einer Verfügung, durch die über die Bestimmung einer neuen Inventarfrist oder über den Antrag des Erben, die Inventarfrist zu verlängern, entschieden wird.

In den Fällen der Abs. 1, 2 beginnt die Frist zur Einlegung der Beschwerde für jeden Nachlaßgläubiger mit dem Zeitpunkt, in welchem die Verfügung demjenigen Nachlaßgläubiger bekannt gemacht wird, welcher den Antrag auf die Bestimmung der Inventarfrist gestellt hat.

78. Hat das Nachlaßgericht nach §. 1964 des Bürgerlichen Gesetzbuchs festgestellt, daß ein anderer Erbe als der Fiskus nicht vorhanden ist, so steht die Einsicht der dieser Feststellung vorausgegangenen Ermittelungen Jedem zu, der ein berechtigtes Interesse glaubhaft macht. Das Gleiche gilt von der Einsicht einer Verfügung, welche die Bestimmung einer Inventarfrist oder die Ernennung oder die Entlassung eines Testamentsvollstreckers betrifft, eines Protokolls über die Leistung des im §. 79 bezeichneten Eides sowie von der Einsicht eines Erbscheins und eines der in den §§. 1507, 2368 des Bürgerlichen Gesetzbuchs und den §§. 37, 38 der Grundbuchordnung vorgesehenen gerichtlichen Zeugnisse.

Von den Schriftstücken, deren Einsicht gestattet ist, kann eine Abschrift gefordert werden; die Abschrift ist auf Verlangen zu beglaubigen.

79. Verlangt ein Nachlaßgläubiger von dem Erben die Leistung des im §. 2006 des Bürgerlichen Gesetzbuchs vorgesehenen Offenbarungseids, so kann die Bestimmung des Termins zur Leistung des Eides sowohl von dem Nachlaßgläubiger als von dem Erben beantragt werden. Zu dem Termine sind beide Theile zu laden. Die Anwesenheit des Gläubigers ist nicht erforderlich.

80. Gegen eine Verfügung, durch die nach den §§. 2151 2153 bis 2155, 2192, 2193 und dem §. 2198 Abs. 2 des Bürgerlichen Gesetzbuchs dem Beschwerten oder einem Dritten eine Frist zur Erklärung bestimmt wird, findet die sofortige Beschwerde statt.

81. Gegen eine Verfügung, durch die von dem Nachlaßgericht ein Testamentsvollstrecker ernannt oder einem zum Testamentsvollstrecker Ernannten eine Frist zur Erklärung über die Annahme des Amtes bestimmt wird, findet die sofortige Beschwerde statt.

Das Gleiche gilt von einer Verfügung, durch die ein Testamentsvollstrecker gegen seinen Willen entlassen wird.

82. Führen mehrere Testamentsvollstrecker das Amt gemeinschaftlich, so steht gegen eine Verfügung, durch die das Nachlaßgericht Anordnungen des Erblassers für die Verwaltung des Nachlasses außer Kraft setzt oder bei einer Meinungsverschiedenheit zwischen den Testamentsvollstreckern entscheidet, jedem Testamentsvollstrecker die Beschwerde selbständig zu.

Auf eine Verfügung, durch die bei einer Meinungsverschiedenheit zwischen den Testamentsvollstreckern über die Vornahme eines Rechtsgeschäfts das Nachlaßgericht entscheidet, finden die Vorschriften des §. 53 und des §. 60 Abs. 1 Nr. 6 entsprechende Anwendung.

83. Das Nachlaßgericht kann im Falle des §. 2259 Abs. 1 des Bürgerlichen Gesetzbuchs den Besitzer des Testaments durch Ordnungsstrafen zur Ablieferung des Testaments anhalten.

Besteht Grund zu der Annahme, daß Jemand ein Testament im Besitze hat, zu dessen Ablieferung er nach §. 2259 Abs. 1 des Bürgerlichen Gesetzbuchs verpflichtet ist, so kann er von dem Nachlaßgerichte zur Leistung des Offenbarungseids angehalten werden; die Vorschriften des §. 883 Abs. 2, 3, des §. 900 Abs. 1 und der §§. 901, 902, 904 bis 910, 912, 913 der Civilprozeßordnung finden entsprechende Anwendung.

84. Gegen einen Beschluß, durch den ein Erbschein für kraftlos erklärt wird, findet die Beschwerde nicht statt. Das Gleiche gilt von einem Beschlusse, durch den eines der in den §§. 1507, 2368 des Bürgerlichen Gesetzbuchs und den §§. 37, 38 der Grundbuchordnung vorgesehenen gerichtlichen Zeugnisse für kraftlos erklärt wird.

85. Wer ein rechtliches Interesse glaubhaft macht, kann verlangen, daß ihm von dem Gericht eine Ausfertigung des Erbscheins ertheilt werde. Das Gleiche gilt in Ansehung der im §. 84 Satz 2 bezeichneten Zeugnisse sowie in Ansehung der gerichtlichen Verfügungen, die sich auf die Ernennung oder die Entlassung eines Testamentsvollstreckers beziehen.

86. Hinterläßt ein Erblasser mehrere Erben, so hat das Nachlaßgericht auf Antrag die Auseinandersetzung in Ansehung des Nachlasses zwischen den Betheiligten zu vermitteln, sofern nicht ein zur Bewirkung der Auseinandersetzung berechtigter Testamentsvollstrecker vorhanden ist.

Antragsberechtigt ist jeder Miterbe, der Erwerber eines Erbtheils sowie derjenige, welchem ein Pfandrecht oder ein Nießbrauch an einem Erbtheile zusteht.

87. In dem Antrage sollen die Betheiligten und die Theilungsmasse bezeichnet werden.

Hält das Gericht vor der Verhandlung mit den Betheiligten eine weitere Aufklärung für angemessen, so hat es den Antragsteller zur Ergänzung des Antrags, insbesondere zur Angabe der den einzelnen Betheiligten in Ansehung des Nachlasses zustehenden Ansprüche, zu veranlassen. Es kann dem Antragsteller auch die Beschaffung der Unterlagen aufgeben.

88. Einem abwesenden Betheiligten kann, wenn die Voraussetzungen der Abwesenheitspflegschaft vorliegen und eine Pflegschaft über ihn nicht bereits anhängig ist, für das Auseinandersetzungsverfahren von dem Nachlaßgericht ein Pfleger bestellt werden. Für die Pflegschaft tritt an die Stelle des Vormundschaftsgerichts das Nachlaßgericht.

89. Das Gericht hat den Antragsteller und die übrigen Betheiligten, diese unter Mittheilung des Antrags, zu einem Verhandlungstermine zu laden. Die Ladung durch öffentliche Zustellung ist unzulässig. Die Ladung soll den Hinweis darauf enthalten, daß ungeachtet des Ausbleibens eines Betheiligten über die Auseinandersetzung verhandelt werden würde und daß, falls der Termin vertagt oder ein neuer Termin zur Fortsetzung der Verhandlung anberaumt werden sollte, die Ladung zu dem neuen Termin unterbleiben könne. Sind Unterlagen für die Auseinandersetzung vorhanden, so ist in der Ladung zu bemerken, daß die Unterlagen auf der Gerichtsschreiberei eingesehen werden können.

90. Die Frist zwischen der Ladung und dem Termine muß mindestens zwei Wochen betragen.

Diese Vorschrift findet auf eine Vertagung sowie auf einen Termin zur Fortsetzung der Verhandlung keine Anwendung. In diesen Fällen kann die Ladung der zu dem früheren Termine geladenen Betheiligten durch die Verkündung des neuen Termins ersetzt werden.

91. Treffen die erschienenen Betheiligten vor der Auseinandersetzung eine Vereinbarung über vorbereitende Maßregeln, insbesondere über die Art der Theilung, so hat das Gericht die Vereinbarung zu beurkunden. Das Gleiche gilt, wenn nur ein Betheiligter erschienen ist, in Ansehung der von diesem gemachten Vorschläge.

Sind die Betheiligten sämmtlich erschienen, so hat das Gericht die von ihnen getroffene Vereinbarung zu bestätigen. Dasselbe gilt, wenn die nicht erschienenen Betheiligten ihre Zustimmung zu gerichtlichem Protokoll oder in einer öffentlich beglaubigten Urkunde ertheilen.

Ist ein Betheiligter nicht erschienen, so hat das Gericht, sofern er nicht nach Abs. 2 Satz 2 zugestimmt hat, ihm den Inhalt der Urkunde, soweit dieser ihn betrifft, bekannt zu machen und ihn gleichzeitig zu benachrichtigen, daß er die Urkunde auf der Gerichtsschreiberei einsehen und eine Abschrift der Urkunde fordern könne. Die Bekanntmachung muß den Hinweis darauf enthalten, daß, wenn der Betheiligte nicht innerhalb einer von dem Gerichte zu bestimmenden Frist die Anberaumung eines neuen Termins beantrage oder wenn er in dem neuen Termine nicht erscheine, sein Einverständniß mit dem Inhalte der Urkunde angenommen werden würde. Beantragt der Betheiligte rechtzeitig die Anberaumung eines neuen Termins und erscheint er in diesem Termine, so ist die Verhandlung fortzusetzen Anderenfalls hat das Gericht die Vereinbarung zu bestätigen

92. War im Falle des §. 91 der Betheiligte ohne sein Verschulden verhindert, die Anberaumung eines neuen Termins rechtzeitig zu beantragen oder in dem neuen Termine zu erscheinen, so ist ihm auf Antrag von dem Gerichte die Wiedereinsetzung in den vorigen Stand zu ertheilen, wenn er binnen zwei Wochen nach der Beseitigung des Hindernisses die Anberaumung eines neuen Termins beantragt und die Thatsachen, welche die Wiedereinsetzung begründen, glaubhaft macht. Eine Versäumung, die in dem Verschulden eines Vertreters ihren Grund hat, wird als eine unverschuldete nicht angesehen. Nach dem Ablauf eines Jahres, von dem Ende der versäumten Frist an gerechnet, kann die Wiedereinsetzung nicht mehr beantragt werden.

93. Sobald nach Lage der Sache die Auseinandersetzung stattfinden kann, hat das Gericht einen Auseinandersetzungsplan anzufertigen Sind die erschienenen Betheiligten mit dem Inhalte des Planes einverstanden, so hat das Gericht die Auseinandersetzung zu beurkunden. Sind die Betheiligten sämmtlich erschienen, so hat das Gericht die Auseinandersetzung zu bestätigen; dasselbe gilt,

wenn die nicht erschienenen Betheiligten ihre Zustimmung zu gerichtlichem Protokoll oder in einer öffentlich beglaubigten Urkunde ertheilen.

Ist ein Betheiligter nicht erschienen, so hat das Gericht nach §. 91 Abs. 3 zu verfahren. Die Vorschriften des §. 92 finden entsprechende Anwendung.

94. Ist vereinbart, daß eine Vertheilung durch das Loos geschehen soll, so wird das Loos, sofern nicht ein Anderes bestimmt ist, für die nicht erschienenen Betheiligten von einem durch das Gericht zu bestellenden Vertreter gezogen.

95. Ergeben sich bei den Verhandlungen Streitpunkte, so ist ein Protokoll darüber aufzunehmen und das Verfahren bis zur Erledigung der Streitpunkte auszusetzen. Soweit bezüglich der unstreitigen Punkte die Aufnahme einer Urkunde ausführbar ist, hat das Gericht nach den §§. 91, 93 zu verfahren.

96. Gegen den Beschluß, durch welchen eine vorgängige Vereinbarung oder eine Auseinandersetzung bestätigt, sowie gegen den Beschluß, durch welchen über den Antrag auf Wiedereinsetzung in den vorigen Stand entschieden wird, findet die sofortige Beschwerde statt. Die Beschwerde gegen den Bestätigungsbeschluß kann nur darauf gegründet werden, daß die Vorschriften über das Verfahren nicht beobachtet seien.

97. Eine vorgängige Vereinbarung sowie eine Auseinandersetzung ist nach dem Eintritte der Rechtskraft des Bestätigungsbeschlusses für alle Betheiligten in gleicher Weise verbindlich wie eine vertragsmäßige Vereinbarung oder Auseinandersetzung.

Bedarf ein Betheiligter zur Vereinbarung oder zur Auseinandersetzung der Genehmigung des Vormundschaftsgerichts, so ist, wenn er im Inlande keinen Vormund, Pfleger oder Beistand hat, für die Ertheilung oder die Verweigerung der Genehmigung an Stelle des Vormundschaftsgerichts das Nachlaßgericht zuständig.

98. Aus einer vorgängigen Vereinbarung sowie aus einer Auseinandersetzung findet nach dem Eintritte der Rechtskraft des Bestätigungsbeschlusses die Zwangsvollstreckung statt. Die Vorschriften der §§. 795, 797 der Civilprozeßordnung finden Anwendung.

99. Nach der Beendigung einer ehelichen Gütergemeinschaft oder einer fortgesetzten Gütergemeinschaft finden auf die Auseinandersetzung in Ansehung des Gesammtguts die Vorschriften der §§. 86 bis 98 entsprechende Anwendung.

Für die Auseinandersetzung ist, falls ein Antheil an dem Gesammtgute zu einem Nachlasse gehört, das Amtsgericht zuständig, welches für die Auseinandersetzung in Ansehung des Nachlasses zuständig ist. Im Uebrigen ist das Amtsgericht zuständig, in dessen Bezirke der Ehemann oder bei fortgesetzter Gütergemeinschaft der überlebende Ehegatte zur Zeit der Beendigung der Gütergemeinschaft seinen Wohnsitz oder in Ermangelung eines inländischen Wohnsitzes seinen Aufenthalt hatte. Hatte der Ehemann oder der Ehegatte zu der bezeichneten Zeit im Inlande weder Wohnsitz noch Aufenthalt, so finden die Vorschriften des §. 73 Abs. 2 entsprechende Anwendung.

Sechster Abschnitt.

Schiffspfandrecht.

100. In Ansehung eines Pfandrechts an einem im Schiffsregister eingetragenen Schiffe soll, soweit nicht das Gesetz ein Anderes vorschreibt, eine Eintragung nur auf Antrag erfolgen. Der Zeitpunkt, in welchem der Antrag bei der Registerbehörde eingeht, soll auf dem Antrage genau vermerkt werden.

Antragsberechtigt ist Jeder, dessen Recht von der Eintragung betroffen wird oder zu dessen Gunsten die Eintragung erfolgen soll. Die Vorschriften der §§. 14 bis 18 der Grundbuchordnung finden entsprechende Anwendung.

101. Eine Eintragung erfolgt, wenn derjenige sie bewilligt, dessen Recht von ihr betroffen wird.

102. Zur Berichtigung des Schiffsregisters bedarf es der Bewilligung desjenigen, dessen Recht von der Berichtigung betroffen wird, nicht, wenn die Unrichtigkeit nachgewiesen wird. Dies gilt insbesondere für die Eintragung oder Löschung einer Verfügungsbeschränkung.

103. Ist eine Vormerkung oder ein Widerspruch auf Grund einer einstweiligen Verfügung eingetragen, so bedarf es zur Löschung

nicht der Bewilligung des Berechtigten, wenn die einstweilige Verfügung durch eine vollstreckbare Entscheidung aufgehoben ist. Diese Vorschrift findet entsprechende Anwendung, wenn auf Grund eines vorläufig vollstreckbaren Urtheils nach den Vorschriften der Civilprozeßordnung eine Vormerkung oder ein Widerspruch eingetragen ist.

104. Soll die Uebertragung einer Forderung, für die ein Pfandrecht am Schiffe eingetragen ist oder für die ein solches Pfandrecht als Pfand haftet, eingetragen werden, so genügt es, wenn an Stelle der Eintragungsbewilligung die Abtretungserklärung des bisherigen Gläubigers vorgelegt wird.

Diese Vorschrift findet entsprechende Anwendung, wenn eine Belastung der Forderung eingetragen werden soll.

105. Ein Pfandrecht am Schiffe darf nur mit Zustimmung des eingetragenen Eigenthümers, ein das Pfandrecht belastendes Recht nur mit Zustimmung des eingetragenen Pfandgläubigers gelöscht werden. Für eine Löschung, die zur Berichtigung des Schiffsregisters erfolgen soll, ist die Zustimmung nicht erforderlich, wenn die Unrichtigkeit des Registers nachgewiesen wird.

106. In der Eintragungsbewilligung oder, wenn eine solche nicht erforderlich ist, in dem Eintragungsantrage sind der Name und die Ordnungsnummer, unter welcher das Schiff im Schiffsregister eingetragen ist, sowie die einzutragenden Geldbeträge in Reichswährung anzugeben.

107. Eine Eintragung soll nur erfolgen, wenn die Eintragungsbewilligung oder die sonstigen zu der Eintragung erforderlichen Erklärungen vor der Registerbehörde zu Protokoll gegeben oder durch öffentliche oder öffentlich beglaubigte Urkunden nachgewiesen werden.

Andere Voraussetzungen der Eintragung bedürfen, soweit sie nicht bei der Registerbehörde offenkundig sind, des Nachweises durch öffentliche Urkunden. Die Vorschriften der §§. 33 bis 38 der Grundbuchordnung finden entsprechende Anwendung.

108. Für den Eintragungsantrag sowie für die Vollmacht zur Stellung eines solchen gelten die Vorschriften des §. 107 Abs. 1 nur, wenn durch den Antrag zugleich eine zu der Eintragung erforderliche Erklärung ersetzt werden soll.

109. Erklärungen, durch die ein Eintragungsantrag zurückgenommen oder eine zur Stellung des Eintragungsantrags ertheilte Vollmacht widerrufen wird, bedürfen der im §. 107 Abs. 1 vorgeschriebenen Form.

110. In den Fällen, in denen nach gesetzlicher Vorschrift eine Behörde befugt ist, die Registerbehörde um eine Eintragung zu ersuchen, erfolgt die Eintragung auf Grund des Ersuchens der Behörde.

111. Eine Eintragung soll nur erfolgen, wenn derjenige, dessen Recht durch sie betroffen wird, als der Berechtigte eingetragen ist.

Ist derjenige, dessen Recht durch eine Eintragung betroffen wird, Erbe des eingetragenen Berechtigten, so findet die Vorschrift des Abs. 1 keine Anwendung, wenn die Uebertragung oder die Aufhebung des Rechtes eingetragen werden soll oder wenn der Eintragungsantrag durch die Bewilligung des Erblassers oder eines Nachlaßpflegers oder durch einen gegen den Erblasser oder den Nachlaßpfleger vollstreckbaren Titel begründet wird. Das Gleiche gilt für eine Eintragung auf Grund der Bewilligung eines Testamentsvollstreckers oder auf Grund eines gegen diesen vollstreckbaren Titels, sofern die Bewilligung oder der Titel gegen den Erben wirksam ist.

112. Bei einem Pfandrechte für die Forderung aus einer Schuldverschreibung auf den Inhaber, aus einem Wechsel oder einem anderen Papiere, das durch Indossament übertragen werden kann, soll eine Eintragung nur erfolgen, wenn die Urkunde vorgelegt wird.

Diese Vorschrift findet keine Anwendung, wenn eine Eintragung auf Grund der Bewilligung eines nach den §§. 1189, 1270 des Bürgerlichen Gesetzbuchs bestellten Vertreters oder auf Grund einer gegen diesen erlassenen gerichtlichen Entscheidung bewirkt werden soll.

113. Jede Eintragung soll den Tag, an welchem sie erfolgt ist, angeben und mit der Unterschrift des zuständigen Beamten versehen werden.

114. Die Eintragungen erhalten diejenige Reihenfolge, welche der Zeitfolge der Anträge entspricht; sind die Anträge gleichzeitig gestellt, so ist, wenn unter den Eintragungen ein Rangverhältniß

besteht, im Schiffsregister zu vermerken, daß die Eintragungen gleichen Rang haben.

Diese Vorschriften finden insoweit keine Anwendung, als das Rangverhältniß von den Antragstellern abweichend bestimmt ist.

115. Die Löschung eines Rechtes oder einer Verfügungsbeschränkung erfolgt durch Eintragung eines Löschungsvermerkes.

116. Werden mehrere Schiffe mit einem Pfandrechte belastet, so ist auf dem Blatte jedes Schiffes die Mitbelastung der übrigen von Amtswegen erkennbar zu machen. Das Gleiche gilt, wenn mit einem an einem Schiffe bestehenden Pfandrechte nachträglich noch ein anderes Schiff belastet wird. Soweit eine Mitbelastung erlischt, ist dies von Amtswegen zu vermerken.

117. Bei der Eintragung eines Pfandrechts für Theilschuldverschreibungen auf den Inhaber genügt es, wenn der Gesammtbetrag der Forderungen unter Angabe der Anzahl, des Betrags und der Bezeichnung der Theile eingetragen wird.

118. Ist ein Testamentsvollstrecker ernannt, so ist dies bei der Eintragung des Erben des Gläubigers von Amtswegen miteinzutragen, es sei denn, daß das eingetragene Recht der Verwaltung des Testamentsvollstreckers nicht unterliegt.

119. Ergiebt sich, daß die Registerbehörde unter Verletzung gesetzlicher Vorschriften eine Eintragung vorgenommen hat, durch die das Schiffsregister unrichtig geworden ist, so ist von Amtswegen ein Widerspruch einzutragen. Erweist sich eine Eintragung nach ihrem Inhalt als unzulässig, so ist sie von Amtswegen zu löschen.

120. Jede Eintragung ist baldthunlichst auf dem Schiffscertifikat oder dem Schiffsbriefe zu vermerken.

Wird eine Urkunde über die Pfandforderung vorgelegt, so ist die Eintragung auch auf dieser Urkunde unter kurzer Bezeichnung des Inhalts der Eintragungen, welche dem Pfandrecht im Range vorgehen oder gleichstehen, zu vermerken. Der Vermerk ist mit Unterschrift und Siegel zu versehen.

121 Jede Eintragung soll dem Antragsteller und dem eingetragenen Eigenthümer sowie im Uebrigen allen aus dem Schiffsregister ersichtlichen Personen bekannt gemacht werden, zu deren

Gunsten die Eintragung erfolgt ist oder deren Recht durch sie betroffen wird. Auf die Bekanntmachung kann verzichtet werden.

122. Die Beschwerde gegen eine Eintragung ist unzulässig. Im Wege der Beschwerde kann jedoch verlangt werden, daß die Registerbehörde angewiesen wird, nach §. 119 einen Widerspruch einzutragen oder eine Löschung vorzunehmen.

123. Das Beschwerdegericht kann vor der Entscheidung durch eine einstweilige Anordnung der Registerbehörde aufgeben, eine Vormerkung oder einen Widerspruch einzutragen.

Die Vormerkung oder der Widerspruch wird von Amtswegen gelöscht, wenn die Beschwerde zurückgenommen oder zurückgewiesen wird.

124. Bei der Einlegung der weiteren Beschwerde durch Einreichung einer Beschwerdeschrift bedarf es der Zuziehung eines Rechtsanwalts nicht, wenn die Beschwerde von dem Notar eingelegt wird, der die zu der Eintragung erforderliche Erklärung beurkundet oder beglaubigt und im Namen eines Antragsberechtigten den Eintragungsantrag gestellt hat. Die Vorschrift des §. 29 Abs. 1 Satz 3 bleibt unberührt.

Siebenter Abschnitt.

Handelssachen.

125. Für die Führung des Handelsregisters sind die Amtsgerichte zuständig.

Durch Anordnung der Landesjustizverwaltung kann die Führung des Registers für mehrere Amtsgerichtsbezirke einem Amtsgericht übertragen werden.

126. Die Organe des Handelsstandes sind verpflichtet, die Registergerichte behufs der Verhütung unrichtiger Eintragungen sowie behufs der Berichtigung und Vervollständigung des Handelsregisters zu unterstützen; sie sind berechtigt, Anträge zu diesem Zwecke bei den Registergerichten zu stellen und gegen Verfügungen, durch die über solche Anträge entschieden wird, das Rechtsmittel der Beschwerde zu erheben.

Die näheren Bestimmungen werden von den Landesregierungen getroffen.

127. Das Registergericht kann, wenn eine von ihm zu erlassende Verfügung von der Beurtheilung eines streitigen Rechtsverhältnisses abhängig ist, die Verfügung aussetzen, bis über das Verhältniß im Wege des Rechtsstreits entschieden ist. Es kann, wenn der Rechtsstreit nicht anhängig ist, einem der Betheiligten eine Frist zur Erhebung der Klage bestimmen.

128. Die Anmeldungen zur Eintragung in das Handelsregister sowie die zur Aufbewahrung bei dem Gerichte bestimmten Zeichnungen von Unterschriften können zum Protokolle des Gerichtsschreibers des Registergerichts erfolgen.

129. Ist die zu einer Eintragung erforderliche Erklärung von einem Notar beurkundet oder beglaubigt, so gilt dieser als ermächtigt, im Namen des zur Anmeldung Verpflichteten die Eintragung zu beantragen. Die Vorschriften des §. 124 finden entsprechende Anwendung.

130. Jede Eintragung soll den Tag, an welchem sie erfolgt ist, angeben und mit der Unterschrift des zuständigen Beamten versehen werden.

Jede Eintragung soll demjenigen, welcher sie beantragt hat, bekannt gemacht werden. Auf die Bekanntmachung kann verzichtet werden.

131. Die Eintragung einer Zweigniederlassung ist von Amtswegen dem Registergerichte der Hauptniederlassung mitzutheilen und in dessen Register zu vermerken. Das Gleiche gilt, wenn die Zweigniederlassung aufgehoben wird.

132. Sobald das Registergericht von einem sein Einschreiten nach den §§. 14, 319 und dem §. 325 Nr. 9 des Handelsgesetzbuchs rechtfertigenden Sachverhalte glaubhafte Kenntniß erhält, hat es dem Betheiligten unter Androhung einer Ordnungsstrafe aufzugeben, innerhalb einer bestimmten Frist seiner gesetzlichen Verpflichtung nachzukommen oder die Unterlassung mittelst Einspruchs gegen die Verfügung zu rechtfertigen.

Die Beschwerde gegen diese Verfügung ist unzulässig.

133. Wird innerhalb der bestimmten Frist weder der gesetzlichen Verpflichtung genügt noch Einspruch erhoben, so ist die an-

gedrohte Strafe festzusetzen und zugleich die frühere Verfügung unter Androhung einer erneuten Ordnungsstrafe zu wiederholen.

In gleicher Weise ist fortzufahren, bis der gesetzlichen Verpflichtung genügt oder Einspruch erhoben wird.

134. Wird rechtzeitig Einspruch erhoben, so hat das Gericht, wenn sich der Einspruch nicht ohne Weiteres als begründet ergiebt, zur Erörterung der Sache den Betheiligten zu einem Termine zu laden.

Das Gericht kann, auch wenn der Betheiligte nicht erscheint, nach Lage der Sache entscheiden.

135. Wird der Einspruch für begründet erachtet, so ist die erlassene Verfügung aufzuheben.

Anderenfalls hat das Gericht den Einspruch zu verwerfen und die angedrohte Strafe festzusetzen Das Gericht kann, wenn die Umstände es rechtfertigen, von der Festsetzung einer Strafe absehen oder eine geringere als die angedrohte Strafe festsetzen.

Im Falle der Verwerfung des Einspruchs hat das Gericht zugleich eine erneute Verfügung nach §. 132 zu erlassen. Die in dieser Verfügung bestimmte Frist beginnt mit dem Eintritte der Rechtskraft der Verwerfung des Einspruchs.

136. Wird im Falle des §. 133 gegen die wiederholte Verfügung Einspruch erhoben und dieser für begründet erachtet, so kann das Gericht, wenn die Umstände es rechtfertigen, zugleich die früher festgesetzte Strafe aufheben oder an deren Stelle eine geringere Strafe festsetzen

137. Gegen die Versäumung der Einspruchsfrist ist auf Antrag nach Maßgabe des §. 22 Abs. 2 die Wiedereinsetzung in den vorigen Stand zu ertheilen.

138. Bei der Festsetzung der Ordnungsstrafe ist der Betheiligte zugleich in die Kosten des Verfahrens zu verurtheilen.

139. Gegen den Beschluß, durch welchen die Ordnungsstrafe festgesetzt oder der Einspruch verworfen wird, findet die sofortige Beschwerde statt.

Ist die Strafe nach Maßgabe des §. 133 festgesetzt, so kann die Beschwerde nicht darauf gestützt werden, daß die Verfügung, durch welche die Strafe angedroht worden ist, nicht gerechtfertigt gewesen sei.

140. Soll nach §. 37 Abs. 1 des Handelsgesetzbuchs gegen eine Person eingeschritten werden, die eine ihr nicht zustehende Firma gebraucht, so finden die Vorschriften der §§. 132 bis 139 mit der Maßgabe Anwendung, daß

1. in der nach §. 132 zu erlassenden Verfügung dem Betheiligten aufgegeben wird, sich des Gebrauchs der Firma zu enthalten oder binnen bestimmter Frist den Gebrauch der Firma mittelst Einspruchs gegen die Verfügung zu rechtfertigen;
2. die Ordnungsstrafe festgesetzt wird, falls kein Einspruch erhoben oder der erhobene Einspruch rechtskräftig verworfen ist und der Betheiligte nach der Bekanntmachung der Verfügung dieser zuwidergehandelt hat.

141. Soll nach §. 31 Abs. 2 des Handelsgesetzbuchs das Erlöschen einer Firma von Amtswegen in das Handelsregister eingetragen werden, so hat das Registergericht den eingetragenen Inhaber der Firma oder dessen Rechtsnachfolger von der beabsichtigten Löschung zu benachrichtigen und ihm zugleich eine angemessene Frist zur Geltendmachung eines Widerspruchs zu bestimmen. Die Frist darf nicht weniger als drei Monate betragen.

Sind die bezeichneten Personen oder deren Aufenthalt nicht bekannt, so erfolgt die Benachrichtigung und die Bestimmung der Frist durch Einrückung in diejenigen Blätter, welche für die Bekanntmachungen der Eintragungen in das Handelsregister bestimmt sind. Es kann angeordnet werden, daß die Bekanntmachung noch in andere Blätter eingerückt wird.

Wird Widerspruch erhoben, so entscheidet über ihn das Gericht. Gegen die den Widerspruch zurückweisende Verfügung findet die sofortige Beschwerde statt.

Die Löschung darf nur erfolgen, wenn Widerspruch nicht erhoben oder wenn die den Widerspruch zurückweisende Verfügung rechtskräftig geworden ist.

142. Ist eine Eintragung in das Handelsregister bewirkt, obgleich sie wegen Mangels einer wesentlichen Voraussetzung unzulässig war, so kann das Registergericht sie von Amtswegen löschen. Die Löschung geschieht durch Eintragung eines Vermerkes.

Das Gericht hat den Betheiligten von der beabsichtigten Löschung zu benachrichtigen und ihm zugleich eine angemessene Frist zur Geltendmachung eines Widerspruchs zu bestimmen.

Auf das weitere Verfahren finden die Vorschriften des §. 141 Abs. 3, 4 Anwendung.

143. Die Löschung einer Eintragung kann gemäß den Vorschriften des §. 142 auch von dem Landgerichte verfügt werden, welches dem Registergericht im Instanzenzuge vorgeordnet ist. Die Vorschrift des §. 30 Abs. 1 Satz 2 findet Anwendung.

Gegen die einen Widerspruch zurückweisende Verfügung des Landgerichts findet die sofortige Beschwerde an das Oberlandesgericht mit der Maßgabe statt, daß die Vorschriften des §. 28 Abs. 2, 3 zur entsprechenden Anwendung kommen. Die weitere Beschwerde ist ausgeschlossen.

144. Eine in das Handelsregister eingetragene Aktiengesellschaft oder Kommanditgesellschaft auf Aktien kann gemäß den Vorschriften der §§ 142, 143 als nichtig gelöscht werden, wenn die Voraussetzungen vorliegen, unter denen nach den §§. 309, 310 des Handelsgesetzbuchs die Nichtigkeitsklage erhoben werden kann. Das Gleiche gilt für eine in das Handelsregister eingetragene Gesellschaft mit beschränkter Haftung, wenn die Voraussetzungen vorliegen, unter denen nach den §§. 75, 76 des Gesetzes, betreffend die Gesellschaften mit beschränkter Haftung, die Nichtigkeitsklage erhoben werden kann.

Ein in das Handelsregister eingetragener Beschluß der Generalversammlung oder Versammlung der Gesellschafter einer der im Abs. 1 bezeichneten Gesellschaften kann gemäß den Vorschriften der §§. 142, 143 als nichtig gelöscht werden, wenn er durch seinen Inhalt zwingende Vorschriften des Gesetzes verletzt und seine Beseitigung im öffentlichen Interesse erforderlich erscheint.

In den Fällen der Abs. 1, 2 soll die nach §. 142 Abs. 2 zu bestimmende Frist mindestens drei Monate betragen.

145. Die Amtsgerichte sind zuständig für die nach §. 146 Abs. 2, §. 147, §. 157 Abs. 2, §. 166 Abs. 3, §. 192 Abs. 3, §. 254 Abs. 3, §. 266 Abs. 2, §. 268 Abs. 2, §. 295 Abs. 2, 3, §. 302

Abs. 2 bis 4, §. 338 Abs. 3, §. 524 Abs. 1, 2, §. 530 Abs. 1, §§. 590, 685, §. 729 Abs. 1, §. 884 Nr. 4 des Handelsgesetzbuchs von dem Gerichte zu erledigenden Angelegenheiten.

Ist die Führung des Handelsregisters für mehrere Amtsgerichtsbezirke einem Amtsgericht übertragen worden, so gehören zur Zuständigkeit dieses Amtsgerichts auch die im Abs. 1 bezeichneten Angelegenheiten, mit Ausnahme derjenigen Geschäfte, welche den Gerichten nach §. 524 Abs. 1, 2, §. 530 Abs. 1, §§. 590, 685, §. 729 Abs. 1, §. 884 Nr. 4 des Handelsgesetzbuchs obliegen.

146. Soweit in den im §. 145 bezeichneten Angelegenheiten ein Gegner des Antragstellers vorhanden ist, hat ihn das Gericht wenn thunlich zu hören.

Gegen die Verfügung, durch welche über den Antrag entschieden wird, findet die sofortige Beschwerde statt.

Eine Anfechtung der Verfügung, durch welche einem nach §. 524 Abs. 1, 2, §. 530 Abs. 1, §. 685, §. 729 Abs. 1, §. 884 Nr. 4 des Handelsgesetzbuchs gestellten Antrage stattgegeben wird, ist ausgeschlossen.

147. Die Vorschriften der §§. 127 bis 131, 142, 143 finden auf die Eintragungen in das Genossenschaftsregister entsprechende Anwendung.

Eine in das Genossenschaftsregister eingetragene Genossenschaft kann gemäß den Vorschriften der §§. 142, 143 als nichtig gelöscht werden, wenn die Voraussetzungen vorliegen, unter denen nach den §§. 94, 95 des Gesetzes, betreffend die Erwerbs- und Wirthschaftsgenossenschaften, die Nichtigkeitsklage erhoben werden kann.

Ein in das Genossenschaftsregister eingetragener Beschluß der Generalversammlung einer Genossenschaft kann gemäß den Vorschriften der §§. 142, 143 als nichtig gelöscht werden, wenn er durch seinen Inhalt zwingende Vorschriften des Gesetzes verletzt und seine Beseitigung im öffentlichen Interesse erforderlich erscheint.

In den Fällen der Abs. 2, 3 soll die nach §. 142 Abs. 2 zu bestimmende Frist mindestens drei Monate betragen.

148. Die Vorschriften des §. 146 Abs. 1, 2 finden auf die nach §. 45 Abs. 3, §. 61, §. 83 Abs. 3, 4, §. 93 des Gesetzes, betreffend die Erwerbs- und Wirthschaftsgenossenschaften, und nach §. 66 Abs. 2, 3, §. 74 des Gesetzes, betreffend die Gesellschaften mit beschränkter Haftung, von dem Registergerichte zu erledigenden Angelegenheiten Anwendung.

Gegen die Verfügung, durch welche der im §. 11 des Gesetzes, betreffend die privatrechtlichen Verhältnisse der Binnenschiffahrt, oder der im §. 8 des Gesetzes, betreffend die privatrechtlichen Verhältnisse der Flößerei, bezeichnete Antrag auf Beweisaufnahme oder der im §. 87 Abs. 2 des ersteren Gesetzes bezeichnete Antrag auf Bestellung eines Dispacheurs zurückgewiesen wird, findet die sofortige Beschwerde statt. Eine Anfechtung der Verfügung, durch welche einem solchen Antrage stattgegeben wird, ist ausgeschlossen.

149. Für die Verrichtungen, welche den Gerichten in Ansehung der nach dem Handelsgesetzbuch oder nach dem Gesetze, betreffend die privatrechtlichen Verhältnisse der Binnenschiffahrt, aufzumachenden Dispache obliegen, ist das Amtsgericht des Ortes zuständig, an welchem die Vertheilung der Havereischäden zu erfolgen hat.

150. Lehnt der Dispacheur den Auftrag eines Betheiligten zur Aufmachung der Dispache aus dem Grunde ab, weil ein Fall der großen Haverei nicht vorliege, so entscheidet über die Verpflichtung des Dispacheurs auf Antrag des Betheiligten das Gericht. Gegen die Verfügung findet die sofortige Beschwerde statt.

151. Auf Antrag des Dispacheurs kann das Gericht einem Betheiligten unter Androhung von Ordnungsstrafen aufgeben, dem Dispacheur die in seinem Besitze befindlichen Schriftstücke, zu deren Mittheilung er gesetzlich verpflichtet ist, auszuhändigen. Die einzelne Strafe darf den Betrag von dreihundert Mark nicht übersteigen.

152. Der Dispacheur ist verpflichtet, jedem Betheiligten Einsicht in die Dispache zu gewähren und ihm auf Verlangen eine Abschrift gegen Erstattung der Kosten zu ertheilen. Das Gleiche gilt, wenn die Dispache nach dem Gesetze, betreffend die privatrechtlichen Verhältnisse der Binnenschiffahrt, von dem Schiffer aufgemacht worden ist, für diesen.

153. Jeder Betheiligte ist befugt, bei dem Gericht eine Verhandlung über die von dem Dispacheur aufgemachte Dispache zu beantragen. In dem Antrage sind diejenigen Betheiligten zu bezeichnen, welche zu dem Verfahren zugezogen werden sollen.

Wird ein Antrag auf gerichtliche Verhandlung gestellt, so hat das Gericht die Dispache und deren Unterlagen von dem Dispacheur einzuziehen und, wenn nicht offensichtlich die Voraussetzungen der großen Haverei fehlen, den Antragsteller sowie die von ihm bezeichneten Betheiligten zu einem Termine zu laden. Mehrere Anträge können von dem Gerichte zum Zwecke der gleichzeitigen Verhandlung verbunden werden.

Die Ladung muß den Hinweis darauf enthalten, daß, wenn der Geladene weder in dem Termin erscheine noch vorher Widerspruch gegen die Dispache bei dem Gericht anmelde, sein Einverständniß mit der Dispache angenommen werden würde. In der Ladung ist zu bemerken, daß die Dispache und deren Unterlagen auf der Gerichtsschreiberei eingesehen werden können.

Die Frist zwischen der Ladung und dem Termine muß wenigstens zwei Wochen betragen.

154. Erachtet das Gericht eine Vervollständigung der Unterlagen der Dispache für nothwendig, so hat es die Beibringung der erforderlichen Belege anzuordnen. Die Vorschriften des §. 151 finden entsprechende Anwendung.

155. In dem Termin ist mit den Erschienenen über die Dispache zu verhandeln.

Wird ein Widerspruch gegen die Dispache nicht erhoben und ist ein solcher auch vorher nicht angemeldet, so hat das Gericht die Dispache gegenüber den an dem Verfahren Betheiligten zu bestätigen.

Liegt ein Widerspruch vor, so haben sich die Betheiligten, deren Rechte durch ihn betroffen werden, zu erklären. Wird der Widerspruch als begründet anerkannt oder kommt anderweit eine Einigung zu Stande, so ist die Dispache demgemäß zu berichtigen. Erledigt sich der Widerspruch nicht, so ist die Dispache insoweit zu bestätigen, als sie durch den Widerspruch nicht berührt wird.

Werden durch den Widerspruch die Rechte eines in dem Termine nicht erschienenen Betheiligten betroffen, so wird angenommen, daß dieser den Widerspruch nicht als begründet anerkenne.

156. Soweit ein Widerspruch nicht gemäß §. 155 Abs. 3 erledigt wird, hat ihn der Widersprechende durch Erhebung der Klage gegen diejenigen an dem Verfahren Betheiligten, deren Rechte durch den Widerspruch betroffen werden, zu verfolgen. Die das Vertheilungsverfahren betreffenden Vorschriften der §§. 878, 879 der Civilprozeßordnung finden mit der Maßgabe entsprechende Anwendung, daß das Gericht einem Betheiligten auf seinen Antrag, wenn erhebliche Gründe glaubhaft gemacht werden, die Frist zur Erhebung der Klage verlängern kann und daß an die Stelle der Ausführung des Vertheilungsplans die Bestätigung der Dispache tritt

Ist der Widerspruch durch rechtskräftiges Urtheil oder in anderer Weise erledigt, so wird die Dispache bestätigt, nachdem sie erforderlichen Falles von dem Amtsgerichte nach Maßgabe der Erledigung der Einwendungen berichtigt ist.

157. Gegen die Verfügung, durch welche ein nach § 153 gestellter Antrag auf gerichtliche Verhandlung zurückgewiesen oder über die Bestätigung der Dispache entschieden wird, findet die sofortige Beschwerde statt.

Einwendungen gegen die Dispache, welche mittelst Widerspruchs geltend zu machen sind, können nicht im Wege der Beschwerde geltend gemacht werden.

158. Die Bestätigung der Dispache ist nur für das gegenseitige Verhältniß der an dem Verfahren Betheiligten wirksam.

Aus der rechtskräftig bestätigten Dispache findet die Zwangsvollstreckung nach den Vorschriften der Civilprozeßordnung statt.

Für Klagen auf Ertheilung der Vollstreckungsklausel sowie für Klagen, durch welche Einwendungen gegen die in der Dispache festgestellten Ansprüche geltend gemacht werden oder die bei der Ertheilung der Vollstreckungsklausel als eingetreten angenommene Rechtsnachfolge bestritten wird, ist das Amtsgericht zuständig, welches die Dispache bestätigt hat. Gehört der Anspruch nicht vor die Amtsgerichte, so sind die Klagen bei dem zuständigen Landgerichte zu erheben.

Achter Abschnitt.

Vereinssachen. Güterrechtsregister.

159. Auf die Eintragungen in das Vereinsregister finden die Vorschriften der §§. 127 bis 130, 142, 143, auf das Verfahren bei

der Verhängung von Ordnungsstrafen gegen Mitglieder des Vorstandes oder Liquidatoren eines eingetragenen Vereins finden die Vorschriften der §§. 127, 132 bis 139 entsprechende Anwendung.

160. Im Falle des §. 37 des Bürgerlichen Gesetzbuchs soll das Gericht vor der Verfügung, durch welche über das Verlangen, eine Mitgliederversammlung zu berufen, entschieden wird, soweit thunlich den Vorstand des Vereins hören. Gegen die Verfügung findet die sofortige Beschwerde statt.

161. Auf die Eintragungen in das Güterrechtsregister finden die Vorschriften der §§. 127 bis 130, 142, 143 entsprechende Anwendung.

Von einer Eintragung sollen in allen Fällen beide Ehegatten benachrichtigt werden.

162. Das Amtsgericht hat auf Verlangen eine Bescheinigung darüber zu ertheilen, daß bezüglich des Gegenstandes einer Eintragung weitere Eintragungen in das Vereins- oder Güterrechtsregister nicht vorhanden sind oder daß eine bestimmte Eintragung in das Register nicht erfolgt ist

Neunter Abschnitt.

Offenbarungseid. Untersuchung und Verwahrung von Sachen. Pfandverkauf.

163. Ist in den Fällen der §§. 259, 260, 2028, 2057 des Bürgerlichen Gesetzbuchs der Offenbarungseid nicht vor dem Prozeßgerichte zu leisten, so finden die Vorschriften des §. 79 entsprechende Anwendung.

164. In den Fällen, in denen nach den Vorschriften des bürgerlichen Rechtes Jemand den Zustand oder den Werth einer Sache durch Sachverständige feststellen lassen kann, ist für die Ernennung, Beeidigung und Vernehmung der Sachverständigen das Amtsgericht zuständig, in dessen Bezirke sich die Sache befindet. Durch eine ausdrückliche Vereinbarung der Betheiligten kann die Zuständigkeit eines anderen Amtsgerichts begründet werden.

Eine Anfechtung der Verfügung, durch welche dem Antrage stattgegeben wird, ist ausgeschlossen.

Bei dem Verfahren ist der Gegner soweit thunlich zu hören.

165. In den Fällen der §§. 432, 1217, 1281, 2039 des Bürgerlichen Gesetzbuchs ist für die Bestellung des Verwahrers das Amtsgericht zuständig, in dessen Bezirke sich die Sache befindet.

Ueber eine von dem Verwahrer beanspruchte Vergütung entscheidet das Amtsgericht.

Vor der Bestellung des Verwahrers und vor der Entscheidung über die Vergütung sind die Betheiligten, soweit thunlich zu hören.

166. Im Falle des §. 1246 Abs. 2 des Bürgerlichen Gesetzbuchs ist für die Entscheidung des Gerichts das Amtsgericht des Ortes zuständig, an welchem das Pfand aufbewahrt wird.

Vor der Entscheidung sind die Betheiligten soweit thunlich zu hören.

Zehnter Abschnitt.

Gerichtliche und notarielle Urkunden.

167. Für die gerichtliche Beurkundung eines Rechtsgeschäfts sowie für die gerichtliche Beglaubigung eines Handzeichens sind die Amtsgerichte zuständig.

Für die öffentliche Beglaubigung einer Unterschrift sind außer den Notaren die Amtsgerichte zuständig. Das Gleiche gilt für die Aufnahme der im §. 1718 und im §. 1720 Abs. 2 des Bürgerlichen Gesetzbuchs vorgesehenen öffentlichen Urkunden über die Anerkennung der Vaterschaft; für die Aufnahme dieser Urkunden ist, wenn die Anerkennung der Vaterschaft bei der Anzeige der Geburt des Kindes oder bei der Eheschließung seiner Eltern erfolgt, auch der Standesbeamte zuständig, welcher die Geburt oder die Eheschließung beurkundet.

168. Für die gerichtliche und die notarielle Beurkundung eines Rechtsgeschäfts gelten, unbeschadet der Vorschriften des Bürgerlichen Gesetzbuchs über die Errichtung von Testamenten und Erbverträgen, die §§. 169 bis 182. Als Betheiligter im Sinne der §§. 169 bis 182 ist derjenige anzusehen, dessen Erklärung beurkundet werden soll.

169. Ist ein Betheiligter nach der Ueberzeugung des Richters oder des Notars taub, blind, stumm oder sonst am Sprechen verhindert, so muß der Richter einen Gerichtsschreiber oder zwei Zeugen, der Notar einen zweiten Notar oder zwei Zeugen zuziehen.

170. Als Richter, Notar, Gerichtsschreiber oder Zeuge kann bei der Beurkundung nicht mitwirken:

1. wer selbst Betheiligter ist sowie derjenige, für welchen ein Betheiligter als Vertreter handelt;
2. der Ehegatte eines Betheiligten, auch wenn die Ehe nicht mehr besteht;
3. wer mit einem Betheiligten in gerader Linie oder im zweiten Grade der Seitenlinie verwandt oder verschwägert ist;
4. wer zu demjenigen, für welchen ein Betheiligter als Vertreter handelt, in einem Verhältnisse der unter Nr. 2, 3 bezeichneten Art steht.

171. Als Richter, Notar, Gerichtsschreiber oder Zeuge kann bei der Beurkundung nicht mitwirken:

1. derjenige, zu dessen Gunsten in der Urkunde eine Verfügung getroffen wird;
2. wer zu demjenigen, zu dessen Gunsten in der Urkunde eine Verfügung getroffen wird, in einem Verhältnisse der im §. 170 Nr. 2, 3 bezeichneten Art steht.

Die Mitwirkung einer hiernach ausgeschlossenen Person hat zur Folge, daß die Beurkundung insoweit nichtig ist, als sie eine Verfügung zu Gunsten einer der im Abs. 1 Nr. 1, 2 bezeichneten Personen zum Gegenstande hat.

172. Als Gerichtsschreiber oder zweiter Notar oder Zeuge kann bei der Beurkundung nicht mitwirken, wer zu dem Richter oder dem beurkundenden Notar in einem Verhältnisse der im §. 170 Nr. 2, 3 bezeichneten Art steht.

173. Als Zeuge soll bei der Beurkundung nicht mitwirken:

1. ein Minderjähriger;
2. wer der bürgerlichen Ehrenrechte für verlustig erklärt ist, während der Zeit, für welche die Aberkennung der Ehrenrechte erfolgt ist;
3. wer nach den Vorschriften der Strafgesetze unfähig ist, als Zeuge eidlich vernommen zu werden;
4. wer als Gesinde oder Gehülfe im Dienste des Richters oder des beurkundenden Notars steht.

174. Die bei der Beurkundung mitwirkenden Personen müssen bei der Vorlesung, Genehmigung und Unterzeichnung der Urkunde zugegen sein.

175. Ueber die Verhandlung muß ein Protokoll in deutscher Sprache aufgenommen werden.

176. Das Protokoll muß enthalten:

1. Ort und Tag der Verhandlung;
2. die Bezeichnung der Betheiligten und der bei der Verhandlung mitwirkenden Personen;
3. die Erklärung der Betheiligten.

Wird in der Erklärung auf eine Schrift Bezug genommen und diese dem Protokoll als Anlage beigefügt, so bildet sie einen Theil des Protokolls.

Das Protokoll soll eine Angabe darüber enthalten, ob der Richter oder der Notar die Betheiligten kennt oder, sofern dies nicht der Fall ist, in welcher Weise er sich Gewißheit über ihre Persönlichkeit verschafft hat. Kann er sich diese Gewißheit nicht verschaffen, wird aber gleichwohl die Aufnahme der Verhandlung verlangt, so sollen der Sachverhalt und dasjenige, was zur Feststellung der Persönlichkeit beigebracht ist, in das Protokoll aufgenommen werden

177. Das Protokoll muß vorgelesen, von den Betheiligten genehmigt und von ihnen eigenhändig unterschrieben werden. Im Protokolle muß festgestellt werden, daß dies geschehen ist. Das Protokoll soll den Betheiligten auf Verlangen auch zur Durchsicht vorgelegt werden.

Erklärt ein Betheiligter, daß er nicht schreiben könne, so muß diese Erklärung im Protokolle festgestellt werden. Bei der Vorlesung und der Genehmigung muß der Richter oder der Notar einen Zeugen zuziehen. In den Fällen des §. 169 bedarf es dieser Zuziehung nicht; das Gleiche gilt, wenn in anderen Fällen ein Gerichtsschreiber oder ein zweiter Notar zugezogen wird.

Das Protokoll muß von den mitwirkenden Personen unterschrieben werden.

178. Ist nach der Ueberzeugung des Richters oder des Notars ein Betheiligter stumm oder sonst am Sprechen verhindert und eine schriftliche Verständigung mit ihm nicht möglich, so muß bei der Beurkundung ein vereideter Dolmetscher zugezogen werden.

Im Protokolle muß festgestellt werden, daß der Richter oder der Notar die Ueberzeugung gewonnen hat, daß der Betheiligte am Sprechen verhindert und eine schriftliche Verständigung mit ihm nicht möglich ist. Das Protokoll muß von dem Dolmetscher genehmigt und unterschrieben werden.

Der Zuziehung eines Zeugen, eines Gerichtsschreibers oder eines zweiten Notars bedarf es in diesem Falle nicht.

179. Erklärt ein Betheiligter, daß er der deutschen Sprache nicht mächtig sei, so muß bei der Beurkundung ein vereideter Dolmetscher zugezogen werden. Der Zuziehung des Dolmetschers bedarf es nicht, wenn der Richter oder der Notar der Sprache, in der sich der Betheiligte erklärt, mächtig ist; die Beeidigung des Dolmetschers ist nicht erforderlich, wenn der Betheiligte darauf verzichtet.

Das Protokoll muß dem der deutschen Sprache nicht mächtigen Betheiligten durch den Dolmetscher oder, wenn ein Dolmetscher nicht zugezogen worden ist, durch den Richter oder den Notar in der fremden Sprache vorgetragen werden und die Feststellung enthalten, daß dies geschehen ist.

Im Protokolle muß festgestellt werden, daß der Betheiligte der deutschen Sprache nicht mächtig ist.

Der Dolmetscher muß das Protokoll unterschreiben.

Eine Beurkundung ist nicht aus dem Grunde unwirksam, weil den Vorschriften des Abs. 1 zuwider die Zuziehung eines Dolmetschers unterblieben ist.

180. Auf den Dolmetscher finden die nach den §§. 170 bis 173 für einen Zeugen geltenden Vorschriften entsprechende Anwendung.

181. Bei der gerichtlichen oder notariellen Beurkundung von Versteigerungen gelten Bieter nicht als Betheiligte; ausgenommen sind solche Bieter, die an ihr Gebot gebunden bleiben. Entfernt sich ein solcher Bieter vor dem Schlusse der Verhandlung, so genügt an Stelle seiner Unterschrift die Angabe des Grundes, aus welchem sie unterblieben ist.

182. Die Ausfertigung der Protokolle über die gerichtliche Beurkundung eines Rechtsgeschäfts ist von dem Gerichtsschreiber zu unterschreiben und mit dem Gerichtssiegel zu versehen.

Auf Antrag können die Protokolle auch auszugsweise ausgefertigt werden.

183. Die gerichtliche oder notarielle Beglaubigung einer Unterschrift darf nur erfolgen, wenn die Unterschrift in Gegenwart des Richters oder des Notars vollzogen oder anerkannt wird.

Die Beglaubigung geschieht durch einen unter die Unterschrift zu setzenden Vermerk. Der Vermerk muß die Bezeichnung desjenigen, welcher die Unterschrift vollzogen oder anerkannt hat, enthalten und den Ort und den Tag der Ausstellung angeben, sowie mit Unterschrift und Siegel oder Stempel versehen sein.

Diese Vorschriften finden auf die gerichtliche oder notarielle Beglaubigung eines Handzeichens entsprechende Anwendung.

184. Für die nach §. 167 den Amtsgerichten obliegenden Verrichtungen sind in Ansehung solcher Personen, die zur Besatzung eines in Dienst gestellten Schiffes der Kaiserlichen Marine gehören oder die in anderer Eigenschaft an Bord eines solchen Schiffes sind, auch die Geschwaderauditeure zuständig, solange das Schiff sich außerhalb eines inländischen Hafens befindet. Den Schiffen stehen die sonstigen Fahrzeuge der Kaiserlichen Marine gleich.

Die Ausfertigung der Protokolle über die Beurkundung eines Rechtsgeschäfts ist von dem Auditeur zu unterschreiben und mit dem Gerichtssiegel zu versehen.

Die Vorschriften des Artikel 44 des Einführungsgesetzes zum Bürgerlichen Gesetzbuche bleiben unberührt.

Elfter Abschnitt.

Schlußbestimmungen.

185. Dieses Gesetz tritt gleichzeitig mit dem Bürgerlichen Gesetzbuch in Kraft.

Die Artikel 2 bis 5, 32 des Einführungsgesetzes zum Bürgerlichen Gesetzbuche finden entsprechende Anwendung.

186. Die Vorschriften der §§. 11, 66 des Gesetzes über die Beurkundung des Personenstandes und die Eheschließung vom 6. Februar 1875 (Reichs-Gesetzbl. S. 23) werden insoweit aufgehoben, als sie der Landesgesetzgebung die Befugniß gewähren, das gerichtliche Verfahren abweichend zu regeln.

187. Der §. 150 des Gesetzes, betreffend die Erwerbs- und Wirthschaftsgenossenschaften, vom 1. Mai 1889 (Reichs-Gesetzbl. S. 55) wird aufgehoben.

188. Der §. 11 Abs. 2 des Gesetzes, betreffend das Reichsschuldbuch, vom 31. Mai 1891 (Reichs-Gesetzbl. S. 321) wird dahin geändert:

> Zur Ausstellung dieser Bescheinigungen ist das Nachlaßgericht und, falls der Erblasser zur Zeit des Erbfalls im Inlande weder Wohnsitz noch Aufenthalt hatte, auch derjenige Konsul des Reichs zuständig, in dessen Amtsbezirke der Erblasser zur Zeit des Erbfalls seinen Wohnsitz oder seinen gewöhnlichen Aufenthalt hatte, sofern dem Konsul von dem Reichskanzler die Ermächtigung zur Ausstellung solcher Bescheinigungen ertheilt ist.

189. Soweit im Einführungsgesetze zum Bürgerlichen Gesetzbuche zu Gunsten der Landesgesetze Vorbehalte gemacht sind, gelten sie auch für die Vorschriften der Landesgesetze über diejenigen Angelegenheiten der freiwilligen Gerichtsbarkeit, welche Gegenstand dieses Gesetzes sind; den Landesgesetzen stehen nach Maßgabe der Artikel 57, 58 des Einführungsgesetzes zum Bürgerlichen Gesetzbuche die Hausverfassungen gleich.

190. Unberührt bleiben die landesgesetzlichen Vorschriften, welche für den Fall, daß nach Artikel 147 des Einführungsgesetzes zum Bürgerlichen Gesetzbuche die dem Vormundschaftsgericht obliegenden Verrichtungen durch Landesgesetz anderen Behörden als den Amtsgerichten übertragen sind, über den Vorsitz im Familienrathe Bestimmung treffen.

191. Unberührt bleiben die landesgesetzlichen Vorschriften, nach welchen für die Aufnahme der nach dem §. 1718 und dem §. 1720 Abs. 2 des Bürgerlichen Gesetzbuchs erforderlichen öffentlichen Urkunden sowie für die öffentliche Beglaubigung einer Unterschrift außer den Amtsgerichten und Notaren auch andere Behörden oder Beamte zuständig sind.

Durch Landesgesetz kann die Zuständigkeit der Amtsgerichte für die öffentliche Beglaubigung einer Unterschrift oder eines Handzeichens ausgeschlossen werden.

192. Unberührt bleiben die landesgesetzlichen Vorschriften, nach welchen, wenn die Auseinandersetzung in Ansehung eines Nachlasses nicht binnen einer bestimmten Frist bewirkt ist, das Nachlaßgericht die Auseinandersetzung von Amtswegen zu vermitteln hat; auf die Auseinandersetzung finden die Vorschriften der §§. 88 bis 98 Anwendung.

193. Unberührt bleiben die landesgesetzlichen Vorschriften, nach welchen für die gemäß §. 99 den Amtsgerichten obliegenden Verrichtungen andere als gerichtliche Behörden zuständig sind, sowie die landesgesetzlichen Vorschriften, nach welchen in den Fällen der §§. 86, 99 an Stelle der Gerichte oder neben diesen die Notare die Auseinandersetzung zu vermitteln haben.

194. Sind für die im §. 1 bezeichneten Angelegenheiten nach Landesgesetz andere als gerichtliche Behörden zuständig, so gelten die in dem ersten Abschnitte für die Gerichte gegebenen Vorschriften auch für die anderen Behörden.

Als gemeinschaftliches oberes Gericht im Sinne der §§. 5, 46 gilt dasjenige Gericht, welches das gemeinschaftliche obere Gericht für die Amtsgerichte ist, in deren Bezirke die Behörden ihren Sitz haben. Durch Landesgesetz kann jedoch bestimmt werden, daß, wenn die Behörden in dem Bezirke desselben Amtsgerichts ihren Sitz haben, dieses als gemeinschaftliches oberes Gericht zuständig ist.

Die Vorschriften des §. 8 über die Sitzungspolizei und über die Berathung und Abstimmung sowie die Vorschriften der §§. 6, 10, 11, des §. 16 Abs. 2 und des §. 31 finden keine Anwendung.

Durch die Vorschrift des Abs. 1 wird die Verpflichtung der gerichtlichen Behörden, gemäß §. 2 Rechtshülfe zu leisten, nicht berührt.

195. Durch die Gesetzgebung eines Bundesstaates, in dem für die dem Vormundschaftsgericht oder dem Nachlaßgericht obliegenden Verrichtungen andere Behörden als die Amtsgerichte zuständig sind, kann bestimmt werden, daß die Abänderung einer Entscheidung einer solchen Behörde bei dem Amtsgerichte nachzusuchen ist, in dessen Bezirke die Behörde ihren Sitz hat. In diesem Falle finden auf das Verfahren die Vorschriften der §§. 20 bis 25 entsprechende Anwendung.

Die Beschwerde findet gegen die Entscheidung des Amtsgerichts statt.

196. Ist für die Volljährigkeitserklärung nach Landesgesetz die Zentralstelle des Bundesstaats zuständig, so finden die in dem ersten Abschnitte für die Gerichte gegebenen Vorschriften keine Anwendung.

Die Verfügung, durch welche der Minderjährige für volljährig erklärt wird, tritt mit der Bekanntmachung an den Minderjährigen in Wirksamkeit.

197. Durch die Landesjustizverwaltung kann angeordnet werden, daß die im §. 14 des Gesetzes über die Beurkundung des Personenstandes und die Eheschließung vom 6. Februar 1875 vorgesehene Aufbewahrung des Nebenregisters bei den Landgerichten erfolgen soll.

198. Unberührt bleiben die landesgesetzlichen Vorschriften, nach welchen bei der Beurkundung einer Erklärung in den Fällen des §. 169 der Richter an Stelle des Gerichtsschreibers oder der zwei Zeugen eine besonders dazu bestellte Urkundsperson zuziehen kann.

Auf die Urkundsperson finden die Vorschriften der §§. 170 bis 172 Anwendung.

199. Durch die Gesetzgebung eines Bundesstaats, in dem mehrere Oberlandesgerichte errichtet sind, kann die Entscheidung über das Rechtsmittel der weiteren Beschwerde einem der mehreren Oberlandesgerichte oder an Stelle eines solchen Oberlandesgerichts dem obersten Landesgerichte zugewiesen werden.

Das Gericht, dem nach Abs. 1 die Entscheidung zugewiesen wird, tritt zugleich für die Beschwerde gegen eine Verfügung des Landgerichts an die Stelle des nach §. 64 und §. 143 Abs. 2 zuständigen Oberlandesgerichts. Auch gilt es im Sinne der §§. 5, 46 als gemeinschaftliches oberes Gericht für alle Gerichte des Bundesstaats.

200. Durch Landesgesetz können Vorschriften zur Ergänzung und Ausführung dieses Gesetzes, mit Einschluß der erforderlichen Uebergangsvorschriften, auch insoweit erlassen werden, als dieses Gesetz Vorbehalte für die Landesgesetzgebung nicht enthält.

Soweit durch Landesgesetz allgemeine Vorschriften über die Errichtung gerichtlicher oder notarieller Urkunden erlassen werden, ist ein Verstoß gegen eine solche Vorschrift, unbeschadet der Vorschriften über die Folgen des Mangels der sachlichen Zuständigkeit, ohne Einfluß auf die Gültigkeit der Beurkundung.

Sachregister.

Die größeren Zahlen bedeuten die Paragraphen,
die kleineren die Noten
und zwar:
ohne einen Beisatz = Handelsgesetzbuch,
mit vorangesetztem E. = Artikel des Einführungsgesetzes zum Handelsgesetzbuch,
" " G. = Gerichtsverfassungsgesetz,
" " F. = Reichsgesetz über die Angelegenheiten der freiwilligen Gerichtsbarkeit.

A.

A conto metà-Gesellschaft G. 101, 6.
Abgangstag 376, 30.
Abladezeit 376, 30.
Ablehnung eines Richters 196, 60, F. 6, s. a. Ausschließung.
Ablieferung 377, 43, 51, 433, 39, 435, 45, E. 12, 53, 59, — an Zollschuppen, Lagerhaus 456, 15.
Ablieferungsort 373, 16, 2, 377 45.
Abnahme der Waare 373, 14 a
Abrechnung 350, 31.
Abschrift — der Bilanz 263 Abs. 2, — der Dispache F. 152, — von Gerichtsakten F. 34, — von Urkunden F. 78 Abs. 2, 91 Abs. 3, — einer Verfügung 16 Abs. 3, (siehe auch Handelsreg.) — beglaubigte F. 149.
Absender 407, 5, 433, 38.
Abwesenheitspflegschaft F. 39, 88.
Agenten (von Gegenseitigkeitsgesellschaften) 1, 12, 84, 165, — Liegenschafts- 1, 12, 2, 15 G. 101, 6.
Akkreditirung 346, 22, 349, 30.

Aktien.
Amortisation 227.
Arten 179, 180, 183, 185, 226.
Aufgebotsverfahren 228.
Ausfertigung 181.
Außerkurssetzung E. 26.

beschädigte 229.
Bezugsrecht 179, 7, E. 28, 96.

eigene 226, E. 28, 96.
Einführung 230, 90,
Erneuerungsschein 230.

Inhaberaktie 179, 224, — deren Ausgabe 287, — deren Umwandlung 183, 26, — Pfandbestellung E. 20, 85 b.
Interimsscheine 179, 7, — Ausgabe bei Erhöhung des Grundkapitals 287, — eigene 226, — Emmission 202, 209, — Richtigkeit 209, — Uebertragung 224.

Kleinaktie 180, 209, — Uebertragung 222, 287.

Kraftloserklärung 228, E. 25.

Mindestbetrag. 180.
Mitberechtigung 225.

Nachbezugsrecht 185, [28].
Namenaktie 179, 183, — Eintrag 222, — Uebertragung 222, — Umwandlung 183, [26]
Nichtigkeit 209, — Heilung 209, [103], 222, [141].

Prioritätsaktie 185, [28]

Stammaktie 185, [28].

Versicherungsaktie 179.
vinkulirte 180.
Vollzahlung 129, [6].
Vorzugsaktie 182, [16], 185, 186, [30], 262, — deren Abstimmung 275, [296], 278, 288 — in der Liquidation 300, [340]; — deren Stimmrecht 252, 275.

Werthpapiere 228, [153]

Aktiengesellschaft 178—319.
Agio 214, [116].
— -gewinn 195, [57], 262, [257].
Aktien siehe dort.
Aktien — Buch 222/3.
— Hinterlegung 255, [234].
— Mißbrauch 318.
— Zeichnung 186, [32], 189.
Aktionär.
Ausschluß 219/20, — Befreiung von Einzahlung 221, 289, — Einzahlung 218ff., — Einzelrechte 241, [186], 254, — gutgläubiger 217, — Haftung 217, — Individualrechte 213, [113], — Konkurs 219, [133], — Legitimation 252, [221], [224], — in der Liquidation 302 ff., — Naturalleistung 212, [216], — Nebenintervention 268, [276], — Pflichten 211/13, — Rechte 202, [80], 203, [91], — Rechte auf Dividende 213/14, — Rechte auf Zinsen 215, — Rechte zur Berufung einer Generalversammlung 254, F. 145, — Rechtsnachfolge 219/20, 225, [145], 241, [188], — Verwaltungsrechte 250 ff., — Verzeichniß 195, [52], — Vorzugsaktionär s. Aktien (Vorzugs).
Amortisation 227.
Anfechtungsklage 197, [67], 271.
Angestellte — deren Stimmrecht 243, [192], — deren Tantiemen 213, [114], — Zuwendungen an 271, [286].
Anmeldung 195.
Antheilsrechte 200, [76], — deren Uebertragung 287.
Aufgebotsverfahren 228.
Auflösung 292 ff., — Auflösungsgründe: ordentliche 292, — außerordentliche 303/5,
Aufrechnungsverbot 221.
Aufsichtsrath
Anmeldung 195, — Anmeldung zur Zweigniederlassung 201, — Berichte falsche 314, [379], — Beschlußunfähigkeit 315, — Bestellung erste 243, bei Simultangründung 182, [14a], 190, bei Successivgründung 182, [14b], 190, 195, 196, — Eintrag 198, — Entlastung 260, — Haftung 204, — Liquidation in der 295, [327], 298, [334], — Organisation 243, — Personaländerung 244, — Pflichten 192 ff., 207, 246 ff., — Stellvertreter 248, — Vertretung außerordentl. 268, [276], 272, — Tantiemen 245.
Ausländische 178, [2], — deren Eintrag 201, [78].
Aeußere Stellung 200.

Baarzahlung 195.
Bauzinsen 215, [122].
Bekanntmachung 182, 199, 201, 218 ff., 244, 265, 272, 310.

Bezugsrechte 282 ff.
Bilanz 260 ff., — Bekanntmachung 265, — Genehmigung 264, — in der Liquidation 299, — Vorschriften 261.

Decharge s. Entlastung.
Deliktsfähigkeit 210, E. 1, [3]
Dividenden s. Aktionärrecht, — Dividenden-Abschlags- 215, [119], — Dividenden-Gewinn 215, [121], — Dividenden-Schein 230, [158].
direktes Klagerecht 217, [124].
Direktor s. Vorstand.

Eigene Aktien 226.
Einführung von Aktien 203, [90].
Eintragung 15, 29, — Folgen der 200, — Veröffentlichung 199, 201, [78], — Eintragung zur Zweigniederlassung 198, 201, 286, [309].
Einzahlung 189, [39], 195, [55], 218 ff., 280, — Befreiung von 288, [312].
Emission — 181 bei Erhöhung des Grundkapitals 287, — Emission — Voraussetzung 200, [76], — von Vorzugsaktien 185, [28], — vor Vollzahlung 179, [6], — Ueberpari- 184, 262, [257], 278, [302], — Unterpari- 184, 287, 278, [302].
Emissionshaus 203.
Emissionskurs 184, [27], 195, [56], — Emissions-Prospekt 203, [91].
Erneuerungsschein siehe Talon.
Errichtung 182, [14], 188.
Entlastung 260, 268.
Etablissementübernahme 186, 207.

Filiale 201, [77].
Firma 20, [22], 182, [18], — Firma-Zeichnung 233, — Uebergangsbestimmung E. 22, 23.
Fortsetzung der A.g. 307.
Fusion 305/6.

Gegenstand 182, [20], 210, — dessen Abänderung 275.
Gemeinnütziges Unternehmen 180, [9].
Generalversammlung, — außerordentliche 246, 254, 292, — Berufung 182, [24], 196, 197, [66], 253, 257, — Beschluß 197, 251, — Anfechtung desselben 271, 308, — Löschung desselben 271, [283a], 308, F. 114, — konstituirende 196, — gerichtlich geleitete 196, — ordentliche 260, 263, — ordentliche in der Liquidation 299, 337, — Protokoll 259, — Stimmenzählung 258.
Gesammtschuldner s. Sammtverbindlichkeit.
Gesellschaftsgläubiger 178, [5], 202, [80], 241, [80], 249, [215], 273, [292], 289, — in der Liquidation 297, 301, 304/6 ff.
Gesellschaftsklage 268.
Gesellschaftsvertrag 182, — Abänderungen 274, — deren Anmeldung E. 10, [23], — Feststellung 182, [14], 188, 189.
Gründer 187 ff., — Gründer-Genossen 202, [80], — Gründer-Gewinn 186, [33], 195, [51], — Gründer-Konsortium 188, [35], — Gründer-Verantwortlichkeit 202.
Grundkapital 182, [21], — Erhöhung 278 ff., E. 24, [92], — Anmeldung E. 10, [23], [25], 11, [40], [50], — Herabsetzung 288 ff., E. 24, [91], Anmeldung E. 10, [23], [25], 11, [40], [50], — Umwandlung in Reservefond 288, [312].
Gründung 182, [14], — Gründungs-Aufwand 186, [33], 189, [36], 195, [51], — Gründungs-Bericht 191, — Gründungs-Prüfung 192, 266, — Simultan- 182, [14a], 187, 188, — Successiv- 182, [14b], 189, 196, — Vorvertrag 195, [51], 200, [74], 208.

Hauptniederlassung 15, 49.
Hinterlegung von Aktien 255, 234, 266, 269, 269, — Bescheinigung falsche 316

Indossament 222

Konkurs 293, 294
Kraftloserklärung 228, — bei Herabsetzung des Grundkapitals 290
Kurs 261, 247
Kursverlust 261, 253.

Liquidation 294 ff., — Anmeldung 296, E 10, 23, 25, 11, 40, 50, — Ausschluß 304/6, — Beendigung 302, — Vertheilung in 300
Liquidatoren 295, — Ernennung und Abberufung 295, 296, F 145, — Geschäftskreis 298, E 10, 29, — Zeichnung 296
Löschung F 141, 144

Mehrheit absolute 251
Minoritätsrechte 251, 218, 264, 268 ff., 295, 318.

Nachgründung 207
Nebenleistung 212, 216, 276
Nichtigkeit 309, 311, — Heilung 310
Nichtigkeitsklage 200, 75.

Prokurist 238
Prospekthaftung 208, 91, 313, 377.

Rechtsfähigkeit 210
Registerrichter, Aufsichtsrecht 319
Reservefond 262 und siehe Grundkapital.
Revisoren 192, 266, — Aufstellung F 145, — Bericht 193, 194, 199, — Kosten 267, 273

Sacheinlage 186, 279
Schadensersatz 202, 82.
Schlußrechnung 302.
Sicherheitsleistung 266, 271. 269, 277/8, 272, 290.
Sorgfalt ordentlichen Geschäftsmannes 202, 87.
Sperrjahr 301 303,
Spezialreserve 214, 115.
Staatliche Genehmigung 195, 54.
Stimmkauf 317.
Stimmrecht 251 ff
Strafvorschriften 311 ff
Streitgenossenschaft 272, 289.
Strohmänner 318

Talon 230

Uebergangsbestimmungen 16, 55, 178, 2, E 22, 23 ff.
Umtausch von Aktien 229, 305, 355, E 24, 91.

Veräußerung des Vermögens 303
Vergleich 205, 249, 215, 270
Verjährung 206, 241, 190.
Verstaatlichung 304.
Vertretung — ordentliche 231 ff, — außerordentliche 247, — Beschränkung der 235
Verzichte 205, 270
Viertelszahlung 195, 57
Volleinzahlung 179, 195, 55, 278.
Vorstand
— Aenderung 234, — Anmeldung 195, — Berichte falsche 314, 379, — Bestellung erste 182, 23, bei Simultangründung 182, 14 a, 190, bei Successivgründung 182, 14 b, 190, Uebergangsbestimmung E 27; — Dienstvertrag 231, — Eintrag 198, 234, E 10, 25, — Entlastung 260, — Haftung 204, — Konflikte mit Aufsichtsrath 246, 200, 203, — Konkurrenzverbot 236, E 27, — Pflichten 192 ff, 207, 239 ff, — Spekulationsgeschäfte 236, 173, — Stellvertreter 242, — Vertretung 231, — Tantiemen 237.
Vortheile besondere 186, 30, 195, 51

Willenserklärung 225, 232

Zahlungssperre 228, [154].
Zeichnungsschein 189, [38], 281, —
Zeichnungsstelle 203, [80].
Zinscoupons 213, [114].
Zinsen 215, 217, [126], 218.
Zurückbehaltungsrecht 221, [137].
Zusammenlegung von Aktien 228, E. 24, [91]
Zweigniederlassung 201, [77], — deren 201, [78].

Alleinvertretung 89, [181].

Amtsgerichte siehe Handelsregister, — Zuständigkeit in Vormundschaftssachen F. 35, — für Annahme an Kindesstatt F. 65, — in Sachen des Personenstandes F. 69, — in Nachlaß- und Theilungssachen F. 72, 99, — in Handelssachen F. 145 (Dispache F. 145, 149, 158), — in Handelsregistersachen F. 125, — für Ernennung von Sachverständigen F. 148 Abs. 2, 168, — eines Verwahrers F. 165, — für Pfandverkauf F. 166, — für Beglaubigung und Beurkundung F. 167, 169, 198, — für Offenbarungseid F. 163.

Amtswegen — Einschreiten von, siehe Registergericht bei Handelsregister, — Ermittelungen von 254, [230], F 12, — Zustellung von F. 16 Abs. 2.

Anerkennung 343, [7]

Anfechtung 54, [126], 343, [6].

Ankündigung 362, [57]

Anmeldung zum Handelsregister siehe Firma und Handelsregister.

Annahme — des Guts 436, 438, E. 12, [53], [29], — vorbehaltslose 376, [30], E. 12, [53], [59], — -verweigerung 437, E. 12, [53], [59], — -verzug 360, [55], 373, [17], 374, [26], 377, [43], E. 12, [53], [59].

Annoncenbüreau 1, [11].

Anpreisung 362, [57].

Anschaffungsgeschäft 1, [6], — von ausl. Aktien 188, [35].

Anschlußgleise 473, [73].

Antrag 362, F. 11, 86 ff.

Anwaltszwang G. 100, [1], F. 29.

Anweisung 363, E. 17, [81], 21, [87], — Form 350, [31].

Apothekergehilfen 59, [133],

Arbitrage 346, [21], [22].

Armenrecht F. 14.

Artes liberales 2, [14].

Aufbewahrung 373, [14], [2], [18], 378, [53], — Kosten 374, [26], — Pflicht 379, — Provision 354, — Vertrag 429, [21a].

Aufrechnung 221, 373, [9], 469, [26], — von Schäden 377, [51], [52], — Uebergangsbestimmungen E. 1, [7b].

Auktionator 1, [12], 373, [22].

Ausdrücklich 24, [73], 48, [118]

Auseisungskosten 440, [65].

Ausfallprobe 377, [42].

Auskunft 347, [26], F. 163.

Auskunftsbureau 2, [15], — Verantwortlichkeit und Schutz 347, [26].

Auslegung der Verträge 346, [19].

Ausnahmetarif 461.

Ausschließung von Gerichtspersonen und Zeugen F. 6, 170 ff.

Aussetzung des Verfahrens 271, [283a], G. 100, [1], F 127, — bei Beschwerde F. 24.

Aversionalfracht 413, [18].

B.

Backprobe 377, [44].

Bahnangestellte 458, [21].

Bahnarbeiter 458, [21].

Bankier — guter Glaube 367, — Zinsen 352, [35], — Lokalbankier 397, [41], — Zentralbankier 369, [79], 390, [28], 397, [41].

Bankiergeschäfte 1, [1a, 9]

Banknoten 366, [73c], 367.

Bankrembours 346, [22].

Baumaterialien 1, [4].

Bauspekulanten 2, [15]

Bauunternehmer 2, [15]

Bedingung 370, [88], 373, [9].

Befrachter 407, [5].

Befristung 377, [9].

Beglaubigung — öffentliche 259, [242], F. 191, — eines Handzeichens F. 167, — einer Unterschrift F. 188, 191, — einer Vollmacht F. 13.

Begleitpapiere 426, 427.

Beistände F. 13.

Benef. exc. real. 369, [80]

Bergwerksgesellschaften 33, [99], E. 5, [13].

Berner Vertrag 453, [1c]

Beschädigung — von Personen 453, [2], 472, [71], 473, [73], — von Sachen 453, [2], — durch Sachen 427, [15], insbesondere Thiere 416, [3], 453, [8], 427, [15].

Bescheinigungen 9, [31], F. 162.

Beschwerde F. 19ff., — sofortige F. 22, 77, 80, 81, — weitere F. 27 ff., 143 (Anwaltszwang F. 29), — sofortige weitere F. 22ff., — bei Annahme an Kindesstatt F. 68, — bei Befangenheit des Richters 196, [60], F. 6, — bei Dispachesachen F. 148, Abs. 2, 153, 157, — bei Handelssachen F. 143, Abs. 2, 146, 148, — bei Nachlaßsachen F. 76, 80—82, 84, 195, — der Organe des Handelsstandes F. 126, — bei Personenstandssachen F. 70, — bei Schiffsregistersachen F. 122, — bei Vereinssachen F. 160, — bei Vormundschaftssachen F. 57.

Beschwerde-Instanz F. 30.

Besitz — Erwerb, Verlust 369, [83], — Realstatuten E. 1, [5], — Uebergangsbestimmungen E. 1, [7c].

Bestellung fingirte 70, [149].

Betheiligte F. 6, 13, 38, 92, 142, 156, 166, 169ff., — bei Versteigerung F. 181, — Unterschrift F. 177.

Betriebsbeamte siehe Industriebeamte.

Betriebsstörung 346, [22].

Bevollmächtigte F. 13, siehe auch Handlungsvollmacht.

Beweisaufnahme F. 15.

Bierabnahmevertrag 373, [13, 20], 376, [30], 377, [47], E. 18, [82].

Bilanz 39/41, — bei Aktienges. 260ff.

Binnenschiffer seine Vollmacht 54, [126]

Börsen-Bekanntmachung 346, [19b], — Preis 261, [247], — Register E. 14, [77], — Termingeschäfte 376, [30], 379, [162], E. 14, [77], — Usance 346, [19], E. 2, [9], 14, [77a]

Böslich 202, [85].

Braumeister 59, [133].

Brieflich 346, [19b, 22]

Brutto für Netto 380, [59].

Buchhandel 1.

Bürgschaft 349, G. 101, [7], — Handelsgeschäft 344, [14], — Kleingewerbetreibender 4, [23], — beim Kontokurrent 356, — Provision bei 354, [41], — Scheine 344, [15]

Buttergewinnung 3, [19].

C.

Charteparttie 445, [81].

Check 363, [60], 373, [12c], E. 17, [81], — rother 373, [12c].

Chemiker siehe Industriebeamte.

Cif 346, [22].

Circa 346, [22].

Const. possess. 373, [12a], 377, [51], 392, [30c].

Copirbuch 38, [106].

D.

Darlehen gegen Verbodmung 1, [2].
Darlehensversprechen Widerruf 369, [81].
Deckungskauf 373, [16, 2], 376, [36].
Deklaration unrichtige 427, [10, 15], 436, [46], 467, [60].
Delcredereprovision 394.
Delikte 54, [125], 210, [104], 347, [26], — Uebergangsbestimmungen E. 1, [7 b].
Deliktsfähigkeit 210, [104], E. 1, [3].
Depot 390, [23], 392, [30 c].
Deutlich 30, [93].
Dicta et promissa 373, [16, 4]
Diebstahl 429, [26], 453, [10], 459, [24]
Dienste — gewerbliche 59, [133], 83, E. 9, [22], — kaufmännische 59, [133], 83, [164], — Uebergangsbestimmungen E. 1, [8].
Differenzgeschäfte 376, [30], 381, [63], E. 1, [6], 14, [77 a], — Kontokurrent 355, [46].
Direktoren von Aktienges. 59, [133], 70, [149]
Dispachesachen F. 145, 148, Abs. 2 ff.
Dispositionsstellung 377, [48].
Distanzfracht 428, [14].
Distanzgeschäft 379, [54]
Dolmetsch F. 9, 178 ff.
Doppelversicherung 390, [24].
Draufgabe 343, [5]
Duplikat siehe Frachtbrief und Ladeschein.

E.

Editionspflicht 45—47.
Effektenhandel guter Glaube bei 366, [73], 367.
Effektiv 361, [56].
Ehe, Einfluß auf Firma und Handelsfrau siehe Frauen.
Ehegut 7, [29].
Ehemäkler 93, [189].
Eigenhändig 452, [95],
Eigenhandel (vergl. Konkurrenzverbot) — des Handlungsgehilfen 60, 61, — Kommanditisten 165, — Kursmäklers 95, [191], — Lehrlings 76, — persönlich haftenden Gesellschafters 112, 113 (bei Aktienkommges. 326), — Vorstands einer A.G. 236, — dessen Stellvertreters 242, 248.
Eigenthum, Erwerb — beim, Kommissionär 392, — guter Glaube bei 366 ff., — Uebergang 373, [12], — Vorbehalt 373, [12 a], — Uebergangsbestimmungen E. 1, [7 d].
Eilgut 466, [50].
Einrede — der Doppelversicherung 390, [24], — des Spiels 381, [63], E. 14, [77], — der Theilung 343, [3], — der Vorausklage 204, [92], 349, [28, 29].
Einschein 424, [19].
Einschüsse 381, [63]
Einstweilige Verfügung 16, [50], G. 101, [4], F. 24 Abs. 3, 103, 123, siehe auch Verfügung.
Eisenbahn — Beförderung von Gütern und Personen 453 ff., — Fiskus 1, [10], — Recht 453, [2], — Verkehrsordnung 453, [1 b], 471, 472.
Elektrische Bahnen 453, [2], 473.
Emballage 354, [42]
Emission von Aktien 181.
Empfänger 426, 433, [39], 435, [41], 436, 447.
Empfangnahme beim Kauf 377, [45], 379, [55].
Empfehlung 347, [26]
Engagementvertrag 344, [14].
Entwehrung 373, [16, 4]
Erbschaftskauf 350, [31].
Erbschaftssachen F. 72 ff.
Erfüllung 373, [5], 380, — Art 361, — Klage 373, [15], — Ort 343, [11], 361, 373, [6] (Fakturen-Vermerk 346, [21]), — Unmöglichkeit 373, [8], — Zeit 343, [12], 358, 359, 373 [7], — Uebergangsbestimmungen E. 1, [7 b].
Erlaß, Uebergangsbestimmungen E. 1, [7 b].
Erwerbsabsicht 2, [14]

Erwerbs- u. Wirthschaftsgenossenschaften E. 10, F. 147, 148.
Explosionsstoffe, Transport 453, [8].
Expreßgut 463, [36]. 466, [54]

F.

Fabrik-Direktoren 59, [133].
Fabrikgeheimnisse E. 9, [22].
Fähranstalten 425, [1].
Fahrbetriebsmittel 453, [2].
Fahr-Konnossement 445, [81].
Fahrlässigkeit 347, 373, [16, 4].
Faktura siehe Rechnung.
Falsus procurator 55, [128], G. 101, [13].
Fautfracht 428, [16]
Feststellungsklage G. 103, [18], 105.
Firma: Begriff 17, Eintrag.: Form, Wirkung 3, [21], 5, 15, F. 128 ff., — Eintrags-Pflicht 2, [16], 3, [20], 16, -Zwang 14, 16, — Löschung 5, [26], 8, [30], 15, [46], 16, [54], 31, F 141—143, — Kleingewerbetreibender (Handwerker) 4, [23]
Firmen-Aenderung 31, — Mißbrauch siehe — Wahrheit, — Nachfolgeverhältniß 24, [74], 25 (Erbfall 27), — Namenrecht 37, — Recht 17, [60], E. 9, — Uebernahme 22, — Veräußerung 23, — Wahrheit 18, 19, 21, 30, 37, (Ordnungsstrafe F. 140), — Zeichnung 17, 29, (durch Prokurist 51), — Zusatz 22, 24, — Uebergangsbestimmungen E. 8, [15], 22 ff.
Fixgeschäft 376, — Börsentermingeschäft 381, [62], E. 14, [77 a], — Differenzgeschäft 381, [63].
Flößerei G. 101, [14].
Forderung, Abtretung 343, [9], 373, [12, b], bei Kommissionsgeschäften 392, — Haftung für Mängel bei 373, [16, 4], — Pfandrecht an E. 20, [85 d].
Form-Vorschriften bei Verträgen 350, — E. 1, [7 b], — für Anträge F. 11, 128, für Beschwerden siehe diese, — internat. Privatrecht E. 1, [4].
Forstwirthschaftsbetrieb 1, [1 c]
Fracht 426, [10], 428, [16]. — laut Charterpartie 446, [84].
Frachtbrief 426, — Duplikat 455, — bei der Eisenbahn 459, [22, 26], — durchgehender 432, [34], — bei der Bahn 468, 469.
Frachtführer 446, [82], — Begriff 425, — Kleinbetrieb 1, [10], — Pfandrecht 366, 368, 440 ff., — Pflichten 429 ff., — Rechte 426 ff., — Zurückbehaltungsrecht 369.
Frachtgeschäft 425.
Frachtgut 466, [50].
Frachtnachzahlung 470.
Frachtvertrag 425, [5], 436 bis 446; — Rücktritt von 433, [37].
Frachtzahlung 378, [53], 438, [53].
Franko 346, [22].
Frankosendung 438, [53], 440, [67].
Frauen 7, [29] a. E., — deren Börsentermingeschäfte E. 14, [77 b], — Firmen E. 9, — bei Verheirathung 21, [58], — Firma des Ehemanns 18, [63], — Güterrechtsregister E. 4, [12], — Rechtsgeschäfte E. 1, [2, 4], — Ermächtigung F. 45—53.
Freibleibend 346, [22].
Freizeichnung 446, [82]
Fristen — Berechnung 26, [82], 343, [12], 359, F. 17, E. 1, [7 e], — für sofortige Beschwerde F. 22, 77, — für weitere Beschwerde F. 27, 29, — Setzen solcher durch Registergericht F. 127, 140, 141.
Funkenzuführung 453, [2], 459, [24, 29].

G.

Garantiefrist 377, [49, 51].
Garantievertrag 215, [121], 347, [26].
Gastwirthe 4, [22, 23], — deren Firma ebendaselbst und E 9, — als Frachtführer 431, [31], — deren

Haftung 4, 23, 54, 125, 390, 23, E. 9, 20
Gattungskauf 360, 373, 12, a, 16, 4 d, — Eigenthumsübergang 373, 12, — Gefahrenübergang 373, 11 a, — Mängel 378.
Gefahrenübergang 360, 55, 373, 11, 455, 14, 459, 28
Geldschuld 361, 56, 363.
Geldsorten 1, 4, 361, 56.
Geld-Wechslergeschäfte 1, 9.
Gelegenheitsgesellschaft 105, 1 und nach 342, G. 101, 6, 9.
Genehmigung 377, 46 ff., 378, siehe auch Stillschweigen.
Generalagent siehe Versicherungsgesellschaften.
Genusschuld 360, 55.
Gepäckträger 458, 21.
Gerichtsakten — Abschrift 9, F. 34, 78, 91, — Einsicht 9, F. 78, 89, 91, 152.
Gerichtsferien F. 10.
Gerichtsschreiber — Anmeldung F. 128, — Anträge F. 11, — Ausfertigungen F. 182, — Beschwerde F. 21, — Rechtskraftszeugniß F. 31, — als Urkundsperson F. 109 ff., 198.
Gesammtschuld 343, 3, 356.
Geschäftsbesorgung 354, 362.
Geschäftsfähigkeit E. 1 2, 7 b.
Geschäftsführung ohne Auftrag 378, 53.
Geschäftsherr 55, 128
Geschäftsjahr 39, 107.
Gesellschaften mit beschränkter Haftung E. 11, F. 144.
Gesinde 83, 164, E. 9, 22, F. 173.
Gesindemäkler 93, 189
Gewährleistung 366, 73 c, 373, 16, 4.
Gewahrsam 369, 83, 377, 43, — Uebergangsbestimmungen E 1, 7 c.
Gewerbegehilfe 59, 133
Gewerbeordnung E. 9.
Gewerbsmäßigkeit 1, 1 a, 2.
Gewicht 361, — unbekannt 346, 22.
Glaube guter 366, 367, — des Kommissionärs 397, 41.
Glaubhaftmachung 266, 268, F. 15.
Großfabrikation 1, 1 a.
Grundhandelsgeschäfte 1, 1, a, 2, 343, 1.
Grundpreise 375, 27
Grundstückserwerb 350, 31, 373, 11 b, 12 d, 13, — Gefahrenübergang bei 373, 11 c.
Grundstücksmäkler 2, 15, 93, 189, G. 101, 6.
Güter 407, 3, 416, 2
Güterrechtsregister E 4, 12, F. 161.
Gutschrift 357, 52.

H.

Haftpflicht 453, 2, 459, 29, 473, 73.
Handelsbriefe 44
Handelsbücher 38, 39, 43 ff., — der Kleingewerbetreibenden (Handwerker) 4, 23, — Aufbewahrung und Einsichtnahme einer aufgelösten Handelsgesellschaft 157, 166, 302, 338, F. 145, — Führung 43, 113.
Handelsgärtner 2, 15, 3, 19.
Handelsgebräuche 346, E. 2, 9, G. 118.
Handelsgeschäfte 1, 2, — Begriff 343 ff., — accessorische 343, 1, b, — beiderseitige 345, 346, 352, 353, 377, 391, G. 101, 6, — einseitige 345, — objektive, subjektive 343, 1, — Eintritt in ein 24, 28, — Uebergang: unter Lebenden 25, 26, — von Todeswegen 27.
Handelsgesellschaften 6, 105 ff., G. 101, 6, — Arten 105, 1, — Firma 19, 20, — siehe im Uebrigen Handelsges. offene.
Handelsgesellschaft offene.
AeußereRechtsverhältnisse 123 ff.
Anmeldung 106, 108
Auflösung 131.

Ausscheiden eines Gesellschafters 138/142.
Ausschließung eines solchen 140, — durch Privatgläubiger 142.

Beschlußfassung 119, 152.
Bilanz 41, 120.

Delikte 124, [55].

Eigenhandel 112, 113.
Einbringen 109, 111, 122 [2].
Eintragung 106, — der Auflösung 143.

Firma 19, 20, 106, [9], 107, E. 9, [22].

Geldentnahme 122.
Gesellschaftsgläubiger 128/30, — Verjährung ihrer Ansprüche 159, 160.
Gesellschaftsvertrag 105, [3]
Geschäftsbeginn 123.
Geschäftsführung 114—119, — Gesammt-(Geschäftsführung) 115, — guter Glaube bei 366, [73 a]. — Entziehung 117, — Umfang 116.
Gewinn 120, 121, — Gewinn- und Verlustberechnung 120/122.

Haftung der Gesellschafter 128—130.

Innere Rechtsverhältnisse 109 ff.
Inventar 41, 109, [14].

Kaufleute 6.
Konkurs der Gesellschaft 131, — eines Gesellschafters 138, — Fortsetzung der Gesellschaft in 144.
Kündigung 132, 134, — durch Privatgläubiger 135, — durch Richterspruch 133.

Liquidation.
Abwendung der 158, — Beendigung 157, — Bilanz 154, 155, — Liquidatoren: Abberufung 147, 148, — Abhängigkeit 152, — Aufgabe 149, — Bestellung 146, — Eintragung 148, — Pflichten 154, 155, — Vollmacht 149—151, E. 10, [29], — Zeichnung 153; — Stellung der Gesellschafter in 152, 155, [119], 156, — Vertheilung des Vermögens 155, — Voraussetzung 145.

Privatgläubiger der Gesellschafter 124, [59], — deren Kündigungsrecht 135, 142, — deren Stellung in der Liquidation 146, 152.
Prokura 116.

Rechtsfähigkeit 124.

Stillschweigende Fortsetzung 134.

Tod eines Gesellschafters 137.

Vergütung der Gesellschafter 110.
Vertretung 126, — deren Umfang und Entziehung 126/7.

Handelsgewerbe — Begriff 1, [2], 2, 3, 59, [132], — Erwerbsabsicht 2, [14], Gewerbsmäßigkeit 1, [1 a], — Wirkung des Eintrags 3, [20, 21], 5.
Handelsgewohnheiten 346, E. 2, [3], G. 118.
Handelsgewohnheitsrecht 346, [19 a], E. 2, [9], G. 118.
Handelsgut 360.
Handelskauf 373, [13] ff., — Annahmeverzug des Käufers 373, [14], — Erfüllungsverzug des Käufers 373, [15], — Erfüllungsverzug des Verkäufers 373, [16], — Mängel an der Sache 373, [16], — Mängel im Recht ebenda.
Handelsmäkler 1, [12], G. 101, [13, 14], — Begriff 93, — Geschäfte 94 ff., 368, [77 a], — Pflichten 98, 100 ff., — Rechte 99, — Kleinmäkler 104.
Handelsregister — Anmeldung 12, 31, F. 128, 129, — zur Hauptniederlassung 12, 39, — zur Zweigniederlassung 13, — Abschrift 9, — Berichtigung F. 126, 132, —

Einsicht 9, — Eintragspflicht und Zwang der — Kannkaufleute 3, [20], — juristischen Personen 33—35, — Mußkaufleute 14, F. 132, — — Prokura 53, — des reinen Land- und Forstwirthschaftsbetriebs 3, [18] (als Hauptgewerbe, als Nebengewerbe 3, [19]), — Sollkaufleute 2, [16], — staatl. Unternehmungen 36; — Ordnungsstrafen F. 33, 132 ff, — Registergericht (Amtsgericht) 8, [30], — Verfahren 8, [30], — Bekanntmachungen 10, 11, F. 130, — Einschreiten von Amtswegen 31, 37, 319, F. 132 ff., 141, 144, 147.
Handelsrichter G. 109 ff.
Handelssachen G. 101, [5], 103, [17], F. 125 ff.
Handgepäck 465, [46], [48].
Handlungsagent 1, [12], — Begriff 84, — Mängelanzeige an 86, — Pflichten 84, [2], — Rechte 88 ff, — Stellung 85, 87.
Handlungsbevollmächtigter — Begriff 54, — Konkurrenzverbot 60, 61, 74, 75, 348, — Stellung nach Außen 57, 58, nach Innen 58, [131], (im Uebrigen siehe Handlungsgehilfe), — unerlaubte Handlungen 58, [131], — Vertragsstrafe 348, — Vollmacht: Beschränkung 54, [125], [126], — Erlöschung 58, [130], — Ueberschreitung 54, [125], — Tod des Vollmachtgebers 348, [8], — Zeichnung 57.
Handlungsgehilfen — Begriff 59, — Dienste 59, [133], — Fürsorge für 62, — Gehalt 59, [135], 64, — Gesundheit 62, [139], — Konkurrenzverbot 60, 61, 74, 75, 348, — Kündigung 67—69, — militärische Uebungen 63, [141], 72, Probeengagement 69, [147], — Provision 65, — unerlaubte Handlungen 58, [131], — unverschuldetes Unglück 63, — Vertragsauflösung vorzeitige 70 bis 72, — Vertragsstrafe 75, [1,61], 348, — Zeugniß 73.
Handlungsreisender — Inkassovollmacht 55, [128], — Komptoirdienste 59, [134] (siehe im Uebrigen Handlungsgehilfe), — Konkurrenzverbot 60, 61, 74, 75, 348, — Provisionsberechnung 65, — Provisionsreisender 55, [127], — Reisespesen 59, [134], — Retentionsrecht 59, [135], — Stadtreisender 55, [127], — Stellung nach Außen 55, — nach Innen 58, [131], 59, [133], — als Agent 87, — Tantiemen 59, [136], — Vertragsstrafen 348.
Handlungsvollmacht 54 (siehe im übrigen Handlungsbevollmächtigter).
Handwerker 4 (siehe im Uebrigen Kleingewerbetreibende.)
Hauptintervention G. 108, [27]
Hauptniederlassung — Anmeldepflicht 13, 29, — Begriff 30, [31], 201, [77], [78], — Eintrag F. 131, — Wirkung des Eintrags 15, [45], [46], E. 10, [23], [25], 11, [40], [50], — bei Aktiengesellschaften 15, [49], E. 10, [23], [25].
Hausindustrie 381, [65 b].
Hinterlegung 373, [18], siehe auch unter A.G.
Höhere Gewalt 453, [10].

J.

Illoyale Handlungen 210, [104]
Indossable Papiere 363.
Indossament 373, [12 c], — von Aktien 222 ff., — des Kommissionärs 395, — des Ladescheins 445, [79], 447, [86], — des Lagerscheins 424, — von Orderpapieren 363 ff.
Industriebeamte 83, E. 9, [22].
Ingenieure siehe Industriebeamte.
Inhaberpapiere 1, [2], siehe auch Inhaberaktien unter Aktienges., — Dividendenschein-Talon 230, 367, [79], — Eigenthumsübergang 373, [12 c],

— gestohlene, verlorene 367, — Pfandbestellung 368, [77], — Pfandrecht 366, 367, E. 20, [85 b], — Umschreibung E. 26, [44].

Inhalt unbekannt 446, [82].

Innehabung 369, [83], 377, [43], — Uebergangsbestimmungen E. 1, [7 c].

Interesse, deklarirtes 463, [36], 466, [55—57], — versichertes 463, 466.

Internationales Privatrecht E. 1, [1—6], F. 3.

Inventar 39/41.

Juristische Personen 33, 34, — Bergwerksgesellschaften 33, 99, E. 5, [13].

K.

Kalkgewinnung 3, [19].

Kammern für Handelssachen G. 100ff., 101, [5], 103, [19], F. 143, 144, 147 (als Beschwerdeinstanz F. 30 Abs. 1).

Karten 344, [15], 373, [12 c].

Käsegewinnung 3, [19]

Kasse gegen Verladungsdokumente 346, [22].

Kauf und Käufer siehe Handelskauf.

Kaufleute 1—7, — Arten 1—3, 4, 6, 7, [29] a. E., — Bilanz 39/41, — Bücher 38, — Geschäfte 343ff., — Inventar 39—41, - Zeichnung 344, [15].

Kaufmann siehe Kaufleute.

Kaufmännische Dienste 59, [133], 83, [164].

Kaufmannseigenschaft 1, 2, [15], 3, [20], 7, G. 101, [6, 7], — Verlust derselben 3, [20, 21].

Kausalzusammenhang siehe Schadenersatz.

Kellner 59, [133].

Klausel 346, [22], 347, [26 a], 373, [12 b], 380, [59], 472, [71].

Kleinbahnen 453, [2, 5], 473.

Kleingewerbetreibende —Begriff 4,— Firma, Handelsbücher, Prokura 4, [22], — Bürgschaft, Schuldanerkenntniß, Schuldversprechen, Vertragsstrafen 4, [23], — Geschäfte 343, [1]; — Vereinigung 4, [24] und G. 101, [6], — Vertragsformen 351 (Kleinagenten 4, [22], — 84, [165], — Mäkler 4, [22], 104, — Lohnkutscher, Rollfuhrmann, Schleppboote 1, [10]).

Koch 59, [133].

Kollektivprokura siehe Prokura.

Kommanditgesellschaft — Anmeldung 162,— Begriff 161,— Firma 19, E. 9, [22], — Eintrag 162, — Entstehung 28, 161, 173, — Geschäftsbeginn 176, — innere Rechtsverhältnisse 163.

Kommanditisten 164ff., — Eigenhandel 165, — Einlage 172, — deren Veränderung 174/5, — Geschäftsführung 164ff., — Gewinn und Verlust 167/9, — Haftung 171/3, — vor der Eintragung 176, — nach der Eintragung 172, — Kontrollrecht 166, — Vertretungsrecht 170, — Tod 177.

Kommanditgesellschaft auf Aktien, — Anmeldung 325, — Auflösung 330, — Aufsichtsrath 320, [6], 328, — Ausschluß eines Komplementars 330, — Bilanzgenehmigung 333, [43], — Charakter 320, — constituierende Versammlung 323, [11], — Firma 20, 22, 322, [8], E. 9, 22, 23, — Generalversammlung 327, — Generalversammlungsbeschlüsse 320 Abs. 3, F. 144, — Gesellschaftsgläubiger 333, [44], 334, — Gesellschaftsvertrag 321, — Gewinnantheil 329, — Gründer 321, — Grundkapital 323, [14], — Gründung 320, [6], 321, — Interessenvertretung 320, [6], 328, — Kommanditisten 320, [5], — Komplementar 320, [2], 322, 323, — dessen Eigenhandel 326, — Konkurs 325, [19], — Kündigung 330, — Ladengeschäft 322, [8], — Löschung

von aw. F. 144, — Liquidation 331, — Nachgründung 324, — Stimmrecht 327, — Uebergangsbestimmung 16, 55, — Umwandlung in A.G. 332/3, — Vorstand 325, — Zeichnung 323.
Kommis siehe Handlungsgehilfe.
Kommis interessé 59, 136.
Kommissionär 1, 1a, 11, — Begriff 383, — Pfandrecht 366, 368, 397, — Pflichten 384 ff. (Versicherungspflicht 390, 24), — Provision 396, 403, — Rechte 396, — Selbsteintritt 400 ff., — Zurückbehaltungsrecht 369.
Konkurrent 37, 102
Konkurrenzverbot — bei Agent 84, 172, — Handlungsgehilfen 74, 75, — Industriebeamten (Ingenieure, Chemiker, Werkmeister) E. 9 II, — Kommanditist 165, — Lehrling 76, — offene Handelsgesellschafter 112, 23, 25, — Vorstand einer Aktienges. 236.
Konkurs, Eintragung 32, — Handelsbücher 44.
Könnenmüssen 15, 47.
Konnossement siehe Ladeschein.
Konnossement-Kollision 445, 81, 446, 85, 448, 89.
Kontokurrent 355.
Körperschaften, Delikte des Vorstands und der Angestellten 54, 125.
Korrespondenzrheder E. 19, 83.
Kostbarkeiten 429, 26, 453, 8, 462.
Kraftloserklärung 365, s. auch Aktien.
Kreditanstalten deren Zinsen 352, 35
Kreditauftrag 335, 3, 347, 26a, 349, 350, 31, E 17, 81.
Kreditbrief E. 17, 81.
Kreditkauf 373, 12a.
Kreditschädigung 347, 26b.
Kreditunsicherheit 369, 81.
Kunsthandel 1, 13
Kunstgärtner 3, 19
Kursmäkler, Eigenhandel 95, 191, — Pflichten 100, 197.
Kursschnitt 400, 52.
Kurswerth 261, 247, 361, 56, 400, 52.

L.

Ladengeschäft 4, 23.
Ladenmädchen 62, 139, 83, 164.
Ladeschein 444, 447, 448, 450, — durchgehender 449, 90, — Duplikat 445, 81, — Indossament 445, 79, 447, 86.
Ladezeit 428, 16
Lagergeld 420.
Lagergeschäft 416 ff.
Lagerhalter 1, 2, — Begriff 416, — Pfandrecht 366, 368, 421, — Pflichten 417, 418, — Rechte 417, 419 ff., — Zurückbehaltungsrecht 369.
Lagerkosten 420, 421.
Lagerpfandschein E. 16, siehe auch Lagerschein.
Lagerschein 424, E. 16.
Lagerung 418, 419.
Landesjustizverwaltung G. 100, F. 125.
Landesrecht E. 15, F. 189 ff.
Landgerichte F. 19, 143, 158, 197.
Landwirthschaftsbetrieb 1, 1c, 3, 18, 19, — Eintragspflicht 3, 20, 21.
Landwirthschaftliche Kreditinstitute 2, 14.
Lebensversicherung 344, 14, 472, 71.
Leckage — außergewöhnliche 459, 27, — gewöhnliche 456, 460.
Legitimationspapier 367, 74, 373, 12c.
Lehrherr 77 ff.
Lehrling — Begriff 76, 161a, — Konkurrenzverbot 76, 161a, — Kündigung 77, 78, — Lehrvertrag 77, — Vertragsstrafe 348, — Zeugniß 80.
Leibrentenvertrag 350, 31.
Leihbibliotheken 2, 15
Leihvertrag 344, 14.
Leute — der Eisenbahn 458, — des Frachtführers 431, 31

Lex commissoria E. 20, [85 a].
Lichterkosten . . . 426, [11], 440, [65].
Lieferfristen 376, [30].
Lieferungsgeschäft 1, [3]
Liegegelder 426, [11], 428, [16], 436, [46], 446, [82].
Limit 54, [125], 385, [13], 386 ff.
Löschplatz 435, [45].
Löschung einer Eintragung von Amtswegen F. 143, 144, 147.
Lohnkutscher siehe Kleingewerbetreibender.
Lotterieloos 344, [14]

M.

Mängel — Feststellung 438, 464, — an der Sache 373, [16, 4], — im Recht 373, [16, 4], — offene 377, 378, 464, — verborgene 377.
Mängelrüge 377, — beim Agent 86, 87, — Monteur 54, [126], — Reisenden 55.
Manko 377, [46], 378, — außergewöhnliches 459, [27], — gewöhnliches 460, — natürliches 419 [8], 456.
Marken 344, [15], 373, [12 c].
Marktpreis 261, [247], 373, [15, 3, 16, 2a].
Maß 361.
Maß unbekannt 346, [22].
Meldeadresse 437, [48], 445, [78]
Miethvertrag 350, [31].
Minderjährige deren Börsengeschäfte E. 14, [77 b].
Minderkaufleute 4.
Mühlenbetrieb 3, [19]
Münzsorte 361. [56].
Mußkaufleute 1, [1 a].

N.

Nachfrist 373, [15, 1, 2, 16, 1, 2], 375 [28 a].
Nachlaß und Theilungssachen F. 72 ff.
Nachnahme 441.
Namenpapiere 373, [12 c]
Namensrecht 37, [101], — der Frau 7, [29 a]. E.
Nebenintervention G. 108, [28].
Niederlassung 30, [91].
Normalsatz 460.
Notar — Ausschließung F. 170 ff., — Gehilfen F. 173, — Urkunden F. 167 ff., — Zuständigkeit F. 167 ff.

O.

Oberlandesgericht, Zuständigkeit F. 5, 28—30, 64, 143, 199.
Oberstes Landesgericht F. 199.
Offenbarungseid (Erben) F. 79, 83, 163.
Offene Handelsgesellschaft siehe Handelsgesellschaft offene.
Orderpapiere 363, 373, [12 c].
Ordnungsstrafverfahren F. 33, 83, 132 ff., 140, Kosten F. 138, — bei Dispache F. 151, — bei Vereinssachen F. 159.
Originalverpackung 377, [46]
Ort des Vertragsschlusses 343 [11]

P.

Packetbeförderung 425, [3]
Passagiergut 465, [43].
Personalstatut E. 1, [2].
Personenstand F. 69 ff.
Personenverkehr 472.
Persönliches Erscheinen F. 13.
Pfandbestellung 368, [77 a], — an beweglichen Sachen, Werthpapieren, Inhaberpapieren u. Schiffen E. 20, [85].
Pfandrecht 366, — an beweglichen Sachen 368, [77 a], E. 20, [85 a], — an Forderungen E. 20, [85 d], — an Werthpapieren 368, [77 a], E. 20, [85 b], — des Frachtführers 366, 368, 440 ff., — des Kommissionärs 366, 368, — des Lagerhalters 366, 368, 421, — des Spediteurs 366, 368, 410.

Pfandrechtskollision 369, [85b], 443, 445.
Pfandverkauf 368, F. 166.
Pferdebahn 36, [100], 473, [73].
Platzgeschäft 379, [54]
Police 85, [175], 363, 369, [81], 373, [12b], 472, [71], G. 101, [14].
Post — Privatbriefpost 1, [10], 452, — Reichspost 1, [10], 36, [100], 452.
Postanweisung 452, [95].
Preislisten 362, [57]
Preisminderungsklage 373, [16, 4b].
Prinzipal 48, [117], 58, [131]
Prioritätsobligationen 185, [28].
Privatbahnen 473, [73].
Prokura 48, — Begriff 49, — Beschränkung 50, — Eintragung 53, — Entstehung 48, — Erlöschung 52, 53, [124], — Gesammt- (Kollektiv-prokura) 48, 50, [120], — Kleingewerbetreibender (Handwerker) 4, [23].
Prokurist — Konkurrenzverbot 60, 61, 74, 75, 348, — unerlaubte Handlungen 58, [131], — Vertragsstrafen 348, — Zeichnung 51.
Prolongationsgeschäft 381, [62].
Prolongationskosten 400, [53].
Propergeschäft 400, [50]
Prorogation G. 101, [14].
Protokoll 259, F. 16, Abs. 3, 21, 95, 175 ff., 184.
Provision 354, siehe auch Handlungsreisender, Mäkler, Kommissionär, Spediteur.

Q.

Qualitätsmängel 377, [46]
Quantitätsmängel 378.
Quittung 343, [7]

R.

Rauchzuführung 453, [2].
Rath 347, [26]
Realisationskauf 373, [15, 3], 376, [36].
Realstatuten E. 1, [5]
Rechnung — Anerkennung 356, — laufende 355, — Uebersendung 351, [33]
Rechnungsstellung 384, [9], 396, [38], F. 163.
Rechtsfähigkeit E. 1.
Rechtshülfe F. 2, 194,
Rechtskraftszeugniß F. 31.
Refaktie 380.
Registergericht siehe Handelsregister.
Registerrichter, Haftbarkeit 311, [371], F. 142.
Reichsbank 36, [100].
Reichsgericht F. 5, 28, 143.
Reichsrecht E. 15, F. 185 ff.
Reisegepäck 429, [26], 463, [36], 465.
Reklamation bei der Bahn 470, [68].
Reklamationsfrist 377, [44].
Rektapapiere 373, [12c].
Ringbildung 346, [21].
Rollfuhrmann 429, [21], 438, 458, [21], 468, [61], siehe auch Kleingewerbetreibende.
Rücksendung . . . 379, [56].
Rücktritt 373, [15, 2, 4, 16, 3, 4], — bei Spezifikationskauf 375, [28a], — beim Fixgeschäft 376.
Rückwirkung des Gesetzes E. 1 [7, 8].

S.

Sachen bewegliche 1, [2], 366, [72], — Eigenthumsübergang bei 373, [12], Pfandbestellung E. 20, [85], — Pfandrecht 368, [77a], — gestohlene, verlorene 366, [73b], 371, [92], — mängelfreie 373, [16, 4d], 379, [57], — unbewegliche 1, [1c], 343, [13], 344 [14], — vertretbare 361.
Sachmiethe 354, [43].
Saisonwaare 429, [22].
Saldo 355, [46], 356.
Sammelladung 413.
Sammtverbindlichkeit 343, [3].
Sandgewinnung 3, [19]
Schaden durch Sachen 427, [1].
Schadensersatz 202, [82], — Kausal-

zusammenhang 373, 16, 2c, 429, 24, 459, 28, 467, 60, — wegen Nichterfüllung 373, 15, 2, 3, 16, 2, 4, — beim Fixgeschäft 376, — beim Spezifikationskauf 375, 28a, — wegen verspäteter Erfüllung 373, 15, 1, 16, 1, — wegen verspäteten Transports 429, 22, 466, — der Eisenbahn 457 ff., Feststellung 456, 15, — des Frachtführers 429 ff., — des Postfiskus 452, 25, — des Schiffers E. 12, 59, 60, — Uebertragung durch Policenklausel 373, 12b, 472, 71.
Schadensklage 37, 103, 347.
Schankwirthe E. 9.
Schenkung 344, 14.
Schenkungsversprechen 350, 31.
Schiffe 1, 4, 366, 72, siehe auch Sachen bewegliche.
Schiffer — Rechte u. Pflichten E. 12, — Vollmacht 54, 126, 444, 77a.
Schiffs-Besatzung 431, 32, E. 12, 59, — -Brief F. 120, — -Eigner E. 12, 59, — -Miethe 425, 5, — -Mühle 1, 4, siehe auch Sachen bewegliche, — -Pfandrecht siehe Pfandrecht und E. 20, 85c, G. 101, 5, F. 100 ff., — -Register E. 20, 85c, — -Eintragung F 101, — Berichtigung F. 102, 119 ff., — -Zusammenstoß 431, 32, E. 12, 59.
Schleppboote siehe Kleingewerbetreibende.
Schlepplohn 426, 11.
Schleppvertrag 425, 5.
Schlußkurs 400, 52.
Schuldanerkenntniß 350, — Kleingewerbetreibender 4, 23.
Schuldschein auf Inhaber 344, 15, — gewöhnlicher 344, 15.
Schuldübernahme durch Eintritt in ein Handelsgeschäft 24, 28, — durch Veräußerung eines solchen 25, 26, — durch Erbfall 27, — Formen 350, 31.
Schuldversprechen 350, — Kleingewerbetreibender 4, 23.
Schwimmende Waare 376, 30, 444, 77a.
Seefahrt 425, 4.
Seeschiffe 425, 1, E. 6, 7, 19.
Seifensiederei 3, 19.
Sekundärbahnen 473, 73.
Selbstabholung 468, 61.
Selbsteintritt — des Kommissionärs 384, 11, 400 ff., — des Mäklers 95, — des Spediteurs 412.
Selbstentzündung 429, 23.
Selbsthilfeverkauf 373, 14, 3, 15, 3, 379.
Selbstverlag 1, 13.
Selbstversicherung 390, 24.
Sicherheitsleistung, siehe unter Aktiengesellschaft, — des Vormundes F. 54.
Sicherung des Beweises 379, 56.
Sitzgelegenheit 62, 139.
Sollkaufleute 1, 1b.
Sorgfalt 347, 373, 18, 459, 29.
Sparkassen 2, 14, — ihre Zinsen 352, 35.
Sparkassenbuch 366, 72, 73c.
Specieskauf 373, 12a, 375, 28a.
Speziesschuld 360, 55.
Spezifikationskauf 375.
Spediteur 1, 11, Begriff 407, — Pfandrecht 366, 368, — Pflichten 408, 413, — Provision 409, 410, — Rechte 409, 412, — Versicherung 390, 24, — Zurückbehaltungsrecht 369.
Spekulationskauf 1, 3.
Staatliches Unternehmen — Eintragspflicht 36, — Inventar und Bilanz 42.
Stadtreisender siehe Handlungsreisender.
Stichtag 376, 29, 33.
Stille Gesellschaft, Auflösung 339, — Auseinandersetzung 340, — Charakter 335, — Einlage 335, 5, 337, deren Rückgewähr 342, — Firma 335, 3, — Gesellschafter stiller 335, 337, 338, 340, — Gesellschaftsvertrag 336, 5, — Gewinnvertheilung 336, 337, —

Komplementar 336, 5, — Konkurs 341, 342, — Kündigung 339, — Nachschußpflicht 336, 4.
Stillschweigen 346, 21, 362, 373, 23 b, 375, 28 a, 377, 47, 48, 378, 53, 381, 65 a.
Strafantrag der offenen Handelsgesellschaft 124, 57.
Stückekonto 392, 30 c.
Stückeverzeichniß 384, 8, 392, 30 c.
Subdirektor siehe Versicherungsgesellschaft.
Sudprobe 377, 44.

T.

Taragewicht 380.
Tarif 459.
Technische Dienste 59, 133, 83, 164.
Telegraph 346, 19 b, 373, 1.
Telephon 346, 19 b, 373, 1.
Telle quelle 346, 22.
Testamente F. 81 ff., 168 ff.
Theaterbillets 373, 12 c.
Theergewinnung 3, 19.
Thiere — Einstellung 416, 2, — Schaden durch 416, 3, 427, 15, 453, 8, — Transport von 453, 8, 463, 36, 466, 50, 54.
Torfgewinnung 3, 19.
Transitgut 469, 65.
Transportpflicht 453, 5
Treu und Glauben 346, 19 a, siehe auch Stillschweigen.

U.

Uebergangsvorschriften 16, 55, 178, 2, E. 1, 7, 8, 22—28, F. 200.
Ueberliegezeit 428, 16.
Umladung 459, 25.
Umstände — veränderte 335, 4, 369, 81, 373, 15, 2, 376, 29.
Unbewegliche Sachen 207, 97.
Unterfrachtführer 431, 31, 432, 33, 449, 90.
Unterspediteur 408, 8.
Unterschrift — Beglaubigung F. 183, 191, — Betheiligter F. 177 ff., — des Bieters F. 181, — des Dolmetschers F. 179, — bei Eintragung zum Handelsregister 12, F. 128 ff., — bei Eintragung zum Schiffsregister F. 113, — des Registerrichters F. 130, — unter Protokolle F. 177.
Unverzüglich 334, 45.
Urkundsperson 198, F. 169.

V.

Veräußerung 366.
Vereinssachen F. 159, 160.
Verfolgungsrecht 369, 85 c, 411, 16.
Verfrachter 407.
Verfügungen — Aenderungen F. 18, — Bekanntmachungen F. 16, — Beschwerde F. 19 ff., — Wirksamkeit F. 16, — bei Annahme an Kindesstatt F. 67, — bei Ehesachen F. 53, — in Vormundschaftssachen F. 51—53.
Vergleich 350, 31.
Verhandeln zur Sache und zur Hauptsache G. 103, 18, 106, 22, F. 175 ff.
Verjährung — beim Frachtgeschäft 439, — beim Frachtgeschäft der Eisenbahn 470, — bei der Gewährleistung 377, 51, 52, — beim Lagergeschäft 423, — bei der Spedition 414, — von Zinsen 352, 35, — Uebergangsbestimmungen E. 1, 7 e, — bei Wechselforderungen E. 8, 16.
Verkehrssitte 346, 19.
Verklarung E. 12, 59, F. 145.
Verlagsgeschäft 1, 13
Verlust 414, 21, 429, 21, siehe auch Sachen verlorene.
Verlustvermuthung 456, 15.
Verpackung 354, 42, 379, 55, 380, — mangelhafte 426, 8, 427, 15, 446, 82, 456, 459.
Verpfändung 366.

Verschulden 37, [103], 347, — konkurrirendes 202, [82], — der Schiffsbesatzung 431, [32], E. 6, 7, 8, [17].
Verschwägerte F. 6, 57, [170].
Versehen 53, [124], 311, [371], 347, F. 142.
Versender 407, [5]
Versichertes Interesse 463, 466.
Versicherung — des Lebens 344, [14], 472, [71], — gegen Prämien 1, [8].
Versicherungsgesellschaften 1, [8], — deren Agenten 1, [12], 84, [165], [174], 85, [175], — Direktoren 59, [133], 70, [149], — Inspektoren 54, [126], — Subdirektoren-Generalagenten 85, [175].
Versicherungsgesellschaften auf Gegenseitigkeit 1, [8], — deren Angestellte ebendaselbst.
Versicherungsrecht 346, [20], E. 15, [79], G. 101, [14].
Versicherungsvertrag 346, [20], — Police 363, 378, [12 b].
Versteigerung öffentliche 366, [73 c], 373, [22], 375, [28 b], F 181.
Verträge siehe auch Prospekte, Stillschweigen und Versicherungsverträge, — Auslegung 373, [4], — wucherische 373, [13], E. 18, [82], — zu Gunsten Dritter 346, [20].
Vertragsabschluß 373, [1], — Formen 350, — Punktation, Traktate, Vorvertrag 373, [1].
Vertragsstrafe 348, 373, [16], [2 c], — Kleingewerbetreibender 4, [23]
Vertreter F. 6, 13, 22, 92, 170.
Verwandte siehe Verschwägerte.
Verzug des Gläubigers 373, [14], — des Schuldners 373, [15], [16].
Viehhandel 373, [13].
Viehmängel 382.
Viehmast 3, [19].
Viehtransport 416, [2], 425, [3]
Vollkaufleute 1—3, 6.
Vollmacht siehe Handlungsbevollmächtigter und Notar.
Vorausklage 204, [92].
Vorbehaltsgut 7, [29] a. E.

W.

Waaren, Begriff 1, [4], 366, [72], — unbestellte 378.
Waarenetiquetten 30, [92]
Währung 361.
Wandelklage 373, [16], [4].
Warrant 424, [19].
Wechsel 344, [15], E. 21, [86], — Pfandbestellung E. 20, [85 b]
Weiterverkauf 377, [48].
Weiterversendung 377, [46]
Werkmeister 59, [133], siehe auch Industriebeamte.
Werkvertrag 381, [64], [65].
Werthdeklaration 463, [36], 466, [55—57].
Werthpapiere — Begriff 1, [5], 373, [12 c], — Eigenthumserwerb 373, [12 c], — Kauf 381, — Pfandbestellung E. 20, [85 b], — Pfandrecht 366 ff., — Stückekonto 392, [30 c], — vinkulirte Aktien 228, [153], 363.
Widerklage 469, [66], G. 102, [16], 103, [18], 104, [20], 105.
Willenserklärungen siehe Stillschweigen, Verträge und Handelsgebräuche F. 32, 53.
Winterkosten 426, [11], 428, [19].
Wucherlicher Vertrag E. 18, [82].

Z.

Zahl unbekannt 346, [22]
Zahlung nach Möglichkeit 346, [22]
Zeitrechnung 361.
Zeitungsberichterstatter 59, [133].
Zeitungsverlag 1, [13].
Zeugen F. 169 ff.
Zeugenbeweis F. 15.
Zinsen 352, — Zinseszinsen 352, [33], [35], 353, — Zwischenzinsen 343, [12].

Zuführung des Frachtguts 456, [15], 468, [61]
Zurückbehaltungsrecht 221, [137], 369 ff.
Zusammenlegung von Aktien 275, [296], 288, [313].
Zuschneider 59, [133].
Zuständigkeit — der Amtsgerichte siehe Amtsgerichte, — der K.f.H.S. siehe K.f.H.S., — örtliche F. 3 ff., 7.
Zustellung — Form F. 16, — von Amtswegen F. 16 Abs. 2.
Zweckvermögen F. 42.
Zweigniederlassung – Anmeldepflicht 13, — Begriff 13, [38], 30, [94], 201, [77], — Firma 13, 20, 30, 201, [78], — Eintrag F. 131, — Prokura 50, — Wirkung des Eintrags 15, E. 11, [40, 50], — ausländischer Aktiengesellschaften 201, [78], — ausländischer Firmen 13, [39, 40].
Zweischein 424, [19].
Zwischenfrachtführer 432, [34].
Zwischenkommissionär 397, [41], 408, [8], 411.

Druck von A. W. Hayn's Erben, Berlin und Potsdam.

FSC
www.fsc.org
MIX
Papier | Fördert
gute Waldnutzung
FSC® C083411

Kolibri 360 GmbH
Ferdinand-Jühlke-Straße 7
99095 Erfurt, Deutschland
produktsicherheit@kolibri360.de